小学校算数教育・福岡県の奇跡とヨーロッパ人の
2000年間にわたる認知vs言語の脳内抗争史

算数教育と世界歴史言語学

Shibata Katsuyuki
柴田勝征

花伝社

算数教育と世界歴史言語学
小学校算数教育・福岡県の奇跡とヨーロッパ人の 2000 年間にわたる認知 vs 言語の脳内抗争史

目　次

はじめに *1*

第Ⅰ章　算数教育とズーム型認知 *6*

Ⅰ―1．くり下がりのある引き算を地域ぐるみの取り組みで落ちこぼれゼロにした久留米の小学校教師たちの驚くべき算数教育実践……… *6*

Ⅰ―2．児童の学習における算数の計算順序とチョムスキー普遍文法理論の主要部パラメータ値との間の関係／上の位からの足し算・引き算をした方が良いかどうかは、主要部パラメータの値で決まるか……… *18*

Ⅰ―3．欧米の算数教育では19までの数とそれ以上の数をどうしても分離して教えざるを得ない言語的理由がある……………………… *21*

Ⅰ―4．中国語は本当に前置型？　前置型・後置型で世界の言語は本当に分類できるのか？……………………………………………… *28*

Ⅰ―5．ピアジェ＝チョムスキー論争、ピアジェ＝ヴィゴツキー論争の『決着』を覆す新しい世界認識制御因子の発見／福岡の小学校教師たちの算数教育における驚くべき成功の言語学的解明……………… *34*

Ⅰ―6．ズームアウト／ズームイン型認知仮説の検証は続く（その1）ロマンス語諸語、ベトナム語などのアジアの言語、インドネシア語 *37*

Ⅰ―7．ズームアウト／ズームイン型認知仮説の検証は続く（その2）英語の11および12．ラテン語、朝鮮語、バスク語……………… *46*

Ⅰ―8．驚異の成功をおさめている「上の桁からの加減算」はどのようにして広まったのか（福岡算数・数学教育実践研究会での報告の紹介） *57*

Ⅰ―9．インドの子どもたちはなぜ19×19までのかけ算が暗算で出来るのか（「下からの計算」に適したズームアウト精神構造）……… *66*

第Ⅱ章　ヨーロッパ諸言語における統語構造の歴史的変遷 *72*

Ⅱ―1．松本克己『世界言語への視座』を読む（その1）印欧語の語順の

タイプ………………………………………………………………… *72*

Ⅱ-2. 松本克己『世界言語への視座』を読む（その2）印欧語における名詞の格組織の変遷……………………………………………… *81*

Ⅱ-3. 松本克己『世界言語への視座』を読む（その3）印欧語における統語構造の変化の原因…………………………………………… *89*

Ⅱ-4. 松本克己『世界言語への視座』を読む（その4）世界諸言語の中の日本語………………………………………………………… *105*

Ⅱ-5. 日本語と朝鮮語／日本語の統語構造の完璧さは果たして世界にも希な存在か？………………………………………………………… *109*

●江上波夫「騎馬民族征服説」について……………………………… *115*

Ⅱ-6. 印欧語語順の2000年間に渡る異様な激動の根本原因は、世界認識パラメータと普遍文法主要部パラメータの闘争である………… *118*

Ⅱ-7. 啓蒙主義の時代（17〜18世紀）のフランス人・イギリス人の脳内宇宙の晴れ上がり／北村達三『英語史』（桐原書店）を読む …… *136*

Ⅱ-8. ノーベル物理学賞受賞者等が「世界単一の祖語が存在すると仮定すれば、日本語と同じSOV語順だったはずだ」と発表／でも、その仮定、間違ってます。欧米人は相変わらず、印欧語＝世界言語という迷信（松本克己）から抜け出せないんですね。…………………… *141*

Ⅱ-9. 世界言語の最初の語順には4つのタイプがあった／｜ズームイン／ズームアウト｜ × ｜主要部後置／前置｜ ………………………… *143*

Ⅱ-10. 松本克己『世界言語への視座』を読む（その5）世界言語の数詞体系とその普遍的基盤／ユーラシアの5〜20進法（アイヌはズームアウト型認知、エスキモーはズームイン型認知）………………… *158*

Ⅱ-11. 松本克己『世界言語への視座』を読む（その6）ギリシャ語の統語構造／ソクラテスの問いの射程 …………………………………… *162*

Ⅱ-12. 松本克己『世界言語への視座』を読む（その7）アラビア文法の観点／ユークリッド「原論」はなぜローマ文明に引き継がれず、アラビア語に翻訳されたか。…………………………………………… *180*

Ⅱ-13. 松本克己『世界言語への視座』を読む（その8）ハンガリー語、フィンランド語、バスク語／ズーム・パラメータと統語パラメータの違

いが3つの言語の運命を分けた。……………………………………… *193*

第Ⅲ章　福岡県の教師たちによる奇跡の算数教育実践　*197*

Ⅲ―1．余りの出る割り算から導入して、余りがゼロになる割り算に至る／一般的場合から出発して特殊な場合に至るズームイン型の教育実践例………………………………………………………………………… *197*

Ⅲ―2．1910年（明治43年）に文部省は算数の割り算を上からに改めた。その時に分数の用語も上から読む呼び方に改めるべきだった。…… *202*

Ⅲ―3．ジャガイモの取れる季節には立体図形を勉強しよう／一般図形から導入して特殊な図形の性質を確認するズームイン型の幾何学教育 *208*

Ⅲ―4．学力テストで測れる能力とは？／北村和夫氏の授業実践報告論文から……………………………………………………………………… *227*

Ⅲ―5．フランス人の数学教育学者を驚嘆させた福岡の小学校の奇跡の算数教育……………………………………………………………………… *234*

第Ⅳ章　ものづくり国家を支える日本人のズームイン型情緒　*245*

Ⅳ―1．もの作りニッポンを引っぱる4人の中小企業の社長さんたち／今週の朝日新聞「ひと」「リレーオピニオン」「けいざい最前線」「地域総合」欄から……………………………………………………………… *245*

Ⅳ―2．もの作りニッポンを引っぱる中小企業の社長さんたちの話を朝日新聞から、さらに2題……………………………………………… *252*

Ⅳ―3．日本人のエートスと欧米人のエートス／対極的な、あまりに対極的な…………………………………………………………………… *255*

● 2013年4月29日：訂正と補足 ……………………………………… *281*

第Ⅴ章　遠山啓「水道方式」の批判的再検討　288

Ⅴ－1. 遠山啓「水道方式」を読む（その1）／遠山啓の「『一般』から『特殊』へ」はプラトンの『イデア論』であり、ズームアウト型（現代ヨーロッパ型）の思考そのものだが、福岡数教協の教師たちはそれを真逆のズームイン型に読み替えて、素晴らしい教育実践を成功させている………………………………………………………………………… 288

Ⅴ－2. 遠山啓「水道方式」を読む（その2）／遠山さんは因数分解に偏見あり？………………………………………………………………… 295

Ⅴ－3. 子どもが感動して、母親が感動して、教師が感動した北九州市の算数・理科の『重さの授業』／こんな感動的な授業が日本以外の、世界のどこに存在するだろうか………………………………………… 304

Ⅴ－4. 遠山啓「水道方式」を読む（その3）／遠山さんの感性は近代ヨーロッパ合理主義精神にあり。……………………………………… 327

Ⅴ－5. ズームアウト思考の子どもを排除するなかれ！「早くて、簡単で、正確で、わかりやすい」の強烈なズームイン思考（数学教育学会発表講演を聞いて）………………………………………………………… 334

Ⅴ－6. ローマ人にも理解できなかったユークリッド幾何学の定理を日本の子どもたちにどのように教えるのか／実験と観察と討論を通じて帰納的に円周角の定理を生徒たちに「発見」させた福井至民中の牧田教諭の実践はズームイン型幾何教育のお手本………………………… 342

Ⅴ－7. 学問もスポーツも楽しくなくちゃあ／歴史学の記述と庶民感情（昭和史論争）…………………………………………………… 360

Ⅴ－8. ナヴァホ族の時空認知／近代ヨーロッパ精神にだけ見られる時・空の独立性という分析的認知………………………………………… 367

Ⅴ－9. アラスカ人の時空認知／球面幾何学と双曲幾何学…………… 371

第Ⅵ章　人類の言語の起源　374

Ⅵ−1. 言語・思考・自己意識の発生に関する複雑な関係（その１）動物の「思考と言語（叫び声）」は、必ず「生命の維持と種の保存」という唯一かつ絶対的な目的のために用いられる。……………374

Ⅵ−2. 言語・思考・自己意識の発生に関する複雑な関係（その２）人類、生命界で初の双脳生物となる ……………384

Ⅵ−3. 言語・思考・自己意識の発生に関する複雑な関係（その３）ヴィゴツキーの「外言」から「独り言」を経て「内言」へ……………389

Ⅵ−4. 言語・思考・自己意識の発生に関する複雑な関係（その４）／メタファーによる抽象概念の形成……………394

Ⅵ−5. インカ、アメリカ・インディアン、ジャパニーズ／嘘のつける人間の出現は人脳進化の必然的な帰結か、それとも神の誤謬か？……407

Ⅵ−6. ズームアウト／ズームイン型認知の深層構造と表層構造／チョムスキーからの批判に反論する ……425

●補足１　「言語の起源」国際論争 ……………430

●補足２　チョムスキーの「言語は生得的な"能力"である」ということの本当の意味は「文法規則は述語論理による推論能力が映し出す"影"である」ということ／文法構造の脳内発生は、現実の変革を夢想する能力を現生人類に与えた。……………433

Ⅵ−7. 池内正幸『ひとのことばの起源と進化』（開拓社）を読む／英語は例外中の例外言語、日本語は世界の普遍的言語です！……438

Ⅵ−8. ソシュール『一般言語学講義』は裸の王様／西洋言語学の主流から歴史分析が姿を消した日……………468

●丸山圭三郎『ソシュールを読む』（岩波セミナーブックス）を読む／70年近く経って今さら「一般言語学講義」はソシュールの真意を伝えていないだなんて、馬鹿じゃない？……………480

Ⅵ−9. G.レイコフ「『怒り』のメタファー」授業参入の記 …………491

Ⅵ−10. 仏教の東遷とサンスクリット語順のＵターン現象／ズーム型認

知構造が分かれば宗教の傾向が分かる……………………………… *494*
- 補足1　仏教はズームイン型精神の宗教なのであろう。………… *506*
- 補足2　タイのタクシン派対反タクシン派の対立の根源には、ズームイン型認知と主要部前置型語順の脳内抗争があるのではないか？…… *507*

Ⅵ―11. 松岡正剛『白川静　漢字の世界観』を読む／人類の宗教の起源　*510*

- 白川静『漢字　生い立ちとその背景』（岩波新書）を読む／古代中国人には「心」が無かった！………………………………………………… *518*

第Ⅶ章　未来を創る　*524*

Ⅶ―1. グローバル・デザイン／発達障害児のためのカリキュラム開発が全ての児童の理解しやすい授業を産み出す……………………………… *524*

Ⅶ―2. 新たな旅立ちの始まり（とりあえずの中間的な総括に代えて）／福岡の子どもたちの脳内宇宙の晴れ上がり、私（筆者）の脳内宇宙の晴れ上がり／「近代ヨーロッパの精神＝人類の普遍的精神」というマインド・コントロールからの脱却…………………………………… *535*

補足　*569*

- 補足1　小学校算数『水落し』と流体力学…………………………… *539*
- 補足2　渡辺京二『いまなぜ人類史か』を読む／日本の「近代化＝西洋化」の過去と未来………………………………………………………… *555*

付録　参考文献引用資料集　*564*

付録1. 古代日本語における11以上の数の数え方　………………… *564*

vii

付録2.「人間とチンパンジー：DNA 2％の相違」Webciteの解説からの引用 …………………………………………………………………… 570

付録3.「言語の起源を再検討する」正高信男氏のウェブサイトの引用・紹介 …………………………………………………………………… 574

付録4. フランス語圏の啓蒙思想家と『三十年戦争』と『啓蒙時代』（Wikipediaから） ………………………………………………… 583

付録5.『エスキモー』『アメリカ・インディアン』という用語（Wikipediaから） ……………………………………………………………… 606

付録6. 中野孝次『清貧の思想』および佐良木昌（編）『正規表現とテキスト・マイニング』から ……………………………………………… 621

付録7. 林髞『脳の話』および八木アンテナについて ……………… 633

付録8. 日本語版（英語版）Wikipedia「言語の起源」からの引用 … 641

あとがき　650

索引　669

はじめに

　私は若い頃から現在までの50年近く、次のような2つの根本的な疑問を抱き続けてきました。
（1）古代ギリシャ人はなぜ紀元前3世紀に、ピタゴラスやアルキメデスやユークリッドなどの賢人を次々と輩出したのか？　そして、その成果がヨーロッパでは約2千年もの間、消えてしまっていたのはなぜか？
（2）私は若い頃にヨーロッパに留学して、ヨーロッパ人と日本人の思考や感覚の大きな違いにカルチャーショックを受けた。俗に、「西洋思想と東洋思想の違い」「西洋医学と東洋医学の発想の違い」等が語られるが、この思考の根本的な違和感を学問的に（西洋思想の学問的な方法を用いて）解明できないだろうか？
　そうこうしているうちに半世紀近くの時が流れ、一昨年（2011年）に、教職課程担当の同僚教授から依頼されて、福岡県教組の教育研究集会共同研究者となりました。そして、福岡県の教師たちの30年に渡る教育実践研究の成果を見ているうちに、先に述べた永年に渡る2つの疑問が次第に解けてきたように思います。
　私は先ず、私たち日本人と欧米人の思考の違いは、言語学者N.チョムスキーの生成文法理論の中核となっている主要部前置／後置パラメータの値の違いに基づくものではないかと考えて、チョムスキーと数回のメールのやりとりもしました。チョムスキーは毎回、たいへん興味深そうな論文を送ってもらっているけれど、自分は多忙過ぎて今すぐには読むことが

1

できないから、しばらく待っていて欲しいという主旨の返事をくれました。それはそうだろうなあ、と私も思うので、彼のコメントはあてにしないで、資料調査を進め、考察を巡らせて行きました。そうすると、どうも違うのです。チョムスキーのパラメータの違いが原因と考えると、説明に矛盾が生じたり、説明が不可能であることが多すぎるのです。そこで、改めて様々な情報を検索した結果、松本克己『世界言語への視座——言語類型論と歴史言語学への招待』(三省堂) という書物にめぐり合うことが出来ました。松本先生は1929年のお生まれで今年84歳 (2013年現在)。学生時代から古代ヨーロッパ言語、すなわち古典ギリシャ語やヒッタイト語、サンスクリット語などを旺盛に研究されてきた先達です。3千年あまりに渡るヨーロッパ言語の激動の歴史を学ぶことによって、私の「ズームアウト／ズームイン型認知」の理論は、人脳内の認知機能と言語機能の対立・抗争あるいは協調・協力という「双脳生物」としての現代人類という概念に発展してきました。これには、環境教育学者の北村和夫さんから教えて頂いた Julian Jaynes "The Origin of Consciousness in the Breakdown of the Bicameral Mind", Boston, New York: Houghton Mifflin Company, [1976], 2000 (邦訳『神々の沈黙　意識の誕生と文明の興亡』柴田裕之訳、紀伊国屋書店、2005年)(本書では北村和夫氏の私訳版「意識の起源, 構造, 制約—「双脳精神」の成立, 崩壊, 痕跡という視点から見た精神の歴史」(2005年) を参照しています) の観点にも一致しています。

　本書は、私のその体験と思索の展開過程を、時系列を追って記述してゆくものです。すぐれた教育現場の実践から学びつつ理論を創発させてゆく研究者のダイナミックな思考の展開過程を味わって頂ければ幸いです。

　なお、私の原稿の書き方について、前著『フィンランド教育の批判的検討』(花伝社、2012年) の読者の方々からも含めて、「他人の論考からの長文の引用が多すぎる」というご意見がありますので、この場を借りて、私の意図を説明しておくことにします。確かに指摘されている通り、私は特に意図的に他人の論考を随所で長々と引用して、作品を組み立てるようにしています。それには3つの主な理由があります。

はじめに

（1）読者が原文を探して読む手間を省いてあげたい。私が他人の本を読んでいると、多くの個所に頻繁に他の書籍を参照するようにという注が付いていることが多いのですが、それが1冊や2冊であることは先ず無くて、7冊、8冊どころか、真面目に図書館へ行って探さなければならない参照書籍はふつう、10冊を超えることが多いのです。しかも、図書館へ行っても、それらの示唆されている書籍が必ずしもすべて見つかるわけでもなく、いくつかは取り寄せ注文をして数週間から数カ月も待つことになるか、それもだめそうな場合には書店に発注して、その到着を待つことになります。「あーあ、参照が必要な図書の重要な部分を引用コピーしてくれてあれば、どんなにか読者としては貴重な時間と手間が省けるのに！」と、いつも思っています。その思いを、せめて自分の著作では絶対に実現したい、というのが最初の素朴な発想でした。そして、長々とした引用箇所を読むのが煩わしい読者は、その部分を読み飛ばしてしまえば良いのだから、なんの問題もないわけです。

（2）私の著作は英語やフランス語に翻訳したバージョンを作って、海外の友人・知人に配ったり、インターネット上で自由にダウンロードできるようにしています。私は、日本人研究者の優れた研究書のほとんどが日本語で書かれているために、日本語の読めない大部分の海外の研究者にその価値を知られていないことが残念でたまりません。それで、私が読んでみて大いに海外に宣伝・紹介したくなった日本人の研究書は、出来るだけ長文として私の本の中に引用して、そのエッセンスが英語話者、フランス語話者にも理解してもらえるようにしています。私自身がそのような長文の翻訳をおこなう語学力も時間的余裕も無いので、翻訳会社に依頼して翻訳してもらっていますが、翻訳の出来上がりは私自身で何度もチェックして、いつもプロの翻訳担当者と数回の意見調整を行った後に、私の責任において英語版やフランス語版を公開しています。私は自分自身の主張や発見を海外に知らせるだけでなく、日本人の重要な研究の成果を少しでも海外に知らせて行く手助けをしてゆくことも、天から私に与えられた任務の一つだと考えています。

（3）私は半世紀以上前の高校生だった頃の一時期に、夏目漱石や森鷗

外の全集を片っ端から読むことに熱中しました。特に、漱石の本で、小説ではなくエッセイか評伝風のものを読んでいると、途中で突然 Robert Burns の詩が出てきたりして、本を急いで 90 度回転させて、縦のものを横にして読んだり、また元に戻して日本語の文章を読んでいると、今度は誰だったかの五言絶句が出てきて、意味が分からなくて漢和辞典を引くために読むのを中断したり、苦心惨憺しましたが、このように自由奔放に、心に浮かぶことをそのまま次々と文章に書き上げて行くような漱石の文体に強くあこがれました。また、一見、それとはまったく違った文体ですが、森鷗外の『渋江抽斎』など、江戸時代の無名の官吏（注："抽斎は医者であった。そして官吏であった。そして経書や諸子のやうな哲学方面の書をも読み、歴史をも読み、詩文集のやうな文藝方面の書も読んだ。その迹が頗るわたくしと相似ている"（森鷗外『渋江抽斎』））の日常生活を、詳細な資料を並べながら記述して行く、いわゆる「史伝体」というスタイルにも、強烈な魅力を感じました。理屈で考えれば、そんな平凡な、歴史から忘れ去られている人物、いまさら彼のこまごました日常を復元しても何の意味もないのではないかと思われる人物の人生の資料を丁寧すぎるほど丁寧に淡々と復元して行く鷗外の意図は、十代半ばの少年にとって理解できるはずもないのですが、一種異様な興奮を感じながら読み続けました。現在の私の文章スタイルの表面には滲じみ出てはいないでしょうが、私が文章を書いている時の深層心理には影響を及ぼしているように思います。

　花伝社からの出版の御縁で、埼玉大学教育学部の美術の先生である小澤基弘さんから『絵画の制作―自己発見の旅』（花伝社、2006 年）という御著書を贈呈され、それを読んでいて、小澤さんが学生たちに対する美術教育においてドローイングという手法を非常に強調されていることを知りました。しかし、それを知って思いついたのは、私の文章作法は、絵画で言えばむしろコラージュだなあ、ということです。私のイメージでは、コラージュというのは、カンバス一面に、あちこちから拾ってきたブリキのカンとか、ペンキ塗りのはけとか、破れた映画のポスターとかを張り付けて、それらのオブジェ全体が醸し出す調和の雰囲気、あるいはアンバランスの雰囲気を通して観る人に何かを訴えようとする技法だと（素人考え

で）理解しています。私が、あちこちから「これぞ」と思うさまざまな人たちの論文の文章を集めてきて1冊の本を作り上げる思想的な作業は、まさに文章のコラージュではないかと思い至りました。要は、それらの個々の文章のひとつひとつの主張点よりも、それらが全体として配置されているバランスと対比の雰囲気が最も重要なのだと感じています。これも、私が「論理」よりも「情緒」を重んじるズームイン型人間だからかもしれません。「和を以って尊しと為す」（十七条憲法　第1条）。

第Ⅰ章
算数教育とズーム型認知

Ⅰ―1．くり下がりのある引き算を地域ぐるみの取り組みで落ちこぼれゼロにした久留米の小学校教師たちの驚くべき算数教育実践

　現在、日本の小学校で学習する教科「算数」における繰り下がりのある引き算は、理解するのが小学生にはとても難しくて、落ちこぼれる子も多いので、算数教育研究の分野では、それを子どもたちに何とか分かりやすく説明しようとして、引かれる数や引く数を巧く分割して「やさしく」計算する「減減算」や「減加算」などのやり方が工夫されてきました。
「減減算」や「減加算」というのは、具体例で示すと、
　　1324 − 758 = 1324 − 724 − 34 = 600 − 34 = 566　（減減算）
　　1324 − 758 = 1324 + 42 − (758 +42) = 1366 − 800 = 566（減加算）
の様になります。

　その成果は教科書にも取り入れられているのですが、インターネットをサーフィンしてみると、けっこうネットで話題になっていることが分かりました。小学生の子どもを持つ世代の大勢の親がネットを利用して情報交換をしている、ということなのでしょうね。先日もネットの掲示板で「小2の算数、複雑すぎワロタ」といったスレッドがたち、一部で話題となっていました。

　http://www.excite.co.jp/News/bit/E1221751302538.html
　上に例示したような算数教育研究者が「工夫」したやり方が却ってあだとなって、

《上記サイトの引用、開始》
● 「52 を 40 と 12 に分けて、8 を 6 と 2 に分けて」と、どういうわけか分けまくってしまう
● 「8 を 6 と 2 に分けて、52 から 2 をひいて、6 を足して」となぜか足してしまう
● 「52 を 40 と 12 に分けて、8 を引いて、4」などと、最初に分けて、置いておいた数をきれいさっぱり忘れてしまう
★普通に計算するほうが楽なのに、なぜこんなにも複雑な計算をしなければいけないの？　私たちが子どもの頃も、こんな計算の仕方をしてたっけ？
《引用、終わり》

　いいえ、していませんでした。これは、落ちこぼれる子どもが多い「繰り下がりのある引き算」に対して近年になって開発された「新薬」なのです。しかし、その「新薬」には想定外の副作用が発生しているという現実に、大人たちが驚いているのです。ところが、この「繰り下がりのある引き算」に対して、まったく別のアプローチをする事によって、地域ぐるみの取り組みで落ちこぼれをゼロにした福岡県久留米市の教師たちの驚くべき教育実践があるのです。
　去る 2011 年 7 月 29 日に開かれた福岡県教組の「カリキュラム編成講座」算数分科会で報告発表された M 教諭の「算数　大好き　子どもたち」の発表草稿を、ご本人の了解を得て、以下にご紹介します。

　「今まで筆算を指導してきたことは何度もあった。その時、疑いもなく一の位から筆算を指導してきた。ところが 3 年前、E 教諭の学級の『上からのたしざん・ひきざん』の実践を知った。その実践の中で、今まで筆算が出来なかった子どもたちがぐんぐんと力を伸ばしていったことも知った。さらに、それを受けて、本格的に I 教諭の学級の 2 年生で上からのたしざん・ひきざんの指導が始まった。上からのたしざん・ひきざんをすることで子どもたちの計算の力はぐんと伸び

ていったそうである。しかも、3年生で学習する内容も出来るようになったそうである。そんな事実を聞く中で、K先生も2年生で実践され、その成果を報告された。そんな事を聞くにつれ、私もぜひ実践したく思い、2年生で実践した。(中略)子どもたちと『買い物ごっこ』をした。計算に合う値段をつけた。子どもたちは大喜びで、買い物ごっこに集中した。

①そのまんまたしざん（くりあがり無しの足し算）
《けいすけくんは、12円のキャンディと25円のチョコレートをかいました。あわせて何円ですか。》
　最初に厚紙で作ったブロックを用意させ、『位の部屋』の紙の上にブロックを置き、そのブロックで操作させた。そうすると、子どもたちは十の位から足し始めた。そして一の位を足していった。操作したことを発表させると、やはり、十の位を足し、一の位を足していった。全員の子がそのようなやり方でこの筆算をしていた。その後、操作したことを絵図表にして、次に、数字で表していった。まず十の位を足して、次に一の位を足して答えを出すという具合である。そのまんま足せばいいね、ということで『そのまんまたしざん』と名前を付ける。
　その後、練習問題をさせると、子どもたちは簡単に答えが出せるので大喜びであった。

②へんしんたしざん（くりあがりのあるたしざん）
《ももかさんは16円のあめと28円のチョコレートを買いました。あわせて何円ですか。》
　これも、『位の部屋』に紙のブロックを置き、操作をさせながら考えさせた。子どもたちは十の位から操作を始めた。ところが、一の位（の数の和）が次の十の位（を持つ数）になることがわかり、くりあがることをこの時に知る。十の位が変わることから「へんしんたしざん」と名前を付ける。これも絵図に表し、次に数字に表していった。この時、2段の数字に表して答えを出していった。こうすると、間違

いも少なく、簡単に答えが出せるので、子どもたちは大喜びであった。

```
   1 6
 + 2 8
 ─────
     3  ← （十の位の和）
   1 4  ← （一の位の和）
 ─────
   4 4
```

③そのまんまひきざん（くりさがりなしのひきざん）
《かずきさんは25円のガムをかいました。こうたろうさんは12円のキャンディをかいました。ちがいはいくらですか。》
　引き算はちがいを求める問題で導入した。少し難しいかもしれないが、買い物ごっこでは、この問題が適当かと思って進めた。式を書き、式に従ってブロックを用意して、ブロックを操作させた。この時も足し算と同様で十の位から操作する子どもがほとんどだった、と言うより、全員が十の位から（計算）していた。そして、簡単に答えが出せるので大喜びであった。

④へんしんひきざん（繰り下がりのある引き算）
《れなさんは19円のキャンディをかいました。たつやさんは37円のガムをかいました。ちがいはいくらですか。》
　買い物ごっこをしたけれど、実はこの時「もうけが少ないので、値上げをしました。」と値上げ宣言をした。その秘密は、どれを買っても繰り下がりになる値段を付けた。式を書き、ブロックを操作させた。あれ……。一の位が引けない。そう思う子はいい方で、勝手に大きい数から小さい数をひく子もいた。そこで、引かれる数と引く数の話をして筆算のやり方を再度確認した。
　一の位でひけない時にはどうしたらよいかを考えさせた。すると、多くの子どもたちから、十の位から借りてくればいいと言う意見が多数出た。そこで、十の位から借りてくるわけであるが、十の位の数が変わり、それが一の位に行って10に変身することから「へんしんひきざん」と名前をつけた。

⑤たしざん・ひきざんのその後（ちらみ開始）

　子どもたちは筆算がだいすきになり、つぎつぎといろんな問題をしていった。そのうちに、くりあがり、くりさがりを訂正するのをせからしがる（「めんどくさがる」という意味の福岡方言）子がふえた。そこで『ちらみ』を教えた。これはE先生の発案で、「ちらっと一の位を見らんね。そうしたら、くりあがりかくりさがりが分かるやんね。分かったら頭の中で計算しながら書かんね。」という方法であった。暗算に近い計算方法である。ほとんどの子がそのやり方が簡単だと思ったらしく、そのやり方をするようになった。しかも、文章題をさせると、（答案用紙に筆算用のスペースが空けてあるにもかかわらず）筆算の場所を使わず暗算でする子が増えていった。

　しかし、その中でもなかなか筆算がうまいことできずにつまずいている子がいる。その大きな原因は、ひとけたのたしざん・ひきざんができないことであった。次の原因は、筆算のかたちに慣れていないことであった。その子たちを集めて、少しの時間を使って学習していくうちにほとんどの子が分かってきた。しかし、A子はくりあがり、くりさがりの計算が時間がかかるので、なかなか決められた時間内にはできない。しかし、じっくり時間をかけて待ってやるときちんとできる。このことは、いかに1年生の足し算、引き算、そして繰り上がり、繰り下がりのある足し算、引き算の基本が大切であるかを考えさせられる。

⑥おわりに

　今回初めて筆算を上の位からする指導をした。今まで一の位から足したり引いたりするのが当たり前だった自分に、久留米サークルの先輩たちの実践を見ながら今回実践してみた。いちばん良かったのは、A子が繰り上がりの時に十の位に繰り上がった1を簡単に十の位に足せることであった。引き算の時には、少し苦労したけれど…。

　今まで、繰り上がりがある時には、1足す何たす何と3つの足し算を（一度に）やらなければならなかった。それが、十の位からのたし

ざんでは、何たす1で済むのである。このことは引き算についても同じである。このように、上から（計算）すると、計算が苦手な子どもにもちょっとほっとする場面があると思う。2学期になると、百の位になる計算が出てくる。その時、この上の位からの計算が実力を見せることとなると思う。」

　一の桁から計算していくと、繰り上がりがあれば、その繰り上がった1と、十の位にもともと書かれている2つの数と、一度に3つの数を足すことになります。大人から見れば何でもないように見えますが、小学1年生、2年生は、初めてそういう状況に出会うと心理的にパニックに陥ってしまう子も出るようです。ところが、十の位から計算する方法だと、一の位から繰り上がりが発生しても、すでに十の位の計算は済んでいるので、その数値に1を加えるだけで良いので、M先生の言葉を借りれば、「ちょっとほっとする場面がある」ということになります。

　ところで、上に引用したM先生の講演の中に出てくる「久留米サークル」とは、どういうサークルなのでしょう。福岡県教育総合研究所の三角富士夫先生に質問してみました。久留米市を始め、福岡県のいくつかの市では、毎週1回、小学校の教師たちが集まって、夜の7時から9時まで、算数の教育をどのように進めたらよいかという勉強会をしているのだそうです。「えっ？」と私は一瞬、耳を疑いました。「もしかして、『毎月1回』の間違いではありませんか？」ところが、やはり『毎週1回』で正しいのだそうです。私は全身が総毛立つほどの感動を覚えました。毎週の夜の勉強会に集まってくるのは、おそらくM先生のような「お母さん先生」が多いことでしょう。我が子の保育を夫やおじいちゃん、おばあちゃんに託して、毎週毎週の夜7時から9時まで、もっともっと算数の授業を良くしようと手弁当で頑張っているわけです。「先生、私（ぼく）、よく分かったよ」と大喜びする子どもたちの笑顔が見たいから……。ここにもまた、この日本という国の底力を支えている人たちがいるのです。

　私は時々、新聞の経済欄を読んでいて、「日本の経営者のトップは世界的なビジネス戦略に弱いのだけれど、上の失敗を下の社員や下請け、孫請

けの会社が強力に下支えしているから、日本の企業はなかなか転けない」というような記事に出会うことがあります。「教育界も似たようなものだなあ」と思ったりします。

　私は勧善懲悪の時代劇やスポーツ根性もののテレビドラマが大好きで、時々見ています。先週まで週1回の連続で放映されていた『陽はまた昇る』というドラマも気に入って、ほぼ毎週見ていました。ドラマの舞台は警察学校で、もと捜査一課の敏腕捜査員だったという佐藤浩市が演じる刑事が警察学校の教官として左遷されて来て、30人の生徒たちをスパルタ教育でしごきまくって、鍛えてゆくというストーリーです。「警察官は聞き込みで歩きまわり、逃げる被疑者を逮捕するために全力疾走をする。足腰を鍛えることは訓練の最重要事項の1つである。本日はランニングの訓練を行うから、全員、体育着に着替えてグランドに集合せよ」と指示を出し、グランドに集まった生徒たちに「ただ今から、全員、グランド50周を命ずる」と宣告します。「えーっ、マジかよー。」と若者たちはビックリしますが、警察学校だから逆らうわけにも行かず、走り始めますが、なにしろグランド50周ですから、夕方になっても完走できません。中には体力が尽きかけて、地面にへたり込んでしまう生徒も出てきます。仲の良い同級生に抱き起こされて肩を貸してもらったりして、夜になってようやく全員が走り終ります。走り終わってぐったりと地面にへたりこんだ生徒たちが不満を爆発させます。

　「教官！　余りにも不公平じゃないですか。なぜ僕たちのクラスだけがグランドを50周もしなければならないんですか。」「××学級はグランド5周ですよ。」「〇〇学級なんてたったの2周ですよ。」と口々に不平を並べ立てます。「バカヤロウ！　警察というのはなあ、日本一、不公平な組織なんだよ。」と教官が一喝します。「毎日毎日、朝から晩まで聞き込み捜査で靴の底を磨り減らしてはいずり回って定年まで務める刑事もいれば、上役が喜びそうな報告書ばかり書いて、若いくせにどんどん出世するヤツもいる。そういう不公平に耐えられないヤツは即刻、警察学校を去れっ！」と生徒たちを睨みつけます。生徒たちは口をとんがらせて不満たらたらですが、みんな不承不承、寄宿舎に戻ります。

まあ、この手のドラマの定番として、このあとも様々な大事件が巻き起こされるのですが、この学級の生徒たちは一人の落ちこぼれもなく卒業式を迎え、教官に心から感謝しつつ、「若き獅子たち」としてたくましく巣立ってゆくというお話です。

　毎週のエンディングの字幕に、例によって「このドラマはフィクションであり、実在する団体・個人とは関係ありません」とテロップが出るので、こういう話がどれほどの真実味があるのか私には判断できませんが、生徒たちの成長を願って、随所で敢えて「鬼教官」となる主人公に、ついつい感情移入してしまいます。日本という国をこの2千年間支えてきたのは、出世も金儲けにも無縁な、天から自分に与えられた使命を全うするために、プロとしての意地と誇りを胸に、日々研鑽に技を磨いてきた「匠（たくみ）」たちではなかったかと思うのです。

【閑話休題】

　さて、小学校算数の『上からの計算』に話を戻します。『下の桁から』ではなく、『上の桁から計算して行く』という、一見すると極めて単純な計算法が、なぜ、このように信じられないほどの威力を発揮して、子どもたちが「算数　大好き！」になるような状態を作り出すのでしょうか。私は、先ず、作業仮説として、言語学者N.チョムスキーの「普遍文法理論」における「主要部パラメータ」の原理が働いている、と考えてみました。

　地球上には2千数百とも8千あまり[1]とも言われる多種多様な言語が存在しますが、チョムスキーは、それらの言語は基本的には同一の文法規則で成り立っており、それはホモサピエンスの脳内に生得的・遺伝的に、生まれた時から与えられているのだ、という仮説を発表しました。

1　世界の言語の総数については諸説があります。2つの言語を異なった2つの言語として数えるのか、それとも一方を他方の方言として1つに数えるのかによって総数が異なってきます。さらに、地球上には現在多くの「絶滅危惧種」の言語が存在するので、それらの個々の言語を「既に絶滅した」として総数から省くか、それとも「未だ絶滅していない」とみなして総数の中にカウントするかによっても、かなり大きく違った数値が得られます。

もちろん、世界の言語の文法は様々に異なっています。例えば、英語の文法と日本語の文法には、異なったところが幾つもあります。「しかし、」とチョムスキーは言うのです。それらの違いは、かなり少数の2値パラメータ[2]の値の違いによって説明できるのだ、と主張しています。チョムスキーの普遍文法理論の中で最も重要なパラメータが「主要部パラメータ」であり、複数の単語や句が組み合わさって、より大きな句や節を作る際に、文法的・意味的に主要な役割を演じる単語あるいは句が、構成要素たちの先頭に位置する（主要部前置言語）のか、それとも末端に位置する（主要部後置言語）か、世界の全ての言語はこの2通りのどちらかに属するのであって、構成要素の中間部分に主要部が置かれるような言語は地球上には存在しません。英語などのヨーロッパ諸言語や中国語は主要部前置型とされており、日本語や朝鮮語は主要部後置型の言語です。

　主要部前置型の言語では、例えば他動詞が目的語を取って動詞句を形成する際には、主要部である「動詞」は目的語である名詞（名詞句）に前置されて、"read books"のようになり、主要部後置型言語ではその反対に、「本を」＋「読む」のように動詞が後置されます。また、主要部前置型の言語では「前置詞」という品詞があって、名詞に前置されて"in Tokyo"のように副詞句や形容詞句を作ります。他方、主要部後置型の言語では「後置詞」という品詞があって、「東京」＋「に（で・の)」の様に名詞に後置されて副詞句や形容詞句を作ります。ただし、国文法（日本語の文法）の用語では「後置詞」とは呼ばずに「助詞」と言っています。また、主要部前置型の言語では、文が名詞を修飾する時には、修飾される主要部である名詞は前置されて"the book which I bought yesterday"のようになりますが、主要部後置型の言語では「私がきのう買った」＋「本」のように、主要部である名詞は後置されます。

　これを読んでいる読者の方で言語感覚に鋭い方は既に気が付いておられると思いますが、自然言語の世界では、たった1つのパラメータや原理で100％性質が決まってしまうことはあり得ません。当然、「主要部パラ

---

[2] 2つの値の内の必ずどちらかを選ぶパラメータを「2値パラメータ」と言います。主要部パラメータの場合は、必ず「主要部前置」か「主要部後置」になります。

メータ」の原理にも多少例外的に見える現象もあります。例えば、形容詞が名詞を修飾する時は、修飾される名詞が主要部ですから、日本語のように主要部後置型の言語では「重要な」＋「こと」のように名詞は後置され、主要部前置型のフランス語では"choses importantes"と名詞が前置されるのですが、英語などいくつかの主要部前置型の言語では"important things"のように、主要部である名詞が後置される例外現象が起きます。これを説明するために、チョムスキーやその支持者の言語学者は、さらに別のパラメータや原理を導入して整合性を保つようにしているのだろうと私は思っていたのですが、実は「それは単なる例外現象である」と説明しているようです。

　このように、多少の例外現象は存在しますが、この「主要部が前置か、それとも後置か」というパラメータの値の影響は、一見、非常に強力で、その言語を母国語とする人の認知的・論理的思考傾向にも強い影響を及ぼしているように見えます。例えば、ある物の所在地を表現する場合に、後置型言語では、

　福岡県・福岡市・城南区・七隈 8 丁目 19 番地 1 号・福岡大学・理学部

のように、いちばん注目している「物」は後置され、まずは大まかな範囲から説明を初めて、だんだん詳しくなって、最後にピンポイントで目標を明示する、という順序になります。これが前置型の言語の場合には、

　Faculty of Sciences, Fukuoka University, 8-19-1 Nanakuma,
　Jonan-ku, Fukuoka City, Fukuoka Prefecture, Japan

のように、先ず目標を明確にしてから、次第にそれの周辺の状況を述べてズームアウトして行くことになります。

　時間についても同様で、主要部前置型だと、

the 4th of July, 1776

のようにズームアウトして行きますが、後置型だとその反対に

1776年7月4日

のように、後ろへ行くほど細かく具体的になって、ズームインするわけです。

　議論の組み立て方も、主要部前置型だと、まず結論を明確にして、聞き手に対して話者が味方であるのか論敵であるのかを明確にした上で、その理由を述べるスタイルを取ることが多いわけです。それに対して、日本語のような主要部後置型だと、結論は最後に言うことが多く、まずは、いろいろな周辺事情を述べて話し合いの雰囲気を整えたり、これから自分が述べるはずの結論が、自分にとっていかにやむを得ないものであるかをくどくど述べて相手の理解を求めつつ、最後に結論を言う、というスタイルが多くなります。そもそも、1つの文章でも、主要部前置型だと「I don't…」などと、最初から否定文であることが明らかになりますが、日本語のような主要部後置型だと、いろいろ長々としゃべっていて、最後に「…ではない。」と、それまで喋ってきたこと全てをひっくり返してしまうことも出来るわけです。言語の文法構造と、それを母国語として話す人の認知的・論理的思考パターンとの間には、「鶏が先か、卵が先か」というような、どちらがどちらを規定しているのか本書でこれから検討して行きますが、切っても切れない強い関係が存在しているようです。

　もちろん、日本は明治の文明開化以来、西洋文明を積極的に取り入れて来た歴史があり、西洋人の思考パターンの影響も強く受けています。これは、たとえて言えば、生まれつきは「左利き」の子どもでも、親が矯正して「右利き」にするようなもので、生得的な特徴というものも環境や訓練によってある程度は修正できる、ということに良く似ているように思います。

　で、言語的な点から見れば主要部後置型の言語である日本語の話者は、

大雑把なところから始めて、次第にピンポイントで的を絞って行く思考法が自然な思考法であり、主要部前置型の言語である主な西洋言語の話者は反対に、細かいところから始めて、次第にズームアウトして大雑把な、あるいは大局的な、グランドデザインで完結させる、という思考法が自然です。そういえば、お店で買い物をして、店員がおつりを客に渡す際にも、例えば、75ユーロの商品を買って100ユーロ札で支払うと、店員は先ず、商品を客に渡して、「はい、75ユーロ」と言い、次に5ユーロ札を渡して「これで80ユーロ」と言い、さらに10ユーロ札を2回渡して、「90ユーロ、100ユーロ、はい、これでOK。」というような感じになります。下の方から勘定して行く感じです。日本なら、店員は、たいていは一気に引き算をしておつりを渡します。

　だから、日本語のような主要部後置型の言語の話者は、計算も大きい位からだんだんと下の桁に向かって計算して行くのが自然なやり方なのですが、明治以来の西洋の学問を学んできた影響なのでしょうか、日本の算数教育では、日本語話者にとっては不自然な計算法、すなわち下の位から計算する方法をこれまで教えてきました。これは、ぜひ改めるべきだと思います。もちろん先程も述べたように、生得的には上からの計算法が自然であっても、環境や訓練によって、ある程度はこれを「矯正」して下からの計算に慣れさせることは可能ですが、不自然な方法に「矯正」するにはエネルギーを余計に使いますし、落ちこぼれの子どもも多く出ることになります。

　それどころか、主要部後置型の言語の話者は、計算する時に圧倒的に有利な立場にあるのです。それは、ソロバンを考えてみれば直ちに分かることです。「願いましては、16億7千8百32万2千5百13円なーり」と先生が数字を読み上げる時に、先頭から数字を置いて行けば、難なくソロバンの上にその数値を入力することが出来ます。これを、下の桁から入力しなければならない、という制約を設けられてしまうと、かなりの困難が発生します。そもそも、下の位から入力するためには、先生が数値を全部読み上げ終わるまで待っていなければなりません。そして、先頭から読み上げられた各桁の数字を全て記憶しておかなければなりません。これが、先

頭から入力して行くやり方だからこそ、先生が「16億…」と言いかけた瞬間に生徒は10億の桁に「1」を置き、1億の位に「6」を入力することができるわけです。以下、先生の声に従って順次入力して行けば良いわけで、先生が読み終わった瞬間に生徒の入力作業も完了しています。さらに、先生が「足すことの、23億5千5百4十2万7千3百5十8円なーり」と読み上げた時に、主要部後置型の言語の話者は圧勝です。先生が読み上げる順序通りに上の位から順にソロバン玉を加えて行けば良いだけですから、先生が読み終わった瞬間に生徒は既に足し算を完了しています。これが主要部前置型の西洋言語の話者だとどうするんですかねえ。恐らく、自分の母語からすると不自然な、上から足して行くやり方を特訓して慣れる以外にはソロバンをマスターすることはまず無理でしょう。

　主要部後置型の日本語の話者は、計算をする上で圧倒的に優位な立場にあるにも拘わらず、これまでの小学校の算数教育は、この圧倒的な優位さを「強制（矯正）的に」捨て去る訓練をしてきたわけですから、罪な話です。そして、本来ならば出さなくても良いはずの落ちこぼれ生徒を多数生み出してきたわけです。それによって、貧しく困難な一生を送らざるを得なかった人たちは、「運が悪かった」としか言いようがありません。M教諭の講演のラストでも言われていたように、「このことは、いかに1年生の足し算、引き算、そして繰り上がり、繰り下がりのある足し算、引き算の基本が大切であるかを考えさせられる。」ということです。こんな人生のスタートからつまずいてしまったら、進学や就職などで圧倒的に不利になり、かなり厳しい人生を送らざるを得なくなります。

Ⅰ—2. 児童の学習における算数の計算順序とチョムスキー普遍文法理論の主要部パラメータ値との間の関係／上の位からの足し算・引き算をした方が良いかどうかは、主要部パラメータの値で決まるか

　前節で私は、

　　『下の桁から』ではなく、『上の桁から計算して行く』という、一見す

ると極めて単純な計算法が、なぜ、このように信じられないほどの威力を発揮して、子どもたちが「算数 大好き！」になるような状態を作り出すのでしょうか。私は、先ず、作業仮説として、言語学者N.チョムスキーの「普遍文法理論」における「主要部パラメータ」の原理が働いているのではないか、と考えてみました。

と書きました。その事の言語学的な「証拠」を見付け出したように思うので、それを以下に解説します。誰かの引用ではなく、私が今朝（2011年10月10日）発見したばかりのホットニュースです。

　世界の、私が知る限りの様々な言語では、1～9までの数詞は基本数詞であり、11～19までの数詞は基本数詞を含む複合語になっています。それで、世界のいろいろな言語について、これらの複合数詞がどのような構成を取っているのか調べてみました。

10を超える数の名称リスト

	11	12	13	14	15	16
英語	eleven	twelve	thirteen	fourteen	fifteen	sixteen
ドイツ語	elf	zwölf	dreizehn	vierzehn	fünfzehn	sechzehn
フランス語	onze	douze	treize	quatorze	quinze	seize
ポーランド語	jedenaście	dwanaście	trzynaście	czternaście	piętnaście	szesnaście
フィンランド語	yksitoista	kaksitoista	kolmetoista	neljätoista	viisitoista	kuusitoista

　上のいずれの言語（主要部前置型）においても11以上の数字の名前は、

　1 + 10, 2 + 10, 3 + 10, 4 + 10, 5 + 10, 6 + 10,

というように、一の位から数えています。これは、明らかに日本語、ハングル（いずれも主要部後置型）の言語の数え方と逆になっています。

　また、特筆すべきだと思われるのは、フィンランド語と非常に近い関係にある、同じウラル語族のハンガリー語は、語彙的には非常に多くの単

語がフィンランド語と似ているにもかかわらず、奇妙なことに文法的には
フィンランド語が主要部前置型、ハンガリー語が主要部後置型であるかの
ように、19 までの数の名前が日本語や朝鮮語と同じように（十の位）+
（一の位）となっていることです。

	11	12	13	14	15	16
ハンガリー語	tizenegy	tizenkettő	tizenhárom	tizennégy	tizenöt	tizenhat

御覧のように、10 (tíz) を格変化させて tizen にして、後ろから

egy, kettő, három, négy, ... (= 1,2,3,4,...)

を後置しています。

　つまり、11 から 19 までの数詞を上の桁から数えるか、下の桁から数え
てゆくのかは、ハンガリー語とフィンランド語のような、語族として、ま
た語彙的にも極めて近い言語間でもハッキリと異なり、チョムスキーの普
遍文法理論の主要部パラメータが前置であるか後置であるかによって決定
されるように見えます。

　また、このことから、一の位が普遍文法の主要部に当たり、十の位は主
要部を修飾する部位として、無意識のうちに意識されている（ちょっと形
容矛盾のような表現ですが、他に良い日本語表現を思いつきません）こ
とがわかります。(2012 年 9 月 30 日追記：環境教育学者の北村和夫さん
から「無意識のうちに判断している」とするのが良い、と教えて頂きま
した。このことは、「判断」するためには「意識」は必要が無い、という
Ｊ．ジェインズの「双脳精神仮説」が背景になっています)。さらに、そ
のことは、たとえば、フィンランド語では yksi, kaksi, kolme, neljä, ... (=
1, 2, 3, 4,…) の部分が主格の名詞のママであり、それを後ろから修飾し
ている toista は動詞 toistaa の活用形で、動詞としての意味は「繰り返す、
反復する」であり、それぞれ 1, 2, 3, 4, ... から「一回りして来た」という
意味で一の位の数詞を修飾しています。もっとも、現在では、英語の「〜

teen」ドイツ語の「〜 zehn」フランス語の「〜 ze」と同様に接尾辞化しています。フィンランド語では一の位に焦点が当たっているわけで、関心が集中している焦点が主要部です。

同じように、主要部後置型のハンガリー語では、後置されている一の位

egy, kettő, három, négy, ... (= 1, 2, 3, 4,...)

を前から tíz（10 を表す数詞）が tizen と格変化して一の位を修飾しています。一の位は主格名詞ですから、修飾される形であって、他の単語を修飾する形には格変化していません。このように、前置型、後置型の両方とも一の位の数詞が名詞主格形であり、十の位が一の位を修飾していますから、十の位は修飾部であって主要部ではありません。それ故に、10 〜 19 迄（フランス語では 17 以上は dix-）の数詞は、前置型では一の位を表す数詞が前に来て複合数詞が形成され、後置型では一の位を表す数詞が後に来て複合数詞が形成される様に見えます。

なーるほど。日本は大きい数字をだんだん細かくしてゆく「ズームイン」型認知、あるいは、探偵小説で言うと、次第に容疑者を絞り込んでゆく「シャーロック・ホームズ」型であり、ヨーロッパ（ハンガリーを除く）は小さい数字からだんだん大きくなって行く「ズームアウト」型認知、すなわち、探偵小説で言うと、犯人は最初から分かっているのだけれど、その人物が犯人であるという証拠を探してゆく「刑事コロンボ」型なんですね。

Ⅰ—3．欧米の算数教育では 19 までの数とそれ以上の数をどうしても分離して教えざるを得ない言語的理由がある

福岡県の小学校教諭のＳ先生は、小学校１年生の数の指導で、学習指導要領では１年生は 19 までの指導を「10 といくつ」というやり方で指導することになっているけれども、10 ずつの固まりを子どもたちに作らせて、どんどん大きな数を数えさせるように工夫をして指導したところ、子どもたちがみんな何でもかんでも数えたがるようになり、「20 までの数」とい

う指導要領の制限を軽く越えて、500前後の数までみんなが一気に数えられるようになった、という驚くべき教育実践を報告しています。

日教組第60次教育研究集会数学教育分科会レポートから部分的に引用させて頂きます。

《S先生のレポートからの引用開始》
1．はじめに
　現任校に赴任して7年目を迎える。高学年の実態を目にして、1年生のときから数の概念を丁寧に指導することの重要性を改めて認識した。そこで、1年生を担任して入門期からの数との出会いを大事にしたいと考えた。

[数範囲を『60』までに広げる]
　教科書では、『10』までを指導した後、『20』までに区切って指導する。『20』までの数であると、『9, 10, 11, 12, 13,…』と一続きに数えれば分かるので、10のまとまりをつくる必要はない。だから、10ずつかためて数える良さを実感することができない。子どもたちは、『50』以上の数を生活の中で唱えて遊んでいる。『20』までの数では、数える楽しさを味わうことができず、子どもたちの学習意欲を高めることもできにくい。そこで、数範囲を『20』までに区切らずに、『60』ぐらいまでに広げることを考えた。

[手作りカウンターを作り、位取りを教える]
　教科書では、『20』までの数の指導において、『10とあといくつ』という数の構成を捉えさせる内容になっており、位取り記数法を扱うわけではない。これでは、子どもたちには表記の意味はわからない。

　そこで、指導にあたっては、紙粘土でたこ焼きをたくさん作らせ、10穴のうずらのたまごパックに詰めて、パックの個数を手作り〈十（じゅう）〉カウンター（「10」の位カウンター）に表していく。その後、ばらを〈一（いち）〉カウンター（「1」の位カウンター）に表し、両者を接続して、位取りへと結びつけていくようにしたい。

＜手作りカウンターの作り方＞

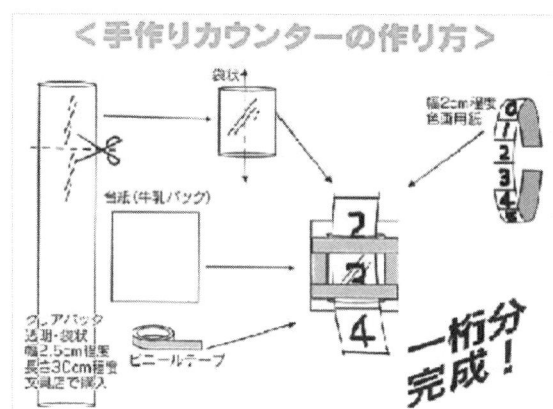

（柴田の注：要するに、『手作りソロバン』ですが、それを、子どもたちが喜ぶようにたこ焼きと、それを詰め込む穴あきのうずらたまごパックで生活臭あふれる教材を実現したところが、小学校の先生らしい。）

[百の位を数えて、500 前後まで数えさせる]

　新学習指導要領の教科書では、120 前後の読み書きは扱うが、百の位は教えていない。子どもたちは、一の位、十の位は、すでに学んでいるので、「十」が 10 個で「百」を学ぶときに、百の位を教えるのが好機であろうと考える。数える体験として、120 前後にとどめずに、500 前後の身の回りにある具体物を数えさせていきたい。

[十ずつ、百ずつまとめて数える体験を重視する]

　子どもたちは、数えることそのものに興味をもつ。たくさんの物を目の前にすると、自然に数え出す。そこで、子どもたちの興味に即し、身の回りにある様々なものをできるだけ多く準備することで、10 ずつ、100 ずつ数える活動を仕組んでいく。10 ずつまとめる道具として、ぴったり 10 個入るケースを使う段階、10 個数えて自分で閉じる段階、10 個を別物と置き換える段階、動かない物を 10 個ずつ囲む段階へと発展させていくようにしたい。

（中略：授業の実際の様子が、豊富な写真と絵図で詳しく解説されています。『たこ焼きやさんごっこ』楽しそうですよ！）

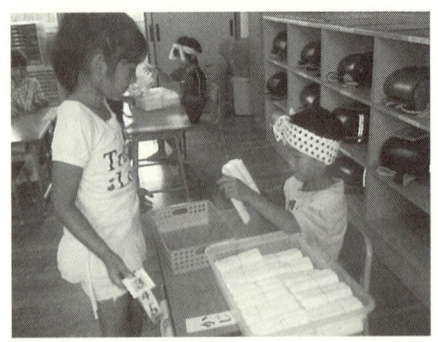

「たこやき」『3・十』　　　　　　たこやき「十が1, 2, 3」

5．成果と課題

●10ずつまとめて数えるという体験があまりないこどもたちにとって、たくさんの数を数えることを楽しんだ体験が、かたまりを実感しながら数をとらえていくことにつながり、本当の意味での理解につながるということを痛感した。

●手作りカウンターを作って位取り記数法を捉えさせることを重視したことによって、どの子にも理解を助けることとなった。さらに、数が苦手な子が自分の力で位取り記数法をとらえていく手助けとなり、手作りカウンターは大変有効な手だてであると感じた。

●1年生で数の学習を進めていく際に、指導主事が「20までの数で『10といくつ』の数の構成をおさえた後にそれ以上の数を扱うという順番は替えられない」と断言したが、この実践を通して十進位取り記数法のしくみを初めから丁寧に扱っていけば、あえて『10といくつ』の数の構成を扱わなくても十分理解できることが明らかになった。

《S先生のレポートからの引用、終わり》

うーん、すごい！　驚くべき実践報告ですね。いや、本当に恐れ入りました。「目から鱗が…」という感じです。

ところで、最後の方に書いてある、指導主事が「20までの数で『10と

いくつ』の数の構成をおさえた後にそれ以上の数を扱うという順番は替えられない」と断言したのはなぜでしょうか。それは、もちろん、学習指導要領に、そのように教えろ、と書いてあるから、「変えられない」わけです。それではなぜ、学習指導要領には、そんなおかしなことが書いてあるのでしょうか。それはもちろん、日本の数学教育研究者がそう主張しているからです。それではなぜ、日本の数学教育研究者はそう主張しているのでしょうか。それは、欧米の数学教育研究者がそのように主張しているからではないでしょうか。「欧米は進んでいるが、日本やアジアは遅れているから、欧米から学ぶのだ」と、欧米の『権威』に盲従して、欧米人の書いた研究論文やら指導書などを引用して、カッコウを付けて（権威を付けて）いるのではないかと私は疑っています。

　ところが、欧米の数学教育研究者がそういう教え方をせざるを得ないのは、彼らの言語に、アラビア式位取り記数法とは相容れない困った**欠陥**があるからなのです。日本語や朝鮮語、そしてチョムスキーの主要部パラメータの値が**後置**になっているハンガリー語には、そのような**欠陥**が無いのです。

　前節で図示したように、西洋言語（ハンガリー語を除く）では、11から19までの数詞は、1から9までの数詞を用いて「一の位の数詞の主格」＋「10を足すことを表す接尾辞」という構成になっています。太古の人類は、おそらく10までの数詞があれば、日常生活には十分だったことでしょう。それに、10までの数であれば、手の指を使っても計算できますから、便利です。それで、各国の言語では、1から10までが基本数詞（複合語ではない）となっているのでしょう。そして、英語、ゲルマン系諸語、ロマンス語系諸語、スラブ系諸語の基本数詞は明らかに音韻的な類似が認められますから、これらの数詞が誕生したのは、まだこれらの言語が分離する以前だったように見えます。ただし、フィンランド語は明らかに違う音韻系統ですし、実際、言語分類表でも「ウラル・アルタイ系の内のウラル語族」とされています。どちらかと言えば、アジア系の言語です。

　ところが、だんだんと人々が生活する集落の規模が大きくなってくると、

10までの数では必要がまかないきれなくなります。人間も生活物資も数が増えて来たからです。そこで、新しく、大きな基本数詞を作ったかというと、そうではなくて、既にある基本数詞を用いて大きな数を作る、という『知の省エネ』をやったわけですね。そのときに、主要部パラメータが『前置』になっているヨーロッパの人々は、主要部である一の位を前置させて、例えば英語の 14 ならば、「fourteen」=「4 (four)」+「10(teen = ten)」のように結合させたわけです。

　ところが、ところが、さらに集落はふくれあがり、人も物もどんどん数が増えてゆくと、20 あるいはそれ以上、もっと大きな数が必要となってきます。そこで人々は、さらに大きな数を人工的につくりました。大きな数は位がたくさんあるので、先ず、どのくらい大きいかが聞いていてすぐに聞き分けられる方が良いので、当然、大きい位の数から言ったり書いたりすることになります。日本人は、それでちっとも困らないのですが、ヨーロッパ人にとっては非常に困った事態になったわけです。英語の例で言うと、「14」と「40」が、いずれも「4」+「10」で表されることになったわけです。「フォーティーン」と「フォーティー」の違いだけですから、これを一度に教えると、子どもたちは、よほど利口で注意深い子どもでないと、何が何だかわけが分からなくなってしまうことになります。日本語なら、「じゅうよん」と「よんじゅう」を聞き間違えることは、まずありません。

　ヨーロッパ言語では、20 以上の数が人工的に作られた時代には、11 から 19 までの数の呼び方は既に日常生活に定着してしまっていたので、いまさら語順を変更すると返って混乱が増大するのではないか、という危惧から、昔通りの数詞が維持されたものと推測します。そこで、19 までの数の呼び方と 20 以上の数の呼び方が、完全にひっくり返っているので、どうしても一度には子どもたちに教えることが出来ないわけです。まず、19 までの数の呼び方をしっかりと定着させた後でないと、20 以上の数が教えられない根本的な理由がここにあると思われます。これは、主要部パラメータが後置になっている日本語、朝鮮語、ハンガリー語ではまったく考えられない現象です。我々の言語では、1 から無限大に至るまで、数の

表し方は完全に首尾一貫していて、これらの言語では、数を教える際に「19 まで」と「20 から」なんて区切る必然性は皆無です。前節で例示したように、例えばハンガリー語では、10 (tíz) を格変化させて tizen にして、後ろから

　　egy, kettő, három, négy, ... (= 1,2,3,4,...)

を後置しています。

　すなわち、我々（日本人、朝鮮人、ハンガリー人など）は、主要部パラメータが「後置」である言語の母語話者ということで、数の理解においても、大きな数の足し算・引き算においても、圧倒的に優位な立場に立っている、世界の少数派民族なのです。（2013 年 5 月 8 日追記：これを書いた時点では、「世界の少数派民族」だと思っていましたが、実は私たちアジア人の数え方の方が世界の多数派で、ヨーロッパ式の方が世界の少数派のようです。合理的な数え方の方が世界の多数派であるのは、当然と言えば当然でしょう。私たちは実にしばしば、日本人は特殊な少数派であり、ヨーロッパ流、欧米流が世界の多数派だと勘違いしていることが多いようです。）

　これまでの算数教育は、そのような決定的弱点を抱えた欧米式の教育方法を強制することによって、潜在的には才能があったかも知れない子どもたちを大勢落ちこぼれさせて来たのではないでしょうか。小学校では様々な多くの教科（科目）があるにもかかわらず、福岡の小学校の先生たちはなぜ算数のためだけに毎週毎週、教材や教え方の勉強会を開いているのかを質問してみたことがあります。それに対する答えは、算数、特に計算のやり方が理解できなくて落ちこぼれる子どもの場合がいちばん深刻だからだそうです。算数の計算は、やり方さえ分かってしまうと、例外的なウッカリミスを除けば、ほとんど満点に近い成績を確実に取ることができますが、やり方が理解できないとほぼ確実に白紙答案となってしまい、落ちこぼれ感は深刻で、最悪の場合には、「算数嫌い」から「勉強嫌い」へ、そして「学校嫌い」へと落ち込んで行くようです。算数以外の科目では、

「出来る子」「出来ない子」というのがそれほど二極分化のように目立つことがないので、算数の場合のように子どもの自尊感情が著しく傷つけられることはあまり無いようです。

Ⅰ—4．中国語は本当に前置型？　前置型・後置型で世界の言語は本当に分類できるのか？

　前々節で、私は合成数詞の結合順序と普遍文法理論の主要部パラメータ値の間には強い相関関係があるのではないかと予測しましたが、実は1つだけ気になっていることがありました。中国語の問題です。中国語は、主要部パラメータが明らかに日本語とは反対で、だからこそ、我々日本人が「漢文」を読む時には「返り点」（カタカナのレの形をしているから「レ点」とも言いますね）を振って、動詞と目的語名詞の語順を逆転させたり、前置詞を後置詞に読み替えたりして語順をひっくり返さないといけないわけですね。でも、中国語の複合数詞語順だけは日本語と同じように、「じゅう」＋「（一の桁の数）」となっていますよね。と言うよりも、むしろ、その書き方は中国から漢字と共に伝来したものであって、日本古来の数字の読み方は10までしか無くて[3]、「ひとつ、ふたつ、みっつ、よっつ、いつつ、むっつ、ななつ、やっつ、ここのつ、とお」だと思います。ハングルでもまったく同様に、いくらでも大きな数を表すことも出来る漢数字のほかに、朝鮮古来の固有数詞というのがあって、「はな、とぅる、せ、ね、たそっ、よそっ、いるごっぷ、あほっぷ、よどる、よる」と10まで続きます。「はなから」と日本語でも言いますが、あれは朝鮮の固有数詞の「1」なんですね[4]。ハングルの漢数字は、もともとが中国の発音を朝鮮風に発音しているだけですから、日本語の漢数字の読み方と、あまり大差はありません。

　で、どうして「前置」型の中国語（と私は思い込んでいました）が複合数詞の形成で、「十」＋「（一の位の数）」という結合順序になるのか、そ

3　実は、日本古来の数字の読み方で「八百万（やおよろず）」まで数えられるそうです。巻末の付録1を参照。

4　2012年1月27日追記：　新明解国語辞典には、「端（はな）から」と書いてありました。

の理由を知りたいと思いました。

　まず、「前置型」「後置型」で世界中の言語を２つに分類する分け方の他にアウグスト・シュライヒャーが提唱した、「屈折型」「膠着型」「孤立型」という３つの型に分類する考え方があります。「孤立型」というのは、Wikipedia で見てみると、中国語、ベトナム語、などアジアの一部に限定して使用されている地域限定的な言語です。私が前節までに取り上げた言語は基本的にすべて屈折型および膠着型の言語ばかりであって、孤立型の言語はひとつもありません。だから、私が発見した法則は、ごく少数の「孤立型」をしている言語を例外として、すべての屈折型および膠着型の言語には成り立つ法則ではないか、と考えました。

　私が、このように「少数の例外を除けば成り立つ法則」という考え方をしたのは、若い時に似たような見聞をしているからです。私は今から 40 年くらい前に、フランスに留学して、パリ郊外の高等科学研究所で開かれる数学のセミナーに時々参加していました。当時私が研究していた同境理論[5]の大家で、その理論を創設した業績によってフィールズ賞（数学のノーベル賞みたいなもの）を受賞したルネ・トムが、そのころは多変数関数のゼロ点集合の特異点の位相的な分類の研究をやっていて、それが「カタストロフィー理論」に発展してゆくわけですが、トムの講演は私には難しすぎてほとんど分からなかったけれど、美しい景色を見に行く様なつもりで、後ろの方の席に座って、トム大先生が喋る姿を眺めていました。そのセミナーには毎回、最前列に草食系みたいな感じの若い痩せた男が座っていて、トムが毎回「こういう定理を発見した」と黒板に数式を書いて、「その証明は次のように…」と解説を始めようとすると、「その定理、ダメですよ。ほら、こういう反例があるでしょ」と言ってツカツカと黒板に歩み寄って、数式を書くのです。トムはニコニコ微笑みながらそれを見ていて、「なるほど。じゃ、こういう制限条件を付けよう。そうすれば、君の反例は排除されるわけだ。そして、その条件で排除される関数集合は測度ゼロだから、全体にはほとんど影響を与えないわけだ。」と全く問題にしませ

5　同境理論とは、微分位相幾何学における微分多様体の分類問題を代数的位相幾何学の計算に帰着させる理論。

ん。青年の方も、いつもアッケラカンとして、「あっ、そ。じゃ、他の反例も考えておくからね。」と言ってあっさり引き下がるのです。この青年はベルギーから来ている留学生で、ピエール・ドリーニュという名前の秀才だ、と聞きましたが、このドリーニュも数年後にはフィールズ賞を受賞することになります。

【閑話休題】
　話を「漢数字」に戻すと、日本人は元来、自分たちで文字を発明することが出来なかったので、当時の世界最先端の文明国であった中国から漢字というものを輸入したわけですが、その文字システムが日本語の表現とは巧くマッチしなかったので、「万葉仮名」と呼ばれる表音文字として利用したり、中国語には無い助動詞などの機能語を表現するために漢字を崩し書きして「ひらがな」を、また漢字の一部分を抜き出して「カタカナ」を発明しました。これ以降の時代にも、日本人は外国の文化を輸入しても、それを日本人の認知様式や表現方式に合うように修正しながら活用してきました。だから、中国から輸入した「中国式位取り記数法」が1500年の長きに渡って変形を受けずに保たれ続けた、ということは、それが日本人の思考パターンにもよくマッチしていた、ということを表していると思います。
　そういう考え方について専門家のご意見を伺おうと思って、中国学が専門の同僚教授である福岡大学のＡ教授に質問してみました。彼の説明によると、中国人の伝統的な「ものの考え方」は、「大から小へ、高から低へ、広から狭へ」と流れて行くのだそうです。だから、数字の表現も、大きい桁から始まって、だんだん小さい桁の表現に移動して行くのが自然な表現形式であり、日本に輸入された中国式数字表現が現在まで保たれているのは、私が考えたように、日本人も同様の発想法をしているからだ、と彼も同様の感想を持っていることが分かりました。それから彼は、「しかし、私はチョムスキー普遍文法理論にはまったく素人だから、専門家である英語科のＢ教授に聞いてみたらいいんじゃないでしょうか」というアドバイスをしてくれました。

そこでさっそく、Bさんに電話して、上のようないきさつをお話ししたところ、彼は私がビックリするようなことを言いました。「中国語は、句構造文法理論で言うところの『句の内部構造』に関してはおっしゃる通り主要部前置型なんですが、主語・述語をまとめた「文」としての主要部パラメータは、日本語と同様に文の最後尾に来るんです。日本語では、平叙文を疑問文に変えるには、文の後ろから『か』という疑問文マーカーをつければよいわけですが、中国語でもまったく同様に、平叙文の後ろから『吗（口偏に馬と書く漢字）』を付ければいいんです。」

それに対して、英語なら、

You smoke. ⇒ Do you smoke?

のように、普通動詞の平叙文には Do（Does）を文頭に付ければ、疑問文になりますねえ。

Bさんは続けます。「英語話者の幼児は、母語が主要部前置型だと知っていても、文型によっていくつかの疑問文の作り方があることを未だ良く理解していないと、

He can swim. ⇒ Is he can swim?

のように、（脳内の）辞書から"Is"を持ってきて文頭に付加するような誤りを犯すことが報告されています。助動詞構文の場合には、文の外から単語を持ってくるのではなくて、文中の助動詞を先頭に移動させて疑問文を作らなければいけないんですね。」

なるほど。フランス語なら、文中に助動詞が有っても無くても、機械的に

Tu peux nager. ⇒ Et-ce que tu peux nager?
（君は泳げる）　　（君は泳げるか？）

のように"Est-ce que"（英語に直訳すれば"Is it that…"）を文頭に付加

すれば、たちまち疑問文が出来上がるのですが、同じ「主要部前置型」と言っても、言語によって、いろいろ細かい事情は異なるわけですね。
「中国語の場合に戻ると、句構造の内部では前置だけれど、文のレベルでは主要部後置型なので、全ての言語を前置型と後置型に2分類するのはちょっと無理なのです。その他にもいろいろと、言語によっては、句構造内部でも既に前置とも後置とも決めにくい反例現象があって、最近の文法理論の研究では、そもそも「主要部パラメータ」という概念が正しかったのか、と疑うような趣旨の論文が流行っているのです。最近の"Nature"誌に載った論文[6]では、約3000の言語について、こういう点が主要部パラメータの原則を満たしていない、という一覧表を提示しているものがあります。」ということでした。

うーん、それは困りましたね。なにしろ人工的に作ったコンピュータ言語とは違い、人間が日々使っている言葉ですから、どんどん変化してゆくし、外国語からの影響でかなり変化することもあるし、いろいろ一貫性を満たさないところがあるのはむしろ当然で、それでもなお、大部分の事柄については原理的な一貫性を持っている部分が多いからこそ、主要部パラメータの原理という概念が提唱されたんじゃないですか。

そもそも、チョムスキーが普遍文法理論を作った時に参考にしたのは主として英語だと思いますが、その英語だって、形容詞が名詞を修飾するときの語順が、主要部である名詞が前置しないという主要部パラメータの原理を満たさない泣き所があったわけでしょう？ どの自然言語にも、多少のそういう例外現象や、「例外の例外」みたいな部分がいくつか有るのは、しょうがないんじゃないでしょうかと、この時の私は思っていました。

原則として形容詞に対して名詞が前置するフランス語の場合でも、

    petit cadeau,   jolies fleures
    （小さな贈り物）   （美しい花）

---

[6] M. Dunn, S. J. Greenhill, S. C. Levinson & R. D. Gray; Evolved structure of language shows lineage-specific trends in word-order universals, Nature vol.473, pages 79-82 (05 May 2011)

のように、短くて日常頻繁に用いられる形容詞の場合には名詞が後置されるという例外がありますし、また、名詞が前置される場合と後置される場合で意味が異なる

 grands hommes et hommes grands
（偉大な男たち）と（背が高い男たち）

のような例が幾つか有ります。そういえば、先週10月14日のラジオ・フランス語講座で、慣用表現として

 C'est bonnet blanc et blanc bonnet.
（それは、白い縁なし帽と縁なし帽の白いのだ。
  = それは似たり寄ったりだ。）

というのを紹介していました。
 それとソックリ同じ現象が、名詞が原則として形容詞に対して後置するポーランド語の場合でも起きます。

 współczesna muzyka, musyka współcjesna
（現代のポーランド音楽一般）（ジャンルとしての『現代音楽』）

 英語学科のB教授の紹介で、Cさんという中国の人で、福岡大学で中国語を教えている言語学者と話をすることが出来ました。Cさんは、「私は個人的な感覚では、中国語の語順は英語よりも日本語に近い点もあるという感じを持っています。普通は「語順」というと「SVO」とか「SOV」などのことを言う場合が多いので、そういう点では中国語は「SVO」ですから「中国語の『語順』は英語と同じ」とよく言われるのですけれど、おっしゃるように、疑問文は文末に「マ」を付けるだけでよいとか、名詞を説明する文章は、英語なら必ず名詞の後に関係代名詞を使って接続させますが、中国語では日本語と同じで、必ず前から修飾させます。」と

言っていました。私が、「ああ、それは、『我昨天購入了的書』（柴田：私が高校生時代に習った漢文の知識を使ってでっち上げたニセの中国文）のように『的』を使って名詞を前から修飾させるんですよね。」と聞くと、「はい。まあ、そういうような感じになるのですけれど、正しくは『我昨天買的書』で『買』と『書』は現代では簡略体を使います。それから、この『的』の文法的な機能をチョムスキー流の考え方で説明するのはたいへん難しいです。」というお答えでした。たしかに、『的』を関係代名詞や関係副詞と考えることは困難ですよねえ。ところで、英語では、関係代名詞の係り先は『先行詞』という名前の通り、前置される名詞なので主要部前置型という原則に合致しているのに、形容詞が単独に名詞を修飾する時だけは、その原則を破って、名詞が後にきてしまうのです。「私が若い頃に学校かどこかで勉強した英文法では、動詞を含む文が名詞を修飾している時は『形容詞節（clause）』と言い、動詞を含まない単語（あるいは単語列）が名詞を修飾している時には『句（frase）』というように区別していたと思うのですが……」と質問したところ、Cさんは、「はい。そうなんですが、チョムスキーは、そういう区別をしていないんです。すべて『句』と言っています。私も、チョムスキーが『句』と呼んで一括している物たちをもっと階層的に区別しないといけないと考えています。」ということでした。私も、賛成。

　ところが、このような主要部パラメータ原理に例外がほどんど見つからない「完璧な前置型」の言語が意外にも、私たちの近くに存在することを発見しました。それはインドネシア語なのですが、それについては、また節を改めて解説します。

Ⅰ―5. ピアジェ＝チョムスキー論争、ピアジェ＝ヴィゴツキー論争の『決着』を覆す新しい世界認識制御因子の発見／福岡の小学校教師たちの算数教育における驚くべき成功の言語学的解明

　私は前節までの解説を通して、英語、ドイツ語、フランス語、ポーランド語、フィンランド語、ハンガリー語、日本語、朝鮮語、中国語における普遍文法理論の主要部前置・後置パラメータと11から19までの複合数

詞の結合の順序に一定の照応関係があることを明らかにしてきました。その後さらに、トルコ語、モンゴル語、ヘブライ語、ヒンディー語、インドネシア語、ベトナム語、スペイン語、イタリア語も調べましたが、私の仮説に対する反例は1つも見つかっていません。しかも、その調査の過程で、私の仮説は次のような総合的な仮説へと発展を遂げました。

［ズームアウト／ズームイン型認知仮説］
　世界の全ての言語話者は、以下の4つの認知分野で、タイプ(A)ズームアウト型認知、タイプ(B)ズームイン型認知、の2つの内のいずれか1方に分類される。4つの分野の内の1つでタイプ(A)あるいはタイプ(B)と決まれば、残りの分野でも同じタイプを取る。

(Ⅰ) 11以上の複合数詞の結合順序
　(A)「一の位の数(またはそれの短縮形)」＋「10(または10の数詞を短縮した接尾辞など)」という順序で結合されるが、数が大きくなって行くと、あるところで結合順序が突然逆転して、「上位の数」＋「下位の数」という順序にかわる。どこで逆転するかは、言語族によって異なる。
　(例)　ゲルマン、アラブ、ヘブライ：99を越えると逆転
　　　　スラブ、英語、：19を越えると逆転
　　　　フランス語、イタリア語：16を越えると逆転
　　　　スペイン語、ポルトガル語：15を越えると逆転
　(B) 11から無限大まで一貫して上位の位から下位の位へという順序で数字を並べて行く。

(Ⅱ) 社会的な空間認知(住所)、時間認知(年月日)、人間関係認知(姓名)
(i) 住所の表示
　(A) Nanakuma 1-1, Johnan-ku, Fukuoka City, Fukuoka Prefecture, Japan のようにズームアウトする。
　(B) 福岡県福岡市城南区七隈1―1のように「大→小」とズームインする。

(ii) 暦の年月日の表し方

（A）The 4th of July, 1776 (= 4_7_1776) のようにズームアウトする。
　　（B）1776年7月4日（ = 1776_7_4）のようにズームインする。
（iii）姓名の表し方
　　（A）Winston Churchill, Charles de Gaulle, Adolf Hitler のように「名前」＋「姓」の順序で表す。
　　（B）毛沢東、金日成、ホー・チミン、徳川家康　のように「姓」＋「名」の順序になる。

　以上のことは、人間の言語表現において、数・社会的空間・時間・人間関係認知という4つの分野を横断的にズームイン／ズームアウトの制御をしている単一の制御因子が存在することを示しています。この制御因子は最初にチョムスキー普遍文法理論の主要部パラメータという形で発見されたものと同一のものであるように見えましたが、実は言語理論に限定されたものではなく、もっと人間の認知のあり方の根本を規定する、「言語」「数」「社会関係（空間、時間、人間集団）」の分類よりも一段階レベルが高い、メタレベルの制御因子だと言えます。
（2011年12月29日注：松本克己『世界言語への視座：歴史言語学と言語類型論』（三省堂、2006年）を参照することによって、人間の認知傾向一般を制御しているズームアウト／ズームイン型認知制御因子と言語分野のみを支配している主要部前置／後置パラメータはまったく独立に獲得されていることが判りました。インド・ヨーロッパ祖語は発生して以来数千年の間、主要部前置／後置パラメータの値は激動したにも拘わらず、ズームアウト／ズームイン型認知制御因子の値はほとんど微動だにしていないことが判りました。）
　このことは既に、世間で今まで、「西洋医学と東洋医学の発想の違い」などと言われたりして、漠然とは認識されてきたことですが、それをもう少し厳密に検証してみたわけです。
　かつて、ピアジェ＝チョムスキー論争（「言語能力」の獲得は一般的な学習理論から説明できるか、あるいは生得的な言語独特の脳内モジュールが存在するか）やピアジェ＝ヴィゴツキー論争（「言語」を単に他人とのコミュニケーション手段と考えるか、それとも自己内部の思考の手段とし

ての「内言」を主に考えるか）というのが有りましたが、それらを再吟味する必要が生じてきました。（ピアジェ＝ヴィゴツキー論争に関しては、本書の第Ⅵ章でその意味を再検討することになります。）

おりから、最近は国際的な言語学界でチョムスキーの「主要部前置／後置パラメータ」そのものが正しかったかどうかを疑う研究が流行しているそうですが、それを「言語学」という狭い範囲に限って、いろいろな「反例」を見つける競争をしているならば、視野が狭くなりすぎて、人間の知能の総合性という本質を見失うことになるのではないでしょうか？

これはちょうど、「光は粒子か、波動か」というニュートン＝ホイヘンス論争で、一旦はホイヘンスの波動説が勝利したように見えて数百年が過ぎ、アインシュタインの「光量子説」が出て見直しがおこなわれ、これがさらにド・ブロイの「（光量子にかぎらぬすべての粒子に関する）粒子波動説」として発展してゆくことになるのですが、認知理論においても、そのような総合的な見直しが必要になっていると考えます。

そして私はこのことが、福岡の小学校の先生たちの算数教育における驚くべき成功の理由であり、彼女達の教育実践の成果は、教師個人の力量に依るものではないと考えるに至りました。久留米のE教諭、I教諭、K教諭、M教諭を始めとする学校ぐるみ、地域ぐるみの３年間の取り組みで、例外なく大成功をおさめている、ということは、完全な再現性、普遍性がある、ということです。また、別の市におけるS教諭の「大きな数を数えられるようにする」教育実践も、今後ますます普及して、再現性、普遍性を立証する見込みです。

Ⅰ—６．ズームアウト／ズームイン型認知仮説の検証は続く（その１）
ロマンス語諸語、ベトナム語などのアジアの言語、インドネシア語

本章第２節「児童の学習における算数の計算順序とチョムスキー普遍文法理論の主要部パラメータ値との間の関係」の英語版をマサチューセッツ工科大学（MIT）の言語学者 N. チョムスキー 氏にメールで送りました。非常に強い興味を抱いたという返事のメールが返って来ました。

前節で述べた私の「新しい世界認識制御因子」の仮説を検証するために、

卒業研究「柴田ゼミ」の学生たち 1 人ひとりに 1 つずつの言語を割り当てて検証を頼みました。アルバニア語やルーマニア語などのヨーロッパ言語はいずれも絵に描いたように、スッキリと私の仮説が成り立っていました。ポルトガル語の 11 から 19 までの数詞を見て分かったのですが、フランス語、スペイン語、ポルトガル語、イタリア語、というロマンス語の言語では、16 から 17 に増える時、または 15 から 16 に増える時に数詞表現の位取り順序が突如として逆転する、という特徴があります。

	14	15	16	17	18
フランス語	quatorze	quinze	seize	dix-sept	dix-huite
イタリア語	quattordici	quindici	sedici	diciassette	diciotto
スペイン語	catorce	quince	dieciséis	diecisiete	dieciocho
ポルトガル語	catorze	quinze	dezasseis	dezassete	dezoito
ルーマニア語	paisprezece	cincisprezece	şaisprezece	şaptesprezece	optsprezece

ただし、ルーマニア語だけは、上のように、途中で位が逆転せずに、英語のように 19 まで一の位を先に言います。そして 20 douăzeci (2 × 10) から先は 21 douăzeci şi unu (20 + 1) のように、大きい位から言ってゆく点は英語と同じです。アルバニア語もルーマニア語と同様に、英語と同じで、20 を超えたところから、数え方が逆転します。山村ひろみさん（九州大学）が、スペイン語の先生（スペイン人）に上記のことを話したら、「あら、本当にそうだわ。でも、そんなこと今まで全然気がつかなかったわ」と言われたそうです。

	14	15	16	17	18
アルバニア語	katërmbëdhjetë	pesëmbëdhjetë	gjashtëmbëdhjetë	shtatëmbëdhjetë	tetëmbëdhjetë

ここで、dhjetë が「10」そのもので、一の位と「10」の間を前置詞「mbë」（～の上に）が連結しています。

文法的な主要部の位置は、上記の全てのヨーロッパ言語では「前置」に

なっています。

　上記の全ての言語で、疑問詞のある疑問文では疑問詞は文頭に置かれます。同様に、上記の全ての言語で、姓名、住所、年月日は日本語とは反対に、「小 ⇒ 大」（名前＋苗字）の順序で並べられます。

　アジアの諸言語では、まず、インドネシア語では、驚いたことに、ヨーロッパ言語以上に前置型になっていて、11から19までの数詞がズームアウト型に、（一の位の数）＋「10」という順序になっていて、私の仮説をみごとに満たします。

　インドネシア語：

11	12	13	14	15	16
sebelas	dua belas	tiga belas	empat belas	lima belas	enam belas
	(dua = 2)	(tiga = 3)	(empat = 4)	(lima = 5)	(enam = 6)

（注）上記の12～16の綴り字には、スペースを入れない書き方をしている入門書もありました。

　Saya makan roti.
　（私）（食べる）（パン）.

　Apakah　　dia　pergi　ke　Tokyo?
　(Do/does)　(he)　(go)　(to)　(Tokyo)?

　Di　mana　ada　rumah　Anda?
　(に)（どこ）（ある）（家）　（あなたの）？

（柴田の注：存在を表す ada は省略可能。日本語でも「あなたの家はどこにありますか？」は省略形では「あなたの家はどこ？」と言うようなものでしょう。また、「疑問詞は文頭に」というのが正式語順のようですが、他方、「文末に来ることも多い」と書

いてある入門書もあります。同じ「主要部前置言語」であるはずのフランス語でも、正式語順は "Où est-il?"（どこに彼はいますか？）でも日常的には "Il est où ?"（彼はどこ？）と普通に言います。）

  Saya lahir tanggal 19 bulan Januari tahun 1965.
 （私）（産まれた）（19日）（1月）　（1965年）.

  Mahasiswa asing itu
 （大学生）（外国人）（その）　＝　「その外国人大学生」

　インドネシア語については、三省堂『言語学大辞典』（1988年）の『インドネシア語』（柴田紀男執筆）に次のような記述があります。

　《引用開始》
　「インドネシア語」はムラユ語の標準変種。インドネシア共和国, 1945年憲法（現行）の第36条において，インドネシア共和国の国語（bahasa Negara「国家語」）に指定されている。（中略）いわゆるインドネシア語を母語とする人口の、総人口に占める比率は極めて小さいと考えられる。大多数のインドネシア語使用者にとって、インドネシア語は、ムラユ語の他の変種、あるいはムラユ語以外の言語に次ぐ第2あるいは第3以下の言語である。（ちなみに、小学校教育の初めの3年間は、アチェ語, バタク語, スンダ語, ジャワ語, マラ語, バリ語, マカッサル語, ブギス語の8言語が、公認の媒介言語（medium of instruction）として、インドネシア語の導入に使われている）。これは、これらの言語の分布地域において、国語あるいは他のムユラ語変種の普及が必ずしも十分でないことを示している。（中略）インドネシア人にとって、インドネシア語は現実の言語であるというより、願われた言語、理念上の国語に与えられた名称であり、それ以上に、国民形成のシンボルである。（以下、引用省略）
　《引用、終わり》

これはちょうど、明治維新によって幕藩体制から統一国家に切り換わった日本が、新政府のもとで新しく「東京標準語」を作り、義務教育によってそれを全国に普及させた事例によく似ています。しかし、上の『言語学大辞典』の記述はかなり古いので、最近のインドネシア語の状況を、左藤正範『超入門　インドネシア語』（大学書林，1997年）から紹介しておきます。

　《『超入門　インドネシア語』からの引用開始》
　◆地方語◆
　インドネシアの大半の家庭では、「国語」としてのインドネシア語とは別に、「地方語」が「母語」として毎日話されています。
　主な地方語としては、ジャワ島のジャワ語（7,200万人）とスンダ語（約2,700万人）、スマトラ島のミナンガバウ語（約400万人）とバタック語（約300万人）、バリ島のバリ語（約300万人）などがあり、合計で250種類以上あると言われます。
　インドネシアの人たちは、家庭で地方語を話し、職場や学校へ行くとインドネシア語で話をしますので、バイリンガル（二言語使用）が普通なのです。
　今後は、教育やテレビなどの普及によって、都会では大半の人がインドネシア語だけを話すようになるでしょう。そして田舎でも年寄りだけしか地方語は話せなくなるかもしれません。少数の話者しかいない地方語は、遅かれ早かれ消えてしまうでしょう。
　《引用、終わり》

また、中国語以上に「孤立型」の特徴を持っているとされるベトナム語でも、中国語と同様にズームイン型の世界認識パターンになっています。ただし、ベトナム語の面白い点は、平叙文を疑問文に変換する時には、

（主語）＋（có）　　＋（述語）＋（không）
　　　（yesを意味する語）　（noを意味する語）

という2語を附加することです。これは、フランス語で否定文を作る際に

(ne) ＋動詞（助動詞）＋ (pas)

のように否定する部分を2語で前後を挟む点で形式的によくと似ていますが、ベトナム語の場合には、上のようになっていることによって、文の最後の単語を見れば疑問文であることが判定できる点で中国語や日本語と同様です。また、疑問詞疑問文では、疑問詞が文末に置かれます。

　Người Nhật　ăn　gì　?
（日本人）（食べる）（何）

　そして姓名を記す順序は「ホー・チミン」のように、「ホー家の」「チミンさん」というように、中国語や日本語と同じです。ただし、この Hồ Chí Minh というのは偽名で、本名は「グエン・タット・タン」（Nguyễn Tất Thành と言い、「Nguyễn」が姓、「Tất」はミドルネーム、「Thành」がいわゆるファーストネームです。ミドルネームは、無い人もいるし、母親の苗字をミドルネームにする場合もあるそうです。
　ベトナム語も基本文型は中国語と同様にSVOです。

　Tôi　　ăn　　cơm.
（私）（食べる）（ご飯）

　以上のことから推測されるように、11から19までの数詞の結合順序も中国語と同じです。

(1)	(2)	(3)	(4)	(5)	(6)	(7)	(8)	(9)	(10)
một	hai	ba	bốn	năm	sáu	bảy	tám	chín	mười

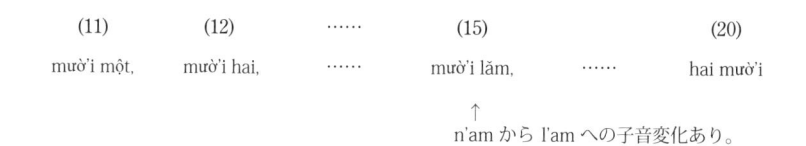

(11)	(12)	……	(15)	……	(20)
mười một,	mười hai,	……	mười lăm,	……	hai mươi

↑
n'am から l'am への子音変化あり。

　チベット語は基本的に日本語とよく似た文法体系を持っており、基本文型は日本語と同じ SOV です。チベット文字は 2300 年前のブラーフミー文字に起源を持つもので、ユニコードで表示が可能ですが、かなり訓練しないと素人には簡単に読み書きできるとは思えないので、以下ではカタカナ表記で表すことにします。

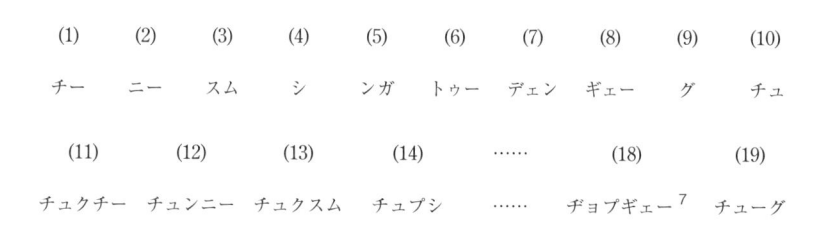

(1)	(2)	(3)	(4)	(5)	(6)	(7)	(8)	(9)	(10)
チー	ニー	スム	シ	ンガ	トゥー	デェン	ギェー	グ	チュ

(11)	(12)	(13)	(14)	……	(18)	(19)
チュクチー	チュンニー	チュクスム	チュプシ	……	ヂョプギェー[7]	チューグ

　チベット語では、ハングル（韓国語）と同様のパッチム（子音）が単語の語尾にあるときにはそれに続く単語の先頭と連動して発音が若干変化します。フランス語のリエゾンなどとよく似た現象です。上の例では「10」を意味する「チュ」が、後続の数詞と連動して「チュク」「チュン」「チュプ」などの音に変化しています。
　それにしても、いやに日本語によく似た数詞が多いなあ、とビックリしました。これは、同じ漢数字（元は中国語から来ている）だからでしょうね。

7　星実千代『CD エクスプレス　チベット語』（白水社）によれば、チベット語には日本語の様な濁音・清音の区別はなく、中国語の様な有気音・無気音の区別があります。また、声調（4声）があります。13 と 18 を発音記号で表記すると、それぞれ、¯coksum, `copkyää となります。¯c で c の 1 声（高い）を、`c で c の 2 声（高→低）を表しています。

（日本語）	↔	（チベット語）
イチ		チー
ニ		ニー
サン		スム
シ		シ
ゴ		ンガ
……		……（途中省略）
ク		グ
ジュウ		チュ

　「チベット人の姓名の姓の方は無いんです」と学生がゼミ発表で報告したので、一瞬、「えっ、無い？」と驚いたのですが、「でも、場合によっては、名前の前に地名を付けたりすることがあるそうです。また、非常に有力な一族だと姓があることもあるそうです」という補足説明を聞いて、「なーんだ、江戸時代の日本と同じなんだ」と納得しました。江戸時代までは、日本人の90％以上が農漁民や商人でしたから、「本井田の又八」とか「木枯らしの紋次郎」とか「大黒屋の吉兵衛」とか言っていたわけで、姓を持っていたのは武士か公家だけでしょう。

　トルコ語もチベット語と同様に、文法的には日本語とほとんど同じです。ただし、英語の"I think that …"のような構文があり、複文の作り方で、少しだけ日本語と異なるところもあるそうです。(2012.06.30 追記：日本語にも「我思うに、〜」という表現がありました。漢文由来と思われます)。平叙文を疑問文に直すには、日本語の「か？」に相当する「mu ?」を文末に附加すれば良いそうです。ただし、特に述語文中の場所や時間などを表現している部分を焦点化して質問する場合には、その単語の直後に挿入します。直前の単語と母音調和して、"mu, mi, mü"のように母音を変化させます。

　トルコ語の数詞の順序は日本語と全く同じです。

(1)	(2)	(3)	(4)	(5)	(6)	(7)	(8)	(9)	(10)
bir,	iki,	üç,	dört,	beş,	altı,	yedi,	sekiz	dokuz,	on

(11)	(12)	(13)	(14)	……	(19)	(20)
on bir,	on iki,	on üç,	on dört	……	on dokuz,	yirmi

(30)	……	(35)
otuz,	……	otuz beş

モンゴル語も、トルコ語やチベット語と同様に、文法的には日本語とほとんど同じです。ただし、歴史的、政治的な理由からでしょうが、ロシアと同じキリル文字を使います。

Би ном уншина.
私 本 読む（SOV）

Хүүхэд месен дээр гулгаж тоглов.
子どもたち 氷 〜の上で 滑る 遊ぶ（＝滑って遊ぶ）
　　　　　　　　（後置詞）

モンゴル語の平叙文を疑問文にするには、文末に「уу？」を附加します。

Та тууний чимээг сонсов уу?
あなた 彼の 消息 聞いた か？

モンゴル語の基本数詞は次のようになっています。

1	2	3	4
нэг (эн)	хоёр	гурав (гурван)	дерев (деревен)
5	6	7	8
тав (ан)	зургаа (н)	долоо (н)	найм (ан)
9	10	11	12
ес (ен)	арав (арван)	арваннэг	арвахоёр

以下、99まで全く同様。日本語と同順です。

Ⅰ―7. ズームアウト／ズームイン型認知仮説の検証は続く（その2）
英語の11および12，ラテン語、朝鮮語、バスク語

　11から19までの英語の数え方について、佐良木昌さんから、OED (Oxford English Dictionary) に載っている語源を見ると、11と12も、やはり「一の桁」+ 10、という形になっているということを教えて頂きました。

　私は昨年（2011年）、研究室の引っ越しの時にすべての書籍や論文やソフトウェアなどを大量の段ボールに詰めて移動させたので、その内のいくつかは多分、他の人の研究室に紛れ込んでしまったり、私の部屋に届いた段ボールもほとんどそのままにして開封していないので、何がどこに入っているのか分からない状態が続いています。とても便利だったOEDのCD-ROM版も行方不明なので、仕方がないから福岡大学図書館に行って紙のOEDを読んでみました。以下に、OEDに載っているelevenとtwelveの語源解説の部分を以下に翻訳して引用します。

　先ず、「eleven」の語源に関連していると思われる諸言語の単語が列挙されています。次の略記号がつかわれています。

　　OE. = Old English（古英語＝アングロ・サクソン）, OFris. = Old Frisian, オランダの州の1つであるFrieslandの言語。英語に最も密接な関係のあるゲルマン言語，OS. = 古サクソン，OHG = 古い高地ドイツ語，ON = 古ノルウェー語，SW = スウェーデン語，Da = デン

マーク語，Goth. = Gothic, ここでは芸術の様式として知られている『ゴチック』の意味ではなく、ゴート族のこと。ゲルマニア種族の1つで、3〜5世紀にローマ帝国に侵入し、イタリア、フランス、スペインに王国を建設した。

eleven: OE (endleofon), OFris (andlova, elleva), OS (elleban), OHG (einlif), ON (ellifu), SW (ellifva, elfva), Da (elleve), Goth. (ainlif).

　上記の OE., OFris., OS および ON 形は、*tehun（= ten）と同義語の接尾辞が付いた *ainlifun というタイプに相当する。接尾辞が古チュートン語の *tehun あるいはアーリア語の *dekm（= ten）という説は現在では放棄されている。接尾部分はアーリア語の語幹 *leiq あるいは *leip（どちらも「後に残る」を意味する）という説がある。すなわち、『eleven』とは、「(10 数えて，) あとに1つ残る」を意味することになる。」

上の説明が正しければ、第2節で解説したフィンランド語の「10」+ 〜の「10」の部分に当たる toista が動詞 toistaa の活用形で、動詞としての意味は「繰り返す、反復する」であり、それぞれ 1, 2, 3, 4, ... から「一回りして来た」という意味で一の位の数詞を修飾していることとピッタリ符合しています。さらに、twelve の部分を翻訳引用すると次のようになります。

twelve:. 古チュートン語の *twalibi- すなわち twa（= two = 2）の後ろに、語源については確かではないが一般には古チュートン語の 'liban'（= leave「後に残る」）と同じ起源をもつ lib あるいは lif が接接したものと考えられている。すべてのインド・ヨーロッパ言語においては、「12」という語は、現在、あるいは過去において、13 から 19 までと同様に、「2」+「10」という形を持つか、持っていた。例えば、ラテン語では「duõ」+「decim」、ギリシャ語「$\delta\acute{\omega}$」+「$\delta\varepsilon\kappa a$」、サンスクリット「dwā」+「daçan」。)

次に、山村ひろみさんから、ラテン語の先生から聞いた話として、ラテン語では17までは「一の桁」＋10と言う言い方をするのだけれど「18, 19」になると「マイナス2」＋20,「マイナス1」＋20、という言い方になるとうかがいました。

　《ラテン語の数詞》

http://www.sf.airnet.ne.jp/ts/language/number/latinj.html

数	名前	読み方	意味
0	nihil	ニヒル	0
1	ūnus	ウーヌス	1
2	duo	ドゥオ	2
3	trēs	トレース	3
4	quattuor	クァットゥオル	4
5	quīnque	クィーンクェ	5
6	sex	セクス	6
7	septem	セプテム	7
8	octō	オクトー	8
9	novem	ノウェム	9
10	decem	デケム	10
11	ūndecim	ウーンデキム	1* + 10*
12	duodēcim	ドゥオデキム	2 + 10*
13	trēdecim	トレーデキム	3* + 10*
14	quattuordecim	クァットゥオルデキム	4 + 10*
15	quīndecim	クィーンデキム	5* + 10*
16	sēdecim	セーデキム	6* + 10*
17	septendecim	セプテンデキム	7* + 10*
18	duodēvīgintī	ドゥオデーウィーギンティー	20から2
19	ūndēvīgintī	ウーンデーウィーギンティー	20から1
20	vīgintī	ウィーギンティー	20
21	vīgintī ūnus	ウィーギンティー・ウーヌス	20 + 1
22	vīgintī duo	ウィーギンティー・ドゥオ	20 + 2
23	vīgintī trēs	ウィーギンティー・トレース	20 + 3
24	vīgintī quattuor	ウィーギンティー・クァットゥオル	20 + 4

25	vīgintī quīnque	ウィーギンティー・クィーンクェ	20 + 5
26	vīgintī sex	ウィーギンティー・セクス	20 + 6
27	vīgintī septem	ウィーギンティー・セプテム	20 + 7
28	duodētrīgintā	ドゥオデートリーギンター	30 から 2
または	vīgintī octō	ウィーギンティー・オクトー	20 + 8
29	ūndētrīgintā	ウーンデートリーギンター	30 から 1
または	vīgintī novem	ウィーギンティー・ノウェム	20 + 9
30	trīgintā	トリーギンター	30
31	trīgintā ūnus	トリーギンター・ウーヌス	30 + 1
32	trīgintā duo	トリーギンター・ドゥオ	30 + 2
33	trīgintā trēs	トリーギンター・トレース	30 + 3

....

　これが起源となって、上記のロマンス語 4 カ国語は 16 まで、あるいは 15 までが「一の桁」+ 10 という言い方なのに、そこを越えると言い方が変わるのではないか、ということでした。確かにラテン語では文字で書いても、4，5，6 や 9，10，11 は「Ⅳ、Ⅴ、Ⅵ」「Ⅸ、Ⅹ、Ⅺ」というように、5 および 10 を基本数字として、それから「マイナス 1」という記号が使われています。これで見ると、ラテン語では 11 は、記号としては「Ⅺ」と書いているのに、声を出して読むときには下の桁から「uno」+「decim」と読んでいたことになりますね。まあ、現在でもドイツ語では「98」と書いてあるのに下から「acht und neunzig」と読むわけですから、日本人のドイツ語初心者には慣れるまでに相当の違和感が続くと思います。
　上で見たように、ラテン語では「マイナス 2」「マイナス 1」という数字が出てきましたが、似たような表現は、現在の英語やフランス語でも時刻の表現に出てきます。「a quarter to seven；7 時 15 分前 = 6 時 45 分」「une heure moin dix；1 時 10 分前 = 12 時 50 分」という具合です。

　さて、第 4 節で私は、

日本古来の数字の読み方は10までしか無くて、「ひとつ、ふたつ、みっつ、よっつ、いつつ、むっつ、ななつ、やっつ、ここのつ、とお」です。ハングルでもまったく同様に、いくらでも大きな数を表すことも出来る漢数字のほかに、朝鮮古来の固有数詞というのがあって、「はな、とぅる、せ、ね、たそっ、よそっ、いるごっぷ、あほっぷ、よどる、よる」と10まで続きます。

と書いたのですが、ちょっと誤解を生む書き方だったので補足をしておきます。朝鮮語では、固有数詞でも漢数詞と同様に、11以上の数を表現することが出来て、日常生活でも良く使われています。語の合成順序はもちろん、「よる（10）」+「はな（1）」⇒「よらん（11）」、「よる」+「とぅる（2）」⇒「よるとぅ（12）」、「よる」+「せっ（3）」⇒「よるせ（13）」、「よる」+「ねっ（4）」⇒「よるね」、……と続きます。
　日本語と朝鮮語は文法的に極めて近い関係にあり、コンピュータによる機械翻訳では、語順の移動はほとんど必要が無く、単語同士を置き換えるだけで、ほぼ翻訳できてしまうことが良く知られています。したがって、もしも古代の日本人が固有数詞で11以上の数を合成していたならば、「ひとつとお（11）」、「ふたつとお（12）」、「みっつとお（13）」、……ではなく、「とおひとつ（11）」、「とおふたつ（12）」、「とおみっつ（13）」、……という語順になったであろうことは間違いないと推測できます。

　さて、話は再びヨーロッパに戻ります。スペインとフランスの国境地帯にバスク地方というのがあります。ここに住んでいる人々（バスク人）は独特の言語と文化を持っていて、激しい政治的独立運動を展開しています。私は、バスク語は「絶滅危惧言語」ではないかと思っていたのですが、山村ひろみさんの話では、現在スペインではバスク語で話すことがファッションになっているそうですから、スペイン情勢はますます混沌……。そのバスク語を研究している小熊和郎さん（西南学院大学）から、バスク語に関する詳しいデータを頂きました。以下にご紹介します。

第Ⅰ章　算数教育とズーム型認知

バスク語データ（小熊和郎氏提供）
（1）数詞：10 以上は日本語と全く同じく上の桁＋下の桁

1. bat	11. hamaika	21. Hogei《ta》bat
2. bi	12. hamabi	22. hogeitabi
3. hiru	13. hamahiru	23. hogeitahiru
4. lau	14. hamalau	24. hogeitalau
5. bost	15. hamabost	25. hogeitabost
6. sei	16. hamasei	26. hogeitasei
7. zazpi	17. hamazazpi	27. hogeitazazpi
8. zortzi	18. hemezortzi	28. hogeitazazpi
9. bederatzi	19. hemeretzi	29. hogeitabederatzi
10. hamar	20. hogei	30. hogeitahamar(20+10)

....

40. berrogei (2 × 20)　　50. berrogeitahamar (2 × 20 + 10)
60. hirurogei (3 × 20)　　70. hirurogeitahamara (3 × 20 + 10)
80. larogei (4 × 20)　　90. larogeitahamar (4 × 20 + 10)

（2）名詞句語順：名詞修飾要素は後置される傾向があるが、そうではない場合もある。

　　形容詞、（定）限定詞は後置。
　　etxe haundi〈a〉（家／大きい＋定限定詞［単］）
　　etxe haundi hau（家／大きい／この）
　　liburu on〈ak〉（本／よい＋定限定詞［複］）
　　liburu on horiek（本／よい／それら）
　　liburu asko（多くの本）、liburu guztiak（すべての本）

・いくつかの限定詞は前置
　　gure etxea（私達の家），
　　hiru liburu（3冊の本）
　　　ただし、「1」のみ後置：liburu bat（本1冊）

beste liburu bat（別の本 1 冊）

zenbait liburu（何冊かの本）

（3）関係節は前置

① Hor dagoen etxea nire aiton〈arena〉da.
　　そこに　ある　家　私の　祖父＋所有格　だ.
　　　　　　　　　　　　　〈「の」省略可能〉

「そこにある家は私のお爺さんの家だ」

② Periodikoak saltzen dituen mutir〈arekin〉　dantza egin nuen
　　新聞　　売る　　少年（具格）〈と一緒に〉ダンス　する
　　　　　　　［3人称単数現在を表す助動詞］　　　　　［過去を表す助動詞］
　　　　　　　　　　　　　　〈具格直後では省略可能〉

herriko festetan.
　村（の）　祭り（で）
（所有格）（場所格）

「新聞を売っている少年と（私は）村祭りでダンスをした」

（4）名詞の格標示は後置

③ Geltoki〈ra〉noa.
　　駅＋へ　（私は）行く.

（5）文の語順は中立的には［補語（主語、目的語、状況補語）＋述語］
　　＝　日本語風．ただしあくまでも「ヨーロッパ諸言語と比べると」
　　という意味で、日本語の語順とは異なる点もあるので、詳しくは以
　　下の説明参照

・しかし、主題／焦点の要請で日本語よりも補語（ergative, nominatif …）
の位置は自由．述部の後に置くこともよくある.

④ Nire langunekin larunbatetan afaltzen dut.（述語最後）
　　友だちと（具格）　毎土曜日に　食事をする
　　　　arekin（「と一緒に」を省略した。）

52

「土曜日には友だちと夕食を取る」

語順の変換： 基本的に述語の直前が焦点化される．
⑤ a. Larunbatetan nire lagunekin afaltzen dut.
　　　毎土曜日に　　 友だちと　　 食事をする
　（補語位置の交代）

　b. <u>Nire lagunekin</u> afaltzen dut larunbatetan.
　（下線部がフォーカス：（友達と（私は）毎土曜日に食事をする。
　　　　　　　　＝毎土曜日に食事をするのは、友達と一緒にだ。）

　c. <u>Larunbatetan</u> afaltzen dut nire lagunekin.
　（毎土曜日に食事をする＝友達と食事をするのは毎土曜日にだ。）

　d. Afaltzen dut nire lagunekin larunbatetan.

　e. Afaltzen dut larubatetan nire lagunekin.

・否定表現（＝ez) は述部に前置される．
⑥ Etorri 　　 da（［3人称］来た）→ Ez da etorri.
　来る（pp）＋た　　　　　　　　　neg.＋た＋来る
　　　　（現在完了助動詞）　　　　　（現在完了助動詞）

・否定のフォーカスに応じて語順は変わる：本動詞の前が否定の焦点
⑦ Zapatak ez dizkizu《zure arrebak》izkutatu.
　　靴　　 neg　　　 あなたの姉　　 隠す（pp.）
　　　　　　　　 た（現在完了）
「お姉さんが靴を隠したのではない＝靴を隠したのはお姉さんではない」
⑧ Zure arrebak ez dizkizu《zapatak》izkutatu.

「お姉さんが隠したのは靴ではない」
⑧中立文「君のお姉さんは靴を隠さなかった」は、
　　ez dizkizu izkutatu（述部）
がまとまり、補語の語順はこの前後に原則的には自由に位置する．

《柴田による補足：下宮忠雄『バスク語入門』（大修館書店，1986年3版）参照》
①動詞の現在時制（複合形）——現在時制は、ほとんどの場合、この形で表現される。
　　他動詞（現在分詞形）＋ ukan（「持っている」）の現在人称活用形。du形と言う。du は ukan の3人称単数現在形
　　自動詞（現在分詞形）＋ izan（「である」）の現在人称活用形。da形と言う。da は izan の3人称単数現在形
　　で作られる。
②半過去形は、
　　他動詞（現在分詞形）＋ ukan（「持っている」）の過去人称活用形。nuen形と言う。nuen は ukan の1人称単数過去形
　　自動詞（現在分詞形）＋ izan（「である」）の過去人称活用形。nintzen形と言う。nintzen は izan の1人称単数過去形
　　で作られる。日本語の場合の、動詞（連用形）＋「ていた」（助動詞）と似ている。なお、半過去時制は、過去の習慣的な行為や過去の特定時点における出来ごとの継続性を表す。
③過去形は、
　　他動詞（過去分詞＝不定詞）＋ ukan（「持っている」）の過去人称活用形
　　自動詞（過去分詞＝不定詞）＋ izan（「である」）の過去人称活用形
　　で作られる。日本語の場合の、動詞（連用形）＋「た」（助動詞）と似ている。
④現在完了形は、
　　他動詞（過去分詞）＋ ukan（「持っている」）の現在人称活用形

自動詞（過去分詞）＋ izan（「である」）の現在人称活用形
で作られる。

以上の①〜④をまとめると、次の表のようになる。

	＋ have/be の現在人称活用形	＋ have/be の過去人称活用形
動詞の現在分詞	現在時制	半過去時制
動詞の過去分詞	現在完了時制	過去時制

　上の用例で、「来た」や「隠した」が現在完了時制で書かれているのは、過去において発生した「来た」「隠した」という事実の結果が現在も継続していることを表現しているものと思われます。
《柴田による補足、終わり。小熊和郎氏提供データの紹介、再開》

　　誕生日などの日付は日本語と同様に年、月、日、の語順で、

　　例えば，2011ko azaroaren 29a.（2011 年 11 月 29 日）

　　しかし、住所（アドレス）や姓・名の順番は、

　　例えば，サン・セバスチアンにあるあるバスク語学校の住所は，
　　Easo kalea, 13　20006 Donostia

　　このスペイン語バージョンは，
　　Calle de Easo, 13 20006 San Sebastian

　　なので両語同じになるが，面白いことは，「エアソ通り」は日本語と同じで　Easo Kalea，スペイン語の Calle Easo とは逆（〜広場も同じこと）の順序になる．
　　姓名は，名姓の順で，スペイン語と同じです．

《バスク語データおわり》

　バスク語では、姓名や住所はスペイン語と同じ順序（つまり、日本語とは逆）ということは、おそらく、バスクがスペイン（一部分はフランス）の1つの地方なので、郵便関係はスペイン語の順序（それはフランス語の順序とも同じ）で書かないと混乱するから、意識的に本来とは逆の順序で書くようにしたのではないかと推測します。でも、年月日はしぶとく「日本風」が残っているそうですから、自治体の役所などの表記では、スペインの他の州とは逆順だとすると、州を越えた引っ越し（移住）などの場合の戸籍の書き換えなどで不便や転記ミスなどが発生する可能性があるのではないかと、他人事ながら心配です。

　それにしても、「文の語順は［補語（主語、目的語、状況補語）＋述語］＝『日本語風』」というところが驚きですね。ただし、これはあくまでもヨーロッパ言語と比べれば、ということです。誰かから聞いた話ですが、昭和30年（1955）にフロイトの先駆的な紹介者として知られる安田徳太郎医博が、『万葉集の謎』（光文社）という本を出版して超ベストセラーになったことがあります。安田徳太郎は「万葉時代の日本語が、今なお、ヒマラヤの谷底にすむレプチャ人によって語られている。そして、『万葉集』の歌のほとんどが、レプチャ語で、解読できる」と主張しました。日本語の起源はレプチャ語だというのです。安田氏に続いてわれもわれもと大勢の人が「日本語の起源はＸＸ語である」というような本を出版したので、日本の出版界では一時、「マタ安」本という言葉が流行ったそうです。「またまた出ました安田徳太郎の2番煎じ」本の略称です。そのような「マタ安」本の1つとして「日本語の起源はバスク語である」という本まで出版されたそうです。あまたの「マタ安」本のほとんどは、「ＸＸ語は日本語と発音が似ている単語がこんなにたくさんある」という一覧表だけが根拠になっていたわけですが、バスク語には日本語と似た発音の単語はほとんど無いと思うので、文法構造が非常によく似ていることを根拠にして「日本語の起源はバスク語である」と主張したのでしょうから、これ

は安田徳太郎氏（医学博士）のような言語学の素人が書いたとすれば驚きです。もしかして、小熊さんじゃないの？　いや、これは冗談です。ごめんなさい。

(2013年7月6日追記：下宮忠雄『バスク語入門』（大修館書店 1986年3版）の中に紹介されている、アスクエ『バスク語と種々の文明との比較研究』(Estudio comparativo. Bilbao, 1949) の中のエピソードの孫引きになりますが、次のような話が書かれているそうです。バスク人の宣教師ムガブル (Mugaburu) 神父が 1905 年ごろに日本に着いて、ある修道院の院長事務室を訪れたとき、そこの召使が Kore bakari da（こればかりだ）と言った。「そのことばは私（ムガブル神父）、分かります」――「何という意味ですか？」――「kori（それ << eso >>）, bakarrik（だけ《únicamente》）, da（……だ <<existe>>）それだけだ、それしかない」――「しかしあなたは日本語を学んだことはないとおっしゃったばかりではありませんか」――「そのとおりです」――「ではどうして私の言ったこと（日本語）がおわかりになったのですか」――「私の母国語、バスク語だからですよ」。（中略）言語学を少しでもかじったことのある読者なら、このような偶然の一致は世界のいたるところにあることに気づくだろう。『国際バスク研究誌』(RIEV) 第3巻 (Bilbao 1909) に J.B. Lissarrague: "La soi-disant parenté des langues basque et japonaise（バスク語と日本語の間のいわゆる親近性）" という論文があるそうです。)

Ⅰ-8. 驚異の成功をおさめている「上の桁からの加減算」はどのようにして広まったのか（福岡算数・数学教育実践研究会での報告の紹介）

11月23日（勤労感謝の日）に開かれた福岡算数・数学教育実践研究会に参加しました。そこでは、私が第1節で紹介したM教諭の報告『算数大好き　子どもたち』の中で解説されている「上の桁からの加減算」という画期的な実践の発端を担ったE先生が、この取り組みの経緯を報告されました。また、これらの先生方の研究会活動を指導して来られた福岡県教育総合研究所の三角富士夫氏が、その理論的な背景を説明されました。お二人の了解を得て、以下にお二人の報告を引用、紹介します。

《E教諭の報告『小2の筆算を上の位から ～ 小2で落ちこぼされた3

年生を救った実践とその広がり』引用開始》

1. 2008年度　3年生で出会った子どもたちとの取り組みから

　2008年度、小学3年生単学級、37人の担任になった。加減筆算の学習に入る前に、2年生で学んだ2桁±2桁の復習テストをさせたところ、10人が大きくつまずいていることがわかった。特に「繰り下がり」を含む計算については、10人とも全くできていなかった。なぜ、これだけの人数が落ちこぼされてしまったのだろうか。これからどのように指導していけばいいのだろうか。

　毎週木曜日に開かれている算数教育学習会（サークル）に相談してみた。論議の中では、筆算の方法をきちんと再学習させるしかないという意見とともに、上位からの計算手法を教えてみてはどうか、という意見も出ていた。上位からの計算手法については、1977年、横地清氏（当時、山梨大）が、これからのコンピュータ中心の社会における人間の計算力を問い直す論文を発表され、加減乗除の筆算をすべて上位からすることを主張されている。その論文執筆にあたり、久留米市の小学校で実践的検証の協力が行われていたのである。しかしながら、教科書とはまったく逆の計算手法であるために、現場へはほとんど広がらなかった。全国的にみても、上位からの筆算で効果を上げたという実践事例に出会うこともなく、ときおり、サークルの話題になる程度であった。

　上位からの加減計算の基本的手法は次のように行う。

第Ⅰ章 算数教育とズーム型認知

【上の位からの筆算例】

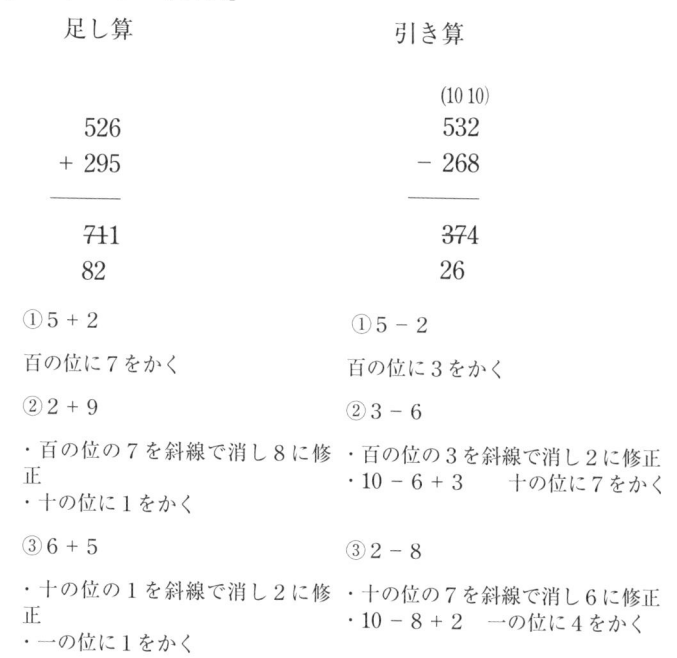

```
     足し算              引き算
                        (10 10)
      526              532
    + 295            − 268
    ─────            ─────
      7̶4̶1              3̶7̶4
       82               26
```

① 5 + 2

百の位に 7 をかく

② 2 + 9

・百の位の 7 を斜線で消し 8 に修正
・十の位に 1 をかく

③ 6 + 5

・十の位の 1 を斜線で消し 2 に修正
・一の位に 1 をかく

① 5 − 2

百の位に 3 をかく

② 3 − 6

・百の位の 3 を斜線で消し 2 に修正
・10 − 6 + 3　十の位に 7 をかく

③ 2 − 8

・十の位の 7 を斜線で消し 6 に修正
・10 − 8 + 2　一の位に 4 をかく

　筆算に苦手意識を持っている子どもたちの原因を探ると、繰り上がったときは、3 数の計算になることに抵抗がある。繰り下がったときは、上の位が 1 減っていることを忘れている。上位から計算すると、繰り上がりは、上の位の答えに繰り上がりの 1 を加えることになり、2 数の計算になる。繰り下がりは、上の位の答えから 1 減すときに修正をするので、忘れることはない。計算の形式は上位からの方が楽に思える。思い切って、上位からの手法を扱うことにした。

　そこで、10 人は担任（私）が教えることにして、残りの 27 人は、指導方法工夫改善の先生にまかせた。10 人には、チェルシーの粒、10 個入りの箱、10 箱入りのパックを使って、具体的に計算させた。すると、どの子どもたちも、ごく自然に、大きい百の位から操作を始

教室でノートにむかう子どもたち

めた。次に、操作した通りに筆算をさせた。10人全員が計算できるようになるまで、さほど時間はかからなかった。「うれしい！」「かんたん・かんたん！」「算数が楽しい！」「もっと難しい問題を出して！」この10人の喜びようはすごかった。その上に驚いたことは、計算テストでは、この10人の成績が、他の子どもたちよりよかったこと。学習時間はほとんど同じなのに……。

2、2009年度　2年生での上の位からの筆算を学ばせる

　2009年度、別の小学校において、I先生が、2年生4クラスで上位から計算する筆算の指導を行った。ブロック操作と絵図で計算過程を表現させ、言葉でも説明を繰り返させた。学習をすすめるうちに、子どもたちは、例えば、計算する前に一の位を見て、繰り上がりや、繰り下がりがあるときは、十の位の答えを1増やしたり、1減らしたりするというやり方などを、自ら工夫していった。学習の終末段階に、3年教科書から問題を抜き出してさせてみたところ、たし算は、2回繰り上がりがあっても、ほとんど抵抗なく計算できた。ひき算では、十の位が空位で2回繰り下がりがある計算でも、上位から計算した子どもの方には、間違いがほとんど無かった。家庭や塾の影響から下位からの計算にこだわる子どもたちには、つまずきが多かった。

3、2010年度　2年生に3年の内容まで組み込んで学ばせる

　2010年、私は転勤して、2年生の担任をすることになった。「荒れ」のひどい学級だった。そこでも、上からの筆算を実践することにした。ここでは、3年の加減筆算の内容まで組み込んで指導したが、子どもたちは順調に学習を終わらせた。「しきらんもん（出来ないん

だもの)」「分からんもん（分からないんだもの)」と、全くやる気のない、「荒れ」の中心であったＡ児も、上位からの計算をやり始めると、休み時間になっても「分かるけん、楽しかもん」と言って計算を続けるようになった。それ以来、落ち着いて学習するようになった。計算の手法を変えることが子どもの学びや生きる姿まで変えた！　驚異の実感をえた。

　現在、久留米市内では、上位からの計算手法をとりいれる教員が増えつつある。

４、まとめ
（１）子どもたちは具体物を使うと、上位から操作する。それをそのまま、形式化すれば、上からの筆算形式は自然に習得される。２桁±２桁の筆算形式を習得すれば、３桁、４桁……になっても、手法は変わらない。２年生で３年生の学習内容まで習得可能である。
（２）特に、計算を苦手とする子どもにとって、上位からの筆算は有効な方法である。
（３）日常生活においては、詳しい計算が必要であれば、電卓などの機器を使えばよい。人間に求められる計算力は、暗算と概算であろう。上位からの筆算をすると、結果的に暗算力が高まる。また、概算にも役立つ。私たち大人の計算手法の変革も問われている。
（４）家庭や塾などで、下位からの筆算を既に習っている子どもたちには、上位からの計算を教えるが無理強いはしない。同じ位どうしを計算するという基本をふまえて、正確に答えがだせれば、順序はどちらからでもよい。<u>学習のすすめかたについては、学級通信や懇談会で家庭にきちんと説明する必要がある。</u>
（柴田の注：これを怠ると、父母の中に教員がいた場合、「うちの子どもが教科書に反した教育をされている」と教育委員会にタレコミをされ、教育委員会から校長に「止めさせるように」という電話が入ることになる。）
（５）教科書は下位からの計算手法だけを示しているが、上位からも計算できることについても触れてほしい。教科書にとらわれている現

場に実践の自由さが広がるだろう。
《E教諭の報告の引用、終わり》

　E先生が口頭で付け加えた生々しい報告によると、2010年に転勤して受け持ったクラスは「荒れて、荒れて、凄いクラス」で、完全に学級崩壊していたそうです。特に、上に書かれているA児を中心とする数名の生徒たちは、まだ小学校2年生（7歳）のくせに、いっぱしの不良中学生のように突っ張って虚勢を張り、授業を妨害したそうです。先生が、「君たち、何しているの！」としかりつけると、「バーカ、見りゃ分かるだろう。授業をじゃましているんだよー。」などと答えたそうです。

　それが、算数の足し算が出来るようになるに従ってウソのように子どもっぽくなり、とても素直で可愛い子どもたちに変身していったそうです。「算数が分からない」「自分は他の子よりも勉強で劣っている」というコンプレックスから解放されて、虚勢を張る必要が無くなったからだと思われます。しかも今度は、もともと元気のあるこの子たちが、むしろ学級行事のリーダー役に成長していったというから、驚きです。

　このクラスを前年度に担任した教頭先生が、学期末に各クラスを巡回した際に、この問題児たちのあまりの変わり様を見てビックリ仰天して、E先生に、「あなた、あの子たちに、いったい何をしたの？」と問いかけたそうです。きっと、「あの子たちに魔法でもかけたんじゃないの？」と言いたかったのでしょう。『落ちこぼれ』から回復することによって、子どもたちの人格まで変わってしまったのです。いや、正確に言い直せば、『落ちこぼれ』になってしまったことによって、『ワルの振りをする』ことによってしか、自分の人格を周囲の仲間たちに主張出来ない状態に追い込まれていた、と言うべきでしょう。

　E先生の実践を目の当たりにした同じ学校の先生達から、「子どもって本当に変わるんだなあ」「子どもたちの伸びる力を押さえつけていたのは俺たち教師だったのかも知れないなあ」という声も出ているそうです。

　続いて、三角富士夫氏の総合報告を引用・紹介します。

《三角報告「教育を変革していく仲間の力」引用、開始》
　第61次日教組全国教研の福岡代表リポートとして、久留米支部の「上位からの加減筆算」（D小学校E先生）が選出された。
　明治以来、教科書では「加減の筆算は下の位から」と教えられてきた。これを上位からの計算に改めるように提起されたのは、当時、山梨大学教授であった横地清氏である。1977年のことであった。
　その横地氏の論文作成にあたって、実践的検証に協力していた人たちがいる。数実研久留米サークルのT.E.氏もその一人である。「加減計算では、上位から計算する方がわかりやすい」と数実研全国大会で報告していたT.E.氏のことを、今でも記憶している。だが、上位からの計算手法は、教科書のそれとまったく異なるために、現場に広がる動きはみられなかった。当時、わたしは、2年生の子どもに具体的物を使って、たし算やひき算をさせると、ほとんどの子どもが大きい方から動かして計算するのに、教科書は「下位から計算する」と説明しており、この食い違いをどうするかという問題意識を抱いていた。だから、横地氏の理論やT.E.氏の実践に、強い関心を持っていたのだが、自分には、高学年担当が続き、筆算を教える場に立てなかった。
　それに加えて、これからの社会において、コンピュータや電卓が日常化してくれば、人間に求められる計算力は、生活に必要な簡単な暗算と概算であり、上位からの計算が重要になることを認めながらも、子どもにとって、「上位からの計算がやりやすい」という確信をもてなかった。そのために、上位からの計算手法を積極的におしだすことをためらっていたところもあった。
　横地氏は、位取りを中心とする数概念を「バラ数」と名づけて、それに上位からの計算を結び付けて強調され、今日に到っている。横地氏の研究仲間である前埼玉大学の町田彰一郎氏や京都教育大学の渡辺伸樹氏などが、バラ数や上位からの計算についての啓発的論文や実践報告を出されている。だが、実際の算数教育にその変化を見出すことはむずかしい。
　2008年春、E先生が、久留米サークルの学習会で、「新しく担任を

した3年生のクラスに、筆算のできない子どもが10人もいる」と言い出した。1時間ほど論議した。そこでの結論は、「10人の子どもたちには、筆算のきちんとした再学習が必要である」ということに、「2年の教科書を読み直すような学習では、子どものやる気を引き出すことはむずかしいだろう」という意見と、「上位から計算する手法を教えてみたらどうか」という意見が付け加えられた。

それから数ヵ月後のこと。久留米サークルの学習会で、E先生から、「上位から計算させたら、たいして時間をとらずに、みんなができるようになった」と聞かされた。しかも、「習熟の具合を確かめる計算テストをしてみたら、計算のできなかった10人の方が他の子どもたちより成績がよかった」というのだから驚いた。そして、「その10人の子どもたちの学ぶ姿や生活の様子が変わり、今では、クラスの中心となってがんばっている」ということなので、またまた驚いた。

計算の手法を変えただけで、そんなに子どもが変わるのか！　E先生の報告は、「上位からの計算手法が子どもにやりやすいのか？」という、わたしが長年抱いていた疑問を、一気に粉砕してしまった。

2009年には、久留米サークルのI先生が、2年生で同学年の先生たちと一緒に、上位からの計算手法を教えることを試みた。子どもや保護者との大きなトラブルもなく、子どもたちは楽しく学習を終えた。そのとき、I先生は、3年生の教科書から3桁±3桁の計算問題を抜き出してやらせている。その結果を見ると、上位から計算している子どもたちは、2回繰り上がりの計算も、2回連続繰り下がりの問題も、ほとんど正解であった。それに対し、家庭や塾の影響で下位からの計算にこだわる子どもたちには、あれこれと誤りや混乱がみられた。上位から計算すれば、3桁、4桁、……、桁数が増えても、2桁±2桁の計算形式は変わらない。上位から計算した子どもたちは、学習をしていない3年生の計算も正解していることから、2年生で3年生の加減計算まで含めて学習できそうだ！　という可能性が見えてきた。

2010年春。E先生は転勤し、2年生を担任することになった。学級の「荒れ」がひどかったという。加減計算の授業では、ここでも、

上位からの計算手法を使った。このとき、3年の加減計算まで取り込んで教えた。子どもたちは難なくクリアできた。それだけではない。「しきらんもん」「わからんもん」と、全くやる気のない、「荒れ」の中心であった子どもが、上位からの計算をやり始めると、休み時間になっても「わかるけん、楽しかもん」と言って計算を続けるようになった。それ以来、彼は落ち着いて学習するようになり、学級の「荒れ」も消失してしまったという。

今回、日教組全国教研にE先生が「上位からの加減計算」を報告することは、絶好のタイミングであると思う。今年は、教育課程改革の実施1年目であり、教育内容やその構成、教科書のあり方などについては、いろいろな問題が指摘されるだろう。そこに、明治以来、厳然として「加減の筆算は下位から計算するもの」として教えてきた教科書と、まったく異なる計算手法を提起するのである。おそらく、教研では、はじめてのことであろうから、驚かない人はいないだろう。

横地理論の実証的実践からおよそ30年を経て、ふたたび久留米の地で芽をふいて急速に枝葉を伸ばしてきた上位からの筆算。複数の教師たちの連携した数年間の取り組みとしてまとめられた実践報告も珍しいだろうが、実践を通して教育を変革していくときのステップがすばらしい。

① 1年目　きつい子どもに試みて効果を確認する。
② 2年目　正規の教育課程に取り入れて試み、次学年の内容までも学習可能であることを見通す。
③ 3年目　実際に新しい実践が可能で効果的であることを検証する。とくに、計算の苦手な子ども、学びの意欲を失いかけている子どもに注目し、実際、その子どもたちが生き返ったように姿を変えたという事実をもとに、成果が報告されている。この実践研究の発展のしかたに心を打たれる人が多いに違いないが、これは、最初からそのような見通しをもって取り組んだものではない。いつの間にか、そうなっていたのである。計算の手法を変えることが、子どもの学びや生きる姿

まで変えた！のである。
《三角報告の引用、終わり》

この報告の中に出てくる「横地理論」の横地清氏は昭和30年代には高校の数学教師をしており、かく言う私は高校生として横地先生の数学の授業を受けていた、という個人史的因縁があります。

I―9. インドの子どもたちはなぜ19×19までのかけ算が暗算で出来るのか（「下からの計算」に適したズームアウト精神構造）

ひところ日本で、「インド式計算法」というのがブームになりました。インドの子どもたちは難しい計算でも暗算でやってしまう、というのです。特に、かけ算表は日本では9×9まで暗記するので「九九」と呼ばれるわけですが、インドでは19×19まで暗算（あるいは暗記）させる、というのです。

Wikipediaで「インドの言語」を見てみると、

《引用開始》
http://ja.wikipedia.org/wiki/%E3%82%A4%E3%83%B3%E3%83%89%E3%81%AE%E8%A8%80%E8%AA%9E

インドは、その地に芽生えた、多様なドラヴィダ語と印欧語の諸言語に加えて、中東及びヨーロッパの言葉を取り込んだ言語的豊かさを誇りとしている。幾つかのインドの言語は、明瞭な個性を持ち、しばしば古代にまでも遡る、豊かな文学の伝統を備えている。ベンガル語、ヒンディー語、カンナダ語、マラヤーラム語、マラーティー語、テルグ語、そしてウルドゥー語はそんな文学的言語の例として挙げられ、更に、言うまでもなく、二つの世界的な古典語であるタミル語とサンスクリット語もまた、同様に文学的香気高い言語である。（中略）

ヒンディー語はインドの18%の人々の母語であるが、他方、この言語を話す人口はおよそ30%に達し、更にヒンディー語を十分理解できる人口は、おそらくこれ以上の数に及ぶと言われている。

ウルドゥー語はインドの隣国パーキスターンの「国（家）語（natioanl language）」（「公用語（official language）」ではなく）でもある。同じように、「バングラ語」（ベンガル語）は隣接するバングラデシュの公用語でもある。

言語学的には、ヒンディー語とウルドゥー語は同じ言語と言える。両者の違いは大きく2点ある。まず見かけ上に大きな点として文字の違いがある。ヒンディー語がデーヴァナーガリ文字で表記されのに対して、ウルドゥー語はアラビア文字で表記される。そしてニュースや新聞などで公的な場面において、ヒンディー語がサンスクリット及びプラークリットを語源とする語彙を積極的に採用しようとするのに対して、同じようにウルドゥー語はペルシア語及びアラビア語起源の単語に多くの語彙を依拠している。もちろん英語起源の語彙も両言語ともに多く用いられる。

この2つの言語の間における差異は、イギリスによる植民地統治から独立運動の時期にかけて高まった「ヒンドゥー」／「ムスリム」という対抗意識の中で政治的に作り上げられていった側面が色濃い。また、この両者を含みこむ名称として、しばしばヒンドゥスターニー語として言及される事もある。これらヒンディー語≒ウルドゥー語≒ヒンドゥスターニー語は、歴史的にサンスクリット語を祖語とし、アラビア語、ペルシア語、トルコ系言語やインド各地の他の言語などの影響を文法・語彙・発音などの面で受け続け形成されてきた言語である。
（後略）

《Wikipediaからの引用、終わり》

ここに書かれているように、インドおよび隣国のパキスタン、バングラデッシュで話される主要言語はヒンドゥスターニー語と総称される、サンスクリット語から派生した言語です。サンスクリットも含めて、これら全ての言語で、11から99までの数詞は「一の位の数」＋「十の位の数」という構成になっています。前節までの解説で用いてきた用語を使えば、「ズームアウト型」の精神指向性を持っている、ということになります。

従って彼らは、例えば、17 × 18 を (7 + 10) × (8 + 10) のように下から見ていることに注意する必要があります。そうすると、極めて自然に、かけ算も下からやって行くことになります。

$$(7+10) \times (8+10) = (7 \times 8) + (7+8) \times 10 + 10 \times 10$$

ですから、= 56 + 250 = 306 となって、簡単に暗算で出来ます。日本の小学校で学習する「九九」と同様に、数時間かけてトレーニングすれば、ほとんど瞬時に答えを言えるようになるでしょう。私も 17 × 18 の他にもいろいろやってみましたが、非常に楽に暗算が出来ます。

日本人は、反対の「ズームイン」思考で 17 × 18 を (10 + 7) × (10 + 8) のように見ていますから、下からやってみると、かなり違和感があります。少なくとも、私は自分で実験してみて、そのように感じました。で、逆に上から、

$$(10 + 7) \times (10 + 8) = 10 \times 10 + 10 \times (7 + 8) + (7 \times 8)$$

と考えて、= 250 + 56 = 306 と計算した方が、ずっと自然に出来ました。

ソロバンを使っての計算を考えてみれば分かるように、たいていの人は訓練によって非常に早く正確に計算が出来るようになりますから、十分な訓練さえ積めば上からでも下からでも、誰でもある程度は計算は出来るようになるでしょう。しかし、久留米の先生たちの実践によって、福岡の子どもたちは下からやれば必ず「落ちこぼれ」が出るけれど上からやればまったく「落ちこぼれ」が出ず、それどころか、1 学年上で学習する教材までもスラスラできるようになる、という魔法のような結果が、4 人の教諭（および彼女達に協力した同僚の教諭たち）の 3 年間の連続した実践によって、まったく例外無しに検証されているのです。

しかも、前節で紹介した三角富士夫氏の 1970 年代での教育実践においても「2 年生の子どもに具体物を使って、たし算やひき算をさせると、ほとんどの子どもが大きい方から動かして計算する」「久留米サークルの T.

E. 氏も加減計算は、上位から計算する方が分かりやすいと報告した」とあります。昔も今も、そうなのです。そしておそらく、紀元前 500 年にサンスクリットの古典が書かれた時代においても、ズーム・パラメータに即した計算法が行われていたに違いない、と私は考えています。当時から既に 2500 年以上たち、サンスクリット語はもはや現代では話されていませんが、多くの巨大な音韻的・語彙的な変化と分化があったにもかかわらず、サンスクリット語の末裔言語たちは 2500 年前と同じに、「一の位」＋「十の位」という合成順序を堅持しています。

サンスクリット：辻直四郎『サンスクリット文法』（岩波全書，1974）参照

	+0	+1	+2	+3	+4	+5	+6	+7	+8	+9
+0		eka-	dvi-	tri-	catur-	pañca(n)-	ṣaṣ-	sapta(n)-	aṣṭa(n)-	nava(n)-
+10	daśa(n)	ekādaśa(n)-	dvādaśa(n)-	trayodaśa(n)-	caturdaśa(n)-	pañcadaśa(n)-	ṣoḍaśa(n)-	saptadaśa(n)-	aṣṭādaśa(n)-	navadaśa(n)- ekonaviṃśati, f. ūnaviṃśati-, f.
+20	viṃśati- f.	ekaviṃśati-, f.	dvāviṃśati-	trayoviṃśati-			(26) ṣaḍviṃśati-		(28) aṣṭāviṃśati-	
+30	triṃśat- f.	ekatriṃśat.	dvātriṃśat-	trayastriṃśat-			(36) ṣattriṃśat-		(38) aṣṭātriṃśat-	

という具合です。ドイツ語などのゲルマン諸語と同様に、99 まで「一の位」+「十の位」と数えてゆきます。

ヒンディー語：ヒンディー文字は Shift-JIS には無いので、音をカタカナやアラビア数字で表現することにします。

	-1	+0	+1	+2	+3	+4	....	+8
+0		シューンニエ	エーク	ドー	ティーン	チャール	...	アート
+10	ナオ (= 9)	10	1 + 10	2 + 10	3 + 10	4 + 10	...	8 + 10
+20	-1 + 2*10	2*10	1 + 2*10	2 + 2*10	3 + 2*10	4 + 2*10	...	8 + 2*10
+30	1 + 3*10	3*10	1 + 3*10	2 + 3*10	3 + 3*10	4 + 3*10	...	8 + 3*10

　カタカナで書いても、サンスクリットとの音韻関係の密接さはよく分かります。
　eka-（エーク）, dvi-（ドー）, tri-（ティーン）, catur-（チャール）, ……, asṭa(n)-（アート）, nava(n)-（ナオ）

ベンガル語：特殊な文字で書くので、Shift-JIS では表せませんが、よく見てみれば分かるように、11 から 99 まで、「一の位」+「十の位」と数えてゆくことが見て取れます。

ネパール語：ネパール語も特殊文字ですが、アルファベット表記してある文献（野津治仁『エクスプレス・ネパール語』（白水社）が見つかったので、それを以下に引用しておきます。サンスクリット語からあまり変化していないように見えます。

第Ⅰ章　算数教育とズーム型認知

	+0	+1	+2	+3	+4	+5	+6	+7	+8	+9
+0	sun	ek	dui	tīn	chār	pānch	chha	sāt	āth	nau
+10	das	eghārah	bārah	terah	chaudah	pandrah	sorah	satrah	athārah	unīs (-1 + 20)
+20	bīs	ekkāīs	bāīs	teīs	chaubīs	pachīs	chhobbīs	satāīs	athāīs	unantīs (-1 + 30)
+30	tīs	ektīs	batīs	tentīs	chauntīs	paīntīs	chhattīs	saintis	artīs	unancālīs (-1 + 40)
+40	chālīs									

第Ⅱ章
ヨーロッパ諸言語における統語構造の歴史的変遷

Ⅱ―1．松本克己『世界言語への視座』を読む（その1）
印欧語の語順のタイプ

　インターネット検索で「Wikipedia 言語類型論」を見てみたら、参考文献に松本克己『世界言語への視座――歴史言語学と言語類型論』（三省堂，2006年）という書名が書いてありました。さっそく、福岡大学図書館へ行って借りて来ました。

　図書館でこの本を探し出して、先ず驚いたのはその厚さです。460ページを越える分厚い造りに膨大なデータと深い歴史的な思考が詰まっています。著者の経歴を見ると、私の老眼のためか、1919年のお生まれと見誤って「おお、ロシア革命の翌々年だ。さぞかし風雲急を告げる時代に青春時代を過ごされたのであろう。」と感動しましたが、私の原稿をご覧になったご本人から、正しくは1929年生まれで今年（2013年）84歳というご指摘がありました。ここに訂正し、心よりお詫び申し上げます。学生、大学院生の時にはホメロスの古典ギリシャ語を研究し、その後、サンスクリット、ヒッタイト語などいろいろな古代語の研究にも手を染めるようになった、と「あとがき」に書いてあります。印欧語の語順に関して私が知りたいと求めていたことのほとんどが既にこの書物の中に書いてありました。算数教育とズームアウト／ズームイン型認知構造に関わる部分を抜き書き引用してご紹介してゆきます。併せて「ズームアウト／ズームイン型

認知構造」という私独自の視点からのコメントも適宜交えて書いてゆきます．

《松本克己『世界言語への視座』(p.38 〜 p.42) からの引用開始》
2.4　印欧語の語順のタイプ
2.4.1　語順の２つのプロトタイプ

　通常の他動詞文で，目的語（O）が動詞（V）の前に置かれるか，それとも後に置かれるかは，それぞれの言語によって大体決まっているが，この配列型は，文中の他の構成素の配列と密接に関連している．すなわち，一般的な傾向として，O-V 型の配列を取る言語では，名詞の広い意味での文法関連を表す接置詞と呼ばれる形式は，名詞の後，つまり後置詞として現れ，また，連体属格，連体修飾語，関係節など，名詞の修飾的成分は名詞の前に置かれる．一方，動詞句の構造を見ると，目的語だけでなく，上述の後置詞を伴ったさまざまな名詞句は動詞の前に，他方，動詞のテンス，アスペクト，ムードなどを表す助動詞成分は，動詞の後に置かれる．これに対して，V-O 型の配列を取る言語では，これらの構成素の配列は逆の形を取り，従って，典型的な OV 型言語と VO 型言語とでは，文中の諸成分の配列がいわゆる鏡像 (mirror image) 的な関係になる．

　これは，前者では rectum（支配されるもの）が regens（支配するもの）に先行する配列（いわゆる「左向き支配」），後者では，regens が rectum に先行する配列（いわゆる「右向き支配」）になっていて，支配 (rection) の方向がそれぞれ逆に働いているからである．相対立するこの配列型が，それぞれ OV 型，VO 型と呼ばれる語順の２つのプロトタイプである．もちろん，言語によっては，このような支配の方向が単一でなく，２つの配列型がさまざまな度合いで混合して現れる場合もある．

　ここに述べた２つのタイプは，名詞句や動詞句の構造を二項的に捉えたものであるが，最近の語順の類型論では，他動詞文の目的語の他に，主語（S）を加えた３つの成分の配列で諸言語の語順の型を捉え

る方が，むしろ一般的となっている．Sという第3の要素を加えると，その配列は，一方に，SOV, OSV, OVS, 他方に，SVO, VSO, VOSという6つのタイプが区別され，前の3つはOV型の，後の3つはVO型のそれぞれのタイプということになる．

　ただし，これまで知られるかぎり，通常の他動詞文の基本語順として，OSV, OVS 型をとる言語は，絶無とは言えないけれども，きわめて希であり，同じくVOS型もごく少数である．従って，OV型を代表するのは，事実上，SOVだけであり，他方VO型は，SVOとVSO（あるいはVSO / VOS をまとめV初頭型）の2つが通常のタイプである．SVO は VSO 型より出現頻度は高いけれども，首尾一貫したVO的配列は，VSO型の言語により多く見られる．なお，世界諸言語を全般的に見ると，SOV型に属する言語が最も多く，ついてSVO, VSO 型の順になり，また，OV型とVO型で分けると，両者の数はほぼ相半ばする．ちなみに，日本語やトルコ語は，首尾一貫した（S）OV配列の，古典アラビア語（VSO）やタイ語（SVO）は，同じく首尾一貫したVO配列の典型である．

2.4.2　印欧語における語順の諸相

　印欧語で語順の問題がとりわけ興味深いのは，この語族内部での語順のタイプが，世界の諸語族でもほとんど例を見ないほど，多種多様な様相を呈しているからである．

　筆者の手許にある世界諸言語の語順のデータで見ると，印欧系の言語のデータは，古代語から現代語まで含めて，100近く数えられる．今これらの言語について，語順の類型論で取り上げられる代表的な4つの特徴，すなわち，他動詞文の3つの成文（S, V, O）の配列，接置詞の位置，属格の位置，修飾形容詞の位置について，それぞれの現れ方を示すと，次のようになる（POは後置詞，PRは前置詞，Gは属格，Aは形容詞，Nは名詞を表す）．（柴田注：属格というのはドイツ語などでは名詞の「所有格」と言ったり2格と言ったりしています．ロシア語やポーランド語などでは生格と呼んでいます．）

配列特徴	SOV / SVO / VSO	PO / PR	GN / NG	AN / NA
言語数	47 / 46 / 6	33 / 66	54 / 42	70 / 25

　また，この4つの特徴を組み合わせると，首尾一貫したOV型，すなわち，SOV + PO + GN + AN は33，首尾一貫したVO型は，SVO + PR + NG + NA が14，VSO + PR + NG + NA が6言語で，残りはさまざまな形の混合（ないし動揺）型で占められる．語順タイプのこのような複雑な現れ方は，たとえば，首尾一貫したOV型がほとんど100％を占めるアルタイ諸語，あるいは首尾一貫したVO型が圧倒的多数を占めるオーストロネシア諸語やバントゥー諸語などと著しい対照をなしている．

　印欧語の語順のタイプの多様性は，現代語の場合にとりわけ顕著であるが，しかしそれらの分布は，各々の言語の地理的な位置と密接に関連している．すなわち，語順のタイプはまず，東のアジアと西のヨーロッパで大きく2つに分かれ，他動詞文の基本語順でいうと，アジアの印欧語は，すべてSOV型，それに対してヨーロッパの印欧語はすべてVO型（VSOまたはSVO）である．現在アジアで行われている印欧系の言語は，アルメニア語を除いて，すべてインド・イラン語派に属するが，このうち，インドのアーリア諸語とイラン語の東のグループは，大部分，首尾一貫したSOV型，それに対してイラン語の西のグループには，OV型とVO型の混合したタイプが多く見られる．たとえば，西イラン語の代表ともいうべき現代ペルシャ語は，他動詞文の基本語順だけはSOVであるが，名詞句の構造は，修飾的成分を後に置き接置詞を前置するVO型である．なお，アーリア諸語は，その南にドラヴィダ語，北・東部にチベット・ビルマ諸語が隣接し，これらが連続して大規模なOV言語圏を形作り，また，イラン語は，北・西部でOV型のチュルク諸語とカフカス諸語，西・南部でVO型のアラビア語に隣接し，全体がひとつの過渡地域を形成している．

　次に，ヨーロッパの印欧語に目を向けると，その西の片隅，ブリ

テン諸島に辛うじて生き残るケルト語が孤立したVSO圏を作る他は，すべてSVO型に属するけれども，その内部はきわめて複雑な様相を呈している．概略的にいうと，ロマンス語によって代表される南ヨーロッパのグループは，首尾一貫したSVO型であるが，その北・東部に位置するゲルマン，バルト，スラヴ諸語には，VO型とOV型のさまざまな混合型が現れる．すなわち，問題の4つの配列特徴について言えば，リトアニア語はSVO　PR／PO　GN　AN，北欧のゲルマン語はSVO　PR　GN　AN，英語とドイツ語はSVO　PR　GN／NG　AN，大部分のスラヴ語はSVO　PR　NG　ANというように，程度の差はあれ，いずれも不整合ないし動揺的な語順を呈示している（／は2つの特徴の共存を示す）．また同じSVOでも，英語やフランス語のように，この配列がきわめて厳格な言語からロシア語のようにほとんど自由な言語まで，また，名詞の語尾変化による格組織と前置詞を共存させる言語から全く格組織をもたない言語まで，さまざまである．

　このように，印欧語はその東と西で全く違った語順のタイプを出現させ，インドのアーリア諸語のたとえばヒンディー語やベンガル語とヨーロッパの西端に位置するたとえばアイルランド語（VSO）やスペイン語（SVO）とでは，文中の構成素の配列がまさに鏡像的となり，両者の違いは，あたかもトルコ語とアラビア語，あるいは蒙古語とスワヒリ語，もっと身近に例をとれば，日本語と英語のそれとほぼ等しい．たとえば，次の日本文とそれにほぼ対応する英文を比較されたい．語の配列がまさに鏡像的な関係となっている．

日本語：友達／カラ／送ラレタ／先生／ノ／本ヲ／読マ／ナカッ／タ．
英語：(I) did /not/ read/ the-book/of/the-teacher/sent/from/my-friend.

　印欧諸語の内部に見られる語順のタイプのこの著しい相違は，いかにして生み出されたのか．また，印欧語本来の語順のタイプは，一体どのようなものであったのか．

2.4.3 印欧語の統語法を遡る

インド・アーリア諸語の前身はサンスクリット語，ロマンス諸語のそれはラテン語である．どちらも2千年以上にわたる文献資料を通じて，その変遷の過程を跡づけることができる．実際，いずれの側も，この間に，その文法構造とりわけ名詞の格標示や動詞の活用組織の面で，深甚な変化を遂げている．しかし，当面の語順の特徴に関する限り，大きな変化が起こったのは，西のラテン・ロマンス語圏であって，東のインド・アーリア語圏ではなかった．古代インド語の語順の型はヴェーダの散文で確かめられるように，基本的には SOV, 接置詞は大部分が後置され，属格，形容詞，関係節を含めて名詞の修飾成分は前に置かれるのが通常である．一方，ラテン語の場合は，他動詞文の基本語順は SOV 型であるが，他の特徴についてはかなり動揺的であり，時代によっても大きな違いが認められる．ラテン語の時代区分としては，概略，紀元前1世紀以前の古期，前1世紀から後2，3世紀までの古典期，それ以降の俗ラテン語の時期が区別される．

主として法律関係の碑文資料で知られる最古期のラテン語の語順の特徴は，サンスクリット語のそれに近いもので，基本語順はかなり厳格な SOV, 属格そしてまた関係節も前に置かれる方が普通である．ただし，修飾形容詞の位置は，古典期と同じく，名詞の後に置かれる方が通常で，また，接置詞も名詞起源のもの，たとえば gratiā, causā, fine などを除いて，前置的用法が支配的となっている．

古典期のラテン文法は，いわゆる「語順の自由」がかなり顕著であるが，動詞の位置に関しては，文末位がやはり優勢である．主なラテン著作家について，文末位をとる動詞の比率を参考までに示すと，次のようである（〜の前は主文，後は従属文での比率）．

表 2.6　古典ラテン著作家における基本語順：動詞の末尾位置

［ラテン著作家］	［主文～従属文］
カエサル（ガリア戦記）	84%～93%
サルスティウス	75%～87%
カトー	70%～86%
タキトゥス	64%～86%
リヴィウス	63%～79%

（柴田の注：各著者の年代を柴田が検索で調べて以下に表示しておきます。姓名の内、姓だけしか分からないので、別人の可能性があり、誤りがあれば、柴田の責任です。

カエサル（ガリア戦記）（紀元前58年から同51年にかけて8年間にわたるガリア遠征について記述している。）

サルスティウス（紀元前86年―紀元前35年）

カトー（紀元前234年―149年。ただし、ここでは、キケロの紀元前44年の著作「大カトー・老年について」に関する統計と思われる。）

タキトゥス（55年頃―120年頃）

リヴィウス（紀元前59年頃―17年）

　柴田の注、終わり）

　しかし，属格に関しては，この時期に NG 配列が GN 配列を上回ってはっきりと優勢になる．たとえば，プラウトゥスの『アウルラリア』（前3世紀末）では、NG が 36% であるが，カエサルの『ガリア戦記』（前1世紀）では 58%，タキトゥスの『年代記』14巻（後1世紀）では 60%，クインティリアヌスの『弁舌集』（後1世紀末）では 64% という数字になっている．また，「前置詞の後置的用法」も，一部の特例を除いて，希となり，関係節も「先行詞」に後続する方が一般的となる．このような VO 的な配列原理は，俗ラテン語において一層顕著となり，たとえば，紀元4～5世紀の『イェルサレム巡礼記 Peregrinatio Aetheriae』では，動詞の末尾位置は，主文で 25%，従属文で 37% と激減し，他の配列特徴も後のロマンス語に近づいている．

　このようにラテン語では，古期ラテン語からロマンス語の直接の祖

語というべき俗ラテン語に至る間に，語順のタイプがSOVからSVO型へ推移したことがはっきりと確かめられる．同じような変化は，程度の違いはあれ，ゲルマン語その他でも起こったが，その時期はもっと新しく，これらの言語の記録時代に入ってからである．たとえば，英語の場合，基本的にはSOV型であった古英語の末期から中期英語にかけての3～400年の間に，語順を含めて文法構造の全般が激しい変化をこうむり，現在見るような語順の型が出来上がったのは，ようやく近世の初めになってからである．要するに，ヨーロッパの近代諸語に見られる語順の型は，ヨーロッパの文化的先進地帯であるローマニアで確立されたSVO型の語順が次第に北・東部へと拡散した結果にほかならない．（柴田の注：「ローマニア」をGoogle検索しても，「ルーマニア」関連記事しか出てこない．松本氏は，ここでは「旧ローマ帝国の文化を直接継承していた地域」というような意味でこの用語を用いているようである．）

　印欧語の古い語順の型を知るためには，ヒッタイト語の証言がとりわけ重要である．ヒッタイト語は，およそ前1600年から前1200年にいたるその記録時代の全般を通じて，印欧語としては首尾一貫したSOV型の言語である．すなわち，述語動詞は圧倒的な比率で文末位に現れ，接置詞はすべて後置されて前置詞の用法はまったく見られない．属格や修飾形容詞は被修飾名詞の前に置かれ，また限定的関係節も前に置かれるのが原則である．

　ちなみに，楔形文字のヒッタイト語のテキストは，単語は分かち書きされるけれども，句読点に当たるものはない．しかし，動詞が通常文末を標示するので，文の理解に支障をきたすことはほとんどなく，この点でも，日本語にきわめて近い語順のタイプである．

　ヒッタイト語に見られるこの語順のタイプがそのまま印欧祖語のそれであると即断することは，もちろん許されない．しかし，古い時期の印欧語には一貫したVO型の言語が皆無であること，複合語における構成素の配列がほとんどの場合OV型であること（たとえば漢語の「殺人」「登山」はVO型，日本語の「人殺し」，「山登り」はOV型），形態法がもっぱら接尾辞の附加により，接頭語を用いないこと，格標

示を語末で行う「格組織」が発達していることは，ほぼ間違いのないところである．印欧語の語順に関して重要なのは，むしろ，この語族の西のグループで大規模に行われた語順の変化がなぜ起きたかという問題である．

　一般に，語順の変化が外部的な要因，すなわち他言語からの影響によって起こる場合は，まず文の直接成分である主語，目的語，述語動詞などつまり最も自立性の高い要素から始まるのが普通である．しかし，古い時期の印欧語の場合は，すでにラテン語について見たように，動詞の位置よりも，接置詞，属格，関係詞など比較的結びつきの固い成分の方が先に動いている．このことから，印欧語の語順の変化には内部的な要因がかなり強く働いたことが推察される．

　そのような要因として，まず第一に考えられるのは，印欧語の形態法，とりわけ動詞の活用形態である．同じ SOV 型といっても，古い時期の印欧語が日本語のような厳格な SOV 型言語と大きく異なるのは，動詞（句）がその構造上必ずしも文末に拘束されていないという点である．古い印欧語のいわゆる定動詞は，ちょうど名詞が語幹と完全に融合した格語尾で終わるように，語幹部と固く結合した人称語尾で終り（たとえば，ラテン語 ama-ba-mus, 'we-were-loving'），この語尾が動詞の語としての結束性と自立性を確保している．日本語の「読ま-され-まし-た-の-で」のように，接尾辞が際限もなく附加されるということはない．

　このような述語動詞の自立性の強さが，古い時期の多くの印欧諸語にいわゆる「語順の自由」という現象を生み出した．必要とあれば，動詞は文末を離れて文頭に移動し，また，動詞の後に新しい情報を追加することも可能である．自立した動詞のこの可動性を文の情報構造レベル，プラーグ学派のいわゆる「機能的文構成 Functional Sentence Perspective」の目的のために最大限に利用したのが，おそらく古代ギリシャ語である．ギリシャ語の動詞はしばしば文中にあって，theme（旧情報）と rheme（新情報）をつなぐ境界的役割を担い，中間位置への指向を強めた．こうしてギリシャ語は，古い印欧語

ではもっとも早く，語順を含めて全般的な統語型がSOVから不確定型，そしてSVO型へと推移し，後の印欧語の西方群で起こった大がかりな統語変化の先駆けとなったのである．
（著者注：なお，ここで扱った印欧語の語順の問題について，詳しくは，松本(1975)，同(1978b)［柴田注：おそらく 1987b］を参照されたい．）

松本克己　1975「印欧語における統語構造の変遷」『言語研究』68:15-43.（本書所収）

松本克己　1987b「語順のタイプとその地理的分布」『文芸言語研究』（筑波大学）12:1-114.

《『世界言語への視座』からの引用、いったん中断》

　恥ずかしながら、私はこのような重大な歴史的事実を全く知りませんでした。ヨーロッパ諸言語が日本語と同様の完全な主要部後置型の統語構造から出発して、約2000年掛かって現在のような主要部前置型の構造へと180度の語順の逆転を遂げたことは、松本氏の本を読むまで、私はまったく知りませんでした。「英語の語順も、古英語の語順と現代英語の語順では、かなり異なる」とか、「中国語の語順も歴史的に変化してきている」というような、断片的な情報には接していましたが、ここまではっきりと解説した論文に初めて接して非常に驚きました。

　このことが、中国語の統語的語順の歴史的変遷の実態へと私の関心を向かわせ、そして私は私の「ズーム型認知」の理論に確信を深めてゆくことになるのです。

Ⅱ―2．松本克己『世界言語への視座』を読む（その2）
印欧語における名詞の格組織の変遷

　前節では『世界言語への視座』の中の語順の変遷に関する部分を引用・紹介しましたが、本節では、語順の変遷の内部的要因となったと松本氏が考えている、名詞の格組織の変遷についての部分を取り上げて引用・紹介します。

《松本克己『世界言語への視座』からの引用再開 (p.44 〜 p.51)》
2.5 印欧語の形態法
　　—とくに名詞の格組織を中心に—
(前略)
2.5.1 印欧語の格組織と格変化

　名詞の広い意味での文法関係を表す「格」は，日本語では格助詞と呼ばれる一種の後置詞で標示されるが，古い印欧語では，一般に，名詞の語幹と固く結びついた語尾の変化として表され，これがすなわち格変化である．しかし，印欧語の名詞には，日本語と違って，格の他に，「数」および「性」という文法範疇があって，そのために，この格変化は単に格だけでなく，数の区別や性の標示にも役立てられている．このような語尾変化によって表されるいわゆる屈折範疇の内容は言語によってさまざまである．

　たとえばラテン語では，格は「呼格」「主格」「対格」「属格」「与格」「奪格」の6格，数は「単」・「複」，性は「男」・「女」・「中」の3性を区別する．

　(中略)

2.5.2 印欧語における格組織の崩壊

　古代インド語で最高度の発達段階を示したかと見られる印欧語の名詞形態法は，諸言語の記録時代に入ってから，ほとんどの地域で急速な衰退過程をたどり，その変化は時として劇的ですらあった．たとえば先に見たラテン語の格組織は，古典期からいくばくもない俗ラテン語からロマンス祖語にいたる段階でほぼ完全に崩れ去り，イラン語ではもっと早い中期イラン語（前4〜後8世紀）の段階で，またインドでは，中期インド語の末期（後6〜10世紀）から近代インド語にさしかかる時期にほとんど消滅した．

　このような崩壊をまぬがれて，古い格組織とその形態法が現代に至るまで保たれたのは，広い印欧語圏の中で，ヨーロッパの北・東部に位置するバルト語（とくにリトアニア語）とスラヴ語だけである．

こうして，たとえば現代ロシア語の格変化は，ラテン語よりもっとサンスクリット語のそれに近く，さらにリトアニア語の格組織は，少なくとも格体系に関するかぎり，サンスクリット語のそれよりも複雑化している．ヨーロッパ北東部における古い格組織のこのような残存は，印欧語形態法の全般的な歴史から見て，ほとんど奇跡的と言ってもよいものであるが，この現象は，ユーラシアで最も発達した格組織をもつフィノ・ウゴル諸語との接触を抜きにしては説明できないであろう．このような接触を断たれてバルカン半島に孤立した南スラブのマケドニア語とブルガリア語は，古教会スラヴ語の段階からわずか数世紀の間にその格組織を完全に消失している．

　一方、バルト，スラヴ語に隣接するゲルマン語の格組織は，わずかにアイスランド語と高地ドイツ語にきわめて弱体化した形で残存しているだけで，英語では古英語の末期から中期英語の時代に，北欧語とオランダ語では中期語（12〜15世紀）から近代語にいたる段階でほぼ完全に消滅した．たとえば，中期オランダ語の名詞の形態法は，以下に見るように，現代高地ドイツ語のそれにきわめて近いものであったが，そこから現代語への変化は急激である（表2.10）．

表2.10　ドイツ語・オランダ語の名詞の格変化

		現代ドイツ語	中期オランダ語	現代オランダ語
単数	主格	der Tag	die dach	de dag
	対格	den Tag	dien dach	de dag
	属格	des Tages	des daghes	(van) de dag
	与格	dem Tage	dien daghe	(aan) de dag
複数	主格	die Tage	die daghe	de dagen
	対格	die Tage	die daghe	de dagen
	属格	der Tage	der daghe	(van) de dagen
	与格	den Tagen	dien daghen	(aan) de dagen

　主として音変化に起因する格語尾のいわゆる「磨滅」は，印欧語圏のほぼ全域で見られるものであるが，ゲルマン諸語もこの点では例外でなく，ドイツ語や中期オランダ語では，もはや名詞の語尾自体はほ

とんど格標示の機能を失い，その格組織は冠詞の助けを借りて辛うじて維持されているにすぎない．ここから現代オランダ語の無格体系への移行は，少なくとも形態面では，ほんのわずかな変化でしかないのである．

　現代オランダ語で実現された名詞（句）の体系は，英語，北欧語，バルカン・スラヴ語，そしてとりわけロマンス語のそれと軌を一にしている．その形態法の特質は，一口で言えば，「分析的 analytic」と呼ばれるものにほかならない．すなわち，古い印欧語の語尾変化は，本来の格標示の機能を失って「数」の標識だけに還元され（たとえば dag/dagen/, day/days），一方，「格」は前置詞（と語順）により，「性」は冠詞（たとえば de/het, le/la）により，それぞれ別個に標示される．この結果，印欧語の名詞形態法に内蔵されていた形態素の融合に起因する不透明性という厄介な問題は解消され，言語記号の本来あるべき姿である音と意味の間の一対一の対応（isomorphism）が実現された．ロマンス語で最も典型的に現れたこの形態法上の発達は，同時にまた，ヨーロッパの印欧語で大規模な形で起こった SOV から SVO 型への語順の変化と不可分の関係にあることは言うまでもない．

2.5.3　アジアの印欧語における格組織の再生

　すでに述べたように，アジアの印欧語でも古い印欧語の格組織とその形態法は全面的に崩壊したが，しかしその後たどった発展の経路はヨーロッパのそれとはやや趣を異にする．たとえば，インドの場合，サンスクリット語的な格変化を完全に失った近代アーリア諸語は，ヒンディー語をはじめとする大部分の言語で，格の標示はちょうど日本語の格助詞に相当する後置詞によってなされ，語尾変化はもっぱら数（また部分的に性）の標示に限られる．

　それはたとえばイタリア語の amico/amici「友達（単／複）」，donna/donne「女（単／複）」などの場合と同様である．このように語尾変化によって数を標示し，接置詞によって格を標示するという点

第Ⅱ章　ヨーロッパ諸言語における統語構造の歴史的変遷

では，アジアの印欧語もヨーロッパのそれと変わらない．両者の違いは，一方が前置詞であるのに，こちらは後置詞が使われる点にある．しかしこの違いは，その後の両グループの形態法の発達にとって決定的な意味を持つものであった．

すなわち，アジアの印欧語では，一旦崩壊した格組織が新しい素材に基づいて再び編成され再生されるという現象が各地で見られ，しかもそこに現出した形態法は驚くべき共通性を示している．このような格組織再編の萌芽状態は，たとえばベンガル語の次のような格標示の形態に見られる．

表　2.11　ベンガル語の名詞の格変化

	単　数	複　数
主格	chele(少年)	chele-gulo
対格	chele-ke	chele-gulo-ke
属格	chele-r	chele-gulo-r
所・具格	chele-te	chele-gulo-te

（柴田注：原著では対格単数が「cerle-ke」となっていたが、ミスプリと判断した。）

そして，これのもっと発達した段階はトカラ語や現代アルメニア語に現れ，最も典型的な形としては，カフカス地方に行われる現代イラン語の一方言，オセット語で確立された格組織が挙げられるであろう．すなわち，オセット語の名詞のパラダイムは次のようである．

表　2.12　オセット語の名詞の格変化

	単　数	複　数
主格	sær(頭)	sær-tæ
属格	sær-ə	sær-t-ə
与格	sær-æn	sær-t-æn
方格	sær-mæ	sær-t-mæ
奪格	sær-æj	sær-t-æj
位格	sær-əl	sær-t-əl
等格	sær-aw	sær-t-aw
共格	sær-imæ	sær-t-imæ

ここに現出した名詞の形態法は，すでに見たトルコ語のそれと軌を一にし，典型的な「膠着的」形態法である．膠着性とは，要するに，接辞法における透明性にほかならない．格と数の標示は，それぞれ別個にそして一義的に行われ，印欧語の格組織が抱えた厄介な不透明性は，ここでもやはり完全に解消されている．ただヨーロッパの場合と異なるのは，ヨーロッパの諸言語が「分析的」な方向をたどったのに対して，こちらでは「総合的 synthetic」な方向で解決が計られた点である．形態法に現れたこの違いは，結局のところ，両者の語順のタイプ，すなわち VO 語順と前置詞に対する OV 語順と後置詞という用語上の違いに根ざしていると言ってよいだろう．

　かつて比較文法の草創期，シュレーゲルやシュライヒャーによって形態法に基づく諸言語の分類が試みられ，「孤立語」「膠着語」「屈折語」といった言語の諸タイプが樹立されたとき，屈折語の決め手とされたのは，まさにこれまで見たような形態素の融合による形態的プロセスの不透明性にほかならなかった．しかも，このような形態法が言語の最も発達した姿と見られ，そこに印欧語の優越性が存するとさえ信じられた．しかしこの種の現象は，最近の「自然形態論 natural morphology」の主張をまつまでもなく，言語の記号論的観点から見て決して好ましいものではない．すでに見たとおり，印欧語の名詞形態法の発達は，ひとえに機能的欠陥の解消を目指して進められてきたのである．

《松本克己『世界言語への視座』からの引用、いったん中断》

前節で引用したように、松本氏は、

　（印欧諸語における）語順タイプのこのような複雑な現れ方は，たとえば，首尾一貫した OV がほとんど 100% を占めるアルタイ諸語，あるいは首尾一貫した VO 型が圧倒的多数を占めるオーストロネシア諸語やバントゥー諸語などと著しい対象をなしている．

と述べた上で、さらに、

> 印欧語の語順に関して重要なのは、むしろ、この語族の西のグループで大規模に行われた語順の変化がなぜ起きたかという問題である.
> 　一般に、語順の変化が外部的な要因、すなわち他言語からの影響によって起こる場合は、まず文の直接成分である主語、目的語、述語動詞などつまり最も自立性の高い要から始まるのが普通である. しかし、古い時期の印欧語の場合は、すでにラテン語について見たように、動詞の位置よりも、接置詞、属格、関係詞など比較的結びつきの固い成分の方が先に動いている. このことから、印欧語の語順の変化には内部的な要因がかなり強く働いたことが推察される.
> 　そのような要因として、まず第一に考えられるのは、印欧語の形態法、とりわけ動詞の活用形態である.（中略）印欧語の名詞形態法の発達は、ひとえに機能的欠陥の解消を目指して進められてきたのである.

と結論付けています。私は、松本氏が挙げる（1）「外部的な要因、すなわち他言語からの影響」と（2）「内部的な要因、すなわち動詞の活用形態と名詞形態法の機能的欠陥」の他に、（3）「言語分野よりも一段高いレベルの、人間の一般的な認知構造全般を規定するメタレベルの『ズームアウト／ズームイン型認知』パラメータの言語活動分野への浸透」も大きな影響力を与えたのではないかという仮説を提唱します。
「首尾一貫したOVがほとんど100％を占めるアルタイ諸語」においては、ズーム型認知パラメータはズームイン型であり、それの言語分野への対応型として主要部後置型を要求しますから、一般的な精神傾向を表すズーム型認知パラメータと言語分野を支配しようとする主要部後置型語順パラメータの値は完全に一致して、衝突（conflict）が発生しません。また、「首尾一貫したVO型が圧倒的多数を占めるオーストロネシア諸語やバントゥー諸語など」では、それとは鏡像的に、ズーム型認知パラメータはズームアウト型であり、それに対応する言語分野のパラメータは主要部

前置型ですから、ここでも衝突は起こらず、むしろ互いに補強し合う関係にあります。これらの諸言語の具体的な様相については、これまでの第Ⅰ章第6節、第7節の「ズームアウト／ズームイン型認知仮説の検証は続く（その1）、（その2）」で検証してきました。

ところが、インド・ヨーロッパ諸言語においては、古代のヒッタイト語、古ラテン語、サンスクリット語などの全てがズームアウト型を示している（11～19までの複合数詞の結合順序に代表的に現れていると考えられます）にもかかわらず、言語分野の主要部パラメータは何れの言語においても主要部後置型で、ズームアウト型認知パラメータと衝突（conflict）を起こしています。ある種の「綱引き」というか、「押しくらまんじゅう」というか、2つの相反するパラメータ値が言語分野では主導権争いを起こしているわけです。

時代が進んで、紀元前後数百年の「古典期ラテン語」時代以降には、松本氏が指摘する「動詞の活用形」と「名詞の格組織の不透明性の解消」を目指して、また、地理的周辺の異言語族との相互影響の結果、印欧諸語は「動詞位置の自由化（流動化）」と「名詞の格組織の崩壊」が起こります。しかし、それだけでなく、さらにもう一つの強力な要因として、一般的精神構造としてのズームアウト型認知と言語分野独自のパラメータである主要部後置型（OV型）の衝突があったのではないかというのが私の仮説です。

多くの西ヨーロッパ言語では、言語分野においてもズームアウト型パラメータが言語分野独自のパラメータである主要部後置型パラメータを制圧して、VO型、前置詞型の語順に劇的に転換し、衝突（conflict）が解消されました。（これが、ヨーロッパの「中世」から「近世」への転換の人脳進化論的な意味です。）

他方、サンスクリット系のアジアの印欧諸語においては、一旦流動化したものの、言語分野特有の後置型パラメータが「奮起して」全面的で自主的な機構改革を断行することによって言語構造の論理的整合性と透明化を達成したために、ズーム型認知パラメータの圧力を跳ね返して、言語分野における自己の支配権を（再）確保したのだと考えます。

追記：私は後に、アジアの印欧語話者の認知型はもともと（日本人と同様の）ズームイン型の人の割合がかなり多かったのではないか、と考え方を修正することになります。第Ⅵ章10節「仏教の東遷とサンスクリット語順のUターン現象」参照。つまりヨーロッパ語祖語とサンスクリット語は同一のSOV型の祖語を持ったにもかかわらず、ヨーロッパはズームアウト型認知、アジアはズームイン型・ズームアウト型人間の混成集団だったと仮定するのです。それが原因で、ズームイン型の人はヒンドゥー教徒に、ズームアウト型の人はイスラム教にと分離する遠因になったと推測します。フィンランド語話者とハンガリー語話者の関係もこれとやや似ていると考えています。

　ヒッタイト語やサンスクリット、それに最古期ラテン語など、紀元前数千年の昔から、文献的に確認されているように、これらの諸言語では、ズーム型認知パラメータの最も代表的な目印である複合数詞「11〜」はズームアウト（トップダウン）型でした。言語分野では劇的な大変動があったにも関わらず、ズームアウト型パラメータの値は現代に至るまでの約5千年間、微動だにしていないように見えます。

　私が以上に述べた仮説は、人間の一般的な知的活動をコントロールしているパラメータの1つであるズームアウト／ズームイン型認知パラメータと、言語分野を支配する主要部前置／後置パラメータとは、互いに全く独立に発生していること、そのために、言語活動の分野においてはこれら2つのパラメータが一致する言語もあるし、一致しない言語もある、ということを前提にしています。そして、両者が初めから一致している言語では、統語的、文法構造的な面での大きな変化は起きていないこと、両者が相反する値となった言語（本節で、松本氏の著書からの引用を用いて具体的に解説したのは印欧語の場合だけですが）は、言語分野において両者の激しい主導権争いが起きていることを確認できました。

Ⅱ—3．松本克己『世界言語への視座』を読む（その3）
印欧語における統語構造の変化の原因

　前節と前々節では、『世界言語への視座』の中の、語順の変化と名詞の

格組織の変遷に関する部分を引用・紹介しました。本節では、統語構造の変化の原因を分析した部分を読んでいきます。私としては、ズームアウト／ズームイン型認知構造が大きな影響力を行使したと推測しているのですが、もちろん、『世界言語への視座』の中には出て来ません。「ズームアウト／ズームイン型認知構造」というのは、2011年10月10日の朝に、私が福岡大学の研究室に入って書架の前に立った時に、ちょうど私の目の高さの段に、まるで「見てくれ」とでも言うかのように、『フィンランド語四週間』と『ハンガリー語四週間』（いずれも大学書林）が並んで前の方に抜き出してあったので、しばらくそれらを見ていたら、突然頭の中に閃いた考えです。2006年に出版された『世界言語への視座』の中に出て来ないのは当然です。

《松本克己『世界言語への視座』からの引用再開》
6．3　統語構造の変化の原因

　以上に概観したように，印欧諸語に見出されるVO的統語構造はいずれもその起源が新しく，従って印欧語本来の統語型はOV型のそれであったという帰結はほぼ必然的といってよいであろう．印欧祖語における語順の型がいかなるものであったかということについては，これまでもさまざまな議論や説が行われてきた．動詞末尾位置を"通常語順"と見なす説（Delbrück 1900, Ⅲ :80ff., Brugmann 1922:683f.），動詞文頭位を最古とする説（Hirt 1937 Ⅶ -2:227f.），動詞第2位置を正常位と見なす説（Wackernagel 1892），語順が完全に自由であったとする見解（Meillet 1937:365ff.），等々である．語順に関する従来の研究はいずれもその観察が皮相的で，しかもそれぞれの現象を孤立的にしか取り扱わなかった．またギリシャ語やラテン語に現れた"語順の自由"という現象が正確な判断を誤らせる結果にもなっている．比較方法によって「祖音素 proto-phoneme」を再建するような仕方で「祖語文 "proto-sentence"」というようなものを再建する手段がないかぎり，祖語の語順を直接知る手掛りを我々は持たない[16]．従って，それだけをめぐる議論はいわば水掛け論に終わらざるを得ないのであ

る．

*16 印欧語のシンタックスを再建しようとする試みは最近いくつか見られるようになった．たとえば，Watkins (1964), Dressler (1971), Lehmann (1974) など．特に最後のものは類型論的観点と生成文法の枠組みをこの領域に適用しようとする野心的な試みである．

　従来の印欧語学において，印欧語には古くは前置詞が存在しなかったこと，またメイエ自身もはっきり述べているよう（Meillet 1937:151），印欧語における語の構造は，語根＋接尾辞＋語尾という形を原則として，接頭辞（prefix）は存在しなかった，といった点に関しては諸学者の見解はほぼ一致していたと言ってよい．しかし，これらの事実と語順の問題とが密接な相関性を持つということに誰も思いを致さなかったのである．また，印欧語がかなり発達した「格組織」を持っていたことは誰しも周知の事実である．印欧祖語には「前置詞」がなくて，その代わりに「格」（特に「具格」，「所格」等のいわゆる 'local cases'）の機能を語の末尾で標示する「格組織」が存在したという事実こそ，印欧語が OV 的統語型の言語であったことの最も確かな証拠であると言ってよいであろう．印欧語のシンタックスの領域でこれまでに最も本格的かつ包括的な研究を行ったデルブリュックの観察がほぼ正しかったわけである。
　印欧語の統語論における重大なそして困難な問題は，祖語における語順がいかなる型であったかということよりも，むしろ，後の西方群に現れた直接的には語順の変化という形で観察される統語型の変化がなぜ起こったのかという問題である．以下，これについて少しく考察を加えてみたい．

6.3.1　語順変化の外的要因
　語順ないし統語型の変化の原因としてまず第一に考えられるのは，異なった統語構造を持つ他言語からの影響といった外的要因である．たとえば，セム諸語の中できわめて例外的に S-O-V を基本語順として

持つアッカド語の統語型はシュメール語の影響と見なされている[*17]．また，本来 OV 型言語であったウラル諸語の中で，西方のバルト・フィン諸語（フィンランド語，エストニア語など）だけが S-V-O の配列型を持っているのもゲルマン語（特にスウェーデン語）の影響と考えられる（Hakulinen 1960:204），等々．（柴田の注：バルト・フィン諸語の中でフィンランド語だけが VO 型になったのは，私のズームアウト／ズームイン型認知仮説からすると，フィンランド語だけが印欧祖語と同様に、ズームアウト型認知パラメータによって強制的に VO 型に転換させられたからだ、という解釈になります。）

[*17] Soden (1969: 183) 参照．同様にエチオピアのセム語（たとえばアムハラ語など）に見られる SOV 語順もクシ語の影響と見られる．

（柴田の注：エチオピア言語の専門家である柘植洋一氏（金沢大学）、岩月真也氏（名古屋大学）に教えていただいたところによると、アムハラ語もクシ語も 11 ～ 19 までの合成数詞は日本語と同様に 10 ＋（1 の位）という数え方をします。つまり、これらの言語の母語話者はズームイン型認知の可能性が高い、ということです。ところが、松本克己氏からの情報によれば、アムハラ語の統語語順は主要部前置型から出発して 180 度逆転した主要部後置型に変わったそうです。クシ語は最初から主要部後置型で、語順は歴史的に変化していません。私のズーム型認知と統語語順の「抗争／協調」の仮説によれば、アムハラ語はこの衝突（conflict）・抗争によって語順が 180 度転換した、という解釈になります。言語がいかに習慣の力によって強力に守られているとは言え、それは学習によって文化的に伝承されて行くものですから、数十世代にわたる伝承を考えてみれば、遺伝子の複製によって生物学的に伝承されてゆくと推測されるズーム型認知タイプの力に最終的には屈服させられるのは自然なことだと思います。なお、エチオピアは多民族・多言語国家ですが公用語はアムハラ語で、アムハラ語は他の諸言語（たとえばクシ語など）にも影響を与えている、と書いてあるサイト（Wikipedia-エチオピア）もあり、アムハラ語に比べて相対的には弱小のクシ語から、統語語順が 180 度もひっくり返るような影響を受けたとは考えにくいと思われます。）

このように，統語上の変化が他言語との接触によって起こるという可能性は十分に考えられるところであって，たとえば，世界諸言語における統語型の分布が，それらの系統的関係よりも，むしろ地理的位置によって条件づけられているように見られるという事実も，このような観点を十分に裏付けるものと言えよう．

印欧語の場合についてもたとえば，ギリシャ語に現れた VO 語的性格がエーゲ海域における非印欧的先住民族の言語の影響によるという可能性もあるいは考えられるかもしれない[18]．この言語の素性は今もなお謎に包まれているけれども，古代エジプト語にも見るように，アフリカ北部からアラビア半島に及ぶ一帯の諸言語に関してがすべて VO 型であったことを思えば，問題の言語も，少なくとも統語型に関しては同じ型の言語であったかもしれないからである．

---

[18] ギリシャの先住民族言語の問題に関しては，松本（1972）を参照．

同様の可能性はブリテン諸島のケルト語の場合にも考えられるであろう．また，近代アルメニア語における SOV 統語型の確立をカフカス諸語の影響に帰し，古代インド語よりも更に OV 的性格を強化した近代アーリア諸語の場合をドラヴィダ語の影響と見なす見解もこれまでしばしば提起されてきたものである．

確かに，統語構造に限らず，言語変化の全般にわたって，このような言語接触の果たす役割は決して無視し得ないものであるが，しかし，こうした外的要因だけが全てであるとはもちろん考えられない．たとえば，バスク語は，SVO 型の徹底したロマンス語の圏内に生き長らえながら，その OV 的統語型を堅持しているし，またトルコ語は，アラビア語から絶大な影響を受けながらも，その「アルタイ的」統語構造をいささかも崩さなかった．同様に，日本語も長期に渡って中国語の影響下にあったけれども，日本語の統語型はそれによってほとんど影響を受けなかった．また，明治以後における西洋語の影響がいかに大きくても，日本語の基本語順がそれによって簡単に変わりそうにも思えない．（柴田注：松本氏が上に挙げた3つの例，すなわちバスク語，トルコ

語，日本語はいずれも、ズームイン型認知かつ主要部後置型言語であり，認知構造一般パラメータと言語分野特有のパラメータの値が一致しているので，印欧語とは異なって，それら2つのパラメータ値が互いに補強しあって堅固な統語構造を作っていると考えられる）．従って，ある言語の統語構造が他言語の影響を受けて変化するという場合には，そのような変化を可能にする何らかの条件が当該言語の内部にある程度備わっていなければならないと考えられよう．すくなくとも印欧語の場合には，OV型からVO型への変化を引き起こし得るような内的諸条件がすでに作られていたように思われる．（柴田注：印欧語の場合には、ズームアウト型認知構造と言語分野における主要部後置型が衝突しており、言語分野において激しい主導権争いが起こる可能性が最初から備わっていた、と推定される。）

6.3.2 語順変化の内的要因

印欧語においては，すでに見たように，語順の変化は特にヨーロッパにおいて古代語から近代語に移行する過程で，かなり顕著な形で行われ，またそのような現象に対する説明もこれまで行われなかったわけではない．その主たる要因としてしばしば指摘されたのは，語尾の弱化あるいは磨滅という形で起こる格組織の衰退である．たとえば，近代のロマンス諸語や英語に見られるS-V-O語順の固定化が，「主格」・「対格」の形態的区別の消失と密接に関連することは確かであろう．しかし，この2つの現象のはたしてどちらが原因であり結果であるかは，容易に決めがたい[19]．

---

[19] たとえば，Vennemann (1974) はこのような「主格—対格形態法」の消失あるいは発達を基本配列型変化の最も主要な原因と見なしている．しかし，SOV型の言語で「主」・「対」格の区別を持たない言語（たとえばアイヌ語）も，またその逆の例も少なくない．日本語の「ガ」「ヲ」も本来，主格，対格の機能を標示するものではなかった．主格・対格の形態的区別の発生，消失は，統語変化の原因ではなく，むしろ結果であるとも見なされよう．

同様に，前置詞の発達と格組織の衰退も，ひとつの平行現象である

ことは疑いないけれども，印欧語における格語尾の弱化が，直ちに前置詞の発達につながったと考えるのは必ずしも妥当ではない．印欧諸言語で「前置詞」と呼ばれるようになった諸形式は，よく知られているように，本来は動詞の意味を限定する副詞的自立語であった．このような「連用修飾語」であるかぎり，その配列は OV 的原理（前進的支配）によって当然動詞の前である．一方，動詞の補語となる名詞に対しては，その位置は必ずしも一定しなかった．たとえば，ラテン語やギリシャ語の次の文を参照されたい．

　villam *ad* venit ～ *ad* villam venit「荘園に来る」
　　（柴田注：「荘園」「に」「来る」～「に」「荘園」「来る」）

ὄρος　χατὰ　βαίνω．～ χατὰ　ὄρος　βαίνω．
　（柴田注：「hill」「down」「(I) go」～「down」「hill」「(I) go」）
　「山を下る」（I go *down* the hill.）

　これらの形式がその独立性を失って動詞に接合したものが praeverbium（たとえば，ad-venit, χατα-βαινω など），一方，名詞の特定の格と結びついて，名詞の前に置かれたのが「前置詞」であり，後に置かれれば「後置詞」となる．すでに見たように，ギリシャ語やラテン語等は前者の方向を，ヒッタイト語，古代インド語そしてトカラ語は後者の方向をとった．従って，印欧語における格組織の衰退は，正確には，「接置詞」の発達と不可分の関係にあると言うべきであり，この「接置詞」が前置詞として定着するか後置詞として定着化するかは，それぞれの言語の統語型（あるいは支配の原理）によって左右されると見なければならない．

　ところで，印欧祖語に想定される格組織は，諸言語の記録時代に現れた当初からすでに衰退の兆候を見せており，しかもこの傾向は時と共に強まり，後代の諸言語のほとんどすべてにおいて，もとの体系は失われてしまっている．そのひとつの方向は，ロマンス諸語やゲルマン諸語におけるような，前置詞（および冠詞）による格組織その

ものの全面的な解消であり，もうひとつの方向はトカラ語，アルメニア語，インド・アーリア諸語等に見られるような，二次的後置詞による格組織の再編である．この両者は，現象としては全く異なるけれども，その根底において，ひとつの共通した性格を持っている．すなわち，「格」の機能と「数」（および「性」）の機能の形式面における明確な分離という傾向である．

　従来あまり注意されなかったことであるが，印欧語の格組織（あるいは「格変化」declension）は，他の諸言語にはほとんど例のないきわめて特異な性格を持っている．というのは，いわゆる「格語尾」が単に「格」の機能を標示するだけでなく同時に，「数」（および「性」）の機能をも標示するという事実である．つまり同一の形態素の中に文法的には全く性質の異なったいくつもの機能が混在（または融合）しているわけで，これは言語の機能的観点から見て決して好ましい特性とは言えない．印欧語において「性」の機能が格変化の中に組み込まれたのはそれほど古い時期とは思われないが，「数」と「格」との融合は祖語の相当古い時期に遡ると思われる．古代インド語に見るような印欧語の格組織がどのようなプロセスによって成立したかという問題はしばらく措き，ともかく「格語尾」の持つこのような"多義性"（polyfunctionality）は，印欧語の格組織にとって致命的な弱点であったと言わなければならない．

（柴田注：前述のようにズームアウト／ズームイン型認知構造パラメータという私の仮説から見ると，非常に古い時代には，全ての印欧諸語はズームアウト型認知であり，かつOV型言語であったために，言語分野では常にズーム型認知パラメータとそれに矛盾する主要部（支配方向）語順パラメータとの激しい主導権争いがあり，松本氏がここで解説するような弱点を抱えていた言語構造の側に勝ち目はなく，ヨーロッパ諸言語はズームアウト型認知パラメータに屈服して主要部前置（右向き支配）の方向へ全面的に「転向」したのです．しかし，インド諸語はいったん格組織が崩壊したものの，個別モジュールである言語のパラメータが「奮起」して，全面的で自主的な機構改革を断行することにより，言語構造の論理的整合性と透明化を達成したために，ズーム型認知パラメータの圧力を跳ね返して，言

語分野における自己の支配権を（再）確保したのだと考えます．）

　こうして印欧語の「格語尾」はその本来の「格」標示の機能を，前置詞であれ後置詞であれ，ともかくより明確な，つまり"一義的"（monofunctional）な形式に譲り，それ自身は，次第に「数」と「性」の標識に限定されていった．すなわち，ヨーロッパ諸語とは逆の方向をとった，たとえばトカラ語では，印欧語由来の格語尾は主格，対格，属格の3つに還元され，他の7つの格は新たに発達したmonofunctional な「格語尾」によって標示される（その原理はトルコ語などの場合と変わらない）．事情はアルメニア語，ヒンディー語などにおいても大同小異である[*20]．

[*20] ヒンディー語における「格」標示は日本語の格助詞にほぼ近いかなり独立的な後置詞による．古い格語尾は「直格」と「斜格」の2つだけに還元され，「格」というよりもむしろ「数」と「性」の標識となっている．

　このように，格組織の衰退は印欧語がすでにその共通時代の段階から抱えていた構造上の欠陥に起因しているのであって，それ自体が直ちに統語構造の変化を引き起こす直接的要因であったとは必ずしも考えられない．ただし，このような格組織上の弱点が印欧語の統語構造のひとつの大きな不安定要因であったという点は考慮に入れておく必要があろう．

6.3.3　印欧語における動詞の活用形式

　印欧語における統語型変化のもっと根本的な要因は，名詞の格組織よりもむしろ動詞の活用組織に求められるであろう．

　すでに述べたように，初期の印欧諸語の多くには，程度の差はあるにせよ，語順がかなり自由であるという性格が認められる．これは特にギリシャ語において著しいものであるが[*21]，他の諸言語にも多少とも共通した現象が見出される．印欧語におけるこのような「語順の自由」という現象は何を意味するのか．また，それを可能にした条件

とは何であろうか．それは単に，たとえば「主格」と「対格」が形式的に区別されているというような事情によるものではない。このような形式上の区別は，日本語その他多くの OV 型言語にも見られることである．たとえば，日本語の

　　太郎ガ花子ニ手紙ヲ書イタ．

のような文は，ここに見られる，主語―間接目的語―直接目的語―動詞という配列が最も普通の語順（= unmarked order）であるが，最初の３つの要素は場合によってはどのようにでも配列できる．その限りでは，日本語も語順が自由であると言えよう．ただし，動詞だけは文末の位置を離れることができない．日本語が「厳格な」OV 言語であると言われるゆえんはここにある．

------

*21　ギリシャ語における語順の問題はきわめて厄介なものである．これに関する研究はこれまでも数多くなされているが，語の配列を支配する規則がいかなるものであるか，はっきりしたことはまだ判っていない．文のリズム，強調等々複雑な要因が作用しているからと思われる．これに関しては，Fischer (1922), Frisk (1932), Amman (1934), Schwyzer-Debrunner (1950:659ff.) を参照．

　一方，たとえばラテン語で，上とほぼ同じ文

Gaius Juliae epistulam scripsit.「ガイウスがユーリアに手紙を書いた」

において，主語―間接目的語―直接目的語―動詞という配列が最も通常の語順であり，また，「強調」とか「題目提示」といった要因によって主語や目的語の位置を変え得るという点でも，日本語の場合とほぼ同じである．しかし，ラテン語が日本語と根本的に異なるのは，文末の定動詞 scripsit「書いた」をも，場合によっては他の位置，たとえば文頭に移し得るという点である．

　古代諸語の中で比較的語順の安定したヴェーダの散文によって見

ると，動詞が文末を離れる仕方には主として2つの場合がある．そのひとつは，文の初頭へ動詞が移される場合である．これが動詞の強調（あるいは"焦点化"）によるものであることは，通常はアクセントを持たない（主文の）動詞が，この場合にだけアクセントを持つという事実からも明らかである．第二の場合は，S-O-V というような形で文の意味が一応完結した後へ，補足的な要素を加えることによって文を拡張ないし補充する場合である．上のラテン語の文を借りれば，Gaius epistulam scripsit Juliae (/ad Juliam). というように．これは，目的や意図を表す与格（特に不定詞を含む動名詞）の場合に多く現れる（Gonda 1959）．たとえば，

tat paśun evāsmā etat pari dadāti guptiyai.
「かくのごとく家畜をば彼にゆだねる──（それを）保護するために」
ŚB. 2, 4, 1, 5. （柴田注：ヴェーダの散文です．念のため．）

このように定動詞が文末位に必ずしも固定されないという性格は，ヴェーダの散文に限らず，古代インド語よりもっと OV 的配列型が安定したヒッタイト語にも共通している．印欧語に見られる"語順の自由"という特性は，要するに「定動詞」が他の名詞的諸形式と同じように，"語としての自立性"を持つという点に基づいている．印欧語が日本語のような「厳格な」OV 言語と異なるのもこの点にほかならない．すでに述べたように，語の配列における「支配」の方向を決定する中心的要素が主動詞であるとすれば，これが文末位を離れて可動的になるということは，それだけ支配の方向が動揺することを意味するであろう．ある言語がこのような状態にある時，もしそこに他言語からの影響というような外的要因が働いたなら，その統語型に変化の起こる可能性は十分にある．印欧語はすでにその記録時代に入る以前からこのような状態に置かれていたと考えられよう．それでは，このような状態を作り出した"定動詞の自立性"とは何であるか．また，そもそも「定動詞 verbum finitum」とは何であろうか．

ここでもう一度「厳格な」OV言語である日本語の場合を考えてみると，たとえば「花ガ咲ク」という文において，動詞「咲ク」が「定動詞」(あるいは「述語動詞」)とされるのは，そこで文が終結しているからにほかならない．つまり，「定動詞」とは「文を閉じる形」(「終止形」)のことである．もし文がそこで閉じられずに「花ガ咲クカラ」，「花ガ咲ク丘」のような形をとれば，それはもはや「定動詞」とは言えない．要するに日本語では動詞が「定動詞」か「非定動詞」かは，それによって文が閉じられるか否かによって定まるので，それ以外に定動詞を定動詞たらしめるような明確な標識は存在しないのである．動詞は文といわば一心同体であり，文（あるいは"述語形式"）を離れて定動詞は存在しないとも言えよう．日本語の動詞が「終止形」とか「連体形」といったように文の連接の観点からしか分類されないのもこのためである．このような言語においては，他の構成要素の配列がいかに自由であろうとも，動詞だけは定められた位置を離れるわけにはいかない．

　一方，たとえばラテン語：Gaius epistulam scripsit.「ガイウスが手紙を書いた」において，scripsit が定動詞であるとされるのは，文末尾というその位置によってではない．それを定動詞たらしめているのは，言うまでもなく，-t によって標示されるいわゆる「人称語尾」である．そして，印欧語のこのような「人称語尾」の重要な特色は，それが単に「人称」という文法範疇を示すだけでなく，同時にそこで「語」が終わってる，つまり"文末"ではなくて"語末"を標示している点である．それは文字通り「語尾 "desinans"」であって，その後にはいかなる附属形式も接することはできない．印欧語における定動詞が語としての自立性を持っていると言われるゆえんは，このように語末の境界が明確であるという点にある．

　印欧語の動詞は，このような「人称語尾」による活用語尾を持つという点で，日本語よりもむしろトルコ語に近いと言えよう．たとえば，ラテン語の動詞 amare「愛する」とトルコ語の sevmek「愛する」の次の活用を比較されたい．

表6.9　ラテン語とトルコ語の動詞活用

ラテン語	トルコ語	日本語
ama-ba-m	sev-di-m	愛シータ（―我）
ama-ba-s	sev-di-n	愛シータ（―汝）
ama-ba-t	sev-di-∅	愛シータ（―彼）
ama-ba-mus	sev-di-k	愛シータ（―我ラ）
ama-ba-tis	sev-di-niz	愛シータ（―汝ラ）
ama-ba-nt	sev-di-ler	愛シータ（―彼ラ）

　これらの活用形はいずれも，動詞幹＋時制標示＋人称標示という構造をなしている．また，表6.10に挙げたサンスクリット語の「希求法」の活用形式とトルコ語のそれも少なくとも外見的には，同じような構造と言えよう．

表6.10　サンスクリット語とトルコ語の動詞活用

サンスクリット語	トルコ語	日本語
gacch-e-yam	gel-e-yim	行ッテ―ホシイ（―我）
gacch-e-s	gel-e-sin	行ッテ―ホシイ（―汝）
gacch-e-t	gel-e-∅	行ッテ―ホシイ（―彼）
gacch-e-ma	gel-e-lim	行ッテ―ホシイ（―我ラ）
gacch-e-ta	gel-e-siniz	行ッテ―ホシイ（―汝ラ）
gacch-e-yur	gel-e-ler	行ッテ―ホシイ（―彼ラ）

　ただし，これらの構成要素間の結合の度合いに関しては，ラテン語やサンスクリット語とトルコ語とでは必ずしも同じとは言えない．たとえば，トルコ語ではsev-<u>me</u>-di-m「愛サ―ナカッ―タ」とかgel-e-<u>mi</u>-siniz「来テ―ホシイ―カ―君タチ」のように，否定辞や疑問辞のような形式がその中へ入り込んでくるが，このような現象はラテン語やサンスクリット語には見られない．トルコ語の少なくとも人称代名詞起源の人称標示形式は，サンスクリット語の gacchā-<u>mi</u>, gaccha-<u>si</u> 等に比べてかなり独立度が高く，この意味でまだ完全な「人称語尾」になりきっていないとも言えよう[*22]．

[*22] トルコ語動詞の人称標示形式は所有代名詞起源のもの（sevdi-m, sevdi-niz など）と人称代名詞起源のもの（gelir-im, gelir-siniz など）の2種類がある．前者は

後者より結合度が固い．服部（1960:482f.）によれば，前者は「附属形式」，後者は「附属語」とされる．アクセントも前者は sevdi-níz，後者は gelír-siniz のようになる．

　このようにその結合度が固いか緩いかという程度の差はあるにせよ，ともかくトルコ語の動詞はこのような人称標示の有無によって定動詞か否かが識別されるという点で，日本語とは性格を異にする．従って，トルコ語の「定動詞」はそれだけ文脈から自由になり得る素地を持っていると言えよう[*23]．

[*23]　現代トルコ語の口語や諸方言では，動詞の文末位は必ずしも守られず，補足的要素，特に与格，所格が動詞の後に置かれる配列がしばしば見られるという（Greenberg 1963:84）．

　フィノ・ウゴル諸語になると，動詞の人称活用はほぼ完全に確立されている．たとえばハンガリー語における動詞の活用は，その基本原理（動詞幹＋形成辞＋人称語尾）において古い時期の印欧語と全く同じである．内部における各々の要素の結合は固く，全体がひとつの自立的単位を形作っている．ハンガリー語における定動詞としての自立性は，ほぼ完全であると言ってよいであろう．

　現代ハンガリー語の配列型は，基本的にはSOV型と見なされているようであるが，動詞は決して文末に拘束されない．連体修飾語は名詞の前に置かれるという原則を除いて，ハンガリー語における語順の自由度はきわめて高く，動詞は文末，文首，文中のいかなる位置をも占めうる．このように定動詞が文末からほぼ完全に自由であるという点で，この言語は現代諸語の中ではおそらく古い時期の印欧祖語，特にギリシャ語などに最も近い言語ではなかろうか[*24]．目的語が動詞の後に立つことも珍しくなく，その統語型はかなり不安定かつ不確実な様相を呈している[*25]．

[*24]　ハンガリー語の語順については，Sauvageot (1951:285ff.) を参照．たとえば，次のような記述：'Le hongrois moderne jouit donc d'une liberté dans

l'arrangement des mots par rapport les uns aux autre qui rappelle celle du latin ou du grec ancien.' (p.298) (柴田の試訳：現代ハンガリー語は、従って、語と語の相互の配置については、古典ラテン語あるいは古典ギリシア語を思い起こさせるほどの自由さを享受している。)

*25　たとえば，『世界言語概説』Ⅱ:676 のハンガリー語の文例（「北風と太陽」）の中で，直接目的語が動詞の前に立つのは3例に対して，後に立つのは6例である．（柴田の注：ハンガリー語に関する松本氏の判断、およびその根拠となっている上記の Sauvageot の見解は、西ヨーロッパ言語の文法規則概念を物差しにしてハンガリー語の特徴を測ろうとしている偏向があるのではないかと私は疑っていますが、その件については本章13節で論じたいと思います。)

　このような不安定な（あるいは自由な）OV的統語型が，更に一歩進んで，動詞の位置だけがS-V-Oという型に固定したのがフィンランド語である．フィンランド語がこのような統語型に変わったのは，すでに述べたような外部的要因が働いたためと思われるけれども，他方フィンランド語自身の内部にすでに統語型の変化を起こし得るような状況が作られていたからである．もしフィンランド語が日本語のように「厳格な」OV言語であったならば，おそらくこのような変化は起こり得なかったであろう．

　更にフィンランド語において注目すべき現象は，本来OV言語であったフィノ・ウゴル語には異質のものである前置詞が発達しつつあるという事実である．しかも，この傾向は時と共に強まり，現代のフィンランド語では，前置詞的用法が後置詞的用法よりも優勢になっているという[*26]．古い時期の印欧諸言語に現れたのと同じような現象が近代のフィンランド語の中に見られることはきわめて興味深い．また，このような前置詞の出現と平行して，フィンランド語における「比較構文」の型もVO的配列に変わっている．すなわち，

　　フィンランド語：Nainen$_1$ on$_2$ nuore$_3$-mpi$_4$ kuin$_5$ herra$_6$.
　　　　ドイツ語：[Die] Dame$_1$ ist$_2$ jung$_3$-er$_4$ als$_5$ [der] Herr$_6$.

日本語：奥様ハ₁+ 御主人₆+ ヨリ₅+ 若イ₃+ デス₂.

(柴田注：フィンランド語の「on」は英語の「be」動詞，「kuin」は「than」．上の例文では，フィンランド語とドイツ語の語順が1対1対応している．)

------

*26 cf. Sauvageot (1949), Fromm & Sadeniemi (1955:186f.)

　フィンランド語を他のアルタイ諸語から区別するもうひとつの重要な特徴は，形容詞と名詞の間にいわゆる「文法的一致」(すなわち「数」と「格」の間の照応) という現象が現れていることである．この現象はエストニア語，ラップ語にも部分的に見られ，また散発的にモルドヴィン語にも現れているが (Collinder 1960:248f.)，ともかく，ウラル語圏においてはかなり新しい時期の発達物であると思われる．

　一般に形容詞が名詞の後に置かれる統語型においては，形容詞も名詞の持つ文法的範疇を形式的に掲示するのを原則とする*27．初期の印欧諸語において形容詞が名詞に後置され得たのは，形容詞の「文法的一致」が印欧語において早くから確立されていたからである．現代のフィンランド語の統語型は，「連体修飾語」が名詞の前 (すなわち前進的支配)，「連用修飾語」が動詞の後 (すなわち後退的支配) というきわめて不整合な型であるが，このような形容詞における「文法的一致」の出現は，形容詞の配列型における変化を可能にする条件をすでに作り出していると言えよう．

------

*27 Greenberg (1963:75): 'Universal 40' 参照

　以上に見たトルコ語やフィノ・ウゴル語の例は，OV型の言語がどのようにしてVO型の言語に変わり得るかをきわめて明瞭な形で我々に示してくれる．統語型を決定する支配 (rection) の枢軸が動詞であるとすれば，それを変化させる根本要因もまた動詞である．フィノ・ウゴル諸語において，そしておそらく印欧語においても，その主たる要因は"定動詞"の自立性の確立にあったと思われる．これをもう少し具体的に言えば，"定動詞"が文末に拘束された"終止形"から人称標示によって語の末尾を明示する"人称形"へと変わったこと

である．これによって定動詞はその位置から自由になり得たのである．
　動詞における人称活用は，アルタイ語においては，かなり緩やかな形でツングース諸語とモンゴル諸語に，そしてそれよりも一段と発達した形でチュルク諸語に現れ[*28]，一方，ウラル諸語において，ほぼ完全な形で確立されている．印欧語における動詞の活用組織の起源は，共通時代のかなり古い時期に遡ると思われるが，その発達のプロセスは，おそらくこれらの諸言語の場合とそれほど大きな違いはなかったであろう．とすれば，かって印欧語がたどったのと同じ変遷の過程を，それより遅れてこれらの言語がたどりつつあるように思われる．

[*28] アルタイ諸語における動詞の「人称活用」の発達に関しては，Ramsted (1952:82f.), Menges (1968:411f.) を参照.

　ともあれ，定動詞の「自立性」の度合いに関して，ユーラシア大陸の諸言語は語族という枠を越えて，東から西へと次第に高まりを見せるひとつの連続的なスケールを形作っているかの如くである．
《松本克己『世界言語への視座』からの引用、一時中断》

Ⅱ―4．松本克己『世界言語への視座』を読む（その4）
世界諸言語の中の日本語

　上の第Ⅱ章1節から第Ⅱ章3節において、松本克己『世界言語への視座』（三省堂）からの引用により、印欧語における語順の類型とその歴史的変遷について見てきました。松本克己氏は、あくまでも言語学の立場から言語学の枠内でこの語順逆転の意味づけを試みていますが、本書では人脳機能のなかで言語活動よりもレベルが1つ上の一般認知活動のズーム型との相互作用という観点から見ていきます。しかしその前に、本節では、同書が日本語について、どのように分類しているのかを見ておきましょう。

《松本克己『世界言語への視座』からの引用開始》
7.3　世界諸言語の中の日本語
　以上，日本語の語順のタイプを位置づけるために，もっぱら外側の

状況に目を向けてきたが，この観察から日本語が世界の主要な言語圏とどのようにつながるのか，一応の見通しはつくであろう．

　要約すれば，語順の特徴に関するかぎり，日本語はユーラシアの中核的な SOV 圏の一環をなし，この地域との結びつきは疑うべくもない．また，日本語の OV 的配列は，支配の方向性が驚くほど首尾一貫した最もプロトタイプに近い型と言ってよい．また，この語順の型は，現存資料で遡りうる最古の時代から，基本的にほとんど変化がなく，多くの過渡地域に見られる動揺や混合的特徴は，漢語やヨーロッパ語の影響による一部の現象を除いて，まったく認められない．日本語はこの点で，インド亜大陸のドラヴィダ諸語，アジア北・東部のアルタイ諸語と共に，OV 言語圏の中の最も安定したタイプに属し，他方，東南アジアとオセアニアを中心とする VO 言語圏とは明確な一線を画している．また言語学的に手の届く年代内で，この日本列島で語順のタイプを異にする 2 つの言語が接触ないし衝突したという可能性もきわめて低いと言わなければならない．たとえば，縄文末期から弥生時代のある時期に日本人の祖先が南シナあたりから渡来したというような可能性は，少なくとも言語学的には，ほとんど考えられないであろう．

　このように語順の特徴から見ると，日本語はユーラシア，特にその北・東部と最も密接につながるわけであるが，語順以外の特徴に関してはどうであろうか．ここではごく簡単に音韻面の若干の特徴についてのみ触れておこう．

　まず，音韻の類型論でよく取り上げられる母音組織についてみると，日本語の基本母音は周知のように 5 母音である．このような 5 母音の体系もまた，世界諸言語の中で圧倒的に高い出現率をもち，英語やフランス語に見られる 13 とか 12 という数の極端に稀な体系と著しい対照をなしているが，一方また日本語のこの体系は，母音調和をもつユーラシア北部の諸言語ともはっきり異なっている．参考までに，700 近い言語の音韻データを集めた M. ルーレンのデータ（Ruhlen 1976）によって，基本母音の体系（母音数）とその出現頻度を示す

と表 7.3 のようになる.

表 7.3 母音体系のタイプと出現頻度

母音数	言語数	百分率 (%)
14	1	0.15
13	2	0.25
12	2	0.25
11	6	0.88
10	20	2.92
9	41	5.99
8	53	7.75
7	93	13.60
6	124	18.13
5	221	32.31
4	63	9.21
3	55	8.04
2	3	0.44

合計 684 言語

5母音の体系は,ルーレンも述べているように,世界の諸地域に広く分布し,特に地理的な偏りは認められないが,日本語の周辺で見ると,西の大陸よりは南のオセアニアにより集中的に現れ,音節構造の開音節性と並んで,日本語と南方地域との結びつきを暗示している.ただし,日本語が太古から5母音だったという保証はなく,かつては古代日本語8母音説が唱えられたこともあった.しかし,私見によれば,これは虚妄の説で,むしろ古い日本語は4母音だった可能性が強い(松本1975他参照).ちなみに,オーストロネシア祖語に想定されている体系もまた,これと同じ4母音の体系である.

最後に,日本語の流音つまりラ行子音について触れておこう.西洋語には通常 l(側音)と r(震え音)の区別があるのに,日本語にはラ行音が1種類しかなく,これは日本語の際立った特異点としてしばしば指摘されてきた.なるほど,ヨーロッパの諸言語はほぼ100%この区別を備えているが,他方,アメリカ大陸に目を転ずると,このよう

な区別はむしろ少なく,流音は1種類という方が普通である.いま,ルーレンの前掲書のデータによって見ると,流音における2種類の区別は,興味深いことに,地域と語族によってかなり偏った分布をしている.すなわち,ヨーロッパを含むユーラシアの大部分とアフリカ北部の諸言語,系統的には,インド・ヨーロッパ,ウラル,アルタイ,ドラヴィダ,カフカス,アフロ・アジア,ナイル・サハラの諸語族には,ほぼ100%この区別が見られるのに対して,アフリカの中・南部,オセアニア,そしてユーラシアの東の周辺部（極北諸語,アイヌ語,日本語,朝鮮語,シナ・チベット諸語,オーストロアジア諸語）では,この区別の出現率は60〜50％と減少し,さらに北アメリカでは40％,南アメリカに至っては25％という低い出現率となっている.このように,日本語に見られる1種類の流音は,決して奇異な現象ではなく,日本語がユーラシア以外の多くの言語と共有する特性である.そしてこの場合にも,日本語はユーラシアの中心的な諸言語とたもとを分かち,南はオセアニアから北は極北諸語を経てアメリカ大陸へと続く諸言語とある種の親近性を示しているのである.

このように見てくると,どうやら日本語はその統語構造と音韻構造とでそれぞれ違った2つの顔をもっていることが分かる.すなわち,一方の顔はユーラシアに,もうひとつの顔はオセアニアに向いているわけで,これはまさに,日本語がこの地球上で占める地理的な位置を反映している.日本語の類型論的位置づけは,結局のところ,その地理的位置づけに帰着する.言語の類型とは,ある意味で,地域の産物だといってよいであろう.

ちなみに,明治以来,とりわけ西洋諸言語との対比から,日本語は特異な言語であるとする見方が日本人の間に深く根を下ろしているが,これが全く根拠のない偏見であることは,これまで述べてきたことからも明らかであろう.日本語は,類型論的に見るかぎり,特異な言語であるどころか,世界に最も仲間の多いきわめて平均的かつ標準的な言語である.言語の世界で特異な位置を占めるのは,むしろ西洋の近代諸言語であって,ここでは日本とはうらはらに,おのれの言語を全

世界の標準と見る頑なな迷信が，最先端の言語理論家の間にさえもはびこっているのである．
《松本克己『世界言語への視座』からの引用、いったん終了》

　松本克己氏が述べているように、「言語の世界で特異な位置を占める」少数派（"１％"）の西洋の近代諸言語が、圧倒的多数を占める（"99％"）非西洋諸言語を全世界的規模で軍事的、経済的、政治的、文化的に圧倒する時代が始まったのが、まさに西洋の諸言語がその現代的な語順を確立した 14 世紀〜17 世紀であったことを、読者の皆さんは単なる歴史的偶然だとお考えになりますか？

Ⅱ—5．日本語と朝鮮語／日本語の統語構造の完璧さは果たして世界にも希な存在か？

　私は、十数年前の福岡への転勤後数年経ってから、朝のＮＨＫラジオ・ハングル講座を聴くようになりました。あまり熱心に聞くとくたびれて、止めてしまうことにもなりかねないと思って、無理をせずに、適当にサボったりしながら、だらだらと 10 年以上続けてきました。「門前の小僧、習わぬ経を読む」と言いますが、私の場合には「習わぬ」ではなく、熱心でないとは言え、一応「習っている」わけですから、最近では、だんだんハングルも理解できるようになってきました。そして、理解が深まれば深まるほど、日本語とハングル（朝鮮語）との関係がただならぬ異様なものである、という気がしてきました。以下に、それを３項目にまとめて書いてみます。

（１）日本と朝鮮は、古代以来、一衣帯水の緊密な交流を続けて来たにもかかわらず、言語面を見ると、相互の固有語同士には語彙的、音韻的類似点が全くありません。古代の大和朝廷の頃に朝鮮から帰化した一族が「秦」姓を名乗ったとか、大和朝廷がアイヌ民族に対する北の護りとして現在の埼玉県北西部に朝鮮からの帰化人たちを定住させたのが高麗村の由来であるとか、古くからの朝鮮と日本の深い交流を伝える話はたくさんあ

るのに、両言語に語彙的、音韻的共通点がまったく無い、というのは奇怪千万です。

　日本語は、前節で引用した松本克己『世界言語への視座』にも書いてあるように、音節構造の開音節性と母音調和の非存在性などから、南方系の言語的特徴を明確にしています。一方、朝鮮語は閉じた子音を持つ単語が多数あり、また歴史的に母音調和を持っていることから、ユーラシア北部の諸言語の特徴と共通しています。また、流音に関しても、日本語は常に「l」音で発音されるのに対して、朝鮮語では語末、あるいは別の子音に後続されると「l」音になるけれど、母音に後続される場合には「r」音で発音されます。

　日本語、朝鮮語とも、中国語起源の共通語は山のようにありますが、固有語同士の共通部分はありません。少なくとも、ラジオ・ハングル講座で固有語同士の共通語の話はまったく聞いたことがありません。

　たとえば、ヨーロッパ諸言語であれば、数字の１，２，３は

　　英語（アングロ・サクソン）　　： one, two, three
　　独語（ゲルマン）　　　　　　　： eins, zwei, drei
　　仏語（ラテン）　　　　　　　　： un, deux, trois
　　ポーランド語（スラブ）　　　　： jeden, dwa, trzy
　　サンスクリット（インド）　　　： éka, dvi, trí
　　フィンランド語（非印欧語）　　： yksi, kaksi, kolme

のようになっており、全ての印欧諸語には完全な共通音韻が見て取れますが、非印欧語のフィンランド語では、まったく音韻が異なっています。

　日本語とハングルの固有数詞の対応は次のようになっています。

　　ひとつ、ふたつ、みっつ、よっつ、いつつ、むっつ、ななつ、やっつ、ここのつ、とお
　　hana,　tul,　set,　net,　tasot, yosot, ilgop, yodol, ahop,　yol

　また、「近い関係にある」２つの言語の間では、身体に関する言葉に、

似た音韻の単語が多い、と言われていますが、日本語とハングルの間には、そのような対応は見られません。

からだ、　かお（顔）、て（手）、あし（足）、（め）目、はな（鼻）、くち（口）
mom,　　olgul,　　son,　　pal,　　nun,　　ko,　　ip

全然似ていません。

（２）それにも拘わらず、両言語の統語構造（語順）は100％と言っても良いほど同じです。例えば、ハングルでは、名詞の「格」を表すのには日本語と同様に格助詞を使います。目的格格助詞「(u)l」は日本語の「を」に対応します。しかし、「l」を日本語に置き換える時に、「を」ではなくて「に」と翻訳する方がよい場合が若干あります。すなわち、韓国語で直接目的語とみなしている対象を、日本語では間接目的語と見なすというケースが少しあるということです。

　また、主格助詞には、日本語と同様に2種類あって、「(n)un」は日本語の「は」と全く同じで、話題提示の助詞であり、「ga」（ただし、子音で終わる名詞に後続するときは「i」になる）は日本語の「が」と発音まで同じで、統語上の「主語」であることを示す助詞です。従って、三上章氏が提起した有名な「象は鼻が長い」という「は＋が構文」に相当する構文が韓国語にも、ごく普通に出て来ます。

　　onul-un　nalsi-ga cho-ayo.
　　今日 - は　天気 - が　好い - です。

　私が研究している英日・日英の機械翻訳では、単語列の語順を逆転させることはもちろんのこと、もっと複雑な訳語間の語順の変換をしなければならない場合がしばしば発生します。ところが、私自身は日韓・韓日機械翻訳は研究していませんが、実際にやっている人の話を聞いたり読んだりすると、日韓・韓日の場合には、単語ごとに訳語に置き換えるだけで、ほ

とんど語順入れ替え操作は必要がないそうです。

（3）その、日韓両言語の統語構造は、驚くほど首尾一貫した最もプロトタイプに近い型と言ってよく、また、多くの過渡地域に見られる動揺や混合的特徴は、まったく認められません。

　この、「驚くほど首尾一貫した最もプロトタイプに近い型」という表現は、言うまでもなく、松本克己『世界言語への視座』から機械的にコピー引用させて頂いた表現ですが、同書の別のパラグラフに書いてある「日本語は，類型論的に見るかぎり，特異な言語であるどころか，世界に最も仲間の多いきわめて平均的かつ標準的な言語である．」という部分との整合性をよく考えてみると、「驚く」のは松本先生ご自身ではなく、西洋の言語を全世界の標準と見る頑なな迷信に陥っている人々だけであって、松本先生から見れば、「少しも驚くことではない」ということなのでしょうね。実は私自身も、数日前に考えついた「世界の諸言語におけるダーウィン的意味における進化論」という発想に基づくと、日本語と朝鮮語の特徴は、「少しも驚くことではない」と納得いたしました。

　そういう観点からもう一度、松本氏の大著『世界言語への視座』を読み返してみると、
●第2章　印欧言語学への招待
「2.4.1　語順の2つのプロトタイプ」において、すでに本書第Ⅱ章1節でも引用したように、「ちなみに，日本語やトルコ語は，首尾一貫した(S) OV配列の，古典アラビア語（VSO）やタイ語（SVO）は，同じく首尾一貫したVO配列の典型である．」と書いてあります。すなわち、「首尾一貫したプロトタイプに近い型」の言語は、「驚くほど希」というわけではないのです。実際、上に見たようにSOV配列の一貫した言語としては日本語やトルコ語の他に朝鮮語があり、またSVO（あるいはVSO）配列の「驚くほど首尾一貫した言語」としては、古典アラビア語（VSO）やタイ語の他に、インドネシア語があることは第Ⅰ章6節で検証しました。
　（追記）タイ語を「首尾一貫したVO配列の典型である」とする見方には

問題があります。現在の「形式主義的な」言語類型論という学問の方法論に従えば当然そのようになるのですが、より実態に即して見ていくと、タイ語は中国語と同じ「孤立語」型の言語であり、ズーム型認知と言語の主要部パラメータの衝突によって語順が動揺している言語です。第6章10節「仏教の東遷とサンスクリット語順のUターン現象」参照。

● 第6章　印欧語における統語構造の変遷

「6.1　序論：統語構造の2つの基本形」の末尾に、「ちなみに、日本語は前進的支配（＝主要部後置型）の原理が驚くほど首尾一貫した『厳格な』(S) OV型の言語である．この意味で、日本語はもろもろの言語の統語型を判別するための尺度として最適の言語であると言ってよかろう．」と書いてあります。ここでも松本氏は、「だから、日本語のような言語は世界でも希だ」とは言っていないことに注意しておく必要があると思います。

● 第9章　語順の分布と語順の変化

本書第1節で引用した『世界言語への視座』の「2.4.2印欧語における語順の諸相」ではユーラシアにおける印欧語およびその周辺地域で話される諸言語の基本語順のタイプが示されていましたが、同書「9.2 基本語順の地域ならびに系統的分布では、広く全世界の言語について語順の分布が説明されています。

理論的に可能な48通りの語順の中で次表の4つのタイプは，その出現率が全体の75％を占め，従って，これは世界諸言語の「基本語順」の4大タイプ」と呼ぶことができるであろう、と主張されています。PO、GNなどの記号は本章第1節で定義されている通りです。

9．3　基本語順の主要なタイプと世界言語におけるその分布

（前略）

					言語数
第1型	SOV	PO	GN	AN	262
第2型	SOV	PO	GN	NA	231
第9型	SVO	PR	NG	NA	323
第17型	VSO	PR	NG	NA	95
その他					304
				（合計）	1215

　次に松本氏はこれら4大タイプの1つ1つについて、その地域的分布を詳しく解説しています。

　まず、第1型：「SOV PO GN AN」語順は、ユーラシアの多くの言語（日本語、朝鮮語を含む）を含み、まさに「ユーラシアのSOV型」と呼ぶことができるだろうと、しています。

　それに対して、SOV語順のもうひとつのサブタイプである第2型：「SOV PO GN NA」語順は、ユーラシア以外の地域、とりわけアフリカ、オセアニア、アメリカ大陸で優勢なタイプであり、「非ユーラシアまたは周辺的SOV型」と呼ぶことができよう、としています。

　次に、第9型：「SVO PR NG NA」語順は、2つの中心的分布圏をもっている。すなわち、その一方はユーラシアの東南部からオセアニアにつながる地域で、もうひとつは、中央および北部アフリカから地中海を経て南ヨーロッパに及ぶ地域で、ヨーロッパではロマンス語圏がこれに含まれる。

　最後に、第17型：「VSO PR NG NA」語順は、4つの中では一番劣勢なタイプである、その分布圏も比較的限られている。先に述べたように、これを「動詞初頭型」の一つと見て、そのもうひとつのサブタイプである第18型（VSO PR NG AN）、およびVOSの2つのサブタイプである第25型（VOS PR NG NA）と第26型（VOS PR NG AN）をこれに加えたとしても、これに属する言語の総数は149にとどまり、第9型の半分に満たない、と松本氏は結論づけています。

　因みに、われわれがよく知っている英語、ドイツ語、ロシア語などは第

第Ⅱ章　ヨーロッパ諸言語における統語構造の歴史的変遷

10型：「SVO PR NG AN」に属し、わずか42言語しかありません。また、現在では多数の例外現象が目立つヨーロッパ諸言語も、古い時代においては、むしろ、日本語と同様のほぼ完璧な主要部後置型の言語であった、と『世界言語への視座』（2.4.3）にも書いてあります。（既に、第Ⅰ章1節で引用してあります。）

　つまり、印欧語も、日本語や朝鮮語やバスク語やインドネシア語と同じように、発生した当初はプロトタイプのようなほぼ完璧な統語構造だったものが、ダーヴィン的な進化（変化）の過程で多くの例外を発生させた、ということです。逆に言えば、歴史始まって以来完璧なプロトタイプ型を保ち続けている日本語などは、（統語構造の面に限れば）進化が留まったままになっている「生きた化石」というわけです。進化の一般論から言っても、「進化は多様性を増大させる」のは当然です。複数の単語を結合して文を作る原理が、たった一つのパラメータで決まってしまうのは「初期状態」だけで、次第に「例外」や「例外の例外」など、法則が複雑化してくるのは当然だという見方が出来ます。他方では、言語分野に限らず、「知の省エネ」という意味から、複雑なものが単純化されてゆくという、一見すると上記のことと相反するような進化・発展もあります。サンスクリット語における複雑な格体系の崩壊と論理的に整理された新しい格体系の再生などがその例です。また、英語を始めとする多くの言語で、不規則型活用変化の動詞が規則型活用変化に置き換わってゆくという例もかなり多く見受けられます。

　それでは、なぜ印欧語（および中国語、ベトナム語などの「孤立語」族）は激しく進化し、それ以外の日本語・朝鮮語などの言語は生きた化石のように進化が止まったままになっているのでしょうか？　印欧語語順の2000年間に渡る異様な激動の歴史は、世界認識パラメータと普遍文法主要部パラメータとの闘争の凄まじさを明示しているのでないでしょうか？

　次節では、この問題について解明を進めて行きます。

●江上波夫「騎馬民族征服説」について
　次節に移る前に、戦後の一時期に日本の史学会において一世を風靡した

「騎馬民族征服説」について、少しだけ紹介をしておきます。

《Wikipedia「騎馬民族征服王朝説」から引用》
http://ja.wikipedia.org/wiki/%E9%A8%8E%E9%A6%AC%E6%B0%91%E6%97%8F%E5%BE%81%E6%9C%8D%E7%8E%8B%E6%9C%9D%E8%AA%AC

　騎馬民族征服王朝説（きばみんぞくせいふくおうちょうせつ）とは、東北ユーラシア系の騎馬民族が、南朝鮮を支配し、やがて弁韓を基地として日本列島に入り、4世紀後半から5世紀に、大和地方の在来の王朝を支配ないしそれと合作して大和朝廷を立てたという説。**騎馬民族日本征服論**（きばみんぞくにほんせいふくろん）ともいう。東洋史学者の江上波夫が考古学的発掘の成果と『古事記』『日本書紀』などに見られる神話や伝承、さらに東アジア史の大勢、この3つを総合的に検証した結果、提唱した考古学上の仮説である。

　この学説は戦後の日本古代史学界に波紋を広げ、学会でも激しい論争となったが、細かい点について多くの疑問があり、定説には至っておらず、一般の人気や知名度に比べ、支持する専門家は少数派にとどまっているとされ、今日ではほとんど否定されていると言う者もある。社会的な変化を説明するのに、騎馬民族征服王朝説はある意味で便利であり、騎馬民族の征服を考えなくても、騎馬文化の受容や倭国の文明化の契機は十分に説明が可能であるとする者もいる。

学説の概要と根拠

　江上波夫は、日本民族の形成と日本国家の成立を区別し、民族の形成は弥生時代の農耕民族に遡るものの、日本の統一国家である大和朝廷は、4世紀から5世紀に、満洲の松花江流域の平原にいた扶余系騎馬民族を起源とし朝鮮半島南部を支配していた騎馬民族の征服によって樹立されたとする。すなわち、大陸東北部に半農の騎馬民族が発生したが、その内、南下した一部がいわゆる高句麗となり、さらにその一部が「夫余」の姓を名乗りつつ朝鮮半島南部に「辰国」を建て、

第Ⅱ章　ヨーロッパ諸言語における統語構造の歴史的変遷

またさらにその一部が百済として現地に残るが、一部は、加羅（任那）を基地とし、4世紀初めに対馬・壱岐を経由して九州北部（江上は、天孫降臨神話の日向を筑紫とみる）を征服し、任那と併せて「倭韓連合王国」的な国家を形作ったという。さらにその勢力は、5世紀初めころに畿内の大阪平野に進出し、そこで数代勢威をふるい巨大古墳を造営し、その権威をもって、大和国にいた豪族との合作によって大和朝廷を成立したのであるとする。

そして、唐の朝鮮半島南部への進出によって（白村江の戦い）、日本がその出発点たる南部朝鮮保有を断念するに及んで、大和朝廷は、日本の土地の古来からの伝統的王朝たるかのように主張し、そのように記紀を編纂したものであるとする考古学説が、江上の騎馬民族征服王朝説の概要である。

ここで注意するべきは、江上は、元寇のように大陸騎馬民族が一気に九州または日本を征服したと見ているわけではなく、長年月朝鮮半島を支配し定住した民族が、情勢の変化により逼塞したことにより、長期間かけて日本列島を征服支配したとしているのであり、大陸騎馬民族が一気呵成に日本列島を征服したことを前提としてそれを否定するものは、江上への批判としては適切でない。そして、江上は、騎馬民族が農耕民族を征服支配した場合には、徐々に農耕民族に同化するものとしている。それが故に、江上は、大和朝廷を騎馬民族によって成立したと見ながら、日本の民族の形成は弥生時代にまで遡ると捉えていると思われるのである。

このような江上の学説は、遺跡遺物などによる文化習俗と文献を総合して主張される。文化習俗面では、4世紀後半から7世紀後半ころの後期古墳文化におけるそれは北方的、武人的、軍事的であり、弥生時代の南方的、農民的、平和的なものの延長であった古墳文化と"断絶"があることを根拠とする。文献的な根拠は、記紀や新旧唐書など多岐にわたる。以下、主な文化習俗的根拠及び文献的根拠を紹介する。（断定的に記述するが、古墳時代の区切り方なども含めて江上の学説であり、学会において反対があるものもあることを承知された

117

い)

（以下、省略）

《引用、終わり》

　松本克己氏も明確に述べているように、日本語は語彙の点でも、音韻的にも語末が母音で終わる南方系の言語であり、音節構造の開音節性と母音調和の非存在性など、北方系の言語的な特徴は全く見当たりません。朝鮮語をはじめとする北方言語諸語においては真逆に、語末が子音で終わる単語も多く、また歴史的に母音調和を持っていることから、ユーラシア北部の諸言語の特徴と共通しています。言語学的に考えれば、音韻・語彙から見て、単純明快に「あり得ない」ということです。

Ⅱ—6．印欧語語順の2000年間に渡る異様な激動の根本原因は、世界認識パラメータと普遍文法主要部パラメータの闘争である

　印欧語語順の2000年にわたる異様な激動の歴史を根本的に理解するためには、人間に言語機能が発生した時期前後の人間の知の状況をよく考えてみる必要があると思われます。現生人類の誕生は今から数十万年前だと言われていますが、人間が言語機能を獲得したのは、その歴史と比較すると非常に新しく、つい数千年前か、せいぜい遡っても1万年前くらいのようです。(2012年9月30日追記：北村和夫氏から教えて頂いたところによると、言語機能の獲得は3万年前［ショーヴェの洞窟の絵画］から1万年前［新石器時代の最初の都市の出現］くらいの間に起きたようです。)

　したがって、人脳内に言語生成機構が誕生する以前に、すでに人間は様々な知能を脳内に宿していました。特に、数に関する知識と能力には、かなりのものがあったようです。「人間が言語機能を獲得した」と言っても、それが一気に行われたものではなかっただろうことは、幼児（赤ん坊）が一歩また一歩と言語能力を身につけてゆく過程を見れば想像がつきます。赤ん坊は、先ず、身近によく聞こえてくる単語から覚えてゆきます。そして、生後1年半から2歳にかけて、2単語文（たとえば、「おっぱい、ほしい」「おなか、いたい」）が言えるようになり、次第に3単語文、4単

語文，... と長い文でも言えるようになって行きます。また、単純な叙述文だけでなく、疑問文や否定文も作れるようになり、さらには、「もし〜ならば、〜になる」のような条件文も作れるようになってゆきます。

おそらく、人類の言語能力獲得も、このように、まず素朴な単語を作り出すことから始まったでしょう。すなわち、特定の音声の列と特定の具体的な概念とを結びつける集団的な合意（受容）の確立です。それから次第に、2語文、3語文、…のように、複数の単語を組み合わせて命題を記述することが出来るようになっていったはずです。単純な表現から次第に複雑なものへと。それは、かなり長い年月がかかったでしょうし、各民族や同一民族内での各個人によっても、発達の速度にはかなりの差異があったと思われます。

そして、数詞や複合数詞の概念は普遍文法の主要部パラメータ（隣接する複数の単語を結合する際に主要部の前置・後置を決める原理）の獲得以前に定まっていたのではないかと推測されます。少なくとも、私が第Ⅰ章5節「ピアジェ＝チョムスキー論争、ピアジェ＝ヴィゴツキー論争の『決着』を覆す新しい世界認識制御因子の発見／福岡の小学校教師たちの算数教育における驚くべき成功の言語学的解明」で提起した4つの認知分野に所属する言語表現は言語分野の語順パラメータの支配をまったく受けていないことが分かっています。

本章第1節「松本克己『世界言語への視座』を読む（その1）」で引用した同書の 《表2.6 古典ラテン著作家における基本語順：動詞の末尾位置》 に示されているように、動詞が文の末尾に置かれる出現頻度は年代が下るに連れて減少していますが、このような語順の時代的な変動にもかかわらず、「名前」＋「姓」の語順や「日」＋「月」＋「年」の語順は2000年以上も微動だにしていないことからも、主要部パラメータ獲得以前に数詞や複合数詞が定まっていたことが分かるのです。「OV」語順はどんどん減少を続けて、近世に入るとついにはゼロ％になって完全に「VO」語順に逆転してしまうのですが、「ユリウス　カエサル」の語順は永遠不滅で、「カエサル　ユリウス」の語順は歴史上全く出現していないのです。ヨーロッパ人の人間認識は、「先ず個人」があって、その後から、その個

人が持つ称号や家族関係が前置している固有名詞を修飾するのです。「年」＋「月」＋「日」の語順も、2000年間、全く出現しません。つまり、ヨーロッパ人の認知方向は、古ラテン語の厳格な主要部後置型（ズームイン型に対応する語順）の時期から、或いはむしろ、文生成能力発生以前からズームアウト型の「小 → 大」「特殊 → 普遍・一般」「具体 → 抽象」「結論 → 証明・説明」という方向性を持っていたのです。そしてそれは、ヨーロッパ言語の語順が激動して、ついには14〜17世紀には逆転して現在のSVO語順パターンに落ち着くまで、まったく微動だにしていないのです。

（ただし、上の「具体→抽象」その他の図式的表現を機械的に理解して、「それならば、ズームイン型の認知は『抽象→具体』というパターンなのか」というように考えると正しくありません。ズームイン型認知であれズームアウト型認知であれ、具体物に関する認知から出発して抽象的な概念を作り上げる点は共通です。ズームアウト型は、具体物の認識から出発して抽象的な概念を作り上げる過程が非常に短いのです。そして、そのようにして作り上げた抽象的な概念をさらに一般化したり拡張したりする傾向が強いのです。それに対してズームイン型は、具体物から抽象的概念を作り上げるまでに長い過程を通過することが多く、また、作り上げた抽象的概念を特殊化して「特別に美しい例」や「特別に有益な例」などを見つけ出すことに意義を感じる精神的な傾向が強いように見えます。）

そのことは、ヨーロッパ人の脳内においては約2000年にわたって、ズームアウト型認知パラメータと言語野の主要部後置型（前進的支配）語順パラメータが語順の結合の順序をめぐる激烈な指導権争いを続けてきたことを示しています。この闘争においてズームアウト型認知パラメータ側はじっくりと年月を掛けて文生成能力を進化させてきました。「進化」というのは「多様化」や「細分化」を意味します。文生成能力が進化するに従って、語順のパラメータは「一括支配」ではなく、「OV⇔VO」「PO⇔PR」「AN⇔NA」「GN⇔NG」（これらの記号については本章第1節「松本克己『世界言語への視座』を読む（その1）」参照。）などの語順を相互に独立的に支配できるようにモジュール化、細分化を進めて「分割支

配」に「進化」させました。そしてズームアウト型認知パラメータは、これらの細分化された個々の項目の語順支配の方向（「左向き支配（主要部後置語順）」／「右向き支配（主要部前置語順）」）を各個撃破的に、1つ、また1つ、と2000年にわたってじっくりと逆転させて行きました。

　これらの細分化された個々の語順パラメータについて、どの項目が真っ先に逆転し、どの項目が最後まで頑強に抵抗を続けるかは、それぞれのヨーロッパ言語の文法的・語彙的・音韻的な個別特性だけでなく、地政学的な影響にも起因して、かなり異なってきます。これが、ヨーロッパ諸語の言語には、異様に多くの様々な語順のタイプが存在する理由です。主要部前置型が勝利してズームアウト型認知能力に最も強力なツールとして奉仕するようになった現代のヨーロッパ諸言語において、それぞれの言語で語順の「例外現象」となっている一部の主要部後置型語順は、最後までズームアウト型認知パラメータの猛攻を凌ぎ切ったSOV時代の残骸であり、「生きた化石」なのです。

　ヨーロッパ諸言語の語順パラメータが「主要部前置型」への大逆転を完了する時期は、言語族によって若干のズレがあります。SVO型への転換が真っ先に完了して現代の語順になったのはラテン語を祖先とするロマンス諸語（フランス語、イタリア語、スペイン語、ポルトガル語、など）であり、ヨーロッパでは真っ先に、これらのラテン語系諸民族の人々の脳内の霧が、統語構造（文生成能力）の発生という「ビッグバン」以来初めて、「脳内宇宙の晴れ上がり」の時期を迎えたのです。ただし、「宇宙の晴れ上がり」というのは物理学の用語で、ビッグバンから38万年後、宇宙の温度が3000度ほどにまで低下し、原子核と電子が結合したため、光が直進できるようになったことを指します。それに匹敵することが、人間の脳内で起きたのです。

　三省堂『言語学大辞典』で「イタリア語」が現代化した時期を調べてみると以下のように書いてありました。なお、この『言語学大辞典』は全部で7巻あって、各巻は非常に分厚く、世界中の言語のことが、各言語ごとに極めて詳細に解説されています。

《三省堂『言語学大辞典』【イタリア語】からの引用》
　韻文についてはペトラルカ［柴田注：Wikipedia によれば、Francesco Petrarca, 1304 年 7 月 20 日～ 1374 年 7 月 19 日］なお、「ペトラルカ」とはラテン語式に付けた名で、本名はフランチェスコ・ペトラッコ（Francesco Petracco）］を、散文についてはボッカチオ［柴田注：Wikipedia によれば、ジョヴァンニ・ボッカッチョ（伊：Giovanni Boccaccio, 1313 年～ 1375 年 12 月 21 日）］を模範にすべきだとする、ヴェネッツィア人ベンボ（P. Bembo, 1470 ～ 1540）の主張が大勢を占め、14 世紀フィレンツェ方言を基礎にする文語が、以後の文学史で標準の地位を確保することになった。この事情は今日まで基本的に変わっていない。中世から近世への転換が 15 世紀末から 16 世紀に起こり、その影響が言語上にも強く反映されて、中世語と近世語の間に際立った違いが生じた他の西欧諸国の言語の場合と大きく異なる点である。（執筆）長神悟
《三省堂『言語学大辞典』からの引用、終わり》

　14 世紀～ 15 世紀に頭の中が「晴れ上がった」イタリア人たちは、スッキリしたズームアウト型認知構造を存分に発揮してルネッサンス（文芸復興）を開始することになります。この時まで、古代のギリシャ・ローマ文明の成果を受け継ぎ発展させてきたのがアラビア人たちであったのは、アラビア人がズームアウト型認知構造であり、かつ、言語獲得当初からアラビア語が主要部前置型（後退的支配）語順だった為に、アラビア人たちの脳内が古代から中世に至るまで 2000 年間、一貫して安定していたためであると考えられます。日本語、朝鮮語、バスク語（以上、ズームイン型）、インドネシア語（ズームアウト型）なども同様です。

　《Wikipedia【ルネッサンス】　から引用》
　ルネサンス（イタリア語でリナシメント rinascimento）は北イタリア、フィレンツェなど地中海貿易で繁栄したトスカーナ地方の諸都市を中心に、教会やイスラム世界、東ローマ帝国の保存していた古典文化の影響を受けて 14 世紀頃にはじまった、というのが一般的な理

解である。
《引用、終わり》

次に、同じく、三省堂『言語学大辞典』で「スペイン語」が現代化した時期を調べてみると以下のように書いてありました。

《三省堂『言語学大辞典』【スペイン語】からの引用》
　イベリア半島には 7 つの民族の言語があったが、現在のスペイン語に、たとえ借用語という形だけにせよ、言語的影響を及ぼしたのは、バスク語とケルト語だけである。
　ローマ人がイベリア半島に入ってきたのは、紀元前 3 世紀末のことで、ローマ人が話していた俗ラテン語が原住民族の諸言語を圧倒した。（俗ラテン語が）分化して現地語化したうちで、カスティーヤ方言が、現在の標準スペイン語となった。アラビア人のイベリア半島支配は、カスティーヤ語に膨大な借用語を与えたが、音声面や文法面には、何ら影響を及ぼすことが無かった。

　1492 年に 3 つのことが同時に起こった。
（1）カスティーヤの勢力がイベリア半島からアラビア人を追放した（レコンキスタ）。
（2）コロンブスによるアメリカ大陸「発見」。
（3）ネブリーハがはじめてカスティーヤ語でカスティーヤ語の文法書を書いて、標準スペイン語が確立した。
（柴田注：Antonio de Nebrija（1444-1522）
http://ocw.u-tokyo.ac.jp/wp-content/uploads/lecture-notes/AS_01/history06-12.pdf）
（執筆）原誠
《三省堂『言語学大辞典』からの引用、終わり》

イタリア人と同様に統語語順の逆転が完成して頭の中が「晴れ上がっ

た」スペイン人やポルトガル人たちは、スッキリしたズームアウト型精神構造を爆発させて、「大航海時代」に乗り出していきました。

> 《Wikipedia【大航海時代】　から引用》
> 　大航海時代（だいこうかいじだい）とは、15世紀中ごろから17世紀中ごろまで続いたヨーロッパ人によるインド・アジア大陸・アメリカ大陸などへの植民地主義的な海外進出をいう。主に西南ヨーロッパ人によって開始された。
> 《Wikipediaからの引用、終わり》

フランス語では、イタリア語に比べたらもちろんのこと、スペイン語やポルトガル語からも、やや遅れて現代語順が確立します。

> 《三省堂『言語学大辞典』【フランス語】からの引用》
> ●古フランス語（9世紀～14世紀半）から中期フランス語（14世紀後半～16世紀）への変化
> 　語末の子音 -s の脱落により、格の形態的区別が不可能になった結果、主格：非主格という格の機能的対立が消滅した。このことにより、**主語─動詞─補語**という語順が義務的になったほか、前置詞の使用が拡大した。（執筆）町田健
> 《三省堂『言語学大辞典』からの引用、終わり》
> （柴田による補足：上の主語─動詞─補語という語順は補語が名詞（名詞句）の場合であり、補語が代名詞の場合には主語─目的語代名詞─動詞という、日本語と同じ語順が現代まで生き残っています。）

世界の植民地獲得競争でスペインやポルトガルに後れを取ったフランスは、やがて全地球的規模で、すなわち、アフリカ、インド、日本（戊辰戦争）、アメリカ（ミシシッピー川流域）、カナダなどで後発のイギリスと激烈な軍事衝突を起こすことになります。

第Ⅱ章　ヨーロッパ諸言語における統語構造の歴史的変遷

　最近、佐良木昌さんからプレゼントされた雑誌『言語』（1999 年第 10 号・特集「世界を"数える"」）掲載の金光仁三郎「数のシンボル」の中に、次のような記述がありました。

　《金光仁三郎「数のシンボル」からの引用》
　　数といえば、私たち現代人は、合理的思考の代表的なものと頭から信じ込んでいる。これを書いている私なども、その例に漏れず、数秘学などというオカルトめいた言葉を初めて目にしたときには、うさん臭い学問があるものだと思った。しかし、数から神秘性を剥ぎ取って、ヨーロッパ精神が一丸となって合理主義に突き進み始めたときに、全体性の視点も同時に少しずつ失われていった。

　　この現象は、何も数に限ったことではない。思考の基盤である言葉がそうだったとミシェル・フーコーは言っている。彼の主著『言葉と物』によれば、16 世紀までは神による照応の全体的体系、これが物の世界であった。だから、物の世界を映し出す言葉は、同時に物の背後にある神の全体性を映し出す鏡だった。ところが、17 世紀以降、神に収斂されていた円環的な物の世界に代わって、物は無限に分散し、並列化するようになる。それに伴って、言葉は、神との関係を断ち切られて、純粋に記号だけの意味作用に還元されるようになった。（後略）
　《金光仁三郎「数のシンボル」からの引用、終わり》

　ミシェル・フーコーやクロード・レヴィ＝ストロースなど、フランスを代表する著名な知識人の多くが熱烈な日本文化の支持者である理由は、2000 年の永きに渡って主要部後置型の語順パラメータを安定的に保持してきた日本語の文化が、「古き良き時代のフランス」、すなわち、主要部後置型の語順を残したフランス語の文化の時代を想起させて、彼らに強烈なノスタルジー（郷愁）を呼び起こすからではないかと私は推測しています。それは「己の分際をわきまえて、ほどほどに身を処す、ただし、極め

て誠実に、真摯に」というズームイン型認知指向とも良く一致しています。衛藤純司さんから聞いた話では、フーコーやレヴィ＝ストロースは「沈黙の文化」の重要性を強調して、「日本人を見よ！」と言っているそうです。PISA（国際学力テスト）や日本の多くの教育関係者が、「日本人は自分の意見を述べる能力が足りない、いや、自分の意見を持ってすらいない。だから、日本の子どもたちには、もっと『言語活動』『白熱討論』を訓練させなければいけない」などと主張しているのとは大違いです。

　ロマンス語諸語から約100年くらい遅れて、ゲルマン諸語も現代に繋がる「主要部前置型（後退的支配）」の語順が確定して行きました。まず、その先駆となったドイツ語から見て行きましょう。

　　《三省堂『言語学大辞典』【ドイツ語】からの引用》
　　　ルターはマイセン・ドイツ語を用いて聖書のドイツ語訳に従事したが、彼のドイツ語は、民衆語によって表現が新鮮になり、広く歓迎された。
　　　1522年に、新約聖書が翻訳され、1534年には旧約、新約全聖書が完訳された。ルターのドイツ語が、統一的なNhd(Neu-hochdeutch; 1650年代〜現代) 文章語の地ならしのために果たした役割は極めて大きい。（執筆）橋本郁雄
　　《三省堂『言語学大辞典』からの引用、終わり》

　ドイツ語の現代語順の確立によるドイツ人の脳内の霧の「晴れ上がり」と、カトリックに反旗を翻すプロテスタンティズム・ルター派の登場（「宗教改革」の開始）は完全に軌を一にしていたわけです。
　次に、同じゲルマン語族のオランダ語を見てみましょう。

　　《三省堂『言語学大辞典』【オランダ語】からの引用》
　　　まとまった文献が残されているのは1200年頃からである。この頃から16世紀までを、語史の上では中期オランダ語とする。その文献が多く残っている地域は、今日のフランドル地方なので、古フラマン

語と呼ばれることもある。

　16世紀、この地域がスペインに占領されると、人々は北部に難を避け、この結果、南北の方言が混合し、今日に見られるような、文章と会話の使用語彙の分離の原因となった。17世紀、北部のオランダ語地域は、海外への進出の時代を迎え、植民地の獲得と共にオランダ語が広がった。

　1584年、スピーエル（柴田注：「スピーヘル」と書いてある文献もある）が『オランダ文学対話』を書き、発音、綴り字、構文を含む広汎なオランダ語の規範を確立した。1673年には、聖書のオランダ語訳（国定訳聖書）が完成したが、これはルターの聖書が標準ドイツ語の基礎を築いたことに対比される重要な意味を持っている。これ以後を、新オランダ語（Nieuw Nederlands）として分類する。（執筆）桜井隆
《三省堂『言語学大辞典』からの引用、終わり》

　脳内で「ズームアウト型認知構造」の足かせとなっていた「主要部後置型（前進的支配）語順パラメータ」をロマンス諸語から100年遅れで駆逐したオランダ人たちは、大急ぎでスペイン、ポルトガルの後を追って、世界の植民地分割に割り込んで行きます。（「東インド会社」の設立）。また、イタリアから約100年遅れで、「北方ルネッサンス」を開花させます。そのあたりのことを、Wikipedia「北方ルネサンス」で見てみましょう。

《Wikipedia「北方ルネサンス」より引用》
http://ja.wikipedia.org/wiki/%E5%8C%97%E6%96%B9%E3%83%AB%E3%83%8D%E3%82%B5%E3%83%B3%E3%82%B9
　北方ルネサンス（ほっぽうルネサンス、蘭：Noordelijke renaissance、英：Northern Renaissance）は、狭義には北ヨーロッパでのルネサンス運動を指し、広義ではイタリア以外でのヨーロッパにおけるルネサンス運動全体を指す美術史用語。

　1450年終わりになるまでイタリアでのルネサンス人文主義はイタリア以外のヨーロッパ諸外国にはほとんど影響を及ぼさなかったが、

15世紀後半にはルネサンス運動は全ヨーロッパに波及した。その結果、「ドイツ・ルネサンス」、「フランス・ルネサンス」、「イングランド・ルネサンス」、「ネーデルラント・ルネサンス」、「ポーランド・ルネサンス」など、それぞれの国でルネサンスの影響を受けた多種多様な芸術運動が展開された。

フランスではフランス王フランソワ1世がレオナルド・ダ・ヴィンチらイタリアの芸術家を宮廷に迎え、莫大な費用をかけてルネサンス様式の宮殿を造営し、フランス・ルネサンスのきっかけを作った。15世紀のブルッヘ、16世紀のアントワープのような当時の経済中心都市との交易は、ネーデルラント諸国とイタリア双方にとって、大きな文化的交流をもたらした。しかしネーデルラントでは芸術、特に建築の分野において後期ゴシックの影響が依然として大きく、画家たちがイタリアの絵画を模範としはじめていたのに対し、バロック期になるまで、後期ゴシック建築の様式から抜け出ることはなかった[1]。

一部の地域では政治体制が中央集権だったこともあり、イタリア・ルネサンスの影響をほとんど受けずに独自のルネサンス様式が発展した。イタリアやドイツでは独立都市国家が大きな力を持っていたが、中央ヨーロッパ、西ヨーロッパでは国民国家が出現し始めていた。北方ルネサンスは16世紀の宗教改革と密接に関係している。対国内、対国外ともにプロテスタントとローマ・カトリック教会との長期にわたる対立が、ネーデルラントなどのルネサンス運動に影響を与え続けた。

【目次】
1 概説
2 北方絵画
3 大航海時代
4 出典

第Ⅱ章　ヨーロッパ諸言語における統語構造の歴史的変遷

概説

　もともと西ヨーロッパは北イタリアよりも封建制が根強く残っていた。ヨーロッパ経済は過去千年にわたって西ヨーロッパが支配していたが、ルネサンスの始まりと時を同じくして衰退していく。衰退の原因はヨーロッパで大流行したペストの影響もあるが、物々交換貿易から貨幣による貿易への移行、農奴制の解消、封建諸侯による都市国家支配に替わる君主制による国民国家の成立、火薬を用いた火器などの新しい軍事技術による封建的軍隊の無効化、農業技術・手法の進歩による農業生産性の向上など、さまざまな理由が背景にあった。イタリアと同様に、封建制の衰退が西ヨーロッパのルネサンス文化として、文化、社会、そして経済の新しい幕開けとなったといえる。

　最終的に西ヨーロッパでのルネサンス運動は、ローマ・カトリック教会の弱体化とともに盛んになっていった。封建制の緩やかな終焉は、司教や修道院などが荘園領主として奉納を受け取る代わりにその荘園の人々を保護するという、長きにわたって続いてきた慣習の陳腐化をも招くことになる。その結果、15 世紀初頭には教会に頼らない、信徒たち自身による互助組織なども見られた。

　これら多様な社会変革の中でもヒューマニズムの浸透がもっとも重要で、ルネサンス期における美術、音楽、科学の発展の思想的背景となった。例をあげると、ネーデルラント出身の司祭・人文主義者デジデリウス・エラスムスは北ヨーロッパでの人文主義思想の発展に大きく寄与し、古典的人文主義と、当時増加しつつあった各種宗教問題との融合に成果をあげている。1 世紀前であれば教会によって禁じられていたであろう芸術上の表現手法が、この時代になって許容され、奨励されることすらあったのである。

　ルネサンス様式が短期間で全ヨーロッパに伝播することができたのは、活版印刷技術が発明され、普及していったことも大きい。新しい知識を求める欲求は科学の研究を促進し、政治思想を広め、そして北ヨーロッパでのルネサンス運動の方向性を決定づけた。イタリア同様、活版印刷機の導入は、自国語あるいはギリシア語、ラテン語で書

かれた古代の文書や、新しく出版された書物に触れる機会を増大させた。さらに聖書が広く各国語に翻訳されたことが、プロテスタントの宗教改革の要因となったともされている。

北方絵画

　ロベルト・カンピン、ヤン・ファン・エイク、ロヒール・ファン・デル・ウェイデンら、初期フランドル派の画家たちの北方写実主義絵画はイタリアでも大きな賞賛を受けた。しかしこれら北方絵画とイタリア絵画との相互に対する影響は15世紀の終わりになるまでほとんどなかった[2]。15世紀にも両地域には頻繁な文化的、芸術的交流があったにもかかわらず、1500年から1530年までのアントワープ・マニエリスム（(en:Antwerp Mannerists)、年代的にはイタリアでのマニエリスムの時期と重なるが、関連性はほとんどない）の芸術家たちが、ネーデルラントで最初にイタリア・ルネサンスの影響を受けた。

　ほぼ同じころドイツ人画家・版画家のアルブレヒト・デューラーがイタリアへ二度旅し、版画の分野で高く評価されている。デューラーはイタリアで見たルネサンス芸術の影響を受けて帰国した。他にイタリア人以外の重要な画家として、ドイツの画家ハンス・ホルバイン（父）、フランスの画家ジャン・フーケなど、当時北方では主流だったゴシック様式の画家たちや、ネーデルラントの画家ヒエロニムス・ボス、ネーデルラントの画家ピーテル・ブリューゲルのように、高度に独自の芸術を展開していた画家たちがイタリア・ルネサンスの影響を受けて発展させたスタイルは、次世代の画家たちにも盛んに模倣されていくことになる。16世紀の北方の絵画家たちはますますローマに注目し、実際にイタリアへ旅することによってルネサンス美術を自身らの芸術に取込むことによってロマニズム（ローマ派(en:Romanism (painting))）として知られるようになっていった。ミケランジェロやラファエロが活躍した盛期ルネサンス期芸術と、後期ルネサンス期に流行したマニエリスム様式とは、北方の絵画家たちの作品に大きな影響を与えたのである。

第Ⅱ章　ヨーロッパ諸言語における統語構造の歴史的変遷

　ルネサンス人文主義と数多くの古代の芸術品は、北方の芸術家たちよりもイタリアの芸術家たちの方にギリシア・ローマ時代の芸術復興というテーマを多くもたらした。15世紀のドイツやネーデルラントの著名な絵画作品には古代芸術の影響は見られず、中世からの伝統的な宗教画が多い。当時の北方芸術でとくに知られるのが祭壇画で、持ち運び可能なものから非常に大きなものまで制作されている。翼を持った祭壇画は教会暦で定められた特定の日ごとに開閉された。16世紀になると北方でもイタリアでも、神話や歴史を題材とした美術品がよく作成されるようになる。しかし北方ルネサンスの画家たちは、さらに新しい題材を求めて風景画や風俗画などにも進出していった。

　北ヨーロッパに波及したイタリア・ルネサンスの芸術スタイルは、それぞれの地域性にあわせて変化し、その土地に独自に適応していった。イングランドと北部ネーデルラントでは、宗教改革の影響で宗教絵画がほぼ姿を消している。当時のテューダー朝イングランドには優れた宮廷芸術家がいたが、肖像絵画はごく一部の上流階級に広まっただけだった。フランスでは、イタリアから招かれた後期マニエリスム様式の画家ロッソ・フィオレンティーノらの影響によってフォンテーヌブロー派が成立したが、最終的には伝統的なフランス絵画へと回帰している。16世紀終わりにはハールレムに集ったカレル・ヴァン・マンデルやヘンドリック・ホルツィウスらの芸術家が、フランドル地方に北方ルネサンスに続く「北方マニエリスム」を展開していった。

大航海時代
　ルネサンス期のもっとも重要な技術革新の一つは、初の本当の外洋船といえるキャラベル船の発明である。この船の存在が、広範な地域への貿易と大西洋横断を可能にした。ブリアン・グレゴリやジョヴァンニ・カボートといった初期のイタリア人船長たちが発見した海上航路が、北部ネーデルランドがヨーロッパ中の貿易の中心地であるという役割を衰退させることになる。代わって富と力の集積地となったのは、さらに西方のスペイン、ポルトガル、フランス、イングランド

だった。これらの国々はアフリカ、アジアなど広大な地域を相手に貿易を開始し、アメリカ州は全域にわたって植民地化が進んだ。このヨーロッパ諸国による探検と領土拡張の時代を「大航海時代」という。当時のヨーロッパの権力そしてルネサンス芸術、ルネサンス思想は、この大航海時代に全世界に広まったのである。

出典
[1]. Janson, H.W.; Anthony F. Janson (1997). History of Art (5th, rev. ed.). New York: Harry N. Abrams, Inc.. ISBN-0-8109-3442-6.
[2]. Although the notion of a north to south-only direction of influence arose in the scholarship of Max Jakob Friedlander and was continued by Erwin Panofsky, art historians are increasingly questioning its validity: Lisa Deam, "Flemish versus Netherlandish: A Discourse of Nationalism," in Renaissance Quarterly, vol. 51, no. 1 (Spring, 1998), pp. 28-29.
（南北方向のみの影響という概念が M.J. フリードランダーとそれを継承する E. パノフスキーの研究に現れるが、ますます多くの絵画史研究者たちはこの概念の有効性に疑問を抱いている：L. ディーム『フレミッシュ vs ネーデルランド：ナショナリズムについての論考』季刊「ルネッサンス」51 巻 1 号 (1998 年春季), pp. 28-29.
《引用終わり》

ヨーロッパ諸言語の中では、最後の最後まで語順の確立が遅れた英語の場合を見てみましょう。

《三省堂『言語学大辞典』【英語】からの引用》
大陸諸国に遅れて、16 世紀に文芸復興期を迎えた英国では、ギリシャ、ローマの著作が英語へ翻訳された。「have + 過去分詞」「be + ing」は 18 世紀に至ってようやく文法カテゴリーとして用いられるようになった。

第Ⅱ章　ヨーロッパ諸言語における統語構造の歴史的変遷

　　ちなみに、W. シェイクスピア (1564 - 1616)
　　　　　　欽定訳聖書（1611 年）
　　（執筆）福島治／木村健夫／秦宏一
　　《三省堂『言語学大辞典』からの引用、終わり》

　イギリス人の頭の中を支配している「限りなき拡大指向」のズームアウト認知を縛り付けていた主要部後置型の語順パラメータが 2000 年以上かかって遂に駆逐された途端に、彼らは突然「産業革命」を開始して、「世界の工場」として資本主義の道を猛烈な勢いで驀進し始めたのです。

　ヨーロッパ言語の語順が OV 型から VO 型に転換した時期

ギリシャ語　紀元前 5 ～ 4 世紀
数学、自然哲学の発展　→　アラビア語へ翻訳
─────（深い断絶）─────
イタリア語　紀元（後）14 世紀　→　ルネッサンス
ギリシャ古典をアラビア語からラテン語へ翻訳
スペイン語　紀元（後）15 世紀
→　レコンキスタ（イスラム教の支配から脱出）
大航海時代の幕開け
ドイツ語　　紀元（後）15 世紀　→　ルッターの宗教改革
（聖書を VO 語順に転換したドイツ語に翻訳）
オランダ語　紀元（後）16 世紀　→　北欧ルネッサンス
（ピーテル・ブリューゲル、ファン・エイク、ヒエロニムス・ボス）
「東インド会社」設立　→　植民地獲得へ
フランス語　紀元（後）16 ～ 17 世紀
→　啓蒙思想（ルソー、ボルテール、等）
英語　　　　紀元（後）16 ～ 17 世紀
→　啓蒙思想（ジョン・ロック、デイヴィッド・ヒューム等）
（ただし、英語の場合には、進行形（ing）や完了形（have + pp）の確立は 18 世紀まで遅れるが、その遅れを取り戻すかのように、18 世紀後半になると、大英帝国は産業革命を起こし、「世界の工場」として全世界の支配に乗り出す。）

　要するに、ヨーロッパの「中世」から「近世」への転換は、ヨーロッパ人たちが古代から持っていた無限拡大のズームアウト型認知指向が、それ

とは正反対の主要部後置型(前進的支配)の語順パラメータを2000年以上の歳月をかけて、一歩、また一歩と脳内から駆逐して、ついに14〜17世紀に至って、ズームアウト型指向の強力な道具である主要部前置型(後退的支配)の語順パラメータの支配を言語生成分野で完全に確立して、脳内の霧を「晴れ上がらせた」ということなのでした。

これによって、言語分野による「縛り」の鎖から解き放たれた彼らのズームアウト精神が、突然、狂った様に暴走し始めたわけです。

これこそが、科学史家トマス・クーンが「科学革命」、「パラダイムシフト」などと呼んだヨーロッパ精神における大転換の「認知的な正体」だったというのが私の推論の帰結です。

私がこの仮説を同僚のローマ法の専門家に話したところ、「ああ、そういうことだったのですか。それを聞いて、これまで私の頭の中でモヤモヤしていた霧も晴れたような気がします。」と言って話してくれたのは、次のようなエピソードです。

中世のヨーロッパの大学では、「ローマ法」の学習は非常に重要な課目でした。「ローマ法」の講義では、教授は先ず、「ローマ時代の社会生活においては、これこれの社会問題が発生した」という状況説明をした上で、「よって、それらの問題を社会的に解決する目的で、これこれの法律が制定された」という順序で、「帰納的論法」による解説が行われていました。ところが、15世紀に、ある有名な教授が、教授法をガラリと変えて、先ず、「ローマ法にはこれこれの法律があった」と法律を天下り式に定義してから、「なぜなら、ローマ社会には、これこれしかじかの社会問題が存在したからである」という順序で「演繹的論法」を用いた解説を行ったら、それが当時の学生たちに「ものすごく分かりやすい授業だ」と大評判になって、それ以降は現代に至るまで、「ローマ法」の講義は演繹的な順序で解説されているそうです。「説明の順序を逆転させるだけで、なぜそんなにも学生の理解度が大きく変化するのか、奇異な感じがしていたのですが、あなたの話を聞いたら、『なるほど、そういうものか』と理解できたような気がします。」ということでした。

上の「ローマ法」の講義の話のミソは、「15世紀のできごと」ということだと思います。その直前に、教授や学生たちの脳内の霧が晴れ上がって、「ズームアウト型認知指向」（先ず結論を述べ、それからだんだんと、その理由や根拠や証明を展開して行く）で思考プロセスと言語表現とがスッキリと統一されたことが、この事態を準備したのです。

　ヨーロッパの中世においては、ズームアウト型認知の無限上昇志向を、主要部後置型の語順パラメータの支配の残存が常に縛り付けていたために、キリスト教神学に基づくスコラ哲学は極めてスローテンポで遅々とした歩みを続けて来ました。

　イタリアのガリレオ・ガリレイ (1564 ～ 1642) は新生されたばかりの現代語順のイタリア語を用いて「新科学対話」(1638 年初版．邦訳　岩波文庫）を著し、地球の重力による落体の法則を市民向けに解説して、科学的合理主義精神に満ちたヨーロッパ市民社会の到来を高らかに宣言しました。

　また、オランダの哲学者スピノザは演繹的思考のお手本であるユークリッドの「幾何学原論」のスタイルをパクって、「神が存在することの証明」を含む『エチカ』（「倫理学」）を書き上げたのです。

《Wikipedia【エチカ】より引用》
　スピノザはユダヤ教を破門されてからスコラ哲学と近代哲学を研究した哲学者であり、『エチカ』は 1662 年から執筆が開始され 1675 年に一応完成し、生前には出版できなかったために友人たちにより 1677 年に出版された。
《Wikipedia 引用、終わり》

　この、近世ヨーロッパ人たちの「脳内晴れ上がり」による「無限拡大指向の暴走」がどんどん進行して帝国主義列強による全世界の植民地制覇となり、現在も「限りを知らぬ経済成長」のグローバル資本主義となって続いていますが、「暴走」に次ぐ「暴走」によって、ようやく「息切れ」の兆候が見えてきたように感じられる今日このごろです。

Ⅱ—7. 啓蒙主義の時代（17〜18世紀）のフランス人・イギリス人の脳内宇宙の晴れ上がり／北村達三『英語史』（桐原書店）を読む

　私は前節で、三省堂『言語学大辞典』【フランス語】および【ドイツ語】からの引用を参照して、フランス語において「主語―動詞―補語」という語順が義務的になったり、前置詞の使用が拡大して現代語順がほぼ確立したのが16世紀〜17世紀で、これはドイツ語の現代語順がルターの宗教改革運動と同時並行的に確立されてゆく時期とほぼ一致、あるいはやや遅れていることを確認しました。

　それならば、ということで、フランス語圏におけるもう一方の宗教改革の雄であるジャン・カルヴァン（英語読みではカルヴィン）についてウィキペディアで検索してみたら、やはりカルヴァンも16世紀に活躍した人でした。

　ヨーロッパ諸言語の主要部前置型語順への大逆転が完成期を迎えたことによって、ヨーロッパ人の精神世界は巨大な変貌を遂げて行くのですが、その様子を「一般教養」として理解しておく必要があると思われるので、付録4「フランス語圏における啓蒙思想家と『三十年戦争』『啓蒙時代』」に、この件に関連した『三十年戦争』や『啓蒙時代』などの項目も併せてWikipediaから引用しておきますので、ぜひ参照してください。

　さて、このようにしてフランスの啓蒙思想家の人生歴を見て行くと、イギリスの思想家の影響があることが否応なく分かってきます。しかし、前節の中で引用した三省堂『言語学大辞典』によれば、「have + 過去分詞」「be + ing」など現代英語の文法カテゴリーが完成するのが18世紀で、そこから「産業革命」が爆発的に進行して行くのですが、「文芸復興」はイタリアより150年〜200年遅れて16世紀に始まるのでした。それではなぜ、イギリスの文芸復興は16世紀に起こったのでしょうか。それを解くカギを求めて、北村達三『英語を学ぶ人のための英語史』（1980年、桐原書店）を読んでみました。

　　《『英語を学ぶ人のための英語史』引用開始》
　　第三部　近代英語期

第Ⅱ章　ヨーロッパ諸言語における統語構造の歴史的変遷

第一章　ルネッサンス期の英語

一　近代英語の成立

　言語の発達に歴史的な事件が大きな影響を及ぼすことは、前述の「ノルマン人の英国征服」によってよく証明されています。実は、中英語期にはもう一つ、このような事件がありました。それは1347年から1351年に全欧に猛威をふるった「黒死病（ペスト）」の災害でした。
（中略）
　黒死病に生き残った労働者階級の経済状態は、著しく向上することになりました。それに伴って、彼らの言語である英語の重要性も増加することになります。また職人、商人といった中産階級も社会的、経済的に勃興してきます。彼らの言葉も英語でした。他方において、特権階級である貴族の生活の維持が困難に陥り、中世封建制度の崩壊をもたらしました。結果的にはフランス語が衰退して英語の勢力が強まったのです。こうして近代英語の成立への足場はつくられていったのです。
（中略）
二　ラテン語の後退

　さて、英語は1500年頃までにはノルマン征服後の混迷を脱し、一般庶民の言語としての地位をすでに確立していましたが、反面、学問の領域ではラテン語の勢力は強固でした。ことにルネッサンスによるギリシャ、ローマ文明への一般的な関心によって、ギリシャ、ローマの文献の紹介が盛んになり、それらを読む力を要求されるようになります。ことにラテン語は、当時ヨーロッパの共通語として非常に便利な言葉であり、各国の学者は、ラテン語によって自由に意志を通じ合えたのです。そのため学者、上流階級、知識人の間では、ラテン語は1つの特権的言語として、その地位を保ち、自国語だけを使ってラテン語を使わないということは、自らその文化を堕落させるとさえ考えられる風潮がありました。しかしこの風潮も、やがてなくなっていき

137

ます。その原因の1つは翻訳の発達です。翻訳の発達に従って、ギリシャ、ローマの古典が続々と英語に訳されました。
（中略）
六　シェイクスピアなど文人たちの貢献
　しかし、新造語の最大の貢献者は、シェイクスピアをおいて他にないといえるでしょう。文学の大天才として彼が用いた語数は一万五千語といわれ、ミルトンの八千語、一般イギリス人の四千語と比べると、シェイクスピアの語彙の豊かさは驚嘆に値するのですが、当然、彼は多くの新語のみならず、句を作り、それが後世の人々の語いと表現を限りなく豊かにしました。つまり彼の作った語は今日 household words（日常家庭語——これもシェイクスピアの新造語）として親しまれています。
（中略）

第三章　語形・統語法の確立
（中略）
十　語順
　先にちょっとふれました現在の英語における語順について述べましょう。
　古英語では語尾屈折により主格・対格・属格・与格を一応区別していました。したがって、語の順序はかなり自由であったことは確かでしょう。動詞が主語の前へ出たり、文尾にきたりすることも可能でした。しかし、古英語において語順はすでに相当定式化しており、「S + V + O」の語順の芽生えはすでに古英語にみられました。ただ副詞的な語句が、強意のため文頭に置かれたときは「V + S」の形がみられました。今日では、副詞 hardly, little, never, not, only, seldom, neither, nor などの後にのみこの形がみられますが、その代わり、ときには先に述べたように助動詞 do を前置して Never did she see the like.（そのようなことは彼女は見たことがなかった）のように「S + V」の型を保存することもあります。

語順の確立から生まれた一、二のおもしろい例を挙げてみましょう。It is me.（それは私だ）の文です。シェイクスピアや『欽定訳聖書』には事実 It is I. があります。目的語ではないのですから I を me にするのには抵抗を感じるのかもしれません。ではなぜこうなるのか、一つにはフランス語の ce's moi（柴田の注：16世紀のフランス語ではこのように綴ったのかどうか私は知りませんが、現代フランス語では c'est moi です）の形の moi と me の相似から、me になったという説がありますが、今では「S + V + O」の語順が確立すると、動詞の後にくるのは目的語であるといった漠然たる観念ができ、そのため動詞の後にきた主格の I が何か不自然に感じられたため、という説が妥当なようです。この逆の現象が、最近の口語英語でとくに聞かれる Who (= Whom) do you want?（誰にご用ですか）でしょう。これは文頭に目的語がくることが不自然に感じられ、whom が主格の who に変わったものと思われます。ところがこの形は案外古くからあり、シェイクスピアにもこの用法がみられるのです。

十一　母国語への関心の高まり

　ルネッサンス期の英語を概観すれば、そこには一、二の明確な特色がうかがえます。第一は母国語に対する関心の高まりです。長い間ラテン語やフランス語の下に低い位置を強いられていた英語を育て上げようとする努力が国民一般に現れたことです。ことにいろいろな地方の方言をロンドンや宮廷の英語と一致させようとする態度がみられ、その英語を用いて多くの書物が書かれるようになりました。

　第二は英語を改善し、文学語としての基準を作り上げようとしたことです。ルネッサンス期のスペンサー、シェイクスピアといった大詩人たちがその著作において、ともかく各種雑多な方言などを排し、共通の英語を用いて、文学語の育成に貢献したこともこの風潮を助けました。加うるに、この時代の英語は、ルネッサンスの精神さながらに、自由、若さ、冒険への意欲に満ち、弾力性をもつ言葉として用いられました。（中略）もちろん、この時代には、解決されなければならな

い幾多の問題もありました。
《北村達三『英語史』からの引用、終わり》

　この、最後に書かれている「解決されなければならない幾多の問題」が解決されたのが、三省堂『言語学大辞典』の引用で示したように、18世紀というわけです。すなわち、英語における、語順を含む文法構造の現代的形式が確立するためには、他のヨーロッパ言語とは異なり、祖語からの語順の逆転（16世紀）＋現在完了形や現在進行形などの文法カテゴリーの確立（18世紀）という「２段階革命」が必要だったわけです。英語という言語は、世界言語の中でも非常に変わっているヨーロッパ諸言語の中でも、更にとりわけ変わっている言語だということが、改めて良くわかりました。
　さて、16世紀における英語のルネッサンス期を経て、17世紀後半からは、政治面、思想面で、イギリスの知識人たちが啓蒙思想家として大活躍する時代がやってくるのです。
　しかしながら、イギリスにおける英語ルネッサンスの時代と啓蒙主義の時代には、50年〜100年くらいの間隔が空いています。これは、現代語順の確立から、更に残された「幾多の文法的な問題」を徐々に解決してゆくという言語的な熟成期間が必要だったこともあるかも知れませんが、この期間には、全ヨーロッパにおいて、民族国家の確立と乱立によるヘゲモニー戦争と宗教改革に伴う戦争が続発して、ヨーロッパ近代化のための「産みの苦しみ」としての「戦乱の時代」だったことが主要な原因だったのではないかと思います。
　すなわち、ヨーロッパ諸言語における現代語順の確立は、それを母語とする民族による民族的自覚と民族国家の形成を促し、それらの国家間あるいは国家連合間の対立と闘争が激化してゆきます。また、宗教改革の進展と共に、カトリック勢力とプロテスタント勢力との激しい暴力的闘争もしばしば国家間の戦争にまで発展してゆきます。この「産みの苦しみ」としての三十年戦争については、日本ではほとんど語られることがない（私の単なる不勉強なだけかもしれませんが）ので、Wikipedia「三十年戦争」

から、主な部分の引用を巻末の付録4に収録しておきます。

　戦争に明け暮れた17世紀の前半が終わると、いよいよイギリス（スコットランド）から、啓蒙主義の時代が幕を開けます。近代ヨーロッパの精神が、古代ギリシャ・ローマの文明を再興させつつ、さらにそれを乗り越えて独自の文明を築き上げて行くのです。『啓蒙時代』および『啓蒙思想』についてのwikipediaの解説も付録4に引用・収録しておきます。

　さまざまな解説を読む限り、啓蒙思想は明らかにズームアウト思考です。思考の出発点に「公理」「原理」「プラトンのイデア」のようなものを設定し、それを具体化し、現実に適応するように展開させてゆく演繹的論理の発想です。そもそも、古代ギリシャのユークリッド幾何学が典型的な演繹的思考論理のお手本であり、ルネッサンスの中でこの思考がアラビア経由でヨーロッパに蘇ったのです。2000年近い脳内闘争の末に、ヨーロッパ人の脳内のズームアウト型認知機能が、これを攪乱していた彼らの主要部後置型語順（前進的支配）を完璧に追放して主要部前置型語順（後退的支配）に置き換えることに成功した瞬間に、彼らの脳内宇宙は古代ギリシャ人のように、また古代アラビア人のように晴れ上がり、ヨーロッパ啓蒙主義の時代を出現させたのです。

Ⅱ―8．ノーベル物理学賞受賞者等が「世界単一の祖語が存在すると仮定すれば、日本語と同じSOV語順だったはずだ」と発表／でも、その仮定、間違ってます。欧米人は相変わらず、*印欧語＝世界言語*という迷信（松本克己）から抜け出せないんですね。

　2012年2月9日の朝日新聞朝刊「科学」欄に、以下のような記事が載っていました。

　　《朝日新聞からの引用開始》
　　語順のルーツは日本語風
　　　大昔、言語の語順は日本語風だった――そんな分析をノーベル物理学賞を受賞した米国のマレー・ゲルマン博士らが米科学アカデミー紀要に発表した。主語（S）・述語（V）・目的語（O）の語順を持つ

英語などが世界で幅をきかせているが、実はSOVの語順がより古く、基本的といえるという。

最近の研究によると、5万年ほど前に私たちの祖先は突然、洗練された道具を使ったり、絵画など芸術活動をしたりするようになった。そのころ人類は、複雑な言語を使い始め、抽象的な思考ができるようになったからではないかと考えられている。

そうした「最初の言語」がどんな語順を持っていたのかを推定するため、ゲルマン博士らは世界2135の言語について、生物学で使われる系統樹の手法なども応用して、さまざまな語順を詳細に検討した。

その結果、単一の言語の祖先が存在するとすると、それは日本語と同じSOVの語順を持っているはずだと結論づけた。また、英語や中国語と同じSVOの語順は、SOVの語順が変化してできたもので、さらにVSOやVOSの語順にも変化していったとした。

1969年にノーベル賞を受賞したゲルマン博士は、物質を作る最も基本的な粒子であるクォークを提唱したことで知られるが、言語学にも詳しい。（小坪遊）

《朝日新聞からの引用、終わり》

印欧諸語が最古期には「日本語と同じSOV」語順であったことは19世紀の言語学者なら誰でも知っていたことです。第Ⅱ章3節「松本克己『世界言語への視座』を読む（その3）印欧語における統語構造の変化の原因」でも詳しく引用・解説したように、サンスクリットやヒッタイトなど、紀元前数千年前の文献から確認されてきたことです。「何を今さら……」の感がありますが、これを「世界単一の祖語が存在すると仮定すれば」と仮定したところに決定的な誤りがあります。そのような「仮定」さえ立ててしまえば、後はどんなに精密で「科学的な」実験や論証を積み重ねても、ほとんど無意味です。ズームアウト型認知構造と、例外無しの完璧なプロトタイプのように首尾一貫したVO配列を持つインドネシア語などのSVO型言語や古典アラビア語（VSO）などがSOV型から100％鏡像的にひっくり返った、と考えることは、「奇跡」という以上に「不可能」と言

うべきでしょう。嘘だ⁉ アリエネー。
　人類の脳内に統語機能が発生した時には、大きく分類しても、少なくとも２種類の異なったタイプ（VO 型と OV 型）が別々に発生したのです

Ⅱ―9．世界言語の最初の語順には４つのタイプがあった／{ズームイン／ズームアウト} × {主要部後置／前置}

　前節で私は、「ノーベル物理学賞受賞者等が『世界単一の祖語が存在すると仮定すれば、日本語と同じ SOV 語順だったはずだ』と発表／でも、その仮定、間違ってます。欧米人は相変わらず、印欧語＝世界言語という迷信（松本克己）から抜け出せないんですね。」（タイトル）と書きました。そして、結論として、

　　　人類の脳内に統語機能が発生した時には、大きく分類しても、少なくとも２種類の異なったタイプ（VO 型と OV 型）が別々に発生したのです。

と書きました。本節では、ノーベル物理学賞受賞者等が「世界単一の祖語が存在すると仮定すれば SOV 語順だったはずだ』と考えたのはなぜか、という３つの理由を、私の推測で述べてみます。そして、それが明白な誤りであることを説明してゆきます。
　まずは、彼らの頭にあったのは、恐らく、人類の祖先はアフリカから始まったという「人類アフリカ単一起源説」でしょう。ウィキペディアによれば、

　《Wikipedia からの引用》
　http://ja.wikipedia.org/wiki/%E3%82%A2%E3%83%95%E3%83%AA%E3%82%AB%E5%8D%98%E4%B8%80%E8%B5%B7%E6%BA%90%E8%AA%AC
　「アフリカ単一起源説」出典：フリー百科事典『ウィキペディア（Wikipedia）』

ミトコンドリア DNA のハプログループの分布から推定した人類伝播のルートおよび年代自然人類学におけるアフリカ単一起源説（―たんいつきげんせつ）とは、地球上のヒトの祖先はアフリカで誕生し、その後世界中に伝播していったとする学説。対立する説に、ジャワ原人・北京原人・ネアンデルタール人などが各地域で現生のヒトに進化していったとする多地域進化説がある。ただし、多地域進化説も時間を十分さかのぼればヒト科の誕生の地がアフリカであるという点で意見は一致しており、この二説の相違点は「現生人類の祖先はいつアフリカから出発したか」でもある。そのため両者を「新しい出アフリカ説」「古い出アフリカ説」と呼ぶこともある。

分子系統解析の進展（いわゆるミトコンドリア・イブや Y 染色体アダムなど）によって、人類は 14〜20 万年前に共通の祖先を持つことがわかり、これはアフリカ単一起源説（＝新しい出アフリカ説）を強く支持するものである。

《引用終わり》

ということです。さらに、第 2 番目に、「世界のすべての言語は石器時代のアフリカ言語に由来する」という、オークランド大学のクエンティン・アトキンソン博士の説（2011 年 4 月 15 日発行の『Science』誌に掲載）にも影響されたと思います。

《『Science』からの引用》
http://rocketnews24.com/2011/04/18/%E3%82%84%E3%81%AF%E3%82%8A%E4%BA%BA%E9%96%93%E3%81%AE%E8%B5%B7%E6%BA%90%E3%81%AF%E3%82%A2%E3%83%95%E3%83%AA%E3%82%AB%EF%BC%9F%E3%80%80%E4%B8%96%E7%95%8C%E3%81%AE%E3%81%99%E3%81%B9%E3%81%A6%E3%81%AE/

私たち人間の意思疎通を円滑にしてくれる言語。今まで世界の言語のルーツに関しては、それぞれの地で独自に発達してきたという説と、

ひとつの言語が世界に広がっていくにつれて変化してきたという説があった。そして今回、この後者の考えを支持する「世界のすべての言語は石器時代のアフリカ言語に由来する」という研究結果が発表され、世界を驚かせている。

これを発表したのはオークランド大学のクエンティン・アトキンソン博士で、彼は世界の504の言語を分析し、世界の言語はアフリカから離れれば離れるほど、音素（言語を構成する最小単位の音）の数が減っていくということを発見。

これが強力な証拠となり、世界のすべての言語はアフリカ言語に起源を持つという説が現在多くの研究者たちに支持されている。音素の数の違いについては、実際に各言語の音素の数を見ていくと分かりやすい。

【各言語の音素の数】
サン人のブッシュマン語（南アフリカ）―200
!Xu というカラハリ砂漠地方で使われている言語（南アフリカ）―141
ハザ語（タンザニア）―62
ダハロ語（ケニア）―59
クルド語（イラク）―47
英語―46
ドイツ語―41
フランス語―37
中国語［標準語］―32
韓国語―32
タガログ語（フィリピン）―23
日本語―20
バンジャラン語（オーストラリア）―16
ハワイ語―13

このようにアフリカ、特にサハラ以南のアフリカから離れていくと、

各言語の音素の数が減っていくのが分かる。アトキンソン博士によると、これは私たち人類の祖先が、約7万年前にアフリカから世界各地へ移住していくにつれて、その音素を失っていったことを意味しているらしい。また今回の研究により、アトキンソン博士は人類が言語を使用し始めたのは少なくとも10万年前だと発表しており、これは今まで考えられてきたものよりはるかに早い言語の誕生を示唆している。

　今回の結果を受けて、レディング大学のマーク・パーゲル教授は、「アフリカから遠くなるほど音素が減る」と似た現象が人間のDNAにも見られると話しており、実際に現代のアフリカ人はヨーロッパの白人より非常に豊かな遺伝的多様性を持っている。つまり言語の発達、そして人間のDNAから見ても、人類の起源はアフリカにあるという説がとても有力なのだ。

　現在、世界には何千もの言語が存在しているとされており、まさに数え切れないほどの言語を人間は使ってきた。そしてそのすべての言語がひとつの言語に由来しているということは、やはりすべての人間は同じ起源を持つ兄弟だということ。そう考えると、世界がより近くに感じられ、他の国の人々により親しみを感じられるのではないだろうか？（文＝田代大一朗）

http://www.dailymail.co.uk/sciencetech/article-1377150/Every-language-evolved-single-prehistoric-mother-tongue-spoken-Africa.html#ixzz1mL5IWzMm

"Is this how Eve spoke? Every human language evolved from 'single prehistoric African mother tongue' By David Derbyshire"
《引用、終わり》

しかし、早合点をしてはいけません。この「人類最初の言語」には「文法構造」は無かったと思われます。私は本章第6節「印欧語語順の2000年間に渡る異様な激動の根本原因は、世界認識パラメータと普遍文法主要部パラメータの闘争である」の中で次のように書きました。

第Ⅱ章　ヨーロッパ諸言語における統語構造の歴史的変遷

《再録開始》

「人間が言語機能を獲得した」と言っても、それが一気に行われたものではなかっただろうことは、幼児（赤ん坊）が一歩また一歩と言語能力を身につけてゆく過程を見れば想像がつきます。赤ん坊は、先ず、身近によく聞こえてくる単語から覚えてゆきます。そして、生後1年半から2歳にかけて、2単語文（たとえば、「おっぱい、ほしい」「おなか、いたい」）が言えるようになり、次第に3単語文、4単語文、...と長い文でも言えるようになって行きます。また、単純な叙述文だけでなく、疑問文や否定文も作れるようになり、さらには、「もし～ならば、～になる」のような条件文も作れるようになってゆきます。

おそらく、人類の言語能力獲得も、このように、まず素朴な単語を作り出すことから始まったでしょう。すなわち、特定の音素の列と特定の具体的な概念とを結びつける集団的な合意（受容）の確立です。それから次第に、2語文、3語文、...のように、複数の単語を組み合わせて命題を記述することが出来るようになっていったはずです。単純な表現から次第に複雑なものへと。それは、かなり長い年月がかかったでしょうし、各民族や同一民族内での各個人によっても、発達の速度にはかなりの差異があったと思われます。

《再録おわり》

上に述べた「2語文」のレベルでは、まだ文法を必要としません。「おっぱい、ほしい」でも「ほしい、おっぱい」でも、自分の意志を伝えることが出来ます。「ぽんぽん、いたい」「いたい、ぽんぽん」も同様です。

本当に、何らかの文法構造が必要になってくるのは3語文からです。「イヌ、ヒト、カム」と言った場合、「犬ガ人ヲ嚙む」のか、「犬ヲ人ガ嚙む」のかの曖昧性を解消する必要が発生するからです。日本語の文法では、上記のように動作主の名詞の後には「ガ」を、動作対象を表わす名詞の後には「ヲ」という助詞（後置詞）を付けて格の違いを表現します。後置詞ではなく前置詞を使う言語もあります。

あるいは、ポーランド語などでは名詞の語尾を格変化させて、

człowiek gryzie psa. ⇔ pies gryzie człowieka.
　　　人ガ犬ヲ嚙む　　　犬ガ人ヲ嚙む

のようになります。格語尾が変化しているので、語順を換えても意味は変わりません。

　　　człowiek gryzie psa. ＝ psa gryzie człowiek.
　　　（人ガ）（嚙ム）（犬ヲ）。＝（犬ヲ）（嚙ム）（人ガ）。

　　　＝ gryzie psa człowiek. ＝ gryzie człowiek psa.
　　　（嚙ム）（犬ヲ）（人ガ）。＝（嚙ム）（人ガ）（犬ヲ）。

意味は変わりませんが、発話者が強調したい項目が変わり、ニュアンスは代わります。

英語や中国語では、語順によって意味が変わります。

　　　A man bites a dog. ⇔ A dog bites a man.
　　　人ガ犬ヲ嚙む　　　犬ガ人ヲ嚙む

（注：ただし、後で述べるように、中国語の
　　　　狗　　　怕　　　人
　　　　Gao　　pa　　ren
　　　（犬ガ）（怖ガル）（人ヲ）
という文は「犬は人を怖がる」という意味だけでなく「犬は人を怖がらせる」という意味にもなるので、さらに曖昧性を解消するための文脈や修飾語が必要になります。）

このように、3語文以上になると、単語を無秩序に並べるだけでは済まなくなり、どうしても何らかの文法構造を持つ必要性が発生するわけで

すが、上の3つの例で見たように、曖昧性を解決するにもいろいろな方法（と言っても主に上に上げた3種類です）があります。

人類の言語の進化がこのレベルまでたどり着く頃には、1単語文（単語↔概念）の発生から数百年、あるいは数千年が経っていて、既に人類は世界の各地に分散していたものと考えられます。そして、ズームアウト／ズームイン型認知パラメータと主要部前置／後置語順パラメータの違いによって、次の4タイプの言語が発生しました。

ズーム型認知 ＼ 統語の語順	主要部前置	主要部後置
ズームアウト型	インドネシア語、 古典アラビア語、	印欧祖語 ⇐　（ヨーロッパ） ⇐　（アジア） ⇐　フィンランド語
ズームイン型	中国語祖語、 ベトナム語 タイ語、など	⇒　日本語、朝鮮語 ⇒　モンゴル語、バスク語 　　ハンガリー語など

上の表で左上欄の（ズームアウト型認知，主要部前置型語順）と右下欄の（ズームイン型、主要部後置型語順）は鏡像関係にあり、語順に殆ど全く例外現象が無く、古代まで遡れる限り遡っても、語順が動揺した形跡はありません。他方、もう一方の鏡像関係である右上欄の（ズームアウト型, 主要部後置型語順）と左下欄の（ズームイン型認知，主要部前置型語順）は、歴史的に語順が激動して、この表の対角線方向に向かって水平に移動して接近してゆきました。すなわち、ズーム型認知のパラメータ値を保ちつつ、言語の語順のパラメータ値だけを変更させていったのです。これらの激動を経験した諸語は、現在では細かく各言語ごとに様々に異なる例外現象が多数残存している言語族を形成しています。

ズームアウト／ズームイン型認知パラメータは生得的で、主要部語順パラメータもなかなか強力ではあるものの、これら2つのパラメータの方向性が逆になっている言語＝上の表で対角線から外れた言語は最終的にはズーム型認知パラメータの値に引きずられて対角線方向（左上欄と右下

欄）へと水平に移動して来ました。

　印欧語の2000年にも渡る語順の激動については、これまでの節で松本克己氏の『世界言語への視座』から引用して、詳しく見て来ました。もう一方の対極にある中国語については、「一夜漬け」の観がありますが、『言語学大辞典』（三省堂）の【中国語】の項目から以下に引用して、「主要部前置型」から出発して、相当に古い時期から「主要部後置型」へと、かなり語順が逆転してきたことを確認してゆきます。すなわち、ノーベル物理学賞受賞者のマリー・ゲル＝マン博士等が言う「主要部後置型の祖語」から出発して「主要部前置型」へと「進化」してきた言語は、フィンランド語を唯一の例外として、他は印欧語だけだということです。松本克己氏が喝破したように、世界諸言語の中で印欧語だけがいかに特殊な存在か、ということが改めて確認できました。一般言語学を研究している人でも、中国語文法の歴史的変遷について良く知っている人は少ないと思われるので、以下に詳しく引用しておきます。「長すぎる！」と思う読者は「飛ばし読み」をしてください。

　《『言語学大辞典』（三省堂）の【中国語】からの引用》
　（前略）
　【歴史と来源】　今日知られているような意味での漢民族とその言語がどこから来たかは，まだ十分に明らかとはなっていない．もっとも確実なところでは，西暦紀元前1千年前後に，アジア大陸の西北部から中原地方に進出してきた周という部族にはじまるとみなされている．少なくとも，それ以降なら，漢民族の民族としての文化的伝統の連続性が，歴史的に確実にたどれて，その一貫性を疑う根拠はどこにもない．中国大陸の中心部には，それ以前にも，商（殷）という王朝があり，また，その商の前の夏も，単なる伝説以上の存在であるが，その言語が，今日，われわれの知っている意味での中国語の直接の祖先であるのかどうかは、まだ十分に科学的に解明されているとは言い難い．しかしながら，殷人の残した占いのための文句を刻した鹿や牛の大腿骨や亀の甲に見いだされる，いわゆる甲骨文字における音符の使

い方から判断するに，殷代の言語（少なくともその書き言葉）は，今日，われわれの知っている中国語とそれほど異なっていたとは思えない（ただし，これを書き言葉に限定しなければならない点は重要である．わが国は，明治維新に至るまで，公用語は漢文であったことに注意されたい．近代以前の公式記録がすべて漢文であったからといって，わが国の言語が，中世までは中国語に近いものであったということにはならないからである．）

【上古中国語】 周以降，西暦10世紀頃に至るまで，中国語は，今日の大陸南方の方言にその面影を残しているように，典型的な孤立語であって，言葉（正確には形態素）は，原則として単音節で，単語と単語の間の文法関係は，主として語順によって表される言語であった．かなり古くから，いわゆる声調（各音節に固有な，音楽的アクセントである音節音調の時間的変化のパターン）があったと考えられるが，それらがすべて，今日の方言の多くに見られるような音節音調であったかどうかは確認できない．少なくとも，漢民族が西暦紀元後仏教を受け容れ，自分たちの言語とその音形に対する省察がはじまってからは，ほぼ今日に近い形をとってきたと認められるが，それ以前の周代でも，少なくとも北方では，今日のような音節音調になっていたらしいことが認められる．この周代の民謡や，より芸術化された詩を集めた『詩経』や，南方（今日の揚子江中流地帯）の少数民族の知識人が中国語を受け容れて著した『楚辞』の基づく言語を，上古中国語（上古漢語 Shànggǔ Hàn-yǔ, 英 Archaic Chinese）と称している．その音形は，これらの詩集中の詩の押韻関係をたどることによって，かなりなところまで分かるが，幸いにも，今日われわれの知っている漢字の親型は，大体，この時期をあまりへだたらない時期につくられたものが多いらしく，その字形の相互関係をたどることによって割り出される中国語の音形は，ほぼ，この押韻からたどれるものと一致する．したがって，中国の歴史上，初めて漢字の字形に関する学問を集大成した後漢の許慎の『説文解字』（紀元後100年）は，上古中国語の研究に対して，同じくらい重要な資料となる．

中国語は，この時代までは，今日，東アジア大陸の南西部や大陸部東南アジアに話されている中国語の南方方言や，カム・タイ（侗傣）系の諸言語，さらには，ヴェトナム語のような南アジアの諸言語の一部に非常によく似た構造をもっていたらしく，典型的な単音節で，声調をもった孤立語であった．統辞構造も，その主要な部分は，すでに今日の中国語南方方言にみられるように，A＋N（A＝形容詞のような名詞修飾語，N＝名詞），S＋V＋Oとなっていたが，カム・タイ諸語やヴェトナム語，それから，中国語の広東方言の一部にみられるような，N＋Aの構造の痕跡を残していた．甲骨文字文献に見える「丘商」（今の「商丘」）や「城濮」（今日の「濮城」）のような地名，「祖甲」（今なら「甲祖」），「父乙」（今なら「乙父」）のような人名，称号，それから，若干，孤立した例であるが，『尚書』巻14大誥にみえる「猷大」（大いなる猷）などが，その化石化した痕跡である．単音節で孤立語であるため，動詞の方は，たとえ単音節の単語で形態変化がなくとも，目的語や補語，さらに助動詞などにともなわれて，語形の上では若干の剰余性（redundancy）をもつが，名詞の方は，単独に発せられることが比較的多いために，それだけでは認識や識別に困難をともなうので，数量詞のあとにその名詞語幹を繰り返す「羌十羌」（10人の羌人），「玉十玉」（玉十個）のような，いわゆる「エコー・タイプ（echo type）」の類別詞構造（今日では，シナ・チベット諸語の中でも，ことに，チベット・ビルマ系の言語に典型的にみられる）が発達した．
　（中略）
【中古中国語】　中国人は，西域経由で仏教を受け容れるようになって，サンスクリット（少なくとも，その西北地方に行われていた変種）とその音節文字，さらに，それを駆使してサンスクリット語音を書写するための古典インド音学に接し，はじめて，自己の言語の音形に対する反省が起こり，中国語の音形を整理，分析，記述するための学問（後に，「等韻学」とよばれるようになった）を発達させるとともに，それに立脚して，作詩という実際上の必要にこたえる「韻書」

を編むようになった．今日残るその最古の韻書が，随の陸詞（法言）が 601 年に編んだという『切韻』であり（『切韻』そのものは断片しか残っていないが，王仁煦の補修した『刊謬補缺切韻』がほぼ完全な形で残る），そこに反映されている言語の音組織を分析し体系づけたのが，時代は少し下るが，『韻鏡』や『七音略』である（それより古い唐代の僧侶守温の手になるものは，断片しか残っていない）．それらの音韻資料が残ったおかげで，われわれは今日，西暦 4〜5 世紀以降，北方諸民族の間断のない南下でその面貌を一新した，中原地方の標準的な言語（これを「中原雅語」という）の音形上の全貌を知ることができる．その言語を，「中古中国語」（中古漢語 Zhōnggǔ Hànyǔ, 英 Ancient Chinese）と称する．

いわゆる中古中国語とは，このように，たまたま残った音韻資料がまとまっていたために，その時期をえらんで，中国語の歴史的発展を区切ってみたまでの言語であるから，その言語構造全体について，特定の同質の言語資料があるわけではない．『切韻』のもととなった言語の統辞構造全体がどうなっており，どのような形態論をみせていたかは，今では定めようがない．しかし，西暦紀元前後の時代から連綿と続いてきた書き言葉の伝統は，『切韻』の時代をへて，さらにみがきをかけられ，中国のいわゆる「文言（wényán）」として確立されるが，その文語と非常に違ったものであったとは考えられない．統辞構造は，少なくとも，その文語にみられる限りでは，完全な A ＋ N 式，S ＋ V ＋ O 式となり，唯一の例外は，その早い時期に，疑問詞といっしょに起こる場合の前置動詞が，O ＋ V の形をとっただけである．類別詞構造は，エコー・タイプの繰り返された部分が，同類の名前について，動物は何，書物は何と決まって，より一般化された標識となって，今日の'〜匹'，'〜冊'に当たるような成分が組織化されてきた．被動構文のようなものも，上古においては，たとえば，「治人」'人を治める'，「治于人」'人に治められる'のように，動詞に関係する名詞句の格関係を，前置詞のような標識だけで示して成り立たせていた．しかし，この時代になると，

```
        NP₁ + 被 (文)
              /|
             / |
            /  |
         NP₂ + VP
              /|
             / |
            V + NP₁
```

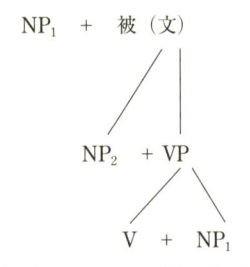

という形のはめこみ構造を発達させて，

　　汝 ﾊ 被 ﾚ 人 統治 ｻﾙ　'汝は人に統治されよう'

のようになり，動詞の形態論的な細分化の傾向にマッチするようになった．もちろん，この時代にも方言の差はあったはずで，細かいところになると，その差を考慮することなしには構造の特徴づけが不可能となるが，いま，問題の文語は，それらの方言上の差異を揚棄したところで成立しているという面もある．

（中略）

【近世中国語】　このような，書き言葉と話し言葉との間は，唐末の西暦紀元後10世紀頃を境にした，北方諸民族の中国本土進出を機にして，漢民族の話し言葉が大規模に変貌するにつれて，ますますその距離がひらいてきた．10世紀の五大十国のあと，遼（10〜12世紀），金（12〜13世紀），元（13〜14世紀）と，ほぼ4世紀にわたる北方民族の中原進出，支配，それにともなう漢民族とその文化の中心地の南遷などの続くうちに，中国語は大きく変貌した．まず，その基礎的語彙が，たとえば，身体部分の名称だけとってみても，

　　'目'：　目　→　眼
　　'口'：　口　→　嘴

のように，また，基本的な動作をとってみても，

　　'飲む'：　飲　→　喝
　　'食う'：　食　→　喫

のように，さらに，家畜をとってみても，

　　'犬'：　犬　→　狗
　　'豚'：　豕　→　猪

のように，全面的な改変をへた．人類の言語史上，一言語の語彙のたくわえの基幹部をなす部分が，これほど全面的に徹底した改変を受けた例は，その言語社会のよほどの変革がない限り，あまり類例をみないものである．これに匹敵する例は，インド・ヨーロッパ諸語の中の英語の，'犬'：hound → dog (*hund → docga) ぐらいなものであるが，英語の場合には，その社会が，スカンジナビア人の侵入，ノルマン・コンクェストという変動をへており，しかも，この単語のほかに，そういくつもあるわけではない（'湖'：mere → lake，'谷'：dœl → valley，'平野'：emnet → plain，など）．

　統辞構造も，同じくらい大規模な改変をうけた．古代における「丘商」'商の丘' →「商丘」のような，名詞句の方における「中心語」＋「修飾語」の語順（中国語の南方方言，広義のタイ諸語や一部の南アジアの諸語にみえるタイプ）の，北アジア・タイプ（満州語やモンゴル語にみえる，「修飾語」＋「中心語」の語順）への変改につれて，この時代になると，動詞句の方にも同様の変化がみられる．残念ながら，中国の歴史と社会を一貫して彩る強固な文語の伝統（「初めに言葉ありき」ではなく，「初めに文字ありき」の中国的観点）があったために，実際の言語の中におけるこの種の変化は，書かれた記録の中にはなかなか系統的に顔をのぞかせることがなく，わずかに，元代の『孝経直解』とか『元朝秘史』（今日の『蒙古秘史』）の「総訳」の部分に組織的にみえているにすぎない――それさえも，蒙古語からの「直訳」のための特殊な文体であると見なされることが多かった．たとえば，伝統的な「漢文」なら，

　　　　必 + 回報₃ョウ + 這恩ヲ + 於₂你ノ子孫₁ニ
　　　　　（かならず）（むくい）　（このおん）　（おまえ しそん）

　　'この恩は必ずお前の子孫に報いよう'

のように，目的語が動詞の後にくるはずの構造も，『元朝秘史』の「総訳」には，

　　　　這恩ヲ + 於₂(ニ) 你ノ子孫 根前₁ + 必 + 回報ョウ
　　　　（このおん）　　（おまえ しそん　に）　（かならず）（むくい）

のようになっている．そのために，このような特殊な「文体」は，目的語を他動詞の前におくモンゴル語のような言語からの直訳であるた

155

めにこうなっているのだと言い張る人でも，古代の中国語の，たとえば，

呉ハ+敗ヨル+越ヲ+干₂ニ+夫椒₁
（地名）

'呉は越を夫椒の地に破った'

のような文を，北方語を基礎に成立した現代の中国の書き言葉に言い換えたら，

呉軍ハ+把₂+越軍₁+在₂+夫椒₁+打敗了
（地名）

のように言わなければならなくなっていることは認めざるをえまい（これも，北方語の代表である今日の北京語は，もとは満州族の旗人（清朝エリート層）の言語からきたものであるから，満州語からの広い意味での翻訳体である，と言えば言えないことはないのであるけれども）．（中略）

【現代中国語】このように，主として北方に成立してきた漢民族の主要方言は，17世紀中頃，満州族の中原進出によって最終的な変貌を経て今日に至っている．すなわち，中世以来，北方にひろく行われていた中国語の一派は，東北に勢力を得つつあった満州族と，そのもとに早くからあった漢民族を含む各族の間に伝わって，その共通語となっていった．口頭の言語としては，それは，中世の『元朝秘史』の「総訳」に顔をのぞかせている言語と，語彙も文法もさほど違っていたとは考えられない．

1) 音声（略）

2) 形態　統辞構造の類型にも，同様な傾向が看取される．もちろん，基礎的な語彙には，まだ，

人 rén 'ひと'，狗 gǒu '犬'，水 shuǐ '水'，来 lái '来る'，

怕 pà '怖がる'，看 kàn '見る'

のように，単音節の形態素が圧倒的多数を占め，単純な複音節の単語は，

葡萄 pútáo '葡萄'，哆嗦 duōsuō 'ふるえる'

のように，ごく限られている．そして，文を構成する単語と単語の間の統辞関係も，基本的には，

人 rén ＋怕 pà ＋狗 gǒu　'人は犬を怖がる'
　　狗 gǒu　＋怕 pà ＋人 rén　'犬は人を怖がる'
（ただし，この文は'犬は人を怖がらせる'の意味にもなる）
　　山 shān ＋高 gāo　'山は高い'
　　高 gāo ＋山 shān　'高い山'
のように，語順によって表される．しかし，それはすべて，いわば不定法の単語であり，原則的な語順である．現実の具体的なコンテクストにおいては，この原則からの著しい逸脱がみられる．（中略）
　以上のような，名詞の場合と同様に，動詞も一歩後れてではあったが，修飾成分を，多く動詞中心語の前におくようになってきた。その意味では，たとえば，
　　他（彼は）去（行く）<u>北京（ペキン）</u>．
　'彼はペキンへ行く'
のような構文法は，北京語に例外的に残った archaism（古文体）か，より保守的な統辞法を保つ南方方言からの借用である．本来の北京語では，
　　他（彼は）到（～へ）北京（ペキン）去（行く）．
のように，場所副詞句を動詞中心語の前におくのである．したがって，不定法では，
　　吃（食べる）飯（ご飯を）　'ご飯を食べる'
　　看（見る）風景（風景を）　'風景を見る'
のように，「動詞＋目的語」の語順を保持する他動詞も，現実の文に現れる語形としては，たとえば，

他（彼は）在（に）那（その）一（1）年（年）在（で）呂梁山上（呂梁山脈の山地）
　　　　　←―――― 時間 ――――→ ←―――― 場所 ――――→
用（で）借来的（借りてきた）武器（兵器）把（を）敵人（敵）消滅光完了（殲滅した）
←――――― 具格 ―――――→ ←― 目的格 ―→ ←― 動詞中心語 ―→

'彼はその年に呂梁山脈中で借りてきた武器で敵を殲滅したのであった'
のように，動詞中心語に対する副詞句を，すべて，その前におくような構成をとることが多い．文中の動詞句をなす主要構成成分のうちで，

不定法以外でも必ず動詞に後置されるのは,
a) 自然現象や突然生起する事件のような,非恣意的な動作,行為を表す動詞の主語,
　　例) 中国出了個毛沢東.
　　　'中国に毛沢東という人物が出現した'
b) 不完全動詞に対する補語
　　例) 他変為一個少年.
　　　'彼は1人の少年に変わった'
などにすぎない.
　(以下、省略) 執筆者　橋本萬太郎
《『言語学大辞典』からの引用、終わり》

　上の、「以下、省略」とした部分には、前置詞と後置詞の交代の関係や、形容詞と名詞の語順の問題など、現代中国語が依然として語順の流動状態を続けてることが解説されています。いやーっ、中国語が私の「ズームアウト／ズームイン型認知パターン」仮説の有力な証拠を与えてくれることになるなんて、数週間前までは想像すらできませんでした。ソシュール、ピアジェ、チョムスキーらの西洋言語学、西洋認知科学、西洋心理学は根本から考え直さないとダメじゃないの？

II―10. 松本克己『世界言語への視座』を読む（その5）世界言語の数詞体系とその普遍的基盤／ユーラシアの5〜20進法（アイヌはズームアウト型認知、エスキモーはズームイン型認知）

　松本克己『世界言語への視座』（三省堂）の中には、「第14章　世界言語の数詞体系とその普遍的基盤」という、非常に興味深い1章があります。今節では、その部分を引用・紹介します。

　《引用開始》
　14.2　ユーラシアの5〜20進法
　　われわれになじみ深い10進法とは違った数詞の体系は，ユーラ

シアの言語の中にもまだあちこちに残っている．その最も手近な例がアイヌ語で，その数詞の1から10までを見ると次のようになっている．

表 14.1　アイヌ語の数詞（1〜10）

1	2	3	4	5
sine	tu	re	ine	asikne
6	7	8	9	10
iwan	arwan	tupesaen	sinepesan	wan

　この中で本来的な基本数詞は1から5までで，6以上の数詞は，10からの引き算によって成り立っている．すなわち，9 sinepesan と 8 tupesan は，それぞれ「1つ（sinep）足りない」「2つ（tupe）足りない（san < sam）」の意味である．同様に，7 ar-wan の aru-, 6 i-wan の i- も 3 と 4 の数詞に関係し，-wan はもちろん 10 である．また，5 を表す asikne は asek「手」に由来し，10 を表す wan は，おそらく u-an で「両方（の手が）ある」という意味である．5 と 10 を表す数詞がそれぞれ「（片）手」と「両手」あるいはそれと意味的に関係のある語に由来するという現象は，世界言語のいたるところで見られるものであるが，ただアイヌ語では，6 から 9 までの数詞が 10 からの引き算になっている点が特異である．

　次に 10 より上の数詞を見ると，11 は sine ikasma wan「1 余り 10」，12 は tu ikasma wan「2 余り 10」というように，今度は足し算によって 19 まで進み，20 は hot(ne) となる．そして hot はアイヌ語では最大の単位を表す数となり，これより上の数は，20 の倍数を基本にして表される．すなわち，40 は tu-hot, 60 は re-hot, 100 は asikne hot というように．そして，20 を表す hot は，語源的に「全部」とか「一揃い」という意味に由来するらしい（金田一 1935）．いずれにせよ，アイヌ語の数詞は通常の 10 進法とは異なり，1 桁台の基本数が 5 までしかない点では「5 進法」，2 桁以上の大きな数が 20 を基本とするという点で「20 進法」という方式である．

（柴田の注：以上の解説から，アイヌ人はズームアウト型の認知であることが分か

ります。

1	2	3	4	5
sine	tu	re	ine	asikne
6	7	8	9	10
iwan	arwan	tupesaen	sinepesan	wan
= (-4)+10,	(-3)+10,	(-2)+10,	(-1)+10,	10

負の数を先頭に持ってくる思考はラテン語、ヒンディー語の数詞にも見られます。すなわち、印欧祖語の複合数詞に非常によく似ています。

11	12		20
sine ikasma wan,	tu ikasma wan,	........,	hot(ne)
= 1 + 10,	2 + 10,	....	)

　5進法を土台としてその上に20進法を積み重ねるこのような数詞体系は，アイヌ語のすぐ北方，カムチャツカからチュクチ半島にかけて分布するチュクチ・カムチャツカ諸語，そこからさらにアラスカ，カナダの極北の地に広がるエスキモー語にも，ほとんど同じ形で現れる．そしてここでも，5を表す数詞は，チュクチ語では「手」，エスキモー語では「腕」に由来し，また20は，どちらの言語でも「人」の意味である．ただし，6から8まではアイヌ語と違って1＋，2＋，3＋のような足し算方式であるが，9は「（10に1つ）足りない」というような表現になる．10はチュクチ語では文字通り「両手」，エスキモー語では「上部（の指全体）」，つまり11からは「下部」（すなわち足）の指に移るという含みである[*1]．いずれの言語でも，20はひとりの人間が具える指の総数であり，同時に最上位の単位数である．そしてこの体系では，20の20倍すなわち400がそこで扱える数の上限のようである．（中略）

[*1] チュクチ語とエスキモー語の1から20までの数字を参考までに以下に挙げる．

　チュクチ語： （省略）

エスキモー語：1 atauciq, 2 malruk, 3 pingayun, 4 cetaman, 5 talliman, 6 arvinlegen (= 'transition (to the other hand)'), 7 malrunlegen ,9 qulngunritaraan (= 'not quite ten' = 10 - 1), 10 qula(qulen), 11 qula atauciq, 12 qula malruk, 13 qula pingayun,

14 akimiarunritaraan, 15 akimiaq (aki- = 'the opposite side'), 16 akimiaq atauciq, 17 akimiaq malruk, 18 akimiaq pingayun, 19 yuinaunritaraan, 20 yuinak (<yuk 'person') (Fortexcute, M. et al. 1994).

(柴田の注：以上の注解から、エスキモー人はズームイン型の認知であることが分かります。つまり、アジア的なのです。

5〜20進法という点では、アイヌとエスキモーは共通していますが、複合数詞の並べ方が、アイヌはズームアウト型であり、エスキモーはズームイン型であって、180度逆転していることに注目しておきましょう。)

（中略）

14.3 ユーラシア以外の地域の5〜20進法

ユーラシアでは10進法に圧されて影が薄くなった20進法とその土台となっている5進法は，ユーラシア以外の地域ではまだ健在である．この算法は，あらゆる人間に生まれながらに具わる手や足の指を使ってものを数えるというきわめて自然な営みにその基盤をもち、技術や文明の所産とは無縁だからである．

現在地球上で，5進法を土台とする20進法の代表的な言語は，まず，サハラ以南のアフリカである．ここにはアフリカで最大の「ニジェル・コンゴ」と呼ばれる大語族が分布している．この中には，西アフリカのアカン語，東アフリカのスワヒリ語，中央アフリカのリンガラ語など，広域で流通する一部の大言語や北部の10進法言語であるチャド系あるいはナイル・サハラ系言語に接する地域を除けば，大部分が20進法の言語に属する．また，1桁台の数での5進法的な組立は，多くの言語では明白に，一部の言語では痕跡的に看取できる．

たとえば，ナイジェリア東南部のクロス・リバー州で話されるエフィック語（Efik）の20までの数詞は，次のようになっている（Essien & Cook 1966）

表 14.2 エフィック語の数詞（1～20）

1 kyet	6 ityo-kyet	11 dwop-e-kyet	16 efit-e-kyet
2 iba	7 ity-aba	12 dwop-e-ba	17 efit-e-ba
3 ita	8 itya-ita	13 dwop-e ta	18 efit-e-ta
4 inang	9 usuk-kyet	14 dwop-e-nang	19 efit-e-nang
5 ityong	10 dwop	15 efit	20 edip

　これで見ると，9に引き算が現れるだけで，後は規則的な5進法を積み上げて，20以上は20進法に移行する．
（柴田の注：以上の注解から、エフィック人は完璧なズームイン型の認知であることが分かります。アイヌ人だけが印欧的なズームアウト型認知であることが際立っている、と言えます。）

　（後略）
　《松本克己『世界言語への視座』からの引用、終わり》

　アイヌ人、本州人、沖縄県人のDNAを比較した実験で、アイヌ人は本州人よりも沖縄県人に近いということが分かった、という新聞記事を先日目にしましたが、複合数詞の作り方の類似性からすると、アイヌ人はヒンドゥー語話者とDNA比較をしたら、親近性が明らかになるかもしれないと思います。私のフランス人の知り合いで、「アイヌ人は東洋人に征服された唯一のヨーロッパ人種だ」と主張している人がいます。
　なお、「エスキモー」という呼び方に拘りがある読者が多分いらっしゃることを想定して、また、私が「アメリカ・インディアン」とか「エスキモー」という用語を使用するので「差別語」ではないか、とおっしゃる研究者もいるので、Wikipediaの「エスキモー」と「アメリカ・インディアン」の項目を付録5に引用しておきます。御参照ください。

Ⅱ―11. 松本克己『世界言語への視座』を読む（その6）ギリシャ語の統語構造／ソクラテスの問いの射程

　私は本章第3節において、松本克己『世界言語への視座』の「6．3　印欧語順における統語構造の変化の原因」を引用しつつ、松本氏が列挙す

第Ⅱ章　ヨーロッパ諸言語における統語構造の歴史的変遷

る「原因」はすべて、語順の逆転を「可能にするための条件変化」であり、実際に語順の逆転を力ずくで強制して、そのような「条件変化」をもたらしたのは、ヨーロッパ人の脳内におけるズームアウト型指向の認知パラメータと言語生成の主要部後置型（前進的支配）語順パラメータの真っ向からの衝突において、ズームアウト型認知パラメータが一歩一歩と言語生成パラメータを屈伏させてきたからである、という自説を紹介しました。

　本節では、その歴史的「逆転」の経緯の異常に早い先駆けとなったギリシャ語の語順を中心に解説されている「6．2　印欧諸言語における統語型の種々相」を引用紹介しつつ、古代ギリシャが生んだ世界哲学史上の傑作である『イデア論』を生み出したプラトンの頭脳の構造を解き明かしていきたいと思います。このことは、今まで、不思議なことに、哲学史の専門家たちによって、全く考察されて来なかったように見えます。実は、このことは、14世紀にラテン語を母語とする西ローマ帝国が崩壊してから、改めて、プラトンの著作などがアラビア語からラテン語に翻訳されて、ルネッサンス（文芸復興）期にギリシャ哲学がヨーロッパで再生するという大事件の、「認知と言語」の深い関係を再度証明していると考えます。

《松本克己『世界言語への視座』からの引用開始》
6.2.2　主要印欧諸語における語順の型
（前略）

　全般的な傾向として，まず地理的な観点から眺めると，印欧語の東のグループ，つまりヒッタイト語からアルメニア語までを含むアジアの諸言語はOV型，それに対して西のグループ，つまりヨーロッパ群の諸言語はさまざまな変種を含むけれども，基本的にはVO的統語型というように大まかには分類できる．西方群の諸言語は，ギリシア語とラテン語を除いて，記録に現れる時期が比較的新しく，しかも時代が進むにつれてそのVO的性格が強くなっていることが認められる．そして，ヨーロッパ群の諸言語は少なくともその視点を近世以降に据えれば，概略次の３つの下位群に分類できる．すなわち，

1．**南欧群**（ロマンス諸語、アルバニア語、現代ギリシャ語）：整合

163

的 SVO 型
2．北欧群（ゲルマン諸語、スラヴ諸語、リトアニア語）：非整合的 SVO 型（あるいは VO／OV 混合型）
3．ケルト諸語：VSO 型

表 6.6 主な印欧諸語の基本配列型

	動詞と目的語	接置詞	属格と名詞	形容詞と名詞	格組織（格の数）
ヒッタイト語	O-V	PO	G-N	A-N	7
ルウィ語	O-V	PO	G-N	A-N	5
トカラ語	O-V	PO/(PR)	G-N	A-N	10
古代インド語	O-V	PO/(PR)	G-N/(N-G)	A-N/(N-A)	7
ヒンディー語	O-V	PO	G-N	A-N	7 (?)
古代イラン語	O-V/V-O	PR/(PO)	G-N/N-G	A-N/N-A	7
現代ペルシャ語	O-V	PR	N-G	N-A	0
古代アルメニア語	O-V/V-O(?)	PR	G-N/N-G	A-N/N-A	7(6)
現代アルメニア語	O-V	PO/(PR)	G-N	A-N	6
ミュケナイ・ギリシャ語	V-O(?)	PR	G-N	A-N	5
古典ギリシャ語	O-V/V-O	PR/(PO)	N-G/G-N	A-N/N-A	4
現代ギリシャ語	V-O	PR	N-G	A-N/N-A	3
古典ラテン語	O-V	PR/PO	N-G/G-N	N-A/A-N	5
ロマンス諸語	V-O	PR	N-G	N-A	0
アルバニア語	V-O	PR	N-G	N-A	3
リトアニア語	V-O/O-V	PR/PO	G-N	A-N/(N-A)	9
スラブ諸語	V-O/O-V	PR	N-G	A-N	6
古高地ドイツ語	V-O/(O-V)	PR	G-N/N-G	A-N	4
現代ドイツ語	V-O	PR	N-G/G-N	A-N	4
古英語	O-V/V-O	PR	N-G	A-N	4
現代英語	V-O	PR	N-G/G-N	A-N	2
北欧諸語	V-O	PR	G-N	A-N	2
古アイルランド語	V-S-O	PR	N-G	N-A	4
現代ウェールズ語	V-S-O	PR	N-G	N-A	0

しかし，このような統語型に現れたアジア群対ヨーロッパ群という対立は，近代においてはじめて鮮明な形をとるのであって，先のラテン語とサンスクリット語の場合に見たように，時代を遡るにつれてそのような区別は不分明となる．これは単に西方群において VO 的性格

が時と共に強化されたためばかりでなく，東方群においても逆にOV的性格が強化されるという傾向があったからである．現代アーリア諸語は古代インド語よりもはるかに徹底したOV言語であるし，またアルメニア語はその記録時代の初期（紀元5世紀以降）においては，古典ギリシア語にきわめて近い統語型を示している．従って，現代アルメニア語におけるSOV統語型の確立は，比較的新しい時期の発達と見なければならない．

これによっても判るように，印欧諸語における統語構造の現れ方はきわめて複雑であって，ひとつの語族として印欧諸言語の全般に共通する統語的特徴というようなものは存在しない[*3]．

[*3] 印欧語族の全般に共通する類型的特徴を設定しようという試みは，これまでにもしばしばなされているがほとんど不成功に終わっている．たとえば，Trubetzkoy (1939) の中で挙げられた6個の特徴も積極的に印欧語の性格を捉えるようなものはほとんどないと言えよう．印欧語をウラル・アルタイ諸語と対比させる形でその類型を定義しようとしても成功しないのである．

ただ，近代ヨーロッパ語的統語構造が印欧語本来のものではなかったという点だけは確かである．記録時代に入ってからの印欧諸言語は，程度の差はあれ，いずれもその統語構造において多少とも重大な変化を蒙っている．この点で印欧語は，同じように古い歴史をもつセム語の場合と著しい対照をなしている．たとえば，現代アラビア語と古代ヘブライ語との間には，少なくとも統語構造に関するかぎり，何ら重大な相違は見いだせないのである．

なお，前掲の表で取り上げられた4つの配列特徴の他に，もうひとつ重要なものとして「比較構文」がある．これがどのように現れるかはそれぞれの言語の基本統語型と相関性が高い．印欧諸語には，この「比較構文」に細かく分けると4つの型がある．はじめの2つは比較対象語が形容詞の前に置かれる型（すなわちOV的配列），後の2つは比較対象語が形容詞の後に置かれる型（すなわちVO的配列），そしてその各々に（形態論的な意味での）「比較級」を持つものと持た

ないものとがある．今それらの型を日本語の「山ヨリ高イ」に相当するラテン語の形を借りて表現すると，表 6.7 のようになる．

表 6.7　印欧諸語の比較構文の 4 つの型

	例文：「山ヨリ高イ」	該当言語
I 型	mont -e altus 山　　ヨリ　高イ(原)	ヒッタイト語，(古代インド語)，トカラ語 アルメニア語，ヒンディー語
II 型	mont -e alt-ior 山　　ヨリ　高イ(比)	古代インド語，古代イラン語，ギリシア語 ラテン語，古代スラヴ語
III 型	alt-ior quam mons 高イ(比) ヨリ　山	ラテン語，ケルト語，リトアニア語，現代スラブ語，ゲルマン諸語，現代ペルシア語
IV 型	plus altus quam mons モット 高イ ヨリ 山	ロマンス諸語，アルバニア語，現代ギリシア語，現代ブルガリア語

　これで見るように，初期の印欧諸語は大部分 OV 的配列の型に属する．比較対象語の「格」は「奪格」が最も一般的であるが，ヒッタイト語は「与・所格」，トカラ語は「通格 perlative」，ギリシア語は「属格」を用いる．なお，ギリシア語，ラテン語では対象語が後に置かれることも少なくない．また，ラテン語では II 型と III 型が共存し，後者が次第に優勢になる．

（追記：2012 年 12 月 19 日：本日の NHK ラジオ中国語講座（楊光俊講師）によれば、現代中国語の「比較構文」は、述語が形容詞の時は明確に II 型（OV 型）

　　我 的 愛　　比　　大海　还　深.
　　Wo de ai 　 bi 　dahai hai shen.
　　(I) (of) (love) (than) (ocean) (more) (deep)

だが、動詞＋比較＋形容詞補語の場合には、同一の意味を VO 型と OV 型の両方の語順で表現することができ、ここにも中国語の統語構造が VO 型から OV 型への語順逆転変化の途上にあることが示されています．

鈴木　的　汉语　　比　田中　　　说得　　　好．
Lingmu de Hanyu bi Tianzhong shuode   hao
(Suziki) (of) (Chinese) (than) (Tanaka) (speak can) (well).

鈴木　的　汉语　　说得　　比　田中　　　好．
Lingmu de Hanyu shuode   bi Tianzhong hao
(Suziki) (of) (Chinese) (speak can) (than) (Tanaka) (well).

ただし、第2文の2つの構文では、いずれも比較対象が副詞（中国語では「形容詞」と説明されている）よりも前にあるので、基本的にはOV型的である、とも考えられます。また、比較対象は「比・田中」のように前置詞を用いて表されており、ここにも中国語統語構造の「移行期的不整合性」が現れている、と思われます。）

6.2.3. 印欧語の西方群における統語構造の変化

　さて、印欧諸語、とくにその西方群の言語に起こった統語構造上の変化については、実際の記録を通してそれを確かめることも決して困難ではない．その変化が最も徹底した形で行われたのは、すでにスペイン語の場合において見たように、ラテン語から近代ロマンス語に至る過程においてであるが、ロマンス語（そしてまた近代ヨーロッパ諸語）を特徴づけるSVO型への変化は、すでに古代末期の俗ラテン語の中にはっきりと看取される．下に挙げるカトー（M. P. Cato）の『農業論 De Agricultura』（紀元前2世紀）の一節とラテン俗語の代表的著作『イェルサレム巡礼記 Peregrinatio Aetheriae』（紀元後4〜5世紀）の一節とを比較されたい．前者では動詞はすべて末尾位置そして目的語は動詞の前、後者では目的語はすべて動詞の後である．
（柴田の注：読者の便宜を図るために、ラテン語原文の下に、松本氏による日本語訳文を柴田が逐語的に分解して提示します。もしも逐語的対応が誤っている箇所があるとすれば、柴田の責任です。）

　a) Pater familias ubi villam venit, ubi larem familiarem salutavit,

（家長ハ）　（荘園ニ）（来テ）（家ノ守護神ヲ）　　（拝シタラ）

fundum　eodem die,　si potest,　circumeat .... Ubi cognovit
（領地ヲ）（その日ノ内ニ）（可能ナラバ）（巡回スルガヨイ）...（確認シタラ）

quo modo　fundus cultus siet operaque quae facta infectaque sient,
　（ドノ様ニ）（領地ガ）（耕ヤサレ）（ドノ様な仕事ガ）（果タサレテイルカイナイ
カヲ），

postridie eius diei vilicum vocet.　　De Agricultura Ⅱ．1.
（ソノ翌日ニ）（管理人ヲ）（呼ブガヨイ）

b) Nos etiam, quemadmodum ibamus, de contra videbamus summitatem
（さらに私たちが進んで行くと）　　（正面に）（見えました）（頂上が）

montis,　que　insciebat super ipsa valle tota, de que loco
（山の）　（ところの）（そそり立つ）（上に）（その谷全体）（その場所から）

sanctus Moyses　vidit　filios Israel　　haventes choros his diebus,
（聖なるモーゼは）（見ました）（イスラエルの子らが）（日々舞い踊っている）

que　fecerant　vitulum.　Peregrinatio Aetheriae V.4.
（ところの）（すでに捧げた）（犠牲を）

　なお，ラテン語における動詞の末尾位置に関しては，次のような統計がある（Leumann-Szantyr Ⅱ：403）．
　　カエサル『ガリア戦記』Ⅱ：84％（主文）〜93％（従属文）
　　『イェルサレム巡礼記』：　23％（主文）〜37％（従属文）

　ロマンス語圏を中心とするヨーロッパの文化的先進地帯に起こった

このような統語構造上の変化は，次第にその影響を北方諸語に及ぼしていく．

ゲルマン諸語の中で，SVO 型への変化を最も徹底させた英語の現在見るような語順が確立されたのは，今から 500 年前にすぎない．古英語の末期から中期英語にかけて起こった語順の変化に関しては，Ch. フリーズの興味深い調査がある（Fries 1940）．動詞の位置および属格の配列に関する表 6.8 の統計を参照されたい．

表 6.8 英語における語順の変化

	c.1000	c.1200	c.1300	c.1400	c.1500	
目的格―動詞	52.5%	53.7%	40.0%	14.3%	1.9%	
動詞―目的格	47.5%	46.3%	60.0%	85.7%	98.1%	
	c. 900	c.1000	c.1100	c.1200	c.1250	c.1300
属格―名詞	52.0%	68.5%	76.6%	81.9%	68.9%	15.6%
名詞―属格	47.5%	30.5%	22.2%	11.8%	0.6%	0.0%
'of' 属格	0.5%	1.0%	1.2%	6.3%	31.3%	84.4%

英語を含めてゲルマン語はいずれも，その記録時代の初期においては，統語型ないし語順がかなり不安定な様相を呈している．そしてその安定化ないし固定化の方向はそれぞれの言語で決して一様ではない．

デンマーク，ノルウェー，スウェーデンの北欧 3 カ国語は動詞の位置に関してのみ S-V-O 型，それに対して連体修飾語は属格も形容詞も名詞の前という OV 的配列である．これは統語型としてはきわめて不整合なものである．

一方，高地ドイツ語で行われた語順の固定化は非常に独特なものである．すなわち，主文の配列型は S-V-O，従属文のそれは S-O-V，（そして疑問文のそれは V-S-O）である．これは古くは共存しかつ動揺的であった 2 つ（ないし 3 つ）の統語型の見事な"文法化"であると言えよう．この点で現代ドイツ語の統語構造には VO 的特徴と OV 的特徴の奇妙な混淆が見られる．たとえば，'die oben erwähnte Zeitschrift'「上に述べた雑誌」，da-mit, dar-aus, wor-auf のような「前置詞の後置的用法」等々[*4]

*4 現代ドイツ語の主文の配列型はVの前に必ずSが立つという厳格なS-V-O型ではなくて，Vは文の第2位置を占めるという規則である．第一位置は必ずしもSとは限らない．なお，ドイツ語のこのような配列が確立されたのは，およそ1500年頃である．

　一方，リトアニア語やスラヴ言語の統語型は，現代もなお，ゲルマン語より一層不安定な様相を呈している．中でもリトアニア語は，近代ヨーロッパ言語の中では最も濃厚にOV的性格を温存させている言語である．その複雑な格組織はスラヴ語を凌駕している[*5]．また，動詞の位置は，現代リトアニア語では文の第2位置に大体定着しているが，古くはむしろ末尾位置が通例であったらしい．ほぼ同様のことがスラヴ語の場合にも言えるようである[*6]．ただし，古代スラヴ語の語順に関してはまだ不明な点が多い．

*5 ドイツ語およびゲルマン語における語順に関しては，Paul (1919:65ff) や Behaghel (1929) などを参照．
*6 リトアニア語の格組織の中で，Illavive, Allative および Adessive の3つの格は，二次的な後置詞の附加によって新しく発達したものである（Senn 1966:91f）．

　最後に，ヨーロッパの最西端ブリテン諸島に残存するケルト語の統語型は，印欧語としてはきわめて特異なものであるが，これがどのようにして成立したかは必ずしも明らかではない．ただし大陸のケルト語にはこのような配列型は認められず，従って，おそらく島嶼ケルト語だけの新しい個別的発達と見なしてよいだろう[*7]．

*7 Lewis & Pedersen (1937:267f) 参照．

6.2.4　ギリシア語の統語構造

　以上の，比較的新しい時期に歴史の舞台に登場して，次第にその統語型をVO的方向へ発展させたまた発展させつつあるヨーロッパ群の諸言語を除くと，残るのは古いアジアの印欧諸語とギリシア語およびラテン語である．そして印欧語本来の統語構造とその変遷のプロセス

を知るためには,これらの古い諸言語の証言が最も重要である.

　これらの言語の統語型,特に「語順」に関しては,立ち入って検討すればそれぞれに難しい問題を含んでいるが,概略的に言うと,OV的配列（すなわち前進的支配）の原理がかなり一貫して多少とも安定した統語型を示している言語と,OV的配列の原理が動揺して不安定あるいは不確定な統語型を示す言語の２種類に分けることができよう.いずれにせよ,VO型の固定した言語はひとつも見出されない.前者に属するのは,ヒッタイト語,ルウィ語（印欧アナトリア語派）,トカラ語,古代インド語,後者には古代イラン語,ラテン語（およびその他のイタリック諸語）,古代ギリシア語,古代アルメニア語を含めることができる.この中で,語順が最も不確定な様相を呈しているのはギリシア語,そしてほぼそれに近いのが古代アルメニア語である[*8].

[*8] 古代アルメニア語の語順に関しては,Meillet (1936: 13f) および (Jensen 1959: 133ff) 参照.アルメニア語の語順がかなり"自由"に見えるのは,ギリシア語文献の翻訳が多いということからも来ていると思われる.なお,アルメニア語は系統的には古いバルカン半島の印欧語に発祥する.

　ところで,これらの諸言語における統語型の性格を判断する最も重要な決め手は,動詞の位置よりもむしろ「前置詞」の用法の有無である.「前置詞」はすでに述べたようにOV的統語構造にとっては異質のものである.このような特徴が印欧語の一部に現れたということは,印欧語の統語構造に変動が起こったことの何よりも明白な兆候であると言ってよい.上に挙げた諸言語では,第一のグループには「前置詞」と呼び得るものは全然見られないか,あるいはごく稀である.特にヒッタイト語,ルウィ語においては,他の諸言語で「前置詞」として発達した諸形式はすべて後置的に用いられ,前置的用法は皆無である[*9].

　古代インド語では,これらの諸形式はまだ独立性が強く（特に『リグ・ヴェーダ』），名詞に従属するのかあるいは動詞の補足語（つまり praeverbium）か区別しがたい場合が多いが,『ヴェーダ』の散文では,

ā（「まで」），pura（「前」）を除いて後置的用法が一般的である[*10]。

　ところが，古代イラン語では，前置的用法がやや優勢であり，更にラテン語，ギリシア語になると前置的用法が完全に優位に立つ．しかも，前置詞の役割は時代と共にその重要性を増していく．前置詞の後置的用法（いわゆる *anastrophe*）は，ギリシア語ではすでにホメロスにおいても用例が少なく，古典期においてはごく例外的用法以外には見出されない[*11]。

　これに対して，ラテン語ではこのような後置的用法はギリシア語よりは例が多い（特に古い時期の碑文やエンニウスの著作など）[*12]。

[*9] たとえば，É-si anda「家の中へ」, tuqqa katta「汝の許に」, LUGAL-waš piran「王の前に」など．なお，Friedrich (1960: 129f.)，またルウィ語に関しては，Laroche (1958: 174f.)，ルウィ語の語順に関しては，Laroche (1959: 145) を参照．

[*10] Delbrück (1893: 653) 参照．

[*11] ギリシア語の前／後置詞に関しては，Schwyzer & Debrunner (1950: 407ff.) ホメロスのそれに関しては，Chantraine (1953: 82ff.) 参照．

[*12] ラテン語の *anastrophe* に関して詳しくは，Kühner-Stegmann (1962: 585f.), Leumann-Szantyr (1965: 216) 参照．

　また注目すべき点は，前置詞を発達させた言語ほど連体属格の後置（すなわち N‒G 配列）の傾向が強まっていることである．ギリシア語の場合で言うと，たとえば，Διο'ς Κουροι（＞ Διο'σχουροι），Διο'ς βα'λανοςのような固定した古い表現では属格の前置が見られるが，すでにホメロスにおいて，G-N 配列よりも N-G 配列の方が優勢であり（比率はおよそ 1：2），そして前 5 世紀のアッティカの碑文では属格は名詞に後置されるのが一般的となっている[*13]。

[*13]　Schwyzer-Debrunner (1950: 692f.)

　ラテン語の場合もほぼ似たような状況で，N-G 配列は時代と共に優勢化する．

　「接置詞」（＝前／後置詞）の位置と連体属格の位置は，グリーン

バーグの調査では最も相関度の高いものとされるが[*14]，この「一般原則」は古い印欧諸語の場合にもそのまま妥当すると言ってよいだろう．ただ，古い印欧諸語には完全な意味での前置詞言語というものはまだ存在しない．VO言語の特性である「前置詞」がOV言語の特徴と見なされる「格組織」と共存しているという所に問題の微妙さがある．これらの言語がいずれもその統語型に関して不確定的であるという性格もここに起因していると言えよう．

[*14] Greenberg (1963: 62). 彼の選んだ30のサンプル言語では100%の相関度．

　なお，属格の後置が特にギリシア語において一般化したことは，この言語における冠詞の発達とも無関係ではない．冠詞はもともと指示代名詞から発達したもので，その本来の機能は名詞の「限定性」を標示するものであるが，この用法が確立された古典期のギリシア語においては，冠詞はむしろ名詞の「性」・「数」・「格」という文法的範疇の標識として重要な役割を果たしている．冠詞のこのような性格は現代ドイツ語の場合にも一層はっきり認められる点であるが，これは本来名詞の末尾において格語尾が果たしていた役割を，名詞の頭初において別の形式が代替えすることにほかならない．この点で，ギリシア語における冠詞の発達は前置詞のそれと共通する性格を持っている．
　このような冠詞の発達，前置詞用法の確立，格組織の単純化，動詞の中間位置への指向，等々に見られるように，ギリシア語は印欧諸言語の中で最も早い時期にVO統語型の方向へ歩みはじめた言語であり，この点で後の西方群の諸言語に現れた統語構造の変化の前触れをなしていると言ってよいであろう．実際にまた，ギリシア語に現れたこの傾向は，ラテン語からロマンス諸語へと受け継がれていったわけで，印欧語におけるヨーロッパ的統語型の成立にとって，ギリシャ語の果たした役割は決して小さくないと思われる．
　なお，ギリシャ語における (S) VO語的性格への指向は，すでにミュケナイ・ギリシャ語の中にもはっきりと現れている．前置詞の用法はすでにこの段階でも確立されており，また注目すべきことに，少

なくとも例証される文例から見るかぎり，動詞の位置はS-V-Oという配列が一般的である[*15].

[*15] ミュケナイ・ギリシア語の動詞に関しては，Vilborg (1960: 107ff) 参照．ミュケナイ・ギリシア語におけるこのような動詞の配列型は文書のスタイル（はじめに固有名詞が来て，最後に物品名とその数量が記される場合が多い）にもよるであろうか．属格および形容詞は，一般に，名詞の前に置かれる．

たとえば，

ke-re-u e-ke o-na-to pa-ro mo-ro-qo-ro po-me-ne. PY Ea 800
(= Krētheus $_1$ ekhei $_2$ onāton $_3$ paro $_4$ morok^w rōi $_5$ poimenei $_6$.)
（クレーテウスは $_1$ 羊飼い $_6$ モノグロス $_5$ から $_4$ 借地権を $_3$ 受け取る $_2$）

ko-ka-ro a-pe-do-ke e-ra $_3$ -wo to-so e-u-me-de-i. PY Fr 1184.
(= Kōkalos $_1$ apedōke $_2$ elaiwon $_3$ tosson $_4$ Eumēdei $_5$.)
（コーカロスは $_1$ エウメーデウスに $_5$ これだけの $_4$ オリーブを $_3$ 支払った $_2$）

ここに見る配列型は日本語のそれとは正反対，つまり完全にSVO型のそれである．このような統語型が紀元前2千年紀のギリシア語に現れたことは注目すべきである（ピュロス文書の年代はB.C.1200頃）．この点で，ギリシア語はエーゲ海を挟んで東方小アジアに位置するヒッタイト語と著しい対照をなしている．後の印欧語圏に現れた統語構造におけるアジア型とヨーロッパ型の対立は，紀元前2千年紀のエーゲ世界におけるこのような東と西の相違がその後の歴史の流れによって拡大されたものと見ることができよう．

《松本克己『世界言語への視座』からの引用、終わり》

ギリシャ語も印欧語の一つですから、祖語の段階では日本語と同じ語順のOV型だったわけですが、それが既に紀元前第2千年紀（！）の段階で語順の逆転現象に向かって急速に進んだことは、まことに驚くべきことで

す。ラテン語では、同じ現象が非常にゆっくりと進み、ラテン語の継承言語であるロマンス諸語が VO 語順へ基本的に転換するのは 14 世紀〜16 世紀（紀元後!!）であることを見ると、ギリシャ語の語順の転換がいかに異様に早くかつ速かったかに驚かざるを得ません。

「言問いメール 419 号　イソクラテス修辞学とプラトン・イデア論／2400 年に渡る対立」（2009 年 10 月 10 日）の中で酒井泰治『増補改訂・西洋科学・技術史序説──古代から近世前後の展開を中心に──』（学書房，平成元年）から引用して解説したように、「科学技術史」の観点から見ると、古代ギリシャ文明の盛期は前 5 世紀〜4 世紀前半であり、この時期に西洋哲学の祖ターレス、「万物は流転する」のことばで知られる自然哲学者ヘラクレイトス、物質の成り立ちを「4 元素」から説明したエンペドクレス、有名な数学者ピタゴラス、物理学上「原子論」の創始者として知られているデモクリトス、など賢人、哲人が輩出しました。しかし、前 4 世紀中期〜同後期には既に衰亡期に入り、マケドニアのアレクサンダー大王の時代からヘレニズムと呼ばれる時代に移行して行きます。

　同じ「言問いメール 419 号」の中で、『教育思想史』（今井康雄編、有斐閣、2009 年）から、

> ［キケロ：　教養人としての弁論家］　レトリックの理論はヘレニズム時代になるとさらに整備され、レトリックを中核とする教育は広く普及した。
> 　紀元前 1 世紀には地中海世界の覇権はローマへと移ったが、ローマ人たちは、彼らが征服したギリシャの学問を積極的に受け入れ、アテナイのような文化都市へと自らの子弟を留学させた。キケロもまた、このような留学組の 1 人だった。

と引用しました。つまり、ヘレニズム時代からローマ時代になると、科学技術的にはギリシャ文明は（ヨーロッパでは）絶えてしまったけれど、弁論術を中心とする人文科学はローマ文明に継承されて残ったのです。古代ギリシャ文明の精華であった数学や物理学がヨーロッパに再輸入される

（アラビア文明から）のは、ヨーロッパ諸言語が OV 型から VO 型に転換をとげる 14 世紀〜16 世紀を待たなければならなかったのです。

　三省堂『言語学大辞典』からも「ギリシャ語」の部分を見ておきたいと思います。

　《三省堂『言語学大辞典』【ギリシャ語】からの引用開始》
　［年代区分］ギリシャ語の年代区分に関しては、いろいろな分け方が考えられるけれども、通常、古代ギリシャ語、中世ギリシャ語、近代ギリシャ語の３つに分け、歴史上の基準に従って、紀元前２千年後半のミュケナイ時代からローマ時代の終わり（A.D.330）までを古代ギリシャ語、ビザンティン時代の開始とされるコンスタンティノポリスへの遷都（A.D.330）からオスマン・トルコによるその崩壊（A.D.1453）までを中世ギリシャ語、それ以後、現代まで近代ギリシャ語とする。ただし、初期ビザンティン時代（A.D.330〜565）は、古代から中世への過渡的な時代である。また、古代ギリシャ語は、さらに、ミュケナイ・ギリシャ語、古典期のギリシャ語（前８〜４世紀）、コイネー（Koinē、「共通（語）」）のギリシャ語（ヘレニズム以後）の３つに区分される。ここでは、古典期、および、コイネーのギリシャ語をとり上げる。

　なお、古典期のギリシャ語の中で、前５〜４世紀のアッティカ方言によって代表されるギリシャ語を、とくに「古典ギリシャ語」とよぶことがある。（中略）

　［方言］古典期のギリシャ語には、まだ標準語のようなものはなく、それぞれの地域の方言が各ポリスの公用語として用いられ、また、詩や散文の言語も特定の地域方言に基づいて形成されていた。これらの方言は、ギリシャの各地から発見された多量の碑文資料によって、かなりの程度まで、その特徴や分布状態をうかがい知ることができる。細かにみれば、小さなポリスごとに異なっていたこれらの地域方言は、大きく分けると、次の５つのグループにまとめることができる。
　（中略）

第Ⅱ章　ヨーロッパ諸言語における統語構造の歴史的変遷

［文法］
（中略）
　古典期のギリシャ散文は、複雑、精緻な統語法を発展させたが、とりわけギリシャ語の語順は、きわめて自由かつ柔軟で、パーティクル（particle）とよばれる数多くの不変化詞の使用とともに、文のレベルを越えた、談話ないし情報構造の微妙な動きを伝えるのに重要な役目を果たしている。したがって、類型論的に、ギリシャ語の語順が、どのようなタイプに属するかを判定するのは容易ではないが、動詞のもっとも無標な位置は文末、つまり SOV 型といってよいかもしれない。しかし、動詞の後は、文の拡張的成文、あるいは新情報の追加のための重要な位置である。動詞の位置以外の語順特徴についてみると、名詞句の構造は、関係節はもちろん、修飾的形容詞や属格も被修飾名詞の後に置かれるのが普通であり、また、後置詞ではなく前置詞が、失われた"具象格"に代わるものとして、ギリシャ語の統語法にとって不可欠の役割を担っている。これらの点で、ギリシャ語は、日本語あるいはヒッタイト語のような厳格な SOV 型の言語とは異なり、むしろ VO 型の語順が優勢な言語といえる。すでに述べた格組織の単純化、それにともなう前置詞の発達、定冠詞の確立、時制体系における時間関係の重視、統語法における従属構文の発達、そして語順における VO 的タイプの優勢化、等々に現れた古典ギリシャ文法の特徴は、印欧語の西のグループ、すなわち、後のヨーロッパの諸言語で支配的となった文法構造の前触れとなるものであった。また、実際に、このギリシャ的諸特徴は、中世ラテン語からロマンス諸語へと受け継がれ、ヨーロッパ言語史を貫く、ひとつの底流（drift）となったのである。（後略）（執筆）松本克己
《三省堂『言語学大辞典』【ギリシャ語】からの引用、終わり》

　さて、ここでもう一度、「言問いメール 419 号」の中で引用した『教育思想史』（今井康雄編、有斐閣、2009 年）の［ソクラテスの問いの射程］を振り返ってみましょう。

《今井康雄編『教育思想史』の［ソクラテスの問いの射程］から引用》
　ソクラテスの問いはアポリアに終わるので、一見すると不毛な、それどころか破壊的なものに見える。しかし、われわれはこの問い自体がもつ革新性を見逃してはならない。ソクラテスの問いは、「勇気とは何か」「正義とは何か」「美とは何か」といった形式をとっているが、驚くべきことにソクラテスの対話の相手は、ほとんどが相当の知識人であるにもかかわらず、この問いの意味を理解しない。彼らの最初の答えは、「勇気とは、敵に背を向けないことである」「正義とは、借りたものを返すことである」「美とは、乙女である」といったものであった。これらの答えは、勇気や正義や美の範例（example）を挙げて満足している。つまり、対話の相手にとって「勇気とは、正義とは、美とは、何か」という問いは、「何が勇気、正義、美なのか」という問いと同じものであった。実際、ホメロス以来、ギリシャ人は、神話や物語によって伝承されてきた具体的な範例のもとに勇気や正義や美を理解していた。ギリシャ人は、勇気と聞いて、『イーリアス』の主人公アキレウスを、美と聞いて、美女ヘレネを思い浮かべた。それはちょうど、民話やおとぎ話、さらには現代においてはアニメや映画が道徳の範例を提供しているようなものである。ソクラテスの問いは、このような範例の提示に満足しない。彼は範例の狭さや一面性を指摘し、あらゆる状況に該当するような普遍的な答えを要求した。この要求がいかに未曾有なものであったかは、当時の人々の無理解が証明している。とはいえ、道徳教育論は、ソクラテスによって新たな次元へと突入した。特定の社会の範例や規則に縛られない、普遍的な価値の追求が始まったのである。
《引用、終わり》

　ここに見られるように、ソクラテス以前のギリシャ人は、典型的な具体例をあげることによって概念を理解するという帰納的な思考をしていたことがはっきりと分かります。これに対してソクラテスの思考は、先ず「真」や「美」や「善」といった普遍的な抽象概念があり、その具体例

として現実の様々な事象が想起されるという演繹的な思考を取っていることが分かります。これが、ソクラテスの弟子のプラトンになるといっそう際立って、『イデア論』が成立するのです。すなわち、先ず初めに『イデア』(つまり抽象的な概念の完全無欠な実体化)があり、それが基になって、現実世界の不完全な、様々な実態(イデアの具体化)が立ち現れて来る、というわけです。この、ソクラテス、プラトンの新しい思考こそ、まさに古典ギリシャ語がOV語順からVO語順へと大きく転換する歩みを踏み出したことと軌を一にする動きなのです。古代ヨーロッパ人がもともと脳内に持っている「ズームアウト」思考の認知パラメータを混乱させていた主要部後置型(前進的支配)語順が大きく転換して、主要部前置型(後退的支配)語順に大きく転換してきたことによって、彼らのズームアウト思考は、それを素直に「言語」を用いて自己の思考を深めたり、他者に向かって表現できるようになったのです。主要部後置型(前進的支配)語順というのは、日本語や朝鮮語のように、「連体修飾語」(説明することば)+「被修飾名詞」(説明される対象である名詞)、「連用修飾語」(説明することば)+「被修飾動詞」(説明される対象である動詞)、という構造になっていて、最初にいろいろ説明しているのですが、それが何についての説明なのかが最後に表明される構造になっています。これに対して、主要部前置型(後退的支配)語順というのは、その反対に、先ず、これから何について述べるのか、という結論(具体的には名詞や動詞)を述べ、それに続いてそれらに関する説明(修飾語)が述べられる、という統語構造をしています。まさに、ユークリッド幾何学のごとくに、最初に、結論としての「定理」が述べられ、その後に証明(説明、修飾語)が続く、という順序で言語表現が組み立てられてゆくのです。

　ヨーロッパ諸言語の中で古典ギリシャ語だけが紀元前第2千年紀に語順の逆転がかなり急速に進んだ、ということが、彼らのズームアウト思考に対する言語のくびきを異様に早くかつ速く解き放ち、古代ギリシャの光り輝くばかりの偉大な数学、物理学、自然哲学の出現と発展を産み出したのです。ヨーロッパの他の国々で同じ現象が起きるには、14世紀～17世紀(紀元後!!)を待たなければなりませんでした。

Ⅱ — 12. 松本克己『世界言語への視座』を読む（その7）アラビア文法の観点／ユークリッド「原論」はなぜローマ文明に引き継がれず、アラビア語に翻訳されたか。

　私は前節において、松本克己『世界言語への視座』の「6.2.4　ギリシア語の統語構造」を引用して、ヨーロッパ人の脳内におけるズームアウト指向の認知パラメータと言語生成の主要部後置型（前進的支配）語順パラメータの真っ向からの衝突において、ギリシャ語だけが、ズームアウト型認知パラメータがヨーロッパ言語の中では異様に早く紀元前に既に大きな勝利の数歩を歩み出していたことが、ソクラテスやプラトンなどの脳内において抽象言語を用いた概念化や演繹的推論などを、認識思考と違和感なく実現できる状態をもたらした、という自説を紹介しました。

　本節では、その歴史的「逆転」の経緯の異常に早い先駆けとなったギリシャ語の語順の時代に、ギリシャ数学が生んだ世界数学史上の傑作であるユークリッドの幾何学『原論』がローマ文明にはまったく引き継がれず、アラビア語に翻訳されて、アラビア文化の中で一層発展していった理由を解き明かしていきたいと思います。このことは、今まで、不思議なことに、数学史や科学史の専門家たちによって、まったく考察されて来なかったように見えます。じつは、このことは、12世紀から14世紀にかけて、ラテン語を母語とする西ローマ帝国が崩壊してから、改めて、「原論」などがアラビア語からラテン語に翻訳されて、ルネッサンス（文芸復興）期にギリシャ数学がヨーロッパで再生するという大事件の、「認知と言語」との深い関係を再度証明していると考えます。

《松本克己『世界言語への視座』からの引用開始》
10.2.4　アラビア文法の観点
　イスラム文化が花開いた西暦8世紀以降、めざましい発達をみせたアラビアの文法学は、インドやギリシャの文法家とはやや違った文法理論を築き上げた[17]。

---
[17] アラビアの文法学を概観した比較的最近の論著としては、Carter (1981), Versteegh et al. (1983), Owens (1984, 1988) などがある。その統語理論に関する本

稿の解釈もこれらの研究に追うところが大きい．

　アラビア文法の創始者と仰がれる Sībawayhi とそれに続く文法家たちの理論によれば，すべての文は，名詞で始まるか動詞（的成分）で始まるかによって，「名詞文」か「動詞文」のどちらかに分けられる．

　名詞文は，明確に機能を異にする2つの部分からなり，最初の構成素は mubtada'（または ibtidā'），第2の構成素は khabar と呼ばれる．前者は「始まり」ないし「出発点」，後者は「情報」（あるいはむしろ「新情報」）の意味である．前者は必ず「定」ないし「既知の」名詞句によって占められるが[18]，後者には，名詞（形容詞を含む）句，前置詞句の他に，名詞文や動詞文自体が現れることもできる．すなわち，

　　1) zaydun ṭawīlun「ザイドは，背が高い」
　　2) zaydun fī l-bayti「ザイドは，家に（いる）」
　　3) zaydun ḍarab-tu-hu「ザイドは，私がぶった」
　　4) zaydun 'akū-hu ṭawīlun「ザイドは，兄が背が高い」

　アラビア語のこの構文は，興味深いことに，現在われわれが「提題文」（あるいはトピック・コメント文）と呼んでいるものにほぼ完全に該当し，その構成素に対する文法家の命名も，まさに情報構造的な観点からなされている[19]．

---
[18] cf. Carter (1973: 140), Carter (1981: 191)

[19] mubtada'(Sībawayhi の用語では ibtida') に対して，アリストテレスの hypokeimenon に該当する論理学上の「主語」は mawḍū‘ と呼ばれ，両者は明確に区別された（cf. Carter 1981: 187）．なお，上例の 3), 4) のような文は，日本語の「象は鼻が長い」と同じいわゆる「二重主語」構文で，「主語」とは別個の「主題」という概念を持たない西欧文法の観点からは，文頭の zaydun は"nominativus pendens"「宙ぶらりな主格」などと呼ばれてきた．

一方，動詞文は，通常，動詞で始まり，その後に名詞の格，および前置詞句が続く．動詞と関係する名詞の格は，アラビア語ではただ2つ，すなわち，-u 格（rafʕ）および -a 格（naṣb）である．前者は，ギリシャ文法で「主格」，後者は「対格ないし斜格」と呼ばれるものにほぼ該当するが，アラビア語の格は印欧語のように具体的な意味役割に結びつくよりも，むしろ統語的（ないし抽象的）な性格を帯びている[20]．-u 格は，印欧語の主格と同じ無標格で，名詞文では，その第1要素，動詞文では，能動動詞の動作主，受動動詞の被動者に対応する．他方 -a 格は，アラビア文法で mafʕūl（被動者ないし目的）と呼ばれる多面的な意味機能に対応している．すなわち，文法家の挙げる mafʕūl とは次のようなものである[21]．

---
[20] アラビア文法では，名詞の「屈折」と動詞のそれは等しく 'iʕrāb と呼ばれ，たとえば，rafʕ (- u 格) は，名詞の「主格」と同時に不完了動詞の「直説法」を，同じく naṣb (- a 格) は，「対格」と同時に「接続法」を意味した．cf. Owen (1988: 39)

[21] Owens (1988: 167f.)

直接目的 (mafʕūl bihi) *raʼay-tu zaydan*「私は<u>ザイド</u>を見た」
理由 (mafʕūl li-ʼajlihi) *jiʼ-tu-ka <u>tamāʕ-an</u> fi birri-ka*「私は君の恵みを<u>求め</u>に来た」
随伴 (mafʕūl maʕahu) *sirtu wa <u>l-nīl-a</u>*「私は<u>ナイル</u>に従った」
独立 (mafʕūl mutlaq) *darab-tu-hu <u>darb-an</u>*「私は彼を<u>ひとなぐり</u>なぐった」
状況 (mafʕūl fīhi) *raʼaytu zaydan <u>fawq-a</u> l-bayti*「私は<u>家の上に</u>ザイドを見た」etc.

　ところでアラビア文法にとって最も枢要な概念は，「統率 ʕamal」である．すなわち，あらゆる構文は，統率するもの (ʕāmil = regens「統率辞」) と統率されるもの (maʕmūl = rectum「被統率辞」) からなり，両者は常に一方的な依存関係を作っている．そしてアラビア語で要素の配列は，常に，被統率辞が統率辞に後続し（すなわち rectum post regens），語順はこの原理によって厳格に律せられる[*22].

[*22]「統率」ないし「支配」は，「主語」と同じく，ギリシア・ローマ文法にはなかった概念である．これが rectio あるいは regimen という用語で現れるのは，西欧では中世に入ってからで，おそらくアラビア文法学の影響によるものであろう．cf. Weiss (1910: 382f.), Owen (1984: 60). なお，「支配の方向」と語順の原理に関しては，松本 (1988: 3ff.) 参照．アラビア語の rectum post regens に対して，たとえば日本語の語順は，rectum ante regens の原理によって厳格に律せられている．アラビア語は，語順の制約が厳しいという点で，サンスクリット語やギリシア語など古い印欧諸語とは大きく異なる．また，アラビア文法で統語論に重点が置かれているのも，このような構造的特質に起因すると言えよう．

　このような統率の関係は，概略的に，法 (modals) は動詞を，動詞は名詞の格を，名詞は形容詞および -i 格 (khafd) を，前置詞は同じく -i 格を，それぞれ統率するという形を取り，従って，アラビア語のあらゆる統語関係は，このような一方的な統率ないし依存関係の連鎖によって表されるであろう．たとえば，

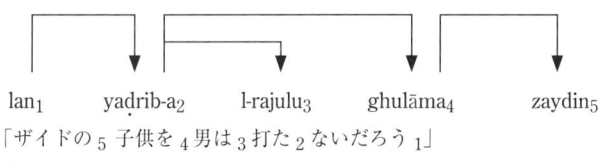

lan_1　$yadrib\text{-}a_2$　$l\text{-}rajulu_3$　$ghulāma_4$　$zaydin_5$

「ザイドの₅ 子供を₄ 男は₃ 打た₂ ないだろう₁」
（柴田の注：逐語的に、まさに日本語の語順と真逆になっています。）

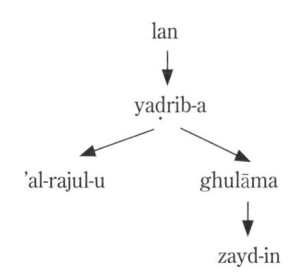

lan
↓
yadrib-a
↙　　↘
'al-rajul-u　ghulāma
　　　　　　↓
　　　　　zayd-in

また，

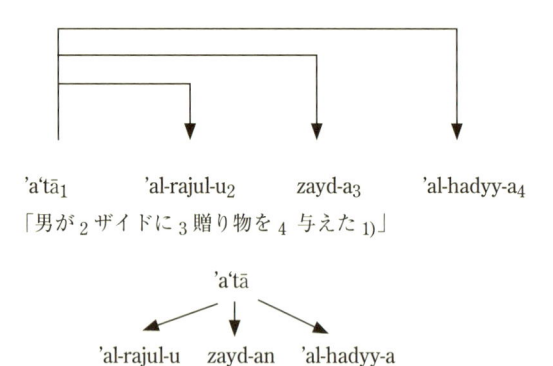

```
       ┌──────┬─────────┬─────────┐
       │      │         │         │
       ▼      ▼         ▼         ▼
    'aʻtā₁  'al-rajul-u₂  zayd-a₃  'al-hadyy-a₄
```
「男が₂ ザイドに₃ 贈り物を₄ 与えた₁)」

```
            'aʻtā
         ↙    ↓    ↘
   'al-rajul-u  zayd-an  'al-hadyy-a
```

という文の中で，3つの名詞句 *'al-rajulu, zaydan, 'al-hadyya* は，いずれも主動詞 'aʻtā に対して被統率辞（maʻmūl = rectum）という関係に立ち，-u 格も -a 格もこの点で，統語的には全く同等の資格である．つまり，アラビア文法においても，パーニニと同じく，格は動詞に対して連用修飾語的機能を果たすに過ぎない．従って，アラビア語の動詞文には，チョムスキーの句構造で示された「S に直接支配されるNP」というような特別の成分は存在しない．一方，名詞文における第1要素をそのような NP に見立てることは可能である．すなわち，

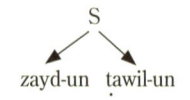

```
         S
       ↙   ↘
    zayd-un  tawil-un
```

（柴田注：ザイドは 背が高い）

しかし，ここには「S に直接支配される VP」というような成文が存在しない．

結論として，少なくともアラビア文法家の分析によるかぎり，アラビア語にも，やはり，統語的なカテゴリーとしての主語というものは見出されない．西欧文法の主語に該当する特性は，名詞文における「主題 mubtada'」と動詞文における「動作主 fāʻil」という2つの範疇にはっきりと分かれ，それぞれ違った形で文法化されている．

第Ⅱ章　ヨーロッパ諸言語における統語構造の歴史的変遷

《『世界言語への視座』からの引用，終わり》

　これを見ると、アラビア語という言語は、述語論理の記述言語そのものという感じがして、工学系の人間には統語構造が非常に分かりやすい言語だと言えそうです。このような「演繹的推論型」の言語（言いかえれば主要部前置語順あるいは後退的支配）は、彼らのズームアウト型の認知指向と完全に相性がいいから、言語誕生以来数千年の間、語順は基本的に変化していないはずですが、いちおう『言語学大辞典』で確かめておきましょう。

　《三省堂「言語学大辞典」【アラビア語】の項からの引用》
　　アラビア語　英 Arabic, 独 arabisch, 仏 arabe
【名称】　アラビア（Arabia）という地名は、ギリシャ語 Ἀραβία（ヘロドトス『歴史』Ⅱ等）にさかのぼり、その語幹 Αραβ はセム語（アッカド語 Arabu, Aribi; ヘブライ語 ʻarab）の音訳であろう。これらは紀元前9〜6世紀のアッカド語資料や『旧約聖書』では草原の遊牧民をさしたと推定されるが、ギリシャ語で固有名詞化し、それから後世のアラビア語に借用されたらしい。ʻarabiyy-「アラビア語」という語は、『コーラン』の「この書物をアラビア語のコーラン（qurʼaan ʻarabiyy）として下した」のような表現に繰り返し現れるが、その語根 ʻ-r-b の語源をアラビア語資料の中に探っても無駄であろう。しかし、他のセム語の語根との同定も推測に過ぎない。いずれにせよ、アラビア語の al-ʻarabiyya とは、『コーラン』におけるこの記述に基づき、いわゆる「古典アラビア語」を指し、これは成立の当初から、アラビア半島の遊牧民の言語を越えた言語で、各地の口語たる"民衆語"(al-ʻaammiyya) に対して"純正語"(al-fushah) と呼ばれる。
【系統】　古典アラビア語は、セム語学上、アラビア半島南岸で発見された紀元前9〜8世紀以来の碑文によって知られる南アラビア語に対し、北アラビア語と呼ばれる言語に属する。広義のアラビア語は北アラビア語と南アラビア語の総称で、エチオピア語とともに南セム語派

（または南西セム語派）を形成する。この項では、狭義のアラビア語、すなわち北アラビア語、なかんずく古典アラビア語について述べる。

【歴史】

1）イスラム以前の碑文　北アラビア語の文献資料としての登場は、セム諸語のうちで最もおそい。他の言語で書かれた碑文におけるアラビア語資料として最も豊富かつ重要なのは、紀元前3世紀以後のナバテア文字（Nabataean script）の碑文に現れるアラビア人の人名である。アラビア語を母語とする人々が当時の共通語のアラム語で書いたと思われるこれらの碑文では、統辞および語彙の面でもアラビア語の影響が年を追って強くなり、ダマスクスの南方のナマーラ（Namāra）出土の328年の墓碑では、bar「息子」の1語以外は、アラビア語である。ナバテア文字から変化した初期アラビア文字の碑文は、6世紀のものが3点出土している。ゼベド（Zebed）出土の512年のギリシア語、シリア語、アラビア語の三言語碑文、ハッラン（Harran）出土の568年のギリシア語、アラビア語の二言語碑文、および、ウンム・ル・ジマル（Umml-gimal）出土のアラビア語碑文がそれで、これらの言語はすでに、古典アラビア語の特徴を示している。一方、アラビア半島からシリア砂漠にかけての各地で、古代南アラビア碑文と同種の文字で書かれた前5世紀～後4世紀のものと推定される碑文が発見された。それぞれサムード（Thamūd）、リフヤーン（Liḥyān）、サファー（Safa）という部族ないし土地の名でよばれる碑文群をなしており、その言語が原アラビア語（Protoarabic）と称されることもある。当時のアラビア半島中北部の諸都市や遊牧民の間で話されていた諸方言のいくつかが文字化されたものであろうが、これらを直接古典アラビア語と結び付けるためには、確証が少ない。

2）古典アラビア語の発生　古典アラビア語成立の事情を直接に伝える確かな証拠はなく、イスラム前およびイスラム初期の言語作品（伝承を含む）として後代の写本に遺されているものから間接的に推定できるに過ぎない。古典アラビア語が何よりもまず『コーラン』の言語であり、そして『コーラン』の啓示がメッカの人ムハンマド

(Muhammad, 570 頃— 632)を通して下ったものである以上、当時、このアラビア半島最大の国際的商業都市の実力者であり、それゆえに、諸部族中最大の威信をかち得ていたクライシュ族（Qurayš）の言語を、古典アラビア語の基盤と考えるのは自然であろう。『コーラン』に日常の口語の反映と思われるものが、特に語彙の面で見られるのは確かであるが、しかし、全体は、サジュウ（sagʻ）と呼ばれる、散文ながら各句が脚韻で区切られた文体を取っており、これは、イスラム以前——後世のいわゆる"無明時代"（アラビア語で ǧaahiliyyah, ジャーヒリーヤ）——のアラビアの巫者（kaahin）の託宣の文体であった。一方、イスラム以前のアラビア半島中北部の遊牧民の間では、5世紀頃から日常の言語とは文体を異にし共通語的性格をもった詩の言語が発達していて、詩人（saaʼir）たちが厳格な形式に従いつつ、寛大さや勇気など砂漠の民の徳について、あるいは酒や恋について歌ったさまざまの詩が、吟詠者（raawiy）たちに語り継がれ、この時代のものとして後に書きとどめられている。しかし、この高度に技巧的な詩的言語がいつどこで形成されたのか、また、その基盤として特定の方言があったのか、そうだとすればどの方言か、という疑問には確答が与えられていない。これらの詩に、時として方言的差異がみられることは指摘されており、古典アラビア語が「駱駝」や「馬」などを表す語彙に富むのは、この詩的言語に諸部族の語彙が流入した結果とも言われている。語彙の面ではさらに、アラム語や、アラム語を介して、ペルシャ語、ギリシア語、ラテン語の借用が認められる。この時期に詩人に次いで重要だったのは、言葉を駆使して人々を説得する術に長けていた雄弁家（haatib）で、無文字のアラブ社会において、すでに詩作と弁論が最高の芸術だったことをうかがわせるが、この伝統はイスラム以後にも受け継がれることになる。

　3）古典アラビア語文法の規範化　　『コーラン』が、ムハンマドの死後に編集され、初めて文字化された時には、母音記号はもちろん、同形異字を区別するための識別点もまだなく、そのため、たとえば子音間の同化、名詞の格語尾や動詞の相対立する人称接辞の区別——た

とえば、未完了体における ta-, ya-, na- の区別（表6）──も表記面には現れていず、アラビア半島のイスラム教徒の間でも、その読みは一致しなかった。さらに、『コーラン』は天上の原本がアラビア語で啓示された書であるとして、他の言語への翻訳が許されなかったから、7世紀中葉以後、アラビア語を知らない世界にイスラムが急速に進出したとき、『コーラン』の"正しい"読みを確定する必要は緊急の問題となった。アラブはまた、被征服民に最初からアラビア語を公用語として押し付けたから、イスラム世界の共通語としてのアラビア語の"純正化"も強く要望された。こうして、アラビア語への関心はイスラムの異教世界への進出と同時に始まったと考えられる。ダマスクスを首都とするウマイヤ朝（661～750）の中頃には、字母の識別記号や母音記号も作られ、アラビア語文法学の基礎が確立する。文法記述の証拠として最も重視されたのは、上述の詩的言語やクライシュ族の言語であったと推定される。文法学は、アッバース朝（750～1258）初期のクーファ（Kūfa）とバスラ（Basra）で、さらにその首都バグダートで花開き、メソポタミア、イラン、北アフリカ、スペインなどから集まった学者によって、多くの文法書や辞典が作られた。その際、言語事実よりも論理を優先する態度が次第に強くなり、こうして体系性を重んじ多義性を排除した精密な文法をもつ、高度に規範的な文字共通語としての古典アラビア語が成立していった。

4）表現力の拡大　アラビア語は、近隣の諸言語との接触によって、これらの言語から、特に語彙の面で大きな恩恵を蒙った。すでに、8世紀初頭にはシリア語からの翻訳が行なわれ、多くの宗教用語がアラビア語にもたらされた。アッバース朝の9世紀には、イスラムに帰依した非アラブ人の手によって、中世ペルシャ語の文学作品や、特にギリシアの自然科学、哲学等の文献がアラビア語に翻訳された。その際、当初は原語からの借用語も多かったが、文献学者の作った規則と手順に基づいてアラビア語に置き換えられるものも次第に増えた。たとえば、aritmaatiiqiyyat「算術」は ῾ilm-l-hisaab「数えることの知識」に、qaatiiguuriyaas「範疇」は maquulaat「言われたことども」

に代えられた。こうして古典アラビア語は、イスラム初期の詩的・宗教的言語から、散文の領域においても豊富な表現力をもった言語へと成長し、コーラン解釈学、ハディース（hadiit, 預言者ムハンマド言行録）研究、法学、神学、文法、語彙論、修辞論、文学、詩学等のアラビア諸学に加え、哲学、数学、天文学、地理学、音楽、医学、化学等の外来諸学の分野でも独創的な作品が書かれ、いわゆる西洋古典の精神は、アラビア語を媒介として、継承、展開されていった。注目すべきことは、これらの作品の多くが非アラブ人の手になるものでありながら、少なくとも表記面ではほぼ等質性を保っていることで、この傾向は、現代に至るまで続くのであるが、古典アラビア語文法の規範がいかに強力なものであるかをうかがわせる。

（後略）（執筆）松田伊作
《三省堂『言語学大辞典』【アラビア語】の項からの引用、終わり》

ということで、世間ではよく、「古代ギリシャ・ローマ文明」と言いますが、ギリシャとローマはある意味では全く異なり、ギリシャの数学、科学はローマには継承されていないのです。というか、より正確に言えば、ローマ人はギリシャ人の数学、科学を言語面で理解できなかったのです。ギリシャ語は西洋言語では唯一例外的に、既に紀元前に主要部後置語順すなわち前進的支配（修飾語＋被修飾語の語順）から主要部前置語順すなわち後退的支配（被修飾語＋修飾語の語順）へと大きく歩み出しており、その点で、ローマ帝国のラテン語は、日本語と同じ厳格な前進的支配からは抜け出して「語順の自由」を獲得したとは言え、統計的には未だ圧倒的に主要部後置型語順の出現頻度が高かったわけですから、「結論」＋「それの証明ないし説明」という演繹的推論の思考には非常に違和感があったはずです。

　本章第1節で引用・紹介した松本克己『世界言語への視座』の「2.4.3　印欧語の統語法を遡る」を見てみると、ラテン語も紀元（後）4〜5世紀になると、かなりVO的（主要部前置型＝後退的支配）が主流になってきているようなので、ある程度はユークリッド「原論」を理解できるよう

な脳内の準備が出来つつあるようにも考えられるのですが、歴史的現実を見る限りでは、やはり「主要部後置（前進的支配）」型言語の習慣的後遺症のせいなのか、結局はローマ帝国の崩壊以前には「原論」はラテン語には翻訳されることがありませんでした。それに対してアラビア語は、産まれ出た最初から「結論」（被修飾語）＋「その説明」（修飾語）という完璧なVO語順であり、認知面でのズームアウト思考と非常によくマッチして、難なく「原論」の演繹的論理を理解することができたようです。

それにしても、印欧語の中でギリシャ語だけが異様に早くVO型語順への急速な歩みを開始したことには驚かざるを得ませんが、上に引用した『言語学大辞典』の中の

> ナバテア文字から変化した初期アラビア文字の碑文は、6世紀のものが3点出土している。ゼベド（Zebed）出土の512年のギリシャ語、シリア語、アラビア語の三言語碑文、ハッラン（Harran）出土の568年のギリシア語、アラビア語の二言語碑文、および、ウンム・ル・ジマル（Umml-gimal）出土のアラビア語碑文がそれで、これらの言語はすでに、古典アラビア語の特徴を示している。

という記述から、ギリシャ語が早くからアラビア語と密接な交流関係にあったことが伺えます。

また、ヨーロッパが中世から近世へと移行する根本的な脳内要因となった主要部前置型語順（後退的支配）の完成が、イスラム教徒によるイベリア半島支配の結果スペイン語とアラビア語のバイリンガルの人々が生まれたことや、十字軍遠征によってヨーロッパ人が、高度に発達したアラビア文明と激突して激しいカルチャーショックを受けたことなどによるものであることを考慮すると、アラビア語やアラビア文明がヨーロッパ文明に対して、いかに大きな文化的影響を与えたかが想像できます。十字軍とイスラム軍の戦争では、イスラム側には大砲という「近代兵器」があり、十字軍側は旧態依然たる槍と盾の武器しかなかったそうですから、私はその話をどこかで読んだ時には、思わず、元寇の際に鎌倉武士たちが、「やー

やー、遠からん者は音にも聞け、近くば寄って目にも見よ！」と日本のしきたりに則って名乗りを挙げようとしたら、蒙古側からはいきなり「てつはう（鉄砲）」という火矢（簡易ロケット弾）が飛んで来た、という話を思い出して笑ってしまいました。

　ところで、これまで解説してきた私の「ズーム型認知パラメータと語順パラメータの相互作用の原理」は、経験的な法則（算数教育の福岡県での奇跡的な成功）や歴史的な事実（「原論」の翻訳の経緯やルネッサンスなど）や言語発生の４つのタイプとその後の数千年間のそれらの推移（本章第９節「世界言語の最初の語順には４つのタイプがあった」から、下の表を再掲しておきます）などから帰結される結論であって、これを100％理屈だけで（すなわち演繹的推論だけを用いて）証明しようとすると、まだまだ不十分な点が多くて、論理的な混乱に陥りかねません。各用語を非常に厳密に定義しておく必要があるでしょう。武谷三男の３段階論で言えば、「ズーム型認知と統語語順の相互作用の理論」は未だ実体論的（ケプラー的）段階を通過したばかりで、本質論的（ニュートン的）段階に達しつつある段階です。もっとも、こういう「具体例から本質論への発展・進化」という発想自体が近代西洋的なズームアウト思考そのものである、とも言えます。

ズーム型認知 ＼ 統語の語順	主要部前置		主要部後置
ズームアウト型	インドネシア語、		印欧祖語
	古典アラビア語、	⇦	（ヨーロッパ）
		↶	（アジア）
		⇦	フィンランド語
ズームイン型	中国語祖語、	⇨	日本語、朝鮮語
	ベトナム語	⇨	モンゴル語、バスク語
	タイ語、など		ハンガリー語など

　月刊雑誌『数学セミナー』（日本評論社）の2012年６月号、７月号誌上で、「世界史の中の数学」と題して、足立恒雄（早稲田大学名誉教授）、伊東俊太郎（東京大学名誉教授）、齋藤正彦（東京大学名誉教授）の大先達が鼎談をおこなっていて、いろいろとたいへん面白いお話しが続いてい

るのですが、その中でも特に本節の主題の内容と関連すると私が感じたパラグラフを以下に引用しておきます。

《『数学セミナー』7月号の鼎談からの引用》
足立● （中略）
　要するに、人間のものの認識の仕方が言語として形に表れていて、その言語がまた数学の基になっている。人間が数学をやっていて、数学は自然や宇宙の真相を表すと言っているけれども、数学は人類固有の言語であり、言語を厳密にするというか、形として先鋭にしたものであって、言語は人間の思考の特徴を離れることはできないはずだ。また、これが唯一の認識の仕方というわけではないのだと言いたいわけです。「人類の特徴として言語、そして数学があるのだ」と。
伊藤●　その通りですが、言語認識のほかにどんな認識法が考えられますか。
足立●　類概念を操る言語というものがそもそもきわめて特殊な認識方法ではないでしょうか？　それに先ほどいったように視覚、それから聴覚もあるでしょう。いろいろなものがあるだろうけれども、われわれはこういう表現の仕方をする。「群盲象を撫でる」という言葉がありますが、むしろ1つずつ異様に発達した器官を備えた生物が同じ対象をそれぞれの器官で捉えることはできても全体像が見えるとは思えない。捉えたことをどう表すか。唯一の方法がわれわれの言語だけとも言えません。数学というときの言語も、それは人類固有で、かなり共通言語の要素が強い論理だけれども、とくに「西洋論理学の論理」ではないかとも感じます。直観主義、有限主義などがあるのを見てもわかるように、その共通性は普遍的とは言えません。そして論理学というのは、インド・ヨーロッパ語族の言語なのであって、われわれにとって、どこか違和感のあるものが残っているのではないでしょうか。
伊藤●　残っています。だって、記号論理学の授業に出ていると、ときどき違和感を感じるでしょう。

足立● 違和感がありますね。

伊藤● とくに implication などもね。

足立● Implication（ならば）もですが、任意記号や存在記号が出てくる順序でも、日本人にはあのとおりの順序では書きにくいですよね。だから黒板に書くときには「任意の」と最後のほうにつけたりします。また、証明自体も唯一の方法ではないのではないか。インドの論理学がどのようなものかは知りませんが、もし、インド人が証明という概念を発明していたとしたら、どんなふうになったのかという興味もあります。現代数学はかなり、西洋的なものではないか。これは疑問だけです。

（後略）

《『数学セミナー』7月号の鼎談からの引用、終わり》

上に述べられている「西洋的な数学」をそのまま説明している文科省検定済みの教科書を、教材の順序を逆転させて「東洋式」（ズームイン式）にして教えたところに、福岡の算数教育の驚くべき成功が生まれたのです。

Ⅱ─13. 松本克己『世界言語への視座』を読む（その8）ハンガリー語、フィンランド語、バスク語／ズーム・パラメータと統語パラメータの違いが3つの言語の運命を分けた。

私は本章第3節「『世界言語への視座』を読む（その3）印欧語における統語構造の変化の原因」において、松本氏の著書からハンガリー語およびフィンランド語に関する部分を引用しました。そこでは、松本氏は動詞の人称活用を、OV型の言語がVO型の言語に変わるための最も重要な要因であるかのように述べていましたが、一方、本章第11節「松本克己『世界言語への視座』を読む（その6）ギリシア語の統語構造／ソクラテスの問いの射程」において引用・紹介した「6.2.4 ギリシア語の統語構造」では、「ところで、これらの諸言語における統語型の性格を判断する最も重要な決め手は、動詞の位置よりもむしろ「前置詞」の用法の有無である。「前置詞」はすでに述べたようにOV的統語構造にとっては異質の

ものである。このような特徴が印欧語の一部に現れたということは、印欧語の統語構造に変動が起こったことの何よりも明白な兆候であると言ってよい。上に挙げた諸言語では、第一のグループには「前置詞」と呼び得るものは全然見られないか、あるいはごく希である。特にヒッタイト語、ルウィ語においては、他の諸言語で「前置詞」として発達した諸形式はすべて後置的に用いられ、前置的用法は皆無である。」とも、述べています。すなわち、ここでは、定動詞の人称変化よりも、「前置詞」の用法の有無であり、前置詞の発生こそが、その（OV型）言語に変動が起こったことの何よりも明白な兆候であると言ってよい、と主張しています。そうであるならば、フィンランド語とは異なり、ハンガリー語には前置詞は発生しておらず、日本語と同様に後置詞が用いられています。すなわち、ハンガリー語は、フィンランド語のようにOV型からVO型に向かっているのではないのです。「古い時期の印欧祖語，特にギリシア語などに最も近い言語ではなかろうか」と松本氏も書いておられるように、古い時代に隣接する諸言語から外的な影響を受けて語順が動揺的になったものの、それ以上はVO化が進まず、化石のように、その段階で変化が停止しているものと思われます。その根拠は、何よりも、第Ⅰ章2節「児童の学習における算数の計算順序とチョムスキー普遍文法理論の主要部パラメータ値との間の関係」や第Ⅰ章5節「ピアジェ＝チョムスキー論争、ピアジェ＝ヴィゴツキー論争の『決着』を覆す新しい世界認識制御因子の発見」などで解説したように、ハンガリー人は日本人と同様のズームイン思考であり、姓名は日本人と同様に「姓」＋「名」の順に言い、日付は年・月・日の順に、また、住所は、氏名の後に、市、町、通り、番地の順に言うからです（三省堂『言語学大辞典』の「ハンガリー語」の項目参照）。一方、フィンランド人はヨーロッパ語族の人々と同様にズームアウト型思考で、姓名は歴史的に一貫して「名」＋「姓」の順で言います。

　ハンガリー人よりも更に人口の少ないバスク人（約60万人）は、ハンガリー人と違って独立した国家を持たず、スペイン（および一部はフランス）の1地方に過ぎないために、バスク語はスペイン語や隣接する国家のフランスから、猛烈な言語的外圧を受けているはずですが、第Ⅰ章7節

「ズームアウト／ズームイン型認知仮説の検証は続く（その２）　英語の 11 および 12，ラテン語、朝鮮語、バスク語」において小熊和郎氏提供のデータで示したように、文の語順は中立的には［補語（主語、目的語、状況補語）＋述語］＝日本語風、ということで、一貫して OV 型語順を死守しています。「誕生日などの日付は日本語と同様に年、月、日、の語順で、例えば，2011ko azaroaren 29a.（2011 年 11 月 29 日）」ということでした。

　しかし、おそらく外圧の影響が余りにも強いためなのでしょう、動詞と連用修飾語や目的語の語順は動揺的になったままの状態が長期に渡って続いているようです。この点では、ハンガリー語と非常によく似た状態であると考えられます。

　いずれにしても、フィンランド語はズームアウト認知で、かつ、祖語が主要部後置型から出発しているという点で、ヨーロッパ諸民族とまったく同様であり、単にその OV 型から VO 型への転換がヨーロッパ諸語よりも 500 ～ 600 年遅れのスローテンポであるというだけに過ぎません。他方、ハンガリー語とバスク語はズームイン認知で祖語が OV 型ですから日本人とまったく同じで、私の理論から行けば、VO 型に転換する内部的要因はまったくありません。しかし、外部的要因は強烈であり、バスクのようにスペイン（一部はフランス）の１つの地方ならば、住民票や郵便の住所はスペイン国の統一規格でないと極めて不便です。氏名や生年月日だって、バスク地方だけが逆順ならば、本人たちだけでなく、バスクと交流のある他の州の人々にとっても日常生活的に非常に不便なはずです。

　ハンガリーも、過去においてはドイツ語圏のオーストリアと連合して「オーストリア・ハンガリー連合王国」を形成していたくらいですから、周囲のヨーロッパ諸言語からの影響は極めて大きなものがあると思われます。それにも拘わらず、バスク語と同様にハンガリー語も基本的に OV 語順をほとんど崩していないのは、<u>この語順が言語野の「主要部パラメータ」だけでなく、それとは全く独立の、認知分野のズーム型認知パラメータによってもロックされており、この語順を逆転させるためには二重のロックをはずさなければならないためであろう</u>と考えます。これが、「VO 型のヨーロッパ諸言語の大海に浮かぶ OV 型の陸の孤島のようなバスク語

やハンガリー語が、かくも頑強にVO型への語順の逆転を拒み続けているのはなぜか？」という永年の言語学界における疑問に対する私の解答です。

さらに最近、今岡十一郎『ハンガリー語四週間』（大学書林、1969年）を再読してみて思い出したのですが、「ハンガリー語では、V（他動詞）＋O（目的語）の語順がVO/OVの両方がある」という意味は、ラテン語のような「どちらでもよい」とか「動揺的」ということでは全くなく、目的語に不定冠詞が付いているか無冠詞の場合はOVの語順であり、目的語に定冠詞が付いている場合にはVOの順になる、というように、語順がはっきり「文法化」されているのです。しかも、VO語順の場合とOV語順の場合で、Vの人称活用形が異なるのです。言い換えれば、目的語名詞句の文法的な属性が動詞句の活用形選択を「支配」しているように見えます。ひょっとすると、「V（他動詞）がO（目的語名詞句）と結合するときは、必ずVがOを支配する（つまりVが主要部で、Oが非主要部）」と仮定することは、ヨーロッパ諸語の文法規範を不当に非ヨーロッパ言語にも当てはめて解釈しているのではないかという疑問を持ちました。本章第3節「松本克己『世界言語への視座』を読む（その3）印欧語における統語構造の変化の原因」の中に引用した松本氏の論考中に肯定的に引用されている　Sauvageot (1951:285ff.) の見解には、同意できなくなりました。もしかして、「ヨーロッパ言語＝普遍言語という迷信」（松本克己）の色眼鏡をはずして見れば、現代ハンガリー語は日本語に近いくらい徹底した「主要部後置型」言語なのかもしれません。

第Ⅲ章
福岡県の教師たちによる奇跡の算数教育実践

Ⅲ—1. 余りの出る割り算から導入して、余りがゼロになる割り算に至る／一般的場合から出発して特殊な場合に至るズームイン型の教育実践例

　日本の小学校算数において、「余りの出る割り算」を習得させる授業は非常に多くの「落ちこぼれ」生徒を出していると言われています。「余りの出る割り算」を理解することに失敗して、せっかくそれまで理解できていたはずの「余りが出ない割り算」（＝割り切れる割り算）まで理解が混乱してしまい、「何が何だか分からなく」なってしまう子どもも多いようです。

　福岡県の算数・数学教育実践サークルでは、割り算の学習に入る前提として「穴あき掛け算」というのを徹底して練習させて、掛け算の逆演算としての意味を、言語表現による「理屈」ではなく「思考パターン」として徹底的に理解させています。私は、これが1つの重要なポイントだと考えています。更に、この「穴あき掛け算」の計算例題として、「余りの出る場合」から導入する点が第2のポイントだと思います。実際、勝手な自然数を、それより小さい勝手な自然数で割った場合には、一般に余りはゼロになりません。だから、大きな数を、指定された小さな数で等分すれば、余りが出る方が自然です。それはまた、既に加法や減法を学習したときに計算練習をした $10 = 8 + 2 = 7 + 3, \cdots$ などの「自然数の加法分解」にも照応しています。

$$30 = \square \times 7 + \bigcirc$$

のような例です。30個の教材用具を7個ずつの塊に分けてゆき、分け切れなくなったときの「余り」が○個であり、7個ずつの塊が□個できた、というわけですね。このような、いくつもの具体例による作業を繰り返して、時には偶々余りがゼロになることもある、という風に「割り切れる」場合を認識させるわけです。

「福岡算数・数学教育実践サークル」の教師たちは長年に渡るさまざまな教育実践の試行錯誤を繰り返しながら、上に述べたような方法こそが、今のところ最善の方法であり、「落ちこぼれる生徒」の数をゼロあるいはほとんどゼロに近づけることができる唯一の実際的な教育方法であることを実践的に証明しつつあります。

そこで私は、この例がまた、日本人の精神構造が「ズームイン型」(「大から小へ」「頻出する場合の具体例から特殊な場合の具体例へ」「多くの応用例から原理の抽出に至る」)であることを示しており、明治の文明開化以来の日本の教育がお手本としてきたヨーロッパの「ズームアウト型」(「小から大へ」「特殊な場合の具体例から頻出する場合の具体例へ」「原理から出発して、その検証や応用へ」＝これらが「限りなき成長」や「グローバル資本主義」を産み出す根源的な精神構造だと推測しています)という精神構造とは180度逆の思考的指向性を持っていることの更なる1つの状況証拠を与えていると考えます。

以下に、2011年度の福岡県教組第61次教育研究集会におけるO教諭のレポート「3年生『わり算』・『あまりのあるわり算』」を、ご本人の了解を得て引用・紹介します。

《O教諭のレポート、引用開始》

1. はじめに

現任校に赴任し、少人数担当として2年～6年までの算数を担当している。さすがに5学年もまたがっているため、毎日の教材準備や教材研究は大変なものである。

特に、高学年での「小数のかけ算・わり算」や「分数のかけ算・わり算」、「単位量あたりの大きさ」での式化する際、数値が小数や分数になると、とたんに立式できなくなったり、〈単位量〉と〈いくつ分〉を逆にとらえてしまったり、全体量を読み取れなかったりといった実態が多く見られる。つまり、改めて２年生での「かけ算」の意味と「わり算」での学習を連動させた指導に心がけてきたかどうかが問われるような気がする。そこで、本年度の３年生での「わり算」学習では、今までの指導のあり方を見直す必要を実感した。本校の３年生の実態として、特に厳しい４人の子どもたちを「わり算」の単元では、少人数体制で指導することにした。

２．「わり算」・「あまりのあるわり算」指導に当たって
〈指導計画〉
　第１次　異数になる分け方、同数になる分け方　（２時限）
　　・家族であめを分ける
　　・家族で同数に分ける
　第２次　わり切れるわり算（等分除と包含除）（６時限）
　　・２つの分け方
　　・わり算の意味と式
　　・わり算の計算の仕方
　　・「０」や「１」のあるわり算
　　・わり算の式、計算の仕方に慣れる
　第３次　「あまり」のあるわり算　　　　　（７時限）
　　・「あまり」の出るわり算の計算の仕方
　　・「あまり」の出るわり算の計算練習
　　・「あまり」の出るわり算を筆算で計算
　　・わり算のまとめ
３．指導の実際
　第１次　異数になる分け方、同数になる分け方
〈１時限目〉

（ねらい）

◎家族にあめを分ける作業を通して、一人分が〈異数になる分け方〉と、〈同数になる分け方〉があることに気づくことができるようにする。

◎分けた結果を式で表すと、〈異数になる分け方〉は「たし算」、〈同数になる分け方〉は「かけ算」で表示できることを知ることができるようにする。

　まず、画用紙（1/4）に家族の顔を一人ずつクレパスで描かせた。3年生でも厳しい学力の実態である4人の中のA児は、9人家族。つい最近生まれた弟の顔をうれしそうに描いて、その弟のことをいろいろ話してくれた。H小学校の「ことばの教室」に通級しているB児も、6年生の姉のことをさかんに話しながら描いていた。そして、C児は12個のあめを分ける活動では、「ぼくんちは、おとうさんがえらいから、一番多いよ。」とほんの1時間の中で、その子の家の中がちょっとだけのぞけた気がした。そして、配り方を4人の子どもに報告させた。〈異数配り〉をしたA児とB児とC児。そして〈同数配り〉をしたD児に報告させた。最後に、みんなで分けた結果を一つの式に表示させた。A児の式は、9人分のばらばらの式でたいへんであったが、たし算で合わせると12個になる。D児の場合には、4人で3個ずつの〈同数分け〉なので、$3+3+3+3=12$ を $3×4=12$ でも表せることを確認した。とても楽しかったようで、B児はクラスで学習している子がのぞきに来ると、「ダメ！　見たらいかん。」と言って、手で遮断するくらいであった。（柴田のコメント：この年齢の子どもは、友達にも知らせない「たいせつな秘密」を持つことに非常な自尊心を感じるらしい。）

〈2時限目〉
（ねらい）
　◎家族で、一人分がみんな同数になるように分けるとき、〈ぴっ

たり分けられる場合〉と〈分けられない場合〉があることに気づき、〈分けられないときの残り〉のことを「あまり」ということをしることができるようにする。

◎分け方について、具体的な数値を用いて、「あまり」のない時は「a × b = c」、「あまり d がある時は「a × b + d = c」の形に表示できるようにする。

　まず、前時限の分け方に、2つの分け方があったことを想起させ、本時限では20個のあめをＣ児と同じように、家族みんなが同じ数をもらうように配ることを確認し、さっそく分ける活動に取り組ませた。みんな同じ数だからだろうか、どの子もうきうきしながら真剣に分けた。ちょうど2人ずつ「あまりなし」と「あまりあり」が出たので、4人に説明させてなかま分けすることができた。さらにここで、「あまった！」とＢ児が叫んだことで、「もう同じ数ずつ分けられなくなったら、残しておくこと。」「残りのあめを『あまり』とよびます。」ということもおさえた。
(柴田の注：以下、子どもたちが一心不乱にあめを分けている様子を写した写真が多数、表示されています。)
《以上で、第1次　異数になる分け方、同数になる分け方（2時限）が終了し、次に、第2次　わり切れるわり算（等分除と包含除）（6時限）に移りますが、引用は、ここまでとします。》

　本当は、「以下省略」として引用しなかった第2次以降の実践もまた目を見張るような結果になっています。「特に厳しい4人の子ども」というのは、要するに「完全に落ちこぼれていた子ども」ということですが、その子どもたちが「やる気満々」になって、ぐんぐんと割り算をマスターして、自信に満ち溢れてゆく様子が、彼らが書いたノートやテストの結果のコピー写真に躍動しています。
（すっ、すご過ぎる！　ダメ！　見たらいかん。）

Ⅲ—2. 1910年（明治43年）に文部省は算数の割り算を<u>上から</u>に改めた。その時に分数の用語も<u>上から</u>読む呼び方に改めるべきだった。

　福岡算数・数学教育実践研究会の会報に中学校数学教諭のＴ先生が「THE　分数」という連載記事を連載しておられますが、2011年10月号の記事（シリーズ4回目）は、分数の読み方の「語順」についての極めて興味深い教育実践の報告なので、ご本人の了解を得て、以下に引用・紹介させていただき、更に、それに関する私のコメントと言うか、新しい算数・数学の用語の提案をしたいと思います。

《Ｔ教諭の「第4話　Quarter 分母をあとにして読む」からの引用、開始》
　『The adventure of a Quarter』（シドニー・シェルダン著）という英会話教材がある。この題名は日本語で『コインの冒険』と訳されている。原題中の「a Quarter」が「コイン」と訳されているのだが、「a Quarter」というのは、1/4ドル玉、つまり25セントのことである。原文では、1ドルほどの価値もない、たかが25セント玉なのだが、それが不思議な奇跡を巻き起こす……、という物語が描かれている。だから、「25セント玉」ということが重要である。にもかかわらず、「コインの冒険」と訳さざるを得ないのは、「a Quarter」にぴったりの日本語が見当たらないからである。まさか「1/4ドル硬貨の冒険」とネーミングするわけにもいかないだろう。

　Quarter は 1/4、half は 1/2 というように、英語には分数を（柴田注：正確に言えば「単位分数」）表す単語が存在する。一方、日本語では、「4分の1」「2分の1（半分）」というように、複数の語を合成して表すしかない。これらのことから推測すると、英語と日本語では、英語の方が分数に強い言語だと考えられそうである。そこで、英語の辞書を開いてほしい。たいていの辞書の最後には付録ページがある。ここに、数式を英語でどう読むか書かれている。

　「分数（a fraction）は、分子を先に基数でよみ、分母をあとにして

序数で読む」

　つまり、2/3 は、two thirds と読む、ということである。この「分母をあとに読む」という点が、英語の決定的な特徴である（というよりは、分母を先に読む日本のほうが特徴的なのかもしれない）。したがって、英語の場合、分数を表記するのに「2/3」という書き方が可能である。すると、「2÷3」との距離がぐっと近くに感じられるはずである。

　この違いはどこから来るのか。日本語の習慣として、まず全体を述べて、あとから部分を述べることが多い。「福岡の○○（苗字）です」と言うし、住所だって、「福岡県××市……」と言うし、天気予報だって、「全国⇒地方」である。一方英語では、「××-city Fukuoka-prefecture Japan」のように、部分から全体という言い方をするのが普通であり、この違いが影響していると思われる。

【日本の子どもに難解な「比の値」】
　新教育課程に「比の値」が戻ってきてしまった。2つの比が等しいかどうか判断するために比の値が必要だというのだが。
　［Q］2：3と4：6がなぜ等しいといえるのか
　［A］2：3の比の値は2/3です。4:6の比の値も2/3です。
　だから等しいと言えます。
　教科書ではこのような説明がなされているが、

　2：3の比の値って何？　どうして2/3じゃなくちゃいけないのかなあ？「にたいさん」の値なら、「にぶんのさん3/2」でもよさそうなのに……誰がそんなこと決めたんだろう

　このような疑問が沸き起こり、納得できずに通り過ぎてしまっているだろう。

【正解者　0】
　先日、中学1年移行教材「比の性質の利用」の授業を行った。

教師「小学校の復習をします。2:3と4:6は等しいでしょうか？」
生徒「はい等しいです」
教師「等しいという判断は、正式には、どのようにしてするのでしょう？」
生徒「…………。(沈黙)」
教師「質問の仕方を変えます。『2つの比は○○○が等しいときに等しい』○に当てはまるのは？」
生徒「…………。(沈黙)」(正解者0)
教師「比の値です。」
(初めて聞いたような顔の生徒が多数。)
教師「では、比の値って何ですか？　たとえば、2:3の比の値は？」
生徒「…………」(正解者0)
教師「2:3に対して、2/3を比の値といいます」
生徒「えっ？　どうして？」

　このように、2:3の比の値が2/3だ、と言われても、なぜ、2が分子で3が分母なのか？　読み上げる順序からいえば、「2たい3　⇒　比の値2分の3」の方がすっきりするはずなのに……誰がそんなこと決めたの？　という不満が生じる。
　教師「実は、日本語を使う人には納得しにくくて当然です。英語では分数は2/3のように（横に）書き、分子を先に読み分母を後から読む習慣があります。英語を使う人にとって『後ろにくるのが分母』という感覚が自然です。だから、2:3を見たときに、『後ろにある3が分母⇒比の値は2/3』というのは、ごく自然な発想だと思われます。そうやって比の値という考え方がつくられたと思われます。」
　このような説明を加えると、何だ、そうだったのか、という反応を見せていた。

《引用、終わり》

　明治の文明開化以来の日本の算数教育はヨーロッパの教科書をお手本として、それを日本語に直訳したものを土台とした内容や教育手法が形成されて来ました。分数の用語について言えば、たとえば上の引用の中で解説されているように、2/3 は、英語では two thirds, 仏語では deux tiers, 独語では zwei Drittels で、いずれも日本語に直訳すれば「1を3等分したものが2個」ということになります。これでは「定義の用語」としては長すぎるので、絶対に必要な部分のみを残して、あとは削っても意味が分からなくならない範囲まで最大限に削り落とした表現が「3分の2」となったのだろうと推測します。

　しかし、これは上に引用したT教諭の教育実践報告でも示されているように、「2対3の比の値」が「前後ひっくり返った」「3分の2」になるという点が多くの（実際にはT学級のすべての）生徒の理解を困難にしたように、実践的教育心理学的視点から見て大いに問題があるだけでなく、言語学的に見ても大いに問題があります。

　そもそも、ヨーロッパの精神は、上に引用したT教諭の考察の中でも述べられているように、日本人とは180度逆のズームアウト（＝トップダウン）型指向をしており、かつその（少なくとも現代の）ヨーロッパ諸言語では統語構造は『右向きの支配（チョムスキー流の用語では主要部前置型）』ですから、原則に忠実に語構成をおこなうならば、「1/3」（名詞）が「2つの」（数詞、形容詞）という語順になるべきはずのところが、いずれのヨーロッパ言語でも（例えば、上に例示した英語、仏語、独語）、「原則に反して」「2個の」「1/3」という語順になっています。これは、数詞が名詞を修飾する場合には、主要部後置型（OV型）の古い語順が主要部前置型（VO型）に逆転できずに「古代からの語順の化石」として残ってしまったためです。（ズームアウト認知に合致した言語表現 2 over 3 ［英語］，あるいは 2 sur 3 ［仏語］という表現もあります。この場合には、2，3ともに名詞で、それらの間を「の上の」を意味する前置詞で繋いでいます。Two thirds などの表現が「意味」を直接的に表現して

いるのに対して、two over three などは 2/3 のような記号列を音声で読み上げている感じの表現です。）

　T教諭の実践報告を私なりに解釈すると、「1を3等分したものが2個」という訳し方は、T教諭も述べているように、日本語には単位分数を表現する（複合語ではなく）基本単語が存在しないために、「2つの」という形容詞を無理やり後ろに持ってきているわけで、正確に訳せば、日本語としては少しぎこちなくなりますが、「2つの」「1（単位量）を3等分した量」となるので、語順としては「2＋機能語＋3」という方が自然です。これの「機能語」と書いた位置に、「後ろの3で等分した量を前に書いてあるように2個集める」という意味を表す言葉を持って来ればよいわけです。その最適の候補と私が現在考えているのは、「割る」です。つまり、「2/3」は「2割る3」と読むことを提案します。「なお、『割る』の部分は記号では『／』または『÷』で表してもよく、さらに$\frac{2}{3}$のように縦書きしても良い。また、当分の間、移行処置として、『2割る3（すなわち3分の2）』のように従来の書き方を括弧書きで挿入しても良い。」という「なお」書きも定義文の後ろに付けておきます。

　明治政府が民衆の意向に逆らって、当時は民間に完全に定着していた尺貫法を、国民に馴染みのないメートル法に改めてから、かなり長い期間、日本の度量法は「官製」のメートル法と「民衆レベル」の尺貫法が並存していました。メートル法が完全に尺貫法を圧倒したのは、太平洋戦争の敗戦によって日本という国家が一時的に世界地図の上から抹消され、「アメリカ占領軍日本地区」になった時からだと思います。分数の呼び方が「3分の2」から「2割る3」に変わるためには、そのくらいの長い期間と、日本国家が一時的に消滅するくらいの激動の時代を通過する必要があるかも知れません。

　（追記：2012.05.09）代替案を考えました。2/3 の読み方を「3分の2」と定めた文部省が正しかったとすれば、同時に2：3の読み方を「3に対する2」と定めるべきだった。

　私は上で、

2：3の比の値が2/3だ、と言われても、なぜ、2が分子で3が分母なのか？　読み上げる順序からいえば、「2たい3⇒比の値2分の3」の方がすっきりするはずなのに……誰がそんなこと決めたの？という不満が生じる。

という福岡の中学校の数学の先生の報告を引用した上で、この教育上の難点を解決するために、

　　「2/3」は「2割る3」と読むことを提案します。

と書きましたが、あとから考えてみたら、これは話があべこべであって、むしろ「2：3」の読み方を修正するべきだったということに気が付きました。

「2：3」や「2/3」は、当然、西洋流のズームアウト思考に沿った書き方です。そして、これを西洋流に読み下すと、例えば英語では「2：3」は「two to three」となります。「to」は前置詞で、「to three」が直前の名詞（数詞）「two」を修飾している。つまり、英文に忠実に日本語に翻訳すれば「3に対する2」ということになります。現代のヨーロッパ言語は語順は後退的支配（主要部前置型）で、日本語は誕生以来語順は前進的支配（主要部後置型）なので、ヨーロッパ言語を日本語に忠実に翻訳すると、語順が基本的に逆転します。分かりやすい例でいえば、「road to Rome」は「ローマへの道」であって「道へのローマ」ではありません。

　したがって、「2：3」を「2対3」のように順序を保って日本語にしているのは「誤訳」なのです。正しくは、「3に対する2（の割合）」ということで、認識対象の主体（主要部）は、あくまで「2」であって、その「2」がどうしたのかと言うと、「3と比較して2の大きさを考える」ということです。「2」という数は単独では「大きい数」とも「小さい数」とも断定できません。「1」や「1.5」と比較すれば（相対的に）「大きい数」ですが、「3」と比較すれば「少し小さい数」であるし、「117」と比較すれば「ずーっと小さい数」ということになります。つまり「相対比較」を

207

しているわけで、その比較している基準を「：3」とか「：117」とかのように記号で表すわけです。

以上のことから、「2：3」の読み方を「3に対する2（の割合）」と定めるべきだったわけです。そして「3に対する2（の割合）」の値が「3ぶんの2（＝2/3）」となって、語順が一致します。「3ぶんの2」という語順も、前進的支配の（修飾語）＋（名詞）の語順として、「（1を、あるいは「全体」を）3等分した」＋「2個」と考えれば分かりやすいと思います。

従って、「2/3」の読み方を「3ぶんの2」と定めた文部省の考え方は先見の明があったと言うべきでしょう。しかし、文法的な一貫性を貫き通すためには、「2：3」の読み方も記号とは逆順に「3にたいする2」と定めておくべきでした。そうすれば、「3にたいする2」の値は「3ぶんの2」となりますから、中学生たちも納得するでしょう。それに、「2/3」（「3ぶんの2」）の方が「2：3」よりも圧倒的に使用頻度が高いから、「2：3」の読み方を「2たい3」から「3にたいする2」に改めても、ほとんど混乱は無いと予想します。

Ⅲ—3. ジャガイモの取れる季節には立体図形を勉強しよう／一般図形から導入して特殊な図形の性質を確認するズームイン型の幾何学教育

日本の小学生、中学生は算数の中でもとりわけ幾何が苦手の子供が多いと言われています。小・中学生だけでなく、私の感じでは、高校生、大学生でも、幾何は苦手、その中でもとりわけ空間図形（立体幾何）が苦手という生徒が多いと思います。

学習指導要領（小学校）では、4年生で「直方体と立方体」という単元を設定していますが、この単元の教え方については、福岡県教育総合研究所の三角冨士夫先生が30年前の現職教員の頃に開発した「ジャガイモを切って手作りの立体をつくる」という極めて優れた教育方法が、福岡県下の小学校の実践として根づいています。

一昨年（2011年）11月5日（土）～11月6日（日）に開催された福岡県教組の第61次教育研究集会では、Ⅰ教諭が2011年度の自分の授業実

践報告として、この取り組みを「4年 直方体と立方体」というタイトルで報告していますので、ご本人の了承を得て、以下に紹介します。

《I教諭の報告「4年 直方体と立方体」から引用》
【教科書の内容】(出版社名省略)
〈目標〉観察を通して、直方体や立方体を理解し、見取り図や展開図をかいたり、面や辺の平行・垂直の関係がわかる。
○ 直方体や立方体に関心を持ち、これらの性質を進んで調べようとする。
［関心・意欲・態度］
○ 直方体や立方体を点、線、面の構成要素から分析的にとらえ、それを基にこれらの図形を構成することができる。［数学的な考え方］
○ 直方体や立方体について、意味や性質、構成要素やそれらの位置関係がわかり、見取り図や展開図をかくことができる。［表現・処理］
○ 直方体や立方体の構成要素の意味がわかる。
【指導にあたって】
　作業的・体験的な活動を中心に学習を展開し、子ども達に図形学習の面白さに気付かせ意欲的に学習することをめざしたい。
　そのために、じゃがいもを切っての立体作りから導入し、子ども達が気付いたことや疑問に思ったことなどが、次時の学習に繋がるように展開する。
　発展としてびっくり箱を作り6年生へのプレゼントとする。
（中略）
【単元構成】(13時間 総合4時間)
1．じゃがいもを切って空き箱みたいな立体を作る。(2時間)
・面に直角になるように切って箱みたいな立体を作る。
2．画用紙でじゃがいもの立体とそっくりの箱を作る。(2時間)
・画用紙に立体の頂点をとって展開図をかき組み立てる。
3．じゃがいもそっくりの箱（の展開図）と直方体の展開図を比べ

（生徒によるスケッチ図1，2）

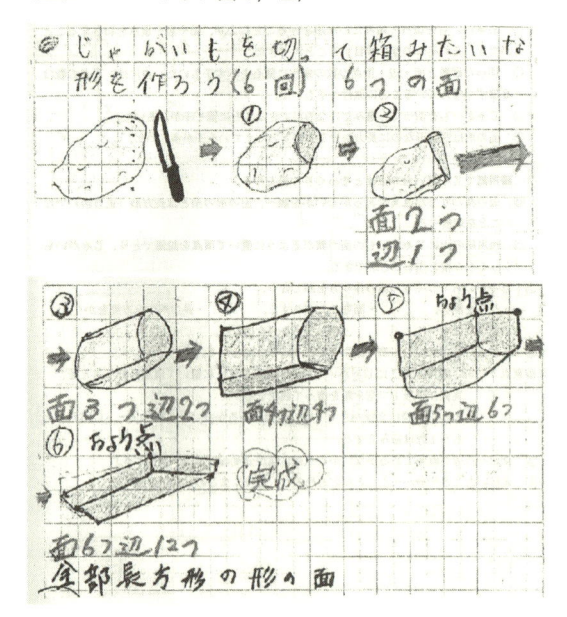

（1時間）
・角の大きさや辺の長さを比べ違いに気付く。
4．じゃがいもそっくりの箱と直方体の箱を（それぞれ仲間どおし）積み重ねる。
（1時間）
・直方体の箱が高く積み重ねられる理由を考える。
5．直方体の面と面・辺と辺・面と辺の垂直と平行を調べる。（2時間）
6．直方体や立方体の全体の形がわかるような図をかく。（2時間）
・空き箱を見て直方体や立方体の見取り図をかく。
7．立方体の展開図をいろいろ考える。（2時間）
8．6年生にプレゼントするびっくり箱を作る。（総合 4時間）
・立方体の展開図を切り取って4個の箱を作る。
・4個の立方体をセロファンテープでつなぎ絵や言葉をかく。

【授業の実際】
1．じゃがいもを切って空き箱みたいな立体を作る。
◎じゃがいもを1回切るごとに面や辺や頂点ができることを理解し、6回切って空き箱みたいな立体を作ることができる。
〈留意点〉
・1人にじゃがいもは1個、包丁は安全に配慮し2人に1本配布する。
〈主な活動〉
①じゃがいもをしっかり押さえ、2回目からは面と面が直角になるように切る。
②1回切るごとにスケッチし、面や辺や頂点の数を調べる。
③気付いたことや分かったことを発表し、最後にまとめと感想を書く。
(柴田の注：私が初歩的な勘違いをしていなければ、面の数、辺の数、頂点の数を切った回数の関数として表すと、次のようになるのではないかと思います。発展学習のために、自明ですが、立方体の数も記入しておきます。

	1回	2回	3回	4回	5回	6回
立方体の数	0	0	0	0	0	1
面の数	1	2	3	4	5	6
辺の数	0	1	3	5	8	12
頂点の数	0	0	1	2	4	8

私はこれまで、このような関数についてはまったく考えたこともありませんでしたが、1つの独立変数（回数）が増大するに従って3つ（4つ）の関数の値が増大して行き、しかもそれらの増大の仕方がみんな異なる、というのは本当に面白いと思いました。面の増大は1次関数、辺の増大はほぼ2次関数、頂点の数は指数関数的な増大です。ちなみに、

$f(x) = (1/2)x^2 - (3/2)x + 3 = (1/2)(x - 3/2)^2 + 15/8$

とおけば、$f(1) = 2, f(2) = 2$ となって、上の表の中の辺の数にはならないのですが、それ以降は $f(3) = 3, f(4) = 5, f(5) = 8, f(6) = 12$ となって、辺の数に一致します。
【発展学習】上の各回で、頂点の数 - 辺の数 + 面の数 - 立方体の数 を計算すると、

全て＝ 1 となっています。これはオイラー（Leonhard Euler, 1707 年 4 月 15 日 ～ 1783 年 9 月 18 日）の多面体定理と呼ばれ、位相幾何学の重要な定理です。）

〈発表の内容〉
- 1 回切ると面が 1 つできる。
- 2 回切ると辺ができ 3 回切ると頂点が 1 個できる。
- 6 回切ると直方体みたいな箱ができる。
- 面は 6 つ、辺は 12 本、頂点は 8 つできた。
- 面の形は長方形や正方形である。
- いろいろな箱ができた。

〈子ども達の様子〉

○じゃがいもを切って箱みたいな形を作ることにより、面や辺や頂点をおさえる（しっかりと理解する）ことができ、それぞれの数に着目することができた。

○切った回数と面・辺・頂点の数の変化に関心を示す子もいた。中には、頂点の数は 2 倍ずつ増えていることに気付く子もいた。

（柴田の注：面の数、辺の数、頂点の数は、切ってゆく回数の関数となっていることに気付いている子どもがかなりいて、しかも、頂点の数は 0, 0, 1, 2, 4, 8 と変化してゆくことを「発見」した子どもまでいたのです‼ 大学教授も顔負けです。少なくとも、私は、こんなところに指数関数が出てくるとは夢にも思っていませんでした。）

○じゃがいもを切って、箱みたいな形ができることに驚く子が数名いた。

（柴田の注：このような「驚き」こそが教育の原点であると私は考えています。私たちの日常生活で出遇うすべての「箱」は、箱みたいではない形の材料を加工して作られた「人工物」である、という認識を持っていない子どもが多いのではないかと思います。「じゃがいもを切って〜」の授業は、「物作り世界一の日本」を維持してゆくためには必須の授業だと思います。）

○面の形は（一般の）四角形なのに長方形や正方形ととらえている子が多くいた。

（柴田の注：ここが三角（富士夫教諭）式ズームイン型幾何学教育の真骨頂の 1 つ

なのです。この「じゃがいもを切って～」の手続きを省略して教科書通りに教育すると、ほとんどの子どもたちは、長方形や正方形ではない四辺形は「図形ではない」とか「四辺形は長方形と正方形しかない」という強固な観念で凝り固まってしまうことが経験的に分かっています。「じゃがいもを切って～」の授業では、これに続く第２段階で、子どもたちのこのような先入観が見事に覆されてゆくことになります。）

２．画用紙でじゃがいもの立体とそっくりの箱を作る。
◎辺の交わり方が直角であるかないかを調べ、面の形の殆どは長方形（正方形）ではないことを理解する。
◎画用紙の上にじゃがいもの面が繋がるように置いて頂点を鉛筆でとり、じゃがいも（で作った箱）そっくりの箱を作ることができる。
〈主な活動〉
①じゃがいもそっくりの箱の作り方を話し合う。
・長さを測る。
・面をふちどりする。
・長方形や正方形をかく。
・広げた図をかく。
・包んで折り目を付ける。
②じゃがいもの頂点を鉛筆で画用紙にとり広げた図をかく。
〈留意点〉
・画用紙の上にじゃがいもの面が繋がるように置いて頂点を取ることを、実際に黒板上で空き箱を使って説明する。
・広げた図は２枚かき、１枚は直角であるかないかを調べノートに貼り、もう１枚は組み立てる。
③交わった辺が直角であるかないかを三角定規か分度器で調べ印を付ける。
④気付いたことや分かったことなどを発表し、最後にまとめと感想を書く。
〈発表の内容〉

（生徒が描いた展開図3，4，5）

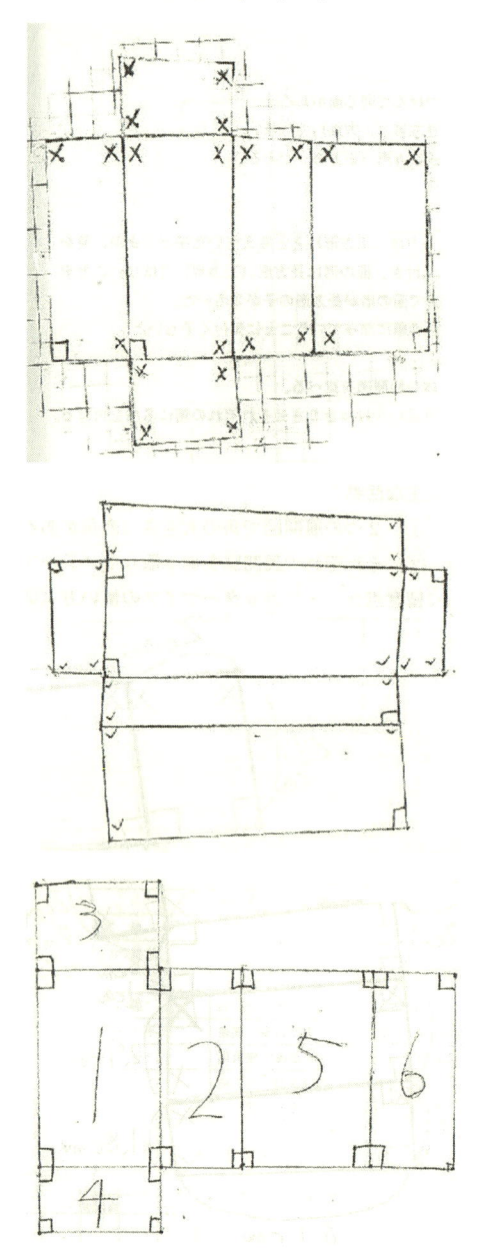

・面は6つある。
・1つ挟んで同じ面がある。
・直角がほとんどない。——長方形（正方形）ではない。
・4つの角が直角である。——長方形（正方形）である。
（柴田の注：そういう子もいた、ということ。もちろん少数派。）
〈子ども達の様子〉
○じゃがいもを切ってできた面は長方形（正方形）ととらえていた子ども達が、角を調べてみると直角ではないことに気付き、面の形は長方形（正方形）ではない（とは限らない）ことを確認する。しかし、殆どの角が直角で面の形が長方形の子が3名いた。
○広げた図の辺の繋がりに着目して、直線（的）になっていることに気付く子もいた。

3．じゃがいもとそっくりの箱（の展開図）と直方体の展開図を比べる。
◎2つの展開図を比べることにより違いをはっきりさせ、それぞれの箱に名前を付ける。
〈主な活動〉
①2つの展開図で角の大きさ（直角があるかないか）や辺の長さを調べる。
②それぞれの展開図を切り取り、セロファンテープで貼り合わせ箱を組み立てる。
〈留意点〉
・カッターナイフの使い方（切る・折り目にきずを付ける）を説明する。
〈発表の内容〉
・違い

（生徒が描いた立体の展開図６）

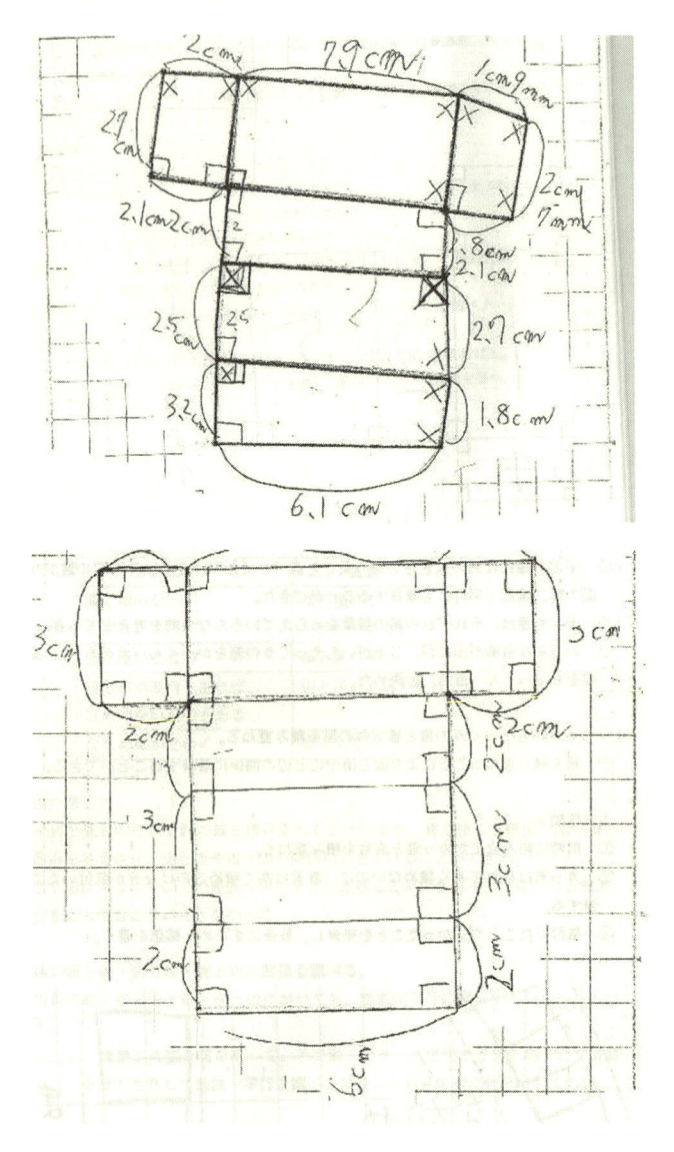

	ア そっくりの箱	イ 直方体
直角	ほとんど直角がない	全部直角
辺の長さ	向かい合った辺の長さがちがう	向かい合った辺の長さが同じ
図の線	線がななめ	線がまっすぐ
垂直・平行	垂直と平行が少しある	ぜんぶ垂直や平行である
面の形	四角形である	全部長方形である
組み立て	組み立てにくい すき間がある	組み立てやすい すき間がない
名前	ガタガタ カクカク にせもの 不安定 カックん	すっきり ぴったり 本物 安定 ちょっくん

(柴田の注：子どもたちは、自分たちの感覚にピッタリ来るような「名前」を付けるのが大好きのようです。福岡の教諭たちは、それを頻繁に用いて、子どもたちの「概念獲得」過程をしっかりしたものにしています。)

・共通点 面が6つ 辺が12本 頂点が8つ

〈子ども達の様子〉

○子ども達には角の大きさと辺の長さを調べさせたが、それ以外に辺の繋がり具合や面の形、垂直・平行にも着目することができた。

○子ども達は、それぞれの箱の特徴をとらえていろんな名前を考えて、とても喜んでいた。

○いろんな名前が出たが、じゃがいも（で作った箱と）そっくりの箱をかっくん（カクカク）、直方体の箱をちょっくん（直君）と決めた。

4．じゃがいもそっくりの箱と直方体の箱を（それぞれの仲間同士で）積み重ねる。

◎箱を積み重ねることにより、面と面や辺と辺の関係に着目することができる。

〈主な活動〉

①前時に組み立てたカッ君と直君を（それぞれの仲間同士で）積み重ねる。

（生徒が描いた積み上げの図7）

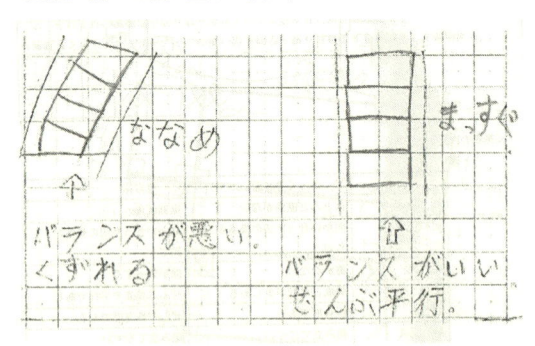

②カッ君は崩れて高く積めないのに、直君は高く積めるのはなぜか。気付いたことを発表する。
③気付いたことや分かったことを発表し、最後にまとめと感想を書く。
〈発表の内容〉

カッ君	直君
高く積めない	高く積める
くずれる	バランスがよい
面と面がななめ	面と面が平ら
辺と辺が直角もあれば、直角でないものもある。	辺と辺が直角である（直角に交わる）。
ななめにかたむく	まっすぐ

〈子ども達の様子〉
○カッ君と直君のそれぞれの箱を積み重ねることにより、高く積める理由や高く積めない理由を考えさせ、面と面や辺と辺の関係に目を向けることができた。
○子ども達はすでに平面での垂直や平行をとらえることができるが、立体になる垂直や平行を（教師が指導する前のこの段階では、まだ）とらえることができなかった。

5．直方体の面と面、辺と辺、面と辺の関係を調べる。

(生徒が描いた色わけ図2枚)

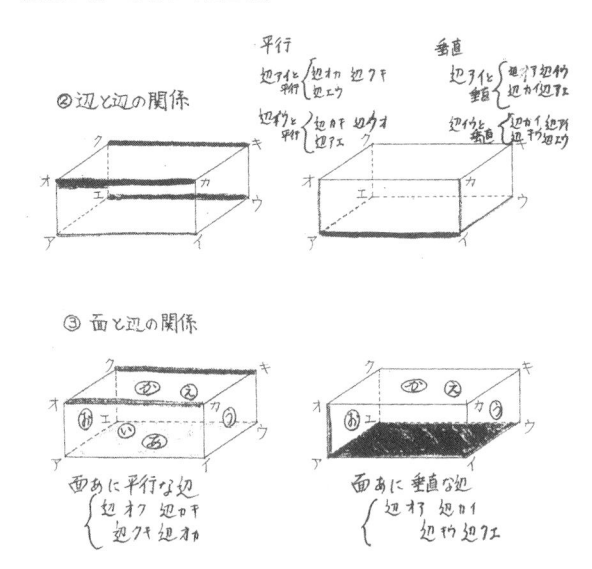

②辺と辺の関係

③面と辺の関係

◎直方体の面と面、辺と辺、面と辺においても、垂直や平行の定義をとらえることができる。

〈留意点〉・持参した空き箱を使って、手で触ったり三角定規で直角を調べたり、鉛筆を立てたりして垂直・平行を調べ、プリントの見取り図に色分けしてぬる。

〈主な活動〉

① 空き箱を観察した後、3種類の見取り図の仲間分けをし、「直方体」と「立方体」を知る。

(3種類の見取り図 省略。「あ」は立方体。「い」は縦長、「う」は平べったい直方体)

②垂直な面と面や平行な面と面を調べ、色分けしてぬる。

(子ども達が描いた色わけ図2枚 省略)

〈発表の内容〉

・向かい合っている面は平行である。

・向かい合っている面以外は垂直である。

・（各面に対して）平行な面は1つ、垂直な面は4つある。
・じゃがいもの箱と比べて、よく分かった。
・面にも垂直・平行がある。
③垂直な辺と辺や平行な辺と辺を調べ、色分けしてぬる。
〈発表の内容〉
・箱（立方体）には垂直・平行（な組）がいっぱいある。
・向かい合った辺どうし平行である。
・辺クキも（辺アイと）平行である。
（柴田の注：底面の手前側に見える辺アイと対辺エウが平行であり、そのエウは側面の対辺クキと平行なので、アイとクキが平行である。）
・垂直はとなりの辺にある。
・面と面（の場合）と同じように、辺と辺にも垂直・平行がある。
・（各辺に対して）平行な辺は3つ、垂直な辺は4つある。
④垂直な面と辺や、平行な面と辺を調べ、色分けしてぬる。
〈発表の内容〉
・（各面に対して）垂直（な辺）も平行（な辺）も4つずつある。
・上の面の周りの辺はみんな（底面に）平行である。
・面と辺（の組）に（関して）も垂直や平行がある。
〈子ども達の様子〉
○今までいびつな箱と直方体の展開図で直角であるかないかを調べたり、いびつな箱と直方体の箱を（仲間同士）積み重ねてなぜ高く積めるのか、高く積めないでくずれるのか、などの学習をしてきたので、容易に垂直・平行の関係をとらえることができた。

6．直方体や立方体の全体の形がわかるような図をかく。
◎方眼紙に直方体や立方体の見取り図をかくことができる。
〈主な活動〉
①箱を見て、フリーハンドで白紙に全体の形がわかるような図をかいて話し合う。
〈発表の内容〉

（生徒が描いた見取り図2枚）

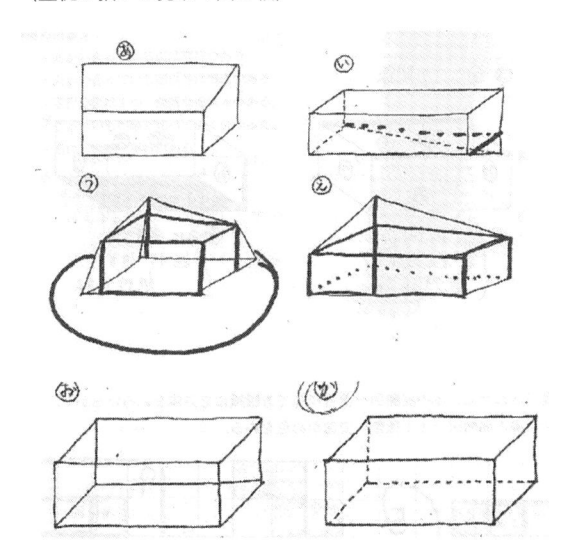

（生徒が方眼紙に描いた見取り図）

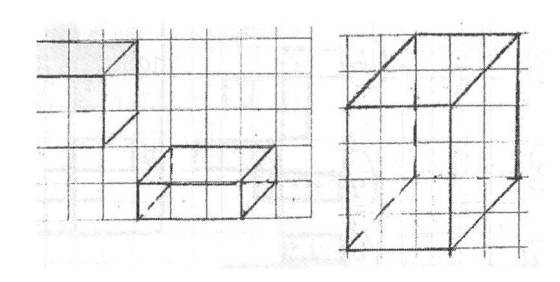

・どこからどうかけばいいのか、むずかしかった。
・立体的にかくのがむずかしかった。
・見えない面をかくのがむずかしかった。
・いろいろな方向から見るとちがう形に見えた。
・ななめ上から見ると、3つの面ができた。
・見えないところをかくと、6つの面がある。
② 面と辺の関係より、級友がかいた図について話し合い、修正する。

221

③ 説明を聞いて、方眼紙に直方体の見取り図をかく。
〈発表の内容〉
・ます目を利用してかく。
・見えない辺は点線でかくとわかりやすい。
・面は6つ、辺は12本、頂点は8つある。
・平行になっていないとバランスがくずれる。
・垂直や平行や直角になるようにしたらいい。
・形がおかしくなるのは、直角がない。
〈子ども達の様子〉
○直方体の箱を見て、全体がわかるような図をフリーハンドでかかせると、とても難しかったと感想を述べる子が多くいたが、3分の1の子は見取り図に近い図をかいていた。
○方眼紙に（よる）見取り図のかき方を説明すると、方眼を利用して描き、面と辺の垂直や平行の関係をとらえる子もいた。

7 立方体の展開図をいろいろ考える。
〈主な活動〉
◎面と面の関係を考えて、立方体のいろいろな展開図をかく。
〈留意点〉
・6年生へプレゼントするびっくり箱を紹介し、見通しを持たせる。
① 提示された立体の展開図を参考にして、方眼紙に立方体（の展開図）をいろいろかく。
② 教科書の展開図（11種類）で確かめ、色をぬる。
〈発表の内容〉
・6種類しかかけなかったのでくやしかった。
・11種類もあってすごかった。
・手でイメージしながら考えた。
　・面にあ、い、う、…と記号を書いて向かい合う面を考えた。
　・犬みたいなもの、へびみたいなもの、Tシャツみたいなもの、と分けて考えた。

（生徒が方眼紙に描いた展開図）

- 直方体の展開図は何個あるのか調べたい。
- 6ねんせいへのプレゼント作りをがんばりたい。

〈子ども達の様子〉
○子ども達はいろいろ工夫して立方体の展開図を考えていた。6種類以上の展開図をかいた子が約2分の1いた。

8. 6年生にプレゼントするびっくり箱を作る。
◎4個の立方体でいろいろな形ができる面を利用して絵（キャラクターなど）や贈る言葉をかいてプレゼントを作る。

〈主な活動〉
①1辺が5cmの立方体の展開図を切り取り、4個の立方体を作る。
（画用紙に印刷した1辺が5cmの方眼をカッターナイフで切り取る。折り目にカッターで傷をつけて折り、セロファンテープで組み立てる。）
②4個の立方体を3箇所テープで繋ぎ、それぞれの面にマジックで絵や言葉をかく。
※5通りに変形できるので面が変わり、絵や言葉がへんかするのでおもしろい。

〈子ども達の様子〉

（4個の箱の組み方を3通り示した図）

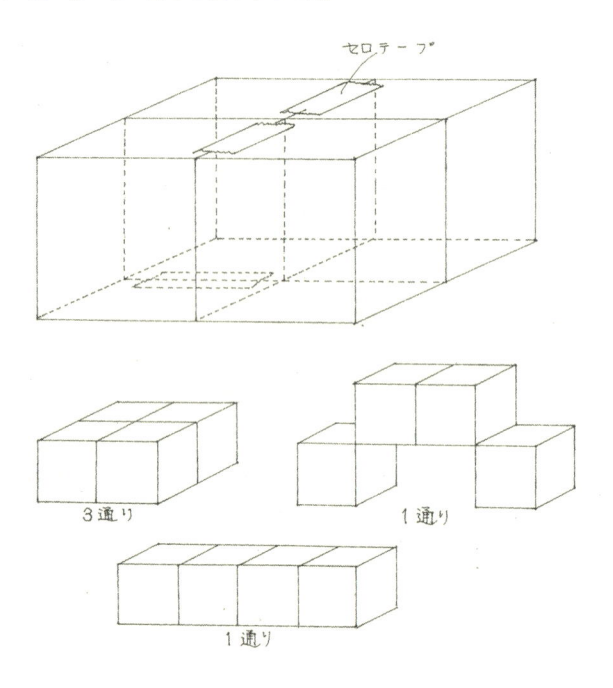

セロテープ

3通り　　　1通り

1通り

○作業に個人差がありずいぶん時間がかかる子もいたが、卒業する6年生に喜んでもらおうと一生懸命作っていた。

【子どものまとめと感想】

○この勉強はじゃがいもの箱作りから始まって、「じゃがいもを切る意味があるのかな。」と思っていました。でも、今は、「じゃがいもの箱はここまでたどりつくドアを開いてくれたんだ。」と思いました。先生とみちえさんの展開図を比べたり、組み立てて積み重ねたりして、いろいろな発見がありました。

○直方体と立方体の勉強は、ただ教えてもらうだけでなく、じゃがいもを切ったり、そっくりの箱を使ったりして調べるところがおもしろいと思いました。

○じゃがいもから箱を作ってそっくりな箱を作るには、てんかい図をかけばいいとわかりました。直方体と立方体のてんかい図をいろい

ろ考えて、T型がいいと思いました。てんかい図をかいたらびっくり箱もできるので便利だと思いました。
○ぼくが作ったじゃがいもの箱は垂直や平行が少なかったけど、先生が作った箱はしっかりしていて作りやすかったです。6年生にあげる箱はきちんと垂直と平行でないと作れなかったので、垂直と平行が大事だなと思いました。
○直方体と立方体は全部の角が直角だった。直方体よりも立方体の方がてんかい図の種類が多く、作りやすかった。
○直方体と立方体の勉強はいろいろ作ったりしてたのしかったです。そして、6年生にプレゼントをする箱は、絵や箱がきれいにできたと思うので、喜んでくれるといいなと思いました。

【実践をして】
○じゃがいもを切って6面の立体作りや、じゃがいもの立体とそっくりの箱作りから単元を導入した。子ども達自身の手作りの教材を使って学習を展開したことにより、図形学習への興味や関心を引き出し、動機付けができた。
○じゃがいもの箱（いびつな形）と直方体の比較を平面から立体へと展開したことにより、直角に着目させ、面と辺の垂直・平行の学習や見取り図や展開図の学習・制作活動へと繋ぐことができた。また、直方体や立方体の特徴を捉えさせることができたのではないかと考える。
○6年生にプレゼントするびっくり箱の制作に子ども達はとても喜んで取り組んだ。図形学習の発展として学んだことを生活に活かす制作活動は今後とも是非取り入れたい。

《引用、終わり》

　以上の引用では、教科書の「直方体と立方体」よりも遙かに豊富な教材を用いて、長時間かけて重点的に空間図形を「手作り」と「皮膚感覚」・「バランス感覚」などの身体的な感覚による理解を重視して、徹底的かつ主体的に学習させていることが印象的です。三角先生を中心とする福岡の

算数教育では、授業のストーリー展開を極めて重視しており、先ずは生徒の好奇心を惹きつけ、「おおっ！」という驚きと感動を呼び出し、徹底的に観察・実験をやらせ、それを克明に記録させ、表やグラフを正確に描かせて、そこからグループ討論をさせ、グループ発表をさせて、出てきた意見の中から注目すべき指摘を教師が拾い上げ、さらにそれを再検証や再討論によって深めて行き、最後にみんなでまとめと感想を書く、というプロセスが一貫しています。従って、そのプロセスを学べば、ベテラン教師でなくても、かなりな程度、子ども達の興味を引き出し、「おおっ！」という驚きと感動を産み出して、最後まで子ども達の集中心が切れない授業を引っぱって行けることが経験的に実証されています。

　しかし、そのためには、授業時間数をかなり多めに取らなければなりません。重要な学習項目を重点的に絞り込んで、かなりの授業回数をかける必要があります。現在の学習指導要領の考え方は、これとはまったく逆で、「スパイラル効果」と称して、同じ単元を2年生、3年生、4年生で繰り返し、少しずつ教材のレベルを上げてゆく、という考え方に基づいています。これは、福岡の先生たちの30年に渡る実践研究で、効果がないことが分かっています。細切れ学習では何も身に付かず、学習の場ではともかく何となく分かったような雰囲気になっても、すぐに忘れてしまい、翌年、同じ教材を学習する時には、「去年もこんなことをやったような気がするなあ」という程度にでも思い出してくれる子は少数であり、さらに3年目になると、そういう子でも、「またまた分数かよ。去年も、一昨年もやったじゃん。もう、いいよ」という感じになってしまうそうです。しかも、基本事項は殆ど身に付いておらず、とにかく「分数というのを何か勉強した」という程度の理解（？）しか身に付かない、というのです。「集中学習こそが重要だ」という点は、算数の学習でも、外国語の学習でも同じですね。

　誤解してはならないことは、以上のことは「ゆとり学習が良いか、長時間学習が良いか」という問題ではまったく無いことです。与えられた年間授業時間の枠内で、絶対に学習するべきだと思われる重要な単元を絞り込んで、十分な時間をかけて（ゆとりを持って）、徹底的に、かつ子ども達

の主体的な好奇心と驚きと感動を産み出しながら、基本的な数学（算数）の概念をしっかりと身につけさせてゆくストーリー展開を創造して行くのです。福岡県の教員達は、30年かかってこのようなストーリーをいくつもの単元について作り上げてきました。その中で、工夫に工夫を凝らした手作りの教材もたくさん生まれています。教員達は、必要に応じてこれらの教材をお互いに使い回したり、借り出したりしています。「継続は力なり」「3人寄れば文殊の知恵」。福岡県内の各都市で、毎週毎週、30年に渡って続けられてきた「福岡算数・数学教育実践サークル」の研究会。これが現在の、私にとっては奇跡とも思える、福岡県の教諭たちの「子ども達みんなが『勉強が楽しい』、『学校が大好き』と言う教育実践」の原動力になっているのです。

Ⅲ―4．学力テストで測れる能力とは？／北村和夫氏の授業実践報告論文から

　以前、環境教育学者の北村和夫さんから、彼が2013年2月に駒沢大学教職課程部門の公開講座でおこなった講演の草稿を送って頂きました。引用されている文献からの専門用語が多いので、前半部分の生物の分類や免疫反応、生態系とエントロピーなどの解説は十分には理解できませんでしたが、学校教育に関する部分は、私も全く同感なので、その部分のみ抜粋して私のブログ『言問いメール』で引用・紹介させていただきました。その後、北村氏はこの講演の内容を一層充実させて、駒澤大学教育学研究論集第29号（2013年）に掲載しました。本書では、ブログで紹介した部分を中心に、以下に引用・紹介します。北村さんはこの論文の中で、地球上のさまざまな生物や無生物たちが相互作用をすることによって生態系を形成・進化させており、人類もその一部分として全地球的な知的ネットワークに参加していること、人間の脳が行っている活動は、身体の他の器官が行っている知的な活動の一部分に過ぎないことを詳しく解説しています。

　《北村和夫氏の論文「身体観の革新と学校――学力観と文明観の転換
　　のために――」からの引用》

はじめに

　私は2001年度より駒澤大学で、非常勤講師として、「総合演習」という授業を担当している。テーマは前期が環境問題で、後期は「近代社会と身体」という表題だった。だったというのは現在では後期は地域問題に変わっているからであるが、私としては、こうした内容の授業は大学に置く価値があると考えるので、どのような内容のものだったかを記録しておきたい。

　（中略）

Ⅳ　多細胞動物の体の基本構造
1　食べる

　（中略）環状構造の中で最も重要な部分は、栄養素を吸収する腸である。腸には、栄養物の種類、毒物か否か等を判断して、しかるべき対応をするように様々な臓器に指令を出すセンサー細胞がある。このセンサー細胞を出発点にして腸は自律的に働いているのであるが、その構造の基本は、一方の側で特定の化学物質が取り入れられると、反対側で別の化学物質を放出する、というものである。これが実は、ホルモン細胞と神経細胞（ニューロン）の原型なのである。ホルモン細胞が同じ構造だということは分かりやすいと思われるが、神経細胞も同じなのである。神経細胞は、電気信号を使うことばかりが強調されるが、これは長くなったために伝達速度を速くする必要からのもので、その働きの基本は、一方の側で特定の化学物質を受け取ると他方の側で別の化学物質を放出することである。神経細胞どうしが連絡している部分をシナプスと言うが、そこにはシナプス間隙というものがあり、直接は接触していない。連絡は神経伝達物質を一方が放出し他方が吸収することによって行われる。腸のセンサー細胞と構造は全く同じであり、その一部が脳に進化したのである。

　腸は脳より先にできたのだ。だから、脳なしで、独自の判断で必要なことはすべてしている（藤田91）。脳は、臓器のレヴェルでも、身体のすべてを取り仕切っているわけではないのである。このことを近

代人は忘れがちなのではないだろうか。
　（中略）

V　学校知の相対化

　身体観の革新は、それ自体十分意味のあることであるが、身体以外のものごとの見方の転換をも促すものである。その例として、この節では学力観について、次節では文明観について考えてみたい。

　身体観の革新がまずもたらすことは、精神の価値の相対化であろう。相対化と言っても、この場合は、価値を低めるということではない。その外側にもっと大きな働きがあることに気づくことである。そして、そのような気づきによって精神の価値が相対化されるならば、学力についての見方も随分変わるのではないだろうか。

　精神の価値の相対化によって促される学力観の変化は、当然その相対化である。この場合の相対化は、価値を低めることである。学力のあるなしが子供にとって最も重要なことであり、他のすべてのことを犠牲にしてでも追求するべきものであるかのような見方は見直さなければならない。

　そして、さらにもう二段階学力は相対化される。人間の精神活動全体の中で、能力というカテゴリーに含まれるのはそのごく一部にすぎず、学力はさらにその能力のごく一部にすぎないからである。

　このことを考えるために、学力とは何かということを考えてみよう。学力とは、試験の数字（成績）から推測される能力であり、実態としてはその数字のことである。学力という言葉には様々な思いが込められ、わかる力とか生きることを支える学力などと言われる。要するに、数字に表されたものだけではないだろうということを言いたいのだろうが、そのような見方では、この数字自体が社会的に大きな価値を持たされていることが理解できなくなる。

　この数字の機能を理解するために、教育の名において２つのまったく別のことが行われている、ということの確認から始めよう。社会学者のルーマンによれば、教育システムは教育と選別を行っている

(ルーマン 04, p.74)。しかし、この2つのことが行われているということはその通りだが、それをルーマンのように教育システムという1つのシステムが行っていると見ることには無理があるのではないだろうか。私は、以下に述べるように2つのことは全く異なるのだから、それぞれ別のシステムが行っていると見るべきだと考える。

　教育は、子どもが能力を身に付けるという形で変革されることを目指す行為であり、教師と生徒が直接触れ合う場で行われる。従って、教育システムは、普通は学級集団として成立する。学習内容としては、身に着けていなければ社会生活において不自由を感じるものであって、ほぼ小学校でおしえているものである。教育システムの作動の効果は、子供が教えられたことを実際に身につけ、使いこなせるようになることであり、様々な質のものがあるので、1つの数字で表せるようなものではない。

　選別は、一定の範囲の集団全員に試験の成績によって順番をつけることである。これは、順番に誰も異議を唱えないという条件だけを満たせばよく、試験の内容を理解したかどうかは問わない。終わったら忘れても構わない。結果の数字がすべてである。学力とはこの数字のことである（建前としては、この数字は何がしかの能力と対応している、ということになっている）。選別システムの作動の効果は、すべての子どもを、このような数字を割り当てることによって、比較可能にすることである。子どもに何かが残ったとしても、副次効果にすぎない。尤も、副次効果だから全く意味がないかというと、そうではないのであるが、そのことについて論じるには別稿を用意しなければならない[12]。学習内容としては、ほぼ中学校以降に学ぶものに当たる。選別システムが成立するのは比較が行われる範囲だから、日本では、中等教育では大抵は都道府県、高等教育では日本全体の範囲で成立している。

　数字が生徒を選別する機能を持つことを批判する人が、特に教育関係者には多いけれど、これがなければ近代社会は成り立たない。職業選択の自由という建前と大量の人員の中からの採用という必要とを両

立させるためには、個人の能力についての何らかの指標を用いざるを得ない。その指標として、学校の成績ほど公正なものはない（ほかのものと比べてということであって、問題がないということでは全くない。また、競争が人間を鍛えるといった類の議論とも無関係である）。

　問題とすべきは学校が選別システムであることではなく、成績という指標が過大評価されていることである。あたかもそれが人間としての能力の全体を、時には人格までも表すかのように扱われることが問題なのである。そもそも学校知というものが、人間の生涯の中で獲得される知のごくわずかでしかないのだが、試験に出すことのできる知は、さらにその一部にしかすぎない。正解が明確であり（誰が採点してもほぼ同じ点になる）、適度に差が付くものでなければならないからである。詩を読んで深い感動を味わったとか、社会問題について鋭い考察を見せたとか、物理法則の本質を理解して自然を見る目が変わったといったことは点数をつけようがないから試験に出せない。試験には、基本的に瑣末なことしか出題できないのである。必要なことは、このような実態に即して成績の数字を受け止めるようになることであり、選別をなくすことではない（近代化によって得られた成果の大部分を放棄する覚悟があるならば、話は別である）。

　学校は、この２つのシステムが重なったものである[13]。それぞれのシステムの作動のもとにいるときの違いは、生徒も教師も日々感じている。教育システムが作動しているときは、子供たちは理解できたことを喜び、一緒にいる子供は仲間だと感じている。選別システムが作動しているときは、試験の点数を気にし、他の生徒は競争相手だと感じている。教師は、１人１人の子どもの顔を見ながら何とかみんなに理解させようとしているときは、教育システムを作動させている。試験の採点をしたり、通知表をつけたりしているときは、選別システムを作動させている。そのときは、個性を大切にしている教師ほど悩みは大きい。教育システムを作動させているときの自分は抑圧し、仕事だからと割り切らなければならない。高校や大学で入学試験に関わる作業をしているときには、選別システムを作動させているわけだが、

まだ受験生と相互作用をしていないのでそれほど悩まずにすむ。学校では2つのシステムが作動しているということは、このような精神状態の違いということからも納得できるのではなかろうか。
　試験の数字が子供の能力のほんのわずかな部分しか表していないということは多くの人が感じているであろうが、それに対して、もっと総合的に子どもの能力を評価しようという動きがある。目指すべき方向が逆である。評価の結果は最終的には、比較可能性を確保するために、1つの数字で表さざるをえないが、人間を「総合的に」評価した結果が1つの数字になることはありえない。現実にも、関心、意欲、態度を評価しようとしてもうまくいかず、試験の結果で総合点をほぼ決めてから数字合わせをする、というようなことをしている。そういうもの（柴田の注：現場の教師たちは、生徒たち各個人別の「関心」「意欲」「態度」など数十から数百項目について数値評価を記入させられている）は、生徒との相互作用の場面で受け止めるだけにするべきであって、数字で評価するようなことはできないし、しようとしてはならないのである。それに、もしそういうことまで正確な数字で評価されたとしたら、学校はもっと息苦しいものになるであろう。
　試験の数字を実態に即して受け止めるということは、日常生活ではある意味ですでに実現している。しかしそれは、自覚的にではない。なぜならそれは、学校知を忘れていても困ることはない、という形でだからである。忘れてしまったことや良く分からなかったことの価値を自信をもって評価することは難しい。だから、試験の数字を、そのことについて考えようとすると、必要以上に重く受け止めてしまうのではないだろうか。しかし、もし、精神活動そのものの価値のそれより大きな知の中での相対化が十分にできているならば、学力の相対化も容易になるのではないだろうか。

------

(12) 受験勉強の時にしか学ばないことは多々ある。そして、答さえわかれば良いといっても、内容を理解することもないではない。それ故、受験勉強は国民の教養を形成するものとして位置付けることもできるのである。かなり歪んだ形のものではあるけれども、若い時に1年なり3年なり集中して勉強することの効果は、

軽々に見過ごしてよいものではない。

(13) 2つのシステムの重なりが学校の全てではない。学校は何よりも子どもの生活の場であり、そこでは2つのシステムとは別の論理で作動している。

（後略）

［参考文献］

藤田恒夫『腸は考える』岩波新書　1991年

ルーマン、ニクラス　村上淳一訳『社会の教育システム』東京大学出版会　2004年

《北村和夫氏の論文からの引用、終わり》

　この論文から私は、何事も視野を広げて考えることの重要性を教えられました。それにしても、腸のセンサー細胞が脳細胞に進化したという指摘には驚きました。

　もうひとつ、北村氏の論文で触れられていないけれども重要なことは、学校における評価システムというのが、生徒を評価するシステムとしてだけでなく、というよりむしろ、教師を評価するシステムとして、教育労働の「労務管理」機能システムとして強烈に機能していることです。100年前のフォード自動車工場の大量生産システムにおける製造工程管理に見立てて（PDCAサイクル = Plan>Do>Check>Act)、次々と生産される商品（資本主義社会における次世代の勤労者ロボット、消費者ロボットとしての生徒たち）の品質を数値評価でチェックして、製造工程における非効率・低性能部分（無能力教師）をあぶり出し、より性能の高い製造機器（より高い点数を生徒に取らせる教師）に鍛えなおす、あるいは、それが無理だと判断されれば、より教育効率の高い教師に置き換えるための、必須の指標として使われているのです。国際学力テストや全国学力テストに対しては、生徒たちよりも、むしろ、教師たちの方が、自ら進んで、自分の受け持ちの生徒たちに高得点を取らせるために、心身をすり減らして必死で競争している（実は、させられている――その自覚もなく）ように見えます。

　最近、自覚的な数学者、数学教師から、「『負のスパイラル』が回ってい

る」という言葉をよく聞くようになりました。その意味は、学習指導要領に沿った教科書通りの解法や正答を何の疑問もなく丸暗記してテストで良い点数を取ってきた学生が、大学の教員養成課程の教員になり、同じような傾向をもつ学生たちを教員として現場に送り出し、その教育を受けて、テストで良い成績を取った生徒たちが入試に合格して教員養成課程に入学して……、というスパイラルが、もう何回も回って、不動のものとして定着しつつある、という危機感です。

Ⅲ—5．フランス人の数学教育学者を驚嘆させた福岡の小学校の奇跡の算数教育

　2012年2月17日から3月11日まで、福岡大学から旅費、滞在費を支出して頂いて、マルセイユ大学（フランス）特別研究員のA．ボダン氏を日本にお招きすることができました。到着直後と帰国前の数日間は東京で各種の見学やイベント参加をして頂き、2月20日から3月9日まで、福岡大学のセミナーハウスに宿泊して私と数学教育について共同研究に従事して頂きました。

　ボダン氏は永年に渡ってTIMSS（国際理科・数学学力調査）やPISA（国際学力調査）の数学専門委員として世界各国の数学教育について研究してきた人です。本年度（2012年）からは「地中海沿岸諸国数学教育研究機構」の代表責任者となり、ますます多忙なスケジュールの日々をおくっているようです。こちらからは1ヶ月の滞在を提案したのですが、どうしても3週間以上は日程の調整がつかない、ということで上記のような日程になりました。地中海沿岸諸国と言えば、ヨーロッパ側はギリシャ、イタリア、フランス、スペイン、ポルトガルと、財政危機が逼迫している国々であり、アフリカ側は「アラブの春」に揺れたエジプト、リビア、チュニジア、アルジェリア、モロッコなどの国々から成るので、これらの国々で青少年に豊かな算数・数学教育を実践してゆくためには、さまざまな社会的、経済的な困難が山積しているものと推測されます。

　私は、昨年来見聞している福岡県の教師達の算数教育における驚くべき成功の姿を世界の数学教育界で指導的な地位にいる人々にぜひ見て頂きた

第Ⅲ章　福岡県の教師たちによる奇跡の算数教育実践

いと思い、まずはフランスのボダン氏を福岡に招聘したというわけです。

　福岡県教育総合研究所事務局次長の三角富士夫先生に依頼して、福岡の小学校での算数の授業を参観できるようにアレンジして頂きました。

　参観授業を依頼された小学校では、参観授業をすることになったクラスの生徒たちが大ハッスルして、60 分の授業の内の最初の 15 分間はボダン先生の歓迎会をしたい、ということになって、参観日前の 1 週間は毎日、昼休みと放課後、歓迎会の予行演習をみんな夢中になってやっていたそうです。そもそも福岡県人は大人も子どもも「お祭り」が大好きで、「祇園山笠」や「博多どんたく」などには 1 ヶ月前から、企業は午後早めに業務を終了して社員が祭りの準備に参加する時間を保証し、学校も午後の授業を早めに打ち切って生徒が祭りの準備に参加するように奨励しています。

　それで、参観授業は、先ず教卓を隅に移動させて、クラス全員が教卓のあった位置の付近に整列し、クラス代表が歓迎の挨拶を述べました。それから、5 人の女の子が、残りの生徒たちの歌声に合わせて、動きの激しいダンスを披露しました。私は殆どテレビでも見たことが無いのですが、現在たいへん人気があるという AKB48 の替え歌振り付けだろうなあ、と推測出来ました。替え歌は、「♪ボンジュール、ボンジュール、ボダン先生♪♪♪〜〜〜」という感じでした。

　それから授業はいよいよ本番に入り、福岡算数・数学教育実践研究会の 30 年来の実践研究成果の一つである、小学 4 年算数「水落し」の授業が始まりました。目盛りの彫り込んである透明のポリボトルに満杯に近い水が入っています。水面の高さは目盛りのちょうど 28cm の位置になるように、あらかじめ先生が調節してあります。ボトルの底の位置に水道の蛇口の様な栓が付いていて、蛇口をひねると水が流れ出すようになっています。流れ出た水は、その下に置いてあるバケツに受けます。「さあ、これから、蛇口を開いて水を出していくよ。水がどんどん流れ出ていくと、水面の高さはどうなってゆくのかな。」と先生が本日の実験の説明をすると、生徒がみんなで「低くなるー。」と答えます。「そうだね。それでは、どういうふうに低くなっていくのか、実際に高さを目盛りで測って記録してみよう。記録用のプリントを配ります。みんな、自分で高さの数値を記録してね」

と先生が、記録用の枠が印刷されている表のプリントを全員に配布します。「まず、0分目の枠に28cmと書き込んでください。それから1分ごとに高さを測るから、その高さを次々とマスの中に記録して行くんだよ」と指示してから、「それじゃあ、前の列にいるA君とBちゃん、ストップウォッチの係りになって、先生がカウントダウンするから、ゼロ！と言ったらストップウォッチのスイッチを押してスタートさせてください。そして、ちょうど1分たったら、ストップ！と言ってください。じゃ、ちょっと練習してみようか」と言って、ちょっと練習をしました。「さー、それじゃ始めるよ。いいかな。3，2，1，ゼロ！」

　今日は外国から教育学者が参観に来ているので、万全を期して、この学校の算数指導のベテランの先生が主導して授業を進めています。このクラスの担任の先生が補助の役に回っています。この授業では、本来の形式は、水面の高さの測定も数名の児童にやらせるのですが、本日の授業では最初の15分を歓迎会に使ってしまったので、本来の授業の進め方よりも15分だけ短く完了させなければなりません。それで、水面の高さの測定は補助役に回った担任の先生が担当することにしました。数名の生徒に、先生の測定に誤りがないかどうか、先生と首を並べて見つめてもらっています。「1分！」と2人の生徒が声をそろえて叫びました。先生が一瞬で蛇口を締めて水の流れをストップさせました。ここも、ストップさせないで、水が出尽くすまで流させる授業の組み立て方もあります。本日は、いったん、1分目でストップさせるやり方を採用しています。「23cmです！」と測定の先生が叫び、監視役として周囲を取り巻いていた生徒たちも「うん、うん」と頷いています。先生が黒板に大きく描かれた表の1分目の枠に「23cm」と記入して、「さー、みんなも1分目の高さを自分の表に記入してー」と指示します。

　全員が記入を終わったことを確認してから、「さー、それじゃあ、また水を流していくよー。その前に、ちょっと予想をしてみよう。あと何分でボトルの水が全部そとに流れ出すか、考えてみてくれる？班ごとに相談してもいいよ」と先生が言うので、みんながやがやと、話し合っています。「はい、分かったひとーっ」と先生が言うと、各班からいろいろな予

想の数値が発表されました。「うん、いろいろな予想が出てきたねえ。それじゃあ、どうしてそういう予想をしたのか、理由を説明してください」と言われて、各班とも、ちょっと怯んだ様子を見せましたが、すぐに１人が元気良く「はい」と手を挙げて、「最初の１分間で５cm低くなりました。水面は今、23cmです。23÷5＝4あまり3だから、あと４分30秒だと予想しました。」と自信満々で堂々と答えました。先生が、「あまり3だから、30秒というのはちょっと違うんだけど、でも、割り算をして答が4で、余りが出たから4分とあと少し、というのはひとつの考え方ですね。C君、よく考えました。」と誉めました。「ほかの予想をしたひとは、どういうように考えたのかな？」と他の生徒たちにも問いかけましたが、返事がありません。あまりにも理路整然と解法を述べた生徒が現れたので、みんなビビッてしまったようです。

「D君は違う予想を立てたけれど、どういうように考えたのかな？」と先生が他の生徒に質問を振りました。「えーとー、あのー」と、D君はうまく答えられません。「じゃあ、今のC君の考え方はどうですか？ D君もC君の考え方を聞いて、そっちの方がいい考え方だと思ったかな？」と水を向けられたD君は、「えーとー、ちがうと思う」と、明確に答えました。「どうして違うのかな？」と先生が更に水を向けると、「だってー、初めの１分では５cm高さが減ったけどー、減り方はずーっと同じじゃないと思う。」と言うのです。私は思わず、「おおっ！」と思いました。割り算をするということは、水の減り方が毎分おなじになるということを前提にしている、ということをD君は完璧に理解しているのです。そして、その上で、「水の減り方が毎分おなじになるなんておかしい」とD君は感じたのです。（この子は、もしかしたら天才か？）と私は思いました。D君が予想した数値は「６分ぐらいじゃないかと思う」でした。

　ここまで、あたかもクラス全員が実験授業に取り組んでいるように書いてきたのですが、実は、後ろの方の座席の数名の子どもたちが授業をサボっていたのです。彼らは、フランス人の先生が授業参観に来ていることに好奇心を駆り立てられて、先生の授業は上の空。後ろにいるフランス人の先生が気になって、気になって、授業開始の数分後には、我慢できな

なってゾロゾロと席を立って教室の後ろの壁際で授業を参観していた私たちの方へ寄って来て、「ボンジュール」とボダン氏に話しかけました。ボダン氏もちょっとビックリしたようでしたが、「ボンジュール」と笑顔で返事をしました。そうしたら、彼らの内の１人が「フランスの写真を持っていますか？」と尋ねました。もちろん、ボダン氏は日本語が分からないので、私がフランス語に翻訳して伝えました。「少しは持って来たけれど、ホテルにおいてきたから、ここには持っていないよ」という答えを私が日本語に通訳して伝えました。こんな風にして、一方では「水落し」の授業が進行している教室の後ろの隅で、日仏の交流会が行われています。私の隣のボダンさんの隣には校長先生も一緒に授業参観をしていたのですが、驚いたことに、校長先生は、「君たち！ 授業中だよ。授業に集中しなさい！」とは注意しないで、ニコニコ楽しそうに、この交流風景を眺めています。教卓で実験を生徒に説明している先生も、それを補助している担任の先生も、教室の最後部で行われている勝手な懇談会を完全に黙殺しているように見えます。私は内心、かなりハラハラしながら、仕方なく通訳の役割を演じることになりました。

　子どもたちはボダン氏に３つか４つ質問をすると、用意した質問が種切れになったのでしょう、「えーとーっ…」と言葉が途切れてしまいました。まさにその瞬間、教卓の先生がパチッと手を叩いて、「さーっ、いろいろな意見が出たね。どれが本当か、実験を続けてみようね。一番後ろの列の座席の子は、実験がよく見えなかったかもしれないから、今度は一番後ろの列の座席の子は、ポリボトルの近くに集まって！」と号令をかけました。ボダン氏や私の所に集まっていた子どもたちは、一瞬にして好奇心の対象が切り替わってしまい、「わーっ」と教卓めがけて殺到して行きました。私は内心、（子どもの好奇心って、こんなにも簡単に切り替わってしまうんだなあ）と、あっけに取られました。同時に、授業をやっていた先生は、授業に参加しないで参観者の所へ行って話し込んでいる生徒たちを無視しているように見えていたけれど、実はちゃんと目の隅で観察し続けて、子どもたちのフランス人見学者への好奇心が途切れる瞬間のタイミングを見計らっていたのだ、ということも分かりました。そして、校長先生も、あ

と5分くらい経てば、ベテランの教師がきっと子どもたちの好奇心を授業の方に向けさせることが分かっていたので、あんなにも悠然として、授業に参加していない生徒たちをニコニコ微笑みながら眺めていたのだ、ということも分かりました。すごい！本当にすごい！プロ教師の技とはこういうものか。

「はい、実験を続けるよー。時計係さんたち、用意は良いですかー。じゃ、カウントダウンを始めるからね。3，2，1，ゼロ！」ということで、担任の先生が蛇口をひねって、再び水が流れ出しました。1分、2分、3分……5分くらいで水はほぼ完全に流失しました。毎回の測定値が枠の中に書き込まれています。「あーっ、減り方が同じじゃない！」「予想が外れた！」「D君の言ったとおりだ！」と子どもたちが口々に叫んでいます。「はい、それじゃあ、配ったプリントの書き込み表の下に方眼紙が印刷してあるから、目盛りをしっかり定めて、表の通りに変化の様子をグラフで表してみましょう」という先生の指示に従って、子どもたちは真剣にグラフを描いて行きます。ボダン氏や私も先生たちと一緒に机間巡視して、子どもたちがグラフを描いている様子を観察して回ります。非常に正確に、明らかに放物線が予想できるグラフを描いている女の子がいたので、私は思わず「上手に描けているねえ」と言いました。一緒に歩いていたボダン氏も同じことを思っていたらしく、「トレ、ビアーン！」と言ってニッコリ笑いました。

「みんな、グラフがしっかり描けたかな。それじゃあ、各班ごとに、今日勉強して分かったことを話し合いでまとめてください」と先生が指示して、各班で話し合いが行われました。「はい、それでは、各班ごとに、話し合いの結果を発表してください」ということで、各班の代表が順番に起立して、自分の班の話し合いの結果を発表しました。「時間が経つと、水面の高さがだんだん減って行く。」「減り方は同じじゃなかった。」「時間が経つほど減り方が遅くなっていく。」という意見が出ることは私も予想していた通りでしたが、非常に驚いたことに、6つの班の内の3つから、「グラフは円の一部分のような形をしている」という意見が出たことです。彼らは方眼紙に6個の点を描いて、それらを結ぶ線分を描いたので、実際に目

(写真 ボダン先生がグループ学習の光景を携帯のカメラで撮影)

の前に描かれたのは折れ線なのですが、それが「円の一部分のような形をしている」と感じたのです。小学4年生なので、未だ「曲線」という言葉は知らないわけですが、それを彼ら自身の言葉で「円の一部分のような形をしている」と表現しているのです。彼ら自身が「水落し」の現象を目の前で見ているので、水面の高さの減り方が「折れ線」のようにカクッカクッとした減り方ではなく、滑らかに減っていったことを確認しているのです。だから、方眼紙には6点を結ぶ折れ線が描かれていても、イマジネーションの力によって、その折れ線を滑らかな曲線で上書きしているのです。現実をしっかり見つつも、その現実の背後に隠されている真の姿を想像力によってイメージする、というのは人間の知能が持っている極めて優れた能力です。子どもたちは見事にその能力を見せてくれました。私は、この素晴らしい能力を持った子どもたちが、今後、中学校、高等学校の教育を受けて行く中で、このような想像力をだんだんと枯渇させて行き、「現実至上主義」の考え方に固められて行かなければ良いのだが、と思わずにはいられませんでした。

　各班の発表の時に、ボダン氏や私が感嘆した素晴らしく美しいグラフを

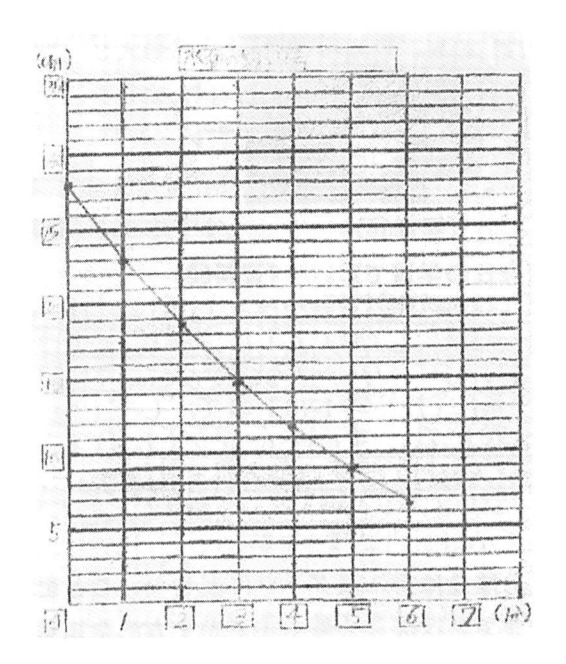

描いた女の子が、「私の描いたグラフをボダン先生や柴田先生が上手だね、と誉めてくれたので嬉しかったです。」と発表したので、ボダン氏に通訳をしてあげて、2人で「うん、うん」と頷きました。

　この授業は、この4年生学級のこの日の午後の最後の授業だったので、授業が終わってから、4年生を担任している全ての先生と、算数の授業を主導したベテラン先生が参加して、反省会（Lesson study!）が行われました。学年主任の先生が司会をして、いろいろな意見が出ました。学年主任の先生は、上記の算数の授業中は、ビデオカメラを回して、授業の様子を撮影していました。ボダン氏が、「素晴らしい授業だった。やはり、ベテランの教師は素晴らしい教育能力をもっているのですね。」と感想を述べたことに対して、学年主任の先生は、「あの授業はしっかりした授業展開のストーリーが確立されているので、ベテランの先生でなくとも、あのように子どもたちを惹きつける授業が出来るようになっているのです。決して、ベテランの先生だから出来た、というわけではないので、この点は

241

誤解しないでください」と強調しました。その場に参加していた若い女性の教員が、「私は採用歴８年目ですが、私も自分の学級の算数の授業で、この『水落し』の授業をやってみました。事前に先輩の授業を参観させて頂いてあったので、とても上手く行きました」と述べ、さらに、もっと若い教員が、「僕は未だ採用されて２年目ですが、僕も自分のクラスでこの『水落し』の授業をやってみました。事前に先輩の授業風景のビデオを何回もよく見て、しっかりと予行演習をしていたので、結構、授業時間の最後まで生徒たちが集中力を切らさないように持ってゆくことができました。もちろん、今日の先輩の授業のようには見事にはできませんでしたけれど……。」と補足しました。

　ベテランの先生から、「今日は学習単元の『伴って変わる量』（難しい言葉で言えば『関数』）の４回目の授業でした。１回目の授業では、時間が経つとだんだん変化してゆく数値の例として、この市の先月の毎日の最高気温の変化を新聞の切り抜き資料から表にして、そこから変化のグラフを作り、時間（ひにち）が変化すると、それに伴って変化してゆく数値があること、その変化を表やグラフで表すと分かりやすいこと、などを学習させました。２回目は、ある量が変化すると、それに伴って正比例で増加してゆく２番目の量がある場合を学び、３回目の授業では、ある量が変化してゆくとそれに伴ってつねに一定の比で減少してゆく量の場合を学びました。今日は、同じ減少してゆく量でも、減少の仕方が一定の比率を保っていない場合を学んだわけです。」という説明があり、１回目〜３回目の教材資料を見せて頂きました。私は、この組み立て方も、日本人児童のズームイン型認知をうまく活かしているなあ、という感想を持ちました。「一般性を持つ具体事例」から導入して、「ある種の単純な規則性、対称性、平行性などを持つ特殊例」を浮き立たせて印象づける、という認識進化促進の教育技術です。この基本的原理をベースにして、「驚きと感動」のストーリー展開を１時間単位の授業として組み立てて行くのです。

　私がちょっと意地の悪い質問をしました。「あのクラスの子どもたちはみんな素直で、よい子がそろっている感じがしました。これが、いろいろな家庭的困難を抱えている子が多い地区の小学校であれば、いくら『水落

し』の授業と言えども、上手く行かない可能性もあるのではないでしょうか？」

　この質問に答えて、ベテランの先生が、「実は、あのクラスにも、家庭的な困難を抱えている子が何人かいるのです。たとえば、両親が養育を放棄してしまったので、施設に入って、施設から通っている子がいたり、父親がＤＶで、母親と２人で逃げ出して福岡に引っ越してきて、住所を父親に知られないようにしながら通学している子もいるのです。」と言いました。「それは驚きました。私が参観していた限りでは、どの子もみんな明るくて、算数の授業が楽しくてしょうがない」という感じでしたが、本当はいろんな事情のお子さんがいるわけなんですねえ」と私が感想を述べました。

　また、ボダン氏の感想として、「私はこれまで世界の多くの国の小学校の授業を参観してきた。今日の授業と同じように、『フランス人が授業参観に来た』というので、生徒たちが授業が上の空になって、教室の後ろで参観している私のところに集まって来た授業も何度も経験してきた。しかし、そうなったら、終了時のチャイムが鳴るまで、生徒はもう授業には集中できない。それが当たり前だと思っていた。ところが、今日の授業では、教壇の先生がパチッと手を叩いたら、授業にそっぽを向いていた生徒たちがまるで魔法にかかったように、一瞬で好奇心が授業の方に戻ってしまったのには本当に驚いた。世界でも見たことがない教育だ。」と述べました。そして、「生徒たちが本当に伸び伸びと楽しそうに授業に参加していたことにも強い印象を受けた。生徒が授業にしっかりと集中している授業は世界中でいろいろ見てきたが、今日の授業はそれらの授業のどれとも異なっていた。生徒が集中している授業というのは、びしっと筋が通っているという緊張感が漂っているものだが、今日の授業はそういう感じが全くなくて、生徒たちが自由気ままに楽しんでいる感じで、それでいて生徒たち全員の好奇心が教師の実験や話し合いの話題に集中している。驚くべき、不思議な授業だった。」と続けました。

　これは、私の考えでは、生徒たちが自分たちの自由気ままにやっている積もりでも、実は、ベテラン教師に完全に思考パターン、行動パターンを

読み切られているということです。孫悟空がお釈迦様から、「お前の行ける限りの遠くまで行って見ろ」と言われて、勧斗雲(きんとうん)に飛び乗ってビューンと世界の果てまで行って、雲の中からそびえ立っている5つの嶺の中央に「斉天大聖到此一游(孫悟空、ここに至る)」と筆書し、「どんなもんだい」とばかりにお釈迦様のもとに戻ってきます。お釈迦様はおもむろに右手を差し出しますが、その手のひらの中指には墨黒々と「斉天大聖到此一游」と書かれていた、というお話しです。これはまた、日本の伝統武術の心得に譬えれば、「相手の切っ先を見切る」ということです。相手の刃(やいば)が自分の皮膚スレスレにかする位置まで相手との間合いを詰めて、相手に先(せん)を取らせて斬りつけさせ、後を取って相手を倒す、ということです。

夜は、毎週定例の「算数・数学教育実践研究会」の会合に参加して、他の学校の先生たちとも一緒に、フランスと日本の教育について、いろいろと楽しい懇談をしました。

参加者から、いろいろと教科書とは異なる新しい試みの授業を実践すると「教科書に書いてある通りに教えろ」という圧力がかかってくる、という話が出て、ボダン氏から「フランスでは、行政は教師の教育方法に干渉してはならないことが法律に明記されている」というコメントがあり、「いいなーっ」と参加者から思わず溜息が出ました。また、ボダン氏から、「フランスでは、教師からの1クラスの児童数の削減要求に対して、政府が、日本では40人学級でも立派な成果を上げている、と言って要求を拒否している」、という話が出て、「ありゃーっ、そうなっちゃうんですか。話が逆だなあ」という声があがりました。懇談の最後に、司会者の先生が「日頃、目の前の忙しい課題に追われて、国際的な視野でものを考える機会が無かったけれど、今回のボダン先生との懇談会をきっかけにして、われわれも、もっと広い視野で教育を考えて行きましょう」とまとめて、楽しい懇談会を終了しました。

第Ⅳ章
ものづくり国家を支える日本人のズームイン型情緒

Ⅳ—1. もの作りニッポンを引っぱる４人の中小企業の社長さんたち／今週の朝日新聞「ひと」「リレーオピニオン」「けいざい最前線」「地域総合」欄から

　グローバル資本主義と「世界標準」によって、日本経済には暗雲が漂っています。しかし、今週の朝日新聞には、これに向かって敢然と戦いを挑んでいる中小企業の社長さん達の記事が４つも掲載されています。「もの作りニッポン」を元気にする話題として、以下にそれらの記事を引用・紹介します。

　なお、この記事を私のブログに掲載していた頃に、読者の方々から、「算数教育と世界歴史言語学」のシリーズなのに、何故、もの作りニッポンの企業やらエンジニアやら職人やらの話が長文の引用として次々に出て来るのか、という質問や苦情が多く寄せられました。私としては、「算数教育と世界歴史言語学」の根本命題を思いつく際にインスピレーションを与えてくれた生データを読者の皆さまの前にできるだけそのまま開示して、私と同じ思い、同じインスピレーションを味わっていただきたいと思って掲載しているわけです。ここで私の狙いを先回りして記述してしまうのは、ミステリー小説の冒頭でネタバレをしてしまう感じで、どうも気が進まないのですが、単刀直入に言ってしまえば、私は歴史学において、「中世」「近代」というヨーロッパ精神史の時代区分を非ヨーロッパ世界を含む世

界史全体に当てはめることに対して根本的に異議申し立てをしたいわけです。教育者としては、試験問題の模範解答を事前に漏らすような心境になってしまうので、ここでの説明はこれくらいで止めて、引用記事の紹介を開始します。読者の皆さんは、提示される文章から、引用者（柴田）の意図を正しく推測するPISA（国際学力調査）の「読解力」問題だと思って、いろいろと考えながら読んでください。

《引用開始》
［ひと］極薄の「魔法のフライパン」で世界にデビューする鋳造会社長
錦見泰郎（にしきみ・やすお）さん (51)
　厚さ４〜５ミリが常識とされる鋳物で、1.5ミリの「魔法のフライパン」を開発した。国内で定価１万円前後で計10万個を売った人気商品は今年、仏調理器具メーカー「クリステル」との共同ブランド商品として世界デビューする。
　三重県木曽岬町にある鋳造会社の２代目。従業員７人で、工業製品の部品の下請けだった。バブル崩壊後、メーカーから「代わりはいくらでもいる」と切り捨てられた。
　そんな時、新聞の言葉が目にとまった。「３分の１の価格競争で戦うか、３倍困難な技術で戦うか」。鋳物フライパンの薄さを極めると決めた。32歳だった。
　「１階部分で飯を食って、２階で夢を」。部品の下請けで稼ぎながら、合間に図面を引き、鉄を溶かし続けた。試作を繰り返して９年。鉄や炭素の配合ミスによる偶然で「1.5ミリ」が生まれた。
　試作品を使った有名レストランのシェフは「鉄板、フッ素樹脂に続く第３のフライパン革命」と絶賛した。熱伝導に優れ、焼きムラができない。注文が相次ぎ、数年前まで納品に２，３年かかった。
　円高で企業の海外移転が進むいま、中小企業が生き残るには「３倍の強みが必要」だと言う。「２倍では追いつかれてしまうから」。努力を続ける原動力は「好き」という気持ちだ。「僕が好きなのは、『すご

第Ⅳ章　ものづくり国家を支える日本人のズームイン型情緒

い』と言われること。」
　文・佐藤惠子
《引用終わり》

確かに「すごい」ねえ。これぞ職人魂。もう１人、職人魂の社長さんの話。

《引用開始》
［地域総合］ページ「けいざい／WEST」欄　「トップの横顔」
加藤征男社長　薩摩びろーど工芸（鹿児島県さつま町）
職人魂　薩摩切子に新風
　江戸末期に薩摩藩でつくられていた薩摩切子（きりこ）。技術の伝承が途絶え、幻になっていたガラス工芸を約100年ぶりに精巧に復元した。「できない訳がないと思っていた。職人冥利（みょうり）に尽きます」
　栃木県出身。小学４年生のころ、母親を病気で亡くした。中学を出て上京し、小さなガラス工場に住み込みで働いた。見習い時代は朝５時に起床。道具を磨き、吹きざおやグラスをひたすら運ぶ毎日。夜は何十人もの職人の汚れた服を、洗濯板で５時間ほどかけて洗ってから寝た。先輩たちが済ませた後で食事をするので、みそ汁には具がなかった。空腹は水をたくさん飲んで紛らせた。３年は故郷に帰らない、と踏ん張ったことが、負けじ魂を養った。
　1985年、薩摩切子の復元を熱望する人たちから鹿児島に招かれた。透明と色のついた二重になっている薩摩切子は形作りが難しい。だが、「ほかの職人に笑われまい」と負けじ魂に火がついた。
　その後、会社を設立。弟子を育てながら新しい薩摩切子に挑戦している。2006年には、光を通さずカットが難しい薩摩黒切子を作り、国内外で高い評価を受けた。「２番手は嫌。自分が思い描く作品を作りたい」。七色のガラス製のあんどんを完成させるのが次の目標だ。
（柏原愛）

1994年、鹿児島県さつま町に創業。忠実な復元だけでなく、新しい色の薩摩切子の製作にも取り組んでいる。優れた製品を海外に売り出す費用を国が補助するJAPANブランド育成支援事業に採択され、作品はドイツやパリでも高く評価された。

　本社である「さつま町ガラス工芸館」内の製造工場は無料開放し、すべて手工作の製造工程を自由に見学できる。製品も販売しており、有料でガラス工芸体験もできる。売上高は約1億5千万円。従業員はパートも含めて約50人。

［社長さん　プロフィール］
　氏名：　　　加藤征男（かとう　ゆきお）
　　　　　1938年8月生まれ（満73歳）（中略）
　尊敬する人物：ガラス工場にいたときの親方。
　　　　　　　　親方の厳しさがあり、根性が養われた。
　趣味・特技：　懐メロを歌うこと
　セールスポイント：年齢を気にせず、若い人と交流する。
　休日の過ごし方：魚釣りや温泉
　座右の銘：　「根性」「努力」
　　　　　　失敗しないと伸びていかない職業。
　　　　　　常に自分との戦いだから
どんな人に入社してほしいか：
　　努力し、根性のある人。
　　教わるだけではすぐに忘れてしまう。
　　自分の腕を疑い、できなかったらできるように努力してほしい。
《引用おわり》

職人魂というのは、みんな共通していますね。
「ほかの職人に笑われまい」「2番手は嫌」これですよ、これ！
　お次は工作機械製作所の課長さん。

　《引用開始》

第Ⅳ章　ものづくり国家を支える日本人のズームイン型情緒

リレーオピニオン　されどシューカツ［7］
松浦機械製作所　総務人事ゼネラルマネージャー　上村誠さん
　56年生まれ。福井大卒後、79年に福井市の松浦機械製作所に入社。コンピュータソフトの開発担当などを経て、04年から現職

大卒が「上」という意識無し

　面接試験で「大学を卒業してから松浦機械に就職しようとしても自分には難しい。それよりも高校から目指した方が入りやすい」と話した工業高校の生徒がいました。なるほどそういう考え方もあるのか、と思いました。

　今年度は大学・高専卒の技術系の新人11人に加え、福井県内の工業高校や商業高校の5人を採用しました。高卒は学校側が推薦した人を採用するのが基本ですが、社内で面接もします。大卒の人は主に、主力製品である精密工作機械の研究・設計を担当しますが、高卒は現場で部品の製作や組み立て作業をします。一日中、油にまみれる仕事です。

「技術系の仕事の方が高学歴だし、高いスキルを求められるから、待遇もいいだろう」と思う人もいるかもしれない。でも、うちは大卒の技術系従業員も現場系従業員も、給与体系はまったく同じです。どちらが上、という意識はありません。

　工作機械づくりは、労働集約的な産業なんです。1ヶ月の販売台数は40台程度。大量生産するものではなく、手作業で部品を加工したり、組み立てたりする工程が多い。現場が手を抜くと、後になって必ず問題が出てきます。技術はウソをつかないのです。

　特に我が社の工作機械は、航空機の部品やF1レースの自動車エンジン、医療用の人工骨など、最高の精度と安定した品質が求められる工業製品の製作に使われます。組み立てに問題があれば、人命にかかわりかねない。技術系の人が書いた工作機械の設計図を実際の製品へと作り込んでいく過程でも、現場からの指摘や意見は欠かせません。高卒の現場系従業員には、物づくりの根幹を支えてもらっています。

　高卒の人材に求めるのは、いい意味での愚直さ、「正しい心」です。

勉強ができればいい物づくりができる、というわけでは決してない。最初の3年間は言われたことをそのまま、必死に取り組んでいく。素直でいれば、上の人も「こいつにはきちんと教えよう」という気になる。そういう姿勢でなければ、現場の技術は伝承できません。粘り強さは、やはり大卒よりも高卒の方が上です。

　我が社は従業員300人の中小企業ですが、輸出が7割。従業員数千人の大手企業に互角に戦いを挑み、勝っていく。それを支えているのは北陸の人間ならではの生真面目さです。人件費が安いからといって、海外に生産拠点を移すことなどできませんよ。

（聞き手・太田啓之）
《引用おわり》

「3年は故郷に帰らない」「最初の3年間は言われたことをそのまま、必死に取り組んでいく」。これも、みなさん、同じことを言う。「石の上にも3年（の辛抱）」の格言通りということ。大学生諸君、愚直さ、粘り強さで高卒者に負けてはいけません。

では、最後に数学にも関係ある、すごい町工場のお話し。

《引用開始》
数学の美　町工場が解く　東京・大田区で70年　老舗の挑戦
脱・下請け　技で独自商品

　ものづくりの街、東京都大田区。老舗のとある町工場が2年前、世にも珍しい「アート」を思いつき、置物として売りはじめた。漫画家は絶賛し、行政の支援の輪も広がった。下請けの工場が多いため、消費者向けの商品は珍しい。育て、「大田区ブランド」に。

　大田区とともに70年あまりの時を刻んできた金属加工の「大橋製作所」（資本金9600万円、従業員約100人）。ここが、その置物をつくった。数学と芸術をかけあわせた、名付けて「数楽（すうがく）アート」だ。

　わたしたちは学校の教科書で、xやyなどであらわす「関数」のグラフを紙のうえ、つまり2次元でみてきた。それを3次元の世界で再

現し、直線や曲線で織りなされる形を、ステンレスでつくる。その結果、「z = axy」は馬の鞍（くら）の形になる。「z = a(x² + y²)」は、ツクシの頭のような放物面に。20センチ四方ほどの透明ケースに納められ、値段は1万円から10万円台。種類は20ほどある。2010年に丸善の東京・日本橋店で売り出された。東急ハンズも名古屋のANNEX（アネックス）店で。丸善のオンラインショップやアマゾンなどでも買うことができる。いままでにおよそ160個、あわせて500万円ほどを売り上げた。

　大橋製作所は、第1次世界大戦のまっただ中だった1916年に、東京の芝あたりに創業した。もともとは金属を加工する板金工場だった。38年に今の大田区に移る。空襲で焼け野原になるが、焼失を免れた。創業者の息子で、86年から社長の大橋正義さん（69）は、下請けからの脱出を考えてきた。「町工場は、注文を待つ『待ち工場』ではだめだ」スマートフォンなどの基盤をつくる産業用機械を開発し、世界的メーカーにおさめるなど、成果をあげてきた。だが、板金の分野は、下請け仕事のままだった。大手メーカーからもらった設計図どおりにつくって納めるため、コストダウンを求められつづけていた。

　09年春、ある大学の数学研究者から、こんな依頼があった。直方体のサイコロをころがす機械をつくってほしい。それぞれの面がでる確率をもとめたいんだ。大橋さんと、開発担当の平野佳伸さん（54）が研究室を訪れた。そこに、関数を紙でつくった置物があった。大橋さんが、ひらめいた。＜これをステンレスでつくったら面白いかも＞

　関数を忠実に再現するデータづくり。レーザーをつかった精密加工技術、そしてステンレスの表面に傷をつけない組み立て技術。平野さんをリーダーに、町工場の底力が結実した。大橋さんは語る。「ビジネスとしてはまだまだですが、消費者向けの仕事を始めたことで、社員のやる気が増しています」

（後略）

（編集委員・中島隆）

《引用おわり》

2009年度の日本数学会・市民講演会で東京大学の河野俊丈さんが、ヤマダ精機と協力してこのグラフ曲面のアルミニウム模型を製作した時のエピソードを解説したことがありますが、
　http://mathsoc.jp/publication/tushin/1402/1402kohno.pdf
　拙著『フィンランド教育の批判的検討』第Ⅰ章第8節の追記（p.64）にも、そのことに触れておきました。

Ⅳ—2．もの作りニッポンを引っぱる中小企業の社長さんたちの話を朝日新聞から、さらに2題

　前節では、2012年4月23日（月）～28日（土）の朝日新聞に掲載された、もの作りニッポンの中小企業の社長さんたちの話を4件引用紹介しましたが、4月29日(日曜)朝刊にも更に2題の同様の記事が載っていましたので、引用紹介します。

　大学生諸君やその御両親にもこういう記事をぜひ読んで就職活動の参考にしてほしいものです。卒業研究「柴田ゼミ」の卒業生の中にも何人かは、このような「もの作り」の中小企業、零細企業に就職して、頑張っている人たちがいます。企業の規模が小さいほど、短期間で社長の右腕になって、「なくてはならない存在」として会社を支えているようです。

　《引用開始》
　　春の叙勲　（福岡）県内101人
　　瑞宝単光章　石材会社長　山野時一さん（70）
　　守りたい　石材加工の技
　　職人との「真剣勝負」の積み重ねが認められた。石材加工と石張りの技能検定「石材施工職種」の検定委員を21年間務め、目を光らせてきた。
　　石をノミで切り、表面を磨き上げる。石板にドリルで穴を開け、金具で留めて組み立てる。その一挙手一投足を観察し、完成品が図面通りか、ミリ単位で見極める。服装や道具の扱い方も審査の対象だ。力いらずの電動工具は、一歩間違えば大けがの元。「事故を起こさない

ための基本は今も昔も変わらない」

　職人の経験はないが、子どもの頃から石材会社を営む祖父と父の背を追いかけ、腕利きの仕事を間近に見てきた。入社後は現場、営業などを受け持った。県石材組合連合会の立ち上げにも関わり、今も会長だ。

　様々な場所を石で飾ってきた。お墓やモニュメント、公園、橋や道の舗装。繁華街・天神の歩道は、仏ノルマンディー産の石材にこだわった。「アスファルトでは、せっかくのおしゃれが映えない。気づかれもしない足元から文化は生まれていく」

　中国から加工品が安く輸入されるようになり、日本の職人の仕事は再加工や手直しに限られてきている。数が減り、腕も落ちたと感じる。だが、だからこそ「職人は宝」だと思う。「石は古くなるほど味が出る。だからこそ、きちっとしたものを送り出さなければならない」
（古城博隆）
《引用終わり》

いやーっ、まさに「職人は宝」ですねえ。
お次は「経済」面の「変わる産業地図」のシリーズからの引用。

《引用開始》
ものづくり土台　工作機械
「超精密」「低価格」すみ分け
　埼玉県入間市の中小企業入曾精密(いりそ)は、従業員14人ながら「世界一の技術屋」と自負する。広さ約200平方メートルの作業場に大小14台の工作機械が並ぶ。従業員がそのうちの1台のボタンを押すと、自動で金属を削りだした。最高峰のF1に参戦するレース車のエンジン・ピストンをつくるのだ。ピストンは走りを決定づける最重要部品。100分の1ミリの誤差も許されない。斎藤清和社長は「職人と、日本の工作機械がなくては仕事にならない」。自動車や航空機、人工衛星、医療器具……。工作機械はあらゆる工業製品の部品を作る機械。「マ

ザーマシン」(母なる機械)と呼ばれるゆえんだ。日本工作機械工業会の横山元彦会長(ジェイテクト会長)は「日本のものづくりを支えてきた」と話す。

広く工作機械には、材料や工具を回転させて削る「切削加工」と、プレス加工のような「成形加工」がある。日本が得意なのはコンピューターを駆使して自動で金属を削ったり、穴を開けたりする数値制御(NC)の工作機械だ。超精密加工の分野で活躍する。工具を自動で交換して様々な加工を1台でできる「マシニングセンター」もある。家電や自動車と同じように、日本の工作機械も世界トップを走ってきた。生産高は2008年まで27年連続で首位。11年は1兆1736億円だった。トヨタ自動車のおひざ元には、愛知県大口町のヤマザキマザック(08年度の連結売上高約2500億円)、名古屋市の森精機製作所(10年度1204億円)など大手が集中する。

しかし、08年のリーマン・ショック後に異変が起きた。09年に中国が生産高でトップに立った。日本勢は世界的な大不況で前年より6割近く落ち込み、中国は逆に約1割伸ばした。世界最大手となった中国の「瀋陽機床」は今春、日本が得意とするNC工作機械で、割安品の量産に入った。これまでは「数値制御システム」を日本のメーカーなどから調達していたが、自社でつくる実力をつけた。「価格を武器に日本企業にも売り込んでいく」(後略)

(奈良部建)

《引用終わり》

前節でも「魔法のフライパン」を開発した社長さんが、「1階部分で飯を食って、2階で夢を」と頑張った話がありましたが、「理想だけではメシが食えない」世の中を乗り切って理想を実現するためには、このような「すみ分け」が必要です。私が若い頃、パリ郊外のIHES(高等科学研究所)で、フィールズ賞(数学分野のノーベル賞に相当する)を受賞したばかりの広中平祐氏にお会いしたときに、「広中さん、フィールズ賞受賞、おめでとうございます」と言ったところ、「いやー、これで小さな仕

事に時間を取られなくて済むようになれば嬉しいんだけれどね。」とおっしゃっていたのを思い出します。広中さんは長年、この時の受賞対象となった「特異点の解消」問題の解決に取り組んでいたのですが、このような大問題は一朝一夕で解けるものではありませんから、その問題ばかり考えていると、何年間も表面上は「研究業績なし」の状態が続くことになってしまいます。「数値評価」にうるさいアメリカの大学でやってゆくためには、毎年、ある程度短期間で解決できる問題にも取り組んで、研究を怠けているわけではないという「アリバイ」作りにも時間を割かなければならなかったけれど、フィールズ賞を取ってしまえば高い評価が確定するので、自分の好きなように勝手気ままな研究ができるようになると期待した気持ちを表現されたのだと理解しました。

IV―3. 日本人のエートスと欧米人のエートス／対極的な、あまりに対極的な……

最近、そのタイトルに引かれて、平川克美『移行期的混乱――経済成長神話の終わり』（筑摩書房）という本を読みました。扉裏の略歴を拝見すると、「1950年東京生まれ。1975年、早稲田大学理工学部機械工学科卒業。渋谷道玄坂に翻訳を主業務とするアーバン・トランスレーションを設立、代表取締役となる。99年、シリコンバレーのBusiness Cafe, Inc. の設立に参加。現在、株式会社リナックスカフェ代表取締役。」という方です。

著者は、1956年以降の日本経済の成長率のグラフを引用して、次のように解説します。

《引用開始》
このグラフを見ると、戦後六〇年の間に、経済成長率はほぼ二〇年（正確には十七～十八年）を一つの単位として、大きく三段階のサイクルで変化していることがわかる。戦後復興期から高度経済成長期にあたる五六年から七三年までは、平均で九・一パーセントの成長率を示している。現在の中国が北京オリンピック開催に前後して七パーセントから一〇パーセントの経済成長率を示しているが、民主化と都市

化の進展のプロセスと、経済成長率の間には一定の相関が認められるということだろう。

　七三年のオイルショックと変動相場制への移行を境にして、以降の十七年間の成長率は、明らかにそれ以前とは異なった兆候を示している。つまり、九パーセントから三パーセント台に落ち込むのである。この間もＧＤＰ自体は増加し続けているが、その伸び率には明瞭な変化が見て取れる。このことは、社会の発展が停滞したことを意味しない。この三パーセントの経済成長率の時代とは、わが国が一億総中流といわれる新たな国民階層を作り上げ、多くのひとびとが健康で文化的な生活を享受するに至った民主化達成の期間だからである。（中略）九一年からリーマン・ショックの〇八年までの一八年の平均経済成長率は、それ以前の三・八パーセントから二・一ポイントも下落し一・一パーセントを示している。つまり、戦後の日本の経済成長率は高度経済成長期の九・一パーセント、相対安定期の三・八パーセント、停滞期の一・一パーセントと三段階で下降してきているのである。
《引用終わり》

さらに平川さんは、文明批評家エマニュエル・トッドの「文明の成熟は必然的に人口の停滞をもたらす」という経験則を紹介しつつ、平安時代から2100年までの日本の人口推移のグラフを示し、次のように解説しています。

《引用開始》
　この図を見ると、明治新政府が誕生した頃より、人口が急激に増加している様子が明瞭に示されている。これに対して江戸時代後期までの百五〇年間は、人口は三〇〇万人から殆ど動かず、極めて安定した数値を示している。
　何故一七〇〇年から一八五〇年までの一五〇年の長きにわたって人口動態が変化しなかったのか、そして何故明治になってから再び急激な人口増加が起こったのかは考察に値する。容易に推察できる要因の

ひとつは鎖国政策だろうが、鎖国令が布告された十七世紀初頭から人口動態が固定化されるまでには七〇年から八〇年の時間が経過しており（この間に総人口はほぼ二倍に増加している）、単純に鎖国によって社会が停滞もしくは安定したということを理由にすることはできない。

 人口動態が固定化されるのは、鎖国よりももっと別の要因に求めるべきかもしれない。時期的には元禄時代に固定化が始まるわけであるが、この時期に何が起こったのか。ひとつ注目されるのは、この時期が貨幣経済というものが確立した時期であり、商品経済が活発化した時代であったということである。それ以前の長きにわたった戦国時代の乱世が終焉し、民衆の生活は向上し、消費行動が活発化していったのがこの時期にあたる。当初、幕府の財政は、浪費が重なり税収も増えずに通貨量が不足し、デフレ状態にあったが、元禄改鋳などにより一挙に通貨量が増加し、一種のバブルが現出した。これが俗に言う元禄バブルである。一時的な混乱を経て、この時代の経済はそれまでの戦国時代以来の高度経済成長が一段落して低成長時代を迎える。前近代的な経済システムが一応その完成の到達点に至ったといえるかもしれない。そして、この低成長（経済的停滞）の時代と、それに伴う社会変化の鈍化は、人口動態の固定化に大きな影響を与えたと考えられる。（中略）

 そもそも、人口が減少することは悪しきことであり、由々しき事態であるという言説には確固たる根拠というものがあるかどうかも疑わしい。なぜなら、わたしたちの誰も、この総人口減少の局面を経験したことがないからである。人口が減少すると、経済が停滞するといったことや、社会の活力が低下するといったこと、あるいは国力が損なわれるといったことは単なる想像か、あるいは仮定のはなしに過ぎない。何しろ、このような事態を、日本人の誰も経験したことがないのであり、わたしたちは、人口減少が何を招来するかということに関しての参照すべき事例を持っていないのである。いや、わたしたちだけではない。わたしたちの親も、祖先も人口減少局面は経験していない。

《引用終わり》

　平川氏が引用している図4によれば、記録が残っている最古の時代から2006年までは、日本の人口は減少したことはありませんでした。日本人の多数が本来持っているズームイン型認知からすると、人口が大から小へ向かうことは悪いことではないはずです。しかし、明治の文明開化（西欧化）以来、浸透して来たズームアウト認知に基づく文化の影響で、少なくとも政治や経済の指導層の間では、大から小へ向かうことに危惧感を持つ人が多くなっているようです。
　さて、このようにして、平川さんの著書『移行期的混乱』は、「現代」という時代を分析してゆくのですが、私が最も注目したのは、上に引用した第1章に続く第2章「『義』のために働いた日本人」の中に引用されている伝統的日本人の労働へのエートスの特異性です。

《平川克美『移行期的混乱』第2章「『義』のために働いた日本人」からの引用開始》
　　したがって、六〇年安保闘争は、戦後民主主義に覚醒した多くの日本人が、「平和と民主主義」といった政治的スローガンによるだけではなく、日本の国家としての独立性、日本人の精神的な自立を求めて立ち上がった日本の岐路を決するイベントだったともいえよう。
　　あの時代から半世紀が経過した。当時の資料の中に振り返ってみて、わたしは気になることがあった。岸（信介首相＝当時）が言ったという「声なき声」のことである。デモ隊に包囲され四面楚歌の状態にあった岸がどのような思いでこの「声なき声」という言葉を使ったかは問わない。わたしが「声なき声」にこだわる理由は別にある。どんな時代であれ、政治史の表面には浮かんではこないが、生活史の底流には歴史の表面を彩るものとは別の声が響いているものである。いや、むしろメディアや書物の中に現れた声が、言葉を持つもの（インテリゲンチアといってもよいが）のそれだとするなら、「声なき声」とは「言葉を持たない」ひとびとの身体の中を流れていた喜怒哀楽そ

のものである。それが、どんなものであったかについては、言葉で書かれた資料の中に見出すことは難しい。

零細企業の現場

　わたしは、「言葉をもたないひとびと」に囲まれて育った。私の実家は、全学連羽田デモ事件があった現場（羽田空港）から車で走れば一〇分ほどの大田区の池上線沿線にある中小企業が並ぶ町にあった。一〇〇メートル四方のひとつのブロックに、スプリング工場、精密計器工場、プレス工場、金属加工工場の四軒の工場(こうば)が並んでいた。わたしやわたしの友人たちは、これらの工場の敷地内でよく遊んだ。日曜日には工場に忍び込み、当時流行っていたべえゴマをグラインダーという切削機で磨いた。守衛など雇う余裕のない零細工場の中は、危険といえば危険な遊び場ではあったが、当時機械によって大怪我をしたというような話は聞いていない。子供ながらに、電動機械の使い方はそれなりに身につけていたのである。（中略）

　わたしは、零細企業の経営者であり、典型的な小市民であった父親や、その工場で働く下層労働者階級にくくられるであろうひとびとが、当時どのような気持ちでこの政治的混乱の季節を潜り抜け、どのような価値観をもって仕事をしていたのかを知りたいと思ったのである。

　確かに、全学連、労働組合は革命前夜のような政治的高揚の中で連日のデモをくり返していた。しかし同時に、岸信介が言ったように、後楽園球場は満員であり、銀座通りはショッピングにいそしむ群衆で溢れていたのである。無論、岸の言った「声なき声」のひとびとが、この政治的な転換点にまったく無関心であったということにはならないだろう。いや、むしろかれらこそ政治の転換を望んでいたといえる。それは、自分たちの楽ではない日常とは別の、豊かな生活、うまいものを腹いっぱいに喰いたい、最新のファッションに身を包みたい、持ち家に住みたいという欲求であり、自分たちの置かれた境遇が劇的に変化することへの期待でもあった。

　このとき、政治的な意味においてはアメリカは、日本の自立を阻む

ものであったが、同時に日本人の欲望を映し出す憧れでもあった。そのことへの視点なしに、岸信介に代わって政権についた池田勇人内閣の「所得倍増計画」が、それまでの政治的高揚を、経済的な幻想によって一気にかき消してしまった現実を理解することはできない。多くの日本人にとって、国家の政治的な自立を考えるよりも、自らの生活を憧れのアメリカ的なものに近づけることが喫緊の問題だったのだ。そして、そのことは生活するものにとっては正当な欲求であった。
（中略）

　お会いした小関（智宏＝旋盤工、ルポルタージュ作家）さんからは、当時の工場の雰囲気や、下丸子や大森といった工場外の文化サークルのお話しをお聞きし、記憶の彼方に霞んでいる六〇年代の場末の町で働くひとびとの生活感情が思いのほか豊かなものであったということを教えていただいた。あえていえば、それは「お気楽な」日々でさえあったのだ。

　しかし、と小関さんは言った。
「当時は、まだ仕事というものがよくわかっていなかった。

　ところが、三〇を過ぎて、ある工場でFさんという優れた旋盤工の隣で、並んで作業をすることになりました。その経験がわたしに、仕事とは何かということを徹底的に教えてくれる契機になりました。それまでは、適当に稼いで食っていければいい。仕事は家族を養っていく手段にすぎない。大事なのは社会を変革することだというので、政治活動のようなことばかりに力を注いでいました。

　ところが、Fさんの仕事ぶりを見て、これは凄い人だと思いました。これまでわたしは、とんでもない思い違いをしていたのかもしれない。これまでも優れた旋盤工はたくさん見てきましたが、Fさんは単に器用だとかいうのではない、仕事に対する凄みというものがあり、とにかくこの人に追いついていこうということで、はじめて本気になってがむしゃらに仕事をしたのです。そうして鉄を削るという仕事の奥の深さに気づかされたのです。」

　会社のためでもない、家族のためでもない、社会のためでもない。

ただ、目の前の機械、加工を待つ鉄の塊、目の前の「仕事」がなにものからかの召命であるかのように、徹底的に取り組み、没頭する日々。
　そういうことが、確かにあるのだということが、当時の自分の身体感覚を確かめるかのように語る小関さんから伝わってきた。
　実際には、小関さんほどに、徹底的に仕事をつきつめた人はそれほど多くはなかったかもしれない。
　しかし、当時の町工場の中には、お気楽に日々を継いでいるひとびとがいる一方で、意識するにせよしないにせよ、徹底的に仕事にのめり込んだひとびとが少なからずいた。
　わたしは、「昨晩もよなべだったよ」という何度も聞かされた父親の言葉を思い出す。「それが、働くことと、生きることが同義であるようなひとびとなのですね」と。わたしは以前、小関さんから頂いたお手紙に書かれていた言葉を口にした。
　それに対するこたえとして小関さんはひとつのエピソードを語ってくれた。
　それは、あるとき池上本門寺の近くのテーラーに背広をつくりにいった時の話である。テーラーの親父が、一通り採寸をすませた後で「あなた、ひょっとして旋盤工ですか」と言ったのだという。
「旋盤工は、左肩が下がるんですよ。足もふんばるんで、ガニまたになっちゃってね」
　小関さんも凄ければ、この洋服屋もまた凄い。
　わたしの父親は、右手の人差し指と中指は第一関節のところで切断されている。左手の中指も同様である。プレス屋にとっては指を落とすことはほとんど、勲章のようなものであったのかもしれない。

日本的労働エートス

　こういった逸話が示しているのは、日本の高度経済成長の底辺には、自分の身体が変形するほどに、仕事にのめり込み、打ち込むひとびとがすくなからずいたということであり、それはまた当時の多くの日本人が、こういった仕事観を当然のように共有していたということでも

ある。
　この、仕事に対する強固な意識は、必ずしもすべての国の産業労働者に共通に顕れるものだとは言い難い。むしろ、すぐれて日本に特殊な考え方であったといわなければならないと思う。
　たとえば『プロテスタンティズムの倫理と資本主義の精神』の中で、マックス・ウェーバーが引用したベンジャミン・フランクリンの言葉と比較してみれば、その違いはあきらかだろう。(傍点は筆者による)

　　時間は貨幣だということを忘れてはいけない。一日の労働で一〇シリング儲けられるのに、外出したり、室内で怠けていて半日を過ごすとすれば、娯楽や懶惰のためにはたとえ六ペンスしか支払っていないとしても、それを勘定に入れるだけではいけない。ほんとうは、そのほかに五シリングの貨幣を支払ってるのか、むしろ捨てているのだ。(中略)
　　貨幣は繁殖し子を生むものだということを忘れてはいけない。
　　貨幣は貨幣を生むことができ、またその生まれた貨幣は一層多くの貨幣を生むことができ、さらには次々におなじことがおこなわれる。五シリングを運用すると六シリングとなり、さらにそれを運用すると七シリング、三ペンスとなり、そのようにしてついには一〇〇ポンドにもなる。

　この引用部分は、ベンジャミン・フランクリンが一七三六年に書いた「金持ちになるために必要なヒント」に拠っており、まさに近代資本主義発展史の劈頭にこのような労働観がアメリカ人に刷り込まれていたことを示す好例になっている。
　フランクリンにとって労働は貨幣と等価で交換されるものであり、貨幣は労働の象徴であると考えられている。この思想（反知性主義といってもよいだろう）の根底にあるのは、貨幣に対する信用であり、尊敬なのだ。
　先の小関さんの言葉や仕立屋のエピソードからは、貨幣に対する尊

敬といった匂いをかぎ出すことはできない。むしろ逆である。どちらの場合も仕事をひとつの召命としてとらえてはいるが、フランクリンが貨幣という表象によってそれを表現したのに対して、日本人の場合には労働をする人間に対する尊敬であり、それを貨幣によって表象することはむしろ退けられていたというべきだろう。つまり、労働は何ものにも表象されないがゆえに（何ものもそれに取って代わることができないほどに）尊いと考えられていたと思うべきなのだ。

このことはまた、わたしたちじしんになじみのある「お茶碗に盛られたご飯の一粒をも無駄にしてはならない」という親の説教が教えた倹約の精神と、フランクリンが説く倹約の精神との違いにも良く現れている。

フランクリンの場合には、娯楽や懶惰に使う金は、それに要した半日分の貨幣を捨てることに等しいと言い、時間と貨幣が等価交換されるものだとされている。つまり、時間も、労働も、娯楽も懶惰もすべては貨幣によって表象されうるものとして考えられている。

一方、「ご飯の一粒も無駄にするな」という説教には、稲の開花期で台風がよく来る二百十日という自然時間や、それを見守り育てた百姓の「八十八」もの人手（米という文字がそれを表象している）をかけた労働に敬意を払わなくてはならないという教えが含まれている。ここでも、労働は他の何ものによっても表象することのできないものとしてとらえられている。

日本全国を隈なく歩き、庶民の生活史を拾い集めた宮本常一の『忘れられた日本人』や『庶民の発見』には、そういった日本人に固有の労働意識が感動的な筆致で描写されている。

たとえば、宮本は西条高原（東広島市）にある川岸で石垣を積んでいる石工たちにこんな話を聞く。

田舎をあるいていて何でもない田の岸などに見事な石のつみ方をしてあるのを見ると、心をうたれることがある。こんなところにこの石垣をついた石工は、どんなつもりでこんなに心をこめた仕事をしたのだろうと思って見る。村の人以外には見てくれる人もいないのに……。

(中略)

　しかし石垣つみは仕事をやっていると、やはりいい仕事がしたくなる。二度とくずれないような……。そしてそのことだけ考える。つきあげてしまえばそれきりその土地とも縁は切れる。が、いい仕事をしておくとたのしい。あとからきたものが他の家の他の石垣をつくるとき、やっぱり粗末なことはできないものである。まえに仕事に来たものがザツな仕事をしておくと、こちらもついザツな仕事をする。(中略)

　やっぱりいい仕事をしておくのがいい。おれのやった仕事が少々の水でくずれるものかという自信が、雨のふるときにはわいてくるものだ。結局いい仕事をしておけば、それは自分ばかりでなく、後からくるものもその気持ちをうけついでくれるものだ。

　宮本はこのような職人たちを「物いわぬ人々」と形容している。生活のために金が欲しくて働くのだが、ここに息づいている労働論理は、ただ金のためでもなく、他者の評価のためだけでもなく、自らが自らを叱咤し命令し、納得するような仕事観から出てくるものだ。こういった「物いわぬ人々」の「仕事」が、幾時代かを経て宮本常一という民俗学者の目に止まる。宮本常一が心をうたれるのは、その「仕事」の見事さだけではない。もし、この「仕事」が十分な報酬と、賛美の中にあったなら、宮本はこのような感慨を持たなかったに違いない。誰にも見られず、誰にも褒められもしないかもしれないにもかかわらず、「仕事」に打ち込むという職人の不合理なエートスにこそ心を奪われているのである。

　この不合理なエートスは、有能な職人だけにあったわけではない。それがたとえ単純労働であっても、労働を金銭や他者の評価と引き換えるためのものではない、自己活動そのものとして受け止める習慣が身に付いていた。このような、日本人の労働に対する不合理なエートスは、日本を訪れた外国人の目にも奇異に映った。渡辺京二は『逝きし世の面影』のなかで、そうした外国人の目に映った「かつての」日本人の独特な労働エートスを、彼らの証言を通して伝えている。たとえば明治初頭の日本を訪れたアメリカ人動物学者のエドワード・シル

ヴェスター・モース（大森貝塚を発見したことで有名だが）は、最初に日本人の港湾労働者を見たとき、彼らが唄を歌いながら作業をしている光景に不意を打たれる。同じような光景を何度か見た後で、モースは日本の労働者というものは「労働の辛さを、気持ちのよい音か拍子で軽めるとは、面白い国民性」だと考えるようになる。そして唄を歌っているときに仕事の手が止まり、むしろ唄が主で仕事が従になっているような時間を、非効率的で時間の浪費のように思う。

これに対して、渡辺京二は次のような見解を記している。

つまり、唄とともに在る、近代的観念からすれば非能率極まりないこの労働形態は、労働を賃金とひきかえに計量化された時間単位の労役たらしめることを拒み、それを精神的肉体的な生命の自己活動たらしめるために習慣化されたのだった。（中略）

彼らはもちろん日当を支払われていた。だがそれが近代的な意味での賃金でないのは、労働が彼らの主体的な生命活動という側面をまだ保ち続けており、全面的に貨幣化され商品化された苦役にはなっていなかったからである。苦役というのは過重な労働という意味ではない。計器を監視すればいいだけの、安楽かつ高賃金の現代的労働であっても、それが自己目的としての生命活動ではなく、貨幣を稼ぐためのコストとしての活動であるかぎり、労役であり苦役なのである。

ここでも、労働は何ものをも表象しない、ただ生き方に寄り添った活動として描かれている。渡辺京二は、近代化後の日本から喪われた日本人「固有の」労働エートスに対して痛切な愛惜を感じているようである。そしてそれはそのまま、近代化以後の金銭合理的な労働観に対する批判になっている。

ところで、当時の日本人にとって何ものをもってしても表象しえないものとは何を意味するのだろうか。私はそれは人生そのものであり、あるいはその人生が直結している「信仰」に関わることだといってもよいかと思う。そしてこの場合の「信仰」とは捧げものの意味である。米が税として使われ、貨幣の代用であったこと、同時に米が日本独自の宗教に密接に関わっていることも日本の歴史が証すところであ

る。その意味では、日本人の意識の深層では、労働は神と直結した神聖なものであり、不合理ゆえに信ずることのできるものであったともいえるかもしれない。それは、貨幣との等価交換というロジックの中に労働を位置づけることでその合理性を担保しようとする西欧的な労働観の対極をなしている。

六〇年代とは、このような神話的な「労働エートス」が日本人にまだ共有されていた時代でもあったといえようか。この時代を、「日本的労働エートスの時代」と呼ぶとすれば、七〇年代はそれが「逝きし影」になった時代であり、同時に「消費の時代」の幕が開いた時代であった。つまり、ひとびとの主題的な関心は、いかにして働くかというところから、いかにして消費するかというところへ徐々にその軸足を移してゆくのである。

《平川克美『移行期的混乱』からの引用、終わり》

日本人の職人が持っている（持っていた？）、精神的身体的全エネルギーを自己の「巧みの技」に収斂させてゆく思考こそ、私が言うところの「ズームイン型認知」の典型的な現れです。欧米人から見ると「日本人にはアスペルガー的傾向の人間が多いなあ」という感じになると思います。日本語に「くそ真面目」とか「馬鹿正直」とか「無骨（武骨）者」とか「石部金吉」などの単語があるということは、一方ではそのような人々が特別な人であり、特別な用語によって「普通の人々」とは概念的に区別されるべきカテゴリーであったことを示すと同時に、また他方では、そのような形容によって表現されるひとびとが、どこの長屋にも１人や２人は存在するほど、ありふれた存在であったことをも意味していると思います。そして、江戸の人々にとっては、そのような存在は、「ちょっと付き合いづらいけれども、愛すべき隣人」として広く受け入れられていたのではないかという感じがします。

西洋人は、「労働と対価」（「賃労働と資本」）、「権利と義務」「自由と責任」などと、とかく２項対立としてものごとをとらえようとする傾向が強いように感じます。

第Ⅳ章　ものづくり国家を支える日本人のズームイン型情緒

　さてここで、話はガラッと変わるようで、実は全然変わらないのですけれど、北村和夫さんから紹介して頂いたジョージ・レイコフ、マーク・ジョンソン『肉中の哲学』（邦訳、哲学書房）から少し引用をします。この本のサブタイトルに「肉体を具有したマインドが西洋の思考に挑戦する」とあり、第1章「イントロダクション」に著者たちの考え方の基本が要約されているので、その部分を引用すると、

《レイコフ、ジョンソン『肉中の哲学』からの引用開始》
（前略）
　たとえば、身体と切り離されそれとは独立な心を持ち、身体から切り離されて超越的な理性という正確に同じものを他のすべての人と共有し、そして彼あるいは彼女の心について単に内省しさえすれば知ることができるというような、デカルト流の二元論的人間というものは存在しない。そうではなくて、心は本来、身体化されている。理性は身体によって形作られ、しかもほとんどの思考は無意識であるから、心は簡単に内省すれば理解できるものではない。実証的な研究が必要となる。
　カントが言うような、根本的に自立的な人間、絶対の自由を持ち、何が道徳であり何が道徳でないかということを正確に告示するような、超越的な理性を持った存在はない。理性がユニヴァーサルであるというアスペクトは、我々の身体や、脳や、それから我々が住まっている環境の共通性から生じてくるのである。これらの普遍的特性の存在は、理性が身体に超越するということを意味しない。さらにその上、概念システムは有意に変動するから、理性は完全にはユニヴァーサルではない。
　理性が身体によって形作られる以上、それが根元的に自由であるということはない。なぜならば、人間にとって可能な概念システムや、人間にとって可能な理性の形式は限られているからだ。それに加えて、ひとたび我々が概念システムを学んだならば、そのシステムはニューラルに我々の脳の中で実体化するのだから、我々は何でも自由に考え

られるという訳にはいかない。従って、我々はカントの言う意味での絶対の自由や、完全な自律性は持たないことになる。道徳性に関するユニヴァーサルな概念の基礎となるような、先験的で、純粋な哲学的基礎というものは存在しないし、さらにユニヴァーサルな道徳律を生じるような、超越的、普遍的な純粋理性というものも存在しない。

　功利的な人間にとって合理性とは経済的合理性——功利性の最大化——であるが、そういう人間も存在しない。あるがままの人間は大部分、彼らの理性による推論に関して意識的なコントロールをしていないし、あるいはそれについて意識的に気づいてすらいない。その上、彼らの理性の大半は、様々な種類のプロトタイプ、フレーミング、そしてメタファーに基礎を置いている。人々は功利性を最大限にする経済的理性という形式には、滅多に従事していない。

　現象学的内省のみによって、マインドと経験の性質について知るべき全てを発見することができるような現象学的人間というのはフィクションである。膨大で、迅速かつ自動的に作動する認知的無意識という理論を我々は持つことができるけれども、それでも我々はそういったオペレーション、したがってまた我々の思考の大部分に直接的な意識的アクセスを持っているわけではない。現象学的内省は、体験の構造を明らかにするために価値のあるものではあるが、認知的無意識への実証的な研究によって補強されなければならない。（中略）

　さらに、コンピューター人間というものも存在しない。その人物の心はコンピュータ・ソフトウェアと良く似て、それに合ったどんな種類のコンピューター、あるいはニューラル・ハードウェアの上でも作動する。そしてその人物のマインドはいかなる風にか、意味のない記号をインプットとして受け入れ、それらを規則に従って操作し、そして意味のない記号をアウトプットとして出す。そのような人は存在しない。本物の人間達は、身体に埋めこまれたマインドを持っているのであって、彼らの概念システムは、生きている人間の身体を通じて生じ、形作られ、意味を与えられるのである。我々の脳のニューラルな構造が概念システムと、それから言語的構造を作り出す。それは、た

だ記号群を操作するだけの形式的システムとは適切に対応しないものである。

　最後にチョムスキー的人間というものも存在しない。この人にとっては、言語は純粋なシンタクスであり、全ての意味、文脈、知覚、感情、記憶、注意、行動それからコミュニケーションのダイナミックな特性などは切り離され、それらとは独立なものである。そのような人は存在しない。さらに人間の言語は、全面的に創発的新創造（ジェネティック・イノベーション）ではない。むしろ言語の中心的なアスペクトというのは、進化を通じて感覚、運動、その他のニューラル・システムから出現してくるものであり、それらは「下等」諸動物の中にも存在するものなのである。
《レイコフ、ジョンソン『肉中の哲学』からの引用、終わり》

　このような、「ない、ない」づくしの壮大なイントロダクションを実証するための「実例」が延々と展開されてゆくのですが、全て典型的なズームアウト思考に基づく、「英語」という極めて特殊な言語の表現に関する分析ばっかりで、超・地域限定的（つまり、英語を母語とする人々が住んでいる地域に限って意味がある）な内容です。その分析方法は極めて典型的な近代ヨーロッパ流合理的精神と古典ギリシャの原子論（デモクリトス）風の還元論です。これで「近代ヨーロッパの合理主義的哲学を覆す」と意気込んでいるのは、あまりにも自己矛盾に満ちていて、彼らとは全く異なる文化圏で生まれ育った私などから見ると、彼らが、彼らの伝統的な文化を再考吟味するためには、これほどまでのエネルギーを必要とするのか、という感慨を抱きます。

　しかし、彼らが彼ら自身の文化的伝統である近代ヨーロッパ合理主義精神を再吟味するために用いた「身体性」という概念には普遍性があり、彼らの問題提起が大きな刺激となって、日本にも「日本認知言語学会」というような学会が生まれ、かく言う私自身も初期の頃からその学会に参加しています。年会に２〜３回くらい参加したと思うのですが、その研究発表の多くが、上記のレイコフ・ジョンソンの著書にあるような、たとえば英

語の「in」という単語の基礎スキーマーは「箱の中に」という身体感覚的イメージである、とか言うような（もちろん、それをさらにいろいろ詳しく観察したり拡張したりして、単なるレイコフ、ジョンソンのコピーではないようにしているわけですが）内容だったので、上記の書物を未だ読んでいなかった私は、「何だか奇妙なことを研究している学会だなあ」という感想を持ちました。そして、私が若い頃に初めてヨーロッパに行って、パリ郊外のベルサイユ宮殿の庭園を見て、植木が全て円錐形や直方体の形に刈り込んであるのに大いに驚いたことを思い出しました。「まるで遊園地の積み木ブロックだなあ」などと思ったものでした。

　さて、上記のレイコフ、ジョンソンの書物の中で、私が最も「面白い！これこそアングロサクソンのズームアウト型認知のお手本だ！」と思った「目的のある人生は旅である」というメタファーについて、その部分を以下に引用してみます。

　　《レイコフ、ジョンソン『肉中の哲学』からの再引用》

　　　　目的のある人生は旅である

　　我々の文化では人々が人生において目的を持っている、またそうでないとしたらどこかおかしいのだ、ということを示すような深い影響のある民衆モデル（フォーク）が存在する。もし人生の目的がないならば、あなたは「迷子になり」、あなたの人生で「方向を見失っており」、「どっちへ向かっていいかわからない」とみなされる。あなたが人生において目的をもつことは、あなたに到達すべきゴールを与え、そしてあなたに、それらのゴールに向かって地図を描くこと、そのゴールに到達するために途中で達成しなければならないいくつかの目的を見ることを強い、そしてあなたの道筋には何が起きるであろうかを、じっくり考えさせ、またどのように障害を避けるかなどを考えさせることになる。

　　この結果は我々全てに影響を与える複合メタファー、つまり目的のある人生は旅であるとなる。このメタファーは、以下のようなやり方

でプライマリー・メタファーから出来上がっている。まず、文化的信念から始める。

　人々は彼らの人生において、目的を持っているものとみなされ、そしてそれらの目的を達成するように行動すると見られている。

プライマリー・メタファーは、

　目標は目的地である
　行動は運動である

これを文化的な信念のメタファー版の中に入れてみる。

　人々は人生において目的地を持っているものとみなされ、そしてそれらの目的地に向かって動いていくものとみなされる。

これらが次いで単純な事実と結合する、つまり

　一連の目的地に向かう移動は旅である。

これらが一緒になるとそれらは一つの複雑なメタフォリカル・マッピングを含むことになる。

　目的のある人生は一つの旅であるメタファー

　目的のある人生は一つの旅である
　一つの人生を生きている人間は旅人である
　人生のゴールは目的地である
　人生設計は一つの旅行計画である

同値を示す矢印を用いることによって、これは次のようなフォームに変換して表現される。

旅　　　→　目的ある人生
旅人　　→　一つの人生を生きている人
目的地　→　人生の目的
旅行計画→　人生設計

　このマッピングは四つのサブ・メタファーから出来上がった複合メタファーを定義している。それは (a) 全ての人は、人生において目標を持っているという文化的な信念、(b) **目標は目的地であり、行動は運動である**というプライマリー・メタファー、(c) シリーズをなす目的地への長い移動は旅であるという事実、の結果である。

　我々の人生にとってのこのメタファーの十分な重要性は、それのもつエンテイルメントから生じる。これらのエンテイルメントは我々が旅について持っている、どこにでもある文化的な知識の結果である。特に、

　旅にはあなたの目的地までの計画が必要である。
　旅には障害がつきもので、あなたはそれを予測するよう務めなければならない。
　あなたは旅に必要なものを準備しなければならない。
　謙虚な旅人としてあなたは、ある時間にどこにいるか、それから次にはどこに行かなければならないかを示すような旅の計画書を持たなければならない。あなたはいつでも、あなたがどこにいるか、それから次はどこへ行くかを知っていなければならない。

　目標のある人生が一つの旅であるというメタファーの三つのサブ・マッピングは、この旅に関する知識を人生のガイドラインに転化する。目標のある人生のためには、あなたの目標を達成する方法に関する計

画が必要である。

　目標のある人生にはさまざまな困難があるであろう。
　そしてあなたはそれを予期するように試みなければならない。あなたは、目標のある人生を追求するために必要なものを準備しなければならない。
　人生のゴール［目標］を持っている謙虚な人として、あなたは人生全般にわたる、いつどんなことを達成していなければならないか、次には何を達成するか、ということを示すような人生計画を持っていなければならない。あなたはそれまでにどれだけのことができたか、何ができたか、次に何をしようとしているのかを、いつも知っていなければならない。

　我々はこれらのマッピングとそれらのエンテイルメントに関する理論を線形進行形で述べた。これは説明のためには必要であるが、同時に誤解を生む可能性もある。ニューロン的な展望からは、我々が線型ファッションで議論したものは平行結合と、平行して進行するニューラルな賦活の伝達から生じているのである。メタファーの内在する論理は、連続進行的に作動せず、むしろパラレルに賦活され、コンピュートされるのである。
　概念メタファーが、概念的なものを超えていくということを心に留めておくことは重要である。それらは物質的文化にも結果を持つのである。たとえば**目標のある人生は旅である**というメタファーは、非常に重要な文化的なドキュメント、［カリキュラム・ヴィタエ［ラテン語「人生の途すじ」］を定義する（柴田の注：フランス語では、より具体的な「履歴書」という意味になる）。このCV（「人生の途すじ」）は、我々がその旅の途中のどこにいるのか、我々がスケジュール通りであるかを示す。我々は速く遠くまで進む人々に強く印象づけられるし、「計画に遅れている」人々についてはそんなに印象づけられない。人生において方向が見つけられていない人は助けてあげなければならないと

みなされる。我々は、旅を始めることを長く待ち、その結果「船に乗りそこなった」人を気の毒に思うことになっている。また我々よりもずっと速く遠くまで行った人を嫉妬するということにもなっている。

　もしもあなたがメタファー的に考えるなどということはないと疑ったり、あるいは一つの文化のメタファーがあなたに影響を与えていないのではないかと疑うなら、このメタファーの細部、あなたのまたはあなたのまわりの人々の人生が日々これらによって影響されているということをよく見てもらいたい。同時に、世界中では、このメタファーが存在しないような文化があることも想起されたい。それらの文化では人々はただ彼らの人生を生きている。そして方向を失ったとか、あるいは船に乗りそこなったとか、後ろから引っぱられているとか、人生の泥沼にはまったなどのアイディアそのものが、そこでは何の意味も持っていないのである。
《レイコフ、ジョンソン『肉中の哲学』からの再引用、終わり》

　上記の中で繰り返し語られる「目標のある人生」という欧米人の観念（民衆モデル〈フォーク〉）は欧米人の強烈な「ズームアウト思考」を象徴しています。まず最初に１点（旅の「目標」）を設定して、そこから次々と、その１点に到達するための計画を展開して行く発想です。これはまさに、ユークリッド幾何学で、まず「公理」を設定して、そこから論理的に導き出される図形の諸性質を逐次説明して行くのと同じ指向性を持っています。レイコフ、ジョンソンの「目的のある人生は旅である」を読んでいて私は、以前に読んだ中野孝次『清貧の思想』（草思社）を思い出しました。この本の中には、文字通りの意味で「人生は旅である」を身を以て実践した日本文化史上の何人かの有名人のことが語られています。その中でも、「奥の細道」や「野ざらし紀行」で知られる松尾芭蕉について、中野さんは次のように解説しています。

《中野孝次『清貧の思想』からの引用》
　十五、旅で死ぬ覚悟の芭蕉に見えた景色

第Ⅳ章　ものづくり国家を支える日本人のズームイン型情緒

　　野ざらしを心に風のしむ身かな

　生にリピートはなく、生きるということはそのときどきに一回限り
という思いを、芭蕉はつねづねに心のうちで新たにしていた人だった
ように思われる。自分の詠み捨ててきた句はどれもが遺言である、辞
世である、と言い切ったところにもその覚悟のほどがうかがえるが、
彼は俳諧師の本領である歌仙についても、

　　歌仙は三十六歩也。一歩も後に帰る心なし。行(ゆく)にしたがひ、心の
　改(あらた)はたゞ先へ行(ゆく)心なれば也（『三冊子』）

と言っている。生にリピートがないように歌仙にも繰り返しや後戻り
はなく、新しく開ける状況ごとにまた新しく生きるだけだというので
あろうか。
　芭蕉は『野ざらし紀行』を初めとしていくつもの紀行文を書いた。
漂泊の思いに駆られて生涯を旅にすごした人のような印象を与えて
いるし、芭蕉といえば『おくのほそ道』というくらい彼と旅は一体
になっている感を与える。が、実際に調べてみると、たしかに彼は
好んで漂泊の旅をしたに違いないが、それほどの旅をしたわけではな
い。旅程についていうなら中世の連歌師や遊行僧のほうがはるかにす
さまじい旅の生涯を送っている。宗祇(そうぎ)などは中国、九州路にまで赴き、
越後へは九回もゆき、最後の越後行の帰路、箱根湯本で病没したのだ。
八十二歳であって、これなぞまさに漂泊に明け暮れた生涯である。
　にもかかわらず芭蕉といえば旅、漂泊者といえば芭蕉というくらい
彼と旅との印象が強く結びついているのは、旅に賭けたその心持にや
はり特別のものがあったからだろう。「野ざらしを心に風のしむ身か
な」と『野ざらし紀行』の初めにうたっているように、この旅でわが
生涯を終るくらいの強い覚悟で彼は旅に出た。それはつねに一回限り
の、繰り返しのない、いわば一生を凝縮したような旅であった。その
ことが芭蕉の旅をわれわれに特別に印象深いものにしているのだと思

う。病弱な身は旅先のどこでいつ倒れるかわからぬ。風雨にさらされて白く野原に埋っている髑髏(どくろ)が自分かもしれぬが、それならそれでよい、というくらいの覚悟で芭蕉は旅立ったのだ。

『笈の小文』の旅になると、「旅人と我名よばれん初しぐれ」と、一見自己を客観視する余裕を見せ、『野ざらし紀行』の悲愴さはないようだが、これが自分の生涯と覚悟することは変らず、だから紀行の初めにわが生涯を圧縮したような文章を残している。

かれ狂句を好(このむ)こと久し。終(つい)に生涯のはかりごとゝなす。ある時は倦(うん)で放擲(ほうてき)せん事をおもひ、ある時はすゝむで人にかたむ事をほこり、是非(ぜひ)胸中にたゝかふて、是が為に身安からず。しばらく身を立(たて)む事をねがへども、これが為にさへられ、暫(しばら)ク学で愚を暁(さとら)ン事をおもへども、是が為に破られ、つゐに無能無芸にして只(ただ)此一筋に繫(つなが)る。西行(さいぎょう)の和歌における、宗祇の連歌における、雪舟の絵における、利休(りきゅう)が茶における、其貫道(そのくわんだう)する物は一(いつ)なり。しかも風雅におけるもの、造化(ざうくわ)にしたがひて四時(しいじ)を友とす。見る処花にあらずといふ事なし。

旅立つにさいして自分のこれまでの生き方を要約し、自分は「無能無芸にして只此一筋に繫る」者にすぎないが、しかしその心はこの国の文芸の士の志したところを目ざそうとして来たのだと、いわばそういう自己を肯定し、旅で死んでもさしつかえないのだ、「其貫道する物」につながるならば、と宣言しているのである。これがわれわれを打ち、芭蕉の旅に人生を見る気にさせるのだ。

芭蕉は日本では、西行を歌聖と呼ぶように、俳諧のひじり、すなわち俳聖と呼ばれて最も尊まれて来た日本を代表する俳人だ。これはむろん彼の俳諧が言語表現の最高の域に達しているためであるけれども、それと同時に彼の文芸に対する態度が日本文化の正道を継いでいると人びとが認めたためでもあると思う。芭蕉がここで「西行の和歌における、宗祇の連歌における、雪舟の絵における、利休が茶における、其貫道する物は一なり」と言っているのは、自分は無能無芸の身では

あるけれども志はこの一筋の道を求めてきた者、それを受け継ぐ者だ、と言っているわけで、非常に高い自負をしめしていることになる。

　和歌、連歌、絵画、茶道とその行うところは違っても、この国における風雅の道、風雅の心には同じものが貫いているのである。それは一言でいえば、身を塵外に放って、宇宙自然の運行に身を任せることにほかならない。わが身の小さな我を放棄して大自然大宇宙に遍界する理に身をゆだねること、山川渓色、悉皆仏性という、その仏性に随うことにほかならない。ひとたびその界に身を任せた者にとっては、見るところ花でないものはなくなる。そう言っているのだとわたしには思われる。

　わたしはいつかある雑誌の企画で、幾人かが『おくのほそ道』の旅をリレーで辿る計画に乗り、千住から黒磯まで芭蕉の足跡を追ったことがあった。辿るといったってクルマでのことで、街の景色も自然も変わってしまっていて、当時の旅の不便と旅情を知るべくもなかったが、そのとき芭蕉と曽良の旅が案外にゆっくりしたものであるのに初めて気がついた。寄り道したりしてのんびりと北上しているのである。

　道中も決してみじめなものではなく、行く先々に芭蕉の名声を慕って待ち受けていた人びともいたようだし、旅行記から受けるような悲愴な旅ではなかったらしいことがわかった。そのとき、では一体何が『おくのほそ道』をあのように旅情あふれる風雅なものにしているのかと疑い、当たり前のことながら、それはつまり芭蕉の心ひとつに懸かっていたことを納得したのであった。芭蕉の胸中の風雅が『おくのほそ道』を風雅の旅にしているのである。あの文学性は芭蕉の胸に鳴るものの表現であったのだ。

　あとでわたしは芭蕉が『おくのほそ道』の旅に立つ前の元禄二（一六八九）年閏正月、伊賀の遠雖あての手紙でこう言っているのを安東次男に教えられた。安東は年来芭蕉に打ちこむこと深い人だからこういう手紙に目をつけ、芭蕉の心境を察することができたのだろう。

　去年たび（去年の旅。すなわち『野ざらし紀行』のあとの木曽更級

への旅）より、魚類肴味口に払捨、一鉢境界、乞食の身こそたふとけれとうたひに侘しき貴僧（増賀上人）の跡もなつかしく、猶ことしのたび（『おくのほそ道』の旅）はやつし〵てこも（菰）かぶるべき心がけにて御坐候。

　去年の旅を終えたときから自分は魚肉を断って、あの「名聞くこそくるしけれ、乞食の身こそたのしけれ」とうたった増賀上人の心境を慕っている。今年の奥州の旅は、身をやつし菰をかぶる乞食の心がけでゆく覚悟であります、というのだ。これを疑う理由はまったくない。
　芭蕉の句に、「菰をきてたれ人ゐます花の春」というのがある。西行を尊ぶこと深かった芭蕉は、西行の『選集抄』という本に多くの乞食の話があるのを偲び、身を乞食になす覚悟あって初めて風雅はひらける、春の花は見えると、この句を詠んだ。「乞食の身こそたのしけれ」とは、彼の真情であったのだ。たとえ、人に手厚くもてなされることがあっても、心の覚悟は「菰かぶるべき心がけ」だったのである。
　芭蕉の旅が実際は各地の俳人や豪商に手厚くもてなされての比較的快適な旅であったとしても、彼の心はすべてを捨て切って乞食に生きる無一物の僧と同じ、身にも心にも何も所有せず、全存在を造化にゆだねきった程（てい）の心境であったと思われる。まさに「造化に従ひ、造化に帰れ」であって、自然というものがこのときくらいそのまったき力で彼の心を領したことはなかったろう。『おくのほそ道』の句がみなそのことを証明しているようである。

　　あらたふと青葉若葉の日の光
　　（柴田注：「あらたなり」＝「あらたかなり」＝神仏の霊験が著しい。信仰の結果、ききめがはっきり現れる。──三省堂「明解古語辞典」）

　日に照りはえる青葉若葉などは万人が感歎して眺めるところであるけれども、それを「あらたふと」という言葉で表現した者は一人もいなかった。「あらたふ」という言葉と結びつけられたとき青葉若葉は

第Ⅳ章　ものづくり国家を支える日本人のズームイン型情緒

一種の宇宙的な、あるいは宗教的な感情を呼びさますものとなって、それが日光東照宮の朝への挨拶の意をふくむことなどと関係なく、日本語による最も美しい若葉の句となったのだ。現代のわれわれでも若葉を見ればこの句を思いだし、句によって青葉若葉の発するまったき力を感じる。『おくのほそ道』にはそういう種類の、一度知ったら忘れられぬ、まるでその土地の精が凝って句となったような句が多い。

　　夏草や兵(つわもの)どもが夢の跡
　　閑(しずか)さや岩にしみ入る蝉の声
　　五月雨(さみだれ)をあつめて早し最上川
　　象潟(きさかた)や雨に西施(せいし)が合歓(ねぶ)の花
　　荒海や佐渡によこたふ天河(あまのがは)
　　塚も動け我(わが)泣く声は秋の風
　　むざんやな甲(かぶと)の下のきりぎりす

　詩人の全身全霊が土地の精を感得し、地の霊が詩人の口を藉(か)りてその心をうたったような句ばかりである。まさに「造化に従ひ、造化に帰れ」であって、自然そのものが芭蕉の口を藉りて己れをうたっているようである。
　　旦那衆の風流な吟行のような生半可な心掛けではとうていこんなふうに純粋に造化の心を感じとることはできない。一鉢境界、旅で死ぬ覚悟の人にだけ見えたそれは景色であったと思われる。
《中野孝次『清貧の思想』引用中断》

　ここにある「人生は旅である」という思想（というか、むしろ人生観そのもの）は、レイコフ、ジョンソンの言う「目的ある人生は旅であるメタファー」とはまったく違います。また、彼らが言う「世界中では、このメタファーが存在しないような文化があることも想起されたい。それらの文化では人々はただ彼らの人生を生きている。」という文化とも全く違います。彼らが想定しているのは、生まれてから死ぬまで、一生をジャング

ルの中の狭い地域で狩りをして暮らす人々のことです。「メタファー」（連想によって、具体的な事象の構造や機能をより抽象的な概念に投射すること）ではなく、まさに字義通りに「人生を"旅そのもの"に化してしまう」伝統的な日本人の人生観、世界観はレイコフ、ジョンソンの想像力の限界を超えています。

さて、芭蕉が尊敬して止まなかった西行について、『清貧の思想』で中野さんは詳しく解説していますが、西行についての部分は本書巻末の付録6に引用・採録しておきますので、ご参照ください。

このように、伝統的な日本人の「人生は旅である」という感覚は、「旅」というものを「さすらいの旅」「放浪の旅」「道を求める旅」（求道の旅）という、「目標のない旅」あるいは「目標に到達することを永遠に求め続ける旅」という徹底したズームイン型思考（「目標は最後に至るまで確定しない」）に基づいています。ズームアウト型思考だと、先ずは「目標」を最初に設定して、そこから逆算して、いついつまでに何をしなければならないとか、途中にはどのような障害物が予想されるか、とういうようなことになります。宗教にしても、ズームアウト型は「初めに唯一の神あり」の一神教で、キリスト教、ユダヤ教、イスラム教のようになります。我々の方は「八百万の神」で、神様が800万人もいるのでは、どれがどれやら、サッパリ分からなくなってしまいますから、どうしても「いい加減」になるのは仕方がないでしょう。旧約聖書の出エジプト記では、「約束されたカナンの地」という明確な目的地への旅です。我々の方の宗教的な旅は、遊行僧の放浪の旅は『清貧の思想』でも取り上げられていましたが、一般庶民の「御伊勢さん参り」などの旅でも、本当の目的は「御伊勢さんに到達すること」よりも、途中の物見遊山にお目当てがあるわけで、当時は至る所に関所があって、通行手形を発行して貰う面倒がありましたが、宗教的なお参りの旅だと言って申請すれば比較的容易に手形を発行して貰えたので、江戸の庶民たちはそれを利用して大いに旅の途中をエンジョイしたわけですね。ズームイン型では、到達目標（結論）よりも途中のプロセスの方に力点があるのです。武者修行でも、どこかの目的地を目指して旅をするのではなく、真剣勝負をして、負けて命を落とすまで旅

第Ⅳ章　ものづくり国家を支える日本人のズームイン型情緒

を続けるわけですから、「果てし無き旅」というか、「命がある限り続ける旅」です。
「ズームアウト／ズームイン型認知」というのは、私は初め、「西洋医学vs東洋医学」「西洋哲学vs東洋哲学」というような、俗に言う「東洋と西洋の発想の違い」をもう少し認知的にはっきり判定できる基準を探し求めていて発見した概念ですが、どうも思っていた以上に人生観、世界観の根本に関わる、とてつもなく重要な概念ではないかという感じがしてきました。

● 2013年4月29日：訂正と補足
現代のものづくり工場に生き続ける「前近代的な職人意識」
　上記の論考「日本人のエートスと欧米人のエートス ／ 対極的な、あまりに対極的な……」に対して佐良木昌さんと北村和夫さんから、批判的なコメントを頂きました。
　北村さんは、

> 「日本人の職人の精神的身体的全エネルギーを自己の匠の技に収斂させていく思考が……。それとフランクリンの労働観などが対比されていますが、引用されているマックス・ウェーバーは、それは欧米に元々あったものではなく、プロテスタンティズムによって与えられたものと考えています。また、ヨーロッパでも中世には、手工業者は、自分の制作物への何がしかの喜びがあったとも書いています（『プロテスタンティズムの倫理と資本主義の精神』岩波文庫　1989年、362頁）。
> 　これとは別の話ですが、芸術において、絵画での迫真性への追及、音楽でのバッハ以前の作曲家の水準の高さなど、日本の職人のように、あるいはそれ以上に、その技術自体への価値を追求しているとも言えるのではと思います。（以下、省略）」

と書いています。佐良木さんも、

281

「『この、仕事に対する強固な意識は、必ずしもすべての国の産業労働者に共通に顕れるものだとは言い難い。むしろ、すぐれて日本に特殊な考え方であったといわなければならないと思う。』（平川克美『移行期的混乱――経済成長神話の終わり』筑摩書房）に疑問があります。

ドイツの金属労働者や、イギリスの炭鉱・港湾労働者のプロ意識と技能について、知らないのでしょうか。知らないとすれば、調べずに決め付け的な見解（を述べているの）ではないでしょうか。米国でもミシガンのドイツ系の人たちが、斧の効率的な形状を工夫したことは、『技術屋の心眼』（平凡社ライブラリー）E.S. ファーガソン、で周知事項です。（柴田の注：「ヨーロッパとは古典古代（ギリシャ・ローマ）の伝統と、キリスト教、それにゲルマン民族の精神、この三つが文化の要素としてあらゆる時代、あらゆる事象に組み合わされたものだというふうにも言われている」増田四郎『ヨーロッパとは何か』岩波新書）。（中略）

小関智弘が執筆した「町工場のプロセス知」（『技術知の位相』Ⅰに所収 東大出版 1997）。この論文に、スローアウェイ・バイトという先端技術の加工刃物に結実した現場労働者の智慧ともいうべき、技術化の基礎としての技能を解明しています。小関さんの著作から、私は多くのことを学びました。拙著においても、長い引用をいたしました。（中略）

工場労働者の技能と技術は、それぞれの国の土着的なものと結びつきつつも、普遍的なものと思います。近代技術の基盤といってもよいでしょう、したがって、対極的ではなくプロレタリアの普遍的エートスだと思います」

なるほど、なるほど。お二人の指摘に私も納得しました。同時に、私の直感的な感性はやはり正しかったのではないか、しかし私はそれを誤った言語的表現で記述したために、結果として間違った主張になってしまったのではないかと思いました。

私のズームアウト／ズームイン型認知 vs 主要部前置／後置型語順の対立抗争仮説によれば、ヨーロッパの中世から近世への移行とは正に、ヨー

ロッパ人たちの脳内認知が彼らの諸言語の主要部後置型を 2000 年かかって主要部前置型へと逆転させて脳内宇宙を晴れ上がらせた結果であり、プロテスタンティズムの発生もそれと連動した動きだと捉えています。従って、佐良木さんが主張されるように、「工場労働者の技能と技術は、それぞれの国の土着的なものと結びつきつつも、普遍的なもの」と私も思います。しかし、それがヨーロッパにおいては、芸術家や芸術のための器具の制作者（例えば、バイオリンの制作職人）など特殊な分野を例外としながら、近代資本主義生産様式の展開とともにかなり急速に弱体化して行き、「前近代的な職人意識」として「歴史的存在」となっていったのではないでしょうか。私のズーム型認知仮説では、ヨーロッパの中世は、ズームアウト型認知と主要部後置型語順の対立・抗争の時期であると把握しています。従って、「近代ヨーロッパ」から見て、それと対立する「中世的」な事物というのは、多分にズームアウト型認知と対立するズームイン型的な傾向の強いものであったと考えられます。中世ヨーロッパの「職人気質」や「芸術家気質」がこれに該当し、もしかするとこれらの気質は現代に至るまで、例外的な存在として、一部に存続し続けているとも考えられます。

　それに比較すると日本では、この職人気質は明治の文明開化の「殖産興業、富国強兵」政策のもとでもかなり強固に存続し、「前近代的な歴史的存在」としてではなく「目の前に見える現実のもの」として、平川克美さんの『移行期的混乱』によれば高度成長期に至るまで、私たちの周辺に存在し続けた、ということになるのではないでしょうか。「日本は物質的には激しく近代化が進んだにも関わらず、社会的な意識の面では、前近代的な面を強く残している」と言われ続けた一因には、このような面も預かったのではないかと思うのです。

　ここで、「前近代的」とか「近代化」などの表現の根拠となっている「中世」「近代」という世界史学上の時代区分について、ズーム型認知仮説の観点から再検討してみると、大きな問題点が浮かび上がってきます。非ヨーロッパ世界（特に、日本や朝鮮のようにズームイン型認知と主要部後置型語順が完璧に調和している社会）においては、「中世」から「近代」に転換するという内的（精神的）必然性がまったくありません。非ヨー

ロッパ世界における「近代化」とは、近代化したヨーロッパ帝国主義・植民地主義によって専ら外的（軍事的・経済的）に強制されたものです。日本の「文明開化」（＝西欧化）は「日本が西欧の植民地にされてしまう危機が迫っている」という強迫観念のもとに、国をあげて大急ぎで強行されたものですから、まさに外的な要因のみが原因だったと言えるでしょう。日本はこれで大成功したように世界中から（日本自身を含めて）思われていますが、ズーム型認知仮説の観点からすると、全く違うのです。日本人の精神的基盤にはズームイン型認知があり、この上に急遽ズームアウト型の近代西洋文明を覆い被せたのですから、これは、ズームアウト型認知と主要部後置型語順が対立・抗争をつづけた中世ヨーロッパ人とよく似た精神構造になってしまったと考えられます。

　この事態が根本的な動因となって、日本の知識人の間では、「和魂洋才」とか「近代の超克(注)」とか「昭和史論争」（これについては第Ⅴ章7節で触れています）とか、「近代ヨーロッパ思想」と「日本の伝統的思想」との二律背反現象が繰り返し発生してくるのです。知識人の間だけでなく、政治家たちも、「アメリカと一心同体の日米運命共同体」「グローバル社会の有能な人材を育成するために、小学校の早い時期から英語教育の徹底」と「靖国神社参拝」「日本は天皇が統治する神の国」といったような、一見すると極めて矛盾する主張を平気で繰り返すのも、ズーム型認知の混乱が原因なのかもしれません。

　　(注)《Wikipedia「近代の超克」から引用》
　　http://ja.wikipedia.org/wiki/%E8%BF%91%E4%BB%A3%E3%81%AE%E8%B6%85%E5%85%8B
　　「近代の超克」（きんだいのちょうこく）は、戦中期日本の文芸誌『文学界』（1942年（昭和17年）9月および10月号）の特集記事で、掲載された13名の評論家によるシンポジウム。この特集をまとめ、単行本が1943年に創元社で刊行された。竹内好による同タイトルの批判論文(1959年)もある。

第Ⅳ章　ものづくり国家を支える日本人のズームイン型情緒

概要

「知的協力会議」と銘打ったこのシンポジウムは、対米英開戦という時局のもと、明治時代以降の日本文化に多大な影響を与えてきた西洋文化の総括と超克を標榜して1942年7月、河上徹太郎を司会として2日間にわたり行われた。

『文学界』の同年9月号にはシンポジウムに参加した西谷啓治・諸井三郎・津村秀夫・吉満義彦の論文が、10月号には亀井勝一郎・林房雄・三好達治・鈴木成高・中村光夫の論文、およびシンポジウム記録が掲載された（このうち事後に書かれた三好・中村のものを除く論文は、事前に執筆されシンポジウムで検討に供されたものである）。これらは翌1943年7月には同名タイトルの単行書として創元社より刊行されたが、この際、鈴木の論文は外され、代わりに当初未掲載であった下村寅太郎・菊池正士の論文、および司会の河上による「結語」が新たに収録されている（論文タイトルなどは後出）。

第二次大戦後、竹内好は『近代日本思想史講座』第7巻（筑摩書房より1959年刊）に、論文「近代の超克」を寄稿し、当時はほとんど忘れ去られていたこのシンポジウムを批判的に検討し日本思想史の問題として全面的に総括することを提起した。

参加者

参加者の大半は京都学派（「世界史の哲学」派）の哲学者、旧『日本浪曼派』同人・『文学界』同人の文学者・文芸評論家により構成されていた。なお役職名は当時のものであり、論文タイトルは1943年創元社版に収録されたものを記した。

- 西谷啓治—京都学派の哲学者。京都帝国大学助教授。論文「「近代の超克」私論」を執筆。
- 諸井三郎—音楽評論家。東洋音楽学校・東京高等音楽院講師。論文「吾々の立場から」を執筆。
- 鈴木成高—京都学派の西洋史家。京都帝大助教授。
- 菊池正士—物理学者。大阪帝国大学教授。論文「科学の超克について」を執筆

- 下村寅太郎—京都学派の科学史家。東京文理科大学教授。論文「近代の超克の方向」を執筆。
- 吉満義彦—哲学者・カトリック神学者。東京帝国大学講師。論文「近代超克の神学的根拠」を執筆。
- 小林秀雄—文学界同人の文芸評論家。明治大学教授。
- 亀井勝一郎—かつて日本浪曼派に参加し、文学界同人の文芸評論家。論文「現代精神に関する覚書」を執筆。
- 林房雄—文学界同人の文芸評論家。論文「勤王の心」を執筆。
- 三好達治—文学界同人の詩人。明大講師。論文「略記」を執筆。
- 津村秀夫—映画評論家。朝日新聞記者。文部省専門委員。論文「何を破るべきか」を執筆。
- 中村光夫—文学界同人の文芸評論家。論文「「近代」への疑惑」を執筆。

参考文献
- 『近代の超克』 冨山房百科文庫、初版1979年 ISBN 4572001235
  1943年の創元社版に、松本健一による「解題」、竹内好の同名論文を併録
- 廣松渉『〈近代の超克〉論—昭和思想史への一断想—』(朝日出版社、1980年／講談社学術文庫、1989年)
- 孫歌『竹内好という問い』(岩波書店)
- 菅原潤『「近代の超克」再考』(晃洋書房)
- 子安宣邦『「近代の超克」とは何か』(青土社)

《引用、終わり》

　私の大学の同僚で機械翻訳分野の大先達である首藤公昭さんと時々昼食時に学生食堂で出くわして、世間話をしながら昼食をともにすることがあります。先日もそのような機会があって、私が「明治時代の夏目漱石や森鷗外などは、強力な西欧文明の威力に圧倒されつつも、伝統的な日本人としての自我を守り抜くために悪戦苦闘していたように思います。」というような話をしたら、首藤さんは、「最近の若い研究者たちはあちら(アメ

リカやヨーロッパ）に行っても、自我の相克に悩むほど日本人としての自我が確立していないから、あちらの思考にスーッと染まっちゃうんだよね。寂しいなあ。」と言っていました。「昭和は遠くなりにけり」というところでしょうか……。

　そうは言っても、「精神的身体的全エネルギーを自己の匠の技に収斂させていく思考」は21世紀の『情報化社会』、IT産業の時代になっても、依然として職場に強く生き続けていることが、佐良木さんの著書の中の長い引用にはっきりと示されています。その長い引用を、本書巻末の付録6に再引用させて頂きます。ご参照ください。そこで紹介されている現代のものづくり工場に生き続ける「前近代的な職人意識」は、また、現代の教育現場で、生徒たちに少しでも分かりやすい教材・教具を作り出すために創意・工夫を凝らしている日本の小学校・中学校の教師たちにも共有されている精神です。

第V章
遠山啓「水道方式」の批判的再検討

Ⅴ―1. 遠山啓「水道方式」を読む(その1) ／ 遠山啓の「『一般』から『特殊』へ」はプラトンの『イデア論』であり、ズームアウト型(現代ヨーロッパ型)の思考そのものだが、福岡数教協の教師たちはそれを真逆のズームイン型に読み替えて、素晴らしい教育実践を成功させている

　先月(2012年6月)9日に福岡数学教育協議会(福岡数教協)の年会に参加させて頂き、I先生から、遠山啓の「水道方式」の本質は「『一般』から『特殊』へ」という方向で授業カリキュラムを組み立てて行くことだ、と教えて頂きました。「なあんだ、それなら、私が言っている日本人式のズームイン思考そのものではないか」と感動して、銀林浩ほか編『遠山啓エッセンス②水道方式』(日本評論社)を購入して読み始めました。そうしたら、初っぱなから感じが妙なのです。遠山氏は「『一般』から『特殊』へ」の例として、

　　……数学のなかにでてくるいろいろの概念が、多くの場合において、〈一般―特殊〉という関係で結ばれていることが多いということである。たとえば、三角形、二等辺三角形、正三角形、…といえば、それらはだんだん特殊なものとして前の概念に包まれているのである。

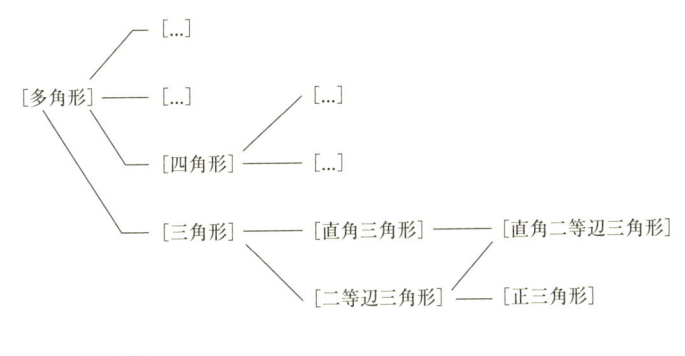

第Ⅴ章　遠山啓「水道方式」の批判的再検討

```
                ┌─ [...]
    [多角形] ───┼─ [...]
                │              ┌─ [...]
                └─ [四角形] ───┴─ [...]
                   │
                   └─ [三角形] ───┬─ [直角三角形] ─── [直角二等辺三角形]
                                  │
                                  └─ [二等辺三角形] ─── [正三角形]
```

……（後略）

　〈一般─特殊〉という関係は、「概念形成」という観点で捉えると「ズームアウト」思考となり、「活動・操作」と捉えると「ズームイン」思考になるという、まことに紛らわしい限りの、ややこしい関係になっています。7月15日に福井工業高専で開かれた「関数電卓を利用した授業」研究会の折に、私も「算数教育と世界歴史言語学」のテーマで講演発表させていただいたのですが、その席でも有本茂さん（津山工業高専）から、「ヨーロッパ人でも、ゲーテなどは、『先ず、全体像を把握し、それから細部の緻密な詰めに入ってゆく』という思考方法を奨励していると聞くが、これは『大から小へのズームイン思考』ではないのか？」というご質問がありました。同様のご質問をこれまでいろいろな方からいろいろな機会に受けたのですが、これは、違うのです。「ズームイン」「ズームアウト」という命名が誤解を生みやすい名前だったのかもしれません。
　ゲーテの場合も遠山啓の場合も、先ず、「三角形」というような1つの抽象的な「概念」から出発しています。人間は「概念」を脳内に形成するためには、それを意識に呼び出すためのラベルを貼り付けなければなりません。通常は、人は単語（言語）を用いて概念のラベルとします。「三角形」という単語を意識することによって、人は、「すべての三角形からなる抽象的な集合」という概念を自己の意識の上に呼び出し、視覚的なイメージとしては、もっとも一般的な（と自己が考えている）不等辺三角形のひとつを思い浮かべることになります。これが、実はズームアウト思考

の出発点となるピンポイントのスタート地点なのです。この「もっとも一般性を持つ不等辺三角形」のイメージが、実は、世界の最先端で活躍する数十人の数学者や理論物理学者に私が尋ねたところ、全員が「鋭角三角形」のイメージを脳内に描いていて、鈍角三角形では成り立たない命題に対して「全ての三角形で成り立つ」という錯覚を起こしたのでした。「街灯は三角形をした公園のどこに立てるべきか？」
http://www1.rsp.fukuoka-u.ac.jp/kototoi/igi-ari-4.pdf
参照。

　上に引用した遠山啓氏の説明図を見るとよく分かるように、遠山氏は、この「三角形」という１点から出発して、ズームアウトに発展させて、「三角形」という概念の具体例である「直角三角形」と「二等辺三角形」を例示する、というステップに進みます。さらに、この２つを組み合わせた「直角二等辺三角形」や、それ以外の「正三角形」（二等辺三角形の特別な場合）を追加して、「三角形」概念の具体的な内容をどんどん増やしています。これは、私の用語で言うと、知識の内容をどんどん増大させている「ズームアウト思考」という事になります。また、プラトンの「イデア論」でいうと、「三角形」というイデア（理念）が具体的な形象となって結実したものとして「直角三角形」や「二等辺三角形」を例示してゆくわけです。
　これとは真逆の「ズームイン型思考」というものがどういうものかを理解して頂くために、私が以下にズームイン思考に従って「三角形」概念を説明してみます。

[ズームイン型の「三角形」の説明]

「三角形」とは、次の3つのもの（3つの集団）から成る。

① 鈍角三角形	外心が三角形の外にある三角形	（1）1．鈍角二等辺三角形
		（1）2．二等辺ではない鈍角三角形
② 直角三角形	外心が斜辺の上にある三角形	（2）1．直角二等辺三角形
		（2）2．二等辺ではない直角三角形
③ 鋭角三角形	外心が内部にある三角形	（3）1．鋭角二等辺三角形
		（3）1．i. 頂角が90度未満で60度を超える二等辺三角形（内心が重心よりも上にある二等辺三角形）
		（3）1．ii. 頂角が60度の二等辺三角形（＝正三角形）
		（3）1．iii. 頂角が60度未満の二等辺三角形（重心が内心よりも上にある二等辺三角形）
		（3）2．二等辺ではない鋭角三角形

　ズームイン認知型の人間は、上に表示したツリーを下方（右方向）に向かってたどって、どれかのノードの先端に向かって意識を集中してゆく事が多いのです。これはちょうど、私たちが自分の住所を表現する場合と同じで、先ず、「三角形」であれば、「鈍角三角形」であるか、「直角三角形」であるか、あるいは「鋭角三角形」であるのかを確認します。そして、これら3つの場合以外の第4の可能性は絶対に無いことを知って安心します。

　次に、その場合の内の、二等辺の場合と二等辺でない場合の区別に進みます。そして、排中律によって、それら2つの場合以外の可能性はあり得ないことを確認します。このようにして、次々と自分の立ち位置を一歩一歩確認しつつ進んで行きます。

　これに対して、「ズームアウト型」の思考では、先ず、「三角形」という概念で思いついたのが「直角三角形」と「二等辺三角形」です。もちろん、三角形としてはそれ以外のタイプのものもあるのですが、当面、上に挙げ

た2種類以外には関心がないので、無視します。そして、上の2つのタイプを組み合わせて「直角二等辺三角形」を考え出したり、あるいは「二等辺三角形」の特別な場合として「正三角形」を想起します。発想は自由であり、どんどん思いつくままに様々な概念を想起して、「三角形」という概念の内容をどんどん豊富にして行きます。勢いの赴くままに、ひょっとしたら「三角形」という枠を飛び出して、「四角形」や一般の「n角形」にまで考察が発展するかもしれません。

要するに、東洋的な「ズームイン思考」というのは、「身の程を知る」「自分の分際をわきまえる」ということで、論語でいえば、「君、君たらざるといえども、臣、臣たらざるべからず」(「たとえ君主が暗愚な暴君であったとしても、臣下の者は身分をわきまえて、自分が主君から与えられた職務を誠実に実行して実直に生きよ」ということです。中世のヨーロッパ人は認知型は「ズームアウト」型でしたが、言語の統語型が日本語のような「主要部後置型」から「主要部前置型」へと徐々に、徐々に変化しつつある最中だったので、目立った変化は起こりませんでした。しかし、14世紀にイタリア語順の逆転が完成すると「ルネッサンス」がおこり、15世紀にスペイン語順が逆転を完了するとレコンキスタでイベリア半島からイスラム教徒を追い出してスペイン王国を確立し、大航海時代へ乗り出して行きました。15世紀にドイツ農民のドイツ語の語順が逆転すると、ルターはバチカンの腐敗を糾弾し、聖書を新しい語順になったドイツ語に翻訳して、新ドイツ語が全国にあまねく普及する上で大きな貢献をしました。16世紀から18世紀にかけてフランス語や英語の語順が逆転すると、ジャン・ジャック・ルソーやヴォルテールやモンテスキューやジョン・ロックやデイヴィド・ヒュームなどが、「こんな封建制度や絶対王政の専制政治を許すな!」と論陣を張ります(啓蒙主義の時代)。ヨーロッパ諸語の語順の逆転がヨーロッパの中世を近世にと転換させたのでした。

映画『ダーティー・ハリー』の主人公 "Dirty Harry" Callahan, a San Francisco police detective の決めぜりふに、"One has to know his own limitations." というのがありますが、「人は己の限界を知るべきだ。」というのは、一見すると東洋のズームイン思考みたいですが、文脈がまったく

逆なのです。爆薬で相手を木っ端微塵に吹き飛ばしておいて、吹き飛んでバラバラになった相手の肉の破片に向かって吐き捨てる唾(つば)と同時にこの言葉を吐くのです。勝利者が敗者（の肉の破片）に向かって、「オレ様に刃向かおうなんて、身の程を知れ」とあざけっているわけで、愚かな相手と比較すれば、自分は「神」のような全能の人間であることを誇っているのです。爆殺されたのはハリーの上司である刑事部長ですから、まさに「君子たらざる上司」を「臣下」が木っ端微塵にしてしまったわけで、「論語」の精神世界とは真逆の「下克上」の世界です。

【閑話休題】
「三角形」と並んで、小学校の算数や中学校の「幾何」の単元に良く出てくる「四角形」についても、ズームイン型で私流に即席でまとめた表を、ご参考までに以下に示しておきます。

[ズームイン型の「四角形」の説明]
「四角形」とは、次の２つのもの（２つの集団）から成る。

（１）凸四角形	
（１）１．円に内接する凸四角形	（１）２．円に内接しない凸四角形
（１）１．i 円に内接する平行四辺形（＝等角四角形＝長方形）	（１）２．i．円に内接しない平行四辺形
（１）１．i-a. 正方形	（１）２．i-a. 正方形ではない等辺四角形（正方形ではない菱形）
（１）１．i-b. 正方形ではない長方形	（１）２．i-b. 等辺ではない平行四辺形
（１）１．ii. 円に内接する台形（等脚台形）で、長方形ではないもの	（１）２．ii. 円に内接しない台形（不等脚台形）
（１）１．iii. 円に内接し、長方形でも台形でもない凸四角形	（１）２．iii. 円に内接しない、平行四辺形でも台形でもない凸四角形
（２）凹四角形	

というような具合になります。

さて、６月９日の福岡数教協の年会では、小倉算数サークルのＩ教諭による手作り割り算計算機を使った「あまりのあるわり算」の授業案が紹介されました。

「整数のわり算をすると、普通はあまりが出る事に気づき、その表記方法やその計算方法を理解する。(わり算の一般化)この時期に必ず必要な学習内容である、『商が0になるわり算』に気づき、計算できる。」

ということで、まさに第Ⅲ章1節「余りの出る割り算から導入して、余りがゼロになる割り算に至る／一般的場合から出発して特殊な場合に至るズームイン型の教育実践例」という、福岡算数・数学教育実践サークルの考え方とまったく同じです。ただし、「数教協」と「数実研」とは「数学教育に対する考え方が違う」ということで別組織となっています。(私には、その違いが未だに理解できていないので、正直に言って、ここでは、どこがどのように違うのか、みなさんに解説することができません。)

また、その発表の後の討議の中で、Ⅰ先生から、「『2直線の交わり』について、教科書であげられているのは、まったく交わらない『平行』な場合と直交する場合くらいしか図で具体的に示されていないので、私の授業では、子供たちに2本の割り箸を持たせて、それを机の上に投げさせて、いろいろな角度で交わる事を体験させます。それから、非常に特殊な交わり方をする場合を、家具などの生活用品を使って例示し、『直角の交わり』や『平行(交わらない)』などの場合が、様々な用具で用いられていることを理解させます。このようにして、『一般から特殊へ』と説明してゆくのが『水道方式』です。」という解説がありました。これも、まさに、第Ⅲ章3節「ジャガイモの取れる季節には立体図形を勉強しよう／一般図形から導入して特殊な図形の性質を確認するズームイン型の幾何学教育」で紹介した「数実研」の考え方とまったく同じです。

つまり、遠山啓の「水道方式」を旗印に掲げる「福岡数教協」は、遠山氏の「『一般』から『特殊』へ」というスローガンを概念形成の道筋として捉える(そうすると、これはズームアウト思考＝ヨーロッパ式思考になる)のではなく、実践活動の操作手順として捉えて(そうすると、これはズームイン思考＝アジア的思考になる)教育実践をしているので、「数実研」と同様の驚くべき成功を収めているのです。

このことをもっとはっきりさせるためには、「『一般』から『特殊』へ」という抽象的なスローガンは不適切であり、「『多彩な具体例』を踏まえた上で『美しい特殊な具体例』へ」というような、教育実践として誤解の余地を生まないようなスローガンに置き換えた方が良いと私は思います。

V－2．遠山啓「水道方式」を読む（その2）／遠山さんは因数分解に偏見あり？

銀林浩ほか編『遠山啓エッセンス②水道方式』（日本評論社）を読んでいるのですが、その中の「一般と特殊」（1959年）という論文に、

《引用開始》
（前略）だが、特殊から一般に上昇するさいには、あとで必ず出発点である特殊の場合にもどってきて、両者の関係をあきらかにしておく必要がある，ということである。

その1つの例として2次方程式の解法をあげてみよう。
$$ax^2 + bx + c = 0$$
の根の公式と因数分解による解法とは〈一般─特殊〉の関係にある。つまり、根の公式を使えば因数分解はいつでもできるが、逆はできない。

　　根の公式　→　因数分解

普通行われているように因数分解─根の公式という順序に配列したら、そのあとでもう一度、根の公式を使って因数分解をやっておく必要があろう。そうしておかないと、2つの方法は異質のものとしてとらえられ、統一的な知識とはならない。だから結局、つぎの2つの方法があるといえよう。

```
  ──→ 根の公式        根の公式
        ↓            ↑  ↓
      因数分解  ──→  因数分解
```

　どちらがいいかについては、一概にいえないだろうが、右の方法が余計に時間がかかることは事実であろう。筆者は左のほうがよいと思っている[1]。

　なぜならばこの場合、因数分解の方法が根の公式よりやさしいとはいえないからである。第一に整数の分解がやっかいである。とくにx^2の係数が1でないときは、ひどく複雑になるのである。たとえば有理数の根をもつ場合でも

$$12x^2 + 11x - 15 = 0$$

のようなものになるとたくさんの試行錯誤をやってからでないと、因数分解はできないし、また、因数分解から根を出すときは、いわゆる零因子不在の性質を使わねばならない。これに反して、根の公式になると困難なのは完全平方をつくるところだけで、あとは1次方程式の等式変形の技術とちがうところはない。教育的にどちらがやさしいか、そう簡単に定められないのである。この考えは、なかなか受け入れられないかも知れないが、多くの人に考えてもらいたいのである。

　筆者は因数分解をとばして（完全平方だけは別として）できるだけ早く根の公式に進むほうがよいと思う。

　この考えに反対の人にしばしば出会ったが、よく話し合ってみると、その反対には大した根拠がないことがわかった。多くの場合、むかしの中学では因数分解をはじめにやらせたから、という1つの先入見にとらわれているのである。自分が、むかし教わったとおりに子どもに教えようとする根強い惰性ほど現代化の障害となるものはない。

---

(1) 遠山啓，因数分解再検討論，『数学教室』1957年4月号

　（以下省略）

《引用終わり》

第Ⅴ章　遠山啓「水道方式」の批判的再検討

　興味深いことに、遠山啓が提唱している「２次方程式の解法は根の公式で」というカリキュラムを全国規模で実施しているのがフィンランドの教育なのです。そのフィンランドでどういうことになったのか、実に面白い話が、フィンランドに永年滞在して、息子さんが現在は現地の中学校に通っている日本人の、ハンドル・ネーム Sommoro さんのインターネット・ホームページ『スオミの森の陰から』に載っているので、以下にご紹介します。

《引用開始》
　http://koulu.blog76.fc2.com/blog-entry-475.html
　2010 年 11 月 14 日
　［フィンランドの中学校の数学教科書の写真］
　Toisen asteen yhtälön ratkaisukava

$$ax^2+bx+c=0,\ a \neq 0$$
$$x = \frac{-b \pm \sqrt{b^2 - 4ac}}{2a}$$

　息子は数学で二次方程式や二次不等式の勉強をしている。日本の、中学の数学でも習った内容も多い。ところがフィンランドと日本では二次方程式の解き方でちょっとした違いがあるようだ。
　日本では、二次方程式を解くのに３つの方法を使う。
　１．因数分解をする。
　例）
　　　$x^2 + 2x - 3 = 0$
　　　$(x - 1)(x + 3) = 0$
　　　$x = 1, 3$
　２．平方完成をする。
　例）
　　　$x^2 - 4x + 1 = 0$
　　　$x^2 - 4x + 4 = 3$

$$(x-2)^2 = 3$$
$$x - 2 = \pm\sqrt{3}$$
$$x = 2 \pm\sqrt{3}$$

3．解の公式に代入して求める。

（上の写真の式）

　そして与えられた方程式がどれで解けるか見当を付けて解くのが定石だと思う。

　ところがフィンランドでは二次方程式の解法といえば解の公式への代入一本槍らしいのだ。教科書を見てみるとかろうじて

$$x^2 - 5x = 0$$
$$x(x - 5) = 0$$
$$x = 0, 5$$

と

$$5x^2 - 20 = 0$$
$$x^2 - 4 = 0$$
$$x = \pm 2$$

という例が出ていて、これは因数分解と平方完成ともいえるが、bが0とかcが0とかのごく簡単なケースだ。一般には因数分解で簡単に解けそうな方程式でも解の公式に代入して解く。

　まあ物理など実利的二次方程式を解かなくてはならない時には、因数分解しやすいとは限らないから最初からあれこれ考えずに解の公式に頼るのが面倒がなくていいともいえる。解くという目的を達成できればいいのだからとにかく解の公式を使う、というのはテストなどで電卓を使って計算していい（使ってはいけないこともあるが）というフィンランドの方針と、どこか共通するところがあるとも感じる。

　しかし数学の問題というものはただ解ければいいというだけでなく、手順を工夫してきれいに解くことで得られるものもあると思うし、そういう手続きを通じての式の取り扱いを体得し、おおげさかもしれないが数学的センスを身につけるという意味もあるのではないかと思う。そういう点では、日本式にいくつかの解き方を知っているのはいいこ

とだと思うのだが……。ともかく、日本との差が比較的少ない数学という教科での面白い違いだと思う。

息子は日本の教科書も勉強したので3つの解き方を知っている。因数分解で解いたら、教室でそんな解き方があるのかと珍しがられて、さらには回りの生徒が真似し始めたらしい。

《引用終了》

このように、フィンランドでは、2次方程式の解き方は解の公式（1950〜1960年代に遠山氏が活躍した頃は、「根の公式」と言っていた）を適用するやり方しか教えないのですが、実際に練習問題やテストに出る問題は根号計算などを簡単にするために係数を易しく選んであります。それでも、解の公式を使うと結構面倒になります。ところが、因数分解のやり方だとあっという間に解が求まってしまうので、Sommoroさんの息子さんはクラスの同級生たち（フィンランド人）から、「すごーい！僕にもそのやり方、教えて。」「私にも教えて！」と、一躍、クラスの人気者になってしまったのです。

まあ、これはフィンランド教育に限らず、欧米諸国の教育では、日本と違って、教科書でただ一通りの解法を与えて生徒に覚えさせる教育しかやっていません。日本のジャーナリズムや教育学者などが言っているのとは真実は正反対で、日本だけが生徒たちに複数の解法を考えさせる教育をやっているのです。ただし、ヨーロッパ諸国のうちでは、ハンガリーだけは例外で、日本と同じように、1つの問題にも複数の解法を生徒に考えさせる教育をやっています。これは、ハンガリーという国の文化が、他のヨーロッパ諸国とは異なって、氏名は日本と同様に「姓」+「名」の順で言い、「年」+「月」+「日」の言い方も日本と同じ、住所の言い方も、他のヨーロッパ諸国とは違って日本と同様に、大きい方から書き始めて、だんだん細かい番地に書き進んでゆきます。要するに、他のヨーロッパ諸国のように「一神教的な、唯一絶対に正しい考え方」という硬直した発想ではないということです。拙著『フィンランド教育の批判的検討』（花伝社）「幾何のひとつの問題を9通りの解法で解く。（フィンランド・ハンガ

リー合同数学セミナー）」（230ページ）参照。
　そもそも、遠山氏があげている

$$12x^2+11x-15=0$$

のようなものになるとたくさんの試行錯誤をやってからでないと，因数分解はできない

なんて、全然簡単じゃないですか。$12 = 3 \times 4, 15 = 3 \times 5, 4 \times 5 - 3 \times 3 = 11$ だから、$12x^2+11x-15 = (3x+5)(4x-3) = 0$ と、一発でできますよ。まあ、12 の分解の仕方には、$2 \times 6, 1 \times 12$ もあり、15 の分解には 1×15 があるから、最悪の場合、虱潰しで最後の最後まで正解に行き着かないと、$3 \times 2 \times 2 = 12$ 回の計算をする事になりますが、まあ、ここまで運が悪い事は滅多になくて、たいていは、その半分くらいのところで「OK！」となりますから、せいぜい 5〜6 回で終わるでしょう。生徒たちにとっては、こんなの、何でもないですよ。昔、私が子供の頃に、修学旅行などでみんなでバスに乗っていて、対向車のプレートナンバーを記憶して、その 4 桁だったか 6 桁だったかの数字の間に四則演算の記号や括弧を挿入して、計算結果が = 10 となるような遊び（パズル）を楽しんだものでしたが、そういう遊び感覚で、大いに「因数分解ゲーム」を楽しんだらいかがでしょうか？　現在の子どもたちも、けっこう、そのような遊びには夢中になるのではないでしょうか。みんなで競争して、優勝者には「因数分解名人」の称号と表彰状を与えるとか、クラス代表を選んでクラス対抗・学年最高チャンピオンを選ぶとか、なんだかどんどん盛り上がっちゃいますね。

　それから、Sommoro さんのブログに書いてあった、「2．平方完成する」というやり方も良いですね。$12x^2 + 11x-15 = 0$ の場合ならば、

$$12x^2+11x-15 = 12(x^2+2(11/24)x)-15$$
$$= 12(x+11/24)^2-12(11/24)^2-15$$

$$= 12\{(x+11/24)^2-(11/24)^2-5/4\}$$
$$= 12\{(x+11/24)^2-121/24^2-5 \times 12^2/24^2\}$$
$$= 12\{(x+11/24)^2-29^2/24^2\}$$
$$= 12(x+11/24+29/24)(x+11/24-29/24)$$
$$= 12(x+40/24)(x-18/24)$$
$$= 12(x+5/3)(x-3/4)=0$$

うーん、因数分解に比べると、大きな数を分子・分母に持つ初等的な分数の計算を頑張って実行する必要があって、ちょっとたいへんですね。

最後に、解の公式に単純に代入するだけなら、

$$x = \{-11 \pm \sqrt{(11^2+4 \times 12 \times 15)}\}/(2 \times 12)$$
$$= \{-11 \pm \sqrt{(121+720)}\}/24$$
$$= \{-11 \pm \sqrt{841}\}/24$$
$$= \{-11 \pm 29\}/24$$
$$= 18/24, -40/24$$
$$= 3/4, -5/3$$

上の、因数分解によらない第2, 第3の解法では、841 が 29 の 2 乗である事を知る必要があります。

やっぱり、因数分解による方法がいちばん簡単ですねえ。

遠山さんは

	根の公式		根の公式
⟶	↓		↑ ↓
	因数分解	⟶	因数分解

> どちらがいいかについては、一概にいえないだろうが、右の方法が余計に時間がかかることは事実であろう。筆者は左のほうがよいと思っている。

と書いていますが、「右の方法が（因数分解を2回繰り返す事になるから）余計に時間がかかる」点を考慮して、因数分解より「解の公式」を先に教えろ、と主張しているように読めますが、教育において「余計に時間がかかる」ことを厭うようでは教育は死にます。教育では「経済的な効率性」を優先すべきではありません。

フィンランド（やその他のヨーロッパ諸国）のような「公式当てはめ一本槍」ではなく、日本の教科書にあるような、いくつものやり方を学んで、全てのやり方で問題を解き比べてみて、それぞれの解き方の長所、短所を知る、というのが一番良いのです。

また、遠山氏は、因数分解による解き方の論理的な問題点として「零因子の不存在」という代数的な問題をあげてますが、そんなことを言い出すのなら、解の公式を出すときに用いる「べき等元（2乗して単位元になる数）は 1 と −1（だけ）である」ということもきちんと証明を書いておかなければなりません。（注）念のために、更に詳しく注意しておくと、$x^2 = 1 \to x^2 - 1 = 0 \to (x+1)(x-1) = 0$ となり、ここから $x=1$ または $x=-1$ を主張するためには、「零因子の不存在」を証明する必要が発生します。

実際の現行の教科書では、2次関数とそのグラフ曲線である放物線のことを詳しく扱うので、2次方程式を解くという問題は、2次関数のグラフ曲線が横軸を横切る点の座標として解釈されています。従って、遠山氏が問題視する「零因子の不存在」という代数的な問題は、この幾何学的な解釈によって、中間値の定理に置き換えられ、その根拠は「実数の連続性」という、中学生や高校生にとっては「自明の理」に還元されているのです。だから私は、この点については、日本の数学の教科書は、非常にうまく書かれているのではないかと思っています。ほかの点については不勉強で良く知りませんけれど。

さらに、遠山氏の持論の「分析と総合」ということで言えば、西洋流の

第Ⅴ章　遠山啓「水道方式」の批判的再検討

数学や自然科学の考え方の基本はモノやコトを基本的な要素に分解して、それらの基本要素がどのような構造で組み立てられているのかを明らかにすることを主要な研究手段として来ました。多項式（特別な場合が２次式）を最も基礎的な１次式の積に分解することは、西洋流の数学の様々な分野でとても重要です。ガウスの「代数学の基本定理」は、「任意のｎ次多項式は複素係数の範囲ではｎ個の１次式の積に分解できる」と読めます。

$$a_0 x^n + a_1 x^{n-1} + \cdots + a_{n-1} x + a_n$$
$$= a_0 (x - \alpha_1)(x - \alpha_2) \cdots (x - \alpha_n)$$

となって、この多項式＝０と置いたｎ次方程式の解 $\alpha_1, \alpha_2, ..., \alpha_n$ のｉ次基本対称式がｉ番目の係数 a_i を a_0 で割った値になります（解と係数の関係）。ここら辺のことに興味を持った生徒は、将来がんばってガロア理論を勉強する事になるかもしれません。

「２次方程式の根の公式」には根号（ルート記号）が出てきますから、それだけで既に苦手意識を持ってしまう子もかなりいるのではないかと危惧します。「根の公式は因数分解よりもやさしい」という遠山説には納得できません。

（追記：2013年4月24日。）公平のために、以下のことを記しておきます。私は2013年3月に福岡大学の研究資金を得て、フィンランドから２名の研究者を福岡大学に招聘しました。タンペレ工科大学で数学および数学教員養成のための講義を担当しているシルカ＝リイサ・エリクソン教授と東フィンランド大学で理科の教員養成のための講義を担当しているトゥーラ・ケイノネン教授です。エリクソンさんに上の因数分解の話をしたところ、フィンランドでは教科書会社が３社あるので、上のブログ記事で紹介されている教科書以外の２社の教科書には、２次方程式の解き方が解の公式以外にも書いてあるかもしれない、また、フィンランドの数学の教師は必ずしも教科書通りに教えるとは限らないから、たとえ上で紹介されているような教科書を採用していても、「教科書には書いていないけれど、こういう別の解き方もあるよ」と教える先生もいるかもしれない、

ということでした。いずれも、そういう事実を確認したわけではなく、あくまでも可能性としての話ですが、フィンランドの全ての数学の授業で Sommoro さんの息子さんが習ったクラスと同じような教え方がされているとは断定できない、ということです。

Ⅴ―3. 子どもが感動して、母親が感動して、教師が感動した北九州市の算数・理科の『重さの授業』／こんな感動的な授業が日本以外の、世界のどこに存在するだろうか

　去る６月９日（土）、福岡数学教育協議会（福岡・数教協）の春の大会に参加しました。その大会で発表された数々の授業実践はいずれも非常にすばらしい感動的な教育実践の報告でしたが、その中でも私がとりわけ圧倒的な感動を受けた小学３年生の算数・理科の「重さ」の授業について、発表者のO教諭のレポートを引用しながら以下に紹介してゆきます。

　これは、算数サークルで理論的な役割をになっていると思われるⅠ先生が、複数のサークル・メンバーに同一のカリキュラムで授業実践をしてもらって、その成果や問題点を探り出そうとする意欲的な取り組みでした。

　　《「小学３年『重さ』単元構成　第５案」　引用開始》
　　　★教科書との違い
　　１．未測量段階での学習を重視する。４段階指導を丁寧におこなう
　　２．kg からの導入。
　　３．理科との合科的指導（加法性や保存性）。時数の確保。
　　　　※「北九州スタンダードカリキュラム」では、算数９時間、理科
　　　　　８時間で、計17時間。
　　４．はかりの目盛り読みばかりを過度に重視しない。
　　５．重さが非常に小さいものや目に見えないもの（気体など）にも
　　　　重さがあることを確かめる。
　　（柴田の注：算数教科書の「重さ」の単元では、「目盛り読み」の学習ばっかりが書かれている様です。「目盛り読み」の訓練ばかりさせたって、「地球上の物体は皆、重力によって下方へ引かれている」という「重さ」の本質は全然理解されて

いないわけです。要するに、丸くなった数直線の目盛りの読み方を練習しているだけで、そこに「重さ」の特質はまったく反映されていないのです。しかも、教科書の「練習問題」では、わざと、間違いやすいように、目盛りの数字を消して、高さの高い目盛りや低い目盛りや中間の高さの目盛りなどに注目させて、数字の書いてない目盛りでも数値を推測できるようになるための「意地悪目盛り」で読みとり訓練をさせています。現実の生活の中で生徒たちが目にする重さのはかりは既にみんなデジタル表示になっていますから、こんな「意地悪目盛り」の「目盛り読み訓練」ばかりやらせても、実生活には何の役にも立たないわけです。)
(中略)

★単元構成および授業の概略
第1時 「ゴムひも付き棒」を使って、重さ比べをする。重さの概念作り。
　　　（5つのものの重さ比べ）
　　●マラソン用のシューズ（見た目は大きいが、とても軽い）
　　●トイレットペーパー（硬い紙で、重いもの。「紙は軽い」と考えるか？
　　●釣り用の錘（かなり重いもの。小さいがとても重い）
　　●大きな発砲スチロールを黒鉄色に塗装したもの。（庭石のイミテーションを用意）。
　　●水の入ったペットボトル（1リットル）。
大きさや質感ではなく、重力による引かれ具合で比べるということ。
「重い、軽い」→「重さが大きい、小さい」
［活動］
1．5つのものを見た目だけで、一番重いものと一番軽い（重さが小さい）ものを予想する。理由を話し合う。（大きさ、質感、生活経験）。
2．順にひとつずつ持って確認してみる。
3．ゴムひも付き棒でぶら下げて比べる。
4．まとめ（押さえる点）

見た目や大きさで重さは決まらない。
重いものほど強く下に引かれる力が働く。
不等号で重さの順を表現できる。　Ａ＞Ｂ＞Ｃ
「重さが大きい」「重さが小さい」という表現
《準備》ゴムひも付き棒、５つのもの（重さを比べる）。

第２時　てんびんによる重さ比べ。「人間てんびん」実験による確かめ、実感。
［活動］
１．２つのものの重さ比べをする。（同じくらいのやや重さの違うもの）。砂の入ったペットボトルと水の入ったペットボトルを袋に入れて比べる。手で持っても、よく分からない。ゴムひもでも伸びきってしまい、よく分からない。
２．天秤で比べてみる。
両手を拡げて持ってみる。違いがよく分かる。
長い棒を持って、両端に付けて持ち上げてみる。
天秤を紹介する。
３．様々な重さのものを比べてノートに記録し、発表する。
必ず、まず手に持って予想してから天秤で確かめるようにする。
《準備》ハンガー天秤（各班にひとつずつ）。

第３時　「袋の重さ比べ　中くらいが勝ち」ゲーム
４人が自由にものを入れた袋の重さを、天秤を使ってグループ内で比べあう。重さが２番の子が勝ち。３番の子が２位、というゲーム。一つの天秤を使って、どうやって１番～４番の序列を見つけるかを考える。結果発表の際は、その方法を発表させる。以下の考え方が予想される。第４時以降の授業に活かす。
●ひとつの袋を「推移律」の基準として使う。Ａ＞Ｂ，Ｃ＜Ｂ，だからＡ＞Ｃ。
●４人の袋以外のもの（が入った袋）を使って間接比較をする。

●袋以外のものの個数で表す。（個別単位）

《留意点》出来れば、「個別単位」を使うグループがひとつはあるように留意する。

個別単位になるようなものを教室に置いておく。（タイル、マジック、ノート、本、リコーダ、など）。

《準備》ハンガー天秤

第4時　個別単位で重さを表す。「比べる」から「測る」へ。
0．もし前時に「個別単位」の考えが（生徒から）でなかった場合、違うグループ同士の袋をお互いに持ったままで比べる方法を考えさせ、「個別単位」もしくは「間接比較」の考えを導く。
1．前時で重さ比べをした方法を想起し、個数で表すことの良さに気づく。違いが分かる、重さの順がよく分かる。
2．「重さの単位」ということを知り、どんなものが「単位」になるかを話し合う。たくさんある同じ重さの物の数で表すことを「はかる」と言う。
3．教室の中にあるものを重さの単位にして測ってみよう。

第5時　共通の単位の必要性に気づく。普遍単位へ。（紙芝居を使う）。
1．200年前のフランスで、何を単位として使ったかを考えさせる。（世界で共通のもの）。

約3℃の水1リットルを1kg。「kg」の書き方の練習。
2．「kg原器」の話や最近、重さの基準（定義）を変えることが決まったことも、トピックスとして触れても良い。
3．実際にペットボトルなどに水1リットルを入れて重さを確かめる。
4．天秤の両端にバケツをぶら下げ、片方に水1リットルを入れて、1kg作りゲームをする。（1kgと思うものを反対側のバケツに入れて、つりあうかどうか確かめてみる。）
5．「1kgペットボトル重り」を何個も作成し、2〜5kg作りも

してみる。

《準備》バケツ、水、ペットボトル重り。

第6時　g（グラム）の導入とk（キロ）の学習
1. k（キロ）がkmでも使われていることを想起し、「g」という重さの単位があることを予感させる。
2. 「g（グラム）」が「kg」より重さが大きいのか小さいのか、どのくらい小さいのか話し合う。（1000分の1、という答えを必ずしも求めなくてよい。）
3. 「g」は1円玉と同じ重さであることを告げる。全員に1円玉を持たせる。
4. 1円玉が何枚で1kgになるのかを予想する。
5. 1000枚で水1リットルとつり合うことを確かめる。前時と同様に天秤にバケツをぶら下げ、一方に水1リットルを入れ、もう一方に100枚ずつ1円玉を入れてゆく。
6. 1000＝kであることを確認する。

第7時　「上皿自動秤」を使おう。
1. ゴムと同じ働きをするものに「ばね」があることを示し、上皿自動秤の仕組みを説明。
2. 自動秤の目盛り打ちをする。2リットルくらい入る（カラの）ペットボトルを皿に乗せ、目盛りを0に合わせる。水を少しずつ入れてゆき、針が動いてゆくところを見せる。この時、目盛りは紙で隠しておく。1リットル、2リットルのところで印を付ける。
3. gの目盛りも打ちたいが、1円玉1枚では針が動かないことから、まずは100枚ずつ乗せて目盛りを打つ。ちょうど1000枚になるところで1kgになることも確認する。この時、"黒板では数直線上に0kg、1kg、2kg、を記し、秤の目盛りと同じように100gの位置を書き込むようにし、自動秤の目盛り打ちと同じように100gの位置を書き込むようにし、自動秤の目盛り打ちと同

第Ⅴ章　遠山啓「水道方式」の批判的再検討

時進行してゆく。"
4．次に（1円玉）10枚で（目盛りを）打ってゆく。
5．（生徒が上の3．4．で自作した）目盛りの紙を取り、（既製品の秤についている）実際の目盛りを見せる。
6．秤で様々なものを測って記録する練習をする。
7．重さによって計器を選ぶ。

※目盛りの指導は、デジカメとテレビを使って。
　《準備》上皿自動秤（紙付き）、ペットボトル、漏斗
　※ここで、「目盛り読み」の授業を1時挿入してもよい。

第8時　上皿自動秤を使って、重さの実験①。（加減も同時に扱う。）
　●粘土は形を変えても重さは変わらないだろうか？
　●カタマリの粘土と分けた粘土で重さは変わるだろうか？
　　2つの粘土のかたまりの重さをそれぞれ測り、合わせた重さを計算して確かめる（加法）。また、2つに分けて、一方の重さを量り、もう一方の重さを計算して確かめる。（減法）
　●粘土を細かく分けても同じだろうか？　細かくちぎって、全部の班で重さを量り、合計してみる。
　●アルミ箔の形を変えたり、小さくちぎっても同じか確かめてみる。

第9時　上皿自動秤を使って、重さの実験②。（どんなものにも重さはあるのか？）
　●髪の毛に重さはあるのか？　予想、話し合い、実験確認。
　　「ストロー天秤」で傾きを調べる。
　●水に浮かんだ木の重さはどうなる？
　　1kg600gの水に500gの木片を浮かべたら…
　●空気に重さはあるか？
　　ノズルを使ってペットボトルに空気を押し込み、比べてみる。

第10時　重さがとても大きいものを調べてみよう。

●バスにクラス全員が乗ったとき、どのくらい重くなったのかを計算してみよう。

 体重はプライバシーがあるので、まず仲の良い友達同士で集まって、合計の体重を計算する。最後にそれを合計する。(おおよそ1000kgくらいになるはず。)

「1000kg＝1ｔ」の導入。
●お風呂の水の重さ、ゾウの重さ、クルマの重さなどを調べてみる。
●単位換算の練習。

第11時　同じ大きさならば重さも同じだろうか？
●金属、木、ガラス、プラスチックの球（あるいは立方体）を準備して、重さを比べてみる。（理科室にある。）
●他にも、同じ大きさでも重さが異なるものがあることを確かめてみよう。

 紙粘土、水と灯油など。
 ※以下は、算数と理科、それぞれで、まとめの時間を持つ。
 ※「北九州スタンダードカリキュラム」では算数9時間、理科8時間で、計17時間

（柴田の注：従って、残りの時間を使うと「まとめ」の時間は算数で3時間、理科で3時間となる。）
《以上で、「小学3年『重さ』単元構成　第5案」の引用、終わり》

　さて、それでは、上のような「指導案」に基づいて実践された授業の実態はどうだったのでしょうか？　Ｏ教諭の実践報告を引用、紹介します。

《Ｏ教諭の実践報告「小学3年『重さ』」引用開始》
（柴田の注：口頭で話されたことや、講演発表後の質疑・討論などで語られたことも、適宜「注」の形式で補足してゆきます。）

1．サークルでの確認

（上記の指導案の引用なので、省略する。）

２．授業の実際
○ 11月21日（月）から「重さ」の学習に入ったが、22日は総合的な学習で算数の時間が取れず、23日は勤労感謝の日で休み、24日は版画、25日集会・版画などの時間のやりくりが厳しい中で行っているのが現状です。12月13日ぐらいまでかかってしまいました。
○ 毎時間、子どもたちに評価（5段階）と感想を書いてもらうようにしています。

第1時（11／21）
［めあて］「重さ比べをしよう」 〜 重さの概念作り
（１） 5つのもの（トイレットペーパー、にせレンガ、釣り用錘2個、マラソンシューズ、水350mL）を見る。
（２） 5つの中で一番重いものと一番軽いものを予想し、理由を述べる。
★「れんがを持ったら、重かった」「釣りをした時に、錘が重かった」「水は意外に重い」
★実際に持ってみてから、予想を変更。「れんが、ニセモンやん」「錘が重い」「う〜ん？」
《予想した人数の表》

（1番重い）		（1番軽い）	（本当の重さの順）
〔最初の人数〕〔予想変更後の人数〕			
・ペーパー	0→0	3	(2)
・にせれんが	29→0	33	(5)
・釣りの錘	4→32	0	(3)
・靴（シューズ）	0→2	1	(4)
・水（350mL）	4→3	0	(1)

（３）「ゴムひも付き棒」でぶら下げて比べる。〜突然、トイレへ行く子が出て、実験するまで間が…

★「え〜！」「水が重いよ」
（4）まとめをする。
　《1》見た目や大きさでは、重さは分からない。
　《2》重いものほど下に引かれる力が働く。
　　　「重さが大きい」「重さが小さい」
◎子どもたちの評価と感想
［5段階評価］
［5］とても楽しかった　25人
　・にせレンガが楽しかった。錘が一番重いと思ったけど、水やトイレットペーパーの方が重かったので、びっくりしました。
　・重さは見た目で判断しない。この勉強はたのしかったです。
　・算数をやって、今日のがとても楽しかったです。
　・見ただけで重さを比較していて、軽そうなものが逆に重かったりしたので、ぼくはびっくりしました。
［4］楽しかった　　　　5人
　・見た目でれんがが重いと言っていたけれど、持ってみたられんがはにせものでした。次に、重さをはかって見たら、一番重かったのは水でした。
［3］楽しくもつまらなくもなかった　　5人
　・さいしょから分かっていたので、そんなにおもしろくなかったです。見た目じゃないということを初めて知りました。
　・初めの予想が当たっていたので、少し（自分に）決断力がないと思いました。
　　（柴田の注：初めの予想が当たっていたのに、自信が無かったので自分の意見を表明しなかった、と思われる。）
　・おもしろいけど、むずかしかったです。
［2］つまらなかった　　1人
　・レンガがにせものだったから、つまらなかった。
　　（柴田の注：騙されたことに対する不満があるようです。「教師は生徒を騙すな！」ということなのでしょうか……）

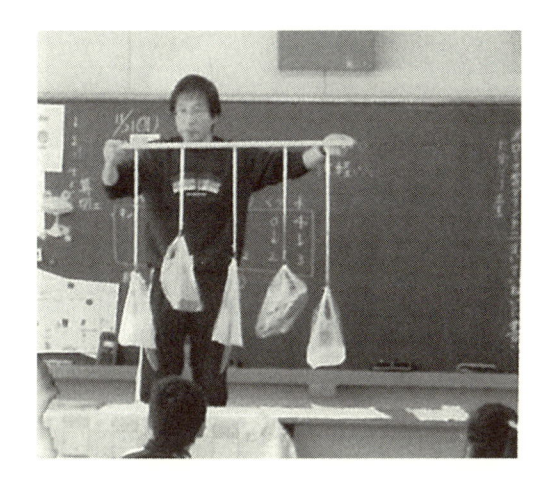

第Ⅴ章　遠山啓「水道方式」の批判的再検討

［１］とてもつまらなかった　　１人
・Ａ君とＮ君がいやなことを言うから、とてもつまらなかった。
<small>（柴田の注：これは「いじめ」の萌芽があるということでしょうか。いずれにしても、未だ、このように教師に不満を表明できる状態にあることが重要だと思います。教師が必要な手を打つことができますから……）</small>

第２時（11／24）
［めあて］「重さ比べをしよう　Ⅱ」〜人間てんびん、ハンガーてんびんを使う。
（１）中身の見えない２つのペットボトル（砂、水）の重さを比べるにはどうしたらよいか考える。
「手に持ってみる」⇒　持つ、下げる、抱く、両手を拡げて持つ、など５人にさせたら、２人：３人に分かれて結論が出なかった。
★「この前の（授業の時に使った）道具で、ぶら下げる」⇒　実際に下げると、ゴムが伸びきってしまった。
★「てんびんを使う」⇒　てんびんの絵を黒板に描かせる。
（２）てんびんを使って重さを比べる。
★棒が長すぎて扱いにくかったが、重さ比べはきちんとできた。
（３）グループごとにハンガーてんびんを使って様々なものの重さ比べをし、ノートに記録する。

313

◎子どもたちの評価と感想

［５段階評価］

　［５］とても楽しかった　20人
- 袋に入れてつるして、どっちによるかドキドキして楽しかったです。
- 私はてんびんを知りませんでした。今日、昔の人はてんびんを使っていたと知り、てんびんはべんりだな〜ぁと思いました。
- てんびんは知っていたけど、ハンガーをてんびんにする発想は初めてでした。
- 楽しかったです。(Part) Ⅲもしたいです。
- てんびんの使い方が分かりました。重さは自分には分からないけど、どちらが重いか分かるから、(てんびんは) 便利だなあ、と思いました。

　［４］楽しかった　11人
- 身近なもので重さをはかれると（いうことが）分かりました。
- 算数は、やっぱりてんびんを使うといいですね。楽しかったです。
- てんびんは、ほかのものでも簡単に作れるということを知りました。

［３］楽しくもつまらなくもなかった　　３人
　　　　・どっちが重いか分かりました。
　　　　・今日はやれてないので、こんどはしたいです。
　　　　（柴田の注：自分にハンガーてんびんを使う順番が回って来なかった為の不満と思われる。）
　　［２］つまらなかった　　１人
　　　　・そんなこと知っていたけど、てんびんを初めて見ました。で、そんなに楽しくなかったです。今日やったので楽しいと言う人をふしぎになります。
　　［１］とてもつまらなかった　　２人
　　　　・１人の友達（だけ）がずーっとしていたので、あまりおもしろくなかったです。

　第３時（11／25）
［めあて］「ハンガー天秤を使って、『２番が勝ち』ゲームをしよう。重さ比べⅢ」
　（１）ゲームの仕方を理解する。
　　　　★４人がそれぞれの袋の中にものを入れて、重さ比べをする。
　　　　★４人の中で２番目に重かった人が勝ち。
　（２）ゲームをする。
　（３）どのようにして順番を決めたかノートに記録する。
　　　　★４人グループは推移律を使って順番をすぐに決めることができた。
　　　　★５人グループが７班あり、順番を決めるのに苦労していた。（総当たり戦など）。
　　　　★個別単位につながるような発想は見られなかった。
　◎子どもたちの評価と感想
［５段階評価］
　　［５］とても楽しかった　12人
　　　　・先のことを考えて、２位になるために重さを調節するところ

が楽しかった。
　　・私のところは4人だったから表の書き方を間違えたけど、楽しかったです。
［4］楽しかった　12人
　　・見た目では重さが分からないけど、手で持ったら分かる。
　　・みんなでやれて楽しかったです。途中でごちゃごちゃになったので、たいへんでした。
　　（柴田の注：5人の間での不等式の推移律がうまく組み合わせられなくて手間取った、という意味だと思われる。）
　　・2番目になるのがむずかしくて、3番目か4番目になるばかりでした。重さの調節は意外にむずかしいことが分かりました。
［3］楽しくもつまらなくもなかった　6人
　　・今日、重さの対決をしました。負けたけど、楽しかったです。またしたいです。
　　・ハンガーてんびんを使うと、どれが重いのかはかれて楽しかったです。
　　・S君がもんくばかり言って、いらつきました。でも、楽しかったです。
［2］つまらなかった　1人
　　・A君がどんどん進めていくので、おもしろくなかったです。
［1］とてもつまらなかった　4人
　　・ぼくは、「2番が勝ちゲーム」では1番になれなかったです。
　　・ずっと2番になれなかったのがくやしかった。

第4時（11／28）
［めあて］「遠く離れたものの重さを比べるにはどうしたらよいか、良い方法を考えよう～重さ比べ　Ⅳ」
（1）良い方法を考えてノートに書き、発表する。
　　・長い天秤を使う。

- ハンガーの傾き具合で比べる。
- ほかのものを使って比べる。
  （例）黒板消し、黒板の磁石、ノート、本など。
（2）身の周りにあるもので、小さなものが良いことを確認し、タイルを紹介する。
（3）タイルを使って班員の筆箱の重さを量り、数量で表す。
（4）まとめをする。
  - はなれたものでも、他のもので重さを量ることができる。
  - タイルの数で重さを表すことができる。＝　タイル1つが「重さの単位」になる。

◎子どもたちの評価と感想
［5段階評価］
　［5］とても楽しかった　24人
- 今日は重さをはかるやつだったけど、タイルを使って楽しかった。
- 自分の筆箱がタイル56個で3番目に重かったです。A君のが61個で、とても追いつきませんでした。楽しかったです。
- タイルを使って班の人の筆箱の重さ比べをしました。ぼくが一番重かったです。
- 「○○が何個分」というやりかたをしたら、遠くの人とも重さ比べができるから、「すごい！！」と思いました。

　［4］楽しかった　8人
- 「重さ比べⅣ」をして、とても楽しいと思いました。遠く離れていても、他のものを利用したら重さが比べられるということが分かりました。
- いろいろなアイディアを考えて方法を試したので、とても楽しくて面白かったです。
- タイルを使って重さをはかりました。少しむずかしかったです。

　［3］楽しくもつまらなくもなかった　2人

・今日の重さ比べは、少し楽しかったです。
　　　・S君がいやでした。S君以外の人は楽しかったです。
　　　・タイルを使って重さをはかりました。少しむずかしかったです。
　　［2］つまらなかった　　0人
　　［1］とてもつまらなかった　　2人
　　　・F，S君が私の悪口を言っていました。
　　　・A君が私にずっともんくを言ってきたので、つまらなかったです。全部A君がやっていたので、面白くなかったです。

第5時（11／29）
（1）昨日の学習でまとめをすることができなかったので、内容を再確認して、まとめをした。
（2）共通の単位の必要性に気づかせ、普遍単位（kg）が水1Lの重さに由来することやkg原器の話をした。

第6時（11／30）
［めあて］「水1L（1kg）を使って、身の回りのもので1kgになるものを見つけよう」
（1）手でもって（1kgの）重さを感じる。
（2）1kgになりそうなものを集める。
（3）ハンガーてんびんでつり合わせてみる。
（4）1kgになるものを記録する。
　◎子どもたちの評価と感想
［5段階評価］
　　［5］とても楽しかった　22人
　　　・1Lの水とつり合うものを見つけるのも楽しかったし、1kgとつり合ったのもうれしかった。
　　　・初めに1回ハンガー天秤ではかってみたら水の方が重くて、2回目にやってみたら同じになりました。

・物を入れる時は「これで1kgになるのかな」と不安だったけど、やってみて1回目でつり合ったからとてもうれしかったです。また今度は、2Lのものなどもやってみたいです。

［4］楽しかった　9人
・周りのもので1kgを見つけることが楽しかったです。
・てきとうに入れたら1kgになりました。

［3］楽しくもつまらなくもなかった　3人
・今日は「1kg」の勉強をしました。初めて知りました。
・うれしかったです。楽しかったです。

［1］とてもつまらななかった　2人
・はじめに1Lの練習ができて、うれしかったです。
・みんなふざけていました。だから［1］にしました。

第7時（12／1）
［めあて］「1kgより軽いものをはかる単位（1g）を知り、kgとの関係を考えよう」
（1）「1gの重さ　＝　一円玉の重さ」を知る。
（2）1kgは一円玉何個分か、班で考える。
　　　・1000個　〜　7つの班
　　　・10000個　〜　1つの班
（3）実際に一円玉1000個を集めて、水1Lの重さとつり合うか確かめる。
　　　・各班ごとに1円玉10個（10g）の山　⇒　100個（100g）の山を作る。
　　　・各班から100個ずつ集めて、ハンガー天秤にぶらさげる。
　　　　※黒板の真ん中にハンガー天秤をぶら下げて確認しようとしたら、1円玉を900個ほどつるした時に、重さに耐えきれずハンガーが折れてしまった。
（4）1kg＝1000gと強引にまとめをする。
　◎子どもたちの評価と感想

［5段階評価］
　［5］とても楽しかった　24人
　　・本物の1円玉が1000個で1kgとは分かりませんでした。あと、とっても楽しかったです。
　　・ぼくたちの班だけ「10000個分」と言ったけど、ほかの班は「1000個」と言って、ぼくたちは当たらなかったけど、楽しかったです。
　　・1円玉で数えたのが楽しかったです。ペットボトルの中に1円玉を入れたのが楽しかった。あと、ペットボトルと1円玉を比べたとき、ハンガーが折れて、びっくりしました。
　　・1円玉が1gということを初めて知りました。1円玉が1000個で1kgなんですが、900個と途中でハンガーが重さに耐えきれずに折れました。
　　・1円玉を100枚で1組だったので、ぼくの班は1組と70枚ありました。1kgより小さい1gを教えてもらいました。「k」は1000で「キロ」になります。ペットボトルの中に1円玉100枚をいれました。だいたいつり合ったけど、ハンガーてんびんがこわれてしまいました。楽しかったです。
　［4］楽しかった　12人
　　・水1Lと1円玉1000個もいると、初めて知りました。
　　・ばらばらな1円を10個のたばにして、ペットボトルに入れてはかって、900のところでハンガーが折れて、1000個入れてできなかったのはざんねんでした。
　［3］楽しくもつまらなくもなかった　2人
　　・みんながんばっていたけど、A君はふざけて、せっかく並べた1円玉をくずしました。
　　・前の班よりもしっかりしていたので、楽しかったです。あと、おもしろかったです。

第8時（12／6）

［めあて］「上皿自動ばかりの仕組みと使い方を知ろう」
（１）目盛りを隠した上皿自動ばかりに目盛りを打つ。
　　　　　←２kg ばかり。１円玉 100 個ずつ。
　　・ペットボトルに水を入れて行くと針が動くことを確かめる。
　　　→１kg、２kg に目盛りを打つ。
　　・１円玉 100 個ずつを載せ、100g の目盛りを打つ。
　　　※カメラを使って目盛り盤をテレビに拡大して映し、見やす
　　　　くした。
（２）実際の目盛りを見せ、針が回転して重さを量ることができるこ
とを確認する。
（３）上皿自動ばかりを使って、身近にあるものの重さを量る。
（４）まとめをする。
　　・上皿自動ばかりを使うと、重さを正しく量ることができる。
　　・はかりによって量れる重さが決まっている。
　　　→　１目盛りの重さに注意する。
◎子どもたちの評価と感想
［５段階評価］
　［５］とても楽しかった　17 人
　　・上皿自動ばかりを使って、自分の筆箱や教科書（の重さ）を
　　　はかりました。とても楽しかったです。
　　・１円玉 900 個ぐらいをはかりに載せました。次にペットボ
　　　トルを２本置くと２kg でした。
　　・今日、はかりで１kg と２kg をはかりました。そして、班で
　　　筆箱の重さやのりの重さなどをはかりました。ぼくの筆箱が
　　　一番重かったです。楽しかったです。
　［４］楽しかった　17 人
　　・上皿自動ばかりを算数で初めて使ったので、楽しかったです。
　　・自分の筆箱をはかりました。すると、220g でした。またや
　　　りたいです。
　　・上皿自動ばかりの使い方と仕組みを理解する勉強をして、

思ったよりかは使い方が簡単だと思いました。楽しいと思いました。
［３］楽しくもつまらなくもなかった　　２人
・みんながもんくを言ったから。
・あんまり楽しくなかった。
［２］つまらなかった　　１人
・ちゃんとしてなかったのと、そんなに楽しくなかったです。

第９時（12／６）
［めあて］「上皿自動ばかりの使い方（目盛りの読み方）になれよう」
・教科書の問題を解く。→　秤量と１目盛りの重さに注意する。

第10時（12／７）
［めあて］「重さも足し算や引き算ができることを確かめ、計算できるようになろう」
　　※全て教師実験で行い、はかりをテレビに拡大して映して見せた。
（１）「粘土は形を変えたら重さが変わるだろうか」
　　　　　　→　予想、討論、確認
（２）「粘土を分けたり、合わせたりしたら重さはどうなるだろうか」
　　　粘土を２つに分けて、それぞれ重さを量り、合わせた重さを計算して、はかりで確かめる。（加法）
　　　粘土を２つに分けて、一方の重さを量り、もう一方の重さを計算して、はかりで確かめる。（減法）
（３）粘土を細かく分けても同じようになるか確かめる。
（４）アルミ箔の形を変えたり、ちぎったりしても同じようになるか確かめる。
　　　　　　⇒　デジタル自動ばかりを利用して、テレビに拡大
（５）まとめをする。
・形を変えても、物の重さは変わらない。
・重さも足し算や引き算ができる。

第Ⅴ章　遠山啓「水道方式」の批判的再検討

◎子どもたちの評価と感想
［５段階評価］
　［５］とても楽しかった　26人
　　・重さは形を変えても重さは変わらないし、長さみたいに足し算や引き算ができるということが分かったから、すごいと思いました。
　　・今日の問題は「重くなる」（と自分は予想）にして全部「変わらなかった」（ので、間違えた）けど、すごく楽しかったです。ホイルと粘土以外の物を量ってみたいです。
　　・ぼくは最初むずかしかったです。でも、あとで意味が分かって、面白かったです。
　　・重さは足し算や引き算ができるのを知って、とてもうれしかった。
　［４］楽しかった　8人
　　・粘土を量るのが楽しかったです。
　　・予想（粘土、アルミ箔の問題）が当たったので、よかったです。
　　・（先生ではなくて）自分で（実験が）したかったです。
　［３］楽しくもつまらなくもなかった　3人
　　・粘土がさわれなかったから。
　　・重さはふやさなかったから、重さは同じ。
　［２］つまらなかった　1人
　　・算数の勉強中、（私は）F君のはさみを借りて、髪の毛を切っていました。
　［１］とてもつまらなかった　1人
　　・ぼくはちゃんと聞いていたのに、3年1組のほぼ全員が笑っていたので、楽しくなかったです。

（※　12/8 に理科で2時間、重さの学習をした。）
（１）粘土、アルミ箔、紙など　⇒　形を変えても重さは変わらない。

（2）同じ「体積」（※算数でも未学習）でも、金属、木、ガラス、プラスチックでは重さが違う。

第11時（12／12）
［めあて］「重さの計算ができるようになろう」
　　・計算練習　～　kgだけ、gだけ、kgとgが混合した問題

第12時（12／14）
［めあて］「髪の毛や空気にも重さがあるか確かめよう」
（1）身の周りにある「軽い物」を見つける。
　　・チョークのこな、ほこり、髪の毛、空気など。
（2）髪の毛に重さがあるか確かめる。
　　・予想、討論、実験
　　　※「ストロー天秤」を使って調べる。
　　　　　⇒　テレビに拡大投影
　　（柴田の注：小さな手作り天秤の両端にストローが付けてある。髪の毛を一方のストローにピンセットを使って差し込むと、天秤のバランスが崩れることが確認できる。）
（3）空気には重さがあるか確かめる。
　　・予想、討論、実験。
　　　※ノズルを付けたペットボトルに（自転車タイヤの空気入れポンプを用いて）空気を押し込み、天秤で重さ比べをする。
（4）まとめをする。
　　・どんなに軽そうに見えても、物には重さがある。

◎子どもたちの評価と感想
［5段階評価］
　［5］とても楽しかった　28人
　　・空気にも重さがあったのでびっくりしたけど、予想と同じだったのでよかったです。

- どんなに重さがなさそうに見える物も重さがあると知って、すごいなあと思いました。
- 空気や髪の毛は重さが無いと思ったけれど、重さがあったからびっくりしました。さらに、見た目では重さは決められないと思いました。
- 実験で、どんなに軽そうに見えても重さがあることが分かりました。
- 空気の実験で、ペットボトルがはれつするかと思いました。楽しかったです。
- とても楽しかったです。髪の毛や空気は重さがありました。

［4］楽しかった　10人
- 私は、軽そうに見える物でも重さがあるんだな〜と思いました。
- 予想が2つとも当たったので、うれしかったです。ペットボトルに空気を入れて、その空気を出すときに少しびっくりしました。（白い煙のようなものが出る。〜雲か）
- 空気にも重さがあるとは思いませんでした。

［3］楽しくもつまらなくもなかった　1人
- 私は、空気に重さがあるとは思いませんでした。

第13時（12 / 13）
［めあて］「とても大きい重さについて調べよう」
（1）クラス全員の体重を合計したら、どのくらいの重さになるか考える。
　　1人30kgとして、30(kg/人) × 39(人) = 1170(kg)
（2）大きな重さを表す単位（t）を知る。
　　1000kg = 1 t
（3）単位換算の練習をする。
　　※ 1000kg = 1 t の押さえが弱かったので、t を使う単位換算の問題があまりできていなかった。

◎学習全体に対する感想から

- 重さの勉強はいっぱいあったけど、楽しかったです。初めに、ハンガー天秤でいろいろな軽い物をはかりました。次は、kg, g を習い、上皿自動ばかりで重い物や軽い物をはかりました。また、次の日は、すごく軽い物、髪の毛やペットボトルにポンプで入れた空気をはかりました。そして、見た目では分からない、すごく小さな物にも重さがあることが分かりました。g, kg の勉強は、とても楽しかったです。
- 重さの勉強はすべてすごく楽しかったから、重さの感想の紙にはすべて「すごく楽しかった」と書きました。このプリント（まとめの学習）もすごく早く終わったからうれしかったし、全部問題（の解答）が合っていたらどうしようという気持ちでワクワクしています。重さの勉強は、ほかに何がしたいというのは、特にありません。また重さの勉強をしたいです。
- 重さの勉強はむずかしそうだったけど、やってみると楽しかったです。心にのこったことは、ハンガー天秤を使って一円でつり合わせたことです。
- 上皿自動ばかりは 1 kg～2 kg まであるのを初めて知り、おどろきました。（4 kg の自動ばかりもある）。先生が発明したハンガー天秤で水 1 kg と 1 円玉 1000 個をつり合わせようとしたら壊れたので、ガックリしました。でも、重さの勉強は楽しかったです。
- 重さの勉強で、はかりの使い方も分かって、てんびんの使い方も分かって、良かったです。はかりで粘土をはかって、形を変えても重さは変わらないということが分かった。みんなで一円玉を 10 枚ずつに分けて、1000 枚にして、1 L の水と重さ比べをして、ハンガーが折れてしまったけど、答えが分かってうれしかったです。それから、いろいろな物をはかって、楽しかったです。

《以上で、O 教諭の実践報告「小学 3 年『重さ』」の引用は終わりです。》

この報告の後で、質疑・討論がありました。その中で、1人の女性教員が、「私もこの授業をやったのですが、『水1Lで1kg』という学習をやった日に、宿題を出して、自分が生まれたときの重さをお母さんに聞いてくるように言いました。翌日、それを発表させたところ、だいたい3kg前後の値が多かったので、ペットボトルを3本、しっかりひもで縛り付けて、『これが、あなたたちが生まれてきた時の重さだから、みんなで順番に回して、自分が生まれてきた時の重さを確かめましょう』と言って、手渡しで順番に回しました。子どもたちは、まるで本当の赤ん坊を手渡して回してゆくかのように、そっと、落とさないように注意深く、順番に回してゆきました。そして、ある女の子は、その日、家に帰ってから、「おかあさーん」と言って、母親にしっかり抱きついたそうです。母親が驚いて、『急に、どうしたの？』と尋ねたところ、『今日、学校の算数の時間に、私が生まれた時の重さを習ったんだ。私って、生まれた時は、あんなに軽かったんだねえ。お母さん、ありがとう』と言ったそうです。学期末の父母懇談会の時に1人の母親からその話が出ると、『うちの子もそうでしたよ』と言った親が他にも何人かいたそうです。その話を聞いて、私も本当に感激しました。」と報告しました。
　子どもが感動して、母親が感動して、教師が感動した北九州市の算数「重さ」の授業。こんなに感動的な算数の授業が日本以外の、世界のどこに存在するでしょうか。

Ⅴ—4．遠山啓「水道方式」を読む（その3）／遠山さんの感性は近代ヨーロッパ合理主義精神にあり。

　遠山啓「水道方式の歴史」（数学教育協議会会員誌『研究と実践』第42号，1975）の最初の方に、もの凄く興味深いことが書いてありました。

　　《「水道方式の歴史」からの引用開始》
　　（冒頭部分の引用は省略）
　　　数教協（数学教育協議会）が発足したのは1951年です。最初は当時のアメリカ進駐軍が押しつけた生活単元学習というものを批判する

ということを当面の目的としたわけです。この生活単元学習というのは進駐軍の教育担当官が、日本で試みにやってみようというのでやったといわれています。

アメリカの一部の州でやられている方法をそのまま持ってきたというのではなくて、アメリカでもやっていないような非常に極端なやり方を日本でやってみたという事情があるようです。つまり日本の子どもを試験台にして、こういう新しい方法をやってみようというものです。生活単元学習をやらせた人は、日本にやらせたことをアメリカに持ち帰って、それを1つの業績として出世したということであります。つまり日本の子供はモルモットにされたんですね。アメリカのいわゆるバージニア・プランと比べても、日本でやったほど極端ではないわけです。1951年、昭和26年の学習指導要領はこうしてできた。

この26年指導要領というのは、実はアメリカのある算数の指導書が種本になっているわけです。それと日本の指導要領を比較してみますと、非常によく似ている。特に算数教育の目標を書いているところはそっくり翻訳だと思われます。ただ、1つだけふしぎなことがある。そんなに似ていながら、たった1つだけ似ていないところがあるんです。アメリカの種本には、算数というのはいわゆる理科などの基礎になって、そして理科が人間に自然を征服する力を与えるという一項があるのです。自然に対する支配、英語でいうと control over nature ということばがあって、しかもこのことばだけが英語ではイタリックになっている。つまり非常に強調されている。ところがふしぎなことに、日本の26年指導要領は、ほかはそっくりだが、これだけがぬけているんです。私はいまでも、なぜこれだけが抜けたかふしぎに思っています。

この種本のほうは明らかに進駐軍が日本にこのとおり指導要領を書けといったのは事実です。なぜかというと、ちょうど文部省にあって当時指導要領の作成をやっていた委員たちは、それまでいろいろな案を出してみても全部拒否された。どうしたもんだろうと思っていたら、向こうの係官が、この本を読んでごらんといった。非常に巧妙なわけ

ですね。決して自分たちがやらせたという証拠を残さない。指令は全部電話でやった。そういう状態の中で、この本を読んでごらんと言ったので、日本の作成委員たちは、ああ、そういうなぞだな、この通りに書けば通してくれるんだなというんで、そのとおり大体書いた。そうしたら通した。そういう事情がある。

　ところが2つを比較してみたら、この一項がぬけている。なぜだろう。これは私の想像ですが、当時の1949年から1950年ごろのアメリカの日本に対する政策というのは、日本をフィリピンみたいな国にしたかったのではなかろうか。つまりアメリカの商品を消費するだけで、独立した工業は持たない国にしたかったのではなかろうか。それが算数の指導要領に反映しているんじゃないか。

《以下、引用省略》

　えーっ、遠山先生、まじっすか？　本気でそんなこと考えているんですか。あなたは本当に骨の髄まで近代ヨーロッパ合理主義精神に浸りきっているんですね。アメリカ占領軍が「これを丸写しにせよ」と強制して、日本の保守的な御用学者や教育官僚たちが恐れ入って丸々翻訳した中で、たった一箇所だけ、自然に対する支配、英語でいうと control over nature ということばだけは絶対に入れない、絶対に譲れない一線だったという、伝統的な日本人にとっては言うも愚かなほど自明な感情が、遠山啓さんにはまったく無いんですね。私は遠山さんの数学者らしい純粋な心情に感心しました。（決して皮肉ではありません）。ポツダム宣言で「無条件降伏」を勧告され、既に完全に力尽きていた大日本帝国が、どんな過酷な条件でも受け入れるけれど、「国体護持（天皇制の存続）」だけは絶対に譲れない一線だとしてぐずぐずしているうちに、ソ連は条約を破棄して参戦するし、アメリカは広島と長崎に原爆を落とすし、で、それでも戦争を続けよう（「本土決戦、全国民玉砕」）を主張する軍部強硬派の目をかいくぐって、昭和天皇による玉音放送のレコード盤を持った宮内庁の人が決死の覚悟で「敗戦」の放送をした、その時からわずか数年後の日本です。

　古い考えの日本人にとっては、自然は畏怖すべき対象であり、また、あ

らゆる恵みを与えてくれる慈悲深い存在として深く感謝すべき対象です。「自然に対する支配」などという傲慢で思い上がった態度を取れば、自然はどんなに厳しく人間を罰するものであるかは、昔はみんながよく分かっていたのです。「自然に対する支配」という考え方は、中世から近代へと移行したヨーロッパにおいて、科学技術革命がめざましい成功をおさめた結果、彼らが、「科学技術を発展させれば何でもできる、自然だって支配できる」という妄想に陥った歴史的錯覚です。

　私が上のような主張をすると、多くの場合、「それは、文化的伝統の違いでしょう。」とあっさり言う人がいます。ちょっと議論の論理的なレベルが違うのです。私の関心は、「なぜA民族ではこれこれの文化的伝統があるのに、B民族では、それとは非常に異なる文化的伝統があるのか。それはなぜか？ Why?」ということです。その問に対する解答としては、一般に、風土、自然、気候、周囲に生息する動植物、そして歴史（民族の大移動とか大戦争の後遺症とか）などがあげられます。J. ダイアモンド著『銃、病原菌、鉄』（倉骨彰訳・草思社・2000年）およびその続編的な『文明崩壊』（楡井浩一訳・草思社・2005年）はまさにそのようにして、世界の文明の多様性を説明しています。これは、典型的なヨーロッパ型知識人の発想だ、という印象を持ちました。私は彼が取り上げた一つ一つの要因については、「なるほど」と納得しましたが、何かが欠落しているように感じました。もう一つの重要な要因である（はず）の「内的要因」、すなわち人類そのものの生物学的、進化論的な考察も必要なのではないか、という点です。そのような観点から、私のネット・ブログ「言問いメール」で「算数教育と世界歴史言語学」の連載を続けてきました。

【閑話休題】
　もう一つ、遠山啓さんの考え方を単純明快に書き表している文が「再び暗算と筆算について」（『数学教室』国土社，1959年8月号）に載っています。

　　《「再び暗算と筆算について」からの引用、開始》

第V章　遠山啓「水道方式」の批判的再検討

●黒い目と青い目

　太平洋戦争のはじまる前にこんな話をきいたことがある。戦争が始まったら南方が戦場となるだろうが、そのとき日本人にとって有利なことがある。それは日本人の黒い目が南方の強い日光に対する抵抗力を持っていることである。アメリカ人の青い目は強い日光には弱いということである。そこで軍の指導者は軍艦で見はり役になる人々の視力を鍛えることをはじめた。そして視力を強くするといわれるビタミンAの製造にまでのり出した。その方式はたしかにある程度まで効果をあげたらしい。

　しかし戦争がはじまってみると、アメリカ軍はレーダーをもっていた。あれほど一生懸命に鍛錬した日本人の目も霧を透して見ることは出来なかったが、レーダーにはそれができた。南方の海上で霧にかくれて姿の見えないアメリカ艦隊から砲撃されて大敗北をこうむったという。

　この話はなかなか意味深長である。このなかには考え方の大きな相違がみてとれるのである。人間は自然を征服しながら、一歩一歩文明をきずき上げてきたが、その原動力となったのは道具の発明であった。フランクリン（1706－1790）は人間を定義して「道具をつくる動物」(tool making animal) といったが、このことこそ人間を他の動物から区別するもっとも重要な相違点の1つである。

（柴田の注：私がかつてどこかで読んだ話によると、レーダーを世界で最初に開発したのは日本の八木秀次博士であったという。故に、レーダーは最初はヤギ・アンテナと呼ばれていた、とか。しかし、日本は、この八木博士の技術を実用化せず、アメリカが実用開発をしたのだという。この1事をもってしても、「日本人は精神主義で、アメリカ人は道具主義だ」とは言い切れない。「世界の4大発明」と言われる火薬、羅針盤、活版印刷術、紙、の全ては中国で発明されたが、これらの技術を実用化して大いに活用したのが近代のヨーロッパ人であったことと似ているように思われる。偶然の一致ではないと私は考えています。)

　人間が困難に出会ったとき、それを征服するには2つの道がある。1つは精神や肉体の鍛錬によってそれに打ち勝つ方法であり、もう一

つは道具の発明によってそれをのりこえる方法である。前者の方法にたよろうとする人間は、その目標を達したとしても、彼らの文明は進歩しなかった。このような考え方は昔から日本に根強くあった。たとえば弓道とか剣道というものがそれであった。弓道家は弓矢という道具の改良には関心をもたず、昔のままの道具で精神や肉体の鍛錬にのみ没頭した。その意味で弓道も剣道も典型的な鍛錬主義であるといえる。このような鍛錬主義は今日でも日本人にとっては大きな魅力であることは、剣豪小説が今でも盛んに読まれていることからもうかがわれる。しかし、ヨーロッパ人は別の道を選んだ。彼らは精神や肉体の鍛錬に興味をもつ代わりに道具の発明や改良に努力した。そこには根本的な考え方の相違がある。つまり「鍛錬主義」と「道具改良主義」との相違である。ヨーロッパ人が今日のような科学技術文明をきずいたのは、彼らがとくべつ優秀だったからではなく、「鍛錬主義」を否定して、「道具改良主義」をとったからである。

《以下、引用を省略》

うーん、たしかに単純明快ですね。まあ、B29による絨毯爆撃に対して、全国民が竹槍を武器として「本土決戦」をするのだ、というような無茶苦茶な教育を受けて育った遠山さんが、そういう「精神主義」「鍛錬主義」に反発するのは、当然といえば当然でしょうね。それには一理あるとは思うのですが、昨日、『ドキュメンタリー ベトナム戦争』というテレビ番組を見て、改めて「道具万能主義」の愚かさを感じました。アメリカ軍は最新式の「アパッチ」戦闘ヘリコプターを大量に投入して完全な制空権を握り（見ていて、何となく「オスプレイ」を思い出した）、最大時54万人もの米兵を進駐させ、最新式のマシンガンや火炎放射器で武装させ、ソニー（当時、世界最先端の電子機器メーカー）のセンサーを付けた対人地雷を至る所にばらまき、北爆では「空の要塞B52」（その翼を拡げた姿はまことに不気味）で絨毯爆撃を繰り返し、マクナマラ国防長官（当時）は、北ベトナムを月面のようにクレータだらけにしてやる、北ベトナムは今後数百年に渡って人間が住めない土地になるだろう、と豪語しました。それ

でもアメリカは勝つことができませんでした。もちろん、アメリカが失った損失に比べれば、「勝った」側のベトナムが失った生命の数は、そして今なお残る後遺症に病む人々の数は莫大なものがあります。人類は本当に、ベトナム戦争から教訓を学んでいるのでしょうか？

　上で引用した遠山啓氏の『黒い目と青い目』という部分に対して、私のブログでは最初は以下のように書きました。

　　▲▲▲彦という先生が▲▲新書で「脳の話」というのを書いて、それを一所懸命に読んだ私の記憶では、何が書いてあったかというと、日本人は米を食って生きている、しかしアメリカ人はパンを食って生きている。パンは小麦粉である。米を食うと頭（脳）が悪くなる、小麦粉を食うと頭が良くなるというデータがある。だから戦争をしたら、日本が負けてアメリカが勝った、ということが書いてありました。それで柴田少年は納得して、「あー、そうか。だから小学校の給食では、ぼくたちは毎日パンを食べるんだ。家では米を食べているけれど……」と思ったわけです。後年、日本の学校給食がパン食になったのはアメリカ占領軍の強い意向が働いたためであり、その背後には、世界の食糧全体の支配を狙う国際（と言っても基本的にはアメリカ）食料ビジネス企業群があったことを知りました。きっと、▲▲先生には多額の研究資金援助が与えられていたと思います。彼の脳科学の研究はたいへん「役に立つ」研究でしたから……。

　それについて、岡部恒治さんから問い合わせがあり、ネットで検索してみたら、私の記憶違いで、正しくは、林髞（医学博士）著『頭脳』（光文社1958年）に書いてあったのでした。柴田少年にとっては、林髞（「木々高太郎」というペンネームで探偵小説を書いていることでも有名だった）と▲▲▲彦は共にスーパースター級の科学者であり、本のタイトルの「頭脳」と「脳の話し」というのも紛らわしかったので、記憶に混同が起こったものと思われます。

その事について詳しく解説してあったウェブサイトはこれです。
（Wikipedia「林龕」にも同様の解説があります）
　http://d.hatena.ne.jp/doramao/20111205/1323072833
　このサイトの解説内容を本書巻末の付録7に引用・採録しておきますので、ご参照ください。合わせて、世界で最初にレーダー（アンテナ）を開発した八木秀次博士に関するサイトの記事も引用しておきます。こちらも非常に興味深い記事なので、ぜひ読んでください。
　うーん。八木秀次氏の業績などを読んでみると、日本人には本当に独創性のある凄い人がいるのに、それをつぶしてしまうお馬鹿さんも多い（特に地位や権力を持っている人や、やたらに「国賊」呼ばわりをする自称愛国者など）ですねえ。

Ⅴ—5. ズームアウト思考の子どもを排除するなかれ！「早くて、簡単で、正確で、わかりやすい」の強烈なズームイン思考（数学教育学会発表講演を聞いて）

　2012年3月26日から3月29日まで、東京で開かれていた日本数学会の年会、および数学教育学会の年会に参加しました。数学教育学会の「電子機器の今日的利用」セッションで、小学4年生算数『広さを調べよう「複合図形の面積」』での電子黒板を利用した教育実践例の発表を聞きました。「面積の意味」「面積の単位」「長方形、正方形の面積」を学習した後に「複合図形の面積」を学習します。講演発表予稿集 p.159 〜 160 に依れば、次のような授業が行われました。

　　《引用開始》
　　（前略）
　　　教科書では、階段型図形の求積を「部分積の和・倍積・欠損積の差」などの方法を考えていくことにしているが、本時においては凹型図形の求積方法を自力で考え、発表し合う中で多様な考え方を知り、「立式のよさ」や「わかりやすさ」などを比べ、本時としてのよりよい考え方を見出す学習を行った。（実施日等、引用省略）

第Ⅴ章　遠山啓「水道方式」の批判的再検討

　展開は、「1　つかむ、2　考える、3　学び合う、4　振り返る」の4段階とし、50分で実施した。
　導入場面（つかむ段階）では、実寸大の凹型図形（マス目や数値のないもの）を拡大して電子黒板で表示し、マス目を動的に入れ込み、同じ大きさのものを黒板に張り出した。（5分）

　自力解決（考える段階）で子どもたちは、ノーカットラベル紙に印刷された上記の図を使って、定規をあてながら長さを測り、式や言葉をノートに書き込んでいった。教師は机間指導をしながら、それぞれの子どもの考え方を分類して座席表に記録し、考え方の発表の指名順を考えていった。集団思考（学び合う段階）で子どもたちは、自分の考え方を記したノートを Web カメラで電子黒板に投影し、拡大機能やペン機能を用いて発表しあった。

　教師は、子どもの発表を聞きながら、黒板に子どもの考え方や立式

335

などを板書し、また発表された考えと同じだったかを問い、子どもたちの考え方を整理しながら同じ考えの子どものネームプレートを貼っていった。

その結果、想定された考え方（A〜D）が全て発表された。

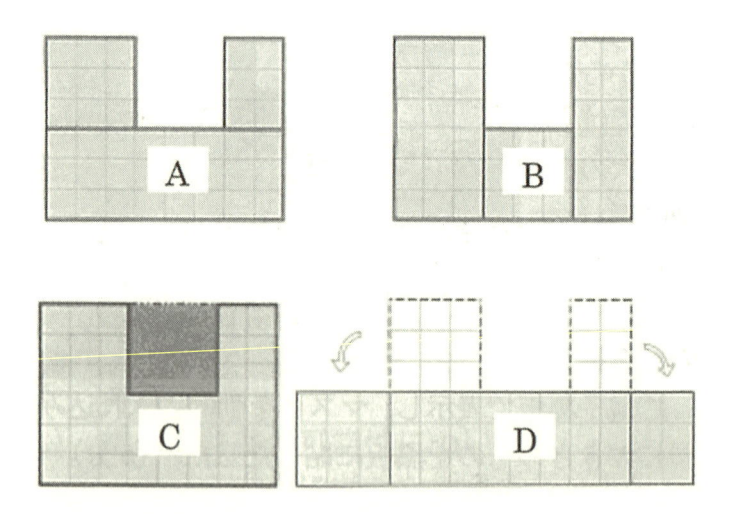

学び合う段階の後半では、これらの考え方の中で、求め方が「早くて、簡単で、正確で、わかりやすいか」（は・か・せ・わ）という観点で、意見の交換を行った。意見を聞きながら子どもたちは、自分の考え方が変わった場合は自分で黒板のネームプレートを貼り直していった。意見交換の中で、他人の考え方の良さを認めながらも、自分の考えの良さを再度、電子黒板を使って説明したり、口頭で説明したりした。

その結果、Cの考え方が式の数が3つ（6 × 8 = 48、3 × 3 = 9、48 − 9 = 39）で一番少なく、「は・か・せ・わ」の観点で多くの子どもたちから賛同を得ていた（25分）。

最後の振り返る段階では、学習を振り返り、複合図形の求積について、感想をノートに書いて終了した。（5分）

電子黒板は補助黒板として、授業の導入と学び合いを中心に使っていった。

《以下、引用省略》

私は、講演の始まる前にこの草稿を読んでいたので、「まあ、こんなところだろうなあ」と思いながら拝聴していたのですが、「学び合う段階」の「その結果、想定された考え方（A～D）が全て発表された。」と口頭解説があったところで、「実は、この他にもう一つ、E君という子どもが次のような考え方をしました。」と発表者が言って、E君は方眼紙に描いてあるマス目の縦の列1本1本について、凹型図形に含まれているマス目の数を数えて、6 + 6 + 6 + 3 + 3 + 3 + 6 + 6 = 39 と計算したことを補足説明しました。私は、そのような考え方は自分自身まったく思いつかなかったので、自分の思考を根底からひっくり返されたような衝撃を受けました。

私たち日本人はズームイン思考のタイプですから、与えられた図形の特徴を徹底的に分析して、その特徴を巧妙に利用する計算法を編み出す優れた知的能力を持っています。そういう目で振り返ってみれば、「早くて、簡単で、正確で、わかりやすいか」（は・か・せ・わ）という観点は、そのようなズームイン思考そのものです。そこには、与えられた凹型図形から一歩踏み出して、「もう少し一般的な図形の面積を求める場合にも、同じ計算法が利用できるだろうか？」という、ズームアウト型思考の人間ならば言われなくても当然のこととして考える観点が完全に欠落しています。

E君の発想は、私のズームイン思考の完全な盲点を突いたのです。E君の発想は、まさに大数学者リーマン (Georg Friedrich Bernhard Riemann, 1826～1866) が定積分の厳密な理論的基礎を確立するために考え出した

「リーマン和」の概念そのものです。E君のやり方を用いれば、凹型の階段図形の面積だけでなく、凸型でも、あるいはもっと一般的に、その図形の上端の境界線が2次曲線であろうと3次曲線であろうと三角関数のグラフ曲線であろうと、面積の近似値を計算することができます。

　E君の計算法は、凹型階段図形の特徴をまったく使っていません。ということは、凹型階段図形以外の図形にも適用できる普遍的方法であり、一般的な方法であり、いくらでも拡張できる方法だということです。さらに、E君が考えたような、縦方向に、当該図形をカバーする各列のマス目の数をカウントして行く作業を複数の方向から行えば、人体を切断しなくても、患者の体内の3次元的情報を可視化できる装置（CTスキャン）を作ることができて、コンピュータ・グラフィックスの技術を応用してそれを実際に作ったゴッドフリー・ハウンズフィールドとアラン・コーマックは1979年にノーベル医学生理学賞を受賞しています。実は、コンピュータが実用化されるずっと以前の1953年に、弘前大学の高橋信次が「エックス線回転横断撮影装置」を開発していました。これは、コンピュータを用いないアナログな機械的装置によって断層を撮影するもので、CTスキャン開発の先駆けとなった研究として世界的に高く評価されています。

　すなわち、縦線1本1本ごとにスキャンしてゆくというE君の方法は、極めて厳密な純粋数学の理論にとって重要であるだけでなく、コンピュータを用いた数学理論の医学への応用という点でも、実用という面で最も基本的な計算原理の1つなのです。

　講演発表が終了して、質疑応答の時に私は、A君～E君までの5つの考え方が出されたのに、講演草稿にはなぜE君の考えだけが落とされて、残りのA君からD君の考えだけが掲載されているのですか、と質問しました。回答は、「決して教師がE君の考えを排除したわけではなく、子どもたち自身が意見交換の討論（言語活動）の中で『自主的』に、『E君の考えは「早くて、簡単で、正確で、わかりやすいか」（は・か・せ・わ）という観点から見ると良くない考えだね』と言って不採用にしたのです。」というものでした。（あーあ、ここでも『討論（言語活動）の中で子どもたちが自主的に』、だねえ。）私は質問を続ける意欲を失って、沈黙しまし

た。

「人類史上最高の哲学者」と言われる古代ギリシャのソクラテスは、「若者に危険思想を振りまく危険人物」として告発され、アテナイの裁判法廷において堂々と自分の思想と行動の正しさを弁明するのですが、民主主義のお手本みたいな制度によって死刑を宣告され、獄中で毒をあおいで死ぬことになります（プラトン著『ソクラテスの弁明』邦訳　岩波文庫）。「民主的な討論や手続き」というものは、常に、民衆の知的レベルを越えた思考を持つ人間を死に追いやる危険性と隣りあっていることを肝に銘じておくべきです。

小学 4 年生の生徒たちは勿論のこと、授業を指導している教師だって「リーマン和」や積分論のラドン変換など聞いたこともないでしょう。しかし、教育者たる者が必ず心がけておかねばならないことは、もしも生徒が教科書とは違う考え方や教師が理解できないような意見を発表した時には、（「ひょっとしたら、この子は天才かも知れない」という可能性を信じて）「きみの考え方はユニークで面白いねえ。世界の大発見や大発明は、みんな君の考えのような、周りの人たちとは全然違う考え方から生まれたんだよ。きみの考え方は教科書の「早くて、簡単で、正確で、わかりやすいか」（は・か・せ・わ）とは違っているけれど、特別に『本日のユニーク大賞』をあげることにしよう！」と励ますべきだったのです。平凡な常識人である教師にできることは、それ以上でも、それ以下でもありません。

これは、裁判制度における「疑わしきは罰せず」という考え方に似ています。「たとえ 99 人の真犯人を無罪にしてしまうとしても、1 人の無実の人を冤罪に陥れてはならない」という考え方です。教育も同じことだと私は確信しています。たとえ 99 人の生徒がいい加減に教科書とは違うことを言って、それがまぐれ当たりで結果的に正しかったけれども、言った生徒自身が自分の言ったことの意味を全く理解していないというような場合が多いとしても、もしかしたら、ある 1 人の生徒だけは直感的に、天才的な把握をしているのかもしれない、そういう可能性のある生徒の「ヤル気」を奪うようなことは、絶対にやってはならない教育だと思っています。

第Ⅲ章 4 節でご紹介した北村和夫さんの論文で引用されているニクラ

ス・ルーマン（村上淳一訳）『社会の教育システム』（2004）の「近代学校システムには選別と教育という2つの機能がある」という規定について日頃から思っているのですが、この「選別」という機能は、進学率が低い社会では、その社会を維持・発展させて行く能力を持ったエリートを選び抜くという役割を果たしていたと思います。そして、そもそも高等教育を受けない人の方が多い社会にあっては、たとえ、その教育システムから落ちこぼれたとしても、その後の人生にたいした障害とはならなかったと思うのです。

　明治の文明開化以来、日本の学校システムは、西洋諸国に追いつくために、西洋諸国の教科書をお手本として、それなりにズームアウト型思考的な考え方や知識を、ズームイン型思考の日本の子供たちに植え付けようとしてきたのだと思います。悪く言えば「日本の子供たちの頭脳の西洋化・植民地化」ですが、私の勝手な推測では、日本人の子どもたちの中にも、5％から10％くらいは、ズームアウト型思考に十分適応できる能力を持つ子どもたちがいるだろうと思います。野球で例えれば、生まれつき左利きであっても、右でも左でも自由にヒットを打てるスイッチ・ヒッターのような能力の人たちです。そして、西洋人以上に西洋的な思考に優れていて、ノーベル賞やフィールズ賞を受けた日本人もだんだん数を増してきました。

　しかし、1970年代末ころから高校進学率が事実上100％に近くなり、大学進学率も21世紀に入ると50％をかなり越えるようになりました。こうなると、「選別」の意味はまったく異なってきます。教育システムから落ちこぼれることは、社会的な少数者になることを意味します。現代のグローバル資本主義が席巻する社会に巧く適応できない（K　空気が　Y　読めない）人たちが、「選別」によって「間引き」されて行きます。教科書に書いてある通りの答えを素早く答案用紙に書く能力が普通よりも劣っている子どもたちが、次々と教育システムから落ちこぼれて社会的少数者となり、「負け組」を構成して行きます。そういう若者達は就職にも結婚にも大きな困難を抱え、彼らのDNAが国民全体の中に占める割合は次第に減少して行くはずです。そう、つまり、高い進学率を持つ現代日本の

ような社会では、学校教育システムにおける「選別」機能は、現在の支配的体制に巧く適応できないような生徒を間引きして、現体制（グローバル資本主義）に対応出来るような常識的平凡人を中核とする単一的な社会を構成するための「民族浄化装置」の役割を果たすようになったのです。「ちょっと、それは過激すぎる観点じゃないですか？」と思うあなた！これは決して私だけの感想ではないんですよ。たとえば、何人もの東大教授が近年、「東大生の質がどんどん均一化して、しかも低落傾向が止まらない」と言ったり書いたりしているのを耳（目）にしています。また、OECD（経済協力開発機構）によるPISA教育が徹底しているフィンランドでは、インテリ女性たちは、（男子の学力が低いので）「もう、フィンランド人の男性は必要ない。我々はスウェーデンやデンマークの男性と結婚すればよい」と公然と言っている人までいます。

　これは、生物進化論的に見て、かなり危機的な状況だと思います。現在の社会的状況に対応できるような人間で社会の中核を固めてしまうと、将来、何らかの原因で（例えば、天変地異）社会的状況や自然環境が激変した場合には、殆どの人間が死に絶えてしまう可能性が高くなるということです。民族としての「生き残り」を計るためには、出来るだけ多様な、「現在の社会・環境にはうまく適応出来ない人々」と共存をしてゆくことが絶対に必要です。現在の「勝ち組」と「負け組」の立場は、ちょっとした気候の変動や世界経済の景気変動で簡単にひっくり返ってしまうほどもろいものではないかと私は考えています。「だからこそ、現在の地位や財産や既得権を堅持して、少しでも安定した状態を確保できるように準備しておくのだ」という考えの人も多いようですが、はて、さて、どうなるでしょうか。

　　「祇園精舎の鐘の声、諸行無常の響きあり。
　　　沙羅双樹の花の色、盛者必衰の理をあらはす。
　　　おごれる人も久しからず、唯春の夜の夢のごとし。
　　　たけき者も遂にはほろびぬ、偏に風の前の塵に同じ。」
　　（「平家物語」冒頭）

Ⅴ—6．ローマ人にも理解できなかったユークリッド幾何学の定理を日本の子どもたちにどのように教えるのか／実験と観察と討論を通じて帰納的に円周角の定理を生徒たちに「発見」させた福井至民中の牧田教諭の実践はズームイン型幾何教育のお手本

　私は、第Ⅱ章11節「松本克己『世界言語への視座』を読む（その6）ギリシャ語の統語構造 ／ ソクラテスの問いの射程」の中で次の2つのことを書きました。一つには、ギリシャ語だけがヨーロッパ言語の中で唯一、紀元前に統語語順が主要部後置型から主要部前置型に逆転し、その結果、言語パラメータがズームアウト型の認知パラメータと協調できるようになって脳内世界が晴れ上がったために、一斉に偉大な数学や自然哲学を担う人々が輩出したこと。しかし、もう一つには、ローマ帝国のラテン語は、主要部後置型の絶対的な制約こそ排除して「語順の自由」を勝ち取ったものの、統計的に見るとまだまだ圧倒的多数の割合で主要部後置型の文章が書かれていることから、ギリシャの数学はローマ帝国が崩壊し、さらに数百年がたってから、やっと14世紀のルネッサンス期になってラテン語に翻訳されたことを説明しました。これには多少の異説（12世紀のイベリア半島はイスラム教徒の制圧下にあったために、スペイン語とアラビア語のバイリンガルの学者が大勢いて、彼らが12世紀にユークリッド『原論』をアラビア語からラテン語に翻訳した、という説）、が最近発表されているようですが私の説明には影響はありません。

　そうだとすると、非常に実践的な教育的課題として、「ローマ人にも理解できなかったギリシャの幾何学を日本の子どもたちにはどのように教えればよいのか？」ということが当然浮かび上がって来ます。理論的に考えれば、ギリシャ人やアラビア人のようなズームアウト型（演繹的思考）ではなく、東洋的なズームイン型（実験や観察を多様に、具体的に体験させつつ、法則性を自ら見つけさせて行く）帰納的な学習しかないわけです。

　そう思っていた矢先に、私の友人の佐分利豊さん（福井大学教育学部教授）から牧田秀昭・秋田喜代美著『教える空間から学び合う場へ―数学教師の授業づくり―』（東洋館出版2012年8月）http://www.toyokan.co.jp/book/b103190.html という書籍を推薦するメールを受け取りました。

早速購入して読んでみました。たいへん示唆に富む、素晴らしい本だと思います。特に、中学校の数学のカリキュアラムを自主的に編成しようという意欲を持っている方々には「必読書」だと思います。牧田先生の「円周角」の授業は、まさに、私が上に描いたような、ズームイン思考に従って行うべきユークリッド幾何学のカリキュラムそのものの見事な実践例を示しています。私としては、100万の援軍を得た思いがしています。

　以下、上で紹介した本の第Ⅲ章4節「意味のあるグループ活動とは／円の性質（中学3年生）」の部分を引用・紹介してみます。

《『教える空間から学び合う場へ―数学教師の授業づくり―』からの引用》
4．意味のあるグループ活動とは
「円の性質」（中学3年生）
　　全員の主体的参加を目指してグループ活動を設定する。習熟度別や指向別といったようにそれぞれのグループの質を意図的に変える場合や、司会者や記録係といったようにグループ内の役割を決める場合もあるだろう。私は大概は座席に従った無作為グループで、役割も決めない。それ以上に、課題解決への求心力や作業手順の明確化が、グループ化への必然性と、活動の促進に直結すると考えているからである。状況によって他のグループとの交流も積極的に認めれば、グループ内で閉じることなく、教室全体が1つのグループ（学び合う場）へと変貌していくのである。

1：学習課題と授業デザイン
（1）定理を創るという主題を設定する
　　円周角の定理は、これまでの学習指導要領では中学2年生で扱われていた。しかも「円」についての学習というよりも、二等辺三角形の角に関する定理の利用という形での扱いであった。今回の学習指導要領改訂では、中学3年生で、しかも「円」として独立した学習をすることになる。

定理そのものは単純でわかりやすいものだが、どんな場合でも成り立つことを証明するのは容易ではない。しかも合同や相似のように日常的によく用いるという性格のものではないので、受け身の学習になりがちである。

　そこで、円周角の定理を提示して証明し、問題解決に利用していくという流れではなく、「円に関する定理を創ろう」という主題を設定する。「円周角ありき」ではなく、円の角度に関する探求を突き詰めていったら円周角の定理の存在に遭遇し、既知の円の世界が広がり深まったという経験をさせたい。また、「定理」に残すというからには、1つのトピックで済ませるのではなく、今後の学習に汎用可能な形で残していくところまで求めており、学習内容のつながりを意識させることになろう。

　自分で定理を作り出す活動は、幾つかの図をかき、予想し、本当にいつでも成り立つのかという本質的な問を生み、また図をかいて確かめ、成立しそうなら条件を整備して演繹的に証明し、適切な言葉で表すという一連の活動で構成される。まさしく「ミニ数学者」の営みであると言えよう。

（2）活動・協働を組織する

「定理を創る」という主題にもかかわるが、授業者からはあらかじめ図を限定せず、円周上に自由に点をとって自分の図を作り実測するという、全員参加可能な活動から始める。図形の学習では特に、自分で図を作るという行為が大変重要であると思う（第2章参照）。図を限定しないことから差異が生じ、生徒の中に問題意識が芽生えるのである。また、授業者が不自然な場合分けを強要しなくても、自然にいろいろな場合が出現するであろう。実測によって誤差が生まれるが、それもかえって生徒たちの思考を抽象化、一般化へと導き、演繹的説明の必要性を抱かせることになろう。

　次に、実測して得られた仮説をカードに書き込んでいく。図によって成り立つ事柄に違いが生ずる場合があるので、関係式だけでなく、図を示す必要が出てくる。念頭で進めてしまうことが多い数学の推論

を可視化することが、論証を苦手としている生徒たちにも重要な手掛かりとなる。またそれぞれのカードは、人と人とをつなぐ道具にもなる。これによって、単にグループ内だけでなくグループ間の協働も生起させ、教室全体で推論の流れを共有し、数学を学び合う場ができあがることを期待する。逆に言うと、情報を整理し、問題を共有したり証明の流れを決定したりする場面では、授業者の即時的な判断で進行していくことが多く、授業者の価値観が大いに反映されることになろう。

2：学びのストーリー「円に関する定理を創ろう」
（1）「円」で思い浮かぶことは？
　円としてのまとまった学習であることを示すことと、証明の根拠として用いてよい事柄を共有化するために、黒板にかかれた1つの円に関する既習内容を整理する。
　最初は、「円周率」「半径」「直径」「円周の求め方」「面積の求め方」といった、数量的なことが出されたが、だんだん「角がない」「コンパスでかける」「線対称」「点対称」といった、形状に関する声も聞かれるようになった。
　弘の「コンパスでかける」では笑い声が起こったので、「どういうことだろう」と全体に問うと、「中心から円周までの距離はすべて同じ」と明が答え、いろいろな情報はつながっていることが共有される。私は半径の長さが等しいことを黒板に図示する。まだあるだろうと問うと、半径で区切られた図形から、「おうぎ形」「中心角」「弧」「弦」といったように、線分を書き入れることによって生まれてくる用語が紹介された。

（2）ミニ数学者になろう
「ミニ数学者になって、円に関する新しい定理を発見しましょう」と全体に告げ、学習課題を設定する（ただし、言葉で提示するだけで、黒板には円Oと点A，Bしか図示しない）。

円 O の周上に，2 点 A，B がある。この他に点 P を円周上に各自が自由にとり，PA，PB を結ぶ。そのときできる角∠AOB，∠APB，∠PAO，∠PBO を測り，これらの角を実測して，関係を探そう。

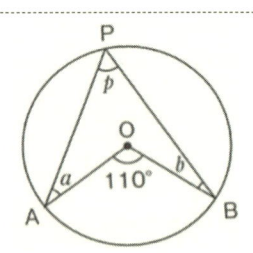

それぞれ，∠AOB を中心角，∠APB を p，∠PAO を a，∠PBO を b，と表すことを確認する。グループに配ったカードの図は∠AOB = 110° となっている円と，何もかかれていない円がそれぞれ 3 個ずつ印刷されている。

(3) 角に関する情報を収集し整理する（グループ活動 No.1）

各自が図をかき，実測し，データをホワイトボードに表す。そこから言えそうなことを，図と式や言葉でカードに表していくグループ活動に入る。できたカードから，私が磁石で壁に貼り付けていく。

点 P の場所によって状況が変化するが，本稿では，まず，いろいろな場合を考えた尚之グループの活動を最初に紹介して本稿での呼称や全体像を示し，それに絡み，場合分けをした智和グループ，習熟度は低く活動は滞るものの，全体にいろいろな場を考えるきっかけを与えることになった遼グループの活動を紹介する。なお，下線部はカードに書かれた事柄である。

【円周角と中心角の謎を解明した尚之グループ】

弘之は最初に 4 通りの図をかいてしまい，それぞれで考え始める。

他の 4 名は［基本形］をかいている。ホワイトボードにかかれた

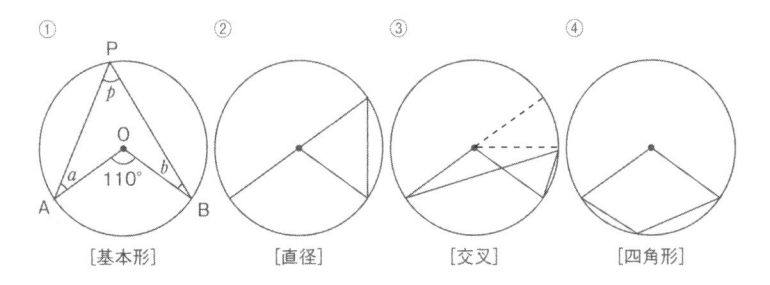

第Ⅴ章　遠山啓「水道方式」の批判的再検討

① ② ③ ④
[基本形] [直径] [交叉] [四角形]

データは下の表である。まず裕之が声をあげる。「わかった，『a + b = p や！』」これは間違いないと皆納得し、とりあえずカードにかく。

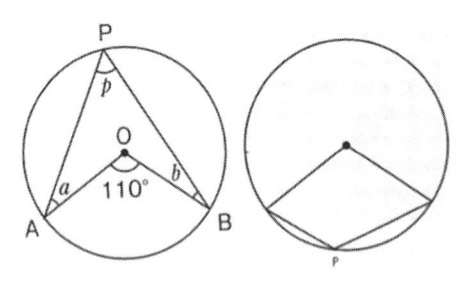

	中心角	a	b	p
尚之	110	12	43	55
龍一	110	25	30	55
裕之	110	62	63	125
明美	110	16	40	55
七恵	110	40	20	55

(柴田の注：弘之が円周角 p の数値の普遍性 = 55 度ではなく、『a + b = p』という関係式の普遍性にまず気が付いたことに私は非常に驚きました。これは、測り方の違いから、p = 125 度という異なった値が 1 つ混じった為かも知れませんが、それよりもむしろ「定理を創ろう！」という主題が、弘之にとっては、数値の普遍性よりは関係式の普遍性の方がふさわしいと感じられたのではないかと想像します)。

「p の大きさそのものは、点 P が AB より上にあるか下にあるかで違う」と龍一が発言、なるほどその通りだということで、ホワイトボー

347

ドに「上」「下」を書き入れる。
　ここで裕之が別のデータを出す。

① P　②
[基本形]　　　[直径]

	中心角	a	b	p
裕之	110	0	55	55

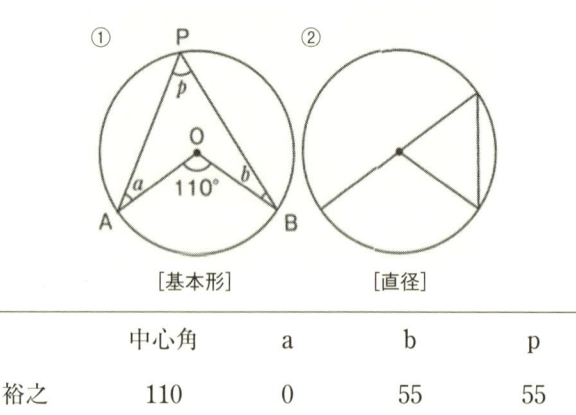

　表の中に0があるので不思議に思った龍一がどうやったのか尋ねると、「こうやって重ねた」と、［直径］（3点A、O、Pが直径と成る場合）の図を示す。これまでの流れで、「これは『上』だね」と、尚之がまとめる。『中心角＝a＋b＋p（尚之）』は間違いないだろうと提案されると、明美が計算して確認する。「111、115、....こんなのはズレか....」と少々の誤差を認めている。『中心角はpの2倍（龍一）』というのも出されて、裕之が「点Pが上のときだけやろ」と限定し、［基本形］の図をカードにかき入れる。
　ここで、上の2つのことについて、他の図の場合についても成り立つのか調べ始める。［直径］の図については「大丈夫（龍一）」と皆納得。問題は［四辺形］（中心角∠AOBに相対する弧の上に点Pがある場合）に集中する。

龍一：下に点Pをとると四角形になるけど…。
明美：分からない。
裕之：下のやつでなんかないかな。
尚之：こっち（250°）を中心角にすればいいんじゃない？　そうすれば上とか下とか関係なく『中心角＝a＋b＋p』『中心角

第Ⅴ章　遠山啓「水道方式」の批判的再検討

はpの2倍』が言える。

　自分でも［四角形］の図をかいていた尚之が大発見！　これで皆納得する。

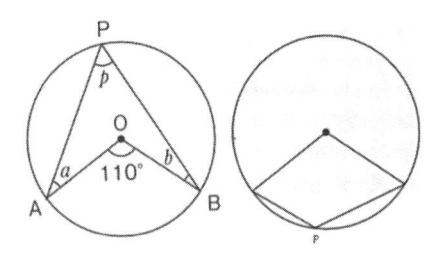

　今度は［直径］の図で、OA＝OB＝OPから△OABと△OBPが二等辺三角形であることを皆で見出す。この図を見ていると、尚之が『∠PBA＝90°』を発見。カードに書く。それを見ていた裕之が「中心角が180°になるんだから、さっきと同じ？」とつぶやくが、皆にはピンとこない。
　ここで最初のグループ活動終了の時間となる。点Pがどこにあっても円周角は中心角の1/2であることをグループ活動の中でつきとめたのである。

【場合分けをして表した智和グループ】
　綾子が［基本形］の図をかいて、「pが中心角の半分になっている」といち早く発言しながら、ホワイトボードにメンバーのデータを書いていく。
　歩美のpが124°であることを皆が不思議に思う。歩美も「なんでみんな55°？」と首をかしげるが、「歩美のは四角形になるから。みんなのは三角形っぽいでしょ？」と昇平に言われ「だったら、4つをたすと360°って言うのは？」と言うと、「ダメ。歩美のだけ」「それは四角形のときだけやって」と、また皆に言われる。全員の場合について言えることはないか考えている証拠である。
　しかたなく、「全員一緒なのはないなあ。『中心角が110°』という

349

のだけは間違いないの（綾子）」となってカードに書く。

　5人のうち4人が一緒の、p = 55°はどうだろうと話が進むが、「四角形のときもあるでなあ。どう表現しよう」と智和や昇平が悩む。そこで、「あっ、『弧ABの長い方に点Pを置くと55°になる』ってすれば？」と智和が改善案を出すと皆賛成し、カードに書く。

　そうはなったものの、やはり先ほどの124°がみな気になる。綾子が歩美と同じような四角形をかいてpを調べている。

「やっぱり125°。偶然かな？（綾子）」

「偶然じゃないやろ（智和）」

　智和は必ず根拠があることを想定している。先ほどの場合と同じような表現ができないか考え出し、『弧ABの短い方に点Pを置くと、125°になる』とカードに書く。それぞれの場合について、ちゃんと場合分けをして表している。ここでグループ活動の時間が終わる。場合分けしているが、数値が最初の設定そのままになっていて、一般化はされていない状態である。

【カードにいろんな図をかきだして他のグループの思考を深めた遼のグループ】

　遼がデータを書く。「中心角250°、a 27°、b 30°、p 55°」なぜか他のメンバーも、中心角250°として進めていく。弘がいち早く『p = a + b』を見出す。

　亮太が［直径］の図をかき、「この場合では？」と聞くが、「正三角形ができるだけやろ」と弘が答える。亮太は不審に感じて、分度器で何度も測るが、頂角が70°である。それを見た弘は「あれ、二等辺三角形になるだけか」と気づく。この二等辺三角形であることの気づきは、彼らにとって大きな一歩である。

　ここで、他のグループから張り出されるいろいろなカードを見て、春香が自分のグループとの差異に気づく。

「中心角って110°の方じゃないの？（春香）」

「中心角ってどこ？（弘）」

疑問を抱くが、皆あまりよく分からない。でも明らかに他のグループのカードを見て自分たちが違っていると考えて、春香はホワイトボードのデータの自分のところを110°に変更してしまう。考えていても成り立つ事柄が出てこないので、仕方なく、今まで出てきた図をそのままカードに書き出すことにした。

『（［直径］の図で） 2つの辺が同じで二等辺三角形（亮太）』
『（［交叉］の図で） 三角形が2つ（弘）』

関係はなかなか見つからなかったが、いろんな場合があること、二等辺三角形が出てくることに気づいたところでグループ活動は終わる。

（4）教室全体で情報を整理し、定理を創ろう

教室の壁に貼られた各グループが書き出したカードを全体で確認していく（同じものは同じところにまとめてある）。

まず、私が智和グループの『中心角は110°』を採り上げる。「当たり前だと思うかもしれないけれど、この班（遼グループ）は、250°、110°、244°、252°、250°、… ほら」同じような生徒もいたらしく、うなずいているのが見える。「見方を変えれば250°とも書けるということですね」とまとめておく。中心角はどのように捉えられるかが授業の大きなヤマとなっていく。

『p + a + b = 中心角』は円がなくても成り立つことは2年生で学習したと確認する。

いよいよ核心部に触れる。『中心角 = 2p』についての協議である。自分の図で、これが言えるかと問うと、言えない生徒も随分いる。歩美が「［四角形］では言えない」と答える。少々の誤差はあろうが、あまりにも違いすぎるという話になる。

ここで「∠APBは円周角と呼ぶ」と用語の導入をする。「円周角×2 = 中心角」であることを、いろんな図で矛盾のないように、自分たちの言葉で定理を創ろうと持ちかける。「いま分かった」という声もあがる。

そのほかに『p = a + b』は［四角形］の図でも成り立つことや、遼

グループから出された［直径］［交叉（線分APが半径OBと交叉する場合）］の図を紹介し、いろいろな場合があることを伝えて、先ほどの定理を創る活動に入る。どのグループも、ホワイトボードの前で言葉をまとめようとしている姿が見えて微笑ましい。

尚之グループは、次のように、用語の使い方は正確ではないにしても、弧と中心角の関係を明記し、いずれの場合でも成り立つ定理にまとめあげた。

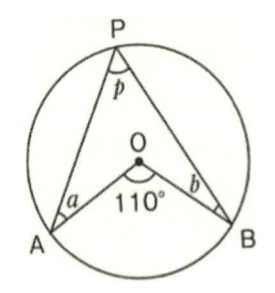

点Pがない AB をつないだ弧を中心角とすれば、中心角は p の 2 倍（「点Pを含まない弧 AB に対する中心角は、p の 2 倍」の意)

智和グループは、次のようにどの場合でも成り立つようにはまとめられなかったが、グループ活動での数値を用いた表現からは脱することができた。

弧 AB の長い方の円周に点Pを置くと、円周角はいつも中心角の半分

他のグループからは次のような命題が出された。

中心角が180°のとき、必ず円周角は中心角の 1／2

これは上下いずれも成り立つのはこの場合しかないと、苦心の末に考え出されたものであったが、このときは時間の関係で残念ながら

採り上げられなかった（次に生かすことになった）。遼グループでは、春香が「さっきの250°なら、同じように『中心角は円周角の2倍』が言える」とつぶやくが、うまく言葉にまとめられず、時間を迎えてしまった。

次の時間に教科書の表現を調べてみる。教科書は次のとおり。

『1つの弧に対する円周角の大きさは、その弧に対する中心角の大きさの半分である。』

この表現の巧みさを感嘆しながら眺めている。智和は「弧に対するか……」とつぶやき、尚之は「分かりやすい」と同調する。改めて、定理として現在存在しているものの美しさや見事さを味わうことになった。

（5）他のグループのカードを参考に、新たに情報を収集し、整理する （グループ活動 No.2）

壁に貼り出されたすべてのグループのカードを見ながら、再度、新たな性質が見つけられないか、グループ活動に入る。1つの場面の話でもよいが、幾つかの場面をつなぎ合わせたものでもよいことを告げる。

早速、智和グループは、全体で示された4つの場合について、他のグループのカードを見ながら次々と性質を明らかにしていく。まずは［基本形］では、「$p + a + b = $ 中心角」を加える。この時点になると、特に求めなくても理由も一緒に説明・確認しながら書いている。［直径］の場合も「$p = a$」「$p = $ 中心角 $\times 1/2$」を書く。カードに簡単な証明もしてしまった（図の引用は省略）。［交叉］の図では、「$p = b - a$」を発見し、等しい辺の情報も図示した（図の引用は省略）。

尚之グループも智和グループとほぼ同様の活動をする。それぞれの場合について、等しい角の関係を導いていった。出遅れていた遼グループも、［基本形］［交叉］それぞれの図で、『$p = (1/2) \times $ 中心角』

を導いている。

　他のグループからは、幾つかの図を併せて考えたカードも提出された。

（図は引用省略）。

(6) 全体像を把握し、証明を進めよう

　これら、2回のグループ活動によって提出されたカードをすべて壁に貼り出し、全体を見ながら、成り立つことを証明しながら整理していく。

（貼り出された多数のカードの図は引用省略）

　まず既習事項となる『二等辺三角形である』こと、『（[基本形]に見られる）中心角 = a + b + p』である理由を確認した後、円に関する定理の証明に入る。どこから手をつけようかと問うと、「円周角が中心角の 1/2 であることが証明できれば他に幾つも証明できる」と尚之が反応し、まずは[基本形]での証明から始めることにする。ホワイトボードに記号を書き入れながら、グループごとに説明する（写真は省略）。この時点では、何度も図を見つめているせいか、ほとんどの生徒がすでに証明をつけられる状態である。『p= a + b』の理由として二等辺三角形が図に記入されているから、スムーズに証明が進む。

　T：では他の場合でやってみよう。

　智和：[直径]は終わっている。

　裕之：[四角形]は同じこと。p = a + b。[交叉]が分からない。[p = b − a]が関係あるんだろうな…。

　しかしこの後半の発言はおろか、前半の「[四角形]は同じこと」の意味さえ、多くの生徒には分からない様子。どうもやはり違う図と見なしている。そこで[四角形]については証明をノートに書いてみる。すると「あーこれも[p = a + b]か……」という声があちこちで聞こえる。尚之も同じグループの明美に説明している。やっと結びついたようである。

　[交叉]については、同じ証明方法ではできないことは分かっても、

それ以上が進まないので私が説明する。そして、改めて『1つの弧に対する』中心角、円周角の関係が定理になっていることを確認する。

(7) 新たな情報から定理を創り、証明しよう
　各グループから出てきたカードでまだ証明できていないものは、あと2つあることが確認される。これら2つを後世に残るような定理に創り上げようと持ちかける。
　(1) 円周角が90°になる場合
　1回目の定理を創る段階で、すでに出てきていることも告げる。「もう証明は簡単です。できています！」と声があがる。グループごとに言葉を探る。尚之グループは理由も入れている。

弦 AB が円の直径なら、中心角は 180°なので、円周角は 90°

智和グループはシンプルである。

直径を引いたら、円周角はいつも 90°

「直角三角形」とか「半円」という言葉が出てくるかと思ったが、意外とどのグループも同じ表現であったという講評をして、これが発見者の名前をとって「半円の弧に対する円周角は90°になる」ことは『ターレスの定理』と呼ばれていることを告げる。

　(2) 円に内接する四角形の性質
　こちらの方も証明はすぐに終わり、定理を創るグループ活動に入る（教科書には登場しないが、生徒から提出され、証明も平易であるので扱うことにした）。なかなか表現方法が見つからない尚之のグループは、また理由を定理の中に入れて次のように表現した。だが、この表現だけ見てもうまく伝わらない。

中心角の和が 360°のとき、円周角の和は 180°

智和グループは、尚之グループの定理を見ても分からないから、図を説明すればよいと考え、図のかき方を忠実に再現して次のように表現した。

　弧ABの短い方と長い方両側に点をとり、ABとその1点を結んだ三角形を組み合わせ、四角形を作るとき、その向かい合う角の和は180°になる。

　他のグループからも、次のように四角形に着目した定理が提出された。

　四角形の向かい合う角の和は180°である

　共通2点A，Bを使い、四角形を作るとき、2つの円周角の和は常に180°である。

　いずれもこの四角形の条件を表現しきれずにいるので、「円周上にある四角形ではダメだろうか」とアドバイスすると、「それがいい」と皆納得したので、『円に内接する四角形の向かい合う角の和は180°である』とまとめた。

　3：省察──グループを越えたグループ活動へ
（1）グループをつなぐ仕掛け
　カードに情報を書いていく作業は、複雑で混沌とした状態を解明していくための最初の一歩である。日常生活でも、このようなカードにこそ表さないだろうが、情報を整理するためにアンダーラインを引いたりコンパクトに図示したりする。この活動の過程で、本当の課題が見えてくるわけで、思考の進め方に関する演習の場にもなっている。
　授業では大きめのカードに図と関係式を記述させ、黒板にも貼り付けていった。貼り付ける場所は、知の構造化にとって重要な役割をも

ち、これについては私が行った。同じものをまとめるだけでなく、並列的なこと、発展的なこと、関連ありそうなことを区別して貼り出した。これが授業中の大きな支援となる。この構造化によって、全体を眺めているだけで、何が共通点で、まず何を証明すればよいのか、また証明を解く鍵はどこにあるのかが見えてくる。

　さらに、もっとも大きな利点は、各グループが作ったカードは必ずどこかで機能していて、しかもそれらが絡み合っているので、グループを越えた協働が自然な形で行われたことにある。自分たちの手で創りあげたものだから、能動的な参加を促し、グループ活動が中心でありながらグループを越えたつながりを誘発する。どのグループから出されたという興味は捨象されて内容だけがクローズアップされ、他のグループから出されたカードを組み合わせて別の性質を発見していったり、重要なポイントを探りあてたりしていることがその証左である。

　また、書き上げたカードの順番で、どのような道筋で各グループが考えを進めていったかをたどることができる。授業者だけでなく、生徒たちも同様である。思考を表出する手段、つなぎ合わせる手段を考えておくことは、ストーリーを紡ぎ出すことに直接つながると考えられる。

（２）何のための定理づくりだったか？
「定理を創る」ことは簡単ではない。生徒たちも実感したであろう。直感的に図示するなら簡単だが、言葉で表現するとなると、最低限の条件を網羅せねばならないので回りくどくなったり、逆に言葉足らずになったりする。この活動に意味があるのかという議論もあろう。しかし図的表現と言語的表現の往還は、数学の根幹にかかわる、いや、すべての学際領域に踏み込むための貴重な経験であるとしみじみ思う。現に、生徒たちが考え出した後に教科書の表現を見てみると、いかに洗練された表現であるかが実感できていた。通常なら素通りしてしまうような数学の定理のもつ美しさを感得していたわけである。

　省みるならば、図的表現（直感的理解）と言語表現（完成された

定理と生まれる過程)の往還をこれまであまり意識して実践してこなかったことの裏付けとなろう。中学3年間の総括となるこの時期は、相似、三平方の定理などが絡む図形総合の学習となるので、意識的に両表現の往還を行うようにカリキュラムをデザインしていくことが求められよう。例えば「相似とはどういうことか」「相似を用いるとどんないいことがあるか」「円の中に三平方の定理はどのように現れるか」等々を、自分の言葉で表現していくことが大きな意味をもつものと考える。

　広い意味の言語活動の充実は、新学習指導要領でも重点項目となっていることは周知のとおりである。清水 (2008) は、「表現することでは、『表すことや書くこと』と『読みとることや解釈すること』の両面に配慮されるべきである。(柴田の注：『読みとることや解釈すること』は「表現すること」ではありません。「表現を理解すること」の重要性を「表現すること」の一部分に解消することは重大な誤りです。新学習指導要領」や清水 (2008) などを基準にして自己の優れた教育実践を評価するのでは、せっかくの優れた実践の玉に傷が付きます。この部分だけはナンセンスなのでこれ以上の引用部分をカットします)。」と述べる。

　生徒たちは想像以上に「どの図でも成り立つこと」に関心を払い、書き出すことに慎重になっていたので、途中で2段階のグループ活動に変更し、ゆったりとした流れにペース変更した。これも新たな定理を生み出す原動力になっていたように思う。

　2年生時に第1節で登場した智和は、単に問題を解くだけでなく、新たな性質を発見していく活動に喜びを感じて、時間を忘れて没頭する生徒である。この節の3年生後期の彼は、一人で突っ走るのではなく、中心角が違う歩美のことも考え合わせて、なんとかつじつまが合うように皆と一緒に考えを進めている。「弧に対するか……」という彼のつぶやきは、それまでの彼の試行錯誤の深さを表していて、大変共感できる。証明の場合でも、以前の彼なら自分が理解してしまえばそれで終わっていたであろうに、丁寧に説明している姿が見えて、とても微笑ましい。また、よきライバルである尚之を意識して、他の生

徒のことを考えた、より分かりやすい定理を創ろうと言葉を紡いでいた。自分のグループをベースにしながら他のグループの活動にも関心を示し、この教室を学び合う場へと転換させていくキーマンへと大きな成長を遂げたのである。定理づくりという学習活動は、彼の成長に無関係ではない。

(3) 教師主導の「一本道授業」を壊す

　教科書では、「円 O で、弧 AB を決めて、弧 AB を除いた円周上に点 P をとり、∠APB を測って調べる」とある。確かにこれだと、本実践のように円周角が2種類存在することはなく、いつでも等しいことが容易に予想できる。また位置関係は3つ存在することもあらかじめ紹介されており、それぞれの図で証明がされている。しかし、これはあくまで円周角の定理ありきの指導であり、全く知らない生徒たちにとっては、なぜ『弧 AB を除く』のか、なぜ『3通り』に分けないといけないのか不思議なまま（あるいは、何の疑問ももたないまま）終わるであろう。本実践は、教師主導の一本道の流れを破る試みであったとも言える。

　同様に、場合分けの根拠となることとして、∠PAO, ∠PBO を測らせたことも、視点を広げる一助となった。そもそもなぜ∠APB にのみ着目しなければならないのか。出現するいろんな角を測ってみることで、円周角の特異性に気がつくのであるし、証明の発見につながっていくのである。

《『教える空間から学び合う場へ』からの引用、終わり》

まさに、上の引用の末尾の文章で強調されている「出現するいろんな角を測ってみることで、円周角の特異性に気がつく」という点がポイントで、これが私の言う「ズームイン型の幾何教育」であり、福岡数教協の先生たちが「水道方式」の特徴であると理解しているところの「一般から特殊へ」の典型例になっています。これとは反対に、「円周角ありき」と牧田先生が見事に表現した教科書の記述が、まさに「ズームアウト型」幾何

学の記述で、まず「結論が天から降ってきて」、それから、何故そうなるのかという理由（証明）が続くのです。

　実は、私は一昨年（2010年）に福井市至民中学校の公開授業のイベントに参加して、この牧田先生の「円周角の定理を自分たちで発見する」という授業をこの目で見ていました。しかし、その当時は未だ、私の「算数教育と世界歴史言語学」の観点が定まっていなかったので、「とても良い授業だな」と思ったのみで、牧田先生の授業の本当の意味が十分に理解できていませんでした。世界歴史言語学の研究の発展に伴って、「ユークリッド幾何学『原論』はなぜローマ人に受け継がれずにアラビア人に受け継がれたのか」を解明することが出来ましたが、それに伴って、「ローマ人にも理解できなかったギリシャの幾何学を日本の子どもたちにはどのように教えればよいのか？」ということが当然浮かび上がって来ました。理論的に考えれば、ギリシャ人やアラビア人のようなズームアウト型（演繹的思考）ではなく、東洋的なズームイン型（実験や観察を多様に、具体的に体験しつつ、法則性を自ら見つけさせて行く）帰納的な学習しかないわけですが、牧田先生の「円周角」の授業は、まさにその見事な実践例を示しています。

　皆様方に、ぜひ上記の本を読んで頂きますように強く推薦致します。

V—7. 学問もスポーツも楽しくなくちゃあ／歴史学の記述と庶民感情（昭和史論争）

　7月15日に福井工業高専で開かれた「関数電卓を利用した授業」研究会の折に、私も「算数教育と世界歴史言語学」のテーマで講演発表させていただいたのですが、帰りの列車の中で一緒になった参加者の方から、「ずいぶんと学問を楽しんでやっておられるご様子ですね。」と言われて感動しました。最高の誉め言葉だと思います。

　この1ヶ月、3ヶ月、6ヶ月前の記録を振り返ってみると、いろいろな方々に次々と新しい情報を教えて頂き、私の考えも次々と変化し、進化してきました。ここ2、3年の私の認知や認識に関する理論や関心は激しく進化して来ました。14世紀〜16、7世紀のヨーロッパ人の頭の中の変化

第Ⅴ章　遠山啓「水道方式」の批判的再検討

もかくあるべし、という感じです。
　7月22日（日曜）朝日新聞朝刊読書欄に載っていたヨハン・ホイジンガ『ホモ・ルーデンス』（邦訳・中公文庫）に関する為末大さん（元プロ陸上競技選手）の「思い出す本・忘れない本」には、つぎのようなことが書かれていました。

　　《為末大さんの書評の引用、開始》
　『ホモ・ルーデンス』は、深いところでスポーツの社会的意義や起源を調べていくと必ず出会う本です。24 〜 25歳のとき友人に薦められて欧州遠征に持っていき、初めて読みました。人はなぜスポーツをするのかに関心があり、シンプルに「楽しいから」という答えを見つけられたのは、この本の影響が大きかったと思います。
　スポーツだけでなく、遊びを幅広く哲学的に考察した本です。限られた時間や空間の中で、自発的に受け入れられた規則にしたがってする自由で強制されないもの、という説明があります。すごくスポーツ的ですよね。
　（中略）
　長くオリンピックに出場してくる選手には、発想の遊びがあるんです。ちょっと腕の振りを変えてみようか、という感覚で、一つの技術に凝り固まらない。日本代表を競い合うあたりから、発想の豊かさが競技力に影響します。頑張っている人間は楽しんでいる人間にはかなわない。競技をやりながらずっと感じていたことです。
　小学3年生で陸上競技を始めた時から全国で何番というレベルになってしまい、速く走るイコール人生が開けるみたいな世界になりました。勝てば勝つほど収入も増え世間の評価も高まるというチャンピオンスポーツのピークを迎えたのは、25 〜 26歳の頃です。
　4年前の北京五輪で一度引退を考えたのは、勝てなきゃ走る意味がないと思ったからです。でも、勝つことより大事な価値があるという気持ちになり、ロンドン五輪まで現役を続けようと思った。チャンピオンになれるのはスポーツにかかわるほんの一握りなのに、負けても

満足して引退する人は多い。競技することで自分がひらかれていくことの方が重要じゃないか。そう思って、もう一度新しい自分なりの陸上競技に取り組みたくなったんです。
　《為末さんの引用、終わり》

　私が初めて為末さんの走りをテレビで見たのは、確か世界陸上の400メートルハードル走の準々決勝あたりだったと思います。バーンという発砲の合図で8人か9人の選手たちが一斉に弾丸のように飛び出してゆくのですが、私は思わず「おおっ！」と声を上げてテレビ画面に吸い付けられるように身を乗り出しました。外国の選手たちは、当然のことながら、全員が西洋流の「ランニング」の走りをしています。その中で、為末選手だけがただ1人、左足を蹴り上げる時は左腕を振り上げ、右足を蹴り上げる時は右腕を振り上げる、日本の古武術の「ナンバ」で走っているのです。
　（ナンバ走りについては、言問いメール317号「ナンバ走り」http://www1.rsp.fukuoka-u.ac.jp/kototoi/2005_7.html#317go 参照。また、私の前著『フィンランド教育の批判的検討』の第1章2節「おしゃべり学生に厳罰を加えた話」（p.21）にも「ナンバ走り」の解説が載っています。）
　それは、何とも異様な光景でした。左足と左腕を同時に前へ出す姿勢を『左半身』の構えと言い、右足と右腕を同時に前へ出す姿勢を『右半身』の構えと言います。剣道や合気道など、日本の伝統的な武術では最も基本的な構えですが、「ナンバ」はこの『左半身』の構えと『右半身』の構えを素早く入れ替えながら自分の身体を前方に移動させる体術です。西洋の「ランニング」では、下半身と上半身を互いに逆の方向へと捻ることにより、ちょうど雑巾を絞るように身体に捻りを与え、バネを強く押しつぶすとその反動でバネがピンと伸びるように、身体の捻りがほぐれる瞬間の反動を利用して加速度を産み出しています。ナンバ走りでは、そのような身体の捻りを作らないので、身体に無理な負担をかけない走り方であり、老人の長距離走には最適ではないかと考えて、私は現在でも10km、20kmを走る時はナンバで走っています。しかし、まさか短距離走でナンバを使う選手が現れるなんて、私にとっては想像を絶することだったのでビック

リ仰天したわけです。しかも、ナンバ走りの為末選手は世界の強豪たちを相手によく奮闘しています。何着でゴールしたかは覚えていませんが、ビリではなかったことは確かです。これも、為末選手の「遊び感覚」だったのかもしれません。

　それに関連して思い出すのは、1920年代から1960年代まで囲碁の世界で無類の強さを発揮した呉清源の「新布石」です。1933年には、10月に本因坊秀哉との記念碁を打ち、当時五段であった呉が先番の手合割となり、１手目に当時本因坊家の鬼門と呼ばれていた三々を打って観戦者を驚かせ、さらに３手目を星に打って、見ていた囲碁のプロやファンを更にあっと言わせたのですが、５手目の天元打ちを見ていた観戦者たちは驚きのあまり呆然として息を呑み、「まさか……」「嘘だろう」「ありえない」「さすがの呉清源もついに狂ったか？」と大反響を呼び起こしました。あまりの破天荒さに、多分、多くの囲碁のプロたちが、一瞬、何と考えたらよいのか、思考停止の状態に陥ったと思います。この勝負はその後４か月間をかけて打ち続けられ13回の後、翌年１月に終局して、結局は秀哉の２目勝ちとなったのですが、世間では「本因坊が２目勝った」ということよりも、初手からデタラメな（と囲碁のプロたちはみんな思った）手を３連発した呉清源が、本因坊を相手に２目の負けで凌ぎきったという、呉の底知れぬ天才ぶりに誰もが驚嘆したのです。もしも相手が本因坊秀哉でなければ、恐らく呉が勝っていたでしょうから。万一そんなことになってしまったら、これまで数百年間に渡って築き上げられてきた囲碁の戦略・戦術が根底からひっくり返されてしまうことにもなりかねない、という不気味な恐怖感が、最終的な勝負が付くまで固唾を呑んで見守っていたプロ囲碁士たちの脳裏を支配していたと思います。「あんな手を打ち続けたら絶対に負ける。勝つことなんかあり得ない。しかし、『あの呉清源』ならば、ひょっとすると……、いやいや、やっぱり、万が一にも、あり得ない」。１手目に三々、３手目に星、５手目に天元打ち、というのは空前絶後、囲碁の長い歴史の中で、後にも前にもこのとき１回限りです。

　さて、７月22日（日）の朝日新聞朝刊「教育」欄は、キタジマアクアティクス・チーフインストラクターの細川大輔さんの「花まる先生・公開

授業」です。

《細川さんの公開授業の記事、引用開始》
「キタジマアクアティクス」はロンドン五輪にも出場する日本水泳界のエース北島康介選手が、昨年4月に設立したスイミングクラブだ。プールサイドでは世界水泳メダル保持者の細川さんが小中学生6人を笑わせていた。「ジャイアンの本名は？」。独自の教育プログラムを発案し、子ども目線で人気の「先生」だ。

準備運動が始まると空気が一変した。床にビート板を敷き、仰向けに。「背中をつけて。しっかり深呼吸！」次は、おなかの筋肉をしっかり意識し、右足を10回、左足を10回上げる。子どもたちの足の付け根を触り「反対の腰が浮いちゃダメだよ！」。今度は四つんばいになり、同じ方の片手と片足を水平に上げてバランスをとる。「ふらふらしないで。腰はそらない。1、2、…10！」けのびの姿勢のように両手を頭の上であわせ、体育座りから後ろへ45度傾けて「お尻は体の中！10秒キープ」。

高めたいのは「体感」。水中でも尻、おなか、骨盤、肩胛骨をしっかり意識し、自分の体がどうなっているのか、感じさせたいのだ。五輪選手の育成が目標ではない。「水の中が楽しい。だからきれいに泳ぎたい」という人々の裾野を広げること。「体の使い方が理解できれば成長とともに自然に速さはついてくる。どこにもない新しいクラブにしたい」（中略）

ぼくはアレクサンドル・ポポフ（ロシア）の泳ぎをよく見ていました。アトランタ五輪で優勝したダニオン・ローダー（ニュージーランド）も好きだった。ロンドン五輪で好きな泳ぎの選手を見つけるのもいいかもしれません。

康介は「おなかの左端のここの筋肉がうまく使えない」なんてことを、よく言います。泳いでいる自分の体をその場でイメージできるのです。泳ぎながら考えて楽しむ。それを人に伝えるのが、ぼくらが水泳にできる恩返しです。（談）

《引用、終わり》

【閑話休題】
　私のズームアウト／ズームイン型認知理論は既に多くの研究会で発表して、多くの場合にはたいへん興味を示してくれた人が多いのですが、もちろん厳しい批判もありました。また、それぞれの分野の学会の既存の定説に挑戦することになるのだから、十分な証拠を集めてから発表しないと、不十分な点を叩かれるのではないか、と心配してくださる方々もいらっしゃって、ありがたい限りです。
　私自身も、最初はチョムスキーの主要部前置／後置パラメータが唯一の脳内パラメータと考えていたので、チョムスキーとメールを交換したりしていましたが、どうも例外が多すぎて「おかしい」と感じるようになり、いろいろ資料を探しまくって、ついに松本克己先生の『世界言語への視座』に行き着き、ようやく歴史言語学の視点から理論を組み立て直し、そうしたら、ジェインズの「双脳精神」（柴田裕之氏の邦訳では「二分心」となっていますが、私のズーム型認知理論との整合性では、「双脳精神」という訳語の方が良い）がまさにピッタリと新しいズーム理論から説明できるし、ズーム理論の状況証拠をさらに新しく提供してくれているのだ、と考えるようになりました。ですから、批判、反論、大歓迎で、そのような批判を真摯に受けとめることによって私の理論の誤っている点や弱点を修正して行けるのだと思います。
　14〜17世紀にヨーロッパで母語を共有する国民国家の形成が進んだことに対しては、グーテンベルグの活版印刷術の発明（1445年頃に実用化）によって出版文化が広まり、各国の国語形成をうながした、というのが定説のようですが、私個人としてはどうも西洋人の思考（活版印刷術を発明した思考ではなく、ヨーロッパ諸語の現代統語構造の確立を印刷術や出版文化に帰する思考傾向のことを言っています）には、人間社会の変化を「生産力」とか「出版技術の発明」などの「無機物」に還元する物質還元主義の偏向が強い、と感じています。グーテンベルグの活版印刷術にしても、考案したのは頭の良い個人のアイディアであり、そのような知的レベ

ルの人間がその時期に発生したのは理由があると思います。また、大量の印刷物（書籍）に対する大衆的な需要が事前にあったからこそ、そのような大量印刷を可能にする技術の開発が動機付けられたのではないでしょうか。そして、大量印刷技術が実用化（商業化）された時に、もしも供給が需要を上回ってしまうと「過剰生産」が起きて、せっかくの新技術も「赤字倒産」してしまうはずですから、歴史の現実としては、需要は供給を上回った、ということです。すなわち、民衆の知的レベルが、大量の書籍を購入して読書したい、というレベルにまで達していたわけだと考えます。

従って、出版文化が国民の言語生活や知的生活を刺激した側面はもちろん事実としてあると思いますが、それは「人間 ⇔ 物質・産業」のフィードバックの中では「従」たる側面であり、「主」たる側面は、むしろ「人間 → 産業・技術」であると思います。それが、ヨーロッパ的思考の中では、「原因」と「結果」が逆転してしまうことが多いようです。そして、日本人の研究者の中でも、そのヨーロッパ型思考方向にマインドコントロールされてしまっている人が多いように感じています。

そのことが、明治の文明開化以来、大雑把に括ると「西洋化＝普遍化＝物質文明還元化＝個人としての自我の確立」と「日本主義＝アジア主義＝精神主義＝共同体の絆の強化」的な立場とが、日本の知識人の間からくり返しくり返し「論争」として湧き上がってくるという日本の精神文化の思想的な基盤を成しているのではないでしょうか。例えば、昭和30年代に行われた「『昭和史』論争」というのがあります。

《Wikipedia「昭和史論争」からの引用開始》
昭和史論争　　出典：フリー百科事典『ウィキペディア（Wikipedia）』
http://ja.wikipedia.org/wiki/%E6%98%AD%E5%92%8C%E5%8F%B2%E8%AB%96%E4%BA%89

　　昭和史論争（しょうわしろんそう）は、岩波書店から1955年（昭和30年）に刊行された岩波新書、遠山茂樹・今井清一・藤原彰共著『昭和史』の内容をめぐっておこなわれた論争。論争の発端は、亀井

第Ⅴ章　遠山啓「水道方式」の批判的再検討

勝一郎が同書に対して、人間が描かれていない、動揺した国民層の姿が見当たらない、と批判したことであった。この亀井の批判に対して、歴史学研究者の井上清、江口朴郎らが反論した。亀井の批判に、松田道雄、山室静、竹山道雄らが同調して論戦に加わった。昭和史論争は、第二次世界大戦後の日本における歴史認識の問題をめぐっての、また、歴史教育や歴史教科書の問題をめぐる論争の出発点としての意味を持つとも言える。なお、著者たちはこれらの論争をもとに、1959 年（昭和 34 年）8 月に改訂版 [1] を刊行することで、当初の版は絶版にした。
［脚注］1. 遠山茂樹・今井清一・藤原彰『昭和史』［新版］岩波書店〈岩波新書（青版）355 1959 年〉
【参考文献】
大門正克編著　『昭和史論争を問う－歴史を叙述することの可能性』、日本経済評論社　2006 年
亀井勝一郎『現代史の課題』岩波現代文庫 2005 年
竹山道雄　『昭和の精神史』　講談社学術文庫　1985 年
《Wikipedia からの引用、終わり》

　私は、過去の「昭和史論争」を上回る「世界史論争」を巻き起こす必要がある、と考えています。また、既存の学説を真っ向から否定する新説を提出する時には「論拠不完全な予想」で十分なのだと考えています。「フェルマー予想」や「ポアンカレ予想」（や「リーマン予想」など）は、「予想を解いた人」よりも「予想を提起した人」の方が「偉い」のです。誰もが関心を持っていなかったところに、「ここに大問題が存在するのだ」と指摘することが重要だと思うのです。私はそういう学問世界に 30 年以上生きてきたので、「証拠（エビデンス）」を示して「間違いのない確かなこと」を主張する、という行為にはそれほど興味がありません。

Ⅴ―8．ナヴァホ族の時空認知／近代ヨーロッパ精神にだけ見られる時・空の独立性という分析的認知

　佐分利豊さん（福井大学・教育地域科学部）が「数学文化と数学教育に

ついての再考 —エスノ数学に学ぶ—」と題する彼の講演記録を送って下さいました。たいへん興味の湧く部分があったので、以下に抜き書き紹介します。

《佐分利氏の講演記録からの引用》
1.2 数学文化の多様性の強調

　アッシャーたちの論点の2つ目は、数学文化の多様性の強調という点にあります。そのことを示す例として、アッシャーたちは、アラスカのアヴィリクの人々の時空認識に関する研究[6]を紹介しています：

　　アヴィリクの人たちは、時間と空間を分離せず、それらを運動過程の中に結合している。そこにおける空間それ自体も、彼らを静的にとり囲んでいるものということではなく、「作用の方向 (direction in operation)」というべきものである。それは、広大で、持続的に目印となる地点があまりない環境と関連しているようである。方位の判断は、風の向きと、雪や氷の形の変化、およびそれらの関連性を考慮してなされる。彼らが風景を描いたり見たりする際には、いかなる方位も仮定されていないようである。子どもたちの中には、遠近画法を教えても、それには従ず、(道のような) 平行線を自分たちから遠ざかるに従って広げて描いている者がいた。（柴田の注：北極（あるいは南極）の近くから赤道の方向（つまり、子どもから遠ざかる方向）に伸びる2本の平行線が拡がって行くのは当然です。球面幾何学では2本の経線は平行線です。どの経線も赤道と直角に交わっています。そして経線は極地から赤道に向かって広がって行くのです。周囲一帯にツンドラの雪原が広がっていて「地球が丸い」ことが実感できるほど広々した場所であれば、当然、上に書かれたような認識が出来上がると思います。）

　　空間と時間を明確には分離しないという点では、アメリカ中西部のナヴァホの人たちも同様なようです。彼らの数学教育に関わったR.ピンクステンは、時間と空間を明確に区別しないナヴァホの人たちと

西欧文化圏にある人々の間で、それぞれの時空認識について相互理解をすることはとても難しいことであると述べています。そうした例のひとつとして、ナヴァホの人たちにとっては、西欧流の距離の概念を受けいれることがとても難しいようであるということがあげられています。それは、距離が空間を時間からきり離すことで得られる概念であるというところに起因しているのではないかと想像されます。とはいえ、ピンクステンが接したナヴァホの人々の中に、一人だけ、それぞれの時空認識の間を意識的に、かつすみやかに行き来することのできる若者がいたとの報告も行っています。そして、ナヴァホの人たちの時空認識の基礎となる概念の精巧化の必要性を述べた上で、そうしたものにそう形での幾何の学習過程の実現の可能性についても言及しています。彼がそうした課題にこだわるのは「ナヴァホ族の思想体系はたしかにいくつかの側面において合理的であり、それゆえ、それが十分に練りあげられるならば、いくつかの点で西欧の体系に影響を与えることができるし、またその逆もありうる」からであるとも述べています。[7]

---

6) Carpentar, E., Eskimo space concepts, Explorations 5 (1955)

7) Pinxten, R., Applications in the teaching of mathematics, in Anthropology of Space: Explorations into the Natural Philosophy and Semantics of the Navajo, University of Pennsylvania (1983)

《引用、終わり》

時間と空間を連続したものとして認知する仕方は、おそらく現代人を含めて、すべての平均的な人間にとって普遍的な認知方法であろうと思われます。G. レイコフ・O. ジョンソン『肉中の哲学』（邦訳　哲学書房）においても、人間は時間の流れを空間的な広がりとしてメタファーを創成することが説明されています。実際、「日本史」や「世界史」の教科書などに載っている「年表」は、時間の流れをページの左から右への、あるいは右から左への空間的な平行移動として可視化しています。また、列車の時刻表などの表記は、時間の流れを縦方向の空間的な延長として表現してい

ます。

　人間はいかなる「概念」に対しても、それを脳内の作業領域に呼び出すための「ラベル」を貼り付けており、通常は言語（単語）がそのラベルの役割を果たしています。ある場合には単語ではなくて、臭いや色が記憶を呼び出すためのラベルの役割を果たす事があるかもしれませんが、それは非常に具体的な事柄に限定されると思います。「魚」とか「花」とか、広い範囲のものを集めた一般的なカテゴリーは用語なしには概念形成は不可能でしょう。で、それぞれの概念には、その概念を可視化するための、その概念をもっとも一般的に代表すると思われる具体例のイメージ（画像）がラベルとともに貼り付けられています。たとえば、「猫」という概念を脳内の記憶領域に呼び出した時には、私たちは自分がイメージできるもっとも一般的と思われる猫の個体のイメージ（画像）も脳内に呼び出しているはずです。普段は、そのことをほとんど意識していない事が多いかもしれませんが、会話していて相手と話がかみ合わずにとんちんかんなやりとりに成ってしまう場合には、お互いに同じ用語に対して異なったイメージを脳内に描いている事が多いので、そのことが理解できるでしょう。

　それで、人間が「２時間」とか「３時間」というようなことを語っているときには、それを空間化して脳内で可視化している、というのがレイコフ、ジョンソンの主張である、と私は理解しました。「時間そのもの」は画像で表現できないから、これを空間化することによって初めて概念に貼り付けるための脳内イメージが形成できるのです。

　植民地主義と帝国主義の時代のヨーロッパの知識人たちは、文明の進歩という歴史的流れの時間軸を、「ヨーロッパ先進諸国」「中間的な中国・日本などの諸国」「発展が遅れているアフリカなどの諸国」のように、空間的な地理上の分布として共時的に捉えて、自国の植民地政策を理論的に正当化したことが指摘されています。アダム・スミスやヘーゲルの論文の具体例が植村邦彦『アジアは〈アジア的〉か？』（ナカニシヤ出版）で詳しく検討されています。

　また、W.W. ロストウに代表される「近代化論」も、地球上のすべての文明はヨーロッパの歴史をモデルとする均一的な「近代化」の道を歩んで

第Ⅴ章　遠山啓「水道方式」の批判的再検討

おり（「日本の近代化の歴史」が、その代表例とされている）、その発展の地域差は、同じ発展の道をどのステップまで到達しているかという、時間軸の差が地域的不均等という空間座標の差として現れている、という考え方を取っており、その考え方（「近代化論」と「人的資本論」）に基づいて世界銀行（WB）、国際通貨基金（IMF）、経済開発協力機構（OECD）などが発展途上国に資金を貸し付けたり、経済政策や教育政策に介入して、思うがままの政策を実行させています。

　私たちが夜の星空を眺めるとき、満天に輝く星は、それぞれみんな異なった時代の星の姿を見せています。天空上ですぐ近くに隣り合っているように見える星でも、一方は10年前の姿、その隣の星は1000年前の姿を見せているのかもしれません。私たちの網膜に到達した時刻は同時であっても、それぞれの星のふるさとを出発した時期は遠く隔たっているに違いありません。地上の私たちにはいま輝かしくきらめいているように見える星も、既に何千万年も前に消滅している星なのかもしれません。古代の人々は、また、距離を時間で表す事もやっています。魏志倭人伝では、邪馬台国までの道のりを、「水行10日、陸行1月」などと記していることは有名です。そこから、邪馬台国は大和か北九州か、という大論争が生じているわけです。不動産屋さんの看板などによく見かける「駅から歩いて5分」などという表現も、空間的な距離を（交通手段を媒介にして）時間的な隔たりで表しています。

　相対性理論では、時空4次元空間におけるローレンツ変換を主要な道具として理論展開がなされています。時空は切り離されない一体だというのは、現代物理学の世界では常識となっていると思います。時間と空間が独立した物理的次元だという前提の基に成り立っているニュートン力学は、物理学の考察範囲が人間の身体大の大きさの物体と、人間の寿命とだいたい等しい長さの時間から成る程度の規模の時空間を無限大にまでメタファーで思考的に延長・拡大した、近代ヨーロッパ型精神という歴史的存在に特有な「理想空間」で展開されているのだと思います。

Ⅴ―9．アラスカ人の時空認知／球面幾何学と双曲幾何学

371

前節「ナヴァホ族の時空認知／近代ヨーロッパ精神にだけ見られる時・空の独立性という分析的認知」の内容に対して、佐分利さんから「たとえば、ピタゴラスの定理とか、勾股弦の定理などの呼称を持つ三平方の定理など、古来、さまざまな地域で幾何学的な知識が得られていますが、それらは時間と空間を独立させるという認知の枠組みのもとで得られたものと考えるのですが、いかがでしょうか。」というご質問を頂きました。

　はい。確かに、ご指摘の通り、ピタゴラスの定理を初めとするユークリッド幾何学には「時間」の概念がまったく登場していませんから、ギリシャにおいては「時間」は平面図形あるいは空間図形の性質を探求する学問である幾何学の思考枠から排除されている、と言っても良いのかも知れません。その意味では、彼らは「空間と時間は独立のものだ」と考えていたと思われます。それは、古代ギリシャ人が基本的には近代ヨーロッパ人とかなり近い認知と言語の（OV型統語構造からVO型統語構造への逆転過程の進展）関係（「脳内宇宙の晴れ上がり」）を、他のヨーロッパ民族に2千年近く先駆けて実現していたためだと私は考えています。しかし、同時に、「空間」の数学（立体幾何学）に「時間」の要素を独立した構成部分として積極的に取り込んで「運動」の考察を行ったガリレオやニュートンなどの近代ヨーロッパの人々は、その一線で学問的にはギリシャを大きく乗り越えたと思います。それは、2000年近い時代の差だったのだろうと考えています。

　その2000年の間、古代ギリシャの学問はアラビア語の世界に受け継がれ、さらに進化していました。私が表現したかったことを再度より正確に述べれば、17、8世紀のヨーロッパの科学者たちは、時代的な制約（例えば、観測装置のレベルの低さ）などから、考察範囲が人間の身体大の大きさの物体と、人間の寿命とだいたい等しい長さの時間から成る程度の規模の時空間（宇宙全体から見れば、かなり小さな時空間）を観察して、それらの結果が等質に無限に延長される3次元ユークリッド空間と、無限の過去から無限の未来へと均一的に流れてゆく「時間」によって構成される4次元空間の「宇宙」である、と信じたということです。そしてそれは、太陽系の惑星の100年から200年くらいの運動に関しては、ほぼ正確な記

述を与えているわけです。この「無限の過去から無限の未来へと均一的に流れてゆく時間」という認識は彼らの「時代精神」の特殊性を反映していると思います。仏教的な東洋思想では、「時間」は循環的に進むという、これまた独特の思想があって、「輪廻転生」とか「ダライラマの生まれ変わり」というようなことが「常識」となっている社会が、かなり広範囲に存在している様に思います。

　球面幾何学の話が出たついでに、もう一つの非ユークリッド幾何学であるロバチェフスキー幾何学の話も簡単に説明しておきましょう。ロバチェフスキー（1792年—1856年）はロシアの数学者です。彼は、宇宙がユークリッド空間であるか、それとも、彼が考え出した双曲空間（ロバチェフスキー空間）であるかを確かめるために、地球と、遙か離れた2つの恒星との距離およびそれら2つの星の間の距離を測定して、三角形の内角の和が本当に180度に等しいか否かを決定しようと考えたけれど、当時の天体観測技術では「誤差の範囲」が大きくて技術的に決定不可能だった、とE.T.ベル『数学をつくった人々』に書いてあったと思います。

　現代の（というか、20世紀初頭の）実験技術の進歩によって、次のようなことが実験と観測で確認できるようになりました。

> Wikipedia 「双曲幾何学」
> http://ja.wikipedia.org/wiki/%E5%8F%8C%E6%9B%B2%E5%B9%BE%E4%BD%95%E5%AD%A6　の内の「物理学への応用」から引用。
> 　高速で回転する円盤上ではローレンツ収縮により物体の長さが縮む。このとき円盤の中心から遠ざかるにつれて回転速度が速くなるため、端に行くほどローレンツ収縮の効果が強く出ることになる。このような場合では二点間を結ぶ最短距離は（円盤の直径を除いて）回転の遅い中心よりの線になり止まった状態の円盤から見ると曲線になる。つまり高速で円盤を回転させたために直線が曲がり3次元の空間が負の曲率を持ったのである。

第Ⅵ章
人類の言語の起源

Ⅵ—1. 言語・思考・自己意識の発生に関する複雑な関係（その1）動物の「思考と言語（叫び声）」は、必ず「生命の維持と種の保存」という唯一かつ絶対的な目的のために用いられる。

　私は、算数教育の実践レポートの分析や公開授業実践の参観などを通して、子どもたちの知的発達や学習と教育等の関係を考察し、これが「世界歴史言語学」と密接に関係していることを発見しました。更に最近では、これらの事柄と、ジュリアン・ジェインズが発見した古代文明人における「双脳精神と神の声」およびその衰退がもたらした「自己意識の発生」とが不可分に結びついていると考えるようになりました。それはまた、1930年代に行われたピアジェ・ヴィゴツキー論争における言語の「外言」・「内言」という役割や有名なパブロフの条件反射の犬の実験などの重要性をも再確認させてくれました。これらの間の関係は非常に複雑で込み入っており、とても簡単には説明できないのですが、雑事多忙の合間を縫って少しずつ書き溜めてきたものを本章で紹介してゆきたいと思います。

　私は2012年10月4日、九州大学の言語学科主催の、マサチューセッツ工科大学宮川繁教授の「人類の言語の起源に関する新しい学説」という講演を聴きに行きました。宮川教授の新学説の要点は、

第Ⅵ章　人類の言語の起源

　　人類の言語は、他の動物に見られる、2つの全く異なった能力を合体することによって発生した。
　　（1）一部のサルの種に見られる、「鷹！」「蛇！」「ライオン！」というように、天敵の来襲を仲間に知らせる時に、異なった声を出して、異なった声調によって敵の種類も知らせている。これは「意味」と「音素列」を対応させた「単語」の発生を意味する。ただし、まだ複数の単語を繋げた「文章」は見られない。
　　（2）一部の鳥類に見られる、簡単なメロディーを複数個組み合わせて、より長くて複雑なメロディーを歌うことができる能力。特に求愛期には、オスは複雑なメロディーを歌うことによって雌を惹きつけるという。ただし、1つ1つのメロディーは、何らかの「意味」を表すとは思えない。
　　人類はこれら2つの、（1）「意味」を「音素列」で表す能力と（2）単純な音素列を複数個組み合わせる事によって複雑で長い音素列を作る能力、という能力を合体させることによって、「言語」を産み出した。

というものでした。
　私は、原始時代の人類の知能発展の歴史の上で、宮川説は、チョムスキーの言語生得説が言うところの「普遍文法が人脳内に発生する」以前の、『1語文の時代』に関しては当てはまるところがあるかもしれないと思っています。
　すべての生物の個体が生きている目的は、「自己の生命の維持と自己の種の保存」という唯一かつ絶対的なものです。これをリチャード・ドーキンスは「遺伝子の川」に例え、個体は親から遺伝子を受け継ぎ、それを子に伝えて使命を終える「遺伝子の乗り物」に過ぎない、と書いたとどこかで読みました。（『利己的な遺伝子』（邦訳　1991年　紀伊国屋書店））
　動物の個体あるいは集団は、この唯一絶対的な目的を達成するために、外界からの刺激を視覚・聴覚・触覚などのセンサーで感知し、外界の変化に対応するための最適な行動パターンを遺伝的な生得記憶や過去の経験記

憶を基にして瞬時に選択して脳内運動野に指令を送り、「敵から逃れる」「好餌を捕らえる」など、目的達成のための筋肉行動を実行します。この、目的達成のための最適な行動パターンを選択する能力は、生物進化の過程のなかで素晴らしく発達しており、どの動物（および植物）を見ても、自己自身および自己の種の保存のための仕組みの巧妙さ、複雑さには、知れば知るほど驚かざるを得ません。

　動物は脳内に、人間が考えるような「概念」をもっているでしょうか？例えば、蝶は、「バラの花」「桜の花」「タンポポの花」など各種の花に関しては、それらの密の味の違いによって識別することが可能なように思われます。そして、それらを統合、一般化した「花一般」という「概念」も、「それに留まって密を吸う行動」の対象物として、視覚あるいは嗅覚情報から反応すべき対象として脳内に記憶されているかもしれません。このような推測を支持するような動物行動学の実験結果があるそうです。

　最近（2012年9月20日）に発売された武田暁・猪苗代盛・三宅章吾『脳はいかにして言語を生み出すか』（講談社）の中では、そのような研究の結果を引用しつつ、次のように解説されています。

《『脳はいかにして言語を生み出すか』からの引用》
運動制御機能と構文機能
（冒頭部分省略）

　　サルの運動前野等の脳部位のニューロンを調べると、たとえばサルが手で物を掴み、口の近くまで手先を移動させ、その物を食べるかのように口を開くという一連の運動をするとき、その運動に選択的に活性化するニューロン群が見いだされている[14]。これらニューロン群の中には、サルが物を掴む動作をするときに掴む物の形や大きさに依存して選択的に活性化するニューロンもある。Rizzolattiによれば「運動の語彙」[15]とも言うべき運動の記憶が脳内に形成され、「物を掴む」、「物を指先で掴む」、「球形の物を手のひらで掴む」等々の動詞句に対応する行為の記憶を、これらのニューロン集団が持っていることになる。この種の実験は多数されており、「掴む」という動作だけでなく、

いろいろな動詞・動詞句に対応する行為の記憶が学習を通して脳内に形成されるように見える。

また、このような運動の記憶部位に微小電極を挿入し、その部位を電気的に刺激すると、記憶した一連の運動が引き起こされる。したがって、当該脳部位のニューロン群は単に行為を記憶しているだけでなく、活性化することにより記憶している行為を想起し実行に移すことができる[16]。さらに運動の語彙の記憶部位のニューロンの中には、人が類似の行為をしているのをサルが見るだけで活性化するものもあり、ミラーニューロンと呼ばれている[17]。人の脳にもミラーニューロンが存在することが確かめられており、ミラーニューロンの存在領域は言語野であるブローカ野やその近傍の領域を含んでいる。ミラーニューロンは、他者が1つの行為をするのを見るだけで、自らもその行為をするようにし向ける情報の橋渡しをするニューロンである。人の脳にもこのようなニューロン群が存在することは、人が他者の発話する句や文を聞いたときに、こうしたニューロン群がその句や文に対応する行為の心的表現を脳内に想起させ、文や句の意味の理解に効果的な役を果たしている、ということを示しているように思われる。

先に、言語の構文を支える基本構造は入れ子式の句構造であることを述べた。サルの実験から得られた運動の語彙の記憶部位の存在は、人の脳に句、特に動詞句の記憶部位が存在し、これら個々の脳部位が入れ子式の句構造の個々の箱に対応していることを示唆している。これらの脳部位はブローカ野やその周辺部位に存在するものと思われる。文の発話も口・唇・舌・咽頭等を連携して動かす行為と考えると、学習により運動の語彙に相当する動詞句等の記憶部位が人の脳に形成されることは十分に予期されることである。

脳の前頭前野等にはいろいろな機能を持つニューロン群が存在することが、哺乳動物を用いた実験から知られている。たとえば、ある特定の行動規則にしたがって行動するときに活性化するニューロン群、これから起こる特定の事象を予測して事象が起こる以前に活性化するニューロン群、外部入力に応答して活性化し、入力がなくなった

後も入力情報を保持し活性化を続けるニューロン群、といった多様なニューロン群が存在する。人の脳の言語機能を営む部位にも、この種のニューロンが当然存在するものと考えられるので、これらのニューロン群の機能をうまく組み合わせれば、進化の過程で言語機能が生まれたと考えても不思議ではない。いずれにしても、ニューロン・ニューロン集団の機能に関する動物実験は、人の脳の言語活動を推測するうえで欠かせない知見をあたえるものと思われる。

注 14. G. Rizzolatti, L. Fogassi and V. Gallese, "Neurophysiological mechanisms underlying the understanding and imitation of action", Nature Reviews Neuroscience, Vol.2, p.661, 2001

注 15. G.Rizzolatti and M. A. Arbib, "Language within our grasp", Trends in Neurosciences, Vol.21, p.188, 1998

注 16. M. S. A. Graziano, C. S. R. Taylor and T. Moore, "Complex movements evoked by microstimulation of precentral cortex", Neuron, Vol.34, p.841, 2002

注 17. G. Rizzolatti, L. Fogassi and V. Gallese,「他人を映す脳の鏡」、『日経サイエンス』、2007 年 2 月号

《引用、以下省略》

以上の知見はたいへん重要だと思われるのですが、ひとつ注意しなければいけないことがあります。それは、上の引用の中にも説明されているように、人間の脳内にはミラーニューロンというものが存在していて、見ている対象物の行動を自分もやっているかのような「感情移入」を起こしてしまうということです。つまり、サルがやっている行動を見て、自分が同じ行動をするときにはこれこれの気持ちでその行動をするのだから、サルもきっと同じ気持ちで行動しているに違いない、と錯覚してしまうことです。

ジュリアン・ジェインズの "The Origin of Consciousness in the Breakdown of the Bicameral Mind" (Houghton Mifflin, 1976) の北村和夫氏による私家蔵版翻訳『意識の起源、構造、制約─「双脳精神」の成立、崩壊、痕跡という視点から見た精神の歴史』から引用すると、

《ジェインズからの引用、開始》
原形質の性質としての意識
（冒頭部分省略）

　チャールズ・ダーウィンやE. B. ティチナーなど、19世紀と20世紀の多様な科学者によってこの命題は疑問の余地のないものと見なされ、今世紀の初めには下等生物のすぐれた観察がたくさん着手された。原意識の探求が始まったのだ。『動物の心』『微生物の精神生活』といったタイトルの本が熱心に書かれ、熱心に読まれた[4]。狩りをしたり様々な刺激に反応しているアメーバや、障害物を避けたり接合しているゾウリムシを観察した人は誰でも、そのような行動に人間的カテゴリーをあてはめてみたいというほとんど情熱的とも言える誘惑が理解できるであろう。

　さらにそこには、この問題の非常に重要な部分——他の生物に私たちが共感し同一化するということ——がある。物質に関する結論がどのようなものであれ、それは間違いなく、他者の意識を「理解する」、友人や家族が何を考え何を感じているのかを想像するために彼らと同一化するという、私たちの意識の一部である。そして、私たちの人間的共感はよく訓練されているので、動物が同じ状況では私たちもしそうな行動をしていると、同一化が正しくない場合にも、それを抑制するには特段の精神の力を必要とするのである。原生生物に意識があるとみなすことは、たんに私たちがこのありふれた、誤った同一化をしてしまうことで説明できる。それらの行動はすべて物理化学的に説明できるのであり、内観心理学は必要ないのである。

　神経システムを備えた動物であっても、その行動に意識を読み込む傾向の多くは、観察よりも私たち自身から来ているのである。たいていの人はもがいているミミズに同化する。しかし、釣り針にミミズを付けたことのある少年なら誰でも知っているように、原始的な脳のある前半分はそれほど気にしているようには見えないのだ。それに引き換え、後ろ半分は「苦しみ」に身もだえしている[5]。しかし、ミミズが私たちと同じような痛みを感じているのならば、苦しむのは脳を

持った方のはずである。後ろ半分の苦しみはミミズではなく、私たちの苦しみなのだ。その身もだえは、通常の神経節による禁止が解かれたことで尾部の運動神経が一斉にインパルスを発したためであり、機械的な解放という現象なのである。

注 4. 順に、ティチナー主義者の Margaret Floy Washburn と Alfred Binet による。初期の動物の進化という分野で真に古典と言えるのは H. S. Jennings, Behavior of the Lower organism (New York: Macmillan, 1877), p.365.

注 5. ミミズは取り扱う際の接触刺激だけでも「身悶える」ので、この実験は固い土か板の上を這っているとき、安全かみそりの刃で切断するのが一番良い。疑い深く神経質な人も、両方とも再生するので、ミミズの数（それゆえに小鳥の数）を増やしているのだと意識すれば、苦悩は和らぐであろう。

《ジェインズ「意識の起源、構造、制約」からの引用、終わり》

　このような「感情移入」の例としては、日本人にはお馴染みの「忠犬ハチ公」をあげることができるでしょう。ハチ公は、東京渋谷駅で、家の主人の帰宅時にいつも出迎えに出ていたのですが、主人が死んでからも「死」の意味が理解できないために、毎日毎日夕刻の主人の帰宅時になると渋谷駅頭で主人を待ち続けたのでした。これに感激した人々（あるいは単に、イデオロギー的に「忠君愛国」の象徴にしたかっただけかもしれませんが）が駅前に「忠犬ハチ公」の銅像を建てて、何回か作り直されて、現在も何代目かの銅像が、人々の待ち合わせの目印として公園の中に鎮座しています。

　旧ソ連のパブロフが、犬を使った条件反射の研究で、確かノーベル医学生理学賞を取ったと記憶していますが、パブロフは犬に餌をやる際に常にある特定のリズムで鳴るベルの音を流すようにして実験を続けたところ、一定期間の後には、犬は餌が無くても、その特定のリズムのベルの音が流れただけで、口の中にヨダレが出てくるようになった、というのです。「餌」と「特定のリズム音」が常に同時に出てくるので、犬は「餌」が出なくても、2つの条件の内の一方である特定のリズム音を聞いただけで、「ヨダレを出す」という生理現象を起こさせる命令が、脳内のニューロン

群の記憶に固定化されてしまったものと思われます。忠犬ハチ公の場合も同様に、毎夕、主人の帰宅時になると、渋谷駅に出迎えに行かないと主人の家の家族に怒られて罰を与えられ、出迎えに行けば主人が喜んで、帰宅したら餌がもらえるように条件反射で訓練付けされたと考えられます。だから、実際に主人が帰宅しようとしまいと、毎夕、その時刻になれば自動的に、渋谷駅の方に向かう運動を生起させるニューロンが活性化されてしまうものと考えられます。そう考えると、「生命の維持と種の保存」という唯一かつ絶対的な目的のために用いられる脳の判断機能というのは、えらく融通が利かないもののように思われます。複数の条件の内の１つでも欠損したら、改めて、その行動が最適かどうか考え直してみる、ということは無いようです。このことは、私たちが今後の考察を進めてゆく上で重要なヒントになっていると思います。

【閑話休題】
　ここで、冒頭の宮川教授の説に戻ります。宮川氏はプレゼンの中で、鷹が襲ってきたときのサルの鳴き声や蛇が襲ってきたときのサルの鳴き声などをプレーヤーで再生して聞かせてくれました。確かに、声調として異なっていたと思います。しかし、そのことが、サルはそれらの鳴き声の違いによって「鷹」、「蛇」、「ライオン」などの意味を表現している、と言えるでしょうか。私はむしろ、武田ほか著『脳はいかにして言語を生み出すか』で引用したような事を考慮すると、宮川氏が「鷹だ！」と解釈した「キャッ、キャッ、キャッ」という鳴き声は、「上空から敵が襲ってきたので、上からは発見されにくい低い下枝が茂った木の下へ逃げる」というような行動パターンを生起するようなニューロン群を聴覚刺激するための叫びではないかと思うのです。上の命令は現代人の言語で書き表すと複雑な構文の日本語文になってしまいますが、サルの脳内の特定のニューロン群が刺激されればよいわけですから、何か特徴のある叫び声１つでも十分な筈です。それは「言語」というよりは「合図」（あらかじめ集団内で解釈が取り決められている合図）といった方が分かりやすいかも知れません。それは、パブロフの犬が、特定のリズムで鳴るベルの音を聞いただ

けで口の中にヨダレが湧いて出るように、特定の「キャッ」という合図で、上に言葉で詳しく説明した一連の逃避行動を起こすニューロン群が発火するように訓練され、条件付けられているということではないでしょうか。「キャッ、キャッ、キャッ」という繰り返しは単なる強調の意味なのかも知れません。別の声調で「ギャッ」と叫ぶと、「蛇のような敵が木を伝って迫っているので、できるだけ遠くまでジャンプするような遠くの枝をめがけて逃げる」というような行動を生起するニューロン群が発火するように設定されているのかも知れません。

　以上のように解釈するのであれば、それは宮川氏が考えるような、「鳴き声」と「意味」が対応しているという主張は、「人間」の観点から感情移入している考え方のように思います。また、武田氏らの、「動詞句」を記憶しているニューロン群という考え方も、「人間」の観点からの感情移入が入っている考え方だと思います。私は単純に、パブロフの犬が聞かされる特定のリズムで鳴るベルの音と同様な、ある行動を生起させるニューロン群を発火せる合図だと思います。そして、そのような合図で発火するニューロン群は、必ず、「生命の維持と種の保存」という唯一かつ絶対的な目的のために最適な行動を生起させているのだと考えます。

　私は、第Ⅱ章8節「世界言語の最初の語順には4つのタイプがあった」の中で、アトキンソン博士の「人類の最初の言語はアフリカで発生した」という説を紹介して、次のことを注意しました。

　アトキンソン博士が「世界で最初の言語」と言っているのは、まだ文法構造を持たない、ちょうど宮川氏がプレーヤーで再生して紹介したサルたちの「キャッ、キャッ、キャッ」や「ギャッ、ギャッ、ギャッ」のような鳴き声（叫び声による行動開始の合図）のことです。これらは、非常に複雑な行動パターンを1音節で表現していたので、多くの行動パターンを識別するために、多くの音素が必要だったわけです。

　原始時代の人類がアフリカから出て、アフリカから離れれば離れるほど、1音節単語だけでなく、複数の音素を連続的に組み合わせた多音節単語が増加したのでしょう。音素の数が k 個であれば、2音節単語の数は k^2 個となり、3音節単語の数は k^3 個となり、このように単語の可能な数は指

数関数的に急激に増大します。したがって、アトキンソン博士の発見は、人類の祖先がアフリカを出てから、次第に1音節単語中心のコミュニケーションから多音節単語を主とするコミュニケーションに人類の言語が移行したことを示していると思われます。多音節単語が多くなれば、そんなに多くの音素を持っている必要が無くなって行くのは当然です。

　人類は2足歩行を始めて以来、手を使って道具を作り、火を生活手段に取り入れ、1音節単語あるいは多音節単語による「1語文」を用いて集団的コミュニケーション能力を発達させてきました。これが、人脳内にチョムスキーの言う「普遍文法」が発生する直前の人類の知的レベルだったと考えられます。もしかすると、既に数や図形の知識はかなり発達していて、数を表す文字（数字）などもできていたのかも知れません。

　私は、また、第Ⅱ章5節「日本語と朝鮮語」の中で、「古くからの朝鮮と日本の深い交流を伝える話はたくさんあるのに、両言語に語彙的、音韻的共通点がまったく無い、というのは奇怪千万です。」と書きました。朝鮮語と日本語は「1語文」の段階では、音韻的に正反対の言語だったわけです。日本語は開音節性の南方系の（「1語文」）言語であり、朝鮮語は閉音節性の北方系の（「1語文」）言語だったのです。そして「突然」、人脳内にチョムスキーの「普遍文法」が生まれたのです。「普遍文法の主要部パラメータ」は「前置型」か「後置型」の2種類しかありませんから、日本語と朝鮮語が共に「主要部後置型」の語順パラメータを取ったという事実には何の不思議もありません。単なる偶然でしょう。アジアの言語では、日本語、朝鮮語の他に、モンゴル語、ネパール語、チベット語、トルコ語などの祖語が「主要部後置型」の文法を持ちました。他方、「孤立語」と呼ばれる中国語、ベトナム語などの祖語には主要部前置型の文法が生まれました。また、インドネシア語などのオーストロネシア諸語も主要部前置型です。

　以上のように、「1語文」によるコミュニケーションがある程度発展し、音韻体系が確立された後で、人脳内に「普遍文法」が発生したために、日本語と朝鮮語のように、「音韻的には、ほぼ全く反対」なのに「文法的には、ほぼ全く完全に同じ」という関係が発生したのだと考えられます。私

には、今のところ、これ以外にこのような関係の発生を説明できる理由が見あたりません。

さて、このようにして人類は「1語文」によるコミュニケーション手段を発達させてきました。しかし何度も繰り返しますが、この「1語文」コミュニケーションはサルなどの場合と同様に、必ず、「生命の維持と種の保存」という唯一かつ絶対的な目的のために最適な行動を生起させる合図であるという根本的な制約がありました。この状況を根底から覆したのが、人脳内に目的フリーの第2の司令塔が発生したという驚くべき進化の出来事でした。チョムスキー「普遍文法」の人脳内発生は、それに附属した一側面に過ぎなかったのです。

Ⅵ—2. 言語・思考・自己意識の発生に関する複雑な関係（その2）人類、生命界で初の双脳生物となる

人間の言語の起源に関する先達のいくつかの論考を組み合わせてみると、言語の発生は以下のような5つのステップを経て達成されたのではないかと推測できます。

（1）1単語言語による音声的な合図によって仲間とコミュニケーションを取る。

（2）人脳内における第2の司令塔の発生。

第2の司令塔は第1の司令塔とは全く異なる性質を持っていた。そして特に、「普遍文法」というプログラミング言語が標準装備されている。

（3）脳内からの「神の声」の発生。

ただし、これは（認知，言語）の（2，2）型行列の対角線から外れたインド・ヨーロッパ祖語および孤立語祖語だけに起きた。その他の大部分の言語話者の場合にもごく一部の人間（「神憑り」、シャーマン）には起きたが、大部分の人間には起きなかった。

（4）ピアジェ・ヴィゴツキー論争における「外言」だけの状態から「中間言」を経て「内言」が発生した。

（5）メタファーにより、具体的、肉体運動的な体験から抽象的な概念が形成された。1つの文に機械的な読みの他に裏の意味や暗示的な意味など

が表現できるようになった（レイコフ・ジョンソン『肉中の哲学』）。ただし、この段階は「アスペルガー障害」を持っている多くの人々には十分には達成されていない。

　本節では上のリストの第2および第3の段階について解説して行きます。第1段階については、前節「言語・思考・自己意識の発生に関する複雑な関係（その1）」で解説しました。

　現生人類の数十万年の歴史において、その大部分の期間、人間は他のほ乳類やは虫類の動物たちと同様に、脳内には唯1つの司令塔がありました。ところがつい最近、と言っても数万年前の話ですが、人脳内に第2の司令塔が発生して、人類は生物界で初の、従って唯1つの「双脳生物種」となりました。コンピュータで言えば、a computer with double CPUsというわけです。この第2の司令塔は、全ての動物が持っている第1の司令塔とは根本的に異なる以下の3つの性質を持っていました。

（2—1）「生命の維持と種の保存」という唯一かつ絶対的な目的に縛られない汎用の知的作業に従事する。
（2—2）パブロフの意味の「条件反射」が効かない。条件が1部分でも変化すれば、新しい条件に対処するように脳内の神経結合を書き換えるという可塑性を持つ。
（2—3）「普遍文法」というプログラミング言語が標準装備されている。

（2—1）「個体の生命の維持と自己の種の保存」という唯一かつ絶対的な目的に縛られない「無目的性」（汎用性）

　人間（現代人）の幼児は、自己の生命の維持と種の保存に直接的には関係ないと思われるようなあらゆることに対して関心を示します。そして急速に大量の知識を吸収して成長して行きます。成人してからは、『個体の生命の維持と自己の種の保存』に反する様な行動すら取る場合もあります。

これはすなわち、第2の司令塔の根本目的が第1の司令塔とは異なっているためと思われます。それに従って、脳内のシナプス結合に対する形成原理も異なっていると考えられます。結合に対する制約条件が弱いという事かも知れません。

　アイザック・アシモフのSFに出てくる「人間に危害を加えてはならない」などの「ロボット3原則」が想起されます。人間以外の動物には、学問、芸術、宗教、道徳・倫理などに関する知的活動は存在しないように見えます。彼らはある程度の「好奇心」は有るかもしれませんが、本質的に、「食うために生きている」ように思われます。

（2−2）パブロフの意味の「条件反射」が効かない。条件が一部分でも変化すれば、新しい条件に対処するように脳内の神経結合を書き換えるという可塑性を持つ

　古代中国の「夏」や「殷」の遺跡で、着飾った高い地位にあったと思われる人々が非常にむごたらしく切り刻まれて殺された遺体が多数見つかっているそうです。奴隷たちの反乱の結果だと解説されています。反乱以前の奴隷たちは、ご主人様たちの武力を背景にした支配に従順に従っているように見えたことでしょう。しかし、安心して気を許したとたんに、あるいは、その武力に翳りが見えたとたんに、奴隷たちは手のひらを返したように武装反乱を起こしたのです。彼らが示していた表面的な従順さの下に、如何に激しい憎しみを隠していたのかが想像できます。人間の奴隷たちは忠犬ハチ公のように「条件反射」の学習が身に付いていなかったのです。だから、人間の児童に対しては、条件反射型の繰り返しパターン練習の教育は、第1の司令塔が管理している分野には効き目があるけれど、第2の司令塔が支配している部分に対しては効果が無いと考えられます。

（2−3）「普遍文法」というプログラミング言語が標準装備されている

　インド・ヨーロッパ祖語と孤立語（中国語、ベトナム語および東南アジ

アのいくつかの言語）を除くすべての言語では、第１の司令塔が持っている認知のズーム・パラメータに協調的な統語的語順のパラメータの初期値が与えられたので、人々は１単語言語の時代に既に獲得されていた単語の語彙を、そのまま自然に思いついた順に並べて行けば良かったのです。このようにして、複数の単語を並べた「文を生成する」能力が発生して、人間の相互コミュニケーション機能は飛躍的に発展しました。上記の２つの例外言語族においては、語順パラメータの初期値として、認知のズーム・パラメータとは真逆に対立する値が発生してしまいました。そのことは、認知のパラメータ値と統語的語順のパラメータ値が独立して発生したことを示しています。また、日本語と朝鮮語のように、基本語彙が全く異なり、音韻的にも真逆の関係にある２つの言語にほとんど瓜二つの統語構造が発生したことから分かるように、統語構造と語彙・音韻とはほぼ完全に相互独立な関係にあります。これはまた、その正反対に、フィンランド語とハンガリー語のように語彙・音韻は近いのに、統語構造が大きく異なる言語対が存在することからも分かります。チョムスキー以前の言語学が主要な関心を抱いていた語彙・音韻が古典的な「言語」研究の中核だとすれば、チョムスキーが切り開いた「統語構造」の研究を中心とする「生成文法理論」は「言語」よりもむしろ「認知構造」（ズームアウト／ズームイン型およびその詳細化）と強い親近性を持っているように見えます。それが原因となって、インド・ヨーロッパ言語は約二千年間かかって語順の大逆転を曲りなりにも完成させ、孤立語族の言語は三千年かかって、まだ逆転の途上にあるわけです。これら２つの語族においては、極めて古い時期から、語順の逆転現象や「語順の自由化」現象が開始されたことが分かっていますから、その進展が如何に困難を極めた長期間のプロセスであるかが分かります。

　もちろん、そのことと、生成文法理論の論理的な枠組みで、いくつかの音韻変形形式を仮定することによって音韻的な変化の現象のいくつかが見事に証明できた、という学問の方法論的な側面とを混同するべきではありません。

(3) 脳内からの「神の声」の発生

　これは（認知, 言語）の（2, 2）型行列の対角線から外れたインド・ヨーロッパ祖語および孤立語だけに起きたと思われます。その他の大部分の言語話者の場合にもごく一部の人間（「神憑り」、シャーマン）には起きたけれど、大部分の人間には起きなかったようです。

　（2, 2）型マトリックスの対角線から外れた方のグループ、すなわち印欧祖語や中国語祖語などの方は、脳内に突然出現した言語生成機能が、彼らが遠いご先祖様から受け継いできた認知機能による判断と全く異なる論理的な判断を押し付けてくるので、完全なパニック状態に陥ったと思われます。それは異次元から脳内に響いてくる「神の声」として認知されました。彼らは、その神の声の真意が理解できぬまま、無条件にその声に従うしかありませんでした。これが、ジュリアン・ジェインズが復元した古代文明人の脳内の姿です。ジェインズの解説に依れば、この神の声は数百年の間に次第に弱々しくなり、やがて聞こえなくなって、その時に初めて人類は自我意識（Cognition）を持った、とされています。ジェインズは神の声の衰退の原因として、天変地異とそれに伴う大量の難民の発生や民族の大移動という「外部要因」を挙げていますが、私の認知 vs 言語の（2, 2）型マトリックス仮説に依れば、言語生成能力発生以来、旧来の認知能力と新参の言語能力が真っ向から対立して抗争してきた非対角成分を構成する言語（印欧語族および孤立語族）の話者の脳内抗争で、第1ラウンドにおいて認知パラメータが最初の勝利の突破口を開き、「厳格な語順の生成規則」を放棄させて「語順の自由」を勝ち取ったことが「神の声」の衰退・消滅過程を引き起こし、合わせて、認知の方向をそのまま活かした語順の言語表現を作ることが出来る自由を勝ち取ったことが、「自我意識」の発生として脳内で意識されたものだ、という「内部要因」が本質的であったと考えます。なお、ジェインズは、彼の著書のタイトルに『意識の起源』とあるように、「神の声」の衰退による意識の発生の方に興味の焦点があり、脳内に響く「神の声」がどのように衰退したかについては、外的状況についての考察が中心で、脳内のことについては多くを語っていま

せん。私がジェインズの本を読んだ限りでは、「神の声」が何故、どのようにして発生したのかについての考察は見つかりませんでした。

　また、ジェインズと同様の考察が、古代中国人の文書を研究した白川静の著作にも見出せるのではないかと思って松岡正剛『白川静　漢字の世界観』（平凡社新書）という本を図書館から借りてきて、まだ読み始めない内に北村和夫さんから、「白川静の著作にも『神の声』の記述があります。」という連絡を頂き、以下の箇所を教えられました。

　・白川静『漢字の世界』1, 2（平凡社ライブラリー　2003年）
　　「音とは神意のあらわれである。おのずからにして音に発するものは神の声であり、神の意志であった」(2・48)
　　「神はもと識られざるものであった……その姿を見るものはなく、ただまれにその声を聴くことがあった」(2・101)

VI—3. 言語・思考・自己意識の発生に関する複雑な関係（その3）ヴィゴツキーの「外言」から「独り言」を経て「内言」へ

　前節では、人類の言語の発生の第2段階「人脳内における第2の司令塔の発生と、それに標準装備された普遍文法」について、また、第3段階「脳内からの「神の声」の発生」について解説しました。今節では、第4段階の「ピアジェ・ヴィゴツキー論争における『外言』だけの状態から『ひとり言』を経て『内言』が発生した」ということについて解説して行きます。

　このことについて、非常に分かりやすく解説しているウェブサイトが見つかったので、それをそのまま引用させて頂きます。

　　http://awareness.secret.jp/sub04/sub0400.html
　　　子供の発達心理学では、「20世紀心理学の巨人」と呼ばれるスイスのピアジェがいます。ピアジェは観察に基づく、児童発達学を作り上げました。
　　　ピアジェは、子どもには、「自己中心的な言葉」を発する時期があることに気づきました。「自己中心的な言葉」は、いわゆるジコチュー

とは違います。

　幼児に「お人形を貸して」と言うと、「お人形さんは『行きたくない』って言ってるの」と、貸してくれないことがあります。これが、「自己中心的な言葉」です。この幼児は、「お人形さんを貸さない」と自分の言葉を話しているのではありません。お人形さんの言葉を伝えているのです。この幼児には、自己と非自己の区別がありません。ですから、自分と大人、自分と人形の区別がありません。そこで自分と人形を同化して、人形の言葉を話します。自分を中心にした表現になるのです。

　これが幼児の自己中心的思考の混同心性です。いわゆるジコチューという、自己への利益優先型の人格とは違います。

　わかりづらいですね。ピアジェ自身も、この「自己中心性 egocentric」という命名は、誤解を招いたと反省しています。

　もう一つ、さらに同様の内容を解説しているサイトから引用しておきます。

　　http://darahadaraha.blog8.fc2.com/?mode=m&no=146
　　心理学の重要領域の一つ、発達心理。
　この発達心理を学ぶうえで外せない重要人物にピアジェがいます。20世紀でもっとも影響力があった心理学者の一人でもありますが、この人と同じ年に生まれ、対等、もしくはそれ以上の理論を提唱し、ピアジェに論争を仕掛けた人物がいます。「心理学のモーツァルト」と評された旧ソビエトの天才心理学者ヴィゴツキー。
　この2人が起こしたのがいわゆる「ピアジェ・ヴィゴツキー論争」。主に子どもの「自己中心性」と「自己中心的ことば」をどのように理解するかの論争。内容をザックリ大雑把に説明すると、4、5歳くらいの子どもの「ひとり言」がなにを意味しているかというもの。ピアジェは「ひとり言」が学童期になると無くなっていくことから過渡的なものと定義したのに対し、ヴィゴツキーは「内言」への重要なプロ

セスであると定義。

「内言」とは心の中でつぶやくことば（口に出す話しことばは「外言」）。ヴィゴツキーは子どもの「ひとり言」を観察した結果、何かしらの困難に直面したときに増えること、断片的な文で自分に言い聞かせているようにしゃべっていることを理由に、「思考の道具」としてのことばが内面化が不完全なために現れたものとした。まぁ、思ったことが我慢できずに口に出ちゃってる、ってところでしょうか。

後日、ピアジェはヴィゴツキーの理論を支持し決着。

さらにもう一つ引用。

http://uuair.lib.utsunomiya-u.ac.jp/dspace/bitstream/10241/7331/1/05_gengo_katsudo.pdf
（前略）ヴィゴツキーは、「思考する」ことを情動と切り離してしまう危険性を指摘している。その上で、ヴィゴツキーは、私たちの「思考する」という働きには、「情動的過程と知的過程との統一である動的な意味体系が存在する（2001;26)」というのである。
（柴田の注：Vygotsky, L.S.（1934）、柴田義松（新約）『思考と言語』新読書社、2001年）

以上見たように、ヴィゴツキーによれば、私たちが「思考する」ということは、コミュニケーション（話す活動）の中で言葉の意味を一般化していくことであり、その過程は私たち個々の情動と結びついているものなのである。そして、この認識を基盤に、ヴィゴツキーは、思考するという活動がさらに深化していくこと、また思考が情動と強く結ばれておこなわれていくことという二つの活動が「内言（inner speech）」の発達によって可能になるというのである。

「内言」とはいわば、私たちが口に出さずに頭の中（内側）で話す活動を指している。幼児期初期の子どもは、言葉を口にして、しゃべりながら、またしゃべり合いながら、思考している。しかし、その内に、7～8歳頃には、頭の中（内側）で話すことで思考することが出

来るようになっていく。即ち、言葉を口に出して言う「外言（outer speech）」の蓄積が、「内言」の発達を可能にするのである。そして、外言から内言への移行期に現れるのが、「独り言・ささやき」である。内言の発達が十分でない子どもは、独り言を言いながら思考していることがある。子どもは、この独り言をしながら思考する経験を通して、内言によって思考することが出来るようになる。

そして、ヴィゴツキーによれば、内言の発達こそが、「書き言葉」の発達を可能にするのである。「外言はその発達において内言の前に存在しているとすれば、書き言葉は内言の後に、それの存在を前提として現れる（2001;286）」

以上、３つのウェブサイトで見つけた記事を引用紹介しましたが、私が「言語の起源」の中の第４段階として「『外言』だけの状態から『ひとり言』を経て『内言』が発生した」ということを組み込んだ理由がお分かり頂けたでしょうか。

ヴィゴツキーの言う「情動的過程と知的過程との統一である動的な意味体系」とは、私が考えている、ジェインズの意味の双脳の協調的働き、すなわち、私の意味の「高等動物が共有する第１の司令塔と、人類だけに新しく発生した第２の司令塔との統一的な共同作業」を指していると考えました。人脳内に第２の司令塔が発生した当初は、認知のズーム型パラメータと普遍言語の語順パラメータ値が真っ向から衝突した古代四大文明の民たちには、古いご先祖様の昔から情動を司ってきた第１の司令塔にとっては、新しい第２の司令塔から（ニューラル結合を通して）やって来る知的な指令は理解できず、脳内に「神の声」がとどろき渡るように感じられました。それが、数百年の後に最初の妥協が成立するとともに「神の声」はどんどん小さくなり、やがて「自己意識」が芽生えたのでした。

これは、ちょうど、子どもが幼児期から成長してゆく過程で、第１の司令塔と第２の司令塔の協調体制（脳内での両者が占める神経部位がニューラルネットで結合されてゆく）が作られてゆく過程に対応していると思われます。両者の結合以前には、第１司令塔は主として「情動」を司り、第

２司令塔は「外言」(他人とのコミュニケーション) を司っているのです。

しかし、その内に、4～8歳頃になると、両者の占める脳内モジュールにシナプス結合が形成されるようになります。その契機は、ジェインズが描写する「神の声」の場合も、また幼児の「独り言」の場合にも、

（1）何かしらの困難に直面したときに増えること、
（2）断片的な文で自分に言い聞かせているようにしゃべっていること
という共通の特徴があります。

ヴィゴツキーは「思考の道具」としてのことばが内面化が不完全なために現れたものとしました。「内言」とはいわば、私たちが口に出さずに頭の中（内側）で話す活動を指しています。幼児期初期の子どもは、言葉を口にして、しゃべりながら、またしゃべり合いながら、思考しています。しかし、その内に、4～8歳頃には、頭の中（内側）で話すことで思考することが出来るようになっていきます。即ち、言葉を口に出して言う「外言（outer speech）」の蓄積が、「内言」の発達を可能にするのです。そして、外言から内言への移行期に現れるのが、「独り言・ささやき」です。内言の発達が十分でない子どもは、独り言を言いながら思考していることがあります。子どもは、この独り言をしながら思考する経験を通して、内言によって思考することが出来るようになるとヴィゴツキーは主張しました。

第1の司令塔が懸命に第2の司令塔の助けを求めているのか、あるいは第2の司令塔が全力で第1の司令塔を援助しようとしているのか、脳内の2つの部位が必死でシナプス結合の軸索を延ばし合って、繋がり合おうとしている姿が目に浮かびます。ヴィゴツキーの言う「情動的過程と知的過程との統一である動的な意味体系」を私はこのように「可視化」して考えました。

余談になりますが、ヴィゴツキーはソビエト政権の初期に活躍した心理学者で、若くして結核で亡くなっていますが、彼の死後、彼の全著作はスターリンによって閲覧禁止となってしまいました。第2次世界大戦が終わってしばらくたって、ソ連ではスターリン批判の結果、ヴィゴツキーの名誉回復がおこなわれます。それから、確か20世紀も終わりごろになっ

てからだと思いますが、アメリカ心理学会でにわかにヴィゴツキー・ブームが起こり、ヴィゴツキーの教育心理学に関する国際会議がアメリカで開かれた時に、かなり高齢になっていたピアジェは会議には出席しませんでしたが、「ピアジェ・ヴィゴツキー論争」では自分の主張の方が間違っていた、というメッセージを寄せたそうです。

Ⅵ—4．言語・思考・自己意識の発生に関する複雑な関係（その4）／メタファーによる抽象概念の形成

今節では、人類の言語の発生に関する5段階のステップの内の最終段階である、

> （5）メタファーにより、具体的、肉体運動的な体験から抽象的な概念が形成された。1つの文に機械的な読みの他に裏の意味や暗示的な意味などが表現できるようになった（レイコフ・ジョンソン『肉中の哲学』）。ただし、この段階は「アスペルガー障害」を持っている多くの人々には十分には達成されていない。

という部分について解説してゆきます。

昔、イギリス人の探検家がオーストラリアに行って、見慣れない動物に出会って、案内の現地人に訊ねたところ、「カンガルー」と言われたので、その動物を西洋世界に「カンガルー」という種の名前で紹介したのがカンガルーの語源だと、どこかで読みました。そして、それは現地語で「I don't know. 私は知らない。」という意味だった、というオチが付いていました。

似たような話に「ガバガイ問題」という哲学の問題があります。中央大学文学部堀田隆一氏による「英語史に関する話題を広く長く提供し続けるブログ」に丁寧な解説が載っていたのでコピペさせて頂きます。

http://c-faculty.chuo-u.ac.jp/~rhotta/course/2009a/hellog/2011-11-03-1.html

#920. The Gavagai problem[psycholinguistics][language_acquisition][mental_lexicon]2011-11-03

　人はどのようにして多くの語を記憶語彙 (mental lexicon) へ蓄積してゆくのか，という問題は言語習得 (language acquisition) の分野における大きな問題である．大人になるにつれ音韻，形態，統語の規則の習得能力は落ちて行くと考えられているが，語彙の習得能力は維持されるという．子供にせよ大人にせよ，新しい語彙をどのように習得してゆくのか．意識的な語彙学習は別として，日常生活のなかでの語彙習得については，いまだに謎が多い．

　哲学者 W. O. Quine が議論した以下のような状況に言及して，心理言語学者が the Gavagai problem と称している語彙習得上の問題がある．

　Picture yourself on a safari with a guide who does not speak English. All of a sudden, a large brown rabbit runs across a field some distance from you. The guide points and says "gavagai!" What does he mean?
　One possibility is, of course, that he's giving you his word for 'rabbit'. But why couldn't he be saying something like "There goes a rabbit running across the field"? or perhaps "a brown one," or "Watch out!," or even "Those are really tasty!"? How do you know?
　In other words, there may be so much going on in our immediate environment that an act of pointing while saying a word, phrase, or sentence will not determine clearly what the speaker intends his utterance to refer to. (Lieber 16)

　（柴田の試訳）サファリで、英語が通じない案内人と一緒にいるあなた自身を思い描いてください。突然、あなたたちから少し離れた草原を、一匹の大きな茶色のウサギが横切ります。案内人は指差して「ガバガイ！」と言います。それはどういう意味なのでしょうか？

1つの可能性としては、当然、「ウサギ」というのを彼の言語で何というかをあなたに教えている、ということがあるでしょう。しかし、別の可能性としては、「草原をウサギが走って行く」と言ったのかもしれないし、あるいは「茶色のヤツだ」と言ったのかもしれないし、「見ろ！」と言ったのかもしれないし、もしかしたら、「あれを食うと本当に美味い！」と言ったのかもしれません。判断の下しようがありません。換言すれば、何かの単語、語句、あるいは文を言いながら指差す行為が、話者が何を言いたくて指差しているのかをはっきり断定できないような場合が、我々を取り巻く環境の中にはあまりにも多く存在するということなのです。（日本語訳、終わり）

普通であれば，上記の場合には gavagai をウサギと解釈するのが自然のように思われるが，この直感的な「自然さ」はどこから来るものだろうか．心理言語学者は，人は語彙習得に関するいくつかの原則をもっていると仮定する (Lieber 17-18)．

(1) Lexical Contrast Principle: 既知のモノに混じって未知のモノが目の前にあり，未知の語が発せらるのを聞くとき，言語学習者はその未知のモノとその未知の語を結びつける．
(2) Whole Object Principle: 未知の語を未知のモノと結びつけるとき，言語学習者はその語をその未知のモノ全体を指示するものとして解釈する．未知のモノの一部，一種，色，形などを指示するものとしては解釈しない．
(3) Mutual Exclusivity Principle: 既知のモノだけが目の前にあり，未知の語が発せられるのを聞くとき，言語学習者は周囲に未知のモノを探してそれと結びつけるか，あるいは既知のモノの一部や一種を指示するものとして解釈する．

この仮説は多くの実験によって支持されている．現実には稀に the Gavagai problem が生じるとしても，上記のような戦略的原則を最優先させることによって，我々は多くの語彙を習得しているのである．

確かに，このような効率的な戦略がなければ，言語学習者は数万という語彙を習得できるはずもないだろう．

・Lieber, Rochelle. Introducing Morphology. Cambridge: CUP, 2010.
《引用、終わり》

　人間の子どもは、大人から初めて聞いた言葉（単語）は、指示された目の前のものを含む、かなり広いカテゴリーの名前である、と認識する先天的な傾向があるようです。アメリカで制作された言語学の教育テレビ番組を見ていたら、ある母親（確か名前の知られた言語学者だった）が、「うちの子に、飼い犬のことを『ワンワン』と教えたら、犬だけでなく牛やヤギを見ても、何でもかんでも『ワンワン』と言うようになった」というようなことを語っていました。また、同じ番組で、数人の幼児たちに犬の絵を見せて 'Is this an animal?' と質問すると、子どもたちが「イエース！」と答え、次にゾウの絵を見せて同じ質問をすると、また「イエース！」と答え、これを続けていって、自動車の絵を見せて同じ質問をすると、子どもたちはちょっと考えてから、やはり「イエース！」と答えました。質問者が 'Why is it an animal?' と尋ねると、賢そうな女の子が 'Because it moves!'（だって、うごくもん。）と答えました。確かに、自動車は４つの足で地面を動き回りますねえ。それに、日本語なら、まさに「動く物」ですから、ますます「動物」であるという主張が理解できますね。

　これは名詞が表現している概念を習得する場合に限ったことではなく、例えば動詞の過去形を英語を母国語とする子どもたちは、まず規則的な活用形「― (e) d」を覚えるので、まだ不規則動詞の活用形を知らない時期には go → goed のように規則変化を適用してしまう、という間違いをする、と聞きました。このように、未知の言語現象に遭遇した時に、名前付けや統語的規則性をできる限り広い範囲に適用するという性向が、英語母語話者だけでなく、日本語話者のようなズームイン型認知の子供たちにも当てはまるのかどうかは、英語話者での実験の結果を無条件的に受け入れ

るのではなく、注意深く実験・観察して確かめる必要があると思いますが、私の推測では、かなり似た結果が得られるように思います。日本でのそのような観察結果を御存知の方は、ぜひお知らせください。

　これを脳内の神経系の仕組みとして考えてみると、人間の子どもは、まず目の前に指示されたものの視覚情報と、大人が言った言葉という聴覚情報をリンクさせて記憶する、ということでしょう。さらに、その目の前のものが「動いた」とか、特徴ある音や匂いを発したとか、そういう五感からの知覚情報や、それを見たときの周囲の環境に特徴があれば（例えば雪が降っていた、とか）、その単語に関するさまざまな関連情報を脳内でリンクして記憶しておくものと思われます。子どもは成長するにつれて、同一の単語に関する記憶情報が増大してゆきます。その劇的な様相は、三沢直子氏（明治大学）の経年観察によってうかがい知ることができます。子供たちは、たとえば、「人間」「家」「木」というテーマを与えて絵を描かせると、小学校低学年の間は、「人間」の絵はいわゆる「棒人間」といわれる図で、「丸」を描いて頭部を表し、それに胴体と四肢を表す「棒」を描き添えるのだそうです。「家」も、三角形で屋根を表し、その下に長方形を描いて建物の壁、というわけです。それが、高学年に進み、さらに中学生に成ってゆくと、「丸」に目鼻が付き、胴体や手足も一定の太さを持ち、衣服やズボンも描かれるようになります。家にも、扉や窓が付き、窓の内側には家の中の人も描かれるようになってゆくのだそうです。だから、幼児の脳内では、言葉（単語）にリンクされているイメージ（映像）は極めて単純な記号化されたシンボルであり、年齢が進むにつれて、そのイメージがさまざまな追加情報を参照することによって写実化されたリアルなイメージに変化してゆくように思われます。

　これは、人類史のごく初期の段階で描かれた洞窟の壁画や土器に描かれた絵などのイメージを見ても納得できることであり、文明史的な発展と子どもの知的な発達との間にしばしば見られる類似性の１つだと思われます。ただし、ズームイン型とズームアウト型の認知の違いが絵画の描き方に影響するかどうかという問題を、あとの節で再び考えてみることにします。

　三沢さんは、20世紀末期に至る時点で、絵画が「棒人間」のレベルか

ら脱却できないまま大人になってゆく生徒たちが出現し始めたことに警鐘を鳴らしています。他方、美術教育学者の佐藤完兒郎氏（福岡教育大学）は、子どもたちの絵画コンテストに応募してくる子どもたちの絵が、大人のお手本をそっくりまねしたとしか思えないような子どもらしくない絵ばかりに成ってきていることに危機感を表明しています。

　さて、子供たちは五感（知覚）や運動感覚から来る情報を言葉と結びつけて脳内に記憶してゆくと思われますが、レイコフ、ジョンソン『肉中の哲学』（邦訳　哲学書房）によれば、この時に形成される基本的な諸概念を「ベーシック・カテゴリー」と呼ぶことにする。そして、それらのベーシック・カテゴリーから出発して、それらを組み合わせたり、またそれらからメタファー（隠喩。連想、空想）を作り出したりして、いっそう抽象的な（直接的に知覚神経から体感的に得られたものではない）カテゴリーや推論規則を作りだしてゆくのだとされています。これは、幼児、生徒の知的、精神的な成長との類比から、納得できる説明だと思います。ただし、そのメタファーの作り方は、レイコフ、ジョンソンのようなズームアウト型認知の人間と、伝統的日本人のようなズームイン型人間とでは、真逆になってしまうことすらあることを、第Ⅳ章3節「日本人のエートスと欧米人のエートス」において、「人生は旅である」メタファーが、「両者は確固とした目的を目指すから」というレイコフ、ジョンソンと、「両者は果てしなき、永遠の目標を目指す（求道）から」という芭蕉、西行、宮本武蔵のエートスを対比させて考えました。

　さて、前節で検討した「（4）ピアジェ・ヴィゴツキー論争における『外言』だけの状態から『ひとり言』を経て『内言』が発生した。」において、「この幼児には、自己と非自己の区別がありません。ですから、自分と大人、自分と人形の区別がありません。そこで自分と人形を同化して、人形の言葉を話します。自分を中心にした表現になるのです。これが幼児の自己中心的思考の混同心性です。」という部分がありました。自己と非自己の区別が無いという点が「自閉症」と共通しています。子どもたちはこの時期を通過して、自己意識が確立し、「内言」が発生する、ということでした。今回検討したメタファー（隠喩）による抽象概念、抽象思考の

発達、という点では、1つの文に機械的な読みの他に、裏の意味や暗示的な意味などが表現できるようになる、というところまで行って、人間的な言語能力が一応の完成を見ることになるのですが、この段階まで、不十分にしか到達できない人たちがいます。通常の、私の5段階説で言うと3段階目、あるいは4段階目までは達するので、通常の言語コミュニケーションには、いちおう、問題はありません。しかし、「1つの文に機械的な読みの他に、裏の意味や暗示的な意味などが表現できる、あるいは、そういうような複数通りの意味がありうる」という点が理解しにくいのです。このような状態の人を「高機能自閉症」、あるいは、これを精神的な発達障害として世界で最初に報告したオーストリアの精神医学者の名前を取って「アスペルガー障害」とも呼んでいます。

この「アスペルガー障害」という概念は私の諸理論の中でしばしば重要な役割を果たしています。以下に、『社会科学論集』（埼玉大学経済学部 2010年）に「現代教育学の根本問題」と題して寄稿した論考の中から、これに関係する部分を引用しておきます。まず冒頭に、私が若いころにフランス政府給費留学生としてフランスに行き、他の留学生仲間とともにフランス人の語学の先生からフランス語の授業を受けていた時の思い出が書かれていますが、その部分の終わり近くの所から引用を開始します。

《柴田勝征「現代教育学の根本問題」からの引用開始》
（前略）
　われわれ日本人はみな、「日本人は酒が好きか？」と問われれば、「好きな人も大勢いるが、嫌いな人もいる」などと答える。これが、フランス人の先生や他の国の留学生たちから見れば、「日本人というのは、まったく煮え切らない連中だ、Oui なのか、Non なのか、はっきりしろ‼」と歯がゆかったのかもしれない。いや、むしろ、今日の時点から見ると、日本人はかなり「アスペルガー的な傾向」がある、と外国の連中は思ったであろう。
　会話教室で交わされる会話は、語学練習のための教材なのだから、別に内容が「真実」である必要はない。しかし、日本人は、言葉を

「単なる道具」として、話者の人格や客観的な真実とは切り離して扱うことにためらいを感じる人の割合が、外国人よりも統計的に有意に高いように思われる。

　ちなみに、アメリカ・インディアンには「嘘を付く」という概念が無かったために、白人達の嘘に簡単に騙される事になったと聞いている。

　ここで、「アスペルガー（高機能自閉症）」という言葉をご存じない読者の方々のために、Wikipedia「自閉症」から引用しておくことにする。

《Wikipedia「自閉症」からの引用開始》
　1944年、オーストリアのウィーン大学の小児科医ハンス・アスペルガーが現在の高機能自閉症に当たる一群の子どもたちのことを報告した。一部の自閉症児者は、カレンダーも見ずに何千年も前の特定の日の曜日を瞬時に答えたり、驚異的な記憶力を有していたりする、いわゆるサヴァン症候群と呼ばれる能力を持つ場合もある。しかしサヴァンでなくても大なり小なり特異な才能を示す事が多いため（例えば、線描、裁縫）どこからをサヴァンと言うかが非常に難しい。

　言語の発達の遅れ、対人面での感情的な交流の困難さ、反復的な行動を繰り返す、行動様式や興味の対象が極端に狭いなどの様々な特徴がある。日本では1000人に1〜2人の割合で生じているが、どこまでを自閉症の範囲とするかによって発生率は大きく違う。男性と女性の比率は4：1程度と言われている。（柴田の注：このデータは古い。現在では、40人学級に、最低でも1人〜2人はいる、と言われている。）

　日本自閉症協会によると現在日本国内に推定36万人、知的障害や言語障害を伴わない高機能自閉症（アスペルガー障害とも言う）など含めると120万人いるといわれている。
《以下、Wikipedia「自閉症」からの引用、省略》

　私が40年間大学教育にたずさわった体験からすると、高機能自閉

症（アスペルガー障害とも言う）は単一の症状ではなく、一種の合併症であると思われる。「高機能」な人間が「自閉症」にもなっているケースが「高機能自閉症」であり、「普通の人」が「自閉症」になっていれば単なる「自閉症」である。従って、自閉症の無い、単なる「高機能」の人間もいるわけである。しかし、昔から経験的に、「天才と○○は紙一重」と言われるように、「高機能」の人間では「自閉症」の発生率がかなり高いのではないかと推測している。

「高機能自閉症」から「自閉症」を除いた、単なる「高機能」の人間の特徴も単一ではなく、いくつかのタイプがあるように見えるが、しばしば見られる例では、異常な記憶力である。私がテレビで見た番組で、俳優の伊藤四郎氏が円周率を 500 桁まで 1 つの数字も間違えることなくボードにスラスラ書いたのにはビックリした。俳優という職業は自分以外の人間になりきって演技をするわけだから、これは伊藤氏が自閉症ではないことを示している。自閉症の人間は「自我」と、自我とは別に存在する「他人の自我」を区別することが出来ないから、俳優業はできないのである。

アスペルガーの人間によく見られるもう一つの傾向として、文章表現を文字通りにしか受け取ることができない、裏を読めない、ユーモアやジョークが通じない、という点が指摘されている。日本人には、昔からこういう傾向の人が多い。「真面目」の上に「糞」が付く、という手合いである。

日本の極めて「高機能」な教育学者と思われる人たちの中に、「PISA（経済協力開発機構 OECD が 3 年ごとに実施している国際学力調査）は理想は正しいのだが、実際の問題を個別にチェックしてみると、いろいろ問題がある」という言い方をする人たちがいる。「理想は正しい」という判断の根拠は、PISA の framework（PISA 実施者による PISA に関する解説）に書いてあることが彼ら日本の教育学者たちの理想と言葉の上での一致度が高い、ということなのだ。この人たちには、「書いてあること」と「心の中で思っていること」の区別ができない。

西洋人や中国人にとっては、「書いてあること」は、あくまでも目的を達成するための手段であり道具である。「当面、即時的に、目的達成のために役に立つ」と考えられるような「言語的表現」に過ぎないから、そのような言語表現があまり役に立たないと判断される状況になれば、いとも簡単に捨てられてしまうものであり、そんなことはいちいち説明する必要もないくらい明白なことなのだが、日本人には、そういう感覚が乏しい人が多いように見受けられる。例えば、中国の軍事力の急速な増大は、物理的には脅威とも言えるが、中国は「平和的台頭」と「言っているから」、軍事的威嚇の「意図は無い」ので、軍事的脅威ではない、というのが典型的な「言っている（書いてある）こと」イコール「心の中で思っていること」イコール「状況が変化しても簡単には変わらないこと」という思考である。このような論理が国政の舞台でもまかり通っていることは、欧米人には信じがたい光景であろう。

　私は、このような、アスペルガー症候群から自閉症を取り除いたような特徴を持つ性格・能力タイプの人たちを「擬アルペルガー的性格」と言うべきではないか、そして、教育を初めとする社会的な活動においては、そのような性格の人々が日本では欧米・中国などに比べて高い比率で存在することを念頭に置いた判断と行動が必要なのではないかと考えるようになった。

　最近、臨床教育学者から勧められて、杉山登志郎『ギフテッド　天才の育て方』（学研）を読んだところ、この児童精神医学の専門家が提唱している考え方と、上に述べた私の考え方で、かなりの一致点があることに驚かされた。その典型的な箇所を以下に引用する。私が「擬アルペルガー的性格」と名づけた人々と、杉山氏が「適応型アスペ＝アスペＡ型」と名づけた人々（柴田の注：「適応型」とは、普通のアスペルガー患者とは異なって、いちおう社会に適応できていることを表現している）は、だいたい一致しているようである。

《「天才の育て方」からの引用》

Bさんは、会社ではコンピュータ関連の専門職で、そこそこ仕事はできていたが、二つのことを一度に行うことがとても苦手で、例えば電話で話しながらメモを取るといった作業が非常に苦手であった。また、スケジュールに従って仕事をすることや、チームで仕事をすることも困難であるため、しばしば孤立することがあった。36歳を過ぎたころから、中間管理職へ就くようにという促しもあり、しかしそのような役割は苦手であることはきちんと自覚があるため、仕事をつらいと感じることが増えた。（中略）

　実は、Bさんのような方は決して少なくない。このような適応的なグループは、未診断の成人の中に少なくなく、我々の周りにもたくさんいる。大学の教官やコンピュータ関係の技術者は言うに及ばず、法律家、建築士といった専門職、さらには医師や教師の中にも、まれならず存在すると思う。ここで大事なのが、彼らは発達凸凹ではあるが、発達障害ではないということである。実はこの両者の混同が、発達凸凹で溢れる今日の学校教育の混乱をさらにひどくさせていると思う。（柴田の注：「発達凸凹で溢れる今日の学校教育」という児童精神医学の専門家の現状認識は極めて重要。）

　このグループは、自閉症圏の認知の特徴をむしろ活用している人もあり、また他者をそっくりまねることで適応的にふるまうことも可能であり、一概にハンディキャップをもつとは言いがたいところがある。しかしながら、それでも生きにくさを感じていたり、自分がほかの人の気持ちをくめないことを人知れず悩んでいたりする。（中略）

　筆者の提案は、この適応的なグループをA型として分けて扱うことである。ちなみにAとはadjustable（適応的）の頭文字である。学術的な呼称ではないが、ニックネームとしてアスペA型と呼べば、アスペルガー症候群や高機能広汎性発達障害というよりも、なじみやすいのではないだろうか。（中略）そうすると、それ以外をどうするのかという問題が浮上する。（中略）筆者としては、血液型と同じように類型をつけてみてはどうかと知恵を絞っているところである。〈表2〉に筆者の提案をまとめる。

〈表2〉成人の高機能広汎性発達障害の適応による類型

アスペA型 Adjustable type	適応型の高機能広汎性発達障害
アスペB型 Bothersome type	不適応型の高機能発達障害
アスペO型 Odd tyle	奇異だがそこそこやれているタイプの高機能広汎性発達障害
アスペAB型 Abused type	迫害体験が加算され被害的な高機能広汎性発達障害

B型はbothersome（困った）で、時に問題行動を起こす非社会的な群である。未診断、未治療で、しかも非常に優秀な方の中に散見される。この群の特徴は、人の話を全く聞けないことである。自分のこだわりが強く、それに固執し、実現させてしまう。周囲のより社会的な者は、困ったものだと思いつつも、こういう場合、極論を正論として述べる方が強いに決まっているので、それに押されてしまって妥協を重ねる。その結果、アスペB型の人のこだわりのとおりになるので、ますます増長させることになる。実は困ったことに小学校の校長にしばしばこのアスペB型の方を見ることがある。

こういう方に対しては、「あなたは優秀だが、実はアスペB型だ」ときちんと直面化するのが、周囲の人たちのためにも、また本人自身のよりよい社会的適応のためにも必要であると思う。その場合、「だれが猫に鈴をつけるのか」（だれがその憎まれ役をやるのか）という問題がしばしばもち上がるのであるが。

O型は、ウィングの積極奇異（active but odd）にならってodd（奇異な）で、奇異さが目立つ群である。準良好な方にこの群が多い。まことに悪意はなく、またそれなりに頑張って社会に合わせようとしているのであるが、しばしば気づかずに非常識な行動をくり返してしまう。（中略）

さて問題はAB型である。これはabused（迫害された）で、不幸にして周囲からの迫害体験を重ねて受け、そのために被害的な状況が固定してしまった群である。実はこの群は、触法に至ってしまう方々の中に典型的に認められる。最近も、気になる事件が続いていて、ア

スペルガー症候群のご本人やご家族にとって、胸が痛くなるような状況である。(中略)
　我々の周りにも、多くの、特にアスペA型の方が存在し、社会に貢献しているのである。
《「天才の育て方」からの引用、終わり》

　私も杉山氏と同意見で、我々の周囲にはかなり多くのアスペA型の人々がおり、アスペルガー症候群の子どもたちに対する教育においては、言語による説明には必ず絵画的な説明を補足することが理解を助けることが知られている。2008年度に改訂された新学習指導要領は、PISAの影響のもとに、「言語コミュニケーション力の向上」を異常に強調していることから、算数の教科書を見ても文章による長文の説明が増えている。これでは、多少なりともアスペルガー的な「絵画的認知に凸化している」子どもたちの落ちこぼれが大量に発生するのではないかと強く危惧されるのである。これまでの教育でも、小学校での授業で落ちこぼれた子どもたちが、絵画的な説明を主とする学習塾での教育で見違えるように成績が回復したという事例の報告がある。
《柴田勝征「現代教育学の根本問題」からの引用、終わり》

　数年前に新聞記事で読んだ事例報告では、母親がわが子に「掃除をしなさい」と命じても全然やろうとしないので、「この子は怠け者だ」と決め付けていたのですが、専門家のアドバイスを受けて、「箒を持ってきて床を掃き、それからバケツに水を汲んできて雑巾を濡らしてから良く絞って窓のサンを拭き、汚れが付いたら、もう一度雑巾をバケツの水でよく洗って干しておきなさい」というように、具体的に指示された器具を用いる筋肉行動の連鎖として説明したら、本人はとてもよく納得して、ちゃんと掃除をやったそうです。私たち健常者の脳内では、「掃除をしなさい」という音声命令が聴覚野に入ってくると、上で具体的な行動連鎖として説明されているいくつかの行為に関する運動スキーマが無意識のうちに連続的に発火するように、脳内のシナプス結合が既に形成されているようです。

それでは、なぜ日本人には擬アスペルガーの人が多いのか？　実は、その問題と、現代世界の自然科学、社会科学、人文科学のすべてがヨーロッパ文明が作り上げたものであり、「1％（ヨーロッパ人）が99％（非ヨーロッパ人）を支配する」（Occupy Wall Street!）という学問世界の構造になっているのか、という問題（「問題」と思っている人は、世界でも私以外には殆どいないでしょうが）とは密接に関連しており、それに対して、2000年にわたるヨーロッパ人の認知 vs 言語の脳内抗争と脳機能の分化、進化という観点から、いよいよ次節で解説してゆきます。

Ⅵ―5．インカ、アメリカ・インディアン、ジャパニーズ／嘘のつける人間の出現は人脳進化の必然的な帰結か、それとも神の誤謬か？

　アメリカ映画の中のセリフで有名になったものの1つに、「インディアン、嘘つかない。白人、嘘ついてインディアンの土地、騙し取る」というのがあります。実際、ヨーロッパからの移民と接触した初期のアメリカ・インディアンには「嘘をつく」という概念が無かったと言われています。

　http://ameblo.jp/ameba-nuts/entry-11367515917.html

　http://blog.goo.ne.jp/windwardpassage/e/94a33f89e9cb59a09035000d8b8b3b87

　また、日本語版 Wikipedia ローン・レンジャー

　http://ja.wikipedia.org/wiki/%E3%83%AD%E3%83%BC%E3%83%B3%E3%83%BB%E3%83%AC%E3%83%B3%E3%82%B8%E3%83%A3%E3%83%BC

　の解説によると、

> 　主人公ローン・レンジャーが愛馬シルバーを発進させる時の掛け声「ハイヨー、シルバー！（Hi-yo Silver）」や、相棒であるステレオタイプなインディアンの青年トントの台詞「白人嘘つき。インディアン嘘つかない」（これは白人がインディアンに対し欺瞞で収奪を繰り返して来たことへの批判である）、トントが主人公を呼ぶ言葉の「キモサベ」などの流行語を生んだ。

と書いてありますが、これはあくまで日本人の感覚であるらしく、英語版 Wikipedia Lone Ranger（http://en.wikipedia.org/wiki/Lone_Ranger）にも、英語版 Wikipedia Tont にも、「白人嘘つき。インディアン嘘つかない」に関することは一言も書いてありません。

　ジャレッド・ダイアモンド『銃・病原菌・鉄』（邦訳；草思社　2000年）の中に、僅か十数人のスペイン人の海賊が２万人の兵士を引き連れたインカ帝国の皇帝をやすやすと騙し、大量虐殺をした話が出てきます。「平和的な交渉をしたいから、武器を持たずに集まって話し合おう」と提案したら、インカ側は本当に武器を持たずに指定された場所にやって来た、というのです。もちろんスペイン人たちは重装備でやって来て、やすやすと大虐殺を行ったのです。インカ帝国の非武装の臣下たちは、皇帝を守るために、次々に「人間の盾」となって皇帝を取り囲んで、次々と虐殺されて行った、というのです。

　私はこの部分を読んでいて、黒澤明の映画『影武者』の中で、主君の武田信玄を鉄砲の狙撃から守るために、小姓たちが次々と「人間の盾」となって狙撃され、倒れてゆくシーンを思い出して感動しました。ダイヤモンド氏は、「インカの皇帝は、自分の軍隊の人数の圧倒的な多さに、警戒心を忘れてしまっていたのだ」と書いていますが、私は絶対に同意できません。インカの人々もまた、アメリカ・インディアンと同様に「嘘をつく」という概念を持っていなかったのです。彼らは、自分自身が信じてもいないことを他人に言える人間が存在するということを思いつくことが出来なかったのです。私は断固たる確信を持ってこのことを断言できます。それは「私が日本人だから」です。

　日本には昔からこのような人が少なからず存在していました。これらの人々を指す幾つかの日本語表現があります。「馬鹿正直」「糞真面目」「石部金吉」などなどです。これらの言葉が存在するということは、このような人々が「多数派」ではなかったという事を意味しますが、さりとて、このような人々はそれ程珍しい存在でも無かったのです。武士の中にも、町人の中にも、農民の中にもいたはずです。武士ならば「武骨もの」という言葉もありました。これらの言葉には、あまり悪いニュアンスはありませ

ん。「困ったものだ」とか「かわいそうに」とかいうニュアンスを込めて語られることもあり、また多少の同情と共感があったり、時には多少の敬意を込めて語られることもあるように思います。

　児童精神科医の杉山登志郎氏は、日本社会の中核を支えている人々の中に、冗談が通じない、言葉を文字通りの意味にしか理解せず、いろいろな意味で周囲の人間との協調がうまく行かない人々が数多くいることを指摘して、これらの人々は「（知的）発達障害」ではなく「発達凸凹」と捉えるべきだと提唱しています（杉山登志郎ほか著『ギフテッド　天才の育て方』学研 2009 年）。これらの人々もまた、ほとんどが「嘘をつかず、騙されることに警戒心が乏しい人たち」であると思います。

　日本という国においては、電話を使った振り込め詐欺の被害件数、被害総額は警察庁の統計によれば、2012 年度 12 月の 1 ヶ月だけで、806 件、22 億円を超えています。あれほどうるさいくらいに「振り込め詐欺に騙されないようにしましょう」というキャンペーンが繰り返されているのに、被害件数も被害総額もいっこうに減少する様子はありません。日本には本当に他人の言うことに疑いを持たない人が多いと思います。

　このような国民的傾向は必ずしも日本だけではないようです。岐阜大学を定年退職された池田尚志先生に数年前に聞いた話ですが、彼の研究室に来ていたスリランカの留学生に日本語からスリランカの言葉への機械翻訳用の辞書を作らせていた際に、「待たせる」という使役の意味の動詞に対応する言葉が見つからなかった、というのです。「人を待たせるのは、やってはいけないことであり、やってはいけない行為を表す動詞は、そういう動詞そのものが存在しない」ということでした。私はその話を聞いて、スリランカもまた、「糞真面目」で「馬鹿正直」な人が多い国なのではないかと思いました。

　以上のようなことをいろいろ考えた上で、人間の脳に言語生成能力が発生した時点での状況を私は以下のように推測しました。

　人間の言語生成能力は、突然変異（遺伝子の書き換えと、それに伴う脳内の幾つかの領域の内容の書き換え）として発生し、その書き換えによっ

て次の３つの能力が消滅した。
 (1) 他者を騙す能力および他者から騙されない様に警戒する能力
 (2) 目の前にある光景を細かい部分まで一瞬で正確に記憶する能力
 (3) 多くの個数の要素から成る集合を見て、一瞬で正確にその個数を数え上げる能力

　上にあげた（2）（3）の項目は私のオリジナルではありません。数週間前に見たテレビ番組で、京都大学霊長類研究所の教授が、チンパンジーの驚くべき能力として上に記した（2）と（3）をあげて、「人間は、言語能力を獲得したのと引き換えに、上記の能力を失ったのだ」と解説していました。そして、チンパンジーと人間のDNAはほとんどが一致しているから、僅かな違う部分を調べる事によって、どの部位のDNAが書き換えられたのかも解っているという事でした。

　Web検索をしたら、どうやら私が見たそのテレビ番組とおぼしき番組の内容について解説しているサイトが見つかったので、本書巻末に付録2として引用紹介しておきます。
　http://neu101.seesaa.net/article/130460229.html
　これに関連して、京都大学霊長類研究所の正高信男教授が「人類の言語の起源＝歌声説」を展開しているサイトの記事も巻末の付録3に引用・紹介しておきます。正高氏の仮説が、単純な音声言語の基盤が形成される過程を説明している点では私も評価しますが、膨大な数の語彙が形成され、それが集団内部で共有されてゆく過程とは、かなりの飛躍的なギャップがあるように感じられます。更に、原始時代の人類の霊長類的な叫び声の進化・発展が言語になったという主張と、それによって上述の（2）（3）という強力な能力が犠牲にされたという主張には整合性が無いように思います。それよりはむしろ、人脳内における言語生成能力の誕生は、（2）と（3）の能力（および、恐らくはその他のいくつかの能力を含めて）を消去、書き換える劣化性の突然変異だったと考える方が、より合理的だと考えます。スタイナー『バベルの後に』（亀山健吉訳、法政大学出版会）

の「改訂版はしがき」の中にも、私のこの考え方に似た考え（発生した言語の多様性がコミュニケーションを阻害した）が述べられています。

　私も数年前から、周囲の人との言語コミュニケーションに困難を抱えている人たちの中に、上記の（2）（3）を有している人が多い（サヴァン症候群）事から、文章の裏の意味やジョーク、皮肉などを理解する能力は上記（2）（3）の能力を上書きすることと引き換えに得られた能力だと考えてきました。しかし、これらの人達には言語障害は無い（文章の意味を文字通りの意味ではちゃんと理解できる）事から、この言語表現を機械的には理解したり生成したりする能力は、いったいどのような能力を上書きして発生したのだろうか、と疑問に思って来ました。それが、次節の補足1「『言語の起源』国際論争」で紹介する「英語版 wikipedia 言語の起原」の記事から分かりました。その部分を巻末に付録4として引用・掲載しておきます。

　生物の遺伝子における大部分の突然変異はその個体が生き残る（子孫を残す）ために有利に働くことも不利に働くこともない（木村資生の「中立進化説」）ことが分かっています。そして、個体の身体的な変化を引き起こす場合には、劣性のものが大部分であることも知られています。例えば、ショウジョウバエの突然変異個体では、通常ならば腹のわきから出るべき足が頭や顔から出たりします。それで、外界の環境に適応できなくて死んでしまう場合が多いのです。「言語能力」を突然変異で脳内に獲得した人間の個体も、前述のように3つの重要な能力が消去されてしまったために、厳しい大自然との戦いや仲間の人類との間でのマキャベリ的な権力闘争（より多く自己の遺伝子を残すための集団内の地位争い）などでは非常に不利な立場に立ち、生存競争に敗れて群れを放逐されたり、虐殺されたりしたケースもあったのではないかと推測されます。つまり、「言語の発生」は数回にわたり、いくつかの集団で発生したけれど、例外的な偶然を除いて、すべて突然変異した個体は絶滅したと考えるほうが自然なように思われます。現存する人類の祖先だけが、なぜか偶然、絶滅せずに、2、3世代を継続することができて、集団的な協力をすれば他の人類に勝る威力を発揮して、精密な情報交換の利を生かして軍事的な優位に立てるく

いの人数（おそらく 10 人以上——特に根拠はありませんが）にまで個体数を増やすことができたのでしょう。アラビア語のような完璧な「主要部前置」で、歴史的な語順の変化も全く見られない言語と、日本語のような完璧な「主要部後置」で歴史的な語順の変化が全く見られない言語が存在することから、人類の言語は「たった一つの祖語」から分かれてできたのではないことは明らかです。ヨーロッパ言語のように、完璧な「主要部後置」型から出発して、2千年以上かかって「主要部前置」型に語順を 180度転換した言語、中国語のように完璧な「主要部前置」から出発して、3千年以上かかって、いまだに「主要部後置」への 180 度の転換プロセスが続いている言語も存在することから、多くの言語がアフリカのいくつかの近接した地域で近接した年代に発生したことは確かでしょう。そもそも、語彙項目における「音の列」と、それが指示する「概念」との対応は擬声語・擬態語などを除けば全く恣意的なものですから、小さな個別的グループごとに異なった言語が発生して、それが地政学的な権力関係などを通じて一旦はいくつかの、より大きなグループに統合・再編されるという過程で整備されていったのではないかと想像します。

　このあたりのことは、「Wikipedia 英語版 Origin of Languages」では全く無視されているのですが、「Wikipedia 仏語版 Origine des Langues」ではかなり重要視されている「旧約聖書の『バベルの塔』の物語は古代人のどのような状況を反映しているか？」という研究と密接に関係してくることになると思われます。『バベルの塔』の物語では、天に届く塔を建てようとした人間の不遜さに怒り、神が共通言語をなくすことで人間たちを混乱させた、ということになっていますが、これはきっと、遠い遠い昔の時代の記憶が、映画のフィルムを逆戻しにしたように描かれているのではないかと私は推測しています。すなわち、本当は、言語能力が複数の人間集団に発生したために、そして音の列と概念との対応がまったく恣意的でそれぞれの集団が用いる語彙が全く異なっていたために、まさに『バベルの塔』の物語に描かれているように、お互いにまったく話が通じないままにワイワイガヤガヤと叫びあっている状態がしばらくは続いたのではないでしょうか。しかし、昔、ハワイにいろいろな国からの移民が殺到した時期

に、移民の子供たちは最初はお互いの国の言葉を勝手にしゃべっていて話がまったく通じなかったのが、すぐにお互いの言葉を混ぜ合わせた混成言語（ピジン語）を作り出して問題なく意志疎通ができるようになった、と聞いています。おそらく、私たちの遠い先祖たちも、そのようなプロセスを通して、個々バラバラの「個別小集団言語」が、次第に、より大きな「大集団言語」へと混成されていったのだろうと考えます。

　先行研究の説では「言語能力」の獲得とのトレード・オフで消去されたのは前述の（2）（3）の驚異的な風景記憶力、大量の個数の瞬間的な把握力、ということでしたが、私の仮説では、それはむしろ、言語の基礎的な能力の上にプラスアルファされる「ジョーク」「皮肉」「裏の意味」といった対人関係を強く意識した深い意味（ニュアンス）の理解に対応する能力（したがって、ミラーニューロンの機能と密接に対応していると考えられます）によって上書きされてしまった能力であり、言語能力の基礎の基礎をなす部分が上書きしたのは、言語様のコミュニケーションが自然下で進化してくる上で第一の障害となっていた「騙す能力」「騙されまいと用心する（他者を疑う）能力」だという点です。この突然変異によって、人類は「言語生成能力」を獲得するのとまったく同時に、ヒト科の動物にとって言語使用の発達を妨げていた最大の障害物を消去してしまったのです。このように考えれば、「騙されまい」とする警戒心に逆らって言語を流通させるために必要な、「異様に強い強制力を持つ宗教的な儀式」や「異様に強い母子関係の血縁的紐帯」などの、「社会言語学」が主張する「言語が流通するための社会的前提」なぞまったく必要が無いことが分かります。人類は、言語獲得の突然変異によって、「騙されまい」と用心する心を失ったのです。その心的状態が近代にいたるまで続いていたのがアメリカ・インディアンの社会であり、インカ帝国の社会だったのです。

　さらに、本章第1節で解説したように、私の仮説では、文章生成能力は人脳内に第2の司令塔が発生したことに付随して起きた現象なので、自分よりも高度な能力を持った未知の知性の出現に驚愕した第1の司令塔が、「超自然的なもの」に対する畏怖の念（すなわち、宗教心）を発生させたことも、言語の普及に大きく関わっていると思いますが、これについては

本章第11節で解説します。「宗教社会の成立が前提となって言語が流通した」のではなく、第2の司令塔が「文生成能力」を伴って発生し、その結果として宗教が産まれたのです。「社会制度」や「物質的基礎」を偏重する西洋の学問が、例によって、「原因」と「結果」を取り違えているのです。

　それでは、近代において、アメリカ・インディアンを騙し、インカ帝国の人々を騙したヨーロッパ人たちの認知はどのようになっていたのでしょうか。この疑問に答えてくれるのがジュリアン・ジェインズ『意識の起源、構造、制約──「双脳精神」の成立、崩壊、痕跡という視点から見た精神の歴史──』です。北村和夫氏による私家蔵版日本語訳から引用してみます。

　　《「第三章『イリアス』の精神」から引用》
　　（前略）私の仮説との関連を考察するのに充分なほど翻訳が確実な言語で、人間の歴史における最初の文字となっているのは『イリアス』である。現代の研究者たちは、この血と汗と涙の復讐物語は、最近発見されたいくつかのヒッタイト語の書板から紀元前1230年ごろにあった出来事と推測しており、それから紀元前900年ないし850年頃に書きとめられるまでの間、吟唱詩人すなわちアオイドイによって伝承され、発展したと見なしている。私はここで、この詩を極めて重要な心理学的記録と見なすことを提案する。それに向けられる問いは、『イリアス』における精神はいかなるものか、である。

　　『イリアス』の言葉
　　（中略）これらの語は、ある程度例外はあるが、一般的に、作者であれ登場人物であれ神々であれ誰もが普通に意識的精神ないし思考を持っている状態の、直前まで来ていることを示している。後の章でこれらの語の意味をもっと注意深く調べてみよう。
　　また、意志という概念もそれを表す語もない。この概念はギリシャ人の思考の中では奇妙なほどに遅れて発展した。そうすると、『イリ

アス』の登場人物は自分自身の意志を持っていなかったことになる。自由意志という観念がなかったことは間違いない。実際、意志の問題全体が思うに現代の心理学理論にとって非常に厄介なものになっているが、その難しさの理由はそうした現象を表す語があまりに遅く発明されたことにあるのかもしれない。同様に『イリアス』の言葉に不在なのは、私たちの意味で体を表す語である。ソーマ (soma) という語は紀元前5世紀頃には体を意味するようになるが、ホメーロスではつねに複数であり、死人の手足ないし死体を意味している。プシューケー（psyche 生命の実質）の反対語なのである。体の様々な部分を表す語はいくつかある。そして、ホメーロスではいつもそれらの部分が言及されるのであり、体全体が言及されることはけっしてない。そういうわけだから、ミュケナイとその時代の初期のギリシャ芸術が、人間を、奇妙に連結された手足、不恰好な関節、腰からほとんど切り離された胴の集まりとして描いていることは、驚くことではない。ホメーロスで何度も出てくる描写もそうしたものである。彼が語るのは手、下膊、上膊、足、ふくらはぎ、そして敏捷、強靭、すばやい動き等々といったことであって、全体としての体に言及することはないのである。

　さて、これらはすべて非常に奇妙なことである。もし『イリアス』の登場人物に主観的意識、精神、魂、あるいは意志がなかったとしたら、何が行動を開始させたのだろうか？

初期のギリシャの宗教

　（中略）『イリアス』の登場人物たちは、座って何をなすべきかをじっくり考えることがない。彼らには、私たちが自分にはあるとしているような、意識的精神がない。内観は絶対にない。私たちのように主観を持った者が、それがどのようなことであったかを正確に理解するのは不可能である。総帥アガメムノーンがアキレウスから妻を奪うとき、アキレウスの黄金色の髪を掴んでアガメムノーンを討たないように警告するのは神である (1:197ff., 上 20)。その後で灰色の海か

ら現れ、岸辺の黒船で怒りの涙にくれる彼を慰めるのは神、ヘレネーに低く囁き故郷への思慕の情を沸き立たせるのは神、攻撃しようとするメネラーオスの前を霧で覆いパリスを隠すのは神、グラウコスに黄金（製の武具）を青銅（製の武具）と交換するように言うのは神 (6:234ff., 上 193-4)、軍隊を戦場に導き、節目で一人ひとりの兵士に語りかけ、ヘクトールと議論し何をしなければならないかを教え、兵士を急き立て、魔法をかけるか視界を霧で覆うかして敗北させるのは神、である。人々の間に現実の戦いの原因となる (3:164ff., 上 94) 敵意を吹き込み (4:437ff., 上 132)、それからその戦略を立てるのは神々 (2:56ff., 上 45-6) である。アキレウスに戦場に行かないように約束させるのはある神、行くように急き立てるのは別の神、彼を天まで届く黄金色の炎でくるみ、血に染まるトロイエーの堀の向こう側に届く叫びを挙げさせ制御不能のパニックに陥らせるのはさらに別の神、である。事実上、神々が意識の代わりをしているのである。

　行為の始点は意識的な計画、理由、動機にはなく、神々の行為と言葉にあるのである。他人からは、人間は自分の行動の原因のように見える。しかし、当人にとってはそうではないのだ。戦いの終わり近くでアキレウスがアガメムノーンにどうやって彼の妻を奪ったかを思い出させると、総帥は、「だが、その責めはわしにではなく、ゼウスならびに運命の女神、そして闇を行くエリューニアスにある。その方々が集会の場でわしの胸の中に無残な迷いを打ち込まれたのであった——このわしがアキレウスの受けた恩賞（の女）を奪い取ったあの日のことだが。だがわしに何ができたであろう。神というものはどのようなことでも仕遂げられるのだからな」(19:86-90, 下 231)、と言う。この説明は、アキレスに完全に受け入れられたのだから、アガメムノーンが責任を逃れるために特に作った話ではないことは明らかである。アキレウスもまた彼の神々に対して従順だから、そうなるのだ。この一節にコメントする学者の中には、アガメムノーンの行動が「彼の自我と対立するように」なったと言う者がいるが、それでは踏み込

みが足りない。問うべきは、『イリアス』の英雄の心理学はどのようなものか？　ということなのである。そして私は、彼にはいかなる自我もなかった、と言っているのである。（後略）
《引用、終わり》

　上の記述に描かれている古い時代のギリシャでは、「他人の言うことを疑う」「騙されまいと用心する」という概念がなかったことが分かります。さらに、「神の声」の命令によって心ならずも他人を騙すような結果になってしまうことはあっても、意識的に他人に嘘をつくことはありえないことが分かります。なぜなら、「自己意識」のない人間は、他人に嘘を信じ込ませることによって、その他人の利益とは対立する自己の利益を得ようと考えることは不可能だからです。
　また、上のジェインズの文章の中で、現代の我々から見ると極めて奇妙で理解しがたい「体の様々な部分を表す語はいくつかある。そして、ホメーロスではいつもそれらの部分が言及されるのであり、体全体が言及されることはけっしてない。そういうわけだから、ミュケナイとその時代の初期のギリシャ芸術が、人間を、奇妙に連結された手足、不恰好な関節、腰からほとんど切り離された胴の集まりとして描いていることは、驚くことではない。」という部分は、どの様に解釈したらよいのでしょうか？
　まさに、これこそが「ズームアウト型（ピンポイントの注目点から出発して、次第に視野を拡大してゆく）認知思考」なのです。したがって、この時代のギリシャ人たちが、身体の部分、部分に着目することから出発するのは当然なのです。ところが、この古き時代には、ギリシャの言語は未だ厳格な「主要部後置型」（つまり、日本語のような語順）だったか、あるいはまだそのような語順がかなり残っていたので、注目している結論を先ず言ってしまうと、語順パラメータのバリヤーによって、それ以上思考を拡張してゆくことが出来なくなってしまったのだろうと推測されます。つまり、「樹を見ると、森を見ることができなくなってしまう」というわけです。この脳内における認知型と言語統語語順の激突において、やがて、言語パラメータの相対的な優位が崩れ、「語順の自由」が勝ち取られると、

ギリシャ人は自分の認知の拡大してゆくままに、自己の思考の結果を自由に言語で表現できるようになります。そして、ミロのビーナス（＝メロス島のアフロディテ　紀元前120年頃）のような均整のとれた人間の全体像を形作れるようになり、また、ユークリッド「(幾何学) 原論」のような壮大な知的建造物を創造できるようになって行くのです。

　なお「1．世界遺産にある地中海域の古代・中世社会　12. 古代ギリシャ彫刻史」というサイト http://www.ozawa-katsuhiko.com/1sekai-isan/greece_chyoukoku/greece_chyoukoku.html には多くの古代ギリシャ彫刻のカラー写真が年代順に表示されており、古代初期（アルカイック期）の作品には「ぎこちなさと稚拙さ」が指摘されています。それは、「概要」という解説の部分にも「盛期（古典期）ギリシャ美術は『素朴・稚拙』な状況から始まっている。これは不可解というしかない。」と述べられています。

　私の「ズーム型認知と統語語順の対立・抗争」という仮説が正しいならば、ヨーロッパ祖語とは鏡像関係にあった古代中国語においては、「全体」を漠然と表現する言葉は存在しても、細部を厳密に表現する語彙はかなり欠けていたのではないかと思われます。そして、古代中国人が描いた絵画は、漠然としたイメージに留まっており、細部は、現在の PM 2.5 が空中に充満して霞がかかったようになっている北京や上海の風景のような感じではなかったかと思われます。それが、「主要部前置型」の語順から次第に全体として「主要部後置型」の語順パターンが増大するに従って、例えば、巨大なタピストリー（絨毯）にグランド・デザインから出発して、細部に至るまで超細密に色鮮やかに糸を織り込む刺繍などが作られるようになったのです。

　それに関連して、日本人の子どもも低学年のうちは人間を描いても、いわゆる「棒人間」と言って頭を表す丸の下に「棒」状の胴体、四肢を表すこれも4本の「棒」を描くことが知られています。つまり、細部は無視して全体の概観を「棒」で表現するのです。これが、学年が上がるに従って細部にまで注意が向けられるようになって、手足も単なる「棒」ではなく、細かい描写が描かれるようになり、シャツやズボンなど衣服もちゃんと来

ている姿になってきます。以下に、三沢直子『描画テストに表れた子どもの心の危機』（誠信書房）から、小学3年生と6年生の絵を引用させて頂きます。

絵 99-3-1（男）　　　絵 99-3-2（男）

　これは1999年に描かれた小学3年生（男子）の絵です。2人とも、「棒人間」を描いています。小学1年生か2年生による絵画であれば、「家」も単純化されて、四角の上に三角の「屋根」が乗っているだけの図になったと思われますが、3年生なので、家にはちゃんと窓やドアが描かれています。

　これに対して、三沢氏の同書に掲載されている下の、小学6年生（男子）の絵画では、細部に渡る描写が非常に細かくなっています。なお、3年生も6年生も絵を描くに当たっては、「必ず絵の中に、『人』と『家』と『木』が描かれていること」という条件（課題）が付けられています。

絵 99-6-7（男）　　　絵 99-6-8（男）

　ここから分かることは、日本の子どもたちは、まず大雑把に全体を掴むことから始めて、知的レベルが向上するに従って細部に注意が集中できるようになってゆく、（年齢に伴う）ズームイン型の知的進化を遂げてゆく

ということです。

【閑話休題】
　それでは、ヨーロッパ人は、いったん失った「騙す能力」をどのようにして復活させたのでしょうか？　ここでもまた、私の「ズーム型認知」の理論が具体的な説明を与えてくれます。ズーム型認知の理論は、世界歴史の様々な出来事に対して、これまでの常識では、何年ごろにどの地域でどんな事件が起きたかは歴史の偶然であって、そこに「なぜ、その時期に、その場所で、その出来事が起きたのか？」という「理由」なんか存在しない、と誰もが疑わなかった幾つもの出来事に対して、その「理由」を明らかにしてきました。まだ、殆ど全て「仮説」のレベルですが、インターネットの私のブログで発表したり、いくつかの研究会で講演発表してきましたが、明確な反証は今のところ、誰からも出されていないようです。これは、人類の文明の歴史が、単なる雑多な事実の正確で詳しい記述の段階から、物理学におけるニュートンの「運動法則」のように、1つの新しい概念を導入することによって世界史のさまざまな事件に統一的な説明を与える試みが始まったことを示しています。既に、ジャレッド・ダイヤモンド『銃、病原菌、鉄』が、諸大陸の地形的な条件、そこに生息する動植物の違いなどから、地球上の様々な文明の発達の違いを説明することを試みていますが、それはとても重要なことだと私は思います。そして、「人間の文明」ですから、ダイヤモンド氏が列挙したような自然条件の違いだけでなく、人脳の内部の変化、思考と言語の相互対立あるいは相互協調の数千年の歴史を考察してみることもまた、それ以上に重要なことではないかと思うのです。
　アラビア語など100％の主要部前置型（修飾する語は必ず修飾される語を後ろから修飾する）と、日本語など100％の主要部後置型（修飾する語は必ず修飾される語を前から修飾する）言語が存在し、これらの言語の統語的語順は歴史的に全く変化していません。語族としては唯一、インド・ヨーロッパ語族の中のサンスクリット語を除くヨーロッパ諸言語だけが、完全な主要部後置型（すなわち、日本語のような語順）からおよそ2000

年かかって、ほぼ主要部前置型の言語へと180度の語順の逆転を遂げました。また、シュライヒャーの言語類型論の分類で「孤立語」と呼ばれる中国語、ベトナム語およびいくつかの東南アジアの言語が、ヨーロッパ諸語とは鏡像的に、完全な主要部前置型から主要部後置型への180度の語順の逆転をおよそ3000年間続けていますが、未だにその過程は終了していません。

ズーム型認知 ＼ 統語の語順	主要部前置		主要部後置
ズームアウト型	インドネシア語、 古典アラビア語、	⇦ ⇨ ⇦	印欧祖語 （ヨーロッパ） （アジア） フィンランド語
ズームイン型	中国語祖語、 ベトナム語 タイ語、など	⇨ ⇨	日本語、朝鮮語 モンゴル語、バスク語 ハンガリー語など

　ヨーロッパ諸言語の場合には、その言語話者の大半がズームアウト型認知の思考をしているにもかかわらず、印欧祖語はそれとは真っ向から対立する「厳格な主要部後置型」の語順を持って誕生しました。ピンポイントな認知から出発して次第にその周辺部へと視野を拡大してゆくズームアウト型認知と、先ず修飾語（状況説明、周辺部的な情報）を言ってから結論（主要部）を述べる主要部後置型の統語語順とは真っ向から対立します。ズーム型認知はおそらく数十万年まえから人類に与えられている第1の司令塔に備わっている生得的な性質であり、「左利き」「右利き」と同じようなものと思われますが、「左利き」などとは異なって、民族ごとに「ズームアウト／ズームイン」の人間の存在比率が大きく偏っているようです。ヨーロッパ人ではズームアウト型が圧倒的多数、日本人ではズームインが圧倒的多数、という具合です。それぞれの民族で、多数派に対立する少数派のズーム型認知を持った人が存在するように見える状況証拠があることから、「生得的」と考えています。そうでなければ、すなわち生まれてから学習によって習得するものであれば、周囲の多数派の認知志向を学習することになりますから、きわめて特殊なあり得る例外を除いて、民族全員が同じズーム型認知になるはずです。

今から数万年前に人脳内に第2の司令塔が発生したときに、それに付属する機能システムとして現代言語の祖形である祖言語（祖語）（の生成能力）が生まれました。このことは、本章第2節「言語・思考・自己意識の発生に関する複雑な関係（その2）人類、生命界で初の双脳生物となる」で解説しました。従来からの認知指向タイプと新しく発生した言語の語順タイプが真っ向から対立した印欧祖語のグループと孤立語のグループでは、第1の司令部は第2の司令部の発生に驚愕し、その意味が全く理解できず、数百年、あるいは数千年の間、第2の司令部から出される指示を、「脳内に響き渡る神の声」として無条件に従ってきました。しかし、脳内では、認知と言語の葛藤、綱引きがずっと継続していました。やがて、厳格な主要部後置／前置の語順規則が緩んで、「語順の自由」が勝ち取られました。旧来の認知型が新参者の統語語順に最初の勝利の一歩を勝ち取ったのです。しかし、「語順の自由」と言っても、統計的に見る限り、まだ従来の語順のままの文章が圧倒的多数を占めていました。ズーム型認知指向に負けず劣らず、統語型語順もまた、必死で自己の指導権を守るために頑強に抵抗したのです。

　そこで、認知指向の側は、言語側の「一括管理」の支配法則を「分割管理」の支配法則へと変化させるという戦略をとりました。すなわち、いずれの言語も誕生時の「祖語」の段階では、「修飾語は修飾される語を前から（後ろから）修飾する」という単純明快な「一括管理」の法則が支配していたのですが、これを分岐させ、細分化させて、例えば、他動詞と目的語、前置詞か後置詞か、形容詞と名詞、属格と名詞、形容詞と比較対象語、など、様々な項目ごとに個別に語順を管理するようにさせたのです。そして、結合状態の弱いものから一つずつ、ゆっくりと各個撃破していったのです。これがヨーロッパ人の得意な「分割統治」です。ヨーロッパ諸言語は、このように各個撃破されたために、すべての言語で、語順が逆転させられた分野と、最後まで頑強に抵抗したために古い語順が残ってしまった部分が混在しているので、その語順規則は極めて例外の多い不規則なものに成っています。例えば、名詞が一つの文章によって修飾を受ける場合には、必ず関係詞を用いて後ろから修飾されます（主要部前置）。しか

し、名詞を修飾するのが形容詞であれば、ロマンス諸語以外のヨーロッパ諸語では、形容詞は名詞を前から修飾します（主要部後置）。しかし、例外の例外として、英語の 〜 thing 語尾の代名詞は anything important, nothing valuable のように主要部前置語順に転換しています。また、フランス語は通常、SVO 語順と言われていますが、O（目的語）が代名詞のときには必ず

　　　　　Je t'aime

（ぼくは）（君が）（好きだ）

のように、日本語とまったく同じの SOV 語順に成ります。また、ドイツ語では、従属文は日本語と同じに、定動詞が文末に来ます。などなど、語順を180度転換させるなどという途方もない無茶を 2000 年もかけて行ってきた「ツケ」が至るところに存在しています。その中でも特に英語は、名詞の性・数・格語尾や動詞の人称語尾が極端に擦り減ってしまい、それらを文中で単独で見ただけでは文法的な役割が曖昧になってしまうケースが続出するため、語順による判定や「階層構造」なるものを取り出さないと正しい理解ができなくなる場合が多いのです。世界で5千とも8千とも言われる言語の内で、ヨーロッパ言語は極めて例外的な言語（総数はおそらく百に満たない）であり、その中でも英語は例外中の例外言語です。これらの言語の文法規則をいくら詳しく調べても、これら以外の圧倒的多数の言語（全体の80%〜90%）の文法規則を理解したことにはなりません。「一般言語学」や「普遍文法」を調べたいと志すのであれば、少なくとも、アラビア語、スペイン語、中国語、日本語という4つの言語の、ある程度の読み書き、話す能力を身につけなければなりません。これら4つの言語は、認知と言語の対を表す（2，2）型行列の4つの成分の代表的な言語であり、それらの言語を母語とする話者が1億人を超える「大言語」だからです。ヨーロッパ言語の代表としてスペイン語を選んだのは、ラテンアメリカの地理的重要性を考慮したものです。また、さらに5番目の言語を選ぶとすれば、ヒンディー語でしょう。ヒンディー語はサンスクリットの後継言語であり、インド・ヨーロッパ祖語から発展してきた言語のひとつと考えられていますが、途中からヨーロッパ諸言語とはたもとを分かち、

主要部後置語順から主要部前置語順への 180 度の語順の転換を中止して、もとの主要部後置型言語へと U ターンしてしまった、極めて特異な言語です。ヒンディー語話者の脳内での認知と言語の関係を調べることは、非常に興味深い発見をもたらすに違いないと確信しています。

【閑話休題】
　さて、脳内で、しぶとく粘る統語語順のパラメータの「一括管理」機能を細分化させて「分割管理」とさせ、各個撃破的に一つ一つの機能において弱いものから少しずつ順序の逆転をさせて行った認知能力の側も、自分自身が「一括管理」機能（総合的な判断能力）を以下のように細分化させて行ったと思われます。具体的に例をあげることは省略しますが、様々なことがらを総合した、私の結論です。

（1）論理的に正しいかどうかの判断
（2）経験的に正しいかどうかの判断
（3）倫理的に正しいかどうかの判断
（4）自分にとって有利（有益）か、あるいは不利（有害）かの判断
（5）自分が好感を持つか、それとも不快感を持つかの判断

などです。このことが、これらの判断を個別的に行うことを可能にし、論理的、倫理的には正しくないと判断されることでも、自分にとって有利（有益）だと判断される行為を実行することが可能になったのです。ヨーロッパ人の頭脳は、2000 年にわたる認知と言語の抗争という「苦難の行軍」に耐えきった結果、このような分析的な認知の能力を獲得したと思われます。「嵐は樹を鍛える」の例えどおり、認知と言語の調和が最初から取れていた私たち日本語と同様の圧倒的多数の言語においては、「平和ボケ」によって、認知能力をヨーロッパ言語話者なみに進化させる内的要因が脳内に存在しなかったのです。しかし、認知の進化は外的要因によっても起ります。例えば、アメリカインディアンは、白人に騙されて、騙されて、何度も騙されて、「世の中には人を騙す人間がいる」という知識を経

験的に学習したのです。

Ⅵ―6．ズームアウト／ズームイン型認知の深層構造と表層構造／チョムスキーからの批判に反論する

　2013 年 2 月にマサチューセッツ工科大学に言語学者の N. チョムスキーを訪ねて、私の『算数教育と世界歴史言語学』のアウトラインを聴いてもらった時に、彼が一番問題にしたのは、子どもは何を外部データとして、自分のズームパラメータの値を設定するのか、ということでした。

　私は最初、この質問の意味が理解できなくて「ズームイン／ズームアウト型認知」という概念は、私が最近定義した概念だから、子どもたちはもちろんのこと、大人たちだって自分がズームイン型であるとか、ズームアウト型であるとか自覚しているわけではありません、と答えて、チョムスキーからすればまことに頓珍漢な回答をしてしまいました。彼は、慎重に言葉を選びなおして、「本人が自覚しているか否かの問題ではない。これは質問としては非常に単純な質問なのだ。例えば、日本人の子どもが産まれ落ちてから一定の年月がたてば、あなたの理論によればズームイン型の認知傾向を持つようになるわけだ。それではいったい、その子どもは周囲の何を外部データとして用いて自分のズームパラメータの値をズームインに設定するのか？」というような主旨のことを質問しました。ただし、私はテープレコーダーで記録を取っていたわけではなく、私の英語のリスニング能力はあまり高くないので、上の引用の中の表現は正確ではありません。あくまでも、私には、このように質問されたと思われた内容を記憶に基づいて再生しています。私は驚いて、「認知のズーム型は外部データに基づいて選択するものではなく、産まれ落ちた時から、ちょうど左利きや右利きと同じように、また、カタツムリの左巻きと右巻きのように個体ごとに決定されている性質です。」と答えました。彼はそれを聞いて、「それはおかしい。左利きや右利きは遺伝子の問題だ。それでは『パラメーター』ではなくなってしまう。」と言いました。

　それでやっと、私は我々 2 人がまったく誤解し合っていて、話がかみ合っていなかった事が分かりました。私は、あまり深く考えずに、ズーム

型認知は先天的に決定されているものだという先入観を持っていて、その考え方に対してまったく疑ってみることを想ってもいませんでした。また、「パラメータ」という用語を不用意に用いていたのですが、これがチョムスキーに誤解される大きな原因に成っていました。私は数学者ですから、「パラメータ」という用語を数学という学問の中で使われる通常の意味で、いろいろな事例ごとにいろいろな定数値を取る可変的な定数という意味で用いていたのですが、チョムスキーの普遍文法理論でいうパラメータとは、あらかじめいくつかの選択肢は先天的に決まっているが、その中のどれを選択するかは、産まれ落ちてからの学習によって決定される可変的な定数値という意味で用いられています。私は、私のプレゼンの中の図表でも、ズームアウト／ズームイン型パラメータ値とチョムスキーの主要部前置／後置パラメータを縦行・横行に配置した2行2列の行列を用いましたから、それがよけい、ズーム型認知パラメータと主要部前置／後置語順パラメータは同じようなレベルのパラメータであるという誤解をチョムスキーに与えることになってしまったようです。これは、私の用語の使い方がまずかったためですから、申し訳なかったと思っています。

そのことを率直に説明して、「用語はまずかったけれど、ズームアウト／ズームインの認知型は先天的なものだと考えている」と再度強調しました。チョムスキーは納得しません。「それならば、日本人の子どもが、両親の都合でアメリカで産まれ育ったら、その子のズーム型認知の値はどちらになるのだ？ その子は当然、英語を話すようになるし、姓名は名前・名字の順に言うようになるし、生年月日も英語で言うように育つであろう。それでもあなたは、その日本人の子供の認知型はズームイン型であると主張するのか？」と厳しく追及してきました。

私は、そのような、自分の母語とはまったく異なる環境で産まれ育った子どものズーム認知型がどうなるのかというような、いわば特殊な環境の例について、迂闊にもまったくこれまで考えたことが無かったので、完全なパニックに陥りました。「えーと、それは…」とムニャムニャわけのわからぬ答弁をしているうちに、アシスタントの人が部屋のドアをあけて「時間です。」と告げました。部屋の外には、既に次の来訪者が待っていま

第Ⅵ章　人類の言語の起源

した。チョムスキーは、「それでは、残りは私が黙読させていただこう。」と言って、私が途中まで口頭で解説した原稿のプリントの残りの部分をしばしの時間をかけて黙読していました。そして読み終わって、立ち上がり、何か結論めいたことを言いました。すっかりパニックに陥っていた私には、彼の総括的なコメントを正しく理解できるヒヤリング能力はありませんでしたが、彼の表情や態度から推測して、彼が私の主張に納得しなかったことは明らかだと感じました。しかし、ともかく、きわめて多忙な中を、私の無理を聞いてくれて、私の会見申し込みから非常に短期間の待ち日数でこの会見のスケジュールを取り計らってくれたことに対して、あつくお礼を言いました。また、彼が私のプレゼンの途中でいくつもの批判的コメントや鋭い疑問をぶつけてくれたことで、私の思考の曖昧な点や誤っていた点を気づかせてくれたことに対しても深く感謝していることを述べました。これは決して「社交辞令」ではなく、私の心からの気持です。

　チョムスキーとの会見を終えた直後から、私は彼が提起した問題「日本人の子供が、両親の都合でアメリカで産まれ育ったら、その子のズーム型認知の値はどちらになるのか？」を必死で考え始めました。そしてすぐに、「ズームアウト／ズームイン型認知にも「深層構造」と「表層構造」があることを仮定すれば解決するんだ」と気がつきました。もちろん、これはチョムスキーの若き日のデビュー作のアイディアのパクリです。複雑怪奇な英語の文法構造に対して、チョムスキーはいくつかの生成規則を組み合わせればあらゆる英語の文章を生成できることを示しましたが、ただし、これは「深層構造」と言われる意味を解釈できる平叙文までであって、現実の英語会話に現れるレベル（「表層構造」）へは、さらに「変形規則」と呼ばれるいくつかの規則を適用して、英文の表現を転換する必要がありました。それと同様に、ズームアウト／ズームイン型認知にも、先天的（遺伝的）に決定されている「深層構造」と、その深層構造からだけでなく母語言語の語彙項目（11以上の複合数詞、姓名、誕生日、など）や周囲の人たちの行動から学習され影響を受ける「表層構造」がある、と仮定すれば良いのです。そして、日本人の子どもが日本で産まれ育てば、ズーム型認知の深層構造と表層構造は自動的に一致し、なんの問題も起こらないの

です。しかし、アメリカで産まれ育った日本人の子供は、深層構造は遺伝的に決まるとしても、表層構造は深層構造からの影響だけでなく、特に言語の語彙項目からの影響や、周囲の大人や子供たちの行動から受ける影響によって、かなりズームアウト的な傾向が強くなるはずです。

　このことが、いわゆる「帰国子女」が日本の学校の雰囲気やクラスメートとの関わりになじめず、不登校などの適応障害を起こしてしまう原因になっているのではないかと思います。典型的なズームアウト型の人間は、自分の価値観を中心にして行動しますから、まず周囲の人間の「空気を読んで」から行動する典型的なズームイン型人間の集団の中では「浮き上がってしまう」ことが多いのです。しかし、帰国子女のすべてがすべてそのように成ってしまうわけでもありませんから、ズームアウト、ズームイン、どちらの生き方にも比較的容易に適応できる子もかなり存在するように思います。日常生活次元に現れてくるのは、あくまでも表層構造ですから、それを適切に、素早く切り替えることができる能力が備わっていれば、問題は生じないわけです。

　さらに、日本の高校球児で、日本式の「チームのために進んで犠牲フライを打つ」などの思考方法にどうしてもなじめず、アメリカに渡って少年野球を続ける子どもも存在することを見てもわかるように、周囲はズームイン型の環境で育っても、持って産まれたズームアウト思考を貫いて生きたい、という子どもが存在することから、ズームアウト／ズームイン型の認知は周囲から学習するものではなく、生まれつきの性質（先天的な性質）だと思うのです。

　人間の子どもは、産まれ落ちてから10歳くらいまで、外界から視覚、聴覚、触覚、嗅覚、味覚などを通して脳内に入力されるデータを分析、判断、記憶処理する能力を強化してゆくために、脳内神経のシナプス結合を急速に張り巡らせて行きます。そして、いったん張り巡らされた脳内ネットワークは、さらに外界からのデータが入力された際には、素早く効率的、連続的に次々と発火して、入力データを処理するとともに、そのデータの内容に関連する事項の記憶を呼び覚まして、記憶データとの関連性を照合してゆきます。このデータ処理の連続的な過程には、「演繹的な処理（ズー

ムアウト型)」を優先的に用いるか、あるいは「帰納的な処理(ズームイン型)」を優先的に用いるかが、各個人ごとに遺伝的に決まっているのではないかと思うのです。これは、コンピュータ・プログラミングにおいて、トップダウン方式(ズームアウト型)を取るか、ボトムアップ方式(ズームイン型)を取るかの違いに、また、横型探索と縦型探索の違いに対応しています。チョムスキーの句構造規則はトップダウンで書かれていますから、まさにズームアウト型(演繹的)であり、ズームイン型人間である私には、どうも感覚的にしっくり来ません。矢印を反対向きにして、ボトムアップ的な雰囲気を出した方が私の感覚にフィットします。

　ここまで考察を巡らせてきて、私は大変なことに気がつきました。数百年前に奴隷としてアメリカ合衆国に売られてきた人々(いわゆるアフリカ系アメリカ人)のズーム型認知はどうなっているのでしょうか？　アフリカの大部分の種族の認知型は日本人や中国人と同様のズームイン型らしいという状況証拠があります。そして、ズーム型認知の深層構造が遺伝的に決定されているとしたら、それからいくつもの世代が経った現代においても、アフリカ系アメリカ人の認知の深層構造はズームイン型のはずです。ところが、言語の面では主要部前置型の英語を話しているので、認知の表層構造は主としてズームアウト型となっており、ズームイン型の認知の深層構造と抗争を起こしているのではないでしょうか？　古代・中世ヨーロッパの2千年の歴史が示しているように、認知型のタイプと言語の統語構造の間の対立は非常に根深いものであると同時に、それは歴史の表層にはなかなか現れず、深く静かに進行してゆく、という特質を持っていました。中世ヨーロッパの場合には、(認知型の深層構造＋表層構造)対(言語の統語構造)という対立でしたが、現代のアフリカ系アメリカ人の場合には(認知型の深層構造)対(認知型の表層構造＋言語の統語構造)という対立になっていると推測されます。そして同じことは、田中克彦『言語からみた民族と国家』(岩波現代文庫)が紹介しているロシア国内のアジア系諸民族の人々についても当てはまりそうです。さらに、現在はスペイン語を話すことになってしまったラテンアメリカの原住民族の人々、また、高等教育や、さらには、場合によっては中等教育、初等教育までが旧宗主

国のイギリスやフランスの言語で教育されているアフリカの人々も同じ問題を抱えている可能性が高いと思われます。

　上記のような主張に対する反論としては、「そのような多民族、多文化、多言語の共存状況はむしろ望ましい」、「それは文化的な差異であって先天的な差異ではない」というのがこれまでの世界の論調でしたが、私のズーム型認知の仮説は、そのような文化的な違いや感性の違いが産まれる原因を、脳内のシナプス結合の演繹的（トップダウン）優先型か、あるいは帰納的（ボトムアップ）優先型か、という配線方式の違いとして「脳科学化」させたわけです。そして、その論理的な帰結として、認知の深層構造と言語の統語構造のミスマッチを潜在化させているらしいアジア・アフリカ・アメリカ大陸の人々にとっては、政治的・経済的な面での独立は既に達成されているとしても、言語面において、また、認知と思考の面においては、「革命尚未成功、同志仍須努力（革命なお未だ成功せず、同志よって須く努力すべし）」（孫文遺言 1925、北京）の状態が続いているのではないか、ということを提起しているのです。

●補足1　「言語の起源」国際論争

　上記のように、MITに行ってチョムスキーに私の「算数教育と世界歴史言語学」の概要を聞いてもらった際に、私が「人類の言語の進化が複数単語文生成のレベルまでたどり着くには、1単語文（単語⇔概念）の発生から数百年、あるいは数千年が経っていて、既に人類は世界の各地に分散していたものと考えられます。」と述べたとたんにチョムスキーが、'It is impossible!' とすかさず異議を唱えました。「人類が各地に分散して以後に言語が発生したとすれば、現在のように全ての言語が普遍的な単一の統語構造を持っていることを説明するのは困難である。統語構造の発生は出アフリカ以前である」と言うのです。なるほど、言われてみれば、そういう気もします。確かに、私は4つのタイプで発生をしたのだからバラバラに発生したように直感的に思い込んでいたのですが、そもそもズーム型認知は統語構造の発生以前から脳内に存在していたものだし、現在のインドやインドネシアやエチオピアのように狭い地域に多数の言語が並存してい

る地域がある事を考えると、大昔のアフリカ大陸のある地域で幾つかの言語が同時に発生し、そのうちのいくつかが主要部前置で、いくつかが主要部後置であった、と考える方が自然かもしれません。旧約聖書にある「バベルの塔」の物語のように、ある狭い地域で多数の言語が同時発生し、地政学的な理由などによって、それらが一時的には、より少数のグループに統合されたり、調節されたりしたかもしれません。

　しかし、第Ⅱ章9節「世界言語の最初の語順には4つのタイプがあった／ ｛ズームイン／ズームアウト｝ × ｛主要部後置／前置｝」で取り上げたアトキンソン博士の研究によれば、アフリカの言語は音素の数が多く、アフリカから離れるに従って音素の数が減少していますから、現生人類がアフリカを出て行くころは、まだ「言語」と言っても行動の合図となる叫び声の様な「1音節文」が多かったのだろうと思われます。それが、2音節、3音節と複数の音節を組み合わせた単語が用いられるようになれば、そんなにたくさんの音素数は必要が無くなりますから、音素数は当然減少します。さらに、第Ⅱ章5節「日本語と朝鮮語 ／ 日本語の統語構造の完璧さは果たして世界にも希な存在か？」で説明したように、日本語と朝鮮語は音韻的にはまったく正反対の言語なのに、文法構造は99％同じである、ということから、文法構造が発生したのは、1語文が音韻的にかなり確立してから後のことだと分かるので、現生人類の出アフリカよりもかなり後のことかもしれません。そもそも、「現在のように全ての言語が普遍的な単一の統語構造を持っている」というチョムスキーの主張は、本当に正しいのでしょうか？　文を構成する最小の単位である各単語が、それぞれ独自の意味と文法属性（品詞ラベル）を持っているヨーロッパ諸語と、中国語のように各単語は意味は持っているが、文法属性は前後の文脈によってしか決まらない言語を、「同一の統語構造を持っている」と見なすのは無理筋の様な気もします。さらに、現存するいかなる言語とも非常に異なる言語も発生したけれども、厳しい原始的な生存環境に耐えきれずに絶滅してしまったものも、いくつもあったのかもしれません。具体的な証拠がまだ見つかっていないので、現在のところ、私はチョムスキーの「統語構造の発生は出アフリカ以前である」という主張を完全には否定できませんが、

状況証拠から見て、まずありえないと思います。統語構造の発生以後の数千年間の歴史的記録を見れば、少なくとも、1語文がかなり発達していた複数の人間集団で、それぞれに異なった統語構造が発生して、それぞれの特徴に従って異なる様相の歴史的展開を遂げたことは疑いのないところです。

ただし、このような、「人類の言語は短期間に発生した」とするチョムスキーの説は、Wikipedia によれば、人類の言語の発生説としては少数派だそうです。「日本語版 wikipedia 言語の起原」は「英語版 Wikipedia: Origin of Languages」の丸々日本語翻訳です。「フランス語版 Wikipedia: Origine des Langues」の内容は、全然ちがいます。英語版では英米人の研究しか紹介されていませんが、フランス語版では英米人の研究は全く紹介されていません。お互いに相手を完全に無視しています。そして、日本の言語学の主流は「アメリカべったり」の様です。日本語版 wikipedia 言語の起原を巻末の付録8に引用・採録しておきます。これを読むと、私が安直な先入観から「統語構造の発生は人類の多数がアフリカから出てから起こった」と述べた時、チョムスキーはそれを「単なる素人の愚かな無理解」として放置することができず、断固として反論する必要があったのだと推測します。

「wikipedia 言語の起原」に書かれている言語の起原に関する論争において、「人類の普遍性」の立場に立つチョムスキーと「東洋思考の独自性」の立場に立つ私とでは、議論の展開は全く異なるのですが、結論は、面白いことに、同じ「突然変異」説になります。現在の多数派が主張しているような、宗教的あるいは社会的な制度の発達に伴う言語コミュニケーション能力の自然な発展とか、動物の鳴き声、叫び声が進歩、発展して言語生成能力が産まれた、というような説明では、ヨーロッパ言語が誕生以来数千年に渡って少しずつ、本当に少しずつ、統語語順を180度逆転させてきた苦難の歴史が全く説明できません。ヨーロッパ人にとっては、統語構造の脳内発生は、天から突然降って来たとんでもない厄災だったのです。彼らの祖先は数千年かかって「災いを転じて福となす」を実現したわけで

すが、その後継者たちは「喉元過ぎれば熱さを忘れる」の例え通り、現在の学術雑誌や国際会議での発表論文を見る限り、このような彼ら自身の歴史を認識している研究者は唯の１人もいません。

●補足２　チョムスキーの「言語は生得的な"能力"である」ということの本当の意味は「文法規則は述語論理による推論能力が映し出す"影"である」ということ／文法構造の脳内発生は、現実の変革を夢想する能力を現生人類に与えた。

　私が愛読していた冒険考古学探究マンガ『イリアッド』（東周斎雅楽原作、魚戸おさむ画、集英社）が今年 (2013 年) 6 月に第 10 巻で完結しました。ストーリーは、アトランティス大陸はどこにあったかという問題を、古い伝承、神話や考古学的な遺跡の発掘、異端派のさまざまな旧約聖書の語るところを分析する、などの努力を通じて、最終的な結論に至るまでの話です。結論として提示されるのは、アトランティスはジブラルタル海峡を少し出た大西洋上の島で、そこに住んでいたのはネアンデルタール人だった、というもので、実際、ネアンデルタール人と現生人類（ホモサピエンス）とは数万年のあいだ共存していたらしいことが考古学的な研究で分かっています。

　マンガ『イリアッド』のユニークな結論は、そのネアンデルタール人たちは喉の構造の進化が遅れていてホモサピエンスのような発達した音声言語は使うことができなかったけれど、"夢を見る能力"を獲得していて、旧・新の人類の中では唯一、神から地上の生物界の頂点に立つことを約束された種族であり、他方、現生人類は言葉こそ話せたものの、夢を見る能力は無く、ただひたすら原始林の中で猛獣の餌になることから逃げ回っているだけの絶滅危惧種的存在だった、というものです。しかし、ネアンデルタール人とホモサピエンスの交流の中で、現生人類は言葉を話すすべをネアンデルタール人に教え、ネアンデルタール人は"夢を見る"すべと彼らの優れた文化をホモサピエンスに伝えた、そしてホモサピエンスは学べる限りのものを学んでしまうと、ネアンデルタール人を抹殺して、地上の支配権を彼らから騙し取ってしまったのだ、その現生人類の呪われた過去

の歴史が、世界各地に伝わる神話や昔話の中に変形された形で伝わっている、というのが、私が理解した限りの結論です。

私は端的に、「ありえない」と思いました。"夢を見る能力"と"文生成能力"はワンセットになっていて、一方を他方から切り離して、一方の能力だけを獲得することは原理的に不可能なのです。しかし、現在の「言語の起源」国際論争では、私の様に考えている研究者は1人もいませんから、マンガ『イリアッド』のストーリーは専門家のアドバイスを受けて成立したのでしょう。考古学的な発掘については、私が見ている限り、非常によく調べて書いてあります。

もしかすると、専門家の中でただ一人、批判的な見解を明確に述べる可能性のある人がいるとすれば、それはノーム・チョムスキーです。かれは私とマサチューセッツ工科大学で話をしたときに、「言語は生得的な"能力"なのだ」と非常に協調しました。そして、現在の「言語の起源」国際論争において、ただ一人、「人類の言語の獲得は突然変異によるものである」と主張して、「いや、人類の言語は霊長類や鳥類の音声合図が漸進的に成長・発達して出来たものだ」という大多数の人々の中で孤軍奮闘しています。

チョムスキーの主張によれば、人類は「普遍文法」の脳内獲得により、(原理的には) 再帰的 (recursive) に無限に長い文章を作ることができるようになった、従って、進化の過程で、1語文や2語文を話していた現生人類が、少しずつ長い文を作れるように発展してくるとすれば、いつまでたっても有限の長さの文から (原理的には) 無限の長さの文を作れる生成規則を作りだすことはできないはずだ、"有限長"から"無限長"に至るためには、非連続的な"飛躍"が必要なのだ、ということのようです。言語学の業界では、こういう種類の説明を「計算論的な説明」と呼んでいるようです。しかし、こういう主張はまったくのナンセンスなのです。このような"理論的な説明"が多少なりとも現実味を帯びるのは主要部前置型の言語においてだけなのです。チョムスキーはあたかも数万年前に"現代英語"が人類の脳内に突然発生したかのような述べ方をしていますが、英語も、現代英語から中世英語、古代英語と遡ってゆくと、日本語と同じよ

うな主要部後置型の言語になってゆくのです。ヨーロッパ諸言語が2千年かかって語順を逆転させて、基本的に主要部前置型の言語に転換した現代でさえ、世界の諸言語の中では日本語の様な主要部後置言語のほうが多数派なのです。

　主要部前置型の言語では、まず結論を述べて、後からその結論に対する様々な修飾節（説明のことば）を付け加えます。1つの文（単文）が完結して、その後ろに更に文をつなげる場合には、最初の文の中にある単語や節に関する付加的な説明を、関係代名詞や関係副詞などを使って従属文を作り、前の文につなげます。さらにその後ろに文をつなげるためには、先立つ文のいずれかの部分を説明する文章を、もう一度関係代名詞や関係副詞などを使って従属文として後ろからつなげます。つまり、先頭に結論があって、その1部分に対する補足的な従属文が続き、さらにそれを補足する従属文が続き、……というように、再帰的に文が伸びて行きます。ところが、主要部後置型の言語では、先頭に説明（修飾）部分があり、文末に結論が来ます。これにさらに文をつなげるためには、これが結論かと思われた部分が、実は後に続く新しい修飾節の1部分である、ということにして修飾節を構成し、それが修飾している本当の結論は、新しく作る文の末尾に置かなければなりません。

　そのようにして作った複文の後ろにさらに新しい文を付け加えるためには、いま出来上がっているはずの文が、実はさらに後ろに続く修飾節の一部分である、という形で修飾節を形成し、それによって修飾される全く新しい、本当の結論を新しい文の末尾に置くことになります。つまり、主要部後置型の言語では、1つの文を付け加えるたびに、結論の命題がガラッと変わってしまうのです。これでは、聞いている方はたまりません。せいぜい、2つか3つの文をつなげる程度が限度でしょう。主要部前置型の言語であれば、最終的な結論は冒頭で既に述べられており、後はどんどん細かくなってゆく補足的な説明ですから、いやになって止めたくなるまで、（原理的には）いくらでも続けることができるのです。

　現在地球上で話されている5000とも8000とも言われる様々な言語はすべて、平叙文の肯定文が与えられれば、それの否定文を作る文法規則を

持っています。また、現実とは異なる事態を仮定して、その非現実（反現実）の仮定から論理的に推論すると、どのような現象が起きるかを表現する法（条件法、仮定法）が文法規則として備わっています。たとえば、

● もしも月が鏡であったならば、毎晩あなたの姿を映して見ることができるのになあ。
● If I were a bird, I would fly to you.
（もしも私が鳥だったならば、あなたのところに飛んでゆくのになあ。）

　これらの文法規則が人脳内に発生したということは、現生人類は述語論理を（自分で意識しているかどうかにかかわりなく）用いて推論する能力を獲得したということです。ソクラテスの洞窟の話をもじって表現すれば、上にあげたような文法規則は、述語論理による推論の規則を光が照らした時に、"洞窟の壁に映る影"なのです。それらの論理的規則あるいは論理演算の中でも私が極めて重視するのは、命題に対してその否定命題を作ることであり、その思考能力は現生人類のみに数万年前に発生したのではないかと考えています。また、命題が与えられたときに、それが現実的であるか否かに関わらず、それを仮定すると論理的にどのような帰結が得られるかを推論できる能力も、現生人類だけに発生した極めて高いレベルの思考能力であると考えられます。

　目の前にバナナ、リンゴ、ミカンなどを並べられたときに、チンパンジーやボノボが、それらの１つ１つに対応する記号や文字列を選択する能力があることを示す実験はこれまで山ほど見てきましたが、目の前にバナナ、リンゴ、ミカンを並べられたときに、「ここには無い果物は何ですか？」と問われて、チンパンジーやボノボが、そこに置かれていないパイナップルやマンゴーやイチゴなどを表す記号や文字列を選択するような実験の報告はこれまでひとつも見たことがありません。また、「ここにはバナナ、リンゴ、ミカンしか並べられていないけれども、もしもパイナップルも一緒に並べられたならば、私はバナナ、リンゴ、ミカンには見向きも

せずに、真っ先にパイナップルをたいらげてしまうのだがなあ」というような考えを抱いて、その気持ちを人間の研究者にも分かるように何らかの記号を使って表す、というような実験もまったく見たことがありません。現生人類以外の霊長類には、否定概念（「存在」に対する「非存在」など）の概念化や、非現実（反現実）を仮定した推論の能力は発生していないと思います。現生人類でさえ、「ゼロの発見」は、歴史的には、インド人の哲学的な考察によってのみ獲得されたと言われています。「無い」ということを「無いという特殊な状態が存在する」という風に明示的に概念化するのは、非常に高度な抽象能力を必要とするということは、算数や数学を子供たちに教育したことがある人は誰でも良く知っていることでしょう。ましてや、明らかに「誤り」と思われる命題を、「成り立つ」と仮定して、そこから論理的に帰結されることを導き出してゆく「背理法」の証明は、日本の子どもたち（本当は、「子ども」に限ったことではありませんが）が最も苦手とする学習項目の一つです。文法規則に見られる否定文を作る規則や条件法、仮定法などが映し出している述語論理の推論能力は、その言語の話者たちの集団的な思考能力を表しているのであって、その言語の母語話者集団のすべての構成メンバーがそのような推論能力を持っているわけではありません。潜在的には脳内にそのような知的能力が用意されているとしても、子どもたちは教育や訓練によって、その能力を初めて顕在化できるようになる場合が多いのではないかと考えられます。

　このように、「文法規則の脳内発生」ということは、「言語の起源」国際論争で多くの論者が主張しているような、霊長類や鳥類の鳴き声合図が複数個組み合わされることから漸進的に少しずつ発達してきた、というような生易しいものではありません。そのことを、ある意味で、直感的に正しく理解している唯一の言語学者がノーム・チョムスキーであるように、私には見えます。しかし、チョムスキーはこのことを「再帰的に無限の長さの文を作る能力は、有限の長さの文しか作れない能力から漸進的には到達できない」というような「計算論的な」説明ではなく、「文法規則が表現している高度なメタレベルの推論能力は、『個々の単語を並べる並べ方がだんだんと複雑化していった』というような漸次的発達の結果ではありえ

ない」というように説明する"べきだった"のです。これが、本書の第Ⅵ章2節「言語・思考・自己意識の発生に関する複雑な関係（その2）／人類、生命界で初の双脳生物となる」の中で解説した「文生成能力の発生は、人脳内に高度な第2の司令塔が発生したことに付随する派生的な結果である」ということの認知歴史言語学的な意味です。

Ⅵ―7．池内正幸『ひとのことばの起源と進化』（開拓社）を読む／英語は例外中の例外言語、日本語は世界の普遍的言語です！

　2月にMITに出向いてチョムスキーと話し合った結果、言語の起源について勉強してみる気になって、池内正幸『ひとのことばの起源と進化』（開拓社、2010年）という本を読んでみました。著者の池内氏は、巻末の略歴を見ると、

> マサチューセッツ工科大学言語学・哲学科、エジンバラ大学言語進化・計算研究ユニットにて Visiting Scholar として研究に従事。（中略）現在、津田塾大学学長補佐（学務担当）・学芸学部英文科教授。日本英語学会理事、評議員、編集委員、大会準備委員会委員長、市川賞選考委員、（以下省略）

など、たいへんな重責を担って大活躍されている人です。
　この本には、毛沢東語録みたいにチョムスキーのお言葉、いや、正確には「チョムスキーの発言」という引用文が要所、要所に掲載されています。私のように、チョムスキーの原文の著書や論文をほとんど読んだことがない者にとっては、それぞれの該当事項についてチョムスキーがどの様に考えているのかを直接知ることが出来る便利な本です。「はしがき」に、「高校生、大学生、一般の読者の方々、また、ことばについて学び直したいという方などを主たる対象としています。」と書かれていますから、これらの想定読者たちにとっても、チョムスキーの見解を直接知ることが出来て便利な本だと思います。
　池内氏の本には、例えば、以下のようなことが書いてあります。

《『ひとのことばの起源と進化』からの引用開始》
・言語には法則があり、日本語には日本語個別の次のような音韻法則がある。(p.33)
　2.2. 木村拓哉はなぜ「キ、ム、タ、ク、」なのだろうか
　　日本語の特徴の一つは、
(25) 複合語などの短縮は、前部要素の語頭から二つのモーラ（音）を取り、後部要素の語頭から二つのモーラ（音）を取ることによって行われる。（中略）とはいうものの、例外はあります。特に、長音や促音"っ"はやや不安定です。「ジーパン」「ワープロ」(←ワード・プロセッサー) では語中に長音は残りますが、
(26)a.「パソコン」(←パ(ー)ソ(ナル)・コン(ピュータ))
　　b「メル友」(←メ(ー)ル・友(達))
では、次の音を残して長音は消えてしまいます。また、
(27)a.「メアド」(←メ(ー)ル・アド(レス))
　　b.「テレコ」(←テ(ー)プ・レコ(ーダー))
のように、次の音ともども消えてしまう場合もあります。語末だと、「アラフォー」や「パトカー」(←パト(ロール)・カー) では長音は残っていますが、
(28)a.「ミスド」(←ミス(ター)・ド(ーナッツ))
　　b.「フリマ」(←フリ(ー)・マ(ーケット))
のようにたいてい消えてしまいます。
促音"っ"については、語中だと「にっテレ」や
(29)「物証」(物的証拠(ぶっ(てき)・しょう(こ)」
のようにそのまま残るか、または、
(30)「バク転」(←バック転回バ(ッ)ク・てん(かい))
のように促音は消えるが、次の音を補充するというようになります。語末だと、「ダントツ」
では"っ"が現れますが、
(31)a.「スタバ」(←スタ(ー)・バ(ックス))
　　b.「ポテチ」(←ポテ(ト)・チ(ップス))

のように消える場合と、

(32)a.「ハリポタ」(←ハリ（ー）・ポ（ッ）タ（ー））
　　b.「アメフト」(←アメ（リカン）・フ（ッ）ト（ボール））

のように促音が消えた後に次の音をかわりに入れる場合があります。

　このように例外はあることはありますが、原則的には2モーラ+2モーラの形になることは明らかです。そして、これは、無意識のことばの知識としての規則（25）からきていると考えられるということです。これだけの規則性があるのですから、そして日本語話者ならみな上のように言うのですから、いくら何でも「これは偶然です」とは言えないでしょう。則って、さらには、新語が作られる時には、基本的にはこのルールに則って作られるということも強い証拠になります。
（中略）

　もう一歩進めて、なぜ（25）のような形の規則になったのか、言い換えると、短縮する時なぜ前後の要素から2モーラずつ取ってくるのか、というのは意味ある問いとなります。これについては次のように考えられます。

　まず、漢字熟語から頭文字を取って漢字2字文字の略語を作るということが伝統的にあります。たとえば、今では略語とはとても思えない「経済」という語は、"経世済民"という熟語から作られたものです。また、「東（京）大（学）」などもこの例になります。一方で、典型的な赤ちゃんことばに、「ぽんぽん」、「ブーブー」、「おっぱい」などの4モーラ語（2モーラ+2モーラ）があります。複合語などの短縮形を作る時の規則（25）は、これらと深く相関しており、いわば、これらに習った形を採ることによって安定した形式とリズムの2モーラ+2モーラの略語を作る規則としてことばの知識の一部となったと考えられています。

　短縮形を作る時、私たちが2モーラ+2モーラ略語を作っているのは、何だか分からないけどたまたまそうなっているというのではなく、その根底には日本語母語話者に共通・共有の（25）のような、それなりの動機付けのあるルールがあり、それを頭の中に無意識的に収め

ていて、言語活動の際にはそれを自在に使っている、その結果である、ということを再確認しておきたいと思います。
《引用、終わり》

　上の論述は典型的なズームアウト（演繹）的な思考に基づいています。演繹的な記述の長所は、論理が明快で、説得力があることです。他方、この方法の短所というか危険性は、何しろ「初めに法則（規則）ありき」ですから、あとはそれを正当化する現象的な事実が次々と述べられて行き、都合の悪い事実は無視されてしまうことです。池内さんの場合には、この「規則」に反するような事例もちゃんと集められていて、それが長音や促音に起因する「例外事象」であると、きちんと説明されているかのように、記述されています。しかし、これらは本当に「例外」なのでしょうか？規則（25）に当てはまらない事例は本当に長音や促音といった、いわば特別な音に関連したものばかりなのでしょうか？
　ちょっと考えてみれば、長音や促音に関係するわけでもない、本当の「例外」がたくさんあることが分かります。つまり池内さんは、規則（25）という1つの嘘を言い抜けるために、新たに2番目の嘘（例外は長音や促音に関係している）をついているだけのようです。「屋上屋を重ねる」というヤツです。
　もちろん、2モーラ＋2モーラの例が多いことは事実ですが、それは「法則」というようなものではありません。いくらでも反例があります。例えば、1モーラ＋2モーラの例を考えてみると、
　後藤久美子（ゴトクミでななくゴクミ）、紀伊国屋文左衛門（キノブンでななくキブン）、宇都宮大学（ウツダイではなくウダイ）、佐賀大学（サダイ）、鹿児島大学（カダイ）、医科大学（イダイ）、美術大学（ビダイ）、代々木ゼミナール（ヨゼミ）、喫茶店（サテン）、家庭電化製品（カデン）、化学繊維（カセン）、地上デジタル放送（チデジ）、麻薬取締官（マトリ）、粗末な食事（ソショク）、根っから暗い（ネクラ）、根っから明るい（ネアカ）、地元の鶏肉（ジドリ）、地元の酒（ジザケ）、武家の図鑑（ブカン）、巨大な乳房（キョニュウ）、小さなお尻（コジリ）、などなど。

2モーラ＋1モーラも、結構多いですよ。

　スマートテレフォン（スマホ）、陸上自衛隊（リクジ）、海上自衛隊（カイジ）、海上保安庁（カイホ）、航空自衛隊（クウジ ― これは、前部要素の語末から二つのモーラを取っている）、航空母艦（クウボ）、火付け盗賊改め（カトウ）、健康保険（ケンポ）、損害保険（ソンポ）、生活保護（ナマホ、あるいはナマポ）、日本女子大学（ポンジョ）、東京女子大学（トンジョ）、理系女子（リケジョ）、日本舞踊（ニチブ）、庶務課第2係（ショムニ）、学力テスト（ガクテ）、株式価格（カブカ）、つけまつげ（ツケマ）、断然ペケ（ダンペ）、……などなど。

　さらには、もっと徹底的に変わっているのもあります。

　柳葉敏郎（ギバ…前半の語末から2モーラ、後半の語からゼロモーラ）、銀林浩（ギンバ…前半の語末から3モーラ、後半の語からゼロモーラ）、などなど、きりが無いくらい、いくらでもあります。池内さんがあげている「漢字熟語から頭文字を取って漢字2字文字の略語を作るということが伝統的にあります。」というのは（25）という「法則」を支持する事実ではありますが、（25）には都合が悪い日本語音韻に関する次のような事実は無視されています。日本語の和語（やまと言葉）には、3モーラ語が結構多い。例えば、

　さくら、つばき、つつじ、もみじ、かえで、いちょう、ひのき、やなぎ、あおい、けやき、ぼたん、すみれ、れんげ、なずな、はこべ、ごぎょう、すぎな、よもぎ、みつば、……

　いちご、りんご、みかん、ぶどう、きゅうり、かぼちゃ、あずき、だいず、むかご、……

　すずめ、つばめ、ひばり、からす、とんび、かけす、めじろ、よたか、ちどり、ちょうちょ、とんぼ、ばった、たがめ、みみず、あげは、…うさぎ、きつね、たぬき、きりん、いたち、ねずみ、ひつじ、とかげ、いもり、やもり、……

　にしん、いわし、さんま、めだか、うなぎ、やまめ、いわな、さより、まぐろ、くじら、さざえ、こんぶ、わかめ、……

かすみ、けむり、あらし、ふぶき、みぞれ、しぐれ、やませ、……
などなど、短時間、ちょっと考えてみただけでも、いろいろ思い浮かびました。

　従って、日本語で短縮形を作る時には、4モーラ語や3モーラ語が多くなるのは自然の成り行きであり、それより長い5モーラ語では、「短縮した」と言うには「長過ぎる」と感じられるのでしょう。また、2モーラ語だと、短か過ぎて、同音異義語が多くなり、曖昧性が増大するから避けられる傾向にあるのでしょうが、2つのモーラも組み合わせによっては、同音異義語で誤解される可能性が少なくなるためでしょうか、柳葉敏郎（ギバ）やゴジのような愛称も用いられるようです。また、一般名詞でも「土地の価格（チカ）」「美味しい酒（ビシュ）」のような2モーラの短縮語もあります。

・3.1.（回帰的）階層構造を創る——併合と標示付け（p.43）
　若い男と女
　young men and women

　上のような文は、2通りの解釈ができる、ということが日本語と英語を例にして説明されていますが、日本語では、「若い」を「男」と「女」の両方に掛けていることを誤解の余地の無いように明示したければ「若い男女」と言えばよいし、片方だけを修飾させたければ、「若い」が修飾しないほうを前に持ってきて、「女と若い男」と言えばよいわけで、語用論的に解決できる問題のように思えます。
　そもそも、文法というのは人間で言えば「骨格」のようなものだと私は考えています。骨格が弱いと人間は軟体動物のようにフニャフニャと崩れてしまいますから、骨格は人間にとって必須です。しかし骨格だけでは「骸骨人間」になってしまい、生きた人間としては存在できずに「ゾンビ」になってしまいます。生きた人間は、必ず骨格に筋肉を付け、その上を皮膚で覆っています。そのようにして初めて生きた人間が出来上がる

のです。同様に、文は生きた文脈の中で話されたり、書かれたりするわけですから、文法的には（形式的に）2通り、3通りの解釈が成り立つ、と言っても、実際の文脈の中では1通りに確定することも多いのです。

　特に、上の例に則して考えてみると、「男と女」は「対（つい）」を成しています。この「対称性」という概念は、言語だけでなく、数学では数式の（変数に関する）対称性や図形の対称性として重要な概念です。また、美術や音楽でも重要な概念であり、人間には「対称性」に特別の「意味」や「美」を感じる感性があるようです。洋の東西を問わず、対称性には、例えば次のようなものがあげられます。

「陰」と「陽」、「日」と「月」、「父」と「母」、「山」と「川」（赤穂浪士の討ち入りの時の合い言葉）、「息子」と「娘」、「雨」と「風」、「愛」と「誠」（1970年代の人気劇画の主人公）、「弓」と「矢」、「上」と「下」、「天」と「地」、「天国」と「地獄」、「内」と「外」、「目」と「耳」、「火」と「水」、「水」と「油」、「鉄」と「血」（ビスマルク）、「血」と「砂」（ビセンテ・ブラスコ・イバニェスの小説で、1908年にルドルフ・ヴァレンティノ主演で映画化されて以来、何度も映画化されており、日本でも三船敏郎主演の1965年の映画や汐美真帆主演の宝塚歌劇2001年、などがある）、「戦争」と「平和」、「誇り」と「情熱」（ケーリー・グラント、ソフィア・ローレン）、「王様」と「私」（デボラ・カー、ユル・ブリンナー）、「高慢」と「偏見」（ジェーン・オースティン）、「パン」と「葡萄酒」（洗礼）、「菊」と「刀」（ルース・ベネディクト）、「槌」と「鎌」（労働者と農民）、「国家」と「革命」（レーニン）、「賃労働」と「資本」（マルクス）、「新月」と「星」（トルコの国旗、もとオスマン帝国の国旗）、「マダム」と「女房」（日本初の本格的なトーキー映画1931年）、「キク」と「イサム」（1959年度キネマ旬報ベストワン、ブルーリボン賞、今井正監督）、「老人」と「海」（ヘミングウェイ）、「夜」と「霧」（ヴィクトール・E・フランクル）、「蟻」と「キリギリス」（イソップ童話）、「オオカミ」と「三匹の子豚」（イギリスの昔話）、「ウサギ」と「カメ」（日本の昔話）、「点」と「線」（松本清張）、「月」と「6ペンス」（モーム）、「月」と「スッポン」（似て非なるもの）、「ジキル博士」と「ハイド氏」（スティーヴンソ

ン)、「金」と「銀」、「光」と「影」、「狐」と「狸」（化かし合い）、「龍」と「虎」（双璧）、「東」と「西」（文明）、「北」と「南」（経済格差）、…

古代ギリシャ語の名詞や動詞の「数」に関する格変化、人称変化には、単数 (singularis) と複数 (pluralis) のほかに両数 (dualis、双数) というのがあったそうです。

ウェブ・サイト

http://homepage1.nifty.com/suzuri/gg/ggk003.html

によれば、

《引用開始》

ギリシャ語には単数 (singularis) と複数 (pluralis) のほかに両数 (dualis、双数) があります。辞書などでは単数 (sg.)、両数 (du.)、複数 (pl.) というように省略されます。

両数は、「両方」「両目」「両手」など２つひと組になったものや、親友同士など密接に結びついた２つのものに対して使われます。複数でも用が足りるのにわざわざ両数が使われているのですから、両数になっている言葉には強い結びつきがあるわけで、読解するうえで注意が必要です。

【参考】

プラトンに『テアイテトス』という感覚の問題を扱った対話篇があります。この中に「色などの感覚は人それぞれに固有で、それを感覚している人にしか見えないのではないか」という議論が出てくるのですが、ここでは「感覚される物と感覚する人」という二つのものに対して複数形ではなく両数形の動詞が使われていて、「感覚される物と感覚する人はペアなのだ」と強調する言いまわしになっています。

両数は、アッティカ方言では古典期になっても比較的よく保存されていましたが、イオニア方言などほかの方言では紀元前４世紀頃には既にすたれていました。また、新約聖書のコイネーには両数は使われていません。

《引用、終わり》

というように、対（つい、ペア）という認知（意識）は統語構造の格変化・人称変化にまで影響を与えていたことがあるのです。従って、「若い男と女」と書いてあれば、「通常の」文脈では、「若い"男と女"」と解釈されるはずです。もしもこの表現が「若い男（たち）」と「（若いとは言えないような）女（たち）」という特殊な文脈の中で用いられる場合には、そのような解釈になるような文脈が与えられているか、そうでなければ上記の括弧書きの括弧をはずしたような表現が用いられるべきでしょう。文法的に間違っていない表現ならどこでどのように用いてもよい、というわけではなく（そういう主張は、「法律に違反しなければ、どこで何をやっても良い」という考え方に似ています）、聞き手（あるいは読み手）にとって出来るだけ分かりやすい表現を用いる、というマナーが尊重されるべきだと思います。そういう観点から、「文法」は言語にとって必須で重要な項目ではありますが、それだけでは「良い文」を創出する保証にはならず、言語の研究においては、語彙論や修辞学（レトリック）といった分野も非常に重要であると思われます。

　さらに、英語以外のヨーロッパ言語では、名詞を修飾する形容詞は名詞の性・数の支配を受けますから、いっそう明確に表現できると思います。「生成文法」論者は、統語論の枠内だけで何もかも片付けようとする傾向があるように感じます。この点については、私だけの感覚ではないようで、レイコフ、ジョンソン『肉中の哲学』（邦訳　哲学書房）にも同様のかなり激烈な生成文法批判が載っています。

　　5.1. 突然変異と適応（p.90）
　　　何らかの突然変異によってそれ（ことば）を手にした個体や集団は他の個体や集団に対して明白な優位性を持つと考えられます。

と書いてありますが、突然変異は遺伝子の書き換えですから、これまで持っていた何らかの性質を消去して、新しい性質で上書きするものであり、必ず、消去された能力と新しく得られた能力のトレード・オフになります。一般には、このような突然変異で著しい変化が起きた場合には、生存に不

利な変化になることが多いことはよく知られています。「優位性」は「明白」ではないと思います。考古学的な証拠は何もありませんが、私の推測としては、「ことば」を獲得した代償として失った能力が大きかったので、言語を獲得した小集団が絶滅した例もあったのではないかと疑っています。

《池内『ひととことばの起源と進化』からの引用開始》
・9.3.4. 疑問文が作れない表現（p.159）
本節では英語の wh 疑問文を考えます。(40) は、平叙文でジョンがビルを追跡したということを述べています。

(40) John chased Bill.
　（ジョンはビルを追跡した。）

ジョンが誰を追跡したかが分からない時は、Bill を who に変えて、文頭に前置すれば、wh 疑問文が得られます（いまその他の、たとえば、主語―助動詞倒置などの操作は無視します）。

(41) Who did John chase?

聞き手が who が誰であるかを指定してくれれば（たとえば、固有名詞の Bill を言ってくれれば）、(41) に対する答えとなります。このように、英語では、普通は、wh 句（疑問詞）を文頭に出すと wh 疑問文という疑問文が正しく得られます。ところが、そうやって wh 疑問文が得られない場合がいくつかあります。次の (42) に対して、

(42) John chased the boy who threw a snowball at our teacher.
　（ジョンは、私たちの先生に雪玉を投げた少年を追跡した。）

上と同じように、the boy who threw a snowball at our teacher 全体を答えとするような wh 疑問文は作れます。(41) と同じです。さて、

少年が先生に向かって何か投げたということは分かっているが、何を投げたたかが分からないので、それを知りたい、という状況があるとしましょう。英語の母語話者はどうするでしょうか。上と同じように、a snowball を what に変えて文頭に出せばいいのでしょうか。つまり (43) と言うのでしょうか。

(43) *What did John chase the boy who threw at our teacher?

実は、こうは言えないのです。英語では (43) のような wh 疑問文は非文法的です (* はその文が非文法的であることを示すものでした)。つまり、母語話者は誰も使いませんし、聞いたことがありません。ということは、上のような状況で何を投げたのか尋ねたい時、それを直接的に問う wh 疑問文は英語にはないのです。これはどういうことかというと、英語（やその意味では多くの言語）では関係節 (who threw a snowball/what at our teacher) の中から wh 句を取り出して文頭に置くことはできないというルールがあるのです。

(44) *What did John chase [the boy [who threw __ at our teacher]]?

who は __ の位置から文頭に移動したと想定されます（柴田注：what の誤記と思われる）。それが許されないので、非文法的になるということです。日本語の場合には、wh 疑問文を作るのに wh 句を文頭に前置する必要がありません。元の位置で wh 疑問文に変え（文末に「の、か」を付け）ればそれで OK です。

(45) a. 太郎はリンゴを食べた。
(45) b. 太郎は何を食べたの？

ということですから、当該のケースの場合も wh 句は動きませんの

で、日本語では何ら問題はありません。

(46) ジョンは、私たちの先生に何を投げた少年を追跡したの？

それでは、英語でも wh 句を動かさなければいいじゃないかということになるかというと、そうはいきません。なるほど、たとえば、(47) のように wh 疑問詞を元の位置に置いたままの形で文末を上げる上昇文で読めば、一応 wh 疑問文にはなります。

(47) a. Taro ate what?
　　 b. John chased the boy who threw what at our teacher?

しかし、英語のこの種の wh 疑問文は問い返し疑問文といって、相手がある情報を与えるために一度言った文のそこだけが聞き取れなかったというような場面などでのみ用いられる特殊な疑問文です。
　さて、英語では直接的な wh 疑問文を作れないというこのようなケースは困りますよね。上述のような状況が起こるということは十分考えられますから。結論として、直接的に問う疑問文は不可能ですから、迂回して尋ねることになります。たとえば、きわめて不自然なぎこちない表現ですが、次のように言うしかありません。

(48) i. What is the thing such that John chased the boy who threw it at at our teacher?
（ジョンが私たちの先生にそれを投げた少年を追跡した、そのものは何ですか？）
　　 ii. John chased the boy who threw something at our teacher. What is the thing he threw at her?
（ジョンは私たちの先生に何かを投げた少年を追跡した。彼が彼女に投げつけたそのものは何ですか？）

この限りでは、話し手の表現力が制約を受けることになります。(43) のように簡潔に言えればそれで済むはずのものを、(48) のようにとてもぎこちない余剰的な言い方をしなればならないのです。ところが、一方、聞き手の側からすると、あまり遠い、"深い"ところから wh 疑問詞が取り出されると、それがどこからきたかを同定するのが大変です（これは話し手には問題になりません）。つまり、聞き手からすると、(43) のような複雑な構文は使われないほうがいいわけです。このように、関係節からの wh 句の取り出しというのは、ミュニケーションの視点から見ると、話者にとって必ずしも効率的とは言えない現象であるということができるでしょう。ことばはこういうふうに作られているのです。その意味では、この現象については日本語は例外的です。

　この現象は関係節の場合だけに起こるものではありません。少し違う構文をもう一つ見ておきましょう。(49) のような文を考えてみます。

(49) Stories about Jane terrified John.
　　（ジェーン（について）の話がジョンをおびえさせた。）

　ここで、誰の話かわからない時、それを尋ねるための wh 疑問文はどうなるか考えてみましょう。ここでも Jane を who に置き換えて前置すると得られるはずの (50) を作ることはできません。(50) は英語では非文法的です。主語の句から wh 句を取り出すことはできないということです。

(50) *Who did [stories about ＿] teriified John?

やはり、迂回的な (51) のような疑問文を作るしかないようです。

(51) Who is the person such that stories about her terrified John?
　　（その（彼女の）話がジョンをおびえさせた、その人は誰です

か。)

　ちなみに、日本語では再び OK となります。

　(52) 誰（について）の話がジョンをおびえさせたの？

　ここでも、コミュニケーションの視点から言えば、話者の表現力が減じられていることになります。(50) が言えればもっとも効率的なはずです。しかし、聴者にとっては複雑な wh 疑問文は解析・解釈が難しいので、(50) は使われないほうが効率的と言えるでしょう。
　さて、とすると、聞き手がいない場合、思考や独り言でことばを用いる際には、(43) や (50) のような本来非文法的な wh 疑問文もまったく問題ないのかもしれません。このように、ひとのことばは必ずしもコミュニケーションに適した作りになっていません。いろいろ問題があります。このようなことがあるのだけれども、とりあえず他の手段より便利なのでコミュニケーションにも使っているというのが正しい認識と言っていいでしょう。そして、もう一点。だからといって、袋小路文や構造的に曖昧な表現などを作らないように、つまり、「よりコミュニケーションに適する」ように、ことばのメカニズムが「進化」しつつあるとか、今後その方向へ「進化」していくなどという可能性は、これまでの議論からも分かるように、決してありえません。
《以下、引用省略》

池内さんは、

　(42) John chased the boy who threw a snowball at our teacher.
　　（ジョンは、私たちの先生に雪玉を投げた少年を追跡した。)

の例文において、英語では疑問文は作れないが、日本語では作れる、と書いています。これについては、私も納得です。池内さんは、さらに、

> (44)*What did John chase [the boy [who threw __ at our teacher]]?

> what は __ の位置から文頭に移動したと想定されます。それが許されないので、非文法的になるということです。日本語の場合には、wh 疑問文を作るのに wh 句を文頭に前置する必要がありません。元の位置で wh 疑問文に変え（文末に「の、か」を付け）ればそれで OK です。

と書いています。これも、納得です。しかし、

> 英語（やその意味では多くの言語）では関係節 (who threw a snowball/what at our teacher) の中から wh 句を取り出して文頭に置くことはできないというルールがあるのです。

と書いている中の「多くの言語」という部分と、

> このように、関係節からの wh 句の取り出しというのは、コミュニケーションの視点から見ると、話者にとって必ずしも効率的とは言えない現象であるということができるでしょう。ことばはこういうふうに作られているのです。その意味では、この現象については日本語は例外的です。

と書いている中の「日本語は例外的です。」と書いている部分は、納得できません。そもそも、「wh 疑問詞の移動」が起きるのは、主要部前置言語（ヨーロッパ言語、アラビア語、など）だけではないでしょうか。
　（柴田の注：厳密に言うと、現在の言語類型論ではヨーロッパ語族ではなくウラル語族に分類されているフィンランド語とハンガリー語でも「wh 疑問詞の移動」が起こります。フィンランド語で「wh 疑問詞の移動」が起こるのは内在的な理由に依るものですが、ハンガリー語の場合には、ハンガリーが近代の一時期、オーストリア・ハンガリー

帝国（Österreichisch-Ungarische Monarchie　1867年～1918年）の一部を形成していて、その国家の公式言語がドイツ語であったことから、ドイツ語から強い影響を受けたことが1つの原因ではないかと私は推測しています。間違っているかもしれません。ハンガリー語は、平叙文の語順は日本語とよく似ていて、通常はSOVのように主動詞が文末に来ます。また、前置詞ではなく後置詞（日本語文法では「助詞」と言っています）を名詞の後ろに接着させて副詞句や形容詞句を作る点でも日本語と同じです。）

　池内さんが2つの例をあげて解説した結論として述べている、

　　このように、ひとのことばは必ずしもコミュニケーションに適した作りになっていません。いろいろ問題があります。

の中の「ひとのことばは」を「ヨーロッパ言語などは」に置き換えるべきではないでしょうか。ヨーロッパ言語以外の、多くの言語にはそのような問題は存在しないのです。そして、池内さんの、もう一つの結論：

　　つまり、「よりコミュニケーションに適する」ように、ことばのメカニズムが「進化」しつつあるとか、今後その方向へ「進化」していくなどという可能性は、これまでの議論からも分かるように、決してありえません。

というのは、インド・ヨーロッパ語族と孤立語を除いては（つまり世界の言語の98～99％に対しては）正しいのですが、ヨーロッパ語族に対しては正しくありません。池内さんは英語学科のご出身ですからたぶん御存知のはずですが、英語だけをとっても、「現代英語」から「中期英語」、「古英語」と遡ってゆくと、その語順は日本語とよく似た主要部後置型に近づいて行き、主動詞が文の末尾に来る文の割合がどんどん増えて行くのです。

【閑話休題】
　主要部後置型の言語ではwh移動の現象は起こらないのではないか、と

上に書いたので、具体例を用いて説明しておきます。

日本語の場合には池内さんの本に書いてある通りです。日本語と文法構造が9分9厘まで同じの朝鮮語も同様です（敬語の使い方など、若干の違いはあります）。

中国語では、NHK中国語講座の例文に、

　　　　　上衣　　　哪儿　　　去了　？
　　　（上着は）（どこへ）（行ってしまったのかな）

というのが書いてありました。

ヒンディー語の場合について、下記のサイトからデータをコピーさせて頂きました（http://mylanguages.org/ja/hindi_questions.php）。

私自身を含めて、ヒンディー語には馴染みが無い人が多いと思うので、疑問詞疑問文の例文だけでなく、簡単な（代名詞主語）＋（動詞）の例文も初めに例示しておきます。また、例文中に示されているアルファベット表現の中の主な単語の日本語訳語を柴田の責任で括弧の中に入れて示しておきます。

　［動詞の現在形］
　私は話す（私，main）、（話す，boleta）、（現在時制，hun）
　main boleta hun － मैं बोलता हूँ
　私は与える
　main deta hun － मैं देता हूँ ।
　彼は話す（彼，vh）、（話す，boleta）、（現在時制，hun）
　vh boleta hai － वह बोलता है
　彼は与える
　vh deta hai － वह देता है ।
　［動詞の過去形］
　私は話した（私，main）、（話す，boleta）
　main bola － मैं बोला ।
　私が与えた － मैंने दिया ।（私が，mainen）
　mainen diya

彼は話した（話す，boleta）
vh bola - वह बोला ।
彼がくれた
usen diya - उसने दिया ।

何時？（何ですか？，keya?）、（現在時制，hai）
semy keya hai? - समय क्या है?
これはいくらですか？
yh kitena hai? - यह कितना है?

お名前は何ですか？（あなたの，tumhara）、（名前，nam）
tumhara nam keya hai? - तुम्हारा नाम क्या है?
どこに住んでいるのですか？（あなた，ap, tum）、（どこで？，khan）、（現在時制，ho）
tum khan rhet ho? - तुम कहाँ रहते हो?

　上で見るように、疑問詞「何」「いくら（kitena）」「どこに（どこで）」は、文頭にも文末にも移動していません。
　トルコ語についても以下のサイトから引用してみます（http://mylanguages.org/ja/turkish_pronouns.php）。

どうやって？　　nasıl?
何ですか？　　　ne?
誰ですか　　kim?
なぜですか？　neden?
どこで？　　nerede?
ここで彼は何ですか？（彼，o）　o nerede?
これは何ですか。（これ，bu）　bu nedir?
どうして悲しいのですか？　neden üzgünsün?
どのように支払うのですか？　nasıl ödemek istersiniz?

どういったご用件ですか？　Sana yardım edebilir miyim?
これはいくらですか？（これ，bu）　bu ne kadar?, kaç para?
お名前は何ですか？（あなたの，senin）　senin adın ne?

疑問詞「ne」などは文頭、文末、文中央、のいずれにも来ることがあるのが見てとれます。
　ペルシャ語の場合についても以下のサイトから引用してみます（http://mylanguages.org/ja/persian_questions.php）。

　　ペルシャ語疑問文
どうやって？
chekonehe?- چگونه؟
何ですか？
chehe?- چه؟
誰ですか
keye?- کی؟
なぜですか？
cherā?- چرا؟
どこで？
kejā?- کجا؟
これは何ですか。
āyen cheyesete?- این چیست؟
どうして悲しいのですか？（あなた、shemā）
cherā shemā nārā eteyede?- چرا شما ناراحتید؟
どのように支払うのですか？
chekoneh mey khoāheyed peredākhet keneyede?- چگونه می خواهید پرداخت کنید؟
何時？
sā'et chened āsete?- ساعت چند است؟
これはいくらですか？

chequeder āsete?- چقدر ااست؟
お名前は何ですか？（あなた、shemā）
āsem shemā cheyesete?- اسم شما چیست؟
どこに住んでいるのですか？
kejā zenedekey mey keneyede?- کجا زندگی می کنید؟

　ペルシャ語でもトルコ語と同様に、疑問詞「chehe」「cheyesete」などは文頭、文末、文中央、のいずれにも来ることがあるのが見てとれます。「疑問詞はかならず文頭に移動する」とか「疑問詞は必ず文末に移動する」というような規則が働いていないことは明らかです。
　2013年11月5日のNHKラジオ朝のフランス語講座（藤田裕二講師）を聴いていたら、「今日のスキット」の例文中に「Tu es où à Paris?」（You are where in Paris?　君はパリのどこにいるの？）というのが出て来ました。確かに、私が見ているフランスのテレビドラマなどの中で、携帯電話で相手の居場所をたずねる時は必ず　Tu es où (maintenant)?（You are where (now)?　と言っていますね。「よりコミュニケーションに適するようにことばのメカニズムが進化してゆく可能性は決してありえない」どころか、フランス語はどんどん「進化」して、wh移動の無い（つまり日本語やトルコ語のような）語順が定着しつつあるように見えます。
　ところで、生成文法研究者は、この「wh移動」に強烈なこだわりがあるようで、http://somesutudent.blog42.fc2.com/blog-date-201206.html によれば、

《引用開始》
　The minimalist program pp.64-78
（前略）
　同様にWHにおいても例えば日本語ではWHがLFで移動し作用域を決定していると考えられている。
　1. a. 太郎は本を読んでいますか？　　yes /no
　　　b. 太郎は何を読んでいますか？　　本を読んでいます。(WH)

457

c. 花子は [太郎が何を読んでると] 言ったの？　　　本です。(WH)
　　　d. 花子は [太郎が何を読んでいるか] 言ったの？　yes/no
　日本語においては LF で WH が文頭へ移動し、疑問詞「か」と連動して WH 疑問文を形成する。その場合、WH の移動は同節内でなくても可能 (=1c)。ただし、最も近い疑問詞「か」と連動するようでもある (=1d)。
《以下、引用省略》

ということだそうで、LF（Logical Form = 昔の理論では深層構造と呼ばれていたレベルに対応します）では日本語でも疑問詞は文頭に移動しているが、それが S 構造（Surface 構造 = 昔の理論では表層構造と呼ばれていた）に出てくるときに、通常の（疑問詞ではなかった場合の対応する単語の）位置に戻る、という解釈の様です。つまり、日本語の場合には、表層構造に出てこないから一見、目には見えないけれども、深層では「wh 移動」が実行されているのだ、という主張の様ですね。目に見えないのだから、嘘とも本当ともいえませんが、私の感覚では、日本語は世界で最も完璧な主要部後置型言語ですから、疑問文のマーカー（疑問文であることを言語的に明示するマーク）は文末に来るべきであって、もしも日本語（の深層構造）に「wh 移動」が起きているとすれば、強調構文などの特別な場合を除き、それが無標の文の文頭に（義務的に）来ることなどありえず、「yes/no」疑問文の文末にある疑問文のマーカーの「か」を置き換える形になるべきだと思います。例文で示すと、例えばこんな具合でしょうか。

　霞立つ春の野に出づ吾が妹子の弓手にかざす物は何（what）？

　草葉の陰に潜むは誰（who）ぞ？

　思えば悲し昨日まで、真っ先かけて突進し、
　敵を散々懲らしたる勇者の姿、今いずこ（where）？

中国人も日本人と同様にズームイン型認知なので、心に浮かぶ事柄を、浮かんだ順に言葉にしてゆくと、一般に、(旧情報) + (新情報) という順序になります。だから、疑問詞疑問文では、疑問詞が文末に来る場合が多くなる（義務的な規則ではないようですが）のは自然の成り行きです。たとえば、

　　这　是　什么？
　(this) (is) (what)

　　厕所　在　哪里？
　(toilet) (exist) (where)

となります。

「いや、日本語にも昔は「wh 移動」が実際に（表層でも）起きていたのだと主張している人たちすらいます。東京大学の渡辺明さんの論文 http://www.let.osaka-u.ac.jp/~kinsui/kls/paper_watanabe.pdf を見ると、

　《引用開始》
　　渡辺 (2001), Watanabe (2001, 2002) では、野村 (1996) の指摘する語順の変化をもとに、奈良・平安それぞれの時代において WH 疑問文がおおよそ（1）に示す構造をしていると論じ、奈良時代の係助詞「か」は WH 移動を引き起こす素性の実現したものと同定した。
　(1) a. 奈良時代：　WH- カ [IP 主語 - ガ / ノ ... t ...] Ø
　　　b. 平安時代：　　[IP ... WH-Ø ...] Ø / ゾ / ニカ（アラム）
　すなわち、奈良時代には、英語やハンガリー語に見られるように、WH 句が IP の外部へ移動していたのに対し、平安時代にはこの移動が失われているとしたのである。萬葉集と源氏物語からひとつずつ例文をあげておく。
　(2) a. 近江の海湊は八十ちいづくにか君が舟泊て草結びけむ

b. いと怪しき御心の、げに、いかで、ならはせ給ひけむ。（浮舟）

　係助詞「カ」はWH移動を引き起こす素性に対応するものであるから、WH移動が消失することにより不要になるはずで、事実、船城 (1968) で指摘されているように、その数は源氏物語において減少している。

《引用終わり》

　うーん、本当ですかねえ。上に例示された万葉集（7世紀後半から8世紀後半ころにかけて編まれた）の「近江の海、湊は八十ち」で始まる歌は、場所の提示で話題が始まっているわけですから、「いづくにか」と場所の詳細化を問う疑問詞が続くのは、全く自然な意識の推移であって、特に「wh 移動」というような現代英語の文法的な強制移動（現代英語の統語構造が確立したのは 18 世紀）ではないという気がします。それがたまたま主語の「君が」の前に行ってしまったからといって、現代英語の「wh 移動」と同じだ、と主張するのは、「万葉集の歌はすべて古代韓国語で解釈できる」とか「万葉集（man you show）は古代英語で解釈できる」（たしか金田一春彦さんのパロディ）などと同じレベルの話でないことを祈ります。

《引用開始》
　第9章　ことばはコミュニケーションのためならず（p,170）
9.5. おわりに
　（ことばの）起源の時点でも現在と同様、ひとのことばはコミュニケーションとは一線を画していたであろうと推論するのがはるかに妥当だと考えます。これが、本章冒頭で導入した結論です。
　この結論が正しいとすると、コミュニケーションのために、すなわちその役割を担うために言語が創発したというのは（進化論の視点からこの議論がそもそもおかしいのはさておいて）道理のない議論であると言わねばなりません。
《引用、終わり》

と池内氏は纏めていますが、その根拠として、前のページにチョムスキーが引用している神経学者のハリー・ジェリソンの「言語はコミュニケーション・システムとして進化したのではなかった。あるいは……（中略）言語の初期の進化は、思考の道具として、現実世界の構築のためであったというほうがより適当であろう」という文章を孫引きしています。しかし、これは1930年代のピアジェ・ヴィゴツキー論争で既に決着を見ている問題であることは、本章第3節で詳しく解説した通りです。

また、J. ジェインズの詳細な古代ギリシャ人の認知と思考の分析（本章第5節参照）からも、外言（他人とのコミュニケーション手段としての言語活動）が内言（思考の手段としての言語）に数千年から数万年も先行していたことは明らかであるように思われます。このジェインズの理論に関しては、アメリカでも賛否両論が渦巻く中で、ジェインズが急死してしまったことから、彼の、常識外れの「双脳精神（Bicameral Mind ＝ 柴田裕之訳では「二分心」)」は宙に浮いたままのような感じがありますが、私は、白川静による古代中国人の思考世界の分析などからも、ジェインズの理論は一般性、説得性があると確信しています。

生成文法研究者には「言語の歴史的変遷」という概念が無く、あたかも数万年前に、人類が突然、現代英語を獲得したかのような思い込みが顕著であるように見えるのは私の誤解でしょうか？

・池内氏の本のタイトル「ひとのことばの起源と進化」について

さて、池内正幸『ひとのことばの起源と進化』（開拓社）を読み進めてきて、突然、この本のタイトル「ひとのことばの起源と進化」という表現が気になってきました。上述の「3.1.（回帰的）階層構造を創る」のところでも議論したように、「AのBとC」には文法的に2通りの解釈が存在します。具体的に書くと、

(i)「ひとのことばの［起源と進化］」
(ii)「［ひとのことばの起源］と［進化］」

ということになります。その部分で議論したように、「起源と進化」は対になる概念で、「起源」によって生まれ出たものが歴史的に変遷するのが「進化」です。池内さんも書いているように、「進化」という日本語は、「進」という漢字が入っているためか、「良い方向、すぐれた方向に発展する」というイメージを与えがちですが、「進化」には本来、「善し悪し」「優劣」の概念はありません。

　ところで、池内氏の本では、進化については、ダーウィンの進化論や突然変異のような一般論しか書いていません。これでは正に、「[ひとのことばの起源］と［(生物の)進化]」という意味にしか解釈できないなあ、と思ったのですが、さらにその後いろいろ考察を巡らせた結果、生成文法論者が言っている「起源と進化」という概念は、われわれ一般人が持っている「『起源』によって生まれ出たものが歴史的に変遷するのが『進化』」という考えとはまったく正反対に、「『進化』によって『起源』が発生する。発生して以降の歴史的『進化』は無視する」ということのようです。彼らが引用する「進化論」は、もっぱら彼らの「言語起源」説に都合のよい事項を集めてきたものです。

　私のような門外漢からすれば、「言語の起源」を明らかにするためには、「現代の言語」から出発して、「中世の言語」、「古代の言語」、「文明の始まりの時期の言語」と遡っていって、「最初の言語」を復元する、という方法が最も素直な方法だと思うのですが、生成文法学者に限らず、現在「言語の起源」を研究している様々な分野の研究者たちには、そのような歴史学的な視点はカケラも存在していないように見えます。彼らはもっぱら、人間に最も近い動物から、どのように進化論的に言語が発生してきか、という方向でのみ、この問題を考えているように見えます。この状況を根底から覆さない限り、いつまでたっても、「私はこう思う。」「いや、私の考えでは、こうである」という水掛け論から抜け出すことはできないように見えます。私には、「起源」の問題を「歴史的な考察抜き」で考えるという感覚がまったく理解できません。

　さらに、もうひとつ、生成文法論者の言説で私が非常に気になっていることがあります。それは、世界で5000とも8000とも言われる言語の中の、

たった一つの言語、すなわち英語でのみ成り立つと思われる奇妙な現象を、あたかも世界の言語の普遍的な現象だと言いたてる論考が目につくことです。「英語にあらざれば言語にあらず」という感覚です。あるいは、「英語さえ分かれば、世界の言語はみんな分かる」と言わんばかりの感覚です。

たとえば、大阪大学世界言語研究センターの論集に野村泰幸氏が書いているラールソン他 "The Evolution of Human Language, Biolinguistic Perspectives"（Cambridge University Press, 2010）の書評の中に、Marcus 2008（鍛原多恵子訳『脳はあり合わせの材料から生まれた　それでもヒトの「アタマ」がうまく機能するわけ』早川書房）が示した次の英語の文章についての解説が、そのような格好の例になっていると思います。

《引用開始》
a. People people left left.

　これが記号の線形結合に過ぎないのであれば、言わんとするところは、単に＜ヒト、ヒト、イッタ、イッタ＞であるかもしれず、たとえばチンパンジーなどの発話であれば、コミュニケーションの一様式として成立し得る。もし、Mithen 2005 が正しいのであれば、ホモ・ネアンデルターレンシスが発生したと思われる一種の音楽言語＜Hmmmmm＞も、この段階に長く留まっていたかも知れない。ところが、この表現から次の構造 b. が抽き出されるならば、事情はまったく異なってくる。（t_i は、文頭の people_i が元はこの位置にあったことを表している。）

b. people_i [people left t_i] left（人びとが置き去りにした人々が去った）

　１次元の線形配列をした音形から意味を取り出すこと、あるいはその逆の過程を辿ることが言語処理にほかならないとなれば、その過程で１次元配列から「統語構造」を取り出す必要がある。上の b. はそ

の近似的表示に過ぎない。では、脳内においてこのような表示はどのようにして可能になるのであろうか。
《以下、ばかばかしいので、引用を省略します。》

　野村氏自身が日本語で「人びとが置き去りにした人びとが去った」と「1次元的に」書いています。まあ、語用論的に言って、異なった人間集団を同一の「人びと」という単語で表すのは良い表現とは言えませんが、日本語においては、何ら文法的な誤りはなく、また、曖昧性もありません。日本語で OK ということは、世界の過半数を占める「主要部後置型」の言語で OK です。中国語でも、連体修飾節は被修飾名詞の前に来ますので、曖昧性は発生しません。また、英語以外のヨーロッパ言語については、これも実は英語以外の言語では、このような曖昧性の問題は起こりません。上の英文は、ちょっと考えてみれば分かるように、以下の2単語が省略されています。

　　c. People (whom/that) people (had) left left.

　第1省略語は関係代名詞です。私が知る限り、ヨーロッパ言語でこのような関係代名詞の省略が許されるのは英語だけです。従って、英語以外のヨーロッパ言語でこのような例文を作ろうとすると、たちまち非文法的な文となってしまいます。第2の省略語は、時制の「過去完了」(ロマンス語などでは、「大過去」あるいは「前過去」などと言ったりします) を作る「had」です。人びとが「置き去りにした」のは明らかに、置き去りにされた人びとが「去った」時点よりも以前ですから、ここは「過去完了(大過去)」で表現しないと、英語以外の言語では非文法的な文になります。アラビア語などの厳密な主要部前置型言語でも、過去時制と大過去時制の区別にはやかましいですから、英語の様に「大過去」時制を省略して一般の「過去時制」で書き、2つの動詞が表している動作があたかも過去の同一時点で起きたかのように書き表すことは文法的に許されないと思います。(アラビア語では、関係代名詞の省略が許される場合があると文法書に書

いてありますが、上の様な場合にも許されるかどうかは、私の知識では判定できません。）そうだとすると、上の様な文が文法的には誤りのない文として許容されるのは、世界中の言語の内で英語だけ、ということになります。

また、チョムスキー自身の論文にも、そのような例文に出会うことがあります。というか、私が最近、知人からコピーを送ってもらった、私にとっては初めて読むことになったチョムスキーの原論文 "Problems of Projection" の中にも、真っ先に出てくる重要な例文に次のようなものがあります。

(6) (a) Can eagles that fly swim?

チョムスキーはこの例をあげて、文頭の助動詞 Can が支配している動詞は、Can に距離的に近い fly ではなく、むしろ相対的には遠いほうの動詞 swim である。この事から、文の内部の「距離」は単語数や文字数に基づく線形的距離ではなく、「構造的な距離」を考える必要がある、と主張しています。

もしも、本当にこれが「構造」を必要とする理由であれば、英語以外の言語には「構造」を考える必要が無いことに成ってしまいます。日本語をはじめとする「主要部後置言語」では、「飛ぶ鷹は泳ぐことができるか？」のように、名詞を修飾する句や節は名詞の前におかれ、名詞の性質を記述する動詞句は名詞の後ろに置かれるので、英語のような「曖昧性」は発生しません。単純に、先頭から順番に（1次元的に線形に）読んで行けば、そのまま素直に文意が理解できてしまいます。中国語も同じです。アラビア語などの完璧な「主要部前置言語」も日本語と鏡像関係にあるだけですから、問題は発生しません。残るのは、ヨーロッパ言語だけですが、英語以外のヨーロッパ言語では、まだ動詞の人称活用変化が残っていますから、鷹（3人称複数）の動作を表す動詞は活用し、Can に相当する助動詞の支配を受ける動詞は原型（辞書形）ですから、明確に区別できます。

例えば、フランス語の会話文ならば、おそらく

Les aigles qui volent, est-ce qu'ils peuvent nager?
　あるいは、倒置して
　　Est-ce qu'ils peuvent nager, les aigles qui volent?

　のように、頭の重い主語を主題として提示し、疑問文自体はそれを受ける代名詞を主語にして組み立てて、線形に頭から聴いて（見て）行けば素直に理解できるような文構造に「進化」していると思います。
　ただし、英語とほとんど同じくらい人称変化が擦り切れかかっているゲルマン諸語（ドイツ語、オランダ語など）は英語と同様の問題を発生させるかもしれません。いずれにしても、全世界の6千とも8千とも言われる言語の中で、せいぜい4つか5つぐらいの言語のみで必要となる事項を「universal」と称するのは、全くおかしいのではないでしょうか。せいぜい、「英語・ゲルマン諸語文法」と名乗るべきだと思います。「生成文法理論」「普遍文法理論」は、ただひたすら、英語だけのために「統語構造の抽出」というのを半世紀以上やり続けて来たということなのでしょうか。もちろん、「英文法」を整備することは無意味ではありませんが、それを「普遍」文法とか、「一般」言語学とか僭称するのは、あまりにもおこがましいのではないでしょうか。「英語にあらずんば言語にあらず」というばかばかしい現状は、何とかならないものでしょうか。そもそも「言語の起源」に「現代英語」が顔を出すこと自体、滑稽の極みです。英語も「中期英語」「古英語」と遡って行くと日本語とよく似た「主要部後置型」言語になっていることなど、まったく考慮されていない、というのも信じられないほど愚かな「最先端の研究」だと思います。言語学が「最新の脳科学」や「遺伝子工学」と手を携えて研究をすることを悪く言う積もりはありませんが、そんな暇があるのなら、古英語やアラビア語、中国語の勉強をしてみたらどうですか、と言いたいです。きっと、「言語」というものに対する見方が大きく変わらざるを得なくなると思います。
　さて、それでは、世界の言語の内でわずか1～2％しか占めていないヨーロッパ言語や、さらには英語というたった1つの言語で起きる現象を、あたかも世界の言語全体で起きる現象であるかのごとくに言いたてる

「ヨーロッパ言語 ＝ 普遍言語・世界言語という迷信」(松本克己)、「英語にあらずんば言語にあらず」という「英語帝国主義」(グーグル検索をするとたくさんのサイトで使われている用語であることが分かります。0.30秒の検索で約 865,000 件がヒットしました。例えば、Wikipedia 英語帝国主義 http://ja.wikipedia.org/wiki/%E8%8B%B1%E8%AA%9E%E5%B8%9D%E5%9B%BD%E4%B8%BB%E7%BE%A9 参照)が、なぜこれほど蔓延しているのでしょうか。もちろん、それは 19 世紀にヨーロッパ列強が強大な軍事力と経済力を駆使して世界を植民地化したためであり、20 世紀にはアメリカ合衆国が(一時期はソ連と並んで)全世界に軍事的、経済的な覇権を確立したことによるイデオロギー的、認知・言語的な植民地主義の現れ以外の何物でもありません。コミュニケーションの視点から見ると欠陥を持っている唯一の言語である英語やフランス語などのヨーロッパ言語が国際的なコミュニケーションの場で「普遍的な言語」であるかのごとくに使用されているというバカバカしいほど皮肉な現実は、このような帝国主義列強の植民地支配とグローバル資本主義の世界制覇のイデオロギー的な側面としてのみ理解できると思います。

　実は、わが国だけの特殊日本的な事情として、20 世紀末以降の大学組織の再編という事情もあります。日本では、20 世紀末に大学の教養部が解体されて大量の英語教師が文学部などに移籍しました。当時の文科省の規定では「教養部は教育機関、専門学部は研究機関」となっていたので、大量の英語教師たちが突然「研究者」になったわけですが、「英語学」の他に「言語学」の潮流の中に「英語さえできれば、世界の言語のことが全て分かる」と主張するかのごとき「生成文法」学派が存在したために、日本の大学では一気に「生成文法」学派の言語学者が大量発生したのではないかと推測しています。しかも、彼らにとっては神風のように、21 世紀初頭にグローバル資本主義の覇権が確立して、日本でもやたらと「グローバリゼーション」に関連するキーワードが大手を振ってまかり通るようになり、「教育はグローバルな人材を養成せよ。それには何よりも英語教育である」ということになって、日本の大学内ではますます「英語教育」が重視される風潮が強まり、英語教師はわが世の春を謳歌するようになった

という印象を私は受けています。

しかし、アメリカの世界的な覇権には既に明らかな陰りが見えており、ヨーロッパも金融危機などですったもんだしていることから、あと 30 年後あるいは遅くともあと 50 年後には、世界の地政学的な勢力図は激変しているはずであり、現在の日本の教育政策のように、ただひたすら、出来るだけ幼いうちから子どもたちに英語を学ばせる、などということを真面目に実行して行くならば、21 世紀後半の資本主義ニッポンは世界の中で孤立し、頼みの綱の「日米同盟」もろくに機能せず、かなり悲惨なことになることは確実であるように思われます。語学教育をするなら、英語偏重ではなく、アラビア語、中国語、朝鮮語、スペイン語、ロシア語など、多面的にやるべきです。もちろん、一人ひとりの生徒は自分と相性が良いと感じられる言語を選択して学習すればよいわけですが、国の政策としては、できるだけ特定の言語ばかりに偏らないように注意すべきです。そしてもちろん、日本人の全員が通訳や翻訳家になる必要はないわけだから、国の教育政策としては、語学偏重にならずに、様々な分野の専門家を育てるように目配りをしてゆくことが必要だと思います。

Ⅵ—8. ソシュール『一般言語学講義』は裸の王様／西洋言語学の主流から歴史分析が姿を消した日

　ヨーロッパの知識人の間では、アダム・スミスやジョン・ロックからヘーゲル、マルクスに至るまで、「先進的なヨーロッパ」vs「遅れたアジア」という文明観が「自明の真理」とされていたので、ヨーロッパがアジアのインドと共通の祖先言語を持っていたという発見は相当大きな衝撃を与えた筈ですが、現実には、「都合の悪いことはすぐに忘れる」という人間心理が大きく働いたようです。

　この「意図的な忘却」については、言語学者ソシュールの死後に刊行された彼の『一般言語学講義』が決定的な役割を果たしたようです。名古屋大学の滝沢直宏氏からプレゼントして頂いたハリス、テイラー共著（斎藤伸治・滝沢直宏共訳）『言語論のランドマーク』（1997 年大修館書店）をもう一度読み返してみました。終章の「第 14 章　ソシュール　ソクラテ

ス以降の伝統の終焉」に次のように書かれています。

　《『言語論のランドマーク』からの引用開始》
　（前略）言語学に革命をもたらしたのは、ソシュール自身の言語観というよりも、むしろ『講義』の中に述べられた結論であった。これらの結論を受け入れると、比較・歴史言語学者たちが暗黙のうちに妥当と考えていた前提に基づいて言語研究を行うことは、もはや不可能となった。彼らの考えでは、インド・ヨーロッパ祖語の時代から最近に至る子音や母音の「進化」をたどることには何ら問題はなかった。したがって、例えばグリムの法則では、もともと b だった音が最終的に p に「なる」と主張されていたわけである（第13章を参照）。あるいは、ラテン語の causa は、数百年を経ると、最終的にフランス語の chose に「なる」のである。このような言語の「進化」の事例を挙げることが、十九世紀の言語学の手引き書の常套手段であった。
　残念ながら、長く根を下ろしていたこの言語変化の研究法は、ソシュールの理論的前提が確かなものであるならば、たちどころに疑わしいものとなる。なぜなら、ソシュールが指摘したように、これらの理論的前提からは、言語体系全体が同じではない以上、数百年、数千年にわたって個々の言語単位が連続して存在してきたなどと想定することはできないという当然の帰結が出てくるからである。具体的に言えば、b だった音が後に p という音で現れているものと「同じ子音」であるとか、「同じ語」がラテン語では causa として、そして後にフランス語では chose として現れているなどと考えるのは、全く無意味であるということである。なぜなら、もし言語単位が一つの言語体系内で定義される構造的単位としてのみ存在するのであれば、ある体系が時を経て別の体系に変化する中で言語単位だけがそのまま存続しているなどということはあり得ないからである。それゆえにソシュールは、言語研究において全く異なる二つの視点を区別することが必須であると結論づけたのである。まず「共時的」と呼ばれる視点があり、この視点からどのラングも共存する単位と関係の体系として分析する

ことが可能となる。さらにまた、「通時的」な視点があり、この視点から時間的に相前後する共時的体系と共時的体系との間の変化を研究することが可能となる。ソシュールの考えでは、言語学において陥りやすい最大の誤りは、共時的な面と通時的な面を混同してしまうことであった。「共時的な視点と通時的な視点という二つの視点の対立は絶対的なものであって、妥協を許すものではない」(『講義』第Ⅰ編第三章第三説)のである。さらに、共時的体系がなければ通時的な発展もあり得ないので、「共時言語学」が「通時言語学」に優先するということが帰結される。最後に、共時的研究と通時的研究とを完全に分離することによって、複数の体系にまたがっている言語単位に同一性を認めるような理論的視点は失われることになった。したがって、青年文法学派やその他の研究者たちの考えとは異なって、一つの言語単位についてその「進化的」発展をたどることは全く不可能だということになった。このようにしてソシュールは、ただの一撃によって、十九世紀言語学の基礎全体に理論的な異議を唱えることになったわけである。十九世紀言語学の最も重要な幾つかの主張(例えば大いに賞賛を浴びた「音法則」など)は、誤っているとされたのではなく、ただ意味を失ったのである。〈後略〉
《『言語論のランドマーク』からの引用、終わり》

　以上の引用を見ると、ソシュールという人は、フランス語圏の研究者にしばしば見られる「形式主義的な形式主義者」(「構造」大好き人間。「ジェネラル・ナンセンス」と呼ばれる議論を展開することで知られる)のようです。彼の極端に偏った主張を修正・活用する形で、複数の体系(望むらくは、全世界的な)共時的言語体系の通時的な(古代から現代に至る)歴史的研究が必要ですが、現実には、彼の死後、ソシュールを祭壇に祭り上げ、『講義』を宗教的な聖典にしてしまった言語学者たちは、「共時的な視点と通時的な視点という二つの視点の対立は絶対的なものであって、妥協を許すものではない」という、ソシュールの馬鹿馬鹿しいほど極端に誤った主張に自縄自縛されて、共時的体系の通時的研究という、最も基本的

第Ⅵ章　人類の言語の起源

な研究を放棄してしまったのです。それが、私が推測するように、「ヨーロッパ優越主義」に都合の悪い事実から目を逸らすためであったのか、それとも単に、多くの言語学者たちが想像を絶するほどに愚かであったためなのかは、議論のあるところでしょう。

　古代ローマ人たちが地中海を見て mare と言い、現代フランス人が同じ地中海を見て mer と言うのは偶然ではありません。歴史的な継続性があるからです。古代ラテン語と現代フランス語の「構造」が違うから、「構造」から１つの部品だけを取り出して変化を論ずるのは無意味だというのは、ソシュールという人の頭がおかしいのです。古代ラテン語と現代フランス語の「構造」の違いは、古代ラテン語と現代日本語の「構造」の違いとは全く異なります。mare と mer 以外にも、古代ラテン語と現代フランス語の継続性を証明する単語の対（pairs）は山のようにあります。その意味では、言語というものは、「名前のリスト」という面を強く持っています。「言語は『構造』であって、『名前のリスト』ではない」と主張することによって、ソシュールがソクラテス以降の伝統を終焉させてしまったのであれば、彼は「言語学に革命をもたらした」のではなく、「言語学に愚かな反革命をもたらした」のです。

　私はパリの映画館で黒澤明監督の『デルス・ウザーラ』という映画を見たことがありますが、デルス・ウザーラはシベリアの森に住む原住民で、そこにやってきたロシア人兵士たちと片言のロシア語で会話をします。ロシア語は名詞も動詞も形容詞も非常に多くの格変化や人称変化をする「構造」になっていますが、原住民であるデルス・ウザーラは「構造」を一切無視して（というか、ロシア語の複雑な格変化はなかなか覚えられるものではありません）、すべての単語を辞書形（活用していない原型）で、頭の中に浮かんだイメージの順に並べて言語化してゆきます。これで完全に通じるのです。だから、言語の運用においては、「構造」は無視できるけれど、「名前のリスト」は無視できないのです。

　いずれにせよ、このような最も基本的な研究を放棄したことによって、歴史的観点から見ればごくあたりまえの言語の多様性が、現在の言語学にとっては解決の道を閉ざされた難問であるかのような笑うべき様相を呈し

ているわけです。潜在的な民族的偏見が、ありのままに物事を見る素直さを妨げているのです。「ヨーロッパ優越主義」は決してヨーロッパ人だけのものではありません。精神的に植民地化された非ヨーロッパ人もまた、この隠れたヨーロッパ優越主義に同調することによって、自らを「ヨーロッパ人並み」の立場に立たせることにより、自国民の中で優越した地位に立ちたいと願っているのではないでしょうか。「虎の威を借る狐」というか、「親魏倭王」的「アカデミック冊封体制」（宗主国に朝貢することにより、ローカルな権威を授けてもらう）という感じがします。

　以上の様なソシュール『一般言語学講義』に関するコメントを鈴木孝夫さんと田中克彦さん（『言語学が輝いていた時代』（岩波書店）の共著者）にお送りしたところ、お二人を代表する形で、田中克彦さんからお返事の手紙と、田中さんとかめいたかし氏が共訳されたコセリウ『うつりゆくこそ　ことばなれ』（クロノス）という本が同封されていました。お手紙には、「ソシュールの共時論について、するどい考察を行った本を同封して御送りします。どうぞお読みになっていただき、ご意見をうかがいたく存じます。」と書いてありましたので、お言葉に甘えて、以下に率直な感想を述べさせて頂きます。

　上掲書の初版の序および第2版の序においても繰り返し強調されているのは、「生じかねない誤解を未然に防ぐために、ここで、本書の対象は言語変化ではなく言語変化の問題であるということを強調させていただきたい。私が行おうとしているのは言語変化についてのいわゆる"原因"についての論文をものにすることではなく、さまざまな言語における変化の型を研究することでもない。そうではなくて、変化の問題を合理のことに属する問題として、それも具体の言語活動の観点から提起することである。」という点です。

　つまり、ふつうの言語学の研究対象である「言語の変化」についての研究成果の公開ではなく、「言語の変化に関して、どのように問題を立てるべきか？」という問題提起をするのが本書執筆の目的だと冒頭から宣言しているのだと私は理解致しました。

　そして、「（ソシュール）一般言語学」が言う「共時的な視点と通時的な

視点という二つの視点の対立は絶対的なものであって、妥協を許すものではない」というのは言語学研究者がそのように問題を立てれば、まともな研究ができるが、そのように峻別しないとろくな研究ができない（柴田注：「その当時の研究レベルでは」という意味であろう）、という研究者側の勝手な都合であって、「言語」という研究対象自体が「共時的な性質と通時的な性質という絶対的な対立を内在させているわけではない。そこを、ソシュールやその支持者たちは混同しているのだ」というのが著者（コセリウ）がいちばん言いたいことのようだと私は理解しました。「言語自体が共時的な性質と通時的な性質という絶対的な対立を内在させている」と誤認した人たちは、「共時的で不変の構造を持っている」はずの「言語」が明らかに時代と共に変化しているという「言語が持つ根本的な矛盾」なるものにぶつかってしまうのだ、とコセリウは書いているように思います。数学者から見ると、こんなことは、まさに古代ギリシャのゼノンの「飛んでいる矢は動かない」というレベルの「根本矛盾」であり、2000年前の思考レベルの「生きた化石」みたいなものです。

　それから、この本の中で「言語の変化」という一般的な呼び方をしている対象は、本当は「言語の音韻的な変化」と言うべきものを省略して呼んでいるようです。（ラテン語の単純未来法に対する複合未来形への移行にキリスト教の影響があるという説の紹介もありましたが、このような統語的な変化については、例外的にわずかな言及があるだけだったと思います。）19世紀言語学はまさに、「音韻法則」という「大法則」を巡って展開したわけですから、「言語の変化」と言えば、それ以上くわしく言わなくても「音韻法則の変化」に決まっている、ということでしょうが、これは「言語」の中だけで「言語」を考えている「言語学者」特有の発想です。

　私のような数学者は、人間の空間的および時間的な認知や、数的認知、量的認知などの知的能力の歴史的な発展過程における「言語」の役割や、幼児から成人に至るまでの、これらの知的能力の発達と言語能力の発達の相互作用などの視点から「言語の変化」に関心を持っているので、「音韻の変化」ではなく「統語構造の変化」、とりわけ「語順の変化」に関心があります。（それはまた、数学教育の改善のためにも非常に重要な研究課

題であると考えています。)

　また、ヨーロッパ言語が表音文字を使用しており、我々は表意文字である漢字を主に使用しているという違いから、脳内の認知活動における「音韻」的な側面は、日本人の場合にはヨーロッパ人の場合ほど大きくないように思います。「文字を読んで理解することができない発達障害」の発生率は、欧米人に比べると日本人は統計的に有意に少ないということも、これに関連していると思います。

　しかし、私は音韻論の研究の重要性を低く見ているというわけではありません。私がこの20年来取り組んできた計算機による言語処理においても、音声認識・音声合成は重要な分野であり、私がその専門でないこともあって、「音声」の専門研究者に集中講義に来て頂いたことがありますが、その先生が「こんにちは」と「おはよう」のオシログラフの波形を学生に見せて、「どちらがどちらか、分かりますか?」と質問するのを見ていて、私も分かりませんでした。人間の読み上げる文章も、メカニックな波形で表現されると、慣れるまではまったく識別できないようです。同じ「おはよう」でも若者の声、老人の声、男の声、女の声、などなど様々なバリエーションがあるのに、それらの違いを無視して、人間の脳は「おはよう」ということばが叫ばれたことを関知できるのは、とても凄いことだと思いました。この分野では、純粋数学の確率論の理論である「隠れマルコフ・モデル」というのを採用した途端にコンピュータによる認識精度が急速に向上した、と聞いています。人間の音声言語生成には「確率論」が頭の中で無意識的に働いているのでしょうか？　そのような関係の存在は、実用的な工学の立場からだけでなく、もっと理論的な観点からも研究してみたら面白いかも知れないと思ったりしています。

　コセリウ『うつりゆくことこそ　ことばなれ(サンクロニー・ディアクロニー・ヒストリア)』が主張している個々の論点について、私は特に異議があるわけではありませんが、これほど自明なことを主張する著作を延々と230ページにも渡って読み進めるのは、正直に言って、極めて苦痛でした。そして、ズームアウト型思考(「はじめに結論ありき」)のヨーロッパ人は、ソシュールもコセリウも自己の主張を絶対に変えないから、

ここまでネチネチと言わずもがなの正論をくり返し、くり返して主張し、何が何でも読者に「コセリウが言っていることの方が正しそうだ」という印象を与えようと努力するのでしょうね。私は、つい最近見たアメリカ大統領選挙でのテレビ討論会の様子を思い出しました。

　私のような、言語学を職業にしていない者、そしてヨーロッパ人種ではない者から見れば、ソシュールとコセリウは「五十歩百歩」（ソシュールが五十歩でコセリウが百歩）であり、共に「『ヨーロッパ言語＝普遍言語という迷信』に凝り固まった人たち」であり、「言語現象が言語学の枠内だけで説明できる」と思いこんで、無意味な「哲学的（？）」言辞を弄して学問的な「内ゲバ」をやっているだけのようにも見えます。

　ただ１点だけ、そしてこれは決定的な１点なのですが、私がソシュールとコセリウを「同じ穴の狢（ムジナ）」と見ざるを得ないようなことが書いてありました。

> （p.56.）なるほど，言語は文化の事実ではあるが，話すことは何といっても肉体的活動であるから，その帰結として，話し手たちの肉体面を構成するすべてのものによって決定されている．しかし言語学は，そのものとしては，いかなる意味においても，気候，人種といった，その折々の影響の問題に答えることはできない．そのいずれもが，人種生態学と形質人類学の問題になるからである．それどころか，こうしたことどもを問題としてたてることすらしてはならない．言語学者は，肉体的なものがいかに話す行為を決定するのかの研究に専念することはできるが，人間の肉体面を決定するところのものを扱うための能力は持ち合わせていない．けだし，言語学者はすでに限定された人間から出発するからである．

ソシュールは「共時的な視点と通時的な視点という二つの視点の対立は絶対的なものであって、妥協を許すべからず」と言い、コセリウは「人種生態学と形質人類学の問題を問題としてたてるべからず」と言います。この２つの「べからず」が現代西洋言語学を貧しいものにしてしまったのだ

475

と私は考えています。まさに、「人種生態学と形質人類学の問題を言語と思考の観点から考察すること」が、人類の言語というものを他の動物が用いる「言語」（音声による合図）と区別する決定的な要因を解明する鍵となる（鍵となった）からです。世界の5000とも8000とも言われる言語の中で、わずか数パーセントを占めるに過ぎないヨーロッパ言語だけが、完全なOV語順（より正確には主要部後置語順）からほぼVO語順（主要部前置語順）に大逆転したのはなぜか？　また、中国語、ベトナム語およびその他いくつかの東南アジアの言語から成る「孤立語」だけが、完全なVO語順（より正確には主要部前置語順）からほぼOV語順（主要部後置語順）に大逆転しつつあるのはなぜか？　残りの圧倒的多数の言語がまったく、あるいはほぼ、統語的な語順の逆転は歴史的に起きていないのはなぜか？

　それを解明したのが、算数教育における福岡県の「奇蹟の実践」を認知的に理論化した私の「ズームアウト／ズームイン型認知仮説」です。松本克己さんから、「世界の諸言語を見ると、ヨーロッパや中国大陸だけでなく、例えばアフリカのエチオピアのセム語のように大がかりな語順の変化を蒙った地域もあります。このような場合にも同じ仮説（柴田注：認知のズームアウト／ズームイン型と言語の主要部前置／後置との相互作用仮説）が適用できるものかどうか興味をそそられました。」というお返事を頂きました。そこで早速、エチオピアの言語の専門家である柘植洋一さんと岩月真也さんに問い合わせをしました。エチピオアの言語の中でVO型からOV型に大逆転をしたアムハラ語は、思った通り、「10 + 1」、「10 + 2」、…と進む（つまり日本語と同じ）ズームイン型の数詞なので、ズームアウト型と相性の良い「主要部前置型」語順から「主要部後置型」語順へと大逆転したようです。ただし、逆転はまだ完了していない、というか、逆転しきれないで古い語順もいろいろ残っているようです。「住所」や「年号」の順序についても簡単には割り切れない歴史的、地政学的な問題があるようですが、これらは個別的に深めてみないと、軽々には断定できないようではあります。同じエチオピアで話されているクシ諸語に属するハディヤ語、シダモ語、ティグリニア語の3語も「10 + 1」、「10 + 2」…と進む

（つまり日本語と同じ）ズームイン型ですが、これら３語は元々主要部後置型（OV 語順）なので、語順は歴史的に変化しなかったようです。語順の統語規則にも「例外」が無く、これら諸語が大逆転の歴史を持たなかったことを証明していると思われます。このように、認知と言語の対立と協調の相互作用に関する私のズームアウト／ズームイン型認知仮説は、アジア・ヨーロッパ言語だけでなく、アフリカの諸言語に対しても成り立つようです。

　これに関連して、本章第６節でも触れたように、田中克彦さんの『言語からみた国家と民族』（岩波現代文庫）に書かれているロシア共和国内に住んでいるアジア系諸民族についても、また、ズームイン型認知であるにもかかわらず、ズームアウト型の英語、フランス語で高等教育や中等教育を受けているアフリカの諸民族も、日本の算数教育の場合や中世ヨーロッパ人の場合と同様に、脳内に認知と言語の基本方向の対立が生じて、ちょうど中世ヨーロッパ人などの場合と同様に科学的な思考の発達が抑えられているのではないでしょうか。これはまた、ラテンアメリカの人々がスペイン語によって教育を受けていることも同様です。これらの民族は、政治的、経済的には脱植民地化を遂げたとしても、言語植民地主義による精神的抑圧を受けており、21 世紀には言語植民地主義からの脱却が大きな世界史的課題となると思います。アフリカの文化は既に、音楽、絵画、彫刻など芸術の分野でヨーロッパ文明に大きな影響を与えていますが、もしも教育面での言語植民地主義からの脱却に成功すれば、30 年後、40 年後には多くのアフリカ人の数学者・物理学者やラテンアメリカ系の生物学者・心理学者などが輩出して、学問研究の世界における民族的な様相が一変する可能性があるのではないかと私は予想しています。しかし、このような脱植民地化は、グローバル資本主義の司令塔である OECD（経済協力開発機構）がとなえる「知識基盤型社会」「多文化・多言語共生社会」「グローバルな人材養成」などのメイン・スローガンと真っ向から対決することになりますから、極めて困難な課題であると覚悟しています。

　田中克彦さんからは、さらに、黒沢の映画『デルス・ウザーラ』の中では、主人公はロシア語の「構造」を無視して単語を（活用させずに）辞書

形のまま単純に並べているだけでロシア兵と意味が通じあっている、という主旨のことを私が書いた部分について、「そもそも辞書など全く知らない彼ら（柴田：シベリア原住民の狩人たち）には原形というガイネンそのものがありあせん。だから最もヒンドの高いのを用いるのです。デルスー・ウザラーをもう1回見てください。」というご指摘をいただきました。

　それでさっそく、福岡大学のビデオ・ライブラリーに行って鑑賞して確認をしました。

　田中さんからご指摘頂いた『デルス・ウザーラ』の件は、なにしろ私の40年以上前のおぼろげな記憶に頼って書いた文章ですから、いい加減な表現になってしまい、お恥ずかしい次第です。私はロシア語は、50年以上前に大学の教養課程で第3外国語として習って以来、学習したことがないので自信がありません。私は2年半ほどポーランドで暮らしていたことがあるので、ロシア語の映画（例えば「戦争と平和」など）は、ポーランド語からの類推で何とか理解しています。従って、ポーランド語では1人称単数主語の「Ja」は付けない（Kocham czien! 君が好きだよ！　は、Ja kocham cien! と言わないし、強いて言うとかなりアブナイ文脈になります）ので、ロシア（語の）映画の中で「Я」がどのように変形されているか、ということに対してまったく意識していませんでした。しばらく前に読んだ石田修一『ロシア語の歴史──歴史統語論』（ブイツーソリューション）という本には、ロシア語でも歴史的には「Я」や「ты」は付けないことになっていたのが、17世紀に西洋からの影響で、「1人称」「2人称」も「客観化」されて、文の明示的な成分となった、というようなことが書いてありました。

　ポーランドはロシアよりもさらに西洋文明（特にフランス文化）の影響が強かったと思いますが、その影響はポーランド語の主語に影響を及ぼすのではなく、ポーランド語自体を否定的に見て、自分の子どもたちにはフランス語をマスターさせて、母国語をしゃべれないようにさせた貴族もいたと聞きました。いずれにしても、私はロシア語とポーランド語の関係は、東北弁と関西弁くらいの違いかなあ、と漠然と思っていたのですが、今回田中さんからご指摘頂いた「1人称、2人称主語」の問題を中心に、いず

れ機会があれば、検討して見たいと思います。

　福岡大学図書館のビデオ・ライブラリーで40数年ぶりに見直して見た『デルス・ウザーラ』の中では、まず冒頭に、ロシアの兵隊達の焚き火の所に現れたデルスーが、「撃つな、моя луди！」と叫びます。ここは、「私の同胞よ！」というような意味でしょうか？　字幕では「わし、ひとだ」となっていたので、「я」（主格）のかわりに「моя」（所有格）が使われたのかもしれません。それから火に近寄って、兵隊達が「熊かと思った」というのを聞いて「моя человек」と言っていましたから、やはり自分のことを「моя」と呼んでいるようです。田中さんからご教示頂いた「меня」（与格）ではありませんでした。ここの意味は、「私は人間だ」という積もりで「я」を「моя」と言ったのではないかと思ったのですが、単に「My friend!」という感じの呼びかけなのでしょうか？　私の能力では、ちょっと判断が付きません。名前を問われて、「デルスー・ウザーラ」と答えていました。田中さんは、日本語のタイトルの「ウザーラ」は誤りで、正しくは「ウザラー」である、と御教示してくださいましたが、私の耳には「ウザーラー」のように、「ザー」も「ラー」も長音に聞こえました。

「家はどこか」と質問されて「ドーマ・ニェ・イェスチ（家、無い）」と答えていたので、私はここで「ああ、動詞は原形（辞書形）で言っているのだ」と40数年前は思ったのだと思います。「家族は？」と問われて、「マヤー・チロービェック・ダブノー・パメライ（私の人間、ずっ以前に、亡くなった）」とか答えていました。　焚き火の一夜が明けて、デルースーがガイドになって1隊は出発しますが、デルスーが「здесь дорога есть（ここに道がある）」と言います。そして、人の足跡を見つけて「アジン・リュージー・ハチー（一人の人、歩いて行く）」と言います。「ハチー」はポーランド語の「chodzić 歩いて行く」に対応するロシア語の動詞の人称変化だと思いますので、確かに「原形（辞書形）」ではないですね。「そもそも辞書など全く知らない彼らには原形というガイネンそのものがありあせん。だから最もヒンドの高いのを用いるのです」というご教示に「なるほど、そう言われればその通りだな」と納得しまし

た。

●丸山圭三郎『ソシュールを読む』(岩波セミナーブックス)を読む／70年近く経って今さら「一般言語学講義」はソシュールの真意を伝えていないだなんて、馬鹿じゃない？

　本節で私はソシュール『一般言語学講義』について論評しましたが、その論評が正しかったどうか、さらによく確認するために、丸山圭三郎『ソシュールを読む』(岩波セミナーブックス2 1983年)を読んでみました。

　同書によると、ソシュール『一般言語学講義』はソシュールの死(1913年)から3年後の1916年に、ソシュールの弟子のバイイとセシュエが、1906年から1911年にかけて3回行われたソシュールの講義について、そこに出席した学生たちのノートをもとにして内容をつぎはぎして編集したもので、バイイとセシュエ自身は講義には出席していなかったのだそうです。

　しかし、この『一般言語学講義』はヨーロッパ世界に「構造主義」の大旋風を巻き起こし、ロラン・バルトなどもこの講義録に感動して構造主義者になったのだそうです。そして、西洋言語学者たち(および、その影響を受けている非ヨーロッパ世界の言語学者たち)の多くがこの『一般言語学講義』を聖典に祭り上げて、19世紀までの輝かしい西洋言語学の成果はパッタリと途絶えてしまいました。

　ところが、丸山氏の著書によると、1955年1月にソシュール自身が『講義』のために準備した手稿が発見され、1957年にはソシュールの講義に出席した聴講者のリストが発見され、1958年の初めには第3回講義に関するコンスタンタンのたいへん詳しいノートが発見されました。『一般言語学講義』の有力な情報提供者であったリードランジェは第3回講義には出席していなかったので、ここで初めて第3回講義の詳しい情報が得られたのです。さらに、同じ1958年には、ソシュール晩年の神話・伝説・アナグラム研究の資料も見つかり、これらを総合すると、1916年に出版されたバイイとセシュエによる『一般言語学講義』は、ソシュールが行った実際の講義をかなり切り刻んで再編集し、その論旨もソシュール自身の

主張とはかなり異なっている、というのです。まったくもう、そんなことを今さら言っても、もう手遅れなんですよ。『一般言語学講義』は「構造主義」の大旋風を巻き起こし、『講義』を祭壇に祭り上げた言語学者たちは言語の歴史分析を 70 年近くに渡って放棄して来たのですから、「言語学が輝いていた」古き良き時代はもう戻ってこないのです。せいぜい、上記の新発見資料を新たな聖典に祭り上げて、「ポスト・モダンの記号学」や「ポスト・ポスト・モダンの記号学」などの珍奇なブームを巻き起こすくらいが関の山でしょう。限りなくミーハーなんだから。

　ところで丸山氏は上記のソシュール解説本の「講義Ⅰ　言語学批判 100『客観的分析』批判」において、「言語の本質は実態論的思考に立つ限り見えてこない、という講義Ⅰに一貫したテーマがここにも現れて、こうした思考に毒されている文法学者の批判となったのです。

　この問題をつきつめていくと、そもそも「客観性」とは何かという重要な問いにぶつかります。すべての文化的な事実は、自然科学の対象をも含めて（傍点は丸山氏）裸の客体などというものではありません。そういうものがもしあるとすれば、コトバ化される以前の未分節の〈パーポート〉purport のようなものであって、どんなものでもすでに一定の認識というものが介在しており、私たちは〈形相〉の網の目を通してすべてを見ているといわねばならないでしょう。」と解説しています。ここでは、ソシュールの signifiant（シニフィアン = 指し示すもの）と signifié（シニフィエ = 指示されているもの）の結びつけが完全に恣意的であること（ある動物を dog と呼ぶか、chien と呼ぶか、Hund と呼ぶか、については、何の理由もあるわけではない）から、全ての文化は主観的であり、虚構であるという主張を、丸山さんが肯定的に解説しているのです。（小熊和郎さんから、この説明はソシュールおよび丸山氏の言う「恣意性」の意味を誤解している、というご指摘を頂いておりますが、Wikipedia「恣意性」その他いくつかのインターネット・サイトでの解説は、私が見た限りでの全てのサイトで上記のように解説されているので、「真理は多数決で決まる」とは決して思っていないのですが、とりあえず、「赤信号、みんなで渡れば怖くない」のスローガンに従って、上記の解説は訂正しないままにしておきま

す)。ソシュールも、丸山さんも、人間の意識とは独立に存在する外界の事物(実体)と、それを人間が理解・把握して形成した脳内の(個人的・集団的＝文化的)認識との混同があるようです。外界の事物を人間が理解して(個人的であれ、集団的・文化的であれ)形成した概念が主観的なものであり、個人により、あるいは人間集団によって異なる把握の仕方があることは言うまでもなく当然のことですが、そのような人間あるいは人間集団とは全く独立な外界の事物が存在していることは否定できません。「私の目の前にリンゴが1個あるように見えるのは、私の恣意的な主観の作用に過ぎない」というようなことを言い出すなら、完全な主観的観念論の袋小路にはまり込むことになります。「私」以外の人は、「目の前にあるのは an apple である」と言うかもしれないし、別の人は「une pomme がある」というかもしれません。呼び名は個別言語によって恣意的に異なりますが、これらの言語的な異なりは翻訳可能であり、これら3人が共通に知覚している1個の実体があることは明らかです。

　このような丸山氏(およびソシュール)の主観的観念論がどこへ導くかをよく示しているパラグラフがあります。

《丸山圭三郎『ソシュールを読む』(p.96)から引用》
　私たちの中には依然として客観性とか、科学主義というものに対するぬぐいがたい崇拝の念がある。たとえば、「あなたの言っていることは非科学的だ」と言われたり「あなたの話は合理的でない」と言われるとどうも自分の旗色が悪いと感じてしまう。つねに私たちの頭の中に客観的な、科学的な、合理的なものが正しくて、そうでないものは正しくないのではないかという不安感があるのです。
　具体例としては、たとえば指数のまやかしを挙げることができるでしょう。つまり数字によって私たちはどのくらい簡単に騙されてしまうかということです。先日新聞に出ていましたが、日本はノルウェー、デンマークとならんで、世界で幸福度の高さで第二位の国なんだそうです。100点満点の中でスウェーデンが97点で一位、日本、ノルウェー、デンマーク、オランダ、アイスランドが第二位の96点。こ

れはワシントンの公益法人の環境基金が公表しました「幸福度」なんですが、何を基準にしているかというと、子どもの死亡率とか、読み書き能力などの指数なのです。指数というまやかしの例は、悪名高い知能指数とか偏差値など、枚挙にいとまがないほどです。ああいう指数で人間の価値が決められ、進学やら入学やらに影響してしまうということは恐ろしいことではないでしょうか。
《引用、いったん中断》

　丸山さんは恐ろしく「指数」を忌み嫌っているようですが、「指数」というのは、特定の項目の何らかの数値を表しているのであって、それ以上でも以下でもありません。引用中に挙げられている項目に即して言えば、「子どもの死亡率」は「幸福度」を考える上で重要な項目だと私は思います。アフリカのいくつかの国々では、産まれてきた子どもが５歳まで生き延びる生存率が50％を下回っているそうです。また、これらの国々のいくつかにおいては、目の前で自分の両親を殺されて拉致され、カラシニコフ（携帯用機関銃）を持たされて毎日毎日、命令される虐殺を実行するためだけに生かされている「子ども兵」たちがいます。このような人々の存在は、地球上にはどんなに「幸福ではない」人々がいるかを如実に示しています。また、上に参照された「指数」では世界でトップクラスの「幸福度」にランクされている北欧の国々の多くがNATO（北大西洋条約機構）に加盟しており、米軍の応援部隊としてイラクやアフガニスタンへ自国の部隊を派遣しており、毎年、数名から十数名の若者が死体袋に詰められて戦死者として帰国しています。日本は、戦後約70年間、「戦死者」を１人も出していないという、先進国では例外的に平和な国であり、戦争と貧困が渦巻いている現代の世界において、「奇跡」のような平和と繁栄を謳歌しているのです。だからこそ、私たちは、この国に誇りを持ち、この国の平和と豊かさを世界のお手本として護り育てていかなければならないのです。この国が護るに値しない忌むべき悪しき国家であるという虚像を振りまいて「自虐史観」を煽り立てることは、袋小路に陥った近代西洋文明に影響されている一部のインテリに見られる自傷行為です。

《丸山圭三郎『ソシュールを読む』(p.97) から引用、再開》
　科学ほど客観的なものはない、近代科学はイデオロギーの終焉だといったことを私たちは何べんも聞かされます。しかし、はたしてそうでしょうか。科学と言うのは不偏不党の客観的真理を体系的に集成したものでしょうか。科学もまた、一つのイデオロギーではないでしょうか。つまりイデオロギーというものが「特定の社会階級の特定の利益を志向するもの」であるとすれば、あの自然科学の大きな成果の一つと考えられているダーウィニズムだとて、イデオロギーにほかなりません。
　「自然淘汰による種の起源」という考え方はまことに危険な思想でもあって、生存競争、適者生存という発想は、人種差別や福祉問題に大きな影響を及ぼしかねないのです。
　こうした視点からの異議申し立てかどうかはわかりませんが、最近アメリカのアーカンソー州で興味深い事件が起きました。それは、「進化説」と「創造説」を同等に扱ってほしい、扱わなくちゃいけないという法案が作られ、州の議会で承認されたことです。この法案の名は、Balanced Treatment of Creation Science and Evolution Science Act であって、どちらもサイエンスとうたったところが面白い。つまり『聖書』に書かれているように、人間は神によってつくられたんだと考える「創造説」という名のサイエンス、それからダーウィンやその前のラマルク Lamarck や、ああいった人びとが主張した「進化説」という名のサイエンス、このいずれも公平に扱うべきだという法案は、科学だけが公の教育で強制的に教えられるという片手落ち政策、あまり一般の人々が疑わない大きな不正をついたものとして、それなりに評価してよいのではないでしょうか。
《引用、いったん中断》

　丸山さん（およびソシュール）は、主観的観念論からさらに「発展」して、認識論的「不可知論」（「唯一の真理」など存在しない）に到達してし

まいました。ニュートンの「万有引力の法則」を教える際には、それと並行して、「座禅を組んで念力を唱えれば、座ったままで空中浮揚することができる」というオウム真理教の麻原彰晃の教えも「同様に正しい説」として義務教育で教えなければならない、という法律を制定せよ、というわけですね。東京大学教授と言う重い肩書を持った丸山さんがこんなことを「岩波市民講座」で公言されて、それを記録した本が1993年現在の記録で既に18刷も売れているということは、この国の「科学教育」のレベルが、まだまだ「いちおう充分」というには程遠い段階にあることを示しています。教育に携わる者の端くれとして、身の引き締まる思いがいたします。

　自然科学の理論は、一定の条件のもとでは、誰がいつ、何回実験を繰り返しても同一の結果が得られるという「再現性」や、一定の条件が継続して満たされていれば、一定時間後に何が起きるかを予測できる「予測可能性」があります。天文学における「天王星の発見」や電磁気学における「電波の存在」などは最初に理論的（数学的）に予言され、後に実測や実験によってその理論的予測の正しさが証明されたものです。「信ずる者は救われる」という宗教的な主張とはまったく次元の異なる概念です。

　《丸山圭三郎『ソシュールを読む』(p.98) から引用、再開》
　　以上のようなことを考えあわせると、ソシュールの講義Ⅰのもつ現代的意義が決して小さなものでなかったことが納得できます。ソシュールが批判の対象としたものは、多様な質でしかないものを、量的な差異、数量に還元してしまうという、近代科学一般がもっている避けがたい傾向です。（中略）これは、ベルグソン H. Bergson の考え方にも大変近いと思います。（中略）
　　本当に〈生きられる世界〉においては、一つの苦痛がもう一つの苦痛の何倍であるとか、何分の一であるとか、またある愛情が、もう一つの愛情の自乗であるとか平方根であるとかいう計量化は不可能なのです。
　　そしてソシュールにせよ、その二歳下のベルグソンにせよ、十九世

紀末というパラダイムの中でこのような哲学を樹立することは、決して容易なことではありませんでした。一つには周囲の無理解という壁もありましたが、もっと大きな壁は、自らの内にひそむぬぐいがたい〈時代の精神〉であったでしょう。パラダイム変換の契機となった人びとも、そのパラダイムの中に生まれ、はじめからパラダイムを超えていたわけではないからです。ソシュールのぶつかった壁も実は彼自身の内部にあり、それがあの謎の沈黙の真の原因でした。

彼の出発点には、のちの構造主義と呼ばれるような科学、従来の学問を批判しながらもう一つの科学というものに、ある夢を託した時期があったことは確かなのです。しかし、自ら樹立した科学の壁、静態的、分析的構造主義では、質的なものを量化していくという科学の宿命も、その根底にある言語の論述的思考も乗り超えられないと気づいて、弟子でありまた友人でもあったメイエあてに「言語学でなし得ることの大きな空しさがわかった」(『カイエ』二十一号、95 ページ) と書き送った 1894 年頃から沈黙に陥り、その十五年後の 1909 年 1 月 19 日には、学生のリードランジェに向って「私は静態言語学には全然むいていないよ」と述べています。彼は自らの壁を、のちにくわしく見るように、神話・伝説研究とアナグラム研究を通して得られた〈力動的記号学〉によって乗り超えようと試みたのでした。

《引用、いったん中断》

うーん、悲惨ですね。15 年間の沈黙ののちに、『静態言語学』の壁を乗り超えようとして思いついた〈力動的記号学〉の内実は、神がかり的な神話・伝説研究と、クロスワード・パズルのようなアナグラムという言葉遊び (ゲーム) の研究だったというのは悲惨すぎます。これが近代ヨーロッパ思想の限界でしょう。ヨーロッパ人 (アメリカ人を含む) が「言語を基盤とする文化の虚構性」を乗り超えることは、ラクダが針の穴を通過するよりも難しいのではないか、という気持ちがますます強くなってきました。

このままお付き合いしていると、こちらまで暗ーい行き詰まった気持ちになってくるので、ちょっとジャンプして、「講義Ⅱ　記号学とは何か

14　単位、同一性、価値」まで跳び、ソシュールが提起している「同一性とは何か」という問題を考えてみましょう。

《丸山圭三郎『ソシュールを読む』(p.138) から引用、再開》
　文化現象の一切は表象によって二次的に生み出される非自然的価値、共同幻想の世界で、その表象さえももともとは存在しなかった関係の網の目に過ぎない、というこの考え方は、ヘレニズム、ヘブライズムの正嫡である西洋近代思想を根底から揺さぶるように思われます。つまり、絶対的な神も理性もありません。一切のア・プリオリは否定されてしまう。具体的に言うと、個人主義的発想のもとにあるアトミズムやモナドロジー、主客二元論、実態論、反映論、ダーウィニズム、いずれも実は決定論でしかない機械論と目的論、こんなものでは人間の生も文化も説明できないというラディカルな発想です。右の手稿の中の「他の場所」と「此処」という表現は、〈実体〉と〈関係〉という概念に置きかえることができ、この二つの領域における「<同一性> identité とは何か」という問が <単位> を決定する鍵となってくるのです。
　ここで問題となる同一性というのは、私が十二時五十分発と五時発のナポリ行急行列車の同一性を語る場合と同じ同一性である。またそれは、二回発音された『諸君！』という語の同一性でもある。一見、矛盾しているように思われるであろう、何故なら音的素材は異なっているのだから！（私はその度毎に素材を新しくしたに違いないのである。）したがって、今問題にしている同一性は、普通一般に考えられている同一性ではない。
〈引用、いったん中断〉

「西洋近代思想を根底から揺さぶる」どころか、これは典型的な西洋近代思想の行き詰まりを示しています。彼らは徹底的に、「人間の生も文化も説明されるべきである」と確信しているので、必死になって説明しようともがくのです。そして、上手く説明できないと、パニックに陥って非理性

的な妄想に走りがちです。東洋思想では、そもそも人間の生も文化も説明されるべきである、などと堅苦しく考えない（考える人もいるし、考えるのも自由ではありますが）し、説明できてもできなくてもよいのです。何となく自分の周囲を見回して、自分の置かれた位置が推測出来れば、それに応じてほどほどに生きればそれでよいのだ、というような考え方が一般的なように思いますが、さりとて、そのように考え「なければならない」というほど厳密な世界観ではなく、まあ、人間はしょせん頑張ってもなかなか「真理」や「悟り」などにはたどり着かないものだ、という諦観が基本になっているように思います。西洋流に表現すれば「ニヒリズム」になってしまうのかもしれませんが、本質は全然違います。西洋流だと、本来あるべき「真理」にたどり着けないものは「落後者」としてニヒルになってしまうのですが、東洋流だと、本来たどり着けるはずの「真理」とか「悟り」とかは、あるのかもしれないし、ないのかもしれないし、一生かかってそれを探究し続けて、結局、死に至るまで何も見つからなくても、それはそれでしょうがないと悟っているわけだから、「ニヒル」にはならないのです。

　ところで、上の引用で、ソシュールは列車の例を挙げて「同一性」を論じていますが、私も個人的に、フランス語と英語の発想の違いを典型的に表現する「列車を乗り換える」という表現に長い間興味を抱き続けてきたので、それをこの機会に説明してみます。たとえば、ある革命家（あるいはその一党）がジュネーブからペテルブルグまで汽車で行くとします。当時は、乗り換えなしのノンストップ列車はありませんでした。ベルリンでいったん列車を乗り換える必要があったわけです。「列車を乗り換える」はフランス語では「changer de train」と言います。（私は長いことchanger le train と記憶していたのですが、小熊和郎さんから、changer de train が正しいのだと指摘されました。）「train 列車」は辞書形（単数形）の無冠詞名詞で、「de」は前置詞の「虚辞的用法」とされています。辞書で見てみると、「changer de 〜」の使い方の時の「changer」は自動詞に分類されています。これは、いわば、「〜に関して変化する」というような感じではないかと思います。「Il a changé d'avi」（＝彼は意見が変

わった＝「は」「が」構文＝彼は意見に関して変化した）のように私は理解しました。つまり、この場合の「train」は非常に抽象的な概念なのです。ところが、これに対応する英語表現は「change trains」であり、「train 列車」は複数形で冠詞は付きません。つまり英語では、ジュネーブから乗ってきた train を降りて、ペテルブルグ行の車両に乗り換えるという、極めて物理的な実体に基づく表現をするわけです。「意見を変える」も英語では「change opinions」のように複数形が用いられます。この事一つで極論はできませんが、一般に（ソシュールをはじめとする）フランス語の話者は実体から離れた抽象度の高い形式的な議論を好み、英語の母国語話者は経験論的・実用主義的な、より実体に接近したレベルで議論を展開する傾向が強いように感じられます。ちなみにドイツ語の例文を当たってみたら、「彼は次から次へと意見を変える。Er wechselt seine Meinungen eine nach der anderen」というのが見つかりました。ドイツ語も英語と同様に「具体的な把握」で、「change one's opinions」の形式で表現しています。このあたりのテーマについて、比較言語文化論的に深めてみると面白いだろうなあ、としばしば思っていますが、他にやらなくてはならないことが多すぎて、たぶん死ぬまで時間が取れないでしょう。

　丸山氏のこの本については、まだまだ論じなければならないと思われることがたくさんあるのですが、きりが無いので最後に、あの悪名高い（と悪口を言っているのは私一人かもしれませんが）「共時言語学と通時言語学の絶対的対立」という発想が産まれる根源的な認識の誤謬を指摘しておきます。丸山さんの本の「15　構造と歴史」の部分です。

　　《丸山圭三郎『ソシュールを読む』（p.162）から引用、再開》
　　次に見る SM71 の §7「通時的法則、共時的法則」では、ソシュールのエピステモロジークな歴史観が語られます。これは先にも触れた、歴史の偶然性と非連続性の問題であり、因果律に支配される機械論やその反対に未来のユートピアを設定する目的論的歴史観（柴田の注：マルクスの共産主義理論を指していると思われます）（いずれも何らかの法則性を見ようとする決定論）の否定です。

「今与えられた、この必然的で、他に選択の余地のない中心的区分〔＝共時言語学と通時言語学〕を確認したのち、それぞれの領域における細かい区分に入らなければならない。(……) 通時的事象と共時的事象の対立は、出来事と体系の対立である。つまり、通時的事象はいくつかの〈出来事〉événement に過ぎない。」

　ここで語られる〈出来事〉というのは、ほとんど＜偶発事＞と読みかえることができるものであることは、これに続く次の断章からも明らかです。そうして、偶発事は、一切の法則性をのがれるのです。
「音声学の法則というものは、我々がそこに規則性を錯覚しているのである。通時的事象を語るとき、〈法則〉loi という用語を使うことは問題であろう。その正当性は疑わしい。通時的事象に対しては、共時的事象に対する以上に、多くの留保づきで＜法則＞なる語を使わなければならない。いずれにせよ、我々は、通時的事象が偶発的なものと考えてよいのである。」

　右の考え方は、早くも 1891 年の手稿に現れています。次の文を参照してください。
「言語の研究を深めれば深めるほど、言語の中のすべては歴史であること（……）すなわち言語は事象から構成されていて法則から成っているのではないこと、コトバにおいて有機的に見えるものはすべて、実は偶然であり、完全に偶発的であるという事実がわかってくるのである。」
（手稿 1、断章番号 3283.15）
《丸山圭三郎『ソシュールを読む』(p.162) からの引用終わり》

　言語の統語構造における最も本質的な主要部前置／後置パラメータ（修飾する語が前に来るか、修飾される語が前に来るか）の値が、ヨーロッパ諸言語においては約 2000 年かかって逆転したこと（松本克己氏の研究による）、その原因は、私が 2012 年に発見したズームアウト／ズームイン型認知のパラメータとの脳内抗争にあったことは、「歴史的な出来事は完全に偶然であり、いつ、どこで、何が起きたか、ということに理由など無

い」という「すべて偶然」史観、「風の吹くまま」史観を打ち砕きました。人類史上の様々な出来事が、人脳内進化の理論から説明できるようになってきたのです。

Ⅵ—9. G. レイコフ「『怒り』のメタファー」授業参入の記

　今年（2013年）の2月にアメリカ合衆国へ行くことが決まった時に、認知言語学の創立者であるジョージ・レイコフ教授（カリフォルニア大学バークレイ校）にメールを送って、「ぜひお会いしたい」とお願いしたところ、こころよくOKしてくれて、アポイントが取れました。レイコフのメタファー理論については、第Ⅳ章3節「日本人のエートスと欧米人のエートス／対極的な、あまりに対極的な…」で既に紹介しました。ところが、カリフォルニアに到着したら、アポイントの日は今年だけ特別にPresidents' Dayの振り替え休日で、大学が休みなので会えないことに（レイコフは）気が付かなかった、その日以外の柴田のアメリカ滞在期間中は（レイコフは）多忙でまったく時間が取れない、ということになりました。しかし、ここまで来たら、「康介さんを手ぶらで帰らせるわけには行かない」では無いけれど、レイコフに会わずに帰るわけには行かない！と、私は彼の授業予定を事務方の人から聞き出して、押しかけて行くことにしました。

　2月23日（金）のお昼から、彼のLife Science学部での講義を拝聴する事にしました。何だか「老人ストーカー」という感じです。バークレイ校の文学部の建物は10階建てくらいの高層建築で、例えば東洋仏教研究科はワン・フロアを全部占領していて、4階か5階の高い所にあって見晴らしがよく、大勢の研究者が部屋にいたり、学生たちとセミナーをやったりしていて、活発な雰囲気でした。しかし、言語学科だけは地下にあって、地下に下りて行く階段がなかなか見つからなくて苦労しました。しかも地下階だけが1階以上の階の半分のスペースしかなくて、手狭な感じでした。さらに、アメリカ・インディアンの言語を研究している人が多くて、レイコフのような認知言語学を研究している人は少ないようでした。そう言えば、日本でも伝統的には文学部と言えば「哲・史・文」（哲学・歴史・文

学）ですから、「言語学」は「その他、雑学」の1つだったのでしょうねえ。マサチューセッツ工科大学は「言語・哲学科」ですから、「哲学」の上に「言語学」が乗っかっていて、さすがチョムスキーが名誉教授として現在も大学の研究室で、世界中からやってくる人たちと活発に討論を続けているだけのことはあるなあ、と思いました。

正午から始まる彼のLife Science Buildingでの講義の部屋に前以て陣取り、彼の講義を学生たちと一緒に聞きました。彼は10分ほど遅刻してやってきて、かばんを開けてバンバーガーを取り出してムシャムシャと齧り始めました。よほど忙しくて、昼食をまともに取る時間的余裕がないものと思われます。10分ぐらいで食べ終わって、「さて、今日は『怒り』について勉強しよう」と言いました。今日のテーマは「『怒り』のメタファー」というわけです。先ず、人間は怒りに対してコンテイナー（容器）を連想して、「怒りが充満する」とか「怒りに満ち溢れる」とか、いろいろなメタフォリカルな表現を用いて気持ちや感情をより豊かに表現している、というような話をしました。『怒り』についての多くの英語慣用表現をあげたり、様々なエピソードを取り上げたりしながら、楽しく授業を進めていました。さらに話が発展して、人間は怒りに対して火を連想することもあり、「彼の怒りに油を注ぐ」とかいうように、これまた様々な英語の慣用表現を用いて詳しく説明していました。私はあまりよく聞き取れませんでしたし、そもそも大部分が私の知らない英語慣用表現だったのではないかと思います。レイコフは時々、「ここまでのところで何か質問がありますか？」とか聞いて、学生との対話を保ちながら活発に進めてゆく良い授業でした。

学生から、「メタファーという言葉は、日常的には、怒りとか火とかよりもずっと抽象的な概念に使われているように思うのですが……」という質問が出て、レイコフは、「確かに日常的にはそのように使われているが、実は、それは誤りだ。メタファーというのは、脳内の二つの異なる記憶領域が頻繁に同時に呼び出されていると、それらの間に神経結合が発生し、さらに頻繁にその結合が呼び出され続けると、サーキットが出来る。そうすると、一方の性質や機能が他方に認知的に転用されるようになる。それ

がメタファーだ。だからメタファーは抽象的なものではなく、我々の脳内に実在する現実なのだ」と説明しました。他の学生が質問して、「それは古典的反射と同じですか？」と訊きました。パブロフの条件反射の事です。「そうではない」とレイコフが詳しく解説しましたが、ちょっと説明が複雑で私には十分聴き取れませんでした。

　レイコフが、「２つの脳内領域が神経結合で結ばれたからと言って、その２つが対称的であるとは限らない。例えば、『怒り』から『火』を連想することはあっても、『火』を見て『怒り』を連想する人はいない」と言った時に私がすかさず手をあげて、「今の話で思い出したのですが、日本の映画監督である黒沢明の『デルス・ウザーラ』というロシア語の映画があって、その主人公のデルス・ウザーラはシベリヤに住んでいる原住民のハンターですが、ロシアの兵隊たちに燃える火を指差して、『ほら、木の枝が怒っている』と説明していましたよ」と指摘しました。レイコフは嬉しそうにニコニコして「それは『擬人化（personification）』というものだ」と言って、学生たちに何かを解説しましたが、私にはよく聞き取れませんでした。しかし、この質問で、講義室の中央にでんと座っていた東洋人の老人が誰であるかが分かったので、授業が終わって学生たちが退出し始めて私がレイコフに近寄って行くと、"Hi!"と挨拶しました。

　簡単な自己紹介のあと、彼が「今日は授業の後に会議が予定されているので申し訳ないが時間が取れない。宜しかったら、私の研究室まで歩きながら話しませんか？　まあ、会議も10分ぐらい遅刻しても構わないので……」というような感じのことを言い、歩きながら話しました。「今日は楽しい授業を参観させて頂き、ありがとうございました。」と私が言うとレイコフは「私は授業をするのが好きなんです。それにここの学生たちは非常に優秀ですから」と言いました。「確かに、さっきの授業で、学生たちは良い質問をしていましたね。」と私。彼は、「カリフォルニア大学は公立大学なので、私立大学のようには裕福ではなく、優秀な学生たちも豊かではない家庭の子供が多いのです。学力が高いだけでなく、社会的な関心も高く、しっかりした学生が多いと感じています。しかし、州の教育予算がどんどん削られて行くので、本当に困っています。」

こんな調子で、彼の研究室まで歩きながら教育談義やら数学教育における体験的な学習による概念形成の重要性の話やらをして、研究室でも更に20分ぐらい、数学の概念形成について話を続けました。レイコフは、自分はマサチューセッツ工科大学で数学も勉強したのだが、当時はブルバキズムの形式主義が全盛時代だったので、私は付いて行けなかった、しかし数学や理論物理学には常に強い興味を持っており、マクスウェルの電磁方程式のローレンツ変換による不変性を基本にしてアインシュタインが特殊相対性理論を考え出した話などを熱心に勉強した（レイコフには、ヌーニェスと共著の『数学の認知科学』（邦訳　丸善出版）という著書もあります）、などと話しているうちに、彼が「本当に申し訳ないのだが、これ以上会議を遅刻するわけにもいかないので、今日のところはこれで失礼します。また、いろいろメールで情報交換をして行きましょう。お会いできて光栄です。」と言ったので、「いえ、いえ、私の方こそ、お話していただき、本当に光栄です」いうことで終わりました。たいへん楽しい会見でした。まあ、私の「ズームアウト／ズームイン型認知」の話をする時間は全く無かったのですが、雰囲気的には非常に良かったです。やはり、ストーカーはやってみるべきですね。特に、研究室に行かないで、授業に直接乗り込んだのが成功しました。授業に乗り込まれて質問までされちゃったら、教師としては、もう無視するわけにはいきませんから。「やったぜ！」という快感です。（ミーハーだねえ……）。

Ⅵ—10. 仏教の東遷とサンスクリット語順のUターン現象／ズーム型認知構造が分かれば宗教の傾向が分かる

　本書第Ⅱ章8節「世界言語の最初の語順には4つのタイプがあった」に掲げたズーム型認知と言語の主要部型の（2，2）マトリックスにおいて、他の言語とはまったく異なる動きをしているのが、印欧祖語から分かれたサンスクリット語とその後継言語であるヒンディー語・ウルドゥ語です。サンスクリットはヨーロッパ諸語と同一の印欧祖語から出発して、ラテン語と同様にかなり早い時期から「語順の自由」を勝ち取り、主要部後置型の文と主要部前置型の文が混在する状態になり、古典ラテン語と同様

第Ⅵ章　人類の言語の起源

に少しずつ主要部後置型の文が占める比率が減少してゆきました。ここまではヨーロッパの諸語とまったく同じ動きをしています。ところが、松本克己氏の研究によると、サンスクリットの後継言語は、ここから、名詞の性・数・格を表す非常に複雑な語尾変化を大胆に単純化する自己変革を断行し、その上で、元の主要部後置型語順へとＵターンしてしまうのです。ですから、その後継言語である現在のヒンディー語、ウルドゥー語は、日本語と良く似た語順の主要部後置型言語となっています。スタートから途中まではヨーロッパ諸言語と併走して変化していたサンスクリットとその後継者たちは、なぜ突然Ｕターンしてしまったのか、これは謎です。そして、現在のヒンディー語、ウルドゥー語話者の脳内の認知（ズームアウト型）パラメータと言語（主要部後置）パラメータの関係はどうなっているのでしょうか？　この謎を解明することは、インドで生まれた仏教がなぜインド・ヨーロッパ語族の絆をたどってヨーロッパに広がるのではなく、まったく別の語族のアジア諸民族にひろがったのか、という宗教学上の大問題（と思っているのは、世界でも私１人だけのようですが）を解くカギを握っていると思います。今後の研究が待たれます。(2013年11月1日追記：古代サンスクリット語話者の中ではズームイン型とズームアウト型の人口比がかなり拮抗していたのではないか、と思い至りました。これが、サンスクリット語の語順が歴史的にＵターンするという、他の言語では例を見ない不思議な行動を取った根本原因であると思われます。そして、このことが認知的な基礎となって、やがてこの集団の宗教がヒンドゥー教とイスラム教に２分され、第２次世界大戦後に旧植民地勢力による煽動もあって、インド国家からパキスタンが分離独立することになった要因の１つを成していたと考えられます。)

　なお、この宗教とズーム型認知の関係について、早い時期から私の心に引っかかっている問題がありました。ズーム型認知と言語の語順タイプの（２，２）行列を眺めているとすぐに思いつくのが、ズームアウト型認知（トップダウン型認知、演繹的認知）の民族は、ほとんどが「一神教（キリスト教、ユダヤ教、イスラム教）」を信じる民族になっていることです。ただし、タイ語を除いて。

トルコについては、言語は日本語と非常によく似た主要部後置型です。それなのに、トルコはイスラム国なのです。しかし、トルコは将軍ムスタファ・ケマル・アタテュルク（1881～1938年）の改革によって近代化され、政教分離の政治が進められています。このような改革がうまく行ったのは、トルコ民族が日本人と同じズームイン型だ（一神教的な性格が弱い）からではないかと私は推測しています。トルコはイスラム国としては唯一の例外的な政教分離国です。

　タイ語については、松本克己『世界言語への視座』（三省堂）の複数の個所に「アラビア語、インドネシア語、タイ語は完璧なSVO型言語である」という説明があり、このこと自体だけを取り出せば字義的には完全に正しい事実なのですが、私はこのことから「タイ語はアラビア語やインドネシア語と同じ仲間」と思い込んでいたのです。さらに、Wikipedia「言語類型論」を見た時に、シュライヒャーの孤立語族は中国語、ベトナム語、およびいくつかの東南アジアの少数民族の言語からなる、と書いてあったように記憶していたので（これは私の記憶違いでした）、タイ語は「少数民族の言語」ではないから孤立語の仲間ではない、と思い込んでいたのです。地理的にみると、タイは東南アジアの「孤立語圏」とインドネシアを含むオーストロネシア語圏との境界に位置することから、タイ語はインドネシア語と同じオーストロネシア語族に属する言語だろうと思っていたわけです。

　ところが最近、城南図書館に行った時に、子ども用書架の新着図書の棚に『タイ語で話そう』という絵本が置いてあったので、何気なく手にとってパラパラとめくってみたら、「タイ語で数を数えよう」のページに、十一、十二、十三、…が、10＋1，10＋2，10＋3，…のように書いてあったので、「あれっ、タイ語は日本語と同じズームインなの？？」と驚いて、福岡大学に戻って大学の図書館で三省堂『言語学大辞典』の「タイ語」の項を読んでみました。

《三省堂『言語学大辞典』「タイ語」、引用開始》
　タイ語　英，独 Thai, 仏 thaïlandais

［概説］　ここで概説するタイ語は、タイ国で共通語として使用される標準タイ語（Standard Thai）とその方言である。

　標準タイ語は、文字言語としては、官公庁の公文書、初等教育から高等教育に至る学校教育の教科書、新聞、雑誌、文芸書、専門書など、あらゆる分野の印刷出版物において、全国的に使用される。音声言語としての標準タイ語は、特に準拠すべき権威なり具体的な基準なりが存在するわけではないが、標準的と一般に認知される形態のタイ語が、テレビ、ラジオをはじめ、学校教育その他の社会的業務を含む公的な場において、日常的に用いられ、用いようとされる。地方においては、若干事情が異なるが、大体、標準タイ語が共通語としてほぼ全国に通用する。その傾向は、多かれ少なかれ、隣国ラオスにまで及んでいる。

　しかし、地域方言の観点から言えば、標準タイ語にもっとも近い方言は、中部タイ方言（Central Thai）である。すなわち、首都バンコク（Bangkok）を含む中央平野部とその周辺で話される地域方言である。（中略）

［音韻］
1) 音韻体系
　a) 音韻単位　タイ語は、音韻特徴の点から言えば、単音節型声調言語 (monosyllabic tonal language) の類型に属する。

　同じ類型の言語は、中国語の諸方言やヴェトナム語など、中国と東南アジアには数多く存在する。この類型の諸言語に共通した特徴の1つは、音節構造が概して一定しているということであろう。そのような言語の音韻分析にあたっては、1セグメント1音素という音素論的な考え方よりも、その音節構造に即した音韻単位に分析する方がよいと思われる。

　タイ語の基本的な音節構造は、中国語やヴェトナム語のそれとよく似ている。すなわち、音節は、頭子音、韻（rhyme）、声調という3つの音韻単位からなりたっている。伝統的中国語学の用語で言えば、それぞれ、声母、韻母、声調に相当する。韻は、さらに、その主核をなす母音と、もし存在すれば、韻尾すなわち末子音とに分析される。

(中略)

　d) 声調　単音節型声調言語のもう 1 つの特徴は、いうまでもなく、音調声調（contour tone）をもつことである。アメリカやアフリカの多音節型声調言語によく現れる音位声調（register tone）が、主として、各音節の音位、すなわち相対的音高レベルを表すに過ぎないのに対し、中国や東南アジアの単音節型声調言語における音調声調は、音節の始点から終点に至る相対的音高の軌跡である。軌跡は、平板型（level）も曲斜型（gliding）もありうるのであって、この点、有名なパイク（K.L. Pike）の分類には若干の誤解を生じる部分がある。

　かつて、タイ語の音節をモーラに分解し、音節を各モーラの音位声調として分析するような試みがなされたことがある。たとえば、/phǒm/「私」を /phò-ḿ/, /khâaw/「飯」を /khá-a-ẁ/ などとする。たしかにこの方式は、初学者の発音習得に一定の効果をもたらすが、言語学的にみて、これがタイ語の本質をよく表すとは言えそうにない。
(中略)

[文法]

1)　語の形態　タイ語は、形態の観点からいえば、典型的な孤立語（isolating language）の類型である。すなわち、タイ語においては、名詞の性、数、格による変化や、動詞のテンスや人称による変化など、文法範疇による語の形態変化というものは、いっさい存在しない。また、日本語の活用のように、語と語の接続によって語形変化することもない。

2)　品詞　タイ語のような孤立語型の言語においては、品詞とは、統語的・意味的性質を共有する語のクラスにほかならない。したがって、文法記述の立場や、分析者が依拠する文法モデルの相違によって、分類体系も異なったものとなる。

　実際、タイの橋本文法とも言うべき、プラヤー・ウパキットシンラパサーン（Phrayā Upakitsinlapasān）の『タイ語の原理』（Lak Phāsā Thai, 1968）における品詞論は、いわば、旧伝統的西洋文法の焼き直しと言っても過言ではない。また、言語学的な立場からタ

イ語文法全体にとり組んだ唯一の文法書と言えるリチャード・ノス（Richard B. Noss）の文法（1964）は、徹底して、ホケット（C.F. Hockett）の言う IA モデルに固執していて、その品詞論は、大いに参考になるけれども、その分類体系を、細部に至るまで、そのまま採用する気には、とうていなれない。

　そもそも、文法的形態変化のない言語について、統語論とは別個に品詞論を述べること自体が、意味あることかどうか、考えてみる必要があるであろう。しかし、ここでは、タイ語の文法的特徴の紹介を主目的として（当初はもう少しつっこんだ文法概説を目論んだのであるが）、とりあえず、ごく常識的と思える品詞分類に従いつつ、その特徴や問題点を述べる。

a)　名詞類　本来の名詞類は、名詞、代名詞、類別詞であるが、便宜上、指示詞、数詞をこれに含める。
i)　名詞　タイ語の名詞に文法的性の区別はないが、iii で述べるように、どの類別詞と関係づけられるかということによって、名詞が、半ば意味的、半ば恣意的に類別されていると言えないことはない。しかし、同一の名詞が複数の類別詞をとったり、必ずしもはっきりしていない場合があったりするので、名詞全体の類別を考えるよりも、メアリー・ハース（Mary R. Haas）の辞書（1964）のように、各名詞ごとにそれぞれの類別詞を示すのが、もっとも適切な方法と思われる。（中略）

b)　動詞類　動詞類は、それ自体で述語動詞の位置に立ちうるものを言うが、そのことは、たとえば、否定辞 mây を付けた否定形式や、疑問助辞 máy を付けた疑問形式とその肯定的応答の1語文が可能かどうか、といった試行によって確かめることができる。

　　pay máy「行くか？」—— pay「行く」／mây pay「行かない」、など。

このような動詞類には、動詞のほかに、いわゆる形容詞や助動詞（の一部）などが含まれる。

i) 動詞　動詞には、自動詞、他動詞などの一般動詞のほか、pen「なる、ある」のように補語を要求するもの、chây「そうである」のようにそれ自体に主語、補語を含むものなど種々あるが、その下位分類の問題には立ち入らない。いずれにせよ、タイ語の動詞には、文法範疇としてのテンスの区別はなく、アスペクトを表す助動詞の類は存在するが、全体を図表化できるようなアスペクト体系が存在するわけではない。

ii) 形容詞　形容詞が、何らかの点で、名詞的であるか動詞的であるかということが、言語の類型特徴の1つに数えられるとすれば、タイ語は中国語や東南アジアの多くの諸言語と同様、明らかに後者の類型に属する。すなわち、dii「よい」、sǔay「美しい」、klom「まるい」など、タイ語の形容詞は、繋辞なしで述語動詞の位置に立ち、上述の動詞類としての性質をもつ。

　　　　dii máy「よいか？」　──　dii「よい」/ mây dii「よくない」

など。

　程度の副詞による修飾（sǔay mâak「大変美しい」）や、比較表現（sǔay kwàa「より美しい」）が可能、などの形容詞的性質は、統語的特徴と言うより、個々の語の意味的特徴によるものと考えられ、タイ語においては、いわゆる形容詞を動詞とは別の品詞とする統語上の理由を見出すことの方がむしろ難しいのである。実際、たいていの形容詞は、文脈によっては、状態変化の動詞の意味になる（sǔay lɛ́ɛw「美しくなった」）。このため、前掲ハースの辞書では、いわゆる動詞、形容詞の区別なく、すべて動詞として示している。

iii) 助動詞・補助動詞の類　漠然と助動詞、あるいは、一部を区別して、副動詞、補助動詞、などとよばれるものには、性格の異なった種々の語類が含まれている。その分類は難しいが、少なくとも、次の4類は区別されなければならない。

第1類は、yàak「～したい」、tôŋg「～しなければならない」、khuan「～すべきである」、khəəy「～したことがある」などの助動詞で、動詞（形容詞を含む。以下同じ）の前におかれるが、それ自体が上述のような動詞的性質をもつものである。(中略)
　第2類は、dâ(a)y「（一般的に）できる、してもよい」、pen「（技能的に）できる」、wǎy「（体力的に）できる」、sèt「し終わる」など、可能・達成の助動詞と言うべきもので、動詞(句)の後におかれるが、やはりそれ自体で前述の動詞的性質をもつものである。
　　pay dây máy「行けるか（行ってよいか）？」
　　dây「行ける（行ってもよい）」／mây dây「行けない（行ってはいけない）」、など。
　この動詞（句）＋助動詞の形の述語動詞句において、否定辞 mây は助動詞の前に付けられるから、その中心（主動詞）は、助動詞の方にあると言うべきである。(柴田の注：したがって、第3、第4類の助動詞については引用を省略しますが、第2、第3類が主要部後置型、第1、第4類が主要部前置型になっています。このように、主要部後置型と主要部前置型が混在していることが、歴史的に語順が180度逆転しつつある言語に特徴的な性質です。たとえばフィンランド語やエチオピアのナムハラ語には前置詞と後置詞が併存しています。)

3) 語順と構造　タイ語の統語法を、概要にしろ、全体を系統だてて述べるためには未整理の部分が多すぎるので、以下、主として類型論的に興味のあると思われる点を適宜とり上げて述べることにする。
a) 基本語順　タイ語は、基本語順の点からいえば、SVO型の類型に属する。すなわち、タイ語の一般的な動詞（形容詞）文の基本語順は、主語＋動詞＋目的語、の順序である（むろん、目的語がない場合もある）。なお、hây「あたえる」、sɔ̂ɔn「教える」など、若干の動詞は目的語を2つとりうるが、その場合は、動詞＋直接目的＋関節目的、が原則的な語順である。(中略)

e) 疑問文その他　タイ語の疑問詞疑問文には、疑問詞の文頭移動などの現象はない。

　　khun yàak hây khray pay?
　（あなた―欲する―させる―誰―行く）「あなたは誰を行かせたいか」

　　khun khít wâa kháw ca-maa mŵarày?
　（あなた―考える―と―彼―未然―来る―いつ）
　「あなたは彼がいつ来ると思いますか？」

　肯否疑問文には、平叙文の文末に、máy「か」、rw̌w(rw̌)「のか」、rw̌plàaw「（の）かどうか」、rw̌yaŋ「かまだか」などの（単純・複合）疑問助辞を付するか、chây mây「そうだろう？」、dây máy「できるか、よいか」などを付した付加疑問文の形式にするかである。その使い分けと適切な応答については、最近の研究があるが、長くなるので省略する。なお、命令文は、動詞（句）のままか、文末に sì, thə̀ などの助詞（語気詞）を付ける。（以下、省略）（筆者　三谷恭之）
《「言語学大辞典」『タイ語』からの引用、終わり》

　要するに、タイ語は中国語やベトナム語と同じ仲間の、シュライヒャーが定義した「孤立語」の一つであり、音韻的にも、声調をもっているということです。中国語の声調には４声がありますが、タイ語の声調は５声です。声調というのは、日本語で言うと、高低のアクセントに似ています。「ハシ／（端）」「ハシ＼（箸）」のような感じです。旅行者用の中国語会話マニュアルを見ながら、日本人がレストランで声調を間違えて失敗した、という笑い話があります。日本語でも「塩」と「煙」は両方とも音読みは「エン」ですが、中国語でも、両方とも「ユウェン」のような発音になります。それが、「ユウェン／」「ユウェン＼」「ユウェ＼ン／」「ユウェン～」のように区別されるわけですが、その旅行者は「塩」を持ってきて欲しい、と言ったつもりが「煙（タバコ）」が出てきた、というわけです。
　タイ語は中国語と比較すると、主要部前置型から主要部後置型への変化

があまり進んでいないことが分かります。特に、名詞修飾語が名詞に後置されて、後ろから直前の名詞を修飾する点で、中国語との違いが際立っています。ただし、ここで「中国語」と言っているのは現代標準語のことで、中国語でも南方方言では形容詞は古代以来、後ろから直前の名詞を修飾する主要部前置型をキープしているようです。

しかし、タイ語でも、平叙文から疑問文を作るときの（疑問文であることを表示する）マーカー máy「か」などが文末にくること、また、疑問詞の位置は、それが対応する普通の名詞などの置かれた位置でそのまま疑問詞に変わり、位置の移動をしないことから、たいていは文末か、文末に近い位置に存在する、などの点は明らかに日本語と同じ主要部後置型の特徴になっています。また、数量詞は、（名詞）＋（数詞）＋（類別詞）の語順を取るため、日本語の「鉛筆・2・本」「切手・3・枚」とまったく同じ語順になります。

筆者（三谷恭之）が繰り返し述べているように、西洋言語の文法理論を孤立語の言語にあてはめようとしても無理があります。そもそも、「文を最小の単位の単語に区切っても、各単語には意味と文法機能（品詞）が定まっており、それを基にして文を組み立てる」という発想は、古代ギリシャの原子論以来の西洋的な「要素還元思考」であって、東洋の言語に当てはめようとしても必ず無理を生ずるように思います。特に孤立語の場合には、中国語の最小単位である漢字を想起すれば容易に分かるように、個々の漢字は最もベーシックな（基礎的な）概念を表しているけれど、文法機能は無く、漠然とした「意味」だけがあります。個々の漢字の文法的な役割は、その漢字の前後に配置される他の漢字と組み合わさって成立するのであり、環境（文脈）次第で文法機能も変わってくるのです。たとえば「上」とか「下」という漢字には「意味」は定まっていますが、文脈次第で「上にある部分」「下にある部分」という「名詞」的な使い方もあるし、「上の」「下の」や「上に」「下に」という「連体」あるいは「連用」の修飾語の機能をもつこともあり、さらには「上がる」「上げる」や「下がる」「下げる」のような動詞の機能を果たすこともできます。ただ、このような「品詞機能」という考え方は、あくまで西洋言語の文法の考え方

を当てはめたらそのように考えられるということで、それが孤立語本来の自然な捉え方であるかどうか、には疑問があります。孤立語の言語の場合には、むしろ、個々の単語の意味を合成して、より複雑な構成の合成的意味を作りだしてゆく時に、複数の意味の合成の仕方に一定の順序が習慣的に定まっている、と考えた方が自然な気がします。

さて、タイ語を更によく理解するために、三省堂『言語学大辞典』だけでなく、田中寛『らくらくタイ語文法＋会話』（国際語学社）という本も読んでみました。その中の例文に

    pai thanōn Súkhūmvit, sɔɔi sāamsi'p-si'i máy?
    行く―通り―スクムビット，ソイ―30―4―か？
   （スクムビット通りのソイ34まで行きますか？）

というのが書いてありましたから、住所の言い方は日本や中国と同様に「大」→「小」のズームイン型です。

また、山田均『タイ語のかたち』（白水社）を読んでみたら、「タイ人の名前は名・姓の順ですが、日本人の名前は、姓・名の順なので、そのまま書いてさしつかえありません。」という解説が書いてあったので、姓・名に関しては、日本語や中国語とは逆になっていることが分かりました。また、三上直光『タイ語の基礎』（白水社）には、タイ人の「名前を呼ぶときはふつう、姓でなく、名の方を使います。」「姓は、インド系のサンスクリット、パーリー語からとったものが多く、多音節で長いのが主流です。」と書いてありました。姓・名の順ではなく、名・姓の順になるのは、こういうことが原因かもしれません。すなわち、タイ人の姓名感覚は中国（ズームイン型）よりもインド（サンスクリット＝ズームアウト型）に近いのかもしれません。また、三上上掲書には、「〜年〜月〜日」という日付の表現は、タイ語では日本語と逆に「日、月、年」の順序で言います。」(p.148) と書いてありますから、これもズームアウト型です。

これで、改めて、本章第6節「ズームアウト／ズームイン型認知の深層

第Ⅵ章　人類の言語の起源

構造と表層構造／チョムスキーからの批判に反論する」の中で提起した、ズームアウト／ズームイン型認知の深層構造と表層構造という概念の必要性が明らかになりました。言語面に表出しているタイ語のズーム型認知のマーカーの中には、合成数詞や住所などのズームイン型傾向と、姓名や年月日のようなズームアウト型傾向が併存しているのです。この理由はおそらく、ズームイン型認知の深層構造からの影響と、標準中国語に比較すると未だ圧倒的に主要部前置型の傾向が強い言語の統語語順からの影響とが拮抗していて、表層構造レベルでこのような併存状態が続いているのではないかと思います。

　このことに関連して、2012年度卒業研究「柴田ゼミ」の学生さんたちに、手分けして世界の諸民族の言語と認知型の調査をしてもらった時に（第Ⅰ章６節「ズームアウト／ズームイン型仮説の検証は続く（その１）」参照）、この姓名の呼び方の順序に関して一人の学生が、「僕が担当した言語のことではないのですが、ひとつ、興味深いことが書いてあるウェブサイトがありました。スリランカ（旧セイロン島）では、伝統的には日本と同じように姓・名の順序で呼んでいたのが、イギリスがこの島を植民地にしてから、この島の住民一人一人を管理するために戸籍（住民台帳）を作った際に、姓名の登録をイギリス人支配者に分かりやすいようにイギリス流に名・姓の順で台帳を作ったのだそうです。そして、それが何十年も続いたので、やがてこの島がイギリスから独立して以後も、この状態（名・姓の語順）が慣習的に定着してしまって、現在に至るまで続いているそうです。」という報告をしました。なるほど、そういう歴史的実例もあるのか、と私も興味深く聞きました。従って、認知型表層構造は、外部的要因としては、言語（母語）からの影響だけでなく、植民地支配のような地政学的な外圧の強制力によっても強い影響を受けることがあるのだということが分かりました。スリランカの場合には、イギリスの植民地になっていた時代に習慣として定着してしまった、ということの他に、いったん名・姓の語順で作られた住民台帳を全て姓・名の順に作りなおすことは莫大な費用と時間がかかるから、行政的、予算的に非常に難しいのではないかという現実的な理由が考えられます。

なお、スリランカは仏教国ですが、少数派の宗教として、ヒンドゥー教とイスラム教があります。それで、スリランカの国旗には、これら3つの宗教を表す3つの色が使われており、3つの宗教の平和的共存を表現しているのだそうです。

● 補足1　仏教はズームイン型精神の宗教なのであろう。
　古代サンスクリット語は仏教の経典を記述した言語であり、そのサンスクリットは日本語と同様のほぼ完璧な主要部後置型の言語であることから、仏教は（日本人の認知型でもある）ズームイン型精神の宗教なのだろうと推測されます。そうだとすれば、仏教が何故、ズームアウト型認知のヨーロッパに広まらず、ズームイン型認知のアジアの人々の間に広まったのか、という理由が自然に納得できます。また、サンスクリット語を用いていた古代インドの人々は日本人と同様にズームイン型認知で、主要部後置型の言語を使っていたことになりますから、サンスクリット語が語順を逆転させるべき"内的"な要因は存在しなかったことになります。しかし、19世紀のヨーロッパ言語学が明らかにしたように、サンスクリットとヨーロッパ諸言語とは同一の祖語を持つ兄弟言語だったために、ヨーロッパ祖語あるいは古代ラテン語が180度の語順の逆転を開始したときに、それに引きずられてサンスクリットおよびその後継言語も"外因"によって180度の語順の逆転を開始したものと思われます。第Ⅱ章2節「松本克己『世界言語への視座』を読む（その2）」で引用・紹介した松本氏の研究に拠れば、サンスクリットは格変化の複雑さという大きな弱点を抱えていたために、このような"外圧"に抵抗できなかったと考えられます。しかし、この語順大逆転の過程で、サンスクリットは大胆な格変化の簡素化を断行して弱点を取り除きました。そうなればもう、ズームアウト型のヨーロッパ言語の語順転換におつき合いする必要がなくなったので、本来の主要部後置型具順へとUターンしたというわけです。似たような事情は、第Ⅱ章13節「松本克己『世界言語への視座』を読む（その8）ハンガリー語、フィンランド語、バスク語／ズーム・パラメータと統語パラメータの違いが3つの言語の運命を分けた」の中で解説したフィンランド語とハンガ

リー語の間にも見られるようです。

　いずれにしても、インド哲学やインドという社会の重要さを考えると、上に述べたような、古代サンスクリット語の後継言語を話す人々たちの集団における認知・思考・世界観・宗教観を、ズーム型認知仮説の観点から再検討してみる後続研究が強く望まれます。

●補足2　タイのタクシン派対反タクシン派の対立の根源には、ズームイン型認知と主要部前置型語順の脳内抗争があるのではないか？

　上で詳しく検討したように、タイ語は中国語、ベトナム語と同様の孤立語の1つであり、ズーム型認知はズームイン型ですが、語順のパラメータは主要部前置型で、脳内で認知型 vs 語順の対立・抗争が起きていると思われます。そして、中国語（標準語）の場合には、主要部前置型から主要部後置型語順（すなわち日本語的な語順）への転換がかなり進んでいるのに対して、タイ語では、あまり進んでおらず、ズーム型認知の表層構造においてすら、ズームイン型とズームアウト型が併存しているのでした。

　昨年（2013年）末の朝日新聞「風」欄に、同紙アジア総局長の大野良祐氏が「バンコクから　タイの政治危機　反タクシン的民主主義とは」というレポートを書いています。私の「ズーム型認知と統語型主要部パラメータの相互作用」の仮説を考える上で非常に参考になるのではないかと思われる情報なので、以下に引用して紹介します。

　　《大野アジア総局長の記事の引用》
　　　タイの政治危機　反タクシン的民主主義とは
　　　タクシン、反タクシン。
　　　今年5月にタイに赴任して以来、いったい何度この言葉を書いただろうか。この欄に書いた原稿も、クーデターの噂の話は言うに及ばず、少年犯罪の話までも、タクシン、反タクシンの文脈に吸い込まれていった。タイではそれだけ、多くのことがこの対立から派生している。
　　　そして、かれこれ1ヶ月半続く政治危機。反政府派の拠点である

バンコク中心部の民主記念塔に行けば、日がな一日、反タクシン演説を聞くことができる。タクシン・シナワット元首相は、もう６年近くもこの国にいない人物である。しかし、ずっとタイ政治の主語であり続けている。

　今回の危機は、曲折をへてインラック首相が９日に下院を解散し、総選挙で国民に信を問うことにした。反政府派からすれば、政権を追い詰めて解散・総選挙をもぎとったのであり、混乱の着地点となってもおかしくなかった。

　だが、デモは終わらない。反政府派は「選挙は解決策ではない」と言う。選挙をする前に、中立で立派な人物を暫定首相や議員に任命し、そこで不正、腐敗のない制度を作るのが先決だというのだ。選挙をすれば正しくない政治家が再び権力を握る。その「正しくないもの」の総称が「タクシン」である。

　下院が解散された日、反政府派は一斉に首相府に向けて行進した。そこに次々と人びとが合流していく。高架鉄道や地下鉄は、今回のデモの象徴となった笛（政権打倒を叫ぶ時に吹き鳴らす）を首から提げた人びとで満員だった。その数は、15万人とも20万人とも言われる。

　反タクシン感情はここまで根深いのかと驚かされた。選挙になればまた負ける、という計算も働いているだろう。しかし、選挙だけが万能ではないという伝統的な考え方の一端に触れた気もした。

　反政府デモが続く11月20日に憲法裁判所が出した判決が象徴的だ。公選と任命が半々の上院議員をすべて直接選挙に改める憲法改正を、タクシン系の与党が成立させたが、憲法裁がこれを違憲と断じた。公選議員だけでは下院に対するチェック機能は働かないという。選挙で選ばれた者は国を私物化する、という政治観がそこにある。

　タマサート大学のユクティ教授（社会学）は反タクシン派を「旧中間層」、タクシン派を「新中間層」と分類し、反タクシン派は伝統的な道徳を重視し、政治への第三者の関与を認める傾向があるのに対し、タクシン派は説明のつかない道徳よりも選挙結果を信頼する—と分析する。

政治の混乱がきわまったとき、国王の意志とそれを戴(たい)した軍が事態を収集する。そうやって国難を乗り切ってきたタイで、それを受け入れ支持してきた人びとにとっては、選挙を通じて行われる政治は全体の一部でしかない。
　私たちは選挙結果こそが政権に正統性を与えると考えがちだが、タイでは必ずしもそうではなく、今、選挙と非選挙の相克が起きているとみることもできる。タイにとっての民主主義とはどういうものなのか、間欠泉のように繰り返す同じ構図の政治危機が投げかけているのは、実は大きな問いだという気がしている。しかし今は、「タクシン、反タクシン」の憎しみ合いがすべてを塗りつぶしていて、見定めることができない。
　《引用、終わり》

　ユクティ教授に「新中間層」と分類されたタクシン派は「道徳よりも選挙結果を信頼する」というのですから、これは「主要部前置型語順（現代ヨーロッパ諸言語と同じ語順）」に強く影響されている「言語」派であり、「旧中間層」に分類された反タクシン派は「伝統的な道徳を重視する」というのですから、「ズームイン型認知（日本人と同じ認知型）」に強く影響されている「認知」派ということになるようです。私の「認知 vs 言語」の理論をストレートに当てはめると、このような性格付けになりそうだということです。そうだとすると、この対立・抗争は、あと500年から1000年くらいは続きそうですが、「和を以て尊しと為す」を象徴する王様の権威で国の分裂が回避され続けられれば、やがては必ず終息するはずの対立です。「言語」派が「認知」派に吸収される（あるいは適応してゆく）ようになるでしょう。

Ⅵ—11. 松岡正剛『白川静　漢字の世界観』を読む／人類の宗教の起源
　第Ⅵ章3節「言語・思考・自己意識の発生に関する複雑な関係（その2）」で紹介したジェインズの「双脳精神」の理論では、古代の四大文明は全て、自己意識のない人々が「神の声」に従って築いたと主張していま

す。しかし、ある意味では当然かもしれませんが、彼は中国文明については一言も触れていません。それで、古代中国文明に関しては白川静の研究を調べる必要があると考えて松岡正剛『白川静　漢字の世界観』（平凡社、2008年）という入門書を購入したのですが、北村和夫さんから、上記の第3節で紹介したような情報を教えていただいたわけです。改めて、『白川静　漢字の世界観』を読んでみました。

《『白川静　漢字の世界観』からの引用》
『詩経』の民俗学的解釈
　古代歌謡というものは、神にはたらきかけ、神を動かそうとしたときにその多くが成立しています。言霊（ことだま）が動いていたのです。白川さんは自ら著した『詩経』という本では、そこを「そのころ、人びとはなお自由に神と交通することができた。そして神との間を媒介するものとして、ことばのもつ呪能が信じられていたのである。ことだまの信仰はそういう時代に生まれた」と書いています。
　神と人とが交感できていた時期は、説明を介さずともその言霊が暗に示すであろう内容にあたることを、それなりに実感できてもいたのです。
　たとえば、神に供えた初柴の一枝を水に流せば、それによってその共同体やその当人が感じたい何かの予告を得ることができた。これが「水占（みなうら）」や「柴刈り行事」の起源です。またたとえば、旅の無事を祈って草を摘んだり、その草を結んだりすれば、それが旅の無事の予祝となると実感できたのです。そして、このようなことは、日本のばあいは民俗学こそが多くあきらかにしてきたことでもありました。
　ところが中国古代歌謡のなかには、結婚の祝い歌にどうして薪の束のことや魚のことが歌われているのか、人を誘いたいときの歌にどうして果物を投げる行為が詠まれているのか、主題と比喩がまじりあっていて、修辞学的な解釈だけではよくわからないことが少なくないのです。
　そこで白川さんは、ここに民俗学的解釈を加えようと決断したので

す。
　ひとつ、例をあげます。『詩経』に「揚之水」(たばしる水)という歌謡があります。白川さんの読み下しは、こういうものです。

　　揚れる水　束薪を流さず
　　彼の子や　我と申を戍らず
　　懐ふかな懐ふかな　曷れの月にか　われ還帰せむや

　激流する水に束ねた柴(薪)を投げ入れたのだけれど、どうも流れてくれない。自分が家に残した妻はどうしているのだろうか。なんとも家に帰りたいものだといった意味の歌です。防人の歌で、『詩経』では王風の歌とされています。ところが、この歌に似た歌が、鄭風の歌としてもかかげられているのです。

　　揚れる水　束楚を流さず
　　終に兄弟鮮し　これ予と女とのみ
　　人の言を信ずることなかれ　人は実に女を迋かさむ

　これは兄弟のうちの一人が流れる水に薪の束を入れたところ、流れてくれない。どうもわれわれ二人のあいだに何か信じきれないことがおこっているのではないかというような怖れをうたっています。いったい、なぜここに薪の束が出てくるのでしょうか。
　ところが、『詩経』にはさらにもうひとつ、似たような歌が入っているのです。もともとは唐風の歌に分類されているもので、束薪は出てこないのですが、あきらかにそれを暗示しています。

　　揚れる水　白石鑿鑿たり
　　素衣朱襮　子に沃に従はむ
　　すでに君子をみる　ここに何ぞ楽しまざらむ

511

男女の歌で、女性が詠んだのでしょう。すでに柴の束が流れ去っていて、川底の白石がきらきらと見えているのです。それで女性は密会場所で男に出会えるとおもい、川瀬に男が白い衣に朱色の襟をつけている姿が見えると言っているのです。

　以上が『詩経』に収録されている「揚之水」のヴァージョンです。
　それではさて、この三つの歌はなぜ薪の束をうたっているのか。比喩なのか、それとも実際の行為のことなのか、何かの言い伝えなのか。
　問題はここにあります。あるのですが、実はそのへんについての的確な解釈がなかなかできないでいた歌謡なのです。白川さんはそこで民俗学的解釈をくだしつつ、加えてそこに「興」の作用を想定しました。
　まず、いずれも歌い出しが「揚れる水」になっているのは、それが興的な喚起にあたっているのだろうということです。その起興によって薪の束が出てきます。その薪の束は流れに投じるもののようです。しかし、それによって薪が流れていくのか、いかないのか、そのことが問題になっている。ということは薪と水にはもともと何かの関係があったのだろうと思われます。しかもその水というのは「揚れる水」というのですから、激しいものになっている。その激しい水に薪を浮かべる。そうすると、流れていくか、流れていかないかというクリティカルな状況が出現するわけです。
　ということは、ここには「水占い」にもとづいた行為が象徴されていると白川さんは判断したのです。ここは日本民俗学の応用です。そして「揚れる水」が起興の言葉だったのです。
　つまり、これらの歌は山の柴を水に流して、出来事の成否や吉凶を占う呪的行為に発しているもので、そのことが裏に隠されているのであろうということなのです。こうして白川さんは、ここには「離別(りべつ)寂寥(せきりょう)の興」というものが中国にも日本にも共通して潜在していたとみなしたのです。
　このような見方は、中国詩学と日本民俗学の初めてのドッキング

によって生まれたものでした。誰も試みてはいない見方です。白川さんは自信に溢れていました。さあ、そこで、ここからがまたまた白川さんの独擅場(どくせんじょう)になっていきます。いよいよ『詩経』と『万葉集』を同時に読むという方法が駆使されていったのです。(中略)

　興的方法は失われた世界観にひそむなにがしかの部分の律動を、メタフォリカルに取り出し、記憶再生を試みる手法だったということです。しかしとはいえ、さらに時代がくだってしまうと、その起興や興発のことすらわからなくなってきます。これも当然です。そうすると、何が出来事で何が比喩だったのかもわからなくなってくる。

　というのも『詩経』が収める詩篇には、そのような歌謡的表現や詞章的表現がかなり無造作にまじりあっているのです。そこには五〇〇年、一〇〇〇年という長い時間をへた多様な変質が入り乱れて混在しているのです。『詩経』の集成が漢の時代に完成されたからでもありました。

　ところが、日本ではそのような事情が異なっていたのです。このような古代社会期の表現方法が解体していくプロセスがきわめて速かった。そのプロセスが『万葉集』に収録されているのです。天武天皇の時代をピークに表現された万葉的世界観とその表出法は、その語彙(ごい)、その光景を含めて、長く見積もってもせいぜい一〇〇年ほどのあいだに、そのプロセスを隠すことなく変質をとげていったのです。そのうえ、『万葉集』では枕詞(まくらことば)や序詞(じょし)や縁語(えんご)が発達し、その興的編集術だけはその後も継承されていたのです。それが『古今(こきん)』や『新古今』です。

　ということで、『詩経』の詩篇を覗きこむにあたって、万葉的な見方が有効になりうるということになります。

　ただし、万葉的世界は当初は「万葉仮名」という特別な表記で綴られていたわけですから、漢字の用法で解読するだけでは十分ではありません(このことについては第七章で説明します)。そこで、万葉のなかにあらわれている「民俗」を見ることが必要になっていったのです。

　こうして白川さんは『詩経』と『万葉集』とをつなぎうる可能性に

513

向かっていきました。とくに「興」によって二つは必ずやつながりうると判断したのです。『中国古代の民俗』には、「興はわが国の枕詞や序詞と似た起源をもつ発想法であり、古い信仰や民俗を背景にもつ表現である。興の本質が明らかとなれば、多くの詩篇はすなおに解釈され、その歌謡としての生命を回復することができよう」と書いています。

もっとも「すなおに解釈され」というのは、白川さんだからできるのであって、なかなか「すなおに」とはいきません。わかりやすい例で説明しておくことにします。

草摘みと水占の事例

古来、「草摘み」という行為や光景が重視されていて、そのことがしきりに歌や詩に詠まれていました。まず『万葉集』のほうから引きますが、いくつもの草摘みの歌が収録されています。たとえば山部赤人の次のような歌。

春の野にすみれ採みにと来しわれぞ　野をなつかしみ　一夜寝にける
明日よりは春菜採まむと　標めし野に昨日も今日も雪は降りつつ

美しい春の草摘みの光景がうたわれているようですが、この草摘みは特定の場所と日時を定め、そこに標を結んで春菜を摘んでいるのです。気まぐれではない。これは何かの予祝のための象徴的な行為でした。「昨日も今日も雪は降りつつ」と雪が降ってしまったことを嘆いているのは、草摘みをする予祝の日時が決まっていたからでした。

このような草摘みは相聞歌とみなされてきた歌にもあらわれます。「上毛野佐野の茎立折りはやし吾は待たむゑ今年来ずとも」や「伎波都久の岡の茎韮われ摘めど籠にも満たなふ背なと摘まさね」がそういう歌です。

青々とした摘み草を採っておいて年が明けるまで恋しい人に会うの

514

を待とうとか、籠に草摘みをしているのにそれがなかなか満ちないというのは困ったものだ。いっそ男と一緒に摘めればよかったのだと詠んでいるわけです。

　それが「難波辺に人の行ければ後れ居て春菜採む児を見るがかなしさ」となると、思う人が難波辺の使役のために連れ去られていて、残された女がその男のために春の菜を摘んでいて、その様子がとてもいとおしいというふうに、すすんでいきます。白川さんは、これは女による「男への魂振り」であって、遠方にいる者に会うための予祝行為を詠んでいると考えます。

　他方、これとたいへんよく似た歌謡が『詩経』のなかにもいくつもあるのです。たとえば周南の「巻耳」、小雅の「采緑」、王風の「采葛」です。

　　巻耳を采り采るも　　頃筐に盈たず
　　ああ、われ人を懐うて　かの周行におく　　（巻耳）

　　終朝に緑を采るも　　一匊に盈たず
　　わが髪　曲局す　しばらくここに帰り沐せむ
　　終朝に藍を采るも　　一襜に盈たず
　　五日を期と為せしも　六日にして詹らず　　（采緑）

　　かの葛を采る
　　一日見ざれば　三月のごとし
　　かの蕭を采る
　　一日見ざれば　三秋のごとし　　（采葛）

　草摘みをしたのに籠に満たない、緑や藍をこの日と決めて摘んだのにまにあわない、葛や蕭を摘んでみてもなかなか会えない。そういう気持ちをうたっていると解釈されたり、恋人の所在なげな姿をうたったものだと解釈されていた歌謡です。

515

しかし白川さんは、これらはたんなる恋愛歌謡ではなく、かつての呪的行為が変化して詠まれていると見抜きます。
　同じことは、前章のおわりで紹介した「揚之水」にもあてはまります。さきほどは日本民俗学を借りて中国歌謡を読み解いたのですが、今度は古代中国の詩篇から古代日本の歌謡を見るのです。
　案の定、『万葉集』にも次のような歌たちがあって、やはり枝や薪（柴）を水に流して何事かの願いを予祝していたのです。

　　妹（いも）に逢はず久しくなりぬ　饒石河（にしきがわ）
　　　清き瀬ごとに水占（みなうら）はへてな
　　この夕（ゆうべ）　柘（つみ）のさ枝（えだ）の流れ来ば
　　　梁（やな）は打たずて取らずかもあらむ
　　古（いにしえ）に梁（やな）打つ人のなかりせば
　　　此処（ここ）もあらまし柘（つみ）の枝（えだ）はも

　第一首は水縄を流しての占いをうたい、第二首はかつて吉野の味稲（うましね）という人が柘の枝を水に流したら美女に変じたというように、この夕刻にそんな枝が流れてきたら必ず取ってみたいという意味をうたっています。第三首は、その吉野の味稲が枝など取らないでおいてくれたら、いま私の目の前の流れに枝が流れてきて、私の思いがとげられただろうにという歌です。
　とりあえず草摘みと水占の例を出したにすぎませんが、こうした例はけっしてすくなくありません。まさにこのように『詩経』と『万葉集』はつながり、重なっていたのです。（以下、引用省略）
《『白川静　漢字の世界』からの引用、終わり》

　これを読むと、古代日本と古代中国が呪術的な精神世界を深く共有していたことが見て取れます。独立して偶然に同じような精神が生まれたのか、それとも、古代中国の文化が古代日本に伝わったのかは知りませんが、『東夷倭人伝』に邪馬台国のことが書いてあるくらいですから、恐らく中

国の文化が伝来したのでしょうね。そうだとしても、それが古代日本人の日常生活にまで浸透したということは、古代日本人にも既に同様の精神が共有されていたということでしょう。

　私は本章第2節において、ジェインズの「双脳精神」の起源として、人脳内に第2の司令塔が発生したことをあげました。そして、第1の司令塔のズーム型認知の指向と第2の司令塔に付随する統語構造の主要部前置／後置パラメータの値が真っ向から衝突したインド・ヨーロッパ語族と孤立語族の人々の脳内においては、第1の司令塔には全く論理的に理解できない「神の声」がとどろき渡ったので、これらの人々は無条件に、この神の声に従ったのだ、という解釈を展開しました。しかし、上に引用した白川静の研究によれば、ズーム型認知の指向と主要部前置／後置パラメータの値が完璧に一致した日本語話者においても、孤立語族の代表格の中国語の話者たちと著しく同質の呪術的精神が共有されていたことが分かりました。これを参考にして、改めて考えてみると、2つのパラメータの値が一致したとしても、突然脳内に新しい第2の司令塔が出現して、それが第2節で述べたような3つの高機能を持った知性であれば、旧来の第1の司令塔にとっては、自己を超越した未知の強力な知性がどこからともなく出現したわけですから、当然、相当の驚愕と畏怖の念が発生したでしょう。しかも、その新しい知性は自分の脳内に発生したわけですが、そんなことは古代人に理解できるわけがないから、見ることもできず、触れることもできず、まったく経験したことのない不可視の高度な知性の出現を、彼ら自身の「精神」だけが感知できたわけですから、そこには当然「神」（あるいは「神々」）という宗教的な概念と精神が生まれる必然性があったと考えられます。そうだとすれば、第2の司令塔が脳内に発生した全ての現生人類には宗教が生まれたはずです。そして、宗教的感情と芸術的感性は強い結びつきを持っていますから、芸術（の萌芽）もそこから生まれたと考えられます。また、神秘的なものをより深く知りたいという欲求から、「学問的探究」の萌芽も生まれたと思います。

　第1の司令塔と第2の司令塔は発生以来、脳内の神経間のシナプス結合を拡張・増大させることによって、協調関係を発展・強化させていきま

した。そして次第にお互いの違和感が薄れるに従って、人びとの日常的な神との交感も薄れて宗教心は風化してゆきました。双脳発生以後数百年、あるいは1000年以上たって、宗教心は人びとの個人的な内的精神生活から外在的な宗教権力（教会・寺院など）に主導権が移ってゆきました。これが「古代」から「中世」への歴史的転換の本質ではないかと思います。

　ところで、もしも現生人類だけでなく、たとえばネアンデルタール人の様な旧人にも第2の司令塔が脳内に発生していたとすれば、彼らにも宗教心や芸術の萌芽が生まれていた可能性が考えられます。ただし、考古学的な研究によれば、彼らの喉の構造は、現生人類ほど多くの音素を発声できるようには進化していなかったようなので、彼らの言語は（存在していたとしても）サルなどの叫び声（音声的な合図）に近い、ごく低レベルのものだったはずです。

● 白川静『漢字　生い立ちとその背景』（岩波新書）を読む／古代中国人には「心」が無かった！

　2013年11月16日（土曜日）、私は新飯塚で開かれた数学教育協議会（数教協）県大会に参加しました。18年も福岡県に暮らしているのに、私は福岡の地理に疎く、列車を乗り間違えてしまい、さんざん遠回りをしてしまいました。その代わり、こんなこともあろうかと思ってカバンに詰め込んであった白川静『漢字　生い立ちとその背景』（岩波新書、1970年）を読む時間が車中でタップリ取れました。

　『漢字　生い立ちとその背景』は古代中国におけるいくつもの漢字の成り立ちを説明している本ですが、「心」を一部に含む漢字の成立時期は比較的新しく、「人が神とともにあり、神とともに生きていた時代には、心性の問題はまだ起こりえなかったのであった」と解説されています。これはまさに、1976年に出版されたJ. ジェインズの問題の書『神々の沈黙　意識の誕生と文明の興亡』が描いている古代ギリシャ人の精神世界と全く同じです。以下に、その部分の3パラグラフを引用してみます。

　　《白川静『漢字　生い立ちとその背景』から引用開始》

『説文』（柴田注：『説文解字』とも言う。後漢の許慎の作で紀元100年に成立。見出し字9353字を540部首に分類。未だ甲骨文字が知られていなかったため、解釈の誤りも見られる）の心部には、心に従う字263字を収めている。心的状態を示す語の多いことが知られるが、その大部分は形声の字である。すなわち本来的にあった字ではなく、人の感情生活が豊かになるにつれて、のちに次第に加えられてきた字である。古くから用いられていた字でも、その初義を改めたものが多い。正義や道徳が、その原義から離れて、語の意義内容を変化したのと同様のことが、他にも見られる。

楽は神にいのり、病を治療するときにかざして振る鈴であるが、その音をかえて喜楽の意となり、ねがう意となる。喜は鼓をうって祈り、神を喜ばせる意である。慶は神判に勝利をえた解廌（かいたい）の象であるが、それらの字義はいずれもやがて人事の上に移された。憂は神に哀訴する舞踏を意味し、その人を優といった。これらもやがて人の感情や態度をいう字となる。

急は、及すなわち後から人を追及する字に心を加えてその心的状態を表し、悠はみそぎをしたのちの、心のくつろぎを示す。また愈（ゆ）は、膿血を出して傷痛の去った安らぎをいう。これらは比較的に字の原義をとどめているものであるが、そういう関係をたどりうる字はむしろ少ないのである。それはこのような感情の分化が、時代とともに進んで、文字がその必要に応じて、新たに作られてきたからである。卜文（柴田注：亀の甲や獣の骨に漢字の文を書いておいて火に炙り、新たに発生するひび割れの状態を見て神の意志を知るためのもの。19世紀末に中国古代遺跡から大量に発見された。非常に古い時代の漢字の姿が直接わかる。）には心に従う字がほとんどみえず、金文（柴田注：青銅器文）に至ってもなお二十数字を数えるにすぎない。人が神とともにあり、神とともに生きていた時代には、心性の問題はまだ起こりえなかったのであった。
《引用、おわり》

様々な古い漢字の起源を神との交流という視点から読み解いてゆく白川

静の解釈は、それまでの中国、日本の学界の正統的な解釈とはあまりにも異なっているため、現在に至るも充分には受け入れられているとは言えないそうですが、この点もジェインズの古代ギリシャ人の自己意識の発生に関する理論とよく似た立場にあるようです。あらゆる日常生活の些事に至るまで神が取り仕切っていて人間個人の心や意識が入り込む余地も無いくらいだった古代人の精神生活を、宗教の影がすっかり薄くなってしまった現代人は容易に理解できなくなってしまったのではないでしょうか。私が子供のころは、「大安吉日」とか「仏滅」とか、暦の上でも宗教的に意味づけられている日があり、家の向かう方角や旅立ちの方角にも「吉」「凶」があり、名前の漢字も姓名判断で「凶」を避け「吉」を選んでもらう、風邪を引いたときにはおでこに梅干しの皮を張り付けてもらう、などなどの様々な「古代宗教の名残り」のようなものが日常生活にもあれこれ残っていましたが、これらはすべて「古臭い迷信」となってしまったのでしょうか。

ジェインズが復元を試みた古代人の精神世界では、私の双脳進化論に言う第2の司令塔が、「声」によって第1の司令塔に「神の意志」を伝えるという、音声情報すなわち聴覚神経野が2つの司令塔間の情報伝達を担ったことになりますが、もしかすると、これは、ギリシャ語が表音文字を用いていたからかもしれません。古代中国は表意文字の漢字を使っていましたから、これを卜文として甲骨に刻み込み、火に炙って割れ目を発生させて、その新たな表意文字列に表現されている「神の意志」を第2の司令塔が読み解いて、脳内神経系のシナプス結合を通して第1の司令塔に伝達していたのかもしれません。すなわち、漢字文化では本質的に視覚情報処理が基本になっていたのではないかと思い至りました。古代ギリシャ人が「神の声」という幻聴を聴いていたとするなら、古代中国人は甲骨上に新たな割れ目が付加された漢字記号列から視覚的に呼び起される「神の意志」という幻視を見ていたのかもしれません。そして、時代が下るにつれて、その幻視がなかなか見えづらくなり、中国人は自分自身の内面にある心（感情、意志、思考、推論）に次第に関心を向けるようになったのだと思われます。

それにしても、『漢字　生い立ちとその背景』は 1970 年に出版されているのに、なぜこのような重大な仮説が現在まで殆ど注目されてこなかったのでしょうか。まあ、同書には「心」だけでなく、多くの部首の漢字についての起源が詳しく解説されているので、その一部分として小さく書かれている上記のパラグラフは注目を集めなかったのかもしれません。しかし、その 6 年後の 1976 年には、アメリカでジェインズの『意識の起源』が出版され、古代ギリシャ人の精神生活について、古代中国人に関する白川説と酷似した仮説が大反響を呼んだにもかかわらず、白川説に触れた議論がほとんど起きなかったように見えることは、まことに残念至極です。ただし、さすがに、本節で紹介した『白川静　漢字の世界観』の著者松岡正剛氏は、ご自身のインターネットのブログで、両者の説の類似性を述べています。

　ジェインズが「古代ギリシャ人には"意識"が無かった。脳内に響き渡る"神の声"が"意識"を代行した」と書いた、その 6 年も前に、白川静は「古代中国人には"心"が無かった。卜文に生ずるひび割れが励起する"神の意志"が"心"を代行した」と喝破していたのです。

「吾思う、故に吾在り」というデカルトの近代的な自我。思考する"吾"を外部からじっと凝視するもう 1 人の"吾"。その"第 2 の吾"こそが私の双脳進化論に言う「人脳内に数万年前に突然発生した第 2 の司令塔」です。全ての高等生物の脳内に存在する知的な中枢を私は「第 1 の司令塔」と呼び、人間（現生人類）のみに第 2 の司令塔が発生したと主張しているのです。その第 2 の（新しい）司令塔が脳内でじっと第 1 の（古い）司令塔の挙動をモニター（監視）しているのです。第 1 の司令塔が何らかの困難に遭遇すると、第 2 の司令塔は助け船を出します。編み出された解決策に従って、身をかがめたり全力疾走をしたりするように手足の筋肉に指示を出すのは第 1 の（古い）司令塔が太古から担ってきた役割ですから、第 2 の（新しい）司令塔は何らかのコミュニケーション手段を使って指示を第 1 の司令塔に伝達しなければなりません。それが、古代ギリシャ人の場合には"脳内に響き渡る神の声"であり、古代中国人の場合には"卜文"に付加されたひび割れが呼び覚ます"神の文字"であったのです。指令の

内容は高いレベルの情報を含んでいたので、第2の司令塔が脳内に誕生する以前の「ギャッ、ギャッ」というような行動の合図としての1単語言語では単純過ぎて役に立たず、"文法構造"を持った高級言語あるいは高級文字言語を用いる必要が出てきたのです。すなわち、言語の起源における高級言語（"文法構造を持った"という意味で）の主要な役割は、第2の（新しい）司令塔（＝"神"）と第1の（古い）司令塔（＝人の"意識"や"心"）とのコミュニケーションの手段だったのです。人と人との会話においても、この時代の人々の最大の関心事は、これこれの件について、神の御意志はどのようなものであろうか、ということでしたから、例えば上司が「これこれの件について、神の御指示はこれこれである。」と命令し、部下が「分かりました。必ずそのように実行します。」というように答える会話が多かったのではないかと推測します。すなわち、人間社会の上層階級の人の脳内に響き渡った神の声の内容を下層階級の人々に理解させるためにも、「文法構造を持った高級言語」が必要とされたのだと思います。ピアジェ＝ヴィゴツキー論争の時に出てきた、親から「今日はもう、お人形遊びはこれくらいにしておこうね」と言われた子供が「お人形ちゃんはまだ遊びたいと言っているの」と答えた、その人形の意識（心）が、古代人の場合と同じように、その子の意識（心）を代行しているのです。

　昆虫や魚は意識や心を持っていないように見えます。犬は怒ることがあります。猿は笑う事があります。しかし、怒る犬は自分が怒っていることを意識しているでしょうか。笑っている猿は自分が笑っていることを意識しているでしょうか。怒る犬も、笑う猿も、自分の感情に従って顔面の筋肉を収縮・弛緩させたり、血流を速めたり遅くしたりして、「怒り」や「笑い」の肉体的状態を作り出していますが、そのような自己の状態を外部からじっとモニター（監視）している第2の司令塔は脳内に誕生していないと思います。現生人類の場合には、第2の司令塔（古代においては"神"、現代では第2の"自己"）がこのような状況をモニターしているので、数秒後には「おまえは怒っている」とか「おまえは笑っている」という情報が「言語」手段（"神の声"や"神の文字"）によって第1の司令塔に伝えられるので、「思わずカッとして暴力をふるってしまった」と

第Ⅵ章　人類の言語の起源

か「思わずプッと吹き出してしまった」というような自覚や反省が生まれるのです。「怒り」とか「笑い」などの心理状態を概念化してラベルを着けてコミュニケーションの手段とするために最も効率的な方法としては、「言語」以外には思いつきません。

　この第2の司令塔のモニター機能が弱かったり、第2の司令塔から第1の司令塔への伝達能力が低かった場合には、人間の場合と言えども、自覚や反省なしに、第1の司令塔が生起する感情の赴くままに直情的な行動を継続することになるでしょう。赤ん坊や幼児の行動がこれに該当し、「今泣いたカラスがもう笑った」とからかわれるような、単純な行動の切り替えも自覚抜きで起こります。少し知恵が付いてくると、テレたり、恥ずかしがったりする感情が芽生えます。自分の行動がしっかりモニターされており、さらにそれを周囲の人間がどのように評価するかが推測できるようになるからです。賢い類人猿であれば、危険が予想される行為に対して怯えたり萎縮したりすることはあるでしょうが、テレたり、はにかんだりすることは無いと思います。そのように見えるケースがあるとすれば、それは類人猿のはにかみではなく、見ている人間がミラーニューロンを働かせた結果の「感情移入」だと思います。

第Ⅶ章

未来を創る

Ⅶ—1．グローバル・デザイン／発達障害児のためのカリキュラム開発が全ての児童の理解しやすい授業を産み出す

　私は2013年3月に福岡大学の研究資金を得て、フィンランドから2名の研究者を福岡大学に招聘しました。タンペレ工科大学で数学および数学教員養成のための講義を担当しているシルカ＝リイサ・エリクソン教授と東フィンランド大学で理科の教員養成のための講義を担当しているトゥーラ・ケイノネン教授です。

　共同研究調査事業の一環として、福岡県教育総合研究所の高濱俊雄先生や三角富士夫先生のご援助を得て、福岡県内の小学校で算数科目「分数」単元の授業参観をさせていただきました。事前に、この授業の指導案（授業計画書）を頂いていましたので、まず、それを以下にご紹介しておきます。

　　《授業指導案からの引用》
　　小学4年「分数・等しい分数」
　　1．4年生の単元「分数」における指導内容
　　　○単元の目標
　　　　分数についての理解を深めるとともに、同分母分数の加法および減法の意味について理解し、それらを用いることができるようにする。

○指導事項
・簡単な分数について、大きさの等しい分数があることに着目すること。
・同分母の分数の加法及び減法の計算の仕方を考え、それらの計算ができること。

2．教科書における「等しい分数」についての問題点
①教科書では「等しい分数」として、1時間扱いで、数直線を使い、そこに定規を当てて同値分数を探させるだけの活動を行い、同値分数の存在に着目させるという学習である。

　同値分数の存在だけで学習を終わり、4年生の学習では、見つけた同値分数の意味や見つけた同値分数を活用して思考する場がない。同値分数の役割は、同じ分数と取りかえることが出来るというところにあるのだが、このことが取り扱われていない。

　そして、5年生では、異分母分数の加減計算の学習となり、ここで同値分数が必要になってくるのだが、4年生で学習した同値分数の記憶が薄らいでいて、同値分数の再学習が必要となってくる。

3．改善点
①「同値分数である」ということについて、子どもにしっかりとらえさせるには、長さで表した時の数直線の大きさを示すことが必要になってくる。そこで、<u>分数テープをつくる活動を行い、その分数テープによって、「同値分数を発見する、分子が1の分数だけでなく全体の大小比較・異分母分数の大小比較をする」</u>という展開にしていきたい。さらに、見つけ出した同値分数を使えば、異分母分数の加減計算も、同分母の加減計算に変形してできることに気づかせていきたい。

②等しい分数を知っているだけでは、その使い道は分からない。異分母分数の大小比較や加減計算の場合に、分母が同じ大きさの分数に置きかえて（例えば1/2を2/4に交換する）計算できることを、学習活動の中で、分数テープや分数カードを使って発見させていきたい。

このように、同値分数の意味・活用の仕方が分かり、存在価値が深く残る指導にしていきたいと考える。

4．指導の実際（「等しい分数」：総計6時間）
〈1時間目／6時間　分数カードづくり〉
①ねらい
　○分母は単位分数の単位を表し、分子はそれのいくつ分かを表していることを想起させ、再確認させる。
　○分母の異なる分数の大きさを比べる方法を工夫しようという課題を持たせる。
②展開
　○分母が2，3，4，6の分数カードをつくる。
　○同分母分数を小さい順に並べる。
　○作った分数を全部小さい順に並べる。（並べた順に輪ゴムでとめておく。）
　○自分の考えた順番（並べた順）をノートに記録しておく。

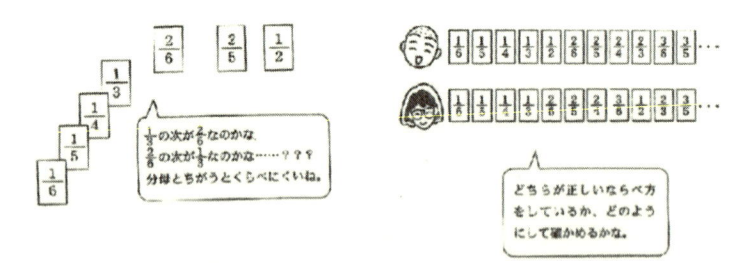

〈2時間目／6時間〉
①ねらい
　○大きさを比べるために分数テープをつくればよいことに気づかせ、分数テープをつくらせる
②展開
　○30cmを「1」として、分母が2，3，4，5，6の分数テープをつくる。

○同分母分数ごとにクリップでまとめておく。

〈3時間目／6時間　分数の大きさ比べ〉
①ねらい
　○分数テープを使って、分数カードの並べ方を確認させる。
　○等しい分数の存在に着目させ、(1/2, 2/4, 3/6) と (1/3, 2/6)、
　　(2/3, 4/6) をとりださせる。
②展開
　○分数テープを使って、分数の大きさ比べをする。
　○テープの順番にそって、自分の分数カードの並べ方を確かめる。
　○大きさ比べをした結果をみんなで確認する。

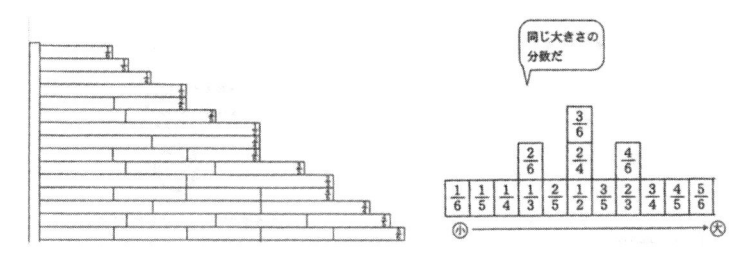

　○同じ大きさの分数テープ・分数カードをまとめる。この時、分母
　　の最も小さい分数を一番上にのせておく。（代表分数）

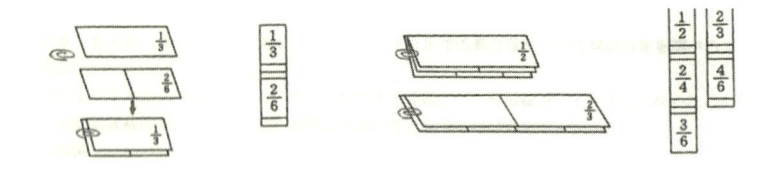

○最初に書いた自分の予想と正しい大きさの順序を確かめながら、正しい大きさの順序をノートに整理して書いておく。

〈4時間目／6時間　等しい分数を使っての異分母分数のたし算〉
（本時、フィンランドからの参観者の先生たちに向けた公開授業）
①ねらい
　○1/6 + 2/3の計算について、2/3をそれと等しい4/6と入れかえる（交代させる）と、計算が可能になることを気づかせる。
②展開
　○課題：「1/6 Lのカルピスを2/3 Lの水でうすめると何Lになるでしょう。」をもとに、めあてをつかむ。
　・実際に、実演してみせる。

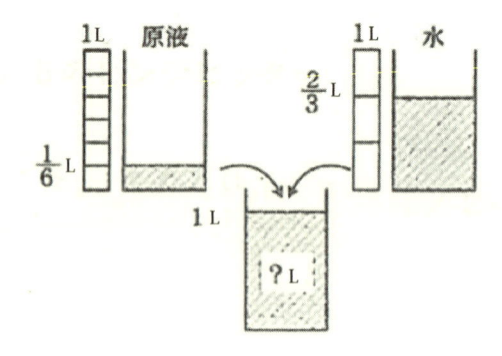

　・式に書かせる。「1/6 + 2/3」
　○今までに学習してきたことをもとにして、自分で解決する時間をとる。
　・分数テープを使って求める。

・分数カードを使って求める。

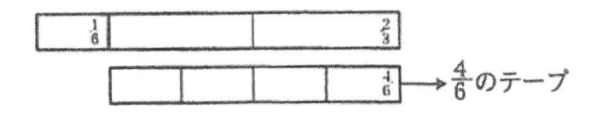

○フリートークを行い、自分の求めた方法を友達に説明する。
・2/3 は、4/6 と同じ大きさだから入れかえて（交代させて）計算できる。

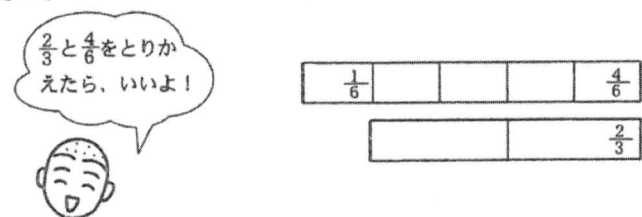

○全体で交流し、式に整理する。
・1/6 + 2/3 = 1/6 + 4/6
　　　　　　 = 5/6

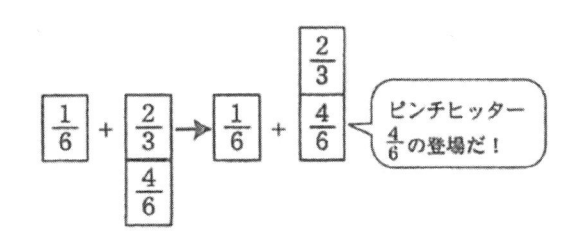

○練習問題をする。
〈5時間目、6時間目／6時間　異分母分数の足し算②・分母が10までの真分数について同値分数を調べる〉
　引用、省略
《指導案からの引用、終わり》

上の様な指導案に沿って公開授業が行われました。

先ず、前述第Ⅲ章 5 節で紹介した前年度のフランスのボダン先生の授業参観の時と同じように（参観したのは県内の別の小学校でしたが）、クラスの子供たちが全員でフィンランドから来た参観の先生たちを歓迎するパーティーをやってくれました。外国から授業参観に来る先生がいるということに、子どもたちはわくわくしています。

それから、これまで学習した分数のことを、分数テープや分数カードを用いて復習しました。分数の単元は 6 回の授業の予定で、本日はその 4 回目です。授業の様子を見ていてちょっと驚いたのですが、教卓のまん前の座席に座っている男の子が、先生の説明が始まるや否や、がばっと机の上に突っ伏して、頭を抱え込んで、まるで居眠りでもしているかのように、突っ伏した姿勢を続けています。私は、この子は授業の内容が完全にちんぷんかんぷんになってしまって、学習に落ちこぼれてしまった子どもなのかなあ、と思って見ていました。担任の先生も、周囲の子供たちも別にそれを気にする様子もなく、この子をまったく意識せずに、というか無視した感じで学習が進められてゆきました。

指導案の予定通りに授業が進んで行き、一通り分数テープや分数カードの復習が完了して、それを応用して「課題」の「1/6 L のカルピスを 2/3 L の水でうすめると何 L になるでしょう。」を考え始めて、先生が 2 つの透明容器の一方に 1/6 L のカルピスを、もう一方に 2/3 L の水を入れて、「さあ、こちらの水をこちらの容器のカルピスに注いで薄めると、全体の容積は何 L になるのか、これまで勉強したことを使って計算してみましょう。」と言って、生徒たちに計算をうながして、みんながいっしょうけんめいに計算をしている最中に、突然、教卓のまん前の席で突っ伏していた男の子がガバッと姿勢を起こして、「おれ、分数カードより分数テープの方が好きなんだ。分かりやすい！ 2/3 の分数テープと同じ長さのテープで 4/6 があるから、1/6 + 4/6 は、5/6 なんだ！」と叫びだしました。そこで先生が初めてその子に近づいて、「ふーん、そうなの。ちゃんとテープが使えるようになったね。」と言って、「みんなも、どうですかー？ できたかなー。分数カードを使った人、何人いるかな？ はい、それじゃあ、

分数テープを使って計算した人は？」と、人数を調べるために挙手をさせました。「分数カードの方が便利で簡単」と言いながら挙手をした生徒の方が、かなり数が多い感じでした。

「はーい。それじゃあ、先生が水をカルピスの容器に注いでみるよ。みんな、自分の計算の通りの容積になるかどうか、よく見ていてね。」と先生が実験をやろうとしたら、例の最前列の男の子が、「やる必要ない！ちゃんと計算したんだから、5/6 L になるにきまっている。やる必要なし！」と繰り返し主張しました。先生も、他の生徒たちもこういうことには慣れているらしく、「そうかねえ。でも、やっぱりきちんと確かめたいよ、ね。」と言って、この男の子を説得しつつ、水を注ぎました。「はーい、結果は 5/6 L になったよー。みんな、計算は正しくできていたかな？」と先生が言うと、最前列の男の子が「ほーら、俺が言った通りや。分かってたんだから……」と言いました。先生がうんうん、という感じでニコニコ微笑んで頷いています。私も、この子が授業の始めの方で机に突っ伏していたのは、理解できなくて落ちこぼれていたわけではなかったと知って安心しました。これがこの子の「個性」なんですね。それを担任の先生や周囲の子供たちが良く理解して、和気あいあいと授業が進められていることに感心しました。

　授業が終わって、参観者、参加者の「反省会」（Lesson Studies）が開かれました。校長先生も参加しました。フィンランドから来たお二人から、「大変楽しい感じの学習風景だった。一人の落ちこぼれもなく、全員が分数の計算法を良く理解している様子に感心した。」「フィンランドでも、アメリカを含む全世界の教育関係のサイトを参照して、学習に役立ちそうな教材のアイディアを見つけて、フィンランドの教科カリキュラムに合わせた教材を作って授業で利用するように努力している。本日の授業の分数テープや分数カードも、シンプルではあるが子どもたちにとって非常に分かりやすい教材になっていると思った。」などの感想が述べられました。また、質問に答えて、フィンランドの教科書の種類について、また、教師は必ずしも教科書の教え方にとらわれる必要はないことなどが説明されま

した。(第Ⅴ章2節の末尾の追記も参照。)

　校長先生から、「この小学校は、福岡県の先進教育指定校になっています。県の教育委員会で設定したいくつかのテーマについて、それぞれのテーマごとに立候補する学校を募り、わが校は「ユニバーサルデザイン」の枠に応募して、指定校として認められました。」というお話がありました。私が、「『ユニバーサルデザイン』という言葉を初めて伺ったのですが、どういう意味なのでしょうか？」と質問しました。校長先生が、解説リーフレットを出してくださって、「学級にはいろいろな面で気になる子がいます。たとえば、言葉だけでは理解することが困難な子や集中が続かない子などです。そんな気になる子には、絵や図、動作で理解を促したり、余計な音や掲示物をなくして情報を最小限にしたりする支援が必要です。実は、このような支援が、他のすべての子にとっても、理解や集中を高めているのです。発達に問題のある子にとっては『無いと困る支援』が、他の子にとっては『あると便利な支援』になるのです。それが『ユニバーサルデザインの授業づくり』の考え方です。」と説明しました。私が、その説明を英訳して伝えると、フィンランドの先生が、「私たちの国でも、そのような授業づくりを進めるように奨励されています。」とコメントしました。

　活発な意見交換会が終わってお開きになったところで、校長先生が私に向かって「柴田先生とはどんな先生なんだろうと興味がありましたが、本日お話をうかがって、理解できたように思います。」というようなことを言ったので、私としては「？？？」という感じでしたが、「それは、どうも」とお答えしておきました。後から思いついたのですが、教育管理職研修用の雑誌に私の著書『フィンランド教育の批判的検討』(花伝社)に対する好意的な書評が掲載されたことがあったので、たぶんそれをお読みになって興味をもたれたのであろう、と推測がつきました。

　さて、上の様な「ユニバーサルデザイン」の実践授業のレポートを書いていたら、福岡数学実践研究会の機関誌2012年2月号に掲載された高濱俊雄先生の「定年退職に当たっての思い出話」の記事を思い出しました。

高濱先生は小学校教員生活の間、数々のすぐれた教材・教具を制作して、「教材づくりの達人」と呼ばれた人です。

　《高濱先生の思い出の記、引用開始》
　32才の頃だったと思う。担任した3年の学級にA君がいた。A君はくり上がりくり下がりができなかった。ひらがなは何とか読めるが，書くのは苦手だった。授業中はおとなしくしていたが十分に学んではいなかった。友だちをつくるのが苦手でよく1人で遊んでいた。水遊びが好きで，寒くても運動場の手洗い場で遊んでいた。
　その時，「分数を液量で指導する実践をしてみないか」という話しがあった。これが三角富士夫さんとの出会いである。プランづくりに三角さん，Yさん，Tさんが駆けつけてくださったと記憶している。
　現行の教科書もそうだが，3年の分数の導入は1mをもとにした長さを用いていた。（当時は「ゆとり教育」導入前の教育課程だった）。1mのテープを2等分、4等分…するのは子どもにもできるが，3等分や5等分はなかなかできない。やり直しをするために，テープに幾筋もの折り曲げた跡が残り，どれが等分した折り目であるか分かりづらい。
　液量であれば，器に注ぎ分ける作業をさせることができる。このことによって，テープを折るという作業より，等分するというイメージをより明確につかみとることができる。また，やり直しも簡単である。
　水遊びが大好きなA君にとっても，楽しい授業になるに違いないと考えた。
　問題は，教具である。注ぎ分けて等分するのだから，水面の高さを比べて同量であるかどうか判断しなければならない。同じ形状の器が必要である。また器を横に並べて比べるには，メスシリンダーのように器の側面が底面に直立しているものの方が比べやすい。さらに，教具は1人1セット必要である。グループに1セット程度では，A君は十分に作業することができない。1/5までの単位分数マスをつくらせると150個の器が必要であった（5個×30人）。基準量を1dLでは

なく任意単位にしようということで,「1コップ」を基準量とした。

　プランをつくりながら,教具さがしが始まった。スーパーや量販店,DIY(Do It Yourself)をまわり適当なものがないか探すが,寸胴のもの,コップの内側の底が平らなものはなかなか見つからなかった。目にとまったのは「ワンカップ大関」のコップだった。角打のある酒屋を尋ね,空きコップがないか聞くが,数が足りない。具合が悪いことに器をメジャーに使えるようにと,コップにめもりが打ち出されていた。他を探す。夜,日本酒の自動販売機を回って探したことを覚えている。「ワンタッチ忠勇」を見つけた。

　(柴田の注:Wikipedia「立ち飲み」から引用する。

　http://ja.wikipedia.org/wiki/%E7%AB%8B%E3%81%A1%E9%A3%B2%E3%81%BF

　代表的な立ち飲みの店は、酒の小売店としての酒屋に併設された立ち飲みスペースのことである。酒とおつまみ(乾き物や缶詰、フライ)などを購入し、店の一角やレジカウンターの隅を借りるかたちで、店で買った酒やつまみを飲食する。飲食店ではないので、店側はサービスできないのが基本である。椅子を出せないので、立ち飲みとなるわけである。あくまで客が勝手に店内のビールケースなどを持ってきて、古雑誌を座布団がわりに座る場合もある。(中略)北九州地方では、酒屋で立ち飲みすることを「角打ち(かくうち)」と言っている。ひところに比べるとその数は激減しているが、まだ健在である。)

　角打を回って空きコップを譲ってもらうには,実践まで時間がない。数をそろえるには,中身付きでなければならなかった(笑)。近くの酒屋の主人に,ケース毎購入するというと,仕入れてきてくれた。

　品物が届いた。はじめにしたことは,今入っている1合のところに,ガラス用の塗料を使って印を付けることだった。これが基準量「1コップ」となる。次に中身を移して(付属の塩昆布もとって),コップを浴槽に沈め,のりが緩くなったものからラベルを剥いだ。プランを練り上げながら呑みながらの楽しい作業だった。

　さて授業では,A君が楽しそうに水を分けていたことは言うまでもない。1コップの水を,2個のコップに等分する。そして2等分した

水の1つ分を「1/2コップ」と名付ける。現在の，液量で指導するプランの原型ができた。

　この授業で忘れられない2つの出来事がある。A君は，この授業のまとめ「今日の授業で」に次のように書いた。「はけた，はけた」。2つに「はけた」ことを表現していた。そして「せんせい，明日も水遊びすると（柴田注：「すると」は「しますか？」の博多方言）」と私に問いかけ，笑顔でA君は帰っていった。

　現在，コップではなく，ポリエチレン製「1合壜」を勧めている。食品用包装資材店で求めることができる。プランを，福岡県教育総合研究所刊「教育総研授業プランシリーズ1　分数」に掲載している。
（後略）
《引用終了》

Ⅶ―2. 新たな旅立ちの始まり（とりあえずの中間的な総括に代えて）／福岡の子どもたちの脳内宇宙の晴れ上がり、私（筆者）の脳内宇宙の晴れ上がり／「近代ヨーロッパの精神＝人類の普遍的精神」というマインド・コントロールからの脱却

　私は一昨年（2011年）に、福岡県教組の教育研究集会共同研究者となり、そして、福岡県の教師たちの30年に渡る算数・数学教育実践研究の驚くべき成果を見聞して、その成功の秘密について深く考える中で、若い頃から半世紀に渡って疑問に思ってきた「西洋的思考と東洋的思考（情緒）の違い」に改めて注目することになりました。

　本書は、その考察の第1報となったウェブ・ブログ言問いメール　第510号「くり下がりのある引き算を地域ぐるみの取り組みで落ちこぼれゼロにした久留米の小学校教師たちの驚くべき算数教育実践」（2011年9月26日掲載）から始まる約2年間の論考ブログの記事を、ほぼ時系列に沿って収録したものです。振り返ってみると、この2年間に、私は実に多くの新しいことを学び、新しい経験をしました。私の認識も急速に変化してきました。まだまだ「発展途上」ですが、とりあえずの中間総括として、本書を出版することに致しました。福岡の子供たちの頭脳がズームイン型

カリキュラムの算数教育で「晴れ上がり」を勝ち取ったように、私の脳内も、チョムスキーの主要部パラメータの理論、松本克己氏のヨーロッパ諸言語の統語構造の歴史的変遷の研究、ジェインズの双脳理論と意識の発生理論、橋本萬太郎氏の中国語語順の歴史的変遷の研究、遠山啓の「水道方式」の理論、などなどを学ぶことによって、次第に晴れ上がってきました。14～17世紀のヨーロッパ人の脳内の「晴れ上がり」も斯くあるべし、という感じです。
　幕末維新の「文明開化」以来、私たち日本人はひたすら西洋文明を学び、「殖産興業、富国強兵」のスローガンの基に、国の西洋化、近代化に邁進してきました。学校教育のカリキュラムも、西洋化の基本方針に基づき、また太平洋戦争以降はアメリカ的生活単元学習や「数学教育の現代化」、21世紀に入ると「情報化」や「IT機器の活用」など、「グローバル（資本主義）化」が押し進められてきました。とくに算数・数学のカリキュラムは、演繹的思考という西洋思考型のカリキュラム編成が顕著だったと思われます。日本人の子どもたちのかなりの部分が、潜在的に、このような思考パターンについてゆけなかったのではないか、福岡の教師たちの奇跡的とも表現すべき成功例は、この思考パターンを帰納的、経験主義的、そして私が「ズームイン的」と名付けた「大から小へ」の思考パターンに基づくカリキュラム編成へと授業を改善した結果ではないか、と考えるようになりました。イエス・キリストが、あらゆる医者に見放された重病人を軽くなでただけで嘘のように病気が治癒されたという聖書伝説を見るような、福岡県における算数教育実践の成功例の数々は、現在のようなヨーロッパ起源の教育学や児童心理学では説明不可能な「奇跡」ではないか、と考えたのです。
　ズーム型認知と言語との相互作用の理論は、西洋言語学だけでなく、西洋起源のあらゆる人文科学（哲学、心理学、歴史学、教育学など）や社会科学の根本的な欠陥を突いています。それはちょうど、20世紀初頭に、相対性理論や量子力学が古典物理学に与えたのと同種の衝撃を人文科学や社会科学に与えることになるでしょう。相対性理論や量子力学が古典物理学を否定したのではなく、その限界をより高い立場から明らかにしたよう

に、ズーム型認知と言語との相互作用の理論は、ヨーロッパ起源の人文科学や社会科学を全面的に否定するものではなく、それらの理論がヨーロッパ人によるヨーロッパ人のためのヨーロッパ的思考の探求の学問であって、決して全人類的普遍性を持った学問ではなかったことを明らかにしました。ヨーロッパ起源の学問が、あたかも人類普遍の学問であるかのように錯覚されたのは、ひとえにその経済的、軍事的な成功が全世界を力ずくで支配したため（帝国主義、植民地主義、冷戦体制、グローバル資本主義）だと思います。ヨーロッパ金融危機や米ソ冷戦に代わる米・中協調覇権主義など、世界のパワーポリティックスには大きな変動が顕著になってきました。それが次第に、今後は学問研究や教育・文化の面でも顕在化してくるものと予想されます。

　なお、私が「ズームアウト型認知」「ズームイン型認知」と名付けた人脳の活動パターンの実態は、人間の赤ん坊が少年少女期になって行くときに、脳内で神経細胞が軸策を伸ばしてシナプス結合を張り巡らせて行く際に、演繹的な思考を基本とする回路網を作ってゆくのか、あるいは帰納的思考を基本としてゆく回路網を作って行くのかの違いではないかと推測しています。これはまた、コンピュータによる自然言語の構文解析を行う場合にトップ・ダウンで解析して行くのか、あるいはボトムアップで解析して行くのかの違いにも対応しているように思われます。さらに、人工知能の分野で、問題の解決策を探ってゆく時の手順として、横型探索を優先するのか、それとも縦型探索を優先するのか、の違いでもあると考えています。これらの違いは、おそらく、「左利き」「右利き」の違いのように、遺伝子によって個々人には生得的に決まっているようです。ただし、「左利き」の人間は地球上のどの民族を取っても統計的に有意に少数派であるのに対して、「ズームアウト／ズームイン」認知型の人口比率は各民族によって非常に異なっていることが顕著に分かります。そして、この認知型の違いは人生観・世界観の根本を規定する宗教の選択にも強烈な影響を及ぼしているようです。私が観察した限り、ズームアウト型認知（演繹的、トップ・ダウン的）の民族はみんな一神教（キリスト教、ユダヤ教、イスラム教）の信者が多数を占めています。今のところ例外は見つかっていま

せん。ズームイン型認知の民族では、多神教や２神教、あるいは特定の宗教に偏っていなかったりする場合がほとんどで、１神教を国の宗教としている場合は非常に少数の例外です。このことについては、本書の出版以後も、引き続き調査して行きたいと考えています。

　本書をひとまず終了するに当たっての「まとめ」のスローガンです。
- 温故知新　歴史ニ学バザルハ蒙シ
- ドンキホーテ（時代の空気を読まないし、読めない人の代表）たれ！
- 日本には世界最強の教師たちが居ます。
- 「教えの匠」の技を、若い教師たちに伝承して行くことが重要です。
- Think globally（地球的規模で世界史的に考える）、Act locally（地域に密着して地道に実践する）。

補足

●補足1　小学校算数『水落し』と流体力学

　一昨年（2011 年）7 月 29 日に福岡県教組の「カリキュラム編成講座」に参加しました。私は「算数・数学教育分科会」に参加したのですが、いずれの講演発表もたいへんレベルの高い素晴らしい内容で、とても勉強になりました。この補足では、そのなかの1つである、高濱俊雄先生の「もとになって変わる量・結びついて変わる量」の授業実践について皆様にぜひ報告したいと思います。

　先ずは、授業実践の報告に先立って、2008 年度改定の新学習指導要領における「数量関係」の記述の紹介がありました。それによると、学習指導要領では、

【3年】数量を□などを用いて表し、その関係を式に表したり、□などに数を当てはめて調べたりすること。
【4年】
（1）伴って変わる2つの数量の関係を表したり調べたりすることができる。
（2）数量の関係を表す式について理解し、式を用いることができるようにする。
【5年】
（1）表を用いて、伴って変わる二つの数量の関係を考察できるよう

にする。
（2）数量の関係を表す式についての理解を深め、簡単な式で表されている関係について、二つの数量の対応や変わり方に着目できるようにする。
【6年】
（2）伴って変わる二つの数量の関係を考察できるようにする。
（3）数量の関係を表す式についての理解を深め、式を用いることができるようにする。

というように、ほとんど同じようなことが、毎年度、繰り返し出てきます。しかも、それらの単元で取り上げられている「実例」のほとんどは、毎年、「正比例」関係ににある2つの量であり、しかも、これらの単元とは別に、「比例」という独立した単元もあるのです。すでに2年度目になると子どもたちは、「また、伴って変わる量かよ。去年やったじゃねーか」と飽きてしまい、それがさらに5年生になってまた出てきて、だめ押しに6年生になっても出てきて、さらにほとんど同じことを別の単元である「比例」の時間にも学習させられるのです。「いいかげんにしてくれよ」という気持ちになるのは当然でしょう。

　もちろん、大切なことは何回でも繰り返し学習することは、一般論としては大切なことです。「百マス計算」などというのも、そのような考え方から来ているのでしょう。しかし、同じ「伴って変わる2つの量」について、3年、4年、5年、6年で学習させるのであれば、1年度ごとに、「へーっ、伴って変わる量の関係には、こんなに珍しいこともあったのか！　奥が深いんだなあ」と、毎回あらたな感動を生むような教材が出現しない限り、2回目ですでに、「そんなの去年やったじゃねーか。もー、いいよ」ということになってしまいます。そして6社の算数の教科書の内容を吟味した限りでは、まことにお粗末で、小学生たちを算数嫌いにする目的で作られたかのような印象を受けます。

　もちろん、各社の教科書の教材は、なんとかして「正比例」以外の関数関係の実例を示そうとして努力しているものも幾つか見られます。

補足

例えば、某社の4年生の「かわり方」の単元には次のような例題が載せてあります。

[1] 上のように、まわりの長さが18cmになる長方形をいろいろかいて、たてと横の長さのかわり方を調べましょう。
（1）たての長さが1cm, 2cmのとき、横の長さはそれぞれ何cmになるでしょう。
（2）たての長さを3cm, 4cm, ...とかえていったときの横の長さを調べて、下のような表をつくりましょう。

たての長さ（cm）	1	2	3	4	5	6
横の長さ（cm）	8	7				

（3）、（4）省略
（5）たての長さを○ cm, 横の長さを△ cm として、たての長さと横の長さの関係を表す式を書きましょう。
$$\bigcirc + \triangle = 9$$

同社の6年生の「伴って変わる2つの量の関係を調べよう」の単元では、次のような例題が載っています。

（い）面積が $24cm^2$ の長方形の横の長さとたての長さ

たての長さ（cm）	24	12	8	6
横の長さ（cm）	1	2	3	4

これは、まあ、24の素因数分解の練習みたいなものです。
そして、上に上げた2つの例は、いずれも、x + y = 9、x * y = 24という「陰関数」の例を挙げているわけで、ここから中学校で学習する「陽関数」y= f(x) へと発展的につなげてゆくには不適切な題材となっています。

541

カリキュラム面における「小・中連携(継続)」が考慮されているとは思えません。

また、某社の4年生の「どのように変わるかな」の単元の実例は次のようになっています。

「時こく当てゲームをしています。
　ふしぎな時計があります。短いはりで時計を読むと何時かな。
（ア）の時計ばん（円盤の周に12等分点が描いてあり、一番上の位置に向かって短針が描いてある。）「12時です。」
　⇒ひっくり返すと……
（イ）（円盤の周に12等分点が描いてあり、「1時」の方向に向かって短針が描いてある。）「1時になっている。」

（先生）「はるかさん、同じようにしてみんなに問題を出してください。」
（はるか）「では、問題です。（ア）の時計ばんを2時にしたとき、（イ）の時計ばんは何時になりますか。

（あかね）12時のときは1時間進んでいたから……。3時だと思います。
（先生）11時です。

　⇒ひっくり返すと……
（はるか）11時です。
（ゆうた）先生はどうして答えがわかったんだろう。
（あかね）何か、きまりがあるのかな。

恥ずかしながら、私はこの問題の意味が全く理解できませんでした。12時になっている時計盤はひっくり返して裏から見ても12時のはずなのに、それがどうして「1時」に見えのか、「ありえない！」と思いました。

さんざん考えてから、ようやく、表と裏の短針の絵は独立に描いてあるのであり、表が12時であることと、裏が1時であることには何の因果関係もないということが、ようやく理解できました。

しかし、それでも私の頭の中では、問題の意味が全く理解できませんでした。生徒が最初に選択するのは、いちばん上に持ってくる点（12等分点の一つ）で、これが最初に値を選ぶ独立変数になっています。それによって、短針の位置関係が決まり、何時の位置を指しているかが決まります。それから、この最初に選んだ一番上の位置を固定したまま盤を裏返して、裏に描いてある短針の位置を確認して、それが何時の位置にあるかを決定します。そうすると、最初に無作為に選んだ独立変数の値に関係なく、表の短針の時刻と裏の短針の時刻との和が常に13になるという不変量が存在する（「保存法則」の存在）ということが言える、というわけです。これ自体はたいへん興味深い現象ではありますが、「伴って変わる2つの量」の単元の教育例としては、あまりにも異質だと思います。

そんな、こんなで、帯に短し、たすきに長し、と言うか、なかなか適切な実例が見つからない中で、唯一つ、きわめて自然で興味深い例が、大日本図書4年生用の「2つの量のかわり方を調べよう」の次の例です。

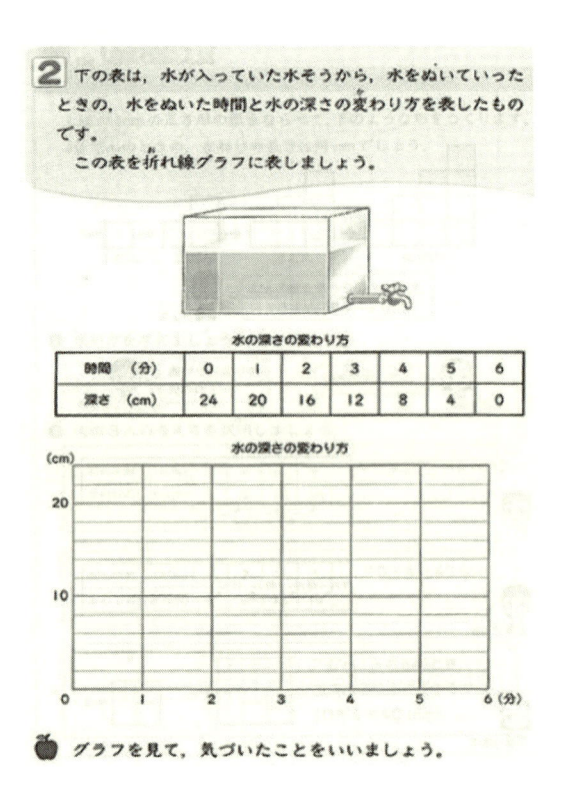

> **2** 下の表は，水が入っていた水そうから，水をぬいていったときの，水をぬいた時間と水の深さの変わり方を表したものです。
> この表を折れ線グラフに表しましょう。

水の深さの変わり方

時間（分）	0	1	2	3	4	5	6
深さ（cm）	24	20	16	12	8	4	0

🍎 グラフを見て，気づいたことをいいましょう。

　この例題は、独立変数が時間 t で、水の量（深さ）が目に見える形で連続的に変化してゆきますから、実例としてはきわめて適切だと言えます。
　高濱先生によるこの単元の「指導案」は、次のようになっています。

　【目標】時間がたつと水面の高さが変わることに着目し、どのように少なくなっていくのか調べることができる。
　【準備】10リットルのコック付きタンク、時計、50cmのものさし、定規
　　（柴田の注：高濱先生は、実際に6本のコック付きタンクを業者に発注して作らせて、教室の授業でクラスを6グループの班に分けて実測させています。）

補足

学習活動	指導上の留意点
【1．水は、どのように少なくなっているのか調べよう】 （1）何を調べるとよいだろうか考える。時間、水面の高さ （2）どのように調べるのか考える 「1分ごとの水面の高さ」 （3）「何分」「何cm, 何mm」を記録する。自由に書かせる。	【1】水がどのようにすくなくなっているかは、自変量（時間）にともなって、従変量（水面の高さ）がどのように変わるかを調べるとわかる。ここでは「時間」に気づかせる。
【2．実測する】 時間を読む子（2名） 他の子はノートに記録させる。 水は流したままで計測する。	【2】では、「0分（はじめは）」「28cmです」と、時計係と高さ係で言わせる。他の子たちは、ノートに記録させる。 計時係は時計を読む。ちょうど何分のときに高さ係は水面の高さを読み上げる。
【3．どのように少なくなっているだろうか】 （1）記録を見て、1分ごとに何cmへっているか考える。	【3】 （1）自由な記録の仕方では、1分ごとの変化が調べにくいことから、対応表(タンクの外面に、水の高さに合わせて滑らかに滑らせる赤い付箋)を提示して調べることをすすめる。

時間（分）	0	1	2	3	4	5
高さ（cm）	28cm	23cm	18.4cm	14.4cm	10.8cm	8cm
（減少した値）		→5cm	→4.6cm	→4cm	→3.6cm	→2.8cm

【4．変わり方を言葉で表す。】	「1分ごとのへり方がちがう」 「だから予想がはずれたんだ」 「はじめがたくさんへって、あとは少しへった」 「へり方がだんだん小さくなった」 「さいしょは上の方の重みではやくでていた。けどあとは水が少なくなって、かるくなって、だんだん出る水が少なくなってきた。」 「水の出るいきおいがだんだん弱くなった」 「さいしょ5ｃｍ出たから、そのあとも5ｃｍずつでるとおもっていたら、ちがったからよくかんがえたら水圧がちがうから出るいきおいもちがうのにきづいた。」

545

4年 関数	2/8	水は、どのように少なくなっているのか調べよう
目標		時間がたって水面の高さが変わることに着目し、どのように少なくなっていくのか調べることができる。
準備		10ℓのコック付タンク、時計、50cmものさし、定規

学習活動	指導上の留意点
1. 水は、どのように少なくなっているのか調べよう ① 何を調べるとよいだろうか考える 　時間、水面の高さ ② どのように調べるのか考える 　「1分ごとの水面の高さ」 ③ 「何分」「何cm、何mm」を記録する。自由に書かせる。	1. 水が、どのように少なくなっているかは、自変量（時間）にともなって、従変量（水面の高さ）がどのように変わるかを調べるとわかる。ここでは時間に気づかせる① ② では1分ごとの水面の高さを測っておくと水がどのように少なくなっているかが分かることを確認する。記録をとるよう指導する。
2. 実測する 　時計を読む（2名） 　高さをはかる（2名） 　他の子は、ノートに記録させる 　水は流した！まで計測する	2. 「0分（はじめ）」、「28cmです」と計時係と高さ係が呼び合わせ、他の子たちは、ノートに記録させて、計時係は時計を読む、ちょうど何分のときに高さ係は水面の高さを読み上げる。 　計時係、高さ係は記録をうつさせてもらう
3. どのように少なくなっているだろうか ① 記録を見て、1分ごとに何cmへっているか考える	3. ① 自由な記録のしかたでは1分ごとの変化が調べにくいことから、対応表を提示し、調べことをすすめる

時間(分)	0	1	2	3	4	5
高さ(cm)	28cm	23cm	18.4cm	13.4cm	10.8cm	8cm

　　　　5cm　4.6cm　5cm　2.6cm　2.8cm

4. 変わり方を言葉で表す。

5. 学習したことをかく

「1分ごとのへり方がちがう」
「だから予想ははずれたんだ」

「1分ごとのへり方がちがう」
「はじめたくさんへってあとは少しへった」
「へり方がだんだん小さくなった」

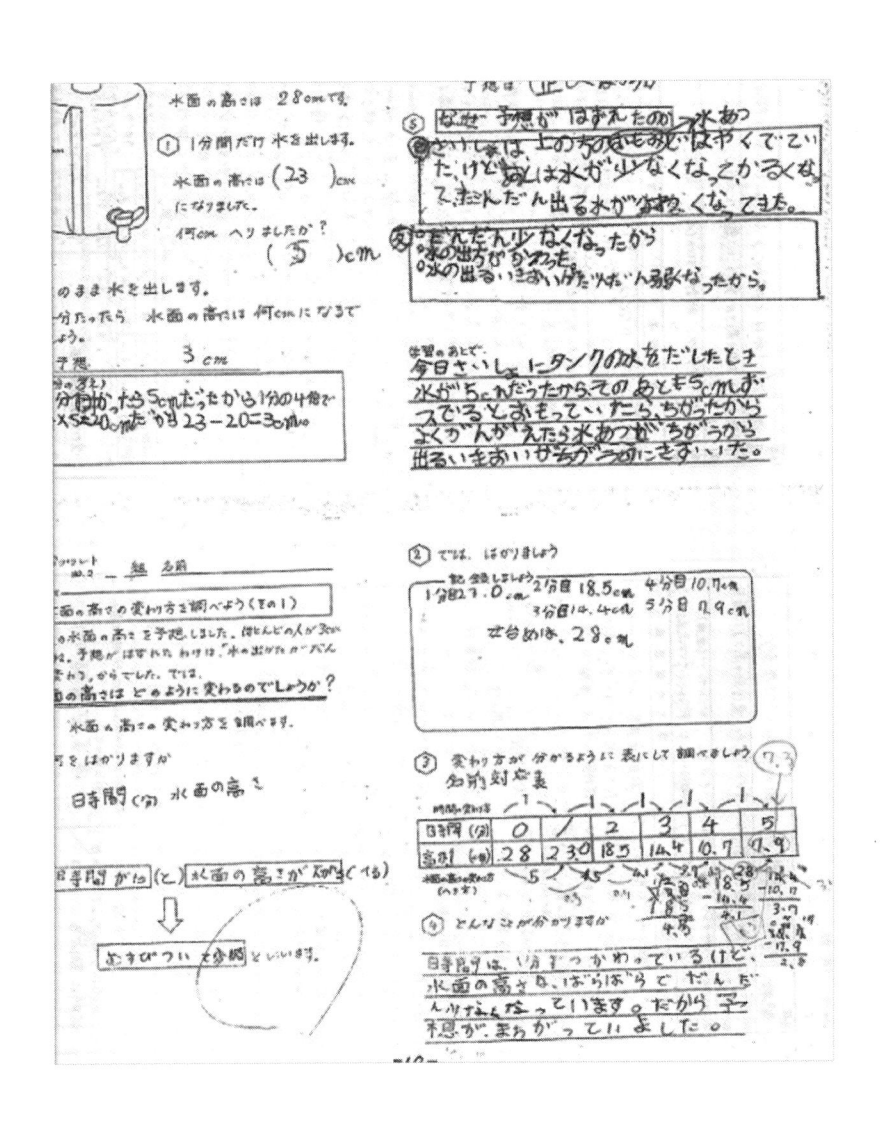

補足

私は高濱先生のクラスの子どもたちによる、上の感想文、「まとめ」の文を読んで、心の中で思わず驚愕の叫び声を挙げてしまいました。
　(わーお、高濱教室は天才児童の集まりか！　教科書の間違いを自分たちの手で見つけだしただけでなく、正しい数値はどのように並ぶかということも検出した上で、さらに、そのようになる物理学的な理由も正しく推論しています。) それに比べると、と言っては何ですが、……この算数の教科書を執筆した大学教授の先生たちの「学力」は低いですねえ、小学4年生以下ですよ。なーんちゃって、実は、私も、高濱先生の講演の直後に自分の無知をさらけ出すことになるので、他人様のことを言えた義理ではないのですけれど。
　高濱先生の講演の話には、まだ続きがあるのです。講演が終わって、質疑応答の時間に、私が、「生徒さんの観測した値の表で、並んでいる速度の差を取ってみると、すなわち階差数列を計算してみると、ほぼ等加速度運動になっているみたいですね。」とコメントしました。そうしたら、この分科会の運営責任者である T.S. 教諭が、「ちょっと補足します。だいたい等加速度運動になっているのですが、水面での表面張力が働いているので、厳密には等加速度運動にはなりません。特に、水の量が減ってくると、水圧が下がるので、表面張力の影響が数値的にも顕在化してきます。それで、私が生徒にこの実験をやらせる時には、水面にごくわずかの石けん水を垂らしておいて測定させます。そうすると、石けん膜によって水面の表面張力の影響が消されるので、最後までかなり精密に測定しても、等加速度運動になっていることが分かります」と言ったので、私は再び心の中で驚愕の叫び声を挙げました。T.S. 教諭は中学校で数学と音楽を教えているそうで、後日、ドレミファソの音階を教材にした数学の授業の指導案のコピーを送って頂きました。
　(わーお、この人は古代ギリシャのアカデメイアのプラトンみたいな人だなあ。) アカデメイアでは、数学、音楽、体育の3科目が教えられていました。もしも T.S. 教諭が運動部の顧問教員をしているならば、まさに彼は福岡のプラトン、いや、日本のプラトンと言っても良いかも知れません。いや、日本のアルキメデスかなあ。

補足

　私は、この「水落し」と言われる現象が等加速度運動になることをまったく知りませんでした。それで、もうちょっと勉強したくなって、インターネット検索で調べてみました。そうしたら、「教えて、２チャンネル」などいくつかのサイトで、「風呂の栓を抜いて水を落としてゆくと、水が少なくなってゆくほど落ちてゆくスピードが遅くなるのはなぜですか？」というような質問が寄せられているのが分かりました。正解として書かれているのは、たいていのサイトでは、「これは流体力学のベルヌーイの原理をつかうと、落ちてゆく水の高さの減少速度は、その時点での水面の高さの平方根に比例します」というように解説されています。工学的な応用の立場から、以下のサイトがベルヌーイの定理について詳しく解説しています (http://www.justmystage.com/home/kinoshita/lecture/ryuutairikigaku/neturyuutai(5shou).pdf)。

　受け売りで解説すると、まず、日常生活の場で用いられる水は非圧縮流体であると仮定します。深海魚が済むような海底何千メートルの深さでは水も水圧で圧縮されていると思いますが、日常の１気圧のもとでは非圧縮と考えて良いでしょう。

　水面の表面積を S_1 とし、底面にある栓（コック）の面積を S_2 とします。微小時間 Δt のあいだに水面の高さが Δh だけ低くなったとすると、この間のタンクの水量は $(S_1)\Delta h$ だけ減少しました。一方、タンクの底面の栓（コック）から流出した水が、栓の面積を保ったまま $\Delta \ell$ だけ下まで落ちていった（たとえば、栓の先にゴム管が真下に向けて取り付けてあって、栓から出た水が周囲に飛び散らないようになっているとか、仮定します）とすると、この時間に流出した水量は $(S_2)\Delta \ell$ ということになります。水は非圧縮流体だという仮定は、減少量 = 流出量 ということだから、

$$- (S_1)\Delta h = (S_2)\Delta \ell$$

ということであり、両辺を Δt で割ってから $\Delta t \to 0$ としてゆくと、

$$- (S_1 / S_2)\, dh/dt = v_2 \quad \cdots\cdots\cdots\cdots\cdots\cdots (1)$$

という式が成り立ちます。ただし、v_2 は流出口における水の流出速度です。

　次に、「力学的エネルギー保存則」というのを考えます。中学校の理科や高校の物理で勉強する概念で、「位置のエネルギー ＋ 運動エネルギー ＝ 一定」という法則です。流体力学では、さらに圧力（水圧・気圧）伝達の仕事というのが加わるのですが、上の問題設定では、水面と栓（噴出口）で考えているので、どちらも１気圧、ゼロ水圧（噴出口では水は自然落下しているから）なので、水流の時間と場所によらず同一なので、変化を考える際には無視します。そうすると、水面部分と噴出口部分の力学的エネルギーを等しいと置くと、重力の加速度定数 $g = 980 \text{cm/sec}^2$ として、

$$\rho gh + (1/2) \rho (dh/dt)^2 = 0 + (1/2) \rho (v_2)^2 \dots\dots (2) \quad (\text{ただし、} \rho \text{は水の密度})$$

　ここで (1) 式を (2) 式に代入して整理すると、

$$2gh = \{(S_1/S_2)^2 - 1\}(dh/dt)^2$$

ということになり、整理して平方根を取れば、

$$-\sqrt{\frac{2gh}{(S_1/S_2)^2 - 1}} = \frac{dh}{dt}$$

ということになって、「落ちてゆく水の高さの減少速度は、その時点での水面の高さの平方根に比例します」という命題が証明されたわけです。

　さて、ここで、あと一歩だけ先に進めるために、まず、左辺を１にしてしまう為に、両辺を左辺で割ります。

$$1 = -\frac{\sqrt{(S_1/S_2)^2 - 1}}{\sqrt{2g}} h^{\frac{-1}{2}} \left(\frac{dh}{dt}\right)$$

　こうしておいて、高等学校の数学Ⅲで勉強する「積分変数の変換」を利用して、両辺を変数 t を用いて 0 から t まで積分します。左辺はもちろん、

$$\int_0^t 1 dt = [t]_0^t = t - 0 = t$$

です。右辺は、(dh/dt)dt = dh を使って積分変数を t から h に変換すると、

補足

t = 0 から t = t までの積分は、h = h(0) から h = h(t) までの積分に対応するから、

$$-\int_{h(0)}^{h(t)} \frac{\sqrt{(\frac{S_1}{S_2})^2 - 1}}{\sqrt{2g}} h^{-\frac{1}{2}} dh = [-\frac{2\sqrt{(\frac{S_1}{S_2})^2 - 1}}{\sqrt{2g}} h^{\frac{1}{2}}]_{h(t)}^{h(0)} = \frac{2\sqrt{(\frac{S_1}{S_2})^2 - 1}}{\sqrt{2g}} \{\sqrt{h(0)} - \sqrt{h(t)}\}$$

となりますから、これが時間 t に等しいわけです。つまり、時間 t を高さ h で表す式が得られました。これを逆に解いて、高さ h を時間 t で表せば、

$$h(t) = \{\sqrt{h(0)} - \frac{\sqrt{2g}}{2\sqrt{(S_1/S_2)^2 - 1}} t\}^2 = \frac{g}{2((S_1/S_2)^2 - 1)} (t - \frac{2\sqrt{(S_1/S_2)^2 - 1}\sqrt{h(0)}}{\sqrt{2g}})^2$$

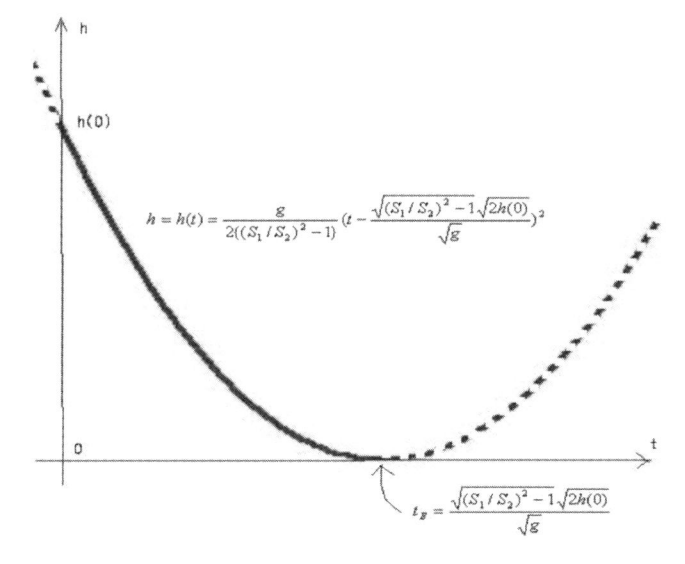

$$h = h(t) = \frac{g}{2((S_1/S_2)^2 - 1)}(t - \frac{\sqrt{(S_1/S_2)^2 - 1}\sqrt{2h(0)}}{\sqrt{g}})^2$$

$$t_g = \frac{\sqrt{(S_1/S_2)^2 - 1}\sqrt{2h(0)}}{\sqrt{g}}$$

したがって、h(t) = 0 となって水が全部無くなるまでの時間 t_E は

$$t_E = \frac{2\sqrt{(S_1/S_2)^2 - 1}\sqrt{h(0)}}{\sqrt{2g}} = \frac{\sqrt{(S_1/S_2)^2 - 1}\sqrt{2h(0)}}{\sqrt{g}}$$

であり、このとき時間変化のグラフは放物線上の最下位（頂点）に達します。

これで、「水落し」のグラフが下向きの放物線であることが計算で証明できました。めでたし、めでたし。……

まてよ、もしかしたら、大学入試問題で、こんな様な問題がウッカリ出題されているんじゃないかな？　と気が付いて、インターネット検索をしてみました。あーーっ、やっぱり見つかりました。

http://www.geocities.jp/hennyu_sugaku/d_miedai.pdf
大学編入学試験問題（数学）作成責任：碓氷軽井沢IC数学研究所
［選択項目］大学：M●大

大学編入学試験問題（数学）　　　作成責任：碓氷軽井沢IC数学研究所
［選択項目］大学：N●大

0.20　高さ200cm、開き角60°の直円錐状の容器がある。頂点を逆さにして、上からホースで、毎秒300ccの水を入れる。最初、容器に高さ100cmのところまで水が入っていた。容器の厚さは無視できるとして、以下の問に答えよ。
(1) 水が一杯になるには、何秒を要するか？
(2) 水を入れ始めてから t 秒後に、容器の水の高さは h cm となった。t と h の関係式を示せ。
(3) 水が一杯になったので、水を入れるのを止めた。次に底の蛇口を開いて容器内の水を流した。流出する水の量は、高さ h cm に比例して、毎秒 $20h$ cc であった。底の蛇口を開いてから s 秒後に容器の水の高さは h cm となったとして、s と h の関係式を示せ。
(4) 容器が空になるには、何秒を要するか？

(M●大類15)　　(固有番号 m153103)

えーと、これを見ると、M●大学は編入学入試問題の作成を碓氷軽井沢ICにある数学研究所というところへ外注に出したんでしょうかねえ。

この問題もさきほどの非圧縮流体に対するベルヌーイの定理（力学的エネルギーの保存則）をあてはめて計算してみると、

$$\frac{dh}{dt} = \frac{\sqrt{2g(h-\varepsilon)}}{\sqrt{(h/\varepsilon)^4 - 1}}$$

となります。ただし、円錐の頂点から高さ ε の所に穴（水抜き栓）が開

けてあるものとしています。容器の形が柱体の時とは違って錐体をしていると、水面の面積が高さの2乗オーダーで減少してゆくので、<u>水面の高さが栓の高さに近づくに従って、低下のスピードが増大してゆきます</u>。水がどんどん流れ出して、水面の高さが栓の高さεまで近づいてゆくと、流出の最終速度は以下のような値に限りなく近づいてゆきます。

$(h - \varepsilon) = \Delta$　と置き、$\Delta \to 0$　とすると

上の計算結果から、次のことが結論できます。

$$\frac{dh}{dt} = \frac{\sqrt{2g(h-\varepsilon)}}{\sqrt{(\frac{h}{\varepsilon})^4 - 1}} = \sqrt{\frac{2g\Delta}{(1+\frac{\Delta}{\varepsilon})^4 - 1}} = \sqrt{\frac{2g\Delta}{4(\frac{\Delta}{\varepsilon}) + 6(\frac{\Delta}{\varepsilon})^2 + 4(\frac{\Delta}{\varepsilon})^3 + (\frac{\Delta}{\varepsilon})^4}}$$

$$= \sqrt{\frac{2g\varepsilon}{4 + 6(\frac{\Delta}{\varepsilon}) + 4(\frac{\Delta}{\varepsilon})^2 + (\frac{\Delta}{\varepsilon})^3}} \quad \dashrightarrow \sqrt{\frac{g}{2}\varepsilon}$$

<u>「風呂の栓を抜いて水を落としてゆくと、水が少なくなってゆくほど落ちてゆくスピードが遅くなる」ということが成り立っているのは、風呂のタブの壁が垂直になっているからである。</u>

<u>　水がどんどん抜けて最後の最後に栓の近くの周囲が斜めに錐体の一部を成しているようなところまで来ると、水面が急に勢いよく吸い込まれる。</u>

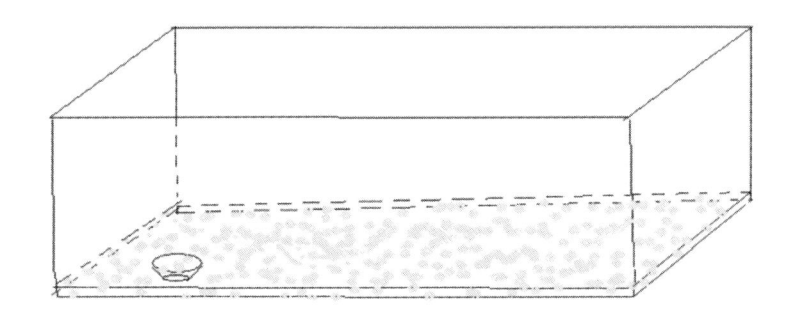

　上記入試問題 (3) に書いてある「流出する水の量は，高さ h cm に比例して」なんて、「力学的エネルギー保存則が成り立たないものと仮定して」ということじゃないですか！　神様がお創りになった天地の根本法則を勝手に変えちゃうなんて、恐れ多すぎますよ……。

幕末・明治初期に活躍した西周(にしあまね)は、江戸幕府の命令でオランダのライデン大学に留学した学者ですが、明治3年（1870年）頃に、次のような文章を書いています。

●西周「百一新論」より引用
http://blog.goo.ne.jp/joseph_blog/e/6d3b80c0307abaa4679c7692ccec2ae7
www.klnet.pref.kanagawa.jp/denshi/g_works/gw02_nishi.pdf
　爰(ココ)ニハ同ジ道理々々ト一様ニ口デハ言ヘドモ其実ハ理ニ二タ通リアッテ、其理ガ互イニ少シモ関渉シテ居ナイト云フコトヲ知ラネバナラヌノデゴザル、今此区別ヲ示ス為ニ其一ツヲ心理ト云ヒ、其一ツヲ物理ト名ツクルデゴザル、其物理トハ天然自然ノ理ニシテ、其大ヲ語レバ寰宇ノ大ナルモ、星辰ノ遠キモ、其小ヲ語レバ一滴ノ水一撮ノ土モ、禽獣ヨリ人間ニ至ル生物デモ、草木ナド植物デモ、何デモ箇デモ此性ヲ備ヘ此理ニ外ナルコトハ出来ズ、仮初ニモ此理ニ戻ルコトハ毫頭モ出来ナイモノデゴザル、然レドモ心理ト云フハ斯広(カク)イモノデハナクテ、唯人間上バカリニ行ハレル理デ、人間デナクテハ此理ヲ会スルコト能ハズ、亦人間ナラデハ此理ヲ遵奉スルコトモ出来ズ、是モ矢張天然ニ本ヅクトハイヘドモ、是レニ違ハント欲スレバ違フコトモ出来ル故ニ、浅見膚識デ考ヘルト人間ガ擅ママニ作リ、人間ガ善イ加減ニ拵ヘ、仕替ヘル事モ肩デ己メルコトモ出来ルト様ニ思ハレルデゴザル、（中略）、平常唯理ガアルコトノミ心得テ其区別ヲ知ラズ、物理ト心理トヲ混同シテ果々(ハテ)ハ人間ノ心力デ天然物理上ノ力ヲモ変化サセラレル様ニ心得ルは大ナル誤デハゴザルマイカ
《引用、終わり》

● 補足2　渡辺京二『いまなぜ人類史か』を読む／日本の「近代化＝西洋化」の過去と未来

　本書第Ⅳ章3節「日本人のエートスと欧米人のエートス／対極的な、あまりに対極的な…」の中で孫引き的に、外国人の目に映った「かつての」日本人の独特な労働エートスを伝えている渡辺京二『逝きし世の面影』（葦書房1998，和辻哲郎文化賞受賞，平凡社2005）を紹介しましたが、その渡辺氏が書いている『いまなぜ人類史か』（洋泉社）を読んでみました。

　同書第Ⅲ章「外国人が見た幕末維新」では、オールコック『大君の都』、タウンゼンド・ハリス『日本滞在記』、カッテンディーケ『長崎海軍伝習所の日々』、ゴンチャロフ『日本渡航記』、イザベラ・バード『日本奥地紀行』からの数々の引用によって、ヨーロッパ人の目を通して見た幕末・明治維新期の日本人の姿が紹介されています。それらが述べているところは、まるで申し合わせたようによく一致しています。私の言葉で言えば、典型的なズームアウト型認知のヨーロッパ人たちが驚きの目を以て眺めた典型的なズームイン型認知の伝統的な日本人（武士・商人・農民）の姿です。その対比が、ズームアウト型人間とズームイン型人間の違いを説明する絶好の実例を提供しています。

　私の、ズーム型認知と言語の主要部前置／後置語順の相互作用の理論（仮説）によれば、ヨーロッパ人たちは約2000年間（古代ギリシャ人を除く）、認知と言語の脳内抗争を繰り返してきて、14世紀から17世紀にかけて語順の逆転が完成し、脳内の霧が晴れ上がって、ルネサンスや大航海時代、科学革命、宗教改革、啓蒙時代、産業革命と、次々と知的な大爆発を繰り返して、中世から近代への大転換が引き起こされたのでした。一方、日本人は、文法構造が発生した当初から認知型と統語語順がぴったり一致していて精神的に安定していたものが、幕末期に「たった4はいの蒸気船」の来航によって外部から強制的に「近代化＝西洋化」を実行させられ、ズーム型認知の深層構造（ズームイン型）と表層構造の一部に直輸入されたズームアウト型思考との対立・抗争が深く静かに進行し始めたのです。このあたりのことを渡辺さんは以下のように書いています。

《『いまなぜ人類史か』からの引用開始　p,265》
　国民国家と工業文明
　明治維新の課題とは、このような不在の国民国家を創出し、近代工業文明を移入することにほかなりませんでした。これは大変平凡な見かたであるとみなさんお感じになるでしょうが、私としてはこの平凡そうな外見の奥に潜んでいる並みならぬ意味を感じとっていただきたいのです。
　それは要するに近代の強制力ということです。ネイション・ステートといい、近代の産物いや実体にほかなりませんが、近代とは、この文化複合の形式を採用しない、あるいは採用できない民族は、踏んだり蹴られたりの端役に転落せざるをえないというおそろしい力の働いている舞台なのです。正統的な史学はネイション・ステートというのを大変いいもののように考えておりますけれども、私はそれをそんなにいいものとも思っておりません。それは結局はナショナリズムと大衆社会を生み出す装置でありまして、いいも悪いも、要するに一種の抗しがたい趨勢、不可避性として存在しているものです。そして今日私たちが生きている世界も、基本的にはこの装置の上にあります。
　国民国家と工業文明とはメダルのおもてうらであり、それが近代という時代の実質です。ナショナリズムも帝国主義もその属性として、結局はおなじものです。ナショナリズムが防衛的なかたちをとるか攻撃的なかたちをとるかということは、周囲との相対的な関係できまることで、けっして一国民の道義心ということと一義的にはかかわりません。日本は維新後三十年を出ずして帝国主義的行動をとり始めますが、その運命はネイション・ステートの建設は不可避であるとさとった維新革命の日々に決定していたといえるでしょう。石原莞爾は主張尋問で病床を訪れた米人検事を「ペルリを戦犯第一号として出廷させたらどうか」とからかいましたが、このとき彼はあながち荒唐無稽ないいがかりをつけたわけではありません。
《『いまなぜ人類史か』からの引用、いったん中断》

補足

　ここで渡辺さんが紹介しているのは、日本が太平洋戦争で負けて、戦勝国が日本の戦争犯罪を裁くために開いた東京裁判でのエピソードです。関東軍作戦主任参謀として満州事変を立案・実行せしめた石原には、『世界最終戦論』の著書があり、石原が構想していたのは日本及び中国を父母とした独立国（「東洋のアメリカ」）としての「満州国」であり、日本人も国籍を離脱して満州人になるべきだと語ったそうです。石原は満州国を満州人自らに運営させることを重視してアジアの盟友に育てようと考えており、これを理解しない東條英機を「東條上等兵」と呼んで馬鹿呼ばわりにしたりした（柴田の注：言わずもがなかもしれませんが、念のためにくどい解説を入れておきます。大日本帝国の兵隊の位は下から順に、二等兵、一等兵、上等兵となっており、石原はトージョーにアナグラムをかけてジョートーにして揶揄したわけです）ため東條に嫌われて左遷され、太平洋戦争開戦前の昭和16年（1941年）に現役を退いて予備役へ編入されたそうです。（以上、Wikipedia「石原莞爾」による。）

　さすがに石原莞爾の世界史把握は並みではありません。大航海時代にスペイン人の海賊たちは南米のインカ帝国の人々を皆殺しにし、中米のアステカ帝国の人々を絶滅させ、また、その後に新大陸やオーストラリアに移民したアングロサクソン人たちは、アメリカ・インディアンの多くを絶滅させたり、土地をだまし取ったりして、生き残った少数のインディアンたちを狭い居住地に追いこみました。オーストラリアのアボリジニーの人々も、アメリカ・インディアンたちと同様の運命をたどりました。タスマニア島の住民は皆殺しにされました。アフリカ大陸は全土が植民地化され、多くのアフリカ人たちがアメリカ大陸やカリブ海の島々に奴隷として売られてゆきました。中近東もアジア大陸もヨーロッパ列強の植民地となりました。東南アジアの島々（インドネシア、フィリピンなど）も植民地となりました。4千年の文明を誇る中国ですら、イギリスがインドから持ちこんだアヘン漬けにされて半植民地状態に落ち込みました。ペルリの艦隊が浦賀の海にやって来た時の世界は、まさに、ヨーロッパ人によって非ヨーロッパ全土が皆殺し、奴隷化、植民地化の完成目前まで行っていたのです。この時に当たって、ユーラシア大陸の最東端にあった「黄金の島ジパ

ング」の人々が決起して国民国家を打ち立て、ヨーロッパ人による非ヨーロッパ世界全土完全植民地化に風穴を開けることができたことは、人類史上「奇跡」とも呼ぶべき壮挙だったという気がしてきました。もしもヨーロッパ人たちによるモノカルチャー（単一文化による支配）が完成していれば、それはホモサピエンスという種の存続にとって、かなり危険な事態が到来していたのではないかと思います。

　上の様な事を書くと、「お前は戦前の軍国主義を肯定（賛美）するのか。日本軍によるアジアの人々に対する虐殺行為を肯定するのか。」という人が必ず出てくると思いますが、それはちょっと次元の違う話なのです。例えて言えば、織田信長は比叡山の焼き討ちで女子どもまで皆殺しにさせています。長島一揆の制圧では、降伏して城から出てきた門徒衆を全員撫で切りにさせています。だから、織田信長は殺人狂の極悪非道の人間であり、あんな人間はうまれて来るべきではなかった人なのだ、ということだけで日本史上における織田信長の評価は「はい、これで全部です」ということにはならないでしょう。平和で豊かな現代の生活に慣れ切った人びとの近代的な道徳観を基準にして「善と悪」を裁断するのは短絡的思考の極みです。そもそも、織田信長がもしも、降伏した敵側の人間を人道的に扱う優しい心根の人間であったならば、尾張一国を平定する以前に、周囲の戦国大名から攻め滅ぼされていたに違いありません。約400年間の長きにわたって続いた日本の戦国時代。親、子、孫、ひ孫と、毎日毎日戦さに明け暮れる時代をほぼ終わらせる役割を果たしたことが信長の最も基本的な歴史的役割りであり、信長が半ば完成しかかった天下統一の道筋を実現させたのが信長の重臣であった羽柴秀吉であり、それを継承して約270年の太平の世を築いたのが信長の目下の同盟者であった徳川家康でしょう。もしも信長が産まれていなければ（このような歴史の if は無意味だ、とよく言われますが）、日本の戦国時代はさらに50年とか100年とか長引いて、数万人から数十万人が殺されていたかもしれません。いくつかの局所的な場面ばかりに目をとられて、グローバルな視点を失ってはならないだろう、というのが私が最近強く感じ始めたことです。私はもっと、ヨーロッパ人たちに滅ぼされたアメリカ大陸の人びとや奴隷化された歴史を持つアフリ

カの人々、植民地化されたアジアや中近東の人びとのことを良く考えて来るべきではなかったのか。また、北海道から東北地方は言うに及ばず、北関東や北陸地方のあたりまでを生活圏としていたアイヌの人々を、今日のアメリカ・インディアンと同様の状態に追い込んで来た大和民族の歴史をもっと考慮した思考を進めて来るべきではなかったのか、と思います。

　もっとも、渡辺さんの『いまなぜ人類史か』に書かれている心情は、私のものとはかなり異なっているように見えるかもしれません。それは誤解の無いように、ここで強調しておきたいと思います。私は自分がこれまであまりにも「日本軍国主義は悪であった」というような一面的な意識が強かったために、それを反省するような表現が強調されていると思います。渡辺京二さんの場合には、私の印象では、むしろ逆方向の心情として、例えば「薔薇色の歴史法則とは無縁に、容赦もない自然と歴史の暴力の前に、無限の挫折を繰り返しつつ抹殺され忘却されてゆかねばならぬ「小さき者の存在」の叫び、もっとも基層的な生活民の存在感から発する声には暗く慰めがない」という、巻末の斎藤眞爾氏の解説が、私が渡辺京二氏の文章から受けた印象の一部をよく表しています。私も、そういう感情を共有しないわけではないのですが、当面の力点の置き方、現在の関心の集中点がやや異なっているようです。

　さて、太平洋戦争の敗戦によって日本の「軍国主義」の時代は終わり、さらに1960年代の高度経済成長時代を経て日本は表面上、いっそう「現代化＝工業文明化」が進みました。渡辺さんは次のように書いています。

《『いまなぜ人類史か』からの引用再開　p,50》
テクノピア的現存
　さてこのようにして出現した今日の個的現存、一定のブラウン運動的自由と一定の福祉的装備を達成した個的現存は、一種の天国的状況を表しています。それはテクノロジーに支えられたユートピアでありますから、テクノピア状況と呼んでよろしいでしょう。もちろんこのテクノピアは人類史上はじめて出現したばかりでありますから、いろいろな旧制度の枠をかぶっております。たとえば主権国家といった制

度がそうでありまして、そのため日米安保条約があり、自衛隊あり、軍事基地ありしているわけで、まだまだいろんな制約がある。だから簡単に天国というわけにはいかないが、一方、「そんなものおれは知らねえよ」といった態度もまた咎められぬものとしてありうるわけで、今日のイメージ消費的な天国で快適にすごすことは、少なくとも心構えの問題としては可能だということになります。

　テクノピアにおける快適主義、これこそ現代における正義であり理想であって、これに文句をつけようものなら姥捨て山へ捨てられるのがオチである。最近の世論調査では七割の日本人が幸福だと答えております。青年でいうと五割です。ふつう青年は不満の多いものでありまして、幸福だというのは二、三割だというのですけれど、それが今日では五割である。人に迷惑をかけずにその上自分は快適だというのなら、どこに文句があるのか。どこにも文句はつけられやしません。

　こういう楽しさ面白さこそ人生という構図がもっともよく現れているのが、例の『夕焼けにゃんにゃん』という大評判のテレビ番組です。これはまだ熊本では放映しておりませんので、私は博多で見たのですが、なんとも無邪気というか他愛ない番組で、現代特有の奇妙な浮遊感をよくあらわしていると思います。考えてみれば、テクノピアというのはもうこういうことでもするほかない文明のことをいうのでしょう。

《『いまなぜ人類史か』からの引用、いったん中断》

『いまなぜ人類史か』の中では、また次のようにも述べられています。

《『いまなぜ人類史か』からの引用再開　p,42》
　管理社会ってなんですか。それは経済合理性が貫徹する社会です。経済合理性というのは福祉も含むのですよ。大衆を窮乏させるのは経済合理性に反します。したがって管理社会とは福祉社会であり、それゆにこそまた高度消費社会でもあるのです。そしてその正体は、商品のあくことなき生産流通によって駆動される資本制社会なのです。そ

してそれは個人の自由度を最大限に拡張しようという社会です。むろんこの自由とは、知識人の理念としての自由そのものではありません。何したって法律に反しないかぎりおれの勝手さ、というブラウン運動的自由です。

　今の若い人たちがこういう自由をどんなに好んでいるか、そしてとしくも、いったんそれが侵害されようとすればいかに生命をかけてでも抵抗しようとするか、よくごらんください。全共闘くずれあたりの大人が、君たちは自由なんかじゃないんだ、幻想からさめろなんてわめいてもダメです。彼らは管理体制は自由のコストと割り切っているんです。ゼニがなければ勝手はできないし、管理体制下にはいるのはゼニのためなんです。職場で管理されたって、職場を離れたら自由なんです。彼らは残業なんてしません。勤務が終わったらハイさいならで、先輩と酒なんかつきあいませんよ。高校まで管理されたって、それは大学にはいるためのコストです。はいっちゃえば、マージャンしいしい卒業できるんですからね。管理社会とはまさにブラウン運動的自由社会なのです。

　《『いまなぜ人類史か』からの引用おわり》

　この部分は渡辺さんの1986年の講演記録ですが、この時から30年近く経った2013年に私が福岡県の教員たちから聞いている話では、最近の若い教員たちは何であんなに遅くまで熱心に働くのだろうか、若い人たちは夜遅くまで学校に残って、翌日の授業の準備やら、あるいはさまざまな学校行事の計画書作りや調査書の作成などに忙しく追われている、というのです。ベテラン教師たちは要領（力の入れ場所、抜き場所）が分かっているから、適当に切り上げて「ハイさいなら」ができるけれど、若い彼らはクタクタに疲れきって勤務が困難になるまで働くそうです。それでいて不満も言わず、組合にも入らない。飲み会にも参加しない。ひたすら、指示された業務を懸命にこなそうとする。私が大学で教員養成用の科目を教えていても、教員志望の学生には、そういうタイプと思われる学生が目につきます。拙著『フィンランド教育の批判的検討』（花伝社）で紹介した

私の授業風景でも、その雰囲気はお分かりいただけると思います。
　また、1970年代中ごろに「三無主義」という言葉がはやったことを思い出しました。ネット検索してみると、「Wikipedia しらけ世代」に次のような記事が書かれていました。

　《Wikipedia『しらけ世代』から一部引用》
　　オイルショックが起きて高度経済成長が終わり、あさま山荘事件（1972年2月）が起きて学生運動が急速に衰えると、一つの時代の終わった無力感と学生運動への失望を背景に、「シラケ」という言葉が若者の間で流行し、「無気力・無関心・無責任」の三無主義（後に「無感動・無作法」を加えて五無主義ともいわれた）を中心とする風潮が見られた。何をしても言っても「しらける」「しらけた」を連発し、冷めており、政治的な議論には無関心になり、一種の個人主義に徹する傾向が強くなった。
　《引用、終わり》

　私の記憶では、この当時、左翼ジャーナリズムの論評で、このような若者の傾向を手放しで礼賛し、「日本史上はじめて、共同体秩序意識から抜け出して、個人の自立を最も重要なこととする価値観を持った若者たちが産まれた」と論じているものが目立ちました。私は、「単に『わがまま』な若者が増えただけじゃないか」と反発しただけでしたが、渡辺氏によれば、これは資本主義が徹底した結果もたらされた、ブラウン運動的自由、法に反しない限り何をしてもよいという自由、ゼニがあるかぎり何でも買ってよいという消費者としての自由などが若者の価値観を捉えたものと考えているようです。現在の私のズーム型認知理論（仮説）に引きつけて解釈すれば、ズームアウト型（近代ヨーロッパ型）の思考・認知・感覚が日本人の認知の表層構造にますます影響を強めた結果、日本人に遺伝的なズーム型認知の深層構造との無意識下の脳内抗争がますます激しくなってきた、と考えられます。ヨーロッパ中世の人々の場合と同様に、この脳内抗争は本人たちには意識されないので、外部に現れて来るのは、「原因

不明の新型うつ病患者の増加」「原因不明の自殺者の増加」「原因不明の閉塞感」「原因不明の、誰でもよいから殺したくなった、という感情を持つ人の増加」などなどの現象だと思われます。

　この脳内抗争は、少なくとも数百年、一般的には数千年の年月をかけてゆっくりと解決に向かって進行してゆくものであり、ただちに解決するものではありませんが、また、ただちに大勢の人が死に至るというものでもないので、私たちは地道にその解決に向かって活動を続けて行くべきだと思われます。

付録

参考文献引用資料集

　本書の本文中で参照した各種ウェブサイトや書籍から、本書の内容と関係のある部分だけをなるべく長文で以下に引用します。

付録1．古代日本語における11以上の数の数え方
　日本の固有数詞には11以上の数え方は存在しないのかと思っていたら、荻野綱男さん（日本語学）から、以下のようなサイトが参考になるかも知れませんよ、とサジェスチョンを頂きました（http://www.sf.airnet.ne.jp/~ts/language/number/ancient_japanesej.html）。

　このサイトの運営者は高杉親知さんとおっしゃる方で、ディスプレイの設計技術者をされているそうです。高杉さんが英語で日本語を説明したサイトは現在までに百万人以上のアクセスがあったそうですから、たいしたものです。高杉さんの言語学マニア振りも堂に入っています。上記の高杉さんのサイトには、古代日本語による数え方が90000まで載っているのには、本当にビックリしました。以下にそれをコピーさせていただきます。コピーさせていただく理由は以下の通りです。

　私の「ズームアウト／ズームイン型認知」仮説は、発表当初、2つの大きな困難を抱えていました。「ズームアウト／ズームイン型認知」の表層構造の判定項目の1つとして「11以上の合成数詞の数字の桁の並び順」

をあげたのですが、日本語の合成数詞の「じゅう・いち」「じゅう・に」「じゅう・さん」……というのは、漢数字ですから、元来は中国の数詞であったものを日本語式の発音に微修正して読みあげているだけではないか、という問題点が第1点、そして、その中国語は英語と同じSVO型の主要部前置型言語ではないのか、という言語学の通説（俗説？）が第2点でした。

以下に引用させていただく高杉氏のデータにより、日本語の大和言葉でも合成数詞は存在していて、期待したように「十の位」+「一の位」の並び順になっていることが分かり、第1の難点が解決しました。第2の難点は、第Ⅰ章第4節「中国語は本当に前置型？　前置型／後置型で世界の言語は本当に分類できるのか？」で詳しく検討を開始し、第Ⅱ章で、松本克己氏の西洋言語統語構造の歴史的変遷の研究や橋本萬太郎氏の中国語統語構造の歴史的変遷の研究などを参照して検討することによって、世界歴史言語学の立場から解決することができました。

《高杉親知氏のサイトのデータ、引用開始》

　古代日本語は現代日本語と発音が違います。昔は「ち」「つ」は「ティ」「トゥ」、「は」行は「パ」行、「を」は「ウォ」と発音されていました。例えば、「ひとつ」の発音は「ピトトゥ」でした。

数	名前		意味
	古語	現代語	
0	?	?	ー
1	ひとつ	ひとつ	1個
2	ふたつ	ふたつ	2個
3	みつ	みっつ	3個
4	よつ	よっつ	4個
5	いつつ	いつつ	5個
6	むつ	むっつ	6個
7	ななつ	ななつ	7個
8	やつ	やっつ	8個
9	ここのつ	ここのつ	9個
10	とを	とお	10

11	とを あまり ひとつ	とお あまり ひとつ	10 と 1 個
12	とを あまり ふたつ	とお あまり ふたつ	10 と 2 個
13	とを あまり みつ	とお あまり みっつ	10 と 3 個
14	とを あまり よつ	とお あまり よっつ	10 と 4 個
15	とを あまり いつつ	とお あまり いつつ	10 と 5 個
16	とを あまり むつ	とお あまり むっつ	10 と 6 個
17	とを あまり ななつ	とお あまり ななつ	10 と 7 個
18	とを あまり やつ	とお あまり やっつ	10 と 8 個
19	とを あまり ここのつ	とお あまり ここのつ	10 と 9 個
20	はたち	はたち	20 個 *
21	はたち あまり ひとつ	はたち あまり ひとつ	20 個 * と 1 個
22	はたち あまり ふたつ	はたち あまり ふたつ	20 個 * と 2 個
23	はたち あまり みつ	はたち あまり みっつ	20 個 * と 3 個
24	はたち あまり よつ	はたち あまり よっつ	20 個 * と 4 個
25	はたち あまり いつつ	はたち あまり いつつ	20 個 * と 5 個
26	はたち あまり むつ	はたち あまり むっつ	20 個 * と 6 個
27	はたち あまり ななつ	はたち あまり ななつ	20 個 * と 7 個
28	はたち あまり やつ	はたち あまり やっつ	20 個 * と 8 個
29	はたち あまり ここのつ	はたち あまり ここのつ	20 個 * と 9 個
30	みそぢ	みそじ	$3 \times 10^{\dagger}$ 個
31	みそぢ あまり ひとつ	みそじ あまり ひとつ	$3 \times 10^{\dagger}$ 個 * と 1 個
32	みそぢ あまり ふたつ	みそじ あまり ふたつ	$3 \times 10^{\dagger}$ 個 * と 2 個
33	みそぢ あまり みつ	みそじ あまり みっつ	$3 \times 10^{\dagger}$ 個 * と 3 個
34	みそぢ あまり よつ	みそじ あまり よっつ	$3 \times 10^{\dagger}$ 個 * と 4 個
35	みそぢ あまり いつつ	みそじ あまり いつつ	$3 \times 10^{\dagger}$ 個 * と 5 個
36	みそぢ あまり むつ	みそじ あまり むっつ	$3 \times 10^{\dagger}$ 個 * と 6 個
37	みそぢ あまり ななつ	みそじ あまり ななつ	$3 \times 10^{\dagger}$ 個 * と 7 個
38	みそぢ あまり やつ	みそじ あまり やっつ	$3 \times 10^{\dagger}$ 個 * と 8 個
39	みそぢ あまり ここのつ	みそじ あまり ここのつ	$3 \times 10^{\dagger}$ 個 * と 9 個
40	よそぢ	よそじ	$4 \times 10^{\dagger}$ 個
41	よそぢ あまり ひとつ	よそじ あまり ひとつ	$4 \times 10^{\dagger}$ 個 * と 1 個
42	よそぢ あまり ふたつ	よそじ あまり ふたつ	$4 \times 10^{\dagger}$ 個 * と 2 個
43	よそぢ あまり みつ	よそじ あまり みっつ	$4 \times 10^{\dagger}$ 個 * と 3 個
44	よそぢ あまり よつ	よそじ あまり よっつ	$4 \times 10^{\dagger}$ 個 * と 4 個
45	よそぢ あまり いつつ	よそじ あまり いつつ	$4 \times 10^{\dagger}$ 個 * と 5 個
46	よそぢ あまり むつ	よそじ あまり むっつ	$4 \times 10^{\dagger}$ 個 * と 6 個
47	よそぢ あまり ななつ	よそじ あまり ななつ	$4 \times 10^{\dagger}$ 個 * と 7 個
48	よそぢ あまり やつ	よそじ あまり やっつ	$4 \times 10^{\dagger}$ 個 * と 8 個
49	よそぢ あまり ここのつ	よそじ あまり ここのつ	$4 \times 10^{\dagger}$ 個 * と 9 個

50	いそぢ	いそじ	$5 * \times 10^\dagger$ 個
51	いそぢ あまり ひとつ	いそじ あまり ひとつ	$5 * \times 10^\dagger$ 個 * と 1 個
52	いそぢ あまり ふたつ	いそじ あまり ふたつ	$5 * \times 10^\dagger$ 個 * と 2 個
53	いそぢ あまり みつ	いそじ あまり みっつ	$5 * \times 10^\dagger$ 個 * と 3 個
54	いそぢ あまり よつ	いそじ あまり よっつ	$5 * \times 10^\dagger$ 個 * と 4 個
55	いそぢ あまり いつつ	いそじ あまり いつつ	$5 * \times 10^\dagger$ 個 * と 5 個
56	いそぢ あまり むつ	いそじ あまり むっつ	$5 * \times 10^\dagger$ 個 * と 6 個
57	いそぢ あまり ななつ	いそじ あまり ななつ	$5 * \times 10^\dagger$ 個 * と 7 個
58	いそぢ あまり やつ	いそじ あまり やっつ	$5 * \times 10^\dagger$ 個 * と 8 個
59	いそぢ あまり ここのつ	いそじ あまり ここのつ	$5 * \times 10^\dagger$ 個 * と 9 個
60	むそぢ	むそじ	$6 \times 10^\dagger$ 個
61	むそぢ あまり ひとつ	むそじ あまり ひとつ	$6 \times 10^\dagger$ 個 * と 1 個
62	むそぢ あまり ふたつ	むそじ あまり ふたつ	$6 \times 10^\dagger$ 個 * と 2 個
63	むそぢ あまり みつ	むそじ あまり みっつ	$6 \times 10^\dagger$ 個 * と 3 個
64	むそぢ あまり よつ	むそじ あまり よっつ	$6 \times 10^\dagger$ 個 * と 4 個
65	むそぢ あまり いつつ	むそじ あまり いつつ	$6 \times 10^\dagger$ 個 * と 5 個
66	むそぢ あまり むつ	むそじ あまり むっつ	$6 \times 10^\dagger$ 個 * と 6 個
67	むそぢ あまり ななつ	むそじ あまり ななつ	$6 \times 10^\dagger$ 個 * と 7 個
68	むそぢ あまり やつ	むそじ あまり やっつ	$6 \times 10^\dagger$ 個 * と 8 個
69	むそぢ あまり ここのつ	むそじ あまり ここのつ	$6 \times 10^\dagger$ 個 * と 9 個
70	ななそぢ	ななそじ	$7 \times 10^\dagger$ 個
71	ななそぢ あまり ひとつ	ななそじ あまり ひとつ	$7 \times 10^\dagger$ 個 * と 1 個
72	ななそぢ あまり ふたつ	ななそじ あまり ふたつ	$7 \times 10^\dagger$ 個 * と 2 個
73	ななそぢ あまり みつ	ななそじ あまり みっつ	$7 \times 10^\dagger$ 個 * と 3 個
74	ななそぢ あまり よつ	ななそじ あまり よっつ	$7 \times 10^\dagger$ 個 * と 4 個
75	ななそぢ あまり いつつ	ななそじ あまり いつつ	$7 \times 10^\dagger$ 個 * と 5 個
76	ななそぢ あまり むつ	ななそじ あまり むっつ	$7 \times 10^\dagger$ 個 * と 6 個
77	ななそぢ あまり ななつ	ななそじ あまり ななつ	$7 \times 10^\dagger$ 個 * と 7 個
78	ななそぢ あまり やつ	ななそじ あまり やっつ	$7 \times 10^\dagger$ 個 * と 8 個
79	ななそぢ あまり ここのつ	ななそじ あまり ここのつ	$7 \times 10^\dagger$ 個 * と 9 個
80	やそぢ	やそじ	$8 \times 10^\dagger$ 個
81	やそぢ あまり ひとつ	やそじ あまり ひとつ	$8 \times 10^\dagger$ 個 * と 1 個
82	やそぢ あまり ふたつ	やそじ あまり ふたつ	$8 \times 10^\dagger$ 個 * と 2 個
83	やそぢ あまり みつ	やそじ あまり みっつ	$8 \times 10^\dagger$ 個 * と 3 個
84	やそぢ あまり よつ	やそじ あまり よっつ	$8 \times 10^\dagger$ 個 * と 4 個
85	やそぢ あまり いつつ	やそじ あまり いつつ	$8 \times 10^\dagger$ 個 * と 5 個
86	やそぢ あまり むつ	やそじ あまり むっつ	$8 \times 10^\dagger$ 個 * と 6 個
87	やそぢ あまり ななつ	やそじ あまり ななつ	$8 \times 10^\dagger$ 個 * と 7 個
88	やそぢ あまり やつ	やそじ あまり やっつ	$8 \times 10^\dagger$ 個 * と 8 個

89	やそぢ あまり ここのつ	やそじ あまり ここのつ	8×10† 個* と 9 個
90	ここのそぢ	ここのそじ	9×10† 個
91	ここのそぢ あまり ひとつ	ここのそじ あまり ひとつ	9×10† 個* と 1 個
92	ここのそぢ あまり ふたつ	ここのそじ あまり ふたつ	9×10† 個* と 2 個
93	ここのそぢ あまり みつ	ここのそじ あまり みっつ	9×10† 個* と 3 個
94	ここのそぢ あまり よつ	ここのそじ あまり よっつ	9×10† 個* と 4 個
95	ここのそぢ あまり いつつ	ここのそじ あまり いつつ	9×10† 個* と 5 個
96	ここのそぢ あまり むつ	ここのそじ あまり むっつ	9×10† 個* と 6 個
97	ここのそぢ あまり ななつ	ここのそじ あまり ななつ	9×10† 個* と 7 個
98	ここのそぢ あまり やつ	ここのそじ あまり やっつ	9×10† 個* と 8 個
99	ここのそぢ あまり ここのつ	ここのそじ あまり ここのつ	9×10† 個* と 9 個
100	もも	もも	100

* 異なる語形

† 異なる単語

注:「つ」、「ち」、「ぢ」は一般的な物を数えるときに用いる接尾辞で、現代日本語の「個」とほぼ同じ。これはアイヌ語の数体系と似ている。

数	語根	個数 (一つ)		人数 (一たり)		日数 (一うか)	
		古語	現代語	古語	現代語	古語	現代語
1	ひと	ひとつ	ひとつ	ひとり	ひとり	ひとひ	ひとひ
2	ふた	ふたつ	ふたつ	ふたり	ふたり	ふつか	ふつか
3	み	みつ	みっつ	みたり	みったり	みか	みっか
4	よ	よつ	よっつ	よたり	よったり	よか	よっか
5	いつ	いつつ	いつつ	いつたり	いつたり	いつか	いつか
6	む	むつ	むっつ	むたり	むたり	むゆか	むいか
7	なな	ななつ	ななつ	ななたり	ななたり	なぬか	なのか
8	や	やつ	やっつ	やたり	やたり	やうか	ようか
9	ここの	ここのつ	ここのつ	ここのたり	ここのたり	ここぬか	ここのか
10	と	とを	とお	とたり	とたり	とをか	とおか
20	はた	はたち	はたち	はたたり	はたたり	はつか	はつか
30	みそ	みそぢ	みそじ	みそたり	みそたり	みそか	みそか

32 個 = みそぢ あまり ふたつ

32 日 = みそか あまり ふつか

32 年 = みそとせ あまり ふたとせ

接続詞「あまり」は「まり」になることがあった。

32= みそぢ あまり ふたつ ＝ みそぢまり ふたつ

参考：

数	名前		意味
	古語	現代語	
100	もも	もも	100
200	ふたほ	ふたお	$2 \times 100^{\dagger}$
300	みほ	みお	$3 \times 100^{\dagger}$
400	よほ	よお	$4 \times 100^{\dagger}$
500	いほ	いお	$5^* \times 100^{\dagger}$
600	むほ	むお	$6 \times 100^{\dagger}$
700	ななほ	ななお	$7 \times 100^{\dagger}$
800	やほ	やお	$8 \times 100^{\dagger}$
900	ここのほ	ここのお	$9 \times 100^{\dagger}$
1000	ち	ち	1000
2000	ふたち	ふたち	2×1000
3000	みち	みち	3×1000
4000	よち	よち	4×1000
5000	いち	いち	$5^* \times 1000$
6000	むち	むち	6×1000
7000	ななち	ななち	7×1000
8000	やち	やち	8×1000
9000	ここのち	ここのち	9×1000
10000	よろづ	よろず	10000
20000	ふたよろづ	ふたよろず	2×10000
30000	みよろづ	みよろず	3×10000
40000	よよろづ	よよろず	4×10000
50000	いよろづ	いよろず	$5^* \times 10000$
60000	むよろづ	むよろず	6×10000
70000	ななよろづ	ななよろず	7×10000
80000	やよろづ	やよろず	8×10000
90000	ここのよろづ	ここのよろず	9×10000

《引用、終わり》

　そういえば、時代がかった表現に「やおよろずの神も御照覧あれ！」というのがありましたね。「学研国語大辞典」で「やおよろず」を引くと、「やお（八百）よろず（万）」すなわち「八百万」ということだそうです。古代日本語はここまで大きな数を表現できたのですねえ。いや、驚きました。なんだか「ウソ八百」みたいですが……。

付録２．「人間とチンパンジー：DNA２％の相違」Webcite の解説からの引用

　私がテレビで見た人間とチンパンジーの相違に関する番組の紹介・解説をしている思われるサイトからの引用です。
　http://neu101.seesaa.net/article/130460229.html

　　《引用開始》
　　17 日
　「人間とチンパンジー:DNA２％の相違」メモ
　　そういうわけで、ナショナルジオグラフィックチャンネルでヒトと類人猿を比較していた番組のまとめ。
　　いろいろ調べるとこの番組の初回の放送はアメリカで 2008 年だった。日本でも既に去年から放送されているようだ。ということは先日紹介した「遺伝子ゲーム」とほぼ同じくらい。最後の方で同じ研究が紹介される。この番組の中で協力テストのところが、チンパンジーは協力はするが、見返りのない協力は無いことを示す実験。

　　まず、番組情報
　「人間とチンパンジー：DNA２％の相違」
　　原題：Human Ape

　　放送中ずっと左上に、来週の「遺伝子の旅」の告知が張り付いていた。
　　これは、次の番組のことで、
　　遺伝子の旅　〜先祖が歩んだ道〜
　　原題：The Human Family Tree
　　多くの協力者の頬の内側の細胞の DNA を採取して、その情報を使って祖先をたどっていくプロジェクト。現在、世界中の 35 万人以上の DNA サンプルが集まっているそうで、このプロジェクトはかなり楽しみにしている。それはそれで楽しみにしておいて、この人間と

チンパンジーの話。

　世界中の様々な研究所が行っている実験の様子を具体的に示しながら、類人猿と人類についての違い一つ一つの能力について検証していく。アイとアユムで有名な京大霊長類研究所の松沢教授の実験も紹介される。アメリカで研究されているボノボのカンジも出てくる。カンジは簡単な人間の言葉を理解するというので以前 NHK 特集で紹介されたこともある。

　空間認識、問題解決、道具作りのテストなどに関しては、類人猿もその能力を持っている。

　しかし以下のテストでは大きな違いが出てくる。

・計画性テスト

　計画性は類人猿には短期的なものだけはあるが、長期的なものはもってはいない。

・習慣と伝統のテスト

　学習は類人猿もできるが、その方法には大きな違いがある。大人のチンパンジーは積極的には子供に教えない。子供は見て、まねて覚える。チンパンジーは多数の習慣と伝統は持たない。

　Victoria Horner 博士の実験。二つの特殊な箱を用意する。二つとも同じ仕組みでご褒美の食べ物が出てくる。しかし一方は中身の見えないブラックボックス、もう一方は中身が透明で、食べ物が出てくる仕組みがはっきりとわかる。まず、ブラックボックスで食べ物のとり方の手本を人間の教師が教える。人間の子供もチンパンジーも、多少人間の方が要領がいいが、教師と同じような手順を繰り返しご褒美を得る。今度は、その手順を覚えた後に透明ボックスを渡してみる。実はさっき教えた前半の手順は意味は無く、後半の動作だけがご褒美をとるのに必要な手順である。透明なので人間の大人ならばすぐに前半の動作が無意味なものだったことが分かる。しかし人間の子供は、律義にさっき覚えた教師の手順を全て繰り返し続ける。一方チンパンジーは前半は行わず後半の手順だけでご褒美を得る。人間の子供は無駄なことをしているように見えるが、この忠実にまねる能力が人間ら

しさを作っている。この習性によって多くの習慣を受け継ぐことができたと考えられる。

・物理学のテスト

　坂の途中にあるリンゴを、上からボールを転がして落とさせる実験。ボールは重いものと軽いものがあり、軽い方では勢いが弱すぎてリンゴを落とすことができない。人間の子供は1歳半の子供でも、重いボールを選べばうまくいくことが予想できる。しかしチンパンジーは何回も経験しなければ重いボールが有利なことが理解できない。そして最後まで理由を理解できていない。この実験から人間の子供は早い段階から、物の動きや作用を理解していることがわかる。

　不安定なブロックを立たせる実験。L字ブロックを逆さに立てさせる。人間の子供もチンパンジーも慎重にブロックを扱ってちゃんと立てることができる。途中で錘を埋め込んだブロックにすり替えて、絶対立てられない状況を作る。そうすると人間の子供はブロックが変だと気付き理由を探しを始める。一方チンパンジーはいつまでもそのブロックを立て続けようとしてしまう。

　大人の人間の脳は、類人猿の脳の大きさの三倍もある。記憶力は人間が一番だと思われているが、必ずしもそうではない。

・短期記憶力テスト

　京都大学霊長類研究所、タッチパネル付きのモニターに数字をランダムに配置し、チンパンジーに小さな順に指さしさせる実験。最初の数字を指さした瞬間に残りの数字が消えて四角に変わる。あとは記憶を頼りに選んでいく。この実験により、チンパンジーは短期記憶力は人間よりもすぐれていることが分かる。野生では餌のありかや、敵を見分ける能力は特に必要である。人間とチンパンジーの共通の祖先には、この能力があったのではないだろうか。

・言語テスト

　もう一度松沢教授が登場。チンパンジーの声を実現してみせる。野生のチンパンジーには30種類以上の声がある。アメリカの研究所には70語の図形を区別できるオランウータンがいる。またアイオワの

研究所には人間の言葉の 2000 語以上の英単語を聞き分けるボノボがいる。しかし人間は 10 代後半までに六万の語彙（柴田：ちょっと多すぎるようですが、そのまま引用しておきます）が使えるようになる。高度な言語能力は類人猿にはない。

・協力テスト

　人類は協力して共に働く能力を持っている。チームでスポーツをしたり、極端な例としては国でまとまり戦争までやってしまう。チンパンジーも協力して実行する映像が撮影されている。オスのチンパンジーの群れが、特殊部隊のようにひっそりと前進し、別の群れの縄張りに入り、敵の群れのオスを一匹、集団で殴り殺した映像が記録されている。またチンパンジーは仲間と連携して猿を捕獲して食べることも知られている。

　Alicia Melis 博士の実験。檻の前に長い板を柵に平行に置く。その板は手の届かない距離にある。板には左右と中央に餌を入れる箱と、紐をかける棒が数本垂直に固定してある。

　板の両端にある棒に長い一本の紐をかけて、紐の両端を檻の中に入れておく。両方の端は一匹が同時に引けないくらい距離がある。檻の中から片方の紐だけを引くと、紐はするりと板の棒を抜けてしまい板は動かない。板を引き寄せるには、紐の両端を同時に同じ力で引かなくてはならない。つまり二匹のチンパンジーが協力しないと餌は手に入れられない。

　一匹のチンパンジーを板の前の檻に入れ、もう一匹をチンパンジーをそこにつながっている隣の檻に入れる。二番目の檻と一番目の檻をつなぐ扉には一番目の檻のチンパンジーからしか開けられない簡単な鍵がかけてある。つまり板の前のチンパンジーが自ら協力が必要だと判断したときにそのチンパンジーの手によって扉は開けられる。最初、板の両端にそれぞれ餌を入れて、実験開始。板の前のチンパンジーは、協力が必要だということが分かり、鍵を開け、もう一匹を呼び込む。そして一緒に紐を引き餌を手に入れる。両端に餌があるので、二匹ともにご褒美がある。この状況では助け合う。今度は板の中央に餌を置

いて実験を行う。最初、両端に餌が置かれているときと同じように協力して、板を引き寄せる。しかし餌が手の届くところに来ると、順位が高い方の最初のチンパンジーが独占してしまう。下位の者には一切分け前はない。そのあと同じ二匹を使って同じ実験を行うと、鍵を開けてもその檻から出てこなくなる。協力関係は失われる。

　チンパンジーが協力するのは見返りがあるときだけ、協力相手を道具とみなしている。人間の協力関係とは違う。

　逆さにしたコップのどれかに食べ物を入れる。チンパンジーの目の前で人間が中身が入っているコップを取るそぶりをすると、チンパンジーはそれに餌があるに違いないと思い餌を獲得できる。しかし人間が取るそぶりではなく、指さしに仕草を変えるとチンパンジーの正答率が低くなってしまう。これはチンパンジーには役に立つ情報を相手に教えることが理解できないからだと考えられる。チンパンジーは常に自分本位で行動する。協力するのは見返りが得られるときだけでしかない。一方、人間の子供は他人は皆、親切だと思っている。相手の意図を信頼して行動している。見返りのない協力は類人猿にはない。

　これらのテストで分かってきた違いの理由として、2つの遺伝子に関する研究が紹介される。顎の筋肉の遺伝子の突然変異と、言語に関係するFOXP2遺伝子の突然変異だ。顎の筋肉遺伝子に突然変異が起きたのは、240万年前だと推定される。この変異により、顎の筋肉が弱くなり、頭蓋骨を囲んでいた筋肉が取り除かれ、脳が大きくなることの制限がなくなった。またFOXP2遺伝子に突然変異が起きたのは、20万年前から30万年前だと推定される。この変異により舌と唇に言葉を話すために必要な神経が結合し、ヒトの祖先は話すことができるようになったと考えられる。

《引用、終わり》

付録3．「言語の起源を再検討する」正高信男氏のウェブサイトの引用・紹介

　チンパンジーを観察することによって人類の言語の起源に迫ろうとす

る京都大学・正高信男氏の解説サイトを引用・紹介します。ただし、私が正高氏の主張を全面的に支持しているわけではありません。ただ、このような研究もある、という意味での単なる紹介です（http://www2.pri.kyoto-u.ac.jp/koudou-shinkei/ninchi/research/dev/dev-1.html）。

《引用開始》
　１．言語の起源を再検討する
（１）「言語遺伝子」の発見
（２）ミラーシステムの進化
（３）言語の身振り起源
（４）段階的な脳進化
（５）デュエットの進化
（６）全体から部分へ

（１）「言語遺伝子」の発見
　言語の起源をめぐる考察の歴史は、古い。ルソーやヘルダーによる著作は、未だに読まれ続けている。しかし、それらすべてが思弁的な議論に終始してきたのも、周知の通りである。それゆえパリでの言語学会で専門家がこの問題について、以後言及することを禁止する取り決めを行ったのも、よく知られた事実である。
　しかし、ここ10数年で状況は大きく変化した。実証的かつ学際的な研究によって、人間がことばを獲得するに至った過程を明らかにするための証拠が、蓄積しつつある。そのなかでも近年のもっともホットなニュースは、なんといっても「言語遺伝子」の発見につきるのではないかと思われる。FOXP2という、第七染色体の長腕部に存在する遺伝子が、それである。
　そもそもの発端は、KEというイギリスの遺伝性の言語障害のある家系の調査に始まる。3代、20名以上の一家系のメンバーを調べてみたところ、およそ半数に生得的な発話障害が見出されたのである。また名詞を提示して、それに関連する動詞を答えさせる（例えば、

「鳥」に対して「飛ぶ」)、動詞生成課題にも困難を覚えることが判明した。そこで、家系内で障害のある者とそうでない者に二分し、遺伝的スクリーニングを実施した結果、浮かび上がったのがFOXP2であった。

そののちゲノム分析によって、遺伝子のDNA配列も決定された。チンパンジーやゴリラなどとの比較によると、遺伝子が現在の形をとるようになったのは、ごく最近のこととされている。計算によると、1万から10万年前の間の公算が強く、どんなに大きく見積もっても20万年をさかのぼることはない、という説が有力である。

人間の祖先がいつの時代に今日の形式の言語を獲得したかについては、意見が大きく分かれている。10万年にすぎないという主張や、舌下神経の太さの計測から、30万年とする研究など百花繚乱であったが、遺伝学的知見はネアンデルタール人が我々のようには話せなかったであろうという方の可能性を支持している。少なくとも調音（articulation）は無理であった。子音の要素は不明瞭な、単純な音の表出段階にとどまっていたのではないかと考えられる。

FOXP2が、脳の細胞構築上のどの部位に発現するかについても、重要な事実が明らになってきている。ブローカ野（右利きの場合は左半球に局在する）および、その右半球相同領域、そして両側の頭頂葉縁上回が主要部を占める。このうちブローカ野が言語活動にはたす役割の重要性については、今さら言及する必要はないだろう。縁上回は、音韻情報の短期貯蔵を実行する部位と考えられている。その活動によって初めて、耳から入った情報の心的リハーサルが可能となる。障害が生ずると、ワーキングメモリーが機能不全を起こし、言語的情報処理が支障をきたすことが判明している。

（2）ミラーシステムの進化

それでは、言語遺伝子が支配している脳の領野のルーツは何だったのか、ということになってくる。それこそまさに、言語の起源の問題の本質に絡んでくる問いのはずである。

これについては、ミラーシステムという認知神経科学的研究から提唱されている概念が、貴重な示唆を提供してくれている。ミラーシステムは、ブローカ野とその相同領域に存在するミラーニューロン、運動前野および縁上回を中心とする頭頂葉の部位から構成されている。他者の行為を認知する際に、それを自分自身の行う運動パターンをもとにして理解するためのネットワークである。「なぞる」という語によって、ほうふつとするような認識にコミットしている。

　ブローカ野と運動前野は元来、主体の運動に関与して働くものとされてきた。ところが、他者の運動を知覚するだけでも活動することが報告された。具体的には手を伸ばす、足を蹴る、口をもぐもぐ動かすというようなしぐさをみせると、賦活が見られる。あたかも自分自身が、同じしぐさを実行しているかのように。いわゆる運動系のネットワークが作動するのである。

　ギブソン流の表現をとるなら、アフォーダンスを知覚するということになるのだろう。単に動きを動きとして把握するにとどまらず、「それが何をしているのか」という意味を理解する時、我々は自分の行動レパートリーに準拠して解説を行う。他者意識は、身体性を基盤にスタートする。そして、そこにブローカ野が入り込んでいる事実を、ミラーシステムの知見は教えてくれているのだ。

　しかも、行為の意味理解は、実は、人間がことばの意味をカテゴライズする作業と密接に結びついている。私たちが、1個の球体を目にして「ボール」という音の配列を耳にしたとしても、それが対象のどういう属性に対応しているのかということを適切に把握することは、理屈の上ではほとんど不可能に近いはずである。にもかかわらず子どもは、けっこう効率良く、含意するカテゴリーの絞り込みを行っていく。そこには、ことばを教示してくれている他者の対象をめぐる行為の情報が関わっている。

　つまり、相手が対象といかに関係しているかを観察し、その働きかけを自分自身の身体に引き移した上で、新奇なことばの意味を認識しようとする。それゆえ、もしミラーシステムが存在しなかったならば、

人間はとても今日のような膨大な語彙を個々人で習得することはできなかっただろうし、運動性の言語中枢がシステムに組み込まれているのも、言語の進化を考える際、決して偶然の結果ではなかったと類推せざるを得ないのである。

（3）言語の身振り起源
　言語の起源については、かねてより相反する2つの説が提唱されてきた。1つは、身ぶりにルーツを求めるものであり、他は出発点より音声であったとするものだ。古くは、前者の方が多数意見を占め、例えば心理学者のヴントなども代表格の一人に数えられるが、20世紀後半はむしろ後者の方が有力視される傾向にあった。それが、ミラーシステムが話題となって以降、再び情勢が覆りつつある。

　手話研究からの知見も、それに拍車をかけることとなっている。かつては手話など、人工的に考案された動作やパントマイムの組み合わせにすぎないと誤解されていた。けれども実際には、すべての人間は一定の環境の下では、言語的表出を手によって実現し、視覚的に処理する資質が付与されていることが明らかとなってきた。
　ヒトのミラーニューロンと相同なものは、ヒト以外の霊長類でも存在が知られている。直立二足歩行が始まった段階で、前肢は歩行から解放された。人類の祖先が立ち上がったのは、数百万年前にさかのぼる。他方、FOXP2の出現が数十万年前にすぎないのならば、両者の間の時代に祖先は、どういう形のコミュニケーションを行っていたのかが、問題となる。
　一次的な機能を持たない手や顔の動きを共有していたと想像するのは、あながち、無理なことではないかもしれない。言語をあやつる能力というのは社会性に裏打ちされている。しかもそれは同時に、身体性に裏打ちされている。身振りが音声に比して、言語の起源として歴史的に先行していたか否かの議論は別にして、前者を実行するメカニズムを抜きに現在の言語行為が成立しないことに、疑問の余地は少な

いと思われる。

　ただし音声モードに依存した形態のコミュニケーションへと一気に傾斜していった素地として、初期人類がすでに登場の段階で極めて豊かな聴覚感受性を有していたことにも、疑う余地はないだろう。すでに真猿類においてすら、メロディ一様の音のパターンの特徴を抽出できる能力の萌芽が見られるのだ。それは明らかに、現在の人間に備わっている言語情報処理能力の先がけとなるものと考えられる。

　言語遺伝子の話題に戻るならば、FOXP2 の欠落によって引き起こされる言語障害は主として運動性のものであることに留意しなくてはならないだろう。他方、失語症にもそれとは別の、感覚性のものも存在することがよく知られている。それは、ウェルニッケ野の損傷によって引き起こされる。だが、FOXP2 はウェルニッケ野の構築には直接の関与はないか、あってもブローカ野に対してとは比較にならないほどの小規模であると考えられている。

（４）段階的な脳進化

　それゆえ、脳機能から見た場合、言語能力の進化には、ある段階で一気に萌芽したのではなく、少なく見積もっても二段階を経たと想定するのが妥当であると考えられる。つまり運動性機能と感覚性機能を分けて考える必要がある。そして前者に比べて、後者の方が出現はかなり早かったということを泉の論文が示している。

　ウェルニッケ野、とりわけ側頭平面についても近年、興味深い知見の報告が相次いでいる。この領野は一次聴覚野の近傍に位置することもあり、従来は聴覚刺激に特異的に関係した機能を持つものと、とらえられてきた。しかし、先天性の聴覚障害者では手話のサインを視覚提示した際に、健聴者に音声言語を聞かせるのと同じように、賦活が見られる。

　さらに意味のあるサインでなくとも、幾何学的なパターンであっても、時間的な規則性を伴って運動する刺激であれば全く同じように反応することが明らかとなってきている。

刺激自体が、どういう感覚モードに働きかけるものであるかは、賦活の必須の要件とはならないのである。必須の要件は、刺激入力が時間軸に沿って、何らかの規則性を持った変動パターンを有しており、それを受け手が認知し得るか否かにかかっているらしい。

だから人類に限定するならば、進化の初期においてこの能力は直立二足歩行によって解放された手の動きに対応するものであったかもしれないし、あるいは調音は不可能で単純な音響特性であったかもしれないが、そういう音の時間的な連続発声に対応するものであったかもしれない。いずれがより真実に近かったかは、これだけでは決定することは不可能なのだ。

ただし、ヒト以外の霊長類においても、ヒトにかなり近似した音楽知覚が見られるという事実は、もう一歩踏み込んだ示唆を与えてくれることとなる。彼らは、前肢が解放されていない。にもかかわらず類似の知覚様式が見られるということは、その機能は上述の可能性のうち、後者に対処するものであることを意味している。

つまり、感覚性の言語中枢の進化の背景には、ヒトが誕生する以前の霊長類に見られる音声コミュニケーションの多様化が関係していたと考えられる。従来、言語の進化は、起源が身振りなのかあるいは音声なのか、といった二分法的な議論に終始してきた。しかし、段階によって起源となるものが異なる可能性も考えておくことが必要なように、私には思える。

（5）デュエットの進化

それでは具体的に、ヒト以前の霊長類のどのような音声コミュニケーションの多様化がその引き金となったのだろうか？　といっても化石による証拠は、問いに対し何も語ってくれない。現生の霊長類の行動に、モデルとなりそうなものを求めざるを得なくなる。では、どういう種のどういう行動がモデルになり得るかというと、テナガザルのデュエットと、その種間変異ではないかというのが、目下の私の仮説である。

ヒト以外の霊長類のなかで、ヒトにもっとも近縁とされる類人猿は、チンパンジー・ゴリラ・オランウータン・テナガザルに大別され、そのうちアジアに生息するテナガザルはさらに十種類ほどに分類されている。樹上性で、基本的に成体オス・メス１頭から成るペアと、子どもによって集団は構成され、非常になわ張り性が強い。
　なわ張り宣言には、もっぱら音声が用いられる。これが有名なテナガザルのグレート・コール (great call) と呼ばれるもので、複雑な発声の組み合わせ（各々はノートと呼ばれる）が数分間にわたり発せられ、そうした一連の歌が数十分にわたり、毎日ほぼ同時刻に反復される。
　歌のパターンは、それぞれの種によって特異的であるとされ、遺伝情報によって厳密に規定されているとみなされている。また一連の組み合わせのどのパートを、ペアのうちのオスとメスがそれぞれ担当するかも、明確に定まっている。両者が時間軸にそって、非常に規則的に自分のパートを受けもつことによって、精妙なデュエットが形づくられている。
　そして、どういう形式のデュエットが実行されるかも、種ごとに異なり、かつテナガザルが進化を遂げると共に、一定の方向へと変化してきたと考えられるようになってきている。
　最も原初的なデュエットは、オスとメスの両者が全く同じ一連の歌を唱和するというものである。つまりＡ―Ｂ―Ｃ―Ｄ―…と、違う発声が順次展開していくのだが、それをオス・メスが同じように合唱していく。ところがやがて、おのおのが別々のパートを歌うようになってきたらしい。しかも、互いのパートは重複しない。すなわちオスがまずＡのパートを歌う。歌い終わると、メスがＢを歌う。そののち再びオスがＣを歌う…―というような行動が進化したと想像されている。
　しかもＡからＢ、ＢからＣへのバトンタッチは絶妙なタイミングでなされる。人間が聞いている限り、複数が別々に声を出しているとはとても思えないほどである。このデュエットの移行現象を、研究者

は「歌の分割（song splitting）と呼んでいる。

　最初はいったん歌い始めるや、A→B→C…とすべて順を踏んで続けるしか術を持たなかったのが、部分部分を切り離して発声できるようになった。しかも、全体のなかでの個々のパートのあるべき位置を、認識している。

　目下のところテナガザルが、デュエットを実行するにあたって、どういう脳機能が対応しているかについて、知見は皆無である。だが音声の時間的変化の知覚が、個々の歌を適切にうたうために不可欠なことを考慮すると、人間のウェルニッケ野に相当する箇所が働いている可能性は、かなり高いのではないだろうか。

（6）全体から部分へ
　さらに、もう一段階の進化を遂げたテナガザルの種では、デュエットのパートを、ソロで発声する行動が見られるようになる。「デュエットの分割 (duet splitting)」と命名されている現象である。遺伝的に固定された一連の流れでの発声から、切り離された形での表出は、かなり随意性の高いものとみなして差し支えないだろう。

　音の連続的な流れを、パートに分割して（すなわち分節化して）認識し、それを単独して再生してみせるようになった時、それは音声言語の流れからフレーズの単位を認め、一時的に情報を貯蔵するというヒト乳児の言語情報処理と、かなり近いものとなってくる。

　そしてヒト乳児の音声への選好傾向にも、ヒト以外の霊長類のそれと重複する部分が、かなりの程度に認められるのだ。

　形態学的なアプローチから、テナガザルの発声を分析した時、どういう結果が得られるのかは未だ明かにされていない。ただ留意しなくてはならないのは、ヒトが言語を歴史的に獲得した際、それは音を組み合わせるようになったことを必ずしも意味せず、正反対に一連の流れを分かつ形で話すようになった可能性も無視できないということである。現在のところ、リズミックな音の産出を動物は大脳基底核のような部位によって実行できることが判明している。その機能が、先述

のミラーシステムと有機的に連係するようになった段階で、随意的に発声できるようになったフレーズは、意味を持つようになったのかもしれない。意味とは、音を交換する者同士における、その音の理解のしかたが共有されるということにほかならない。それを促したのが公共的な会話状況の創出であったと推測するのは、さして無謀なことではないだろう。

引用文献

Enard, W., Przeworski, M., Fisher, S. E., Lai, C. S., Wiebe, V., Kitano, T.,Monaco, A. P., & Paabo, S. 2002. Molecular evolution of FOXP2, a gene involved in speech and language. Nature, 418:869-872.

Nishimura, H., Hashikawa, K., Doi, K.,Iwaki, T., Watanabe, Y., Kusuoka, H., Nishimura, T., & Kubo, T. 1999. Sign language 'heard' in the auditory cortex. Nature, 397:116.

Geissmann, T. 2002. Duet-splitting and the evolution of gibbon songs. Biological Review, 77:57-76.

Masataka, N. 2003. The Onset of Language. Cambridge: Cambridge University Press.

《引用、終わり》

付録4．フランス語圏の啓蒙思想家と『三十年戦争』と『啓蒙時代』（Wikipediaから）

　第Ⅱ章7節「啓蒙主義の時代（17～18世紀）のフランス人・イギリス人の脳内宇宙の晴れ上がり／北村達三『英語史』（桐原書店）を読む」の中で、ヨーロッパ諸言語の語順が主要部後置型語順（日本語のような語順）から主要部前置型語順への180度の大逆転が完成期を迎えた15世紀～17世紀に、ヨーロッパ人の精神世界が巨大な変貌を遂げた事を解説しましたが、その様子を「一般教養」として理解して頂くために、この付録4に、フランス語圏における啓蒙思想家たちのことや「三十年戦争」「啓

蒙時代」などの関連項目も併せて、Wikipediaから引用しておきますのでぜひ参照してください。(「もう既に良く知っている」という読者は、読み飛ばして、先へ進んでください。)

《Wikipedia「ジャン・カルヴァン」からの引用》
http://ja.wikipedia.org/wiki/%E3%82%B8%E3%83%A3%E3%83%B3%E3%83%BB%E3%82%AB%E3%83%AB%E3%83%B4%E3%82%A1%E3%83%B3

　ジャン・カルヴァン(Jean Calvin、1509年7月10日―1564年5月27日)は、フランス生まれの神学者。ルターやツヴィングリと並び評される、キリスト教宗教改革初期の指導者である[1]。
　カルヴァンの神学は、ルター派など一部を除き教派の違いを超えてプロテスタント諸派に大きな影響を与えた。プロテスタント教会のひとつ改革派教会は彼の思想的流れを汲む教会である。
　カルヴァンの主著は『キリスト教綱要』であるが、多くの聖書注解(旧約・新約)[2]や神学論文[3]を残した。また、多くの説教集も出版された[4]。『ジュネーブ教会信仰問答』[5]の作者もカルヴァンである。

生涯
　フランス・ピカルディ地方のノワイヨン生まれ。法律、神学を学び、人文主義的な教養を身に付けた[6]。セネカの『寛容について』を翻訳し、1532年パリで刊行。1533年頃に、突然の回心を経験したという。
　1534年、パリで檄文事件が起こりプロテスタントへの弾圧が激しくなり、その前後から亡命生活になった。1536年3月、バーゼルで『キリスト教綱要』(初版本、ラテン語)[7]を刊行。この本は広く読まれ、その名を世に知られた。
　カルヴァンは名高い論争家で、論敵との議論の必要性から『キリスト教綱要』も5度にわたって改訂・増補され、1559年出版の最終版は初版本(1巻本)の数倍もの分量になった[8]。1541年にはフラン

ス語版が刊行された。

　同じ 1536 年、旅行中に偶々滞在したスイス、ジュネーヴ市で、牧師のギヨーム・ファレルに要請され、同市の宗教改革に協力する[9]。1538 年、教会勢力の拡大を恐れた市当局によってファレルらと共に追放の憂き目を見るが、約半年間バーゼルに滞在したのち、ストラスブール（シュトラースブルク）に 3 年間滞在した。

　そして、1541 年には、市民の懇請によってジュネーヴ市に戻る。以後 30 年近くにわたって、神権政治（または神政政治、セオクラシー）を行って同市の教会改革を強力に指導した[10]。

　ジュネーヴにおいてカルヴァンは厳格な統治を行い、市民の日常生活にも厳しい規律・戒規を求めた。また 1553 年、カルヴァンの手の者によって異端者として告発された旅行中の神学者ミゲル・セルヴェートは、ジュネーブ市当局によって生きながら火刑に処された（ただし、火刑はカルヴァンの意ではなかったというが、それでも彼は、セルヴェがジュネーブに来れば生きて去らせることはしないと周囲に語っていた）。これに先立ってセルヴェの処遇を同盟諸都市に訊ねたジュネーブ市は、全ての意見がカルヴァンと同意見であったため、これを境にジュネーブ市におけるカルヴァンの地位はほぼ確定したものとなった。

　なお、この事件に対しては、セバスチャン・カステリオン（Sebastian Castellio）など反カトリック陣営も、カルヴァンを非難した。このことを指して、宗教的不寛容ないし裁きを神にゆだねなかったという意味で、カルヴァン生涯最大の汚点という論者も絶えない。ちなみに、シュテファン・ツヴァイクが、このテーマでカステリオンとカルヴァンの対決を扱った評伝『権力と戦う良心』[11]を著しているが、亡命ユダヤ人であるツヴァイクはカルヴァンと当時のジュネーブ市をヒトラーとナチス治下のベルリンになぞらえている。また、ジュネーブの近くにあるセルヴェが火刑で苦しんだ教会には「当時の誤謬は非難されるべきにもかかわらず、わたしたちの偉大なる改革者であるカルヴァンの従順で誠意ある後継者として、良心の自由に堅く

立つ者として、また宗教改革と福音の真の理念に従って、われわれは、ここに贖罪の碑を建て続けるものである。1903年10月27日」と銘文の刻まれた贖罪の碑が建てられている。

　カルヴァンは、職業は神から与えられたものであるとし、得られた富の蓄財を認めた。この思想は、当時中小商工業者から多くの支持を得、資本主義の幕開けを思想の上からも支持するものであったとされる。

脚注
1. カルヴァンの伝記は多くの人々の手で書かれた。日本語で読める代表的なものとしては、以下のようなものがある。J.D. ベノア著『ジャン・カルヴァン』、森井真訳、日本基督教団出版部、1955年。小平尚道著『カルヴィン』、日本基督教団出版部、1963年。渡辺信夫著『カルヴァン』、清水書院、1968年。R. ストーフェール著『人間カルヴァン』、森川甫訳、すぐ書房、1977年。E. ドゥーメルグ著『カルヴァンの人と神学』、益田健次訳、新教出版社、1977年。久米あつみ著『カルヴァン』、講談社、1980年。森井真著『ジャン・カルヴァン　ある運命』、2005年。B. コットレ著『カルヴァン　歴史を生きた改革者1509—1564』、出村彰訳、新教出版社、2008年。スイス宗教改革史におけるカルヴァンの位置と役割については、出村彰著『スイス宗教改革史研究』、日本基督教団出版局、1983年（再版）。カルヴァンの神学思想については、W. ニーゼル著『カルヴァンの神学』、渡辺信夫訳、新教出版社、1960年。
2. J. カルヴァン著『旧約聖書註解』・『新約聖書註解』、新教出版社。
3. J. カルヴァン著『神学論文集』、赤木善光訳、新教出版社。
4. 日本語で読めるカルヴァンの説教集には、以下のようなものがある。『苦難と栄光の主　イザヤ書53章による説教』、渡辺信夫訳、新教出版社、1958年。『霊性の飢餓　まことの充足を求めて』、野村信訳、教文館、2001年。『命の登録台帳　エフェソ書第1章（上）』、アジア・カルヴァン学会編訳、キリスト新聞社、2006年。

5. J. カルヴァン著『ジュネーヴ教会信仰問答　翻訳・解題・釈義・関連資料』、渡辺信夫訳、教文館、1998 年。
6. 久米あつみ著『カルヴァンとユマニスム』、御茶ノ水書房、1997 年。
7. J. カルヴァン著「キリスト教綱要（初版）」、久米あつみ訳、『宗教改革著作集』第 9 巻、教文館、1986 年。
8. J. カルヴァン著『キリスト教綱要』、渡辺信夫訳、新教出版社の底本は最終版。
9. 田上雅徳著『初期カルヴァンの政治思想』、新教出版社、1999 年。
10. E.W. モンター著『カルヴァン時代のジュネーヴ　宗教改革と都市国家』、中村賢二郎・砂原教男訳、ヨルダン社、1978 年。
11. S. ツヴァイク著『権力とたたかう良心』、ツヴァイク全集 17、高杉一郎訳、みすず書房、1988 年。
《Wikipedia「ジャン・カルヴァン」からの引用、終わり》

フランスではこれ以降、カルヴァンに続いて、続々と著名な思想家が活躍を始めます。

《引用開始》
http://webcache.googleusercontent.com/search?q=cache:ux9P4BNaMtgJ:plaza.rakuten.co.jp/oniyannma9/diary/200706030000/+&cd=13&hl=ja&ct=clnk&gl=jp
　モンテーニュ（Michel Eyquem de Montaigne　1533-92）
　フランスのモラリスト文学の基礎を築いたとされる。
　・孤独について
　彼は闇雲に他人の行動や意見に同調する誘惑に抗う必要性をとく。これは物理的な孤独を勧めているのではなく、他人から称賛、容認されたいという我々が持つ感情を抑え、これの奴隷になってはならない。そして、他人からの称賛を得たいという衝動、つまり名誉欲、を心の平安の最大の壁であるとする。そのため、他人からの称賛や容認を自分にとって価値あるものとする考えを避けるべきだと考える。そうす

ることで、我々は物事をずっと客観的、かつ、明晰に見通せるという。
　・主著
『エセー（随想録）』1580
《引用、終わり》

　16世紀末にフランス語の現代語順が確立すると、17世紀にはいっそう多くの天才達が輩出して「啓蒙主義」の時代に突入し、旧体制を強烈に批判し、あの世界史上の思想的・社会的な大事件の1つであるフランス大革命へと突入してゆきます。

《Wikipedia「ルネ・デカルト」から引用》
　ルネ・デカルト（仏:Rene Descartes, 1596年3月31日―1650年2月11日）は、フランス生まれの哲学者・自然哲学者（自然学者）・数学者。

概要
　考える主体としての自己（精神）とその存在を定式化した「我思う、ゆえに我あり」は哲学史上でもっとも有名な命題の1つである。そしてこの命題は、当時の保守的思想であったスコラ哲学の教えであるところの「信仰」による真理の獲得ではなく、信仰のうちに限定してではあれ、人間の持つ「自然の光（理性）」を用いて真理を探求していこうとする近代哲学の出発点を簡潔に表現している。デカルトが「近代哲学の父」と称される所以である。
　初めて哲学書として出版した著作『方法序説』（1637年）において、冒頭が「良識（bon sens）はこの世で最も公平に配分されているものである」という文で始まるため、思想の領域における人権宣言にも比される。
　また、当時学術的な論文はラテン語で書かれるのが通例であった中で、デカルトは『方法序説』を母国語であるフランス語で書いた。その後のフランス文学が「明晰かつ判明」を指標とするようになったの

は、デカルトの影響が大きい、ともいわれる。

　レナトゥス・カルテシウス（Renatus Cartesius）というラテン語名から、デカルト主義者はカルテジアン（仏:Cartesien; 英:Cartesian）と呼ばれる。その他、デカルト座標系（仏:systeme de coordonnees cartesiennes; 英:Cartesian coordinate system）のようにデカルトの名がついたものにもカルテジアンという表現が用いられる。

機械論的世界観

　デカルトは、物体の基本的な運動は、直線運動であること、動いている物体は、抵抗がない限り動き続けること（慣性の法則）、一定の運動量が宇宙全体で保存されること（運動量保存則）など、（神によって保持される）法則によって粒子の運動が確定されるとした。この考えは、精神に物体的な風や光を、宇宙に生命を見たルネサンス期の哲学者の感覚的・物活論的世界観とは全く違っており、力学的な法則の支配する客観的世界観を見出した点で重要である。

　更にデカルトは、見出した物理法則を『世界論』（宇宙論）において宇宙全体にも適用し、粒子の渦状の運動として宇宙の創生を説く渦動説を唱えた。その宇宙論は、宇宙が誕生から粒子の運動を経て今ある姿に達したという発生的説明を与えた地上と、無限に広がる宇宙空間において同じ物理法則を適用したという点で過去の宇宙論とは一線を画すものであった。

　デカルトは見出した法則を数学的に定式化せず、また実験的検証を欠いたことで法則の具体的な値にも誤謬が多い。そのために科学史の上ではガリレイとニュートンの間で、独断論に陥った例として取り上げられることが多かった。しかし今日ではニュートンはデカルトの『哲学の原理』を熱心に読んでいたことが科学史家ヘリヴェルの研究によって明らかにされるなど、その位置付けが見直されている。

倫理学

　デカルトは、完全に基礎づけられた倫理学を体系化したいと望んで

いたが、それまでは暫定的道徳を守るほかない、と考えた（『方法序説』1）。

数学

2つの実数によって平面上の点の位置（座標）を表すという方法は、デカルトによって発明され、『方法序説』の中で初めて用いられた。この座標はデカルト座標と呼ばれ、デカルト座標の入った平面をデカルト平面という。デカルト座標、デカルト平面によって、後の解析幾何学の発展の基礎が築かれた。座標という考え方は今日、小学校の算数で教えられるほど一般的なものとなっている。

また、今日、数式の表記でアルファベットの最初の方（a,b,c,…）を定数に、最後の方（…,x,y,z）に未知数をあて、ある量（例えば x）の係数を左に（2x）、冪数を右に（x^3）に書く表記法はデカルトが始めた。

ちなみに、アルファベットを用いた数式というだけであれば、『解析術序論』を著したフランソワ・ビエトの方が先で、子音を定数に、母音を未知数にあてた。

（以下、引用省略）
《Wikipedia「ルネ・デカルト」引用おわり》

《Wikipedia「ブレーズ・パスカル」から引用》
パスカル（Blaise Pascal　1623-1662）

生涯

1623 年、フランス中部のクレルモンにおいて、徴税の仕事をする行政官を父として生まれた。二人の姉妹がいる。

自然科学系の才能の早熟

パスカルは幼少の頃から天才ぶりを発揮していた。まだ 10 歳にもならない頃に、三角形の内角の和が二直角である事や、1 から n まで

の和が (1+n)n/2 である事を自力で証明して見せたと言われている。

歯車式計算機「パスカリーヌ」

　パスカルが少年の時に、教育熱心な父親は一家を引き連れパリに移住する。パスカルは学校ではなく、家庭で英才教育を受けた。父親は自然哲学やアマチュア科学をたしなんでおり、その知識をパスカルに授けた。しかも、自宅には当時の一流の数学者や科学者が頻繁に出入りし、自宅は一種の「サロン」や「サークル」の状態になっており、彼はそうした大人たちの集いにも顔を出し、様々な知識を吸収することも出来、大人たちと討論したり思索を深めたりすることで、その才能が本格的に開花した。

　1640 年、16 歳の時に、『円錐曲線試論』を発表。

　17 歳の時には、機械式計算機の構想・設計・製作に着手し、それを見事に 2 年後に完成させた。(これによって、父親の徴税官の（計算の）仕事を楽にしようとしたのだ、とも言われている。またこの計算機の設計・製作に過度に没頭したことが、パスカルの肉体を傷め、病弱となり、寿命を縮める原因のひとつとなった、とも言われている)。

その他の自然科学系の業績
「パスカルの定理」
「パスカルの三角形」Traite du triangle arithmetique（1655 年発表）
「確率論」の創始（賭け・賭博についての考察より）
　サイクロイドの求積問題
「パスカルの原理」（流体の平衡についての理論）の提唱
（力学、物理学における圧力の単位、パスカルに名を残している）
　　等々。

思想家、哲学者、宗教家として開眼

　1646 年、パスカル一家はサン・シランの弟子らと出会い、信仰に目覚め、ジャンセニスムに近づいてゆく。

1651年、父の死。妹のひとりがポール・ロワヤル修道院に入ってしまう。

パスカルは一時期、社交界に出入りするようになり、人間についての考察に興味を示す。

1654年、再度、信仰について意識を向け始め、ポール・ロワヤル修道院に近い立場からものを論ずるようになる。

1656年～1657年、『プロヴァンシアル』の発表。神の「恩寵」について弁護する論を展開しつつ、イエズス会の（たるんでしまっていた）道徳観を非難したため、広く議論が巻き起こった。また、キリスト教を擁護する書物（護教書）の執筆に着手。そのために、書物の内容についてのノートや、様々な思索のメモ書きを多数記した。だが、そのころには、体調を崩しており、その書物を自力で完成させることができなかった。ノート、メモ類は、パスカルの死後整理され、『パンセ』として出版されることになり、そこに残された深い思索の痕跡が、後々まで人々の思想に大きな影響を与え続けることになった。

5ソルの馬車

1662年、「5ソルの馬車」と呼ばれる乗合馬車（＝馬車の共有）というシステムを着想・発明。パリで実際に創業した。これまで、馬車と言えば、富裕な貴族が個人的に所有する形態しか存在しておらず（今日のタクシーにあたる辻馬車は1625年、ロンドンに登場、ほどなく、パリにも登場している）、パスカルの実現したこのシステムは今日のバスに当るもので「世界で初めての公共交通機関」である。

最晩年

パスカル自身は乗合馬車の創業6ヶ月後に、体調がいよいよ悪化し、死去。39年の生涯を閉じた。

死後、パスカルが病床で着ていた着物（肌着）の襟の中に、短い文書が縫い込められ、隠されているのが発見された。そこに書かれていたのは、彼自身が以前に体験した、回心と呼ばれる宗教的な出来事

だった。

パスカルはキリスト教の思想家であるため、彼の神は宗教的な人格神であり、哲学者が持つような形而上学的な非人格神とは異なる。そのため、彼は哲学者というよりも神学者である。「人間は一本の葦である。しかし考える葦である。」で表現するように、理性の偉大さを主張する。

・パスカルの賭け

神を存在しないことに賭けるか、神が存在することに賭けるか、という２択をつきつけられた場合、パスカルによると神が存在することに賭けて神を信仰するほうが得であると主張する。それは、信仰しておけば、神が存在した場合、多くのものを得るが、存在しなかったとしても失うものは少ないからである。逆に信仰しないで、神が存在した場合うしなうものが大きいという。（柴田注：これを読むと、パスカルはセコい人だという印象を受けてしまうが、この解説はパスカルの主張を卑俗化し過ぎているので、書き直すべきだと思われる。2014年1月30日追記：書き直されていました）

・主著

『パンセ』1970

《Wikipedia「ブレーズ・パスカル」引用おわり》

《Wikipedia「シャルル＝ルイ・ド・モンテスキュー」から引用》

シャルル＝ルイ・ド・モンテスキュー（Charles-Louis de Montesquieu, 1689年1月18日―1755年2月10日）は、啓蒙期のフランスの哲学者・政治思想家である。本名は、シャルル＝ルイ・ド・スゴンダ（Charles-Louis de Secondat, baron de la Brede et de Montesquieu）で、ラ・ブレード（La Brede）とモンテスキュー（Montesquieu）を領地とする男爵（baron）でもあった。

人物

1689年1月18日、ボルドー近郊で生まれた。7歳のときに母が亡

くなり、母の遺産を継いでラ・ブレード男爵となる。ボルドー大学法学部を卒業した後、1709 年からパリに遊学し、1713 年末、父の訃報により帰郷する。翌年、25 歳でボルドーの高等法院の参事官となる。1716 年、伯父の死により、モンテスキュー男爵の爵位とボルドー高等法院副院長の官職を継ぐ。しかし実務面には関心がなく、1721 年には『ペルシア人の手紙』を匿名で出版。1726 年、37 歳で辞職。以後、学究生活に入る。1728 年 1 月、アカデミー・フランセーズの会員に選出された直後、4 月から諸国遍歴の旅に出る。1731 年に帰国。1734 年、『ローマ人盛衰原因論』、1748 年、『法の精神』を出版。

イギリスの政治に影響を受け、フランス絶対王政を批判し政治権力を分割し、均衡と抑制による権力分立制の基礎を築いた。

法とは「事物の本性に由来する必然的な関係」であると定義し、権力を分割しない統治形態による法からは政治的自由が保障されないと考え、執筆に 20 年かけたといわれる著作『法の精神』で、権力を立法・行政・司法に分割する三権分立論を唱えた。

晩年は視力の減退に悩まされた。そんな中『百科全書』のために「趣味論」の執筆に取り組んだが、完成することなく 1755 年 2 月 10 日にパリで逝去した。

社会学の父 (père de la sociologie) と考えられている。(柴田注：社会学の父とされているのはオーギュスト・コント (1798 ～ 1857 年) であり、この部分は筆者の混同であると思われる)

『ペルシア人の手紙』の一節では非キリスト教国の出生率の高さを離婚を許容しているためとし、また「夫婦相互の愛情に何よりも寄与するのは離婚の可能性である」と述べた箇所がある（女性の離婚権のみを主張）[1]。

彼の肖像は旧フランス・フランの 200 フラン紙幣に描かれたことがあった。

ロックの政治的理論を受け継ぐ。法の精神において三権分立を唱えた。

・主著

『法の精神』（De l'esprit des lois）

脚注
1. Montesquieu (1721)（フランス語）. Lettres Persanes. pp. Lettre CXVI. Cf. Roderick Phillips (1991)（英語）. Untying the Knot: A Short History of Divorce. Cambridge University Press. pp. pp. 57 - 58. ISBN 9780521423700
《Wikipedia「シャルル＝ルイ・ド・モンテスキュー」引用おわり》

《Wikipedia「ヴォルテール」から引用》
　ヴォルテール（Voltaire,1694 年 11 月 21 日― 1778 年 5 月 30 日）は、啓蒙主義を代表するフランスの多才な哲学者、作家。パリの公証人の子。本名は、フランソワ＝マリー・アルエ (François-Marie Arouet)。ヴォルテールという名はペンネームのようなもので、Arouet のアナグラムの一種、「ヴォロンテール」（意地っぱり）という小さい頃からの渾名（あだな）をもじった等諸説ある。

経歴
　1718 年に喜劇『オイディプス』を発表したが、その直後に摂政・オルレアン公フィリップ 2 世を諷刺したとしてバスティーユに投獄された。1726 年、けんかのため再び投獄、まもなく釈放され、1728 年までイギリスに亡命した。アイザック・ニュートン、ジョン・ロックなどの思想を直接知って哲学に目ざめ、帰国後 1734 年に『哲学書簡』（別名『イギリス書簡』）を著した。その後、文学、哲学、歴史学など多様な分野の第一線で活躍し、1750 年には、プロイセンのフリードリヒ大王を訪問した。帰国後「百科全書」にも寄稿した（直後に「百科全書」は出版許可が取り消される）。それまでの彼の活動を寓話的に総括し、合わせてゴットフリート・ライプニッツの「弁神論」に代表される調和的で楽観的な世界観を批判したのが風刺小説『カンディード』（1759 年）といえる。1760 年にスイス国境に接するフラ

ンスの街フェルネーに居を定めてからは、折から生じたカラス事件などをきっかけに、自由主義的な政治的発言を活発に行った。この時期の代表作として、『寛容論』(1763年)、『哲学辞典』(1764年) などがあげられる。1778年4月7日パリでベンジャミン・フランクリンによりフランマソヌリに入会しフリーメイソンとなる。

つねに目立ったところで行われた反ローマ・カトリック、反権力の精力的な執筆活動や発言により、ヴォルテールは18世紀的自由主義の一つの象徴とみなされた。没後、パリの教会が埋葬を拒否したためスイス国境近くに葬られたが、フランス革命中の1791年、ジロンド派の影響によって、パリのパンテオンに移された。
《以上、Wikipedia「ヴォルテール」より》

《Wikipedia「三十年戦争」から引用》
http://ja.wikipedia.org/wiki/%E4%B8%89%E5%8D%81%E5%B9%B4%E6%88%A6%E4%BA%89

三十年戦争（さんじゅうねんせんそう、dreißigjähriger Krieg）は、ボヘミア（ベーメン）におけるプロテスタントの反乱をきっかけに勃発し、神聖ローマ帝国を舞台として、1618年から1648年に戦われた国際戦争。「最後の宗教戦争」、「最初の国際戦争」などと形容されるが、スウェーデンが参戦した1630年以降は、ハプスブルク家、ブルボン家、ヴァーサ家による大国間のパワーゲームと捉える向きもある。「三十年戦争」という表現を最初に用いたのは、17世紀のザムエル・フォン・プーフェンドルフとされる。

概要
　三十年戦争は名前の通り30年間絶え間なく続いたのではなく、数ヶ月から2年程度の小康状態を挟んで断続的に続いた。当時はほとんどの軍が長期間統制しにくい傭兵によって賄われており、国王直属の常設軍隊は稀であったからである。また、長期の戦争を継続することは国家財政を圧迫するため、息切れするかのように戦争が中断され

ることになった。しかし、戦争が長引くとインターバルの期間は次第に短くなり、三十年戦争の最終段階では13年間にもわたる戦闘が繰り広げられた。

　この戦争は4つの段階に分類することができ、後になるほど凄惨さを増していった。この4段階にわたる戦争はそれぞれハプスブルク帝国に対抗する勢力ないしは国家の名前をとって下記のように呼ばれている。

　第1段階：ボヘミア・プファルツ戦争（1618年—1623年）
　第2段階：デンマーク・ニーダーザクセン戦争（1625年—1629年）
　第3段階：スウェーデン戦争（1630年—1635年）
　第4段階：フランス・スウェーデン戦争（1635年—1648年）

　三十年戦争は新教派（プロテスタント）と旧教派（カトリック）との間で展開された宗教戦争と捉えられることが多いが、それはこの戦争の単なる一側面に過ぎない。当初は宗教闘争に名を借りた民族対立の様相を呈していたが、戦争の第2段階から徐々に国家間の権力闘争の側面が露わになり、ヨーロッパにおける覇権を確立しようとするハプスブルク家と、それを阻止しようとする勢力間の国際戦争として展開することになった。

　この戦争が単なる宗派対立による宗教戦争ではないことは、戦争勃発当初から明らかであった。ボヘミアのプロテスタント諸侯たちと新教派のプファルツ選帝侯によるハプスブルク家への反乱に対して、同じ新教派のザクセン選帝侯やブランデンブルク選帝侯は、彼らと新教連合（ウニオン）を結成していながら彼らを見捨て、ハプスブルク家を中心とした旧教派連盟（リガ）を支援したという事実からもわかる。しかもザクセン選帝侯は、皇帝側に就いたり、皇帝に反旗を翻したりと、情勢と戦争の展開に応じて立場を変えている。

　そして、ボヘミアとプファルツの新教勢力鎮圧によって新教連合が解体し、ハプスブルク家による新教派弾圧と強圧的なカトリック化政策がドイツ全域に及ぼされるに至って、イングランド、デンマーク、スウェーデンなどの新教派諸国が反ハプスブルクの旗印の下で干渉の

動きを示すようになっていった。

　この反ハプスブルク勢力の中には、カトリック教国であるフランス王国も加わっていた。ブルボン朝の支配を確立し、フランスの勢力拡大をねらう宰相リシュリューは、デンマークとスウェーデンのドイツ情勢への介入を裏で手引きし、第4段階には直接軍事介入によって実力でハプスブルク帝国をねじ伏せようとした。フランスがハプスブルク帝国の勢力拡大を阻止しようと画策したのは、単にヨーロッパ情勢における優位を確保する以上の目的のためであった。もし、ドイツでハプスブルク家の支配が確立されれば、ハプスブルク家が支配するスペインとドイツに挟まれたフランスにとって大きな脅威となり、ブルボン朝の支配が揺るがされる危険性があった。ブルボン朝の安泰のためには、ハプスブルク家のドイツ支配は何としてでも阻止しなければならなかったのである。

　しかしその一方で、対ハプスブルク陣営のフランスとスウェーデンの仲も必ずしも良好であったわけではなく、ドイツにおけるスウェーデン軍の勢力拡大を警戒したフランスは、増援の名の下に軍の増強を図ってスウェーデンを牽制する動きを見せた。

　このような大国の思惑によってドイツの小国、民衆は振り回され、激しい戦闘によって国土は荒廃していった。やがて外交交渉による戦争終結の道が開かれ、勢力均衡を原則とする国際秩序が形成されていくことになったのである。

背景

　1555年に神聖ローマ皇帝カール5世が署名したアウクスブルクの和議は1526年の第一回シュパイアー帝国議会を確認するもので、ドイツ・ルター派とカトリックとの戦争を終結させた。

　アウクスブルクの和議は以下のように定めている。

　◇225のドイツ諸邦の領主は自らの良心に従って、自領の信仰（ルター派かカトリック教会）を選ぶことができ、そして領民にはその信仰に従わせる（「領民は、その土地の宗派を信仰する」(cuius regio,

eius religio）原則）。
　◇教会領に住むルター派は各自の信仰を続けることができる。
　◇ルター派は 1552 年のパッサウ条約以降にカトリック教会から獲得した領地を保つことができる。
　◇ルター派に改宗した司教領主は自らの領地を放棄する必要がある（reservatum ecclesiasticum の原則）。
　神聖ローマ帝国に隣接する諸国もまた、三十年戦争の勃発に関与していた。スペインは帝国の西部国境にスペイン領ネーデルラントを領しており、イタリア内の諸邦はスペイン回廊を通じてつながっていることから、ドイツ諸邦に関心を持っていた。1560 年代にはネーデルラント人による反乱が頻発しており、これが 1609 年の和平協定まで続く八十年戦争となる。

神聖ローマ皇帝フェルディナンド 2 世
　しかし 1617 年、熱烈なカトリック教徒のフェルディナンド 2 世は、ボヘミア王に選出されると新教徒に対する弾圧を始めた。翌 1618 年、弾圧に反発した新教徒の民衆がプラハ王宮を襲い、国王顧問官ら 3 名を王宮の窓から突き落とすという事件が起きた（第二次プラハ窓外投擲事件）。プロテスタントのボヘミア諸侯はこの事件をきっかけに団結して反乱を起こした。これが三十年戦争の始まりである。
　（後略）
《Wikipedia「三十年戦争」からの引用、終わり》

このようにして戦争に明け暮れた 17 世紀の前半が終わると、いよいよイギリス（スコットランド）から、啓蒙主義の時代が幕を開けます。

《Wikipedia「啓蒙時代」からの引用、開始》
http://ja.wikipedia.org/wiki/%E5%95%93%E8%92%99%E6%99%82%E4%BB%A3
　啓蒙時代（けいもうじだい）とはヨーロッパで啓蒙思想が主流と

なっていた17世紀後半から18世紀にかけての時代のこと。啓蒙思想とは、聖書や神学といった従来の権威を離れ、理性（悟性）による知によって世界を把握しようとする思想運動である。この時代にはスコットランドとフランスの思想家たちが、特に重要な役割を果たした。政治と経済の面では、三十年戦争でヨーロッパを二分した政治的宗教的対立がやみ、絶対主義王権と重商主義が確立した時期に当たる。

概要

この時代に活躍した思想家にはスコットランドのジョン・ロック、デビッド・ヒューム、フランスのヴォルテール、ドニ・ディドロ、モンテスキュー、ジャン＝ジャック・ルソー、ドイツのヴィンケルマンなどがいる。汎ヨーロッパ的な影響という点ではやや劣るものの、啓蒙主義の流れはスイスやドイツにも及び、レッシングやモーゼス・メンデルスゾーンらもこの流れに属している。

中世に学問の中心であった教会や大学にかわり、フランス王立アカデミーやロイヤル・ソサエティなど国家の支援を受けた研究機関が、この時代には人文学、自然学ともに学術の中心となった。こうした動きは中央だけでなく、地方にも及んでいる。アカデミーは学者や芸術家に年金を支給して生活上の保護を与え、あるいは年報を刊行して発表の場を与え、また懸賞金をかけて特定の主題を提示し論文を募集し、学芸の振興を図った。ルソーが出世作『学問起原論』を発表したのはディジョンのアカデミーの懸賞論文がきっかけであった。

またこの時代には印刷物の普及により、前時代にまして大量の読者層が出現した。イングランドではアディソンの文芸批評誌『タトラー』、『スペクテイター』などが発行され[1]、イングランド内外で広く読まれ、文芸および美術批評に影響を与えた。フランス王立絵画彫刻アカデミーがルーヴル宮殿で不定期に行った会員の展覧会、通称サロンとその紹介および批評であるディドロの『サロン評』もまたこの時代の美術思想へ大きく影響した。しかしもっとも深甚な影響を与えたのはヴィンケルマンの『ギリシア美術批評論』『古代人模倣論』であろう。

これはルネサンス期にヴァザーリが提唱した古代を最上視する歴史観を提唱しつつ、古代の作品の可視的な形式ではなく、その形式に結晶した古代人の精神、すなわち「古代の自然（本性）」を模倣とすることを提唱した。
（中略）

自然への注目

ルネサンス以来、自然学の発展は続き、この時代にも自然史（博物学）の隆盛が続いた。産業革命を可能にした蒸気機関の発明などは、この時代の成果の結実ともいえる。自然研究が産業の隆盛と結びつくことに注目した王侯は、学芸の保護振興のために、特権をもつ研究者の協会を認可し、あるいは自ら設立した。イングランドのロイヤル・アカデミーやフランスのフランス王立科学アカデミーはその好例である[2]。一方で、大航海時代以来ヨーロッパが接触するようになった他地域の文化、アメリカやアフリカ、オセアニアの民族は、キリスト教中世においては絶対視された人間と自然の間の懸崖への確信を動揺させ、自然と人間の関係を再考させるとともに、その中間段階として理論的に構想された、社会を作る以前の段階にある「自然人」(homo naturalis) の概念を生み出す一因ともなった。

進歩の思想と新旧論争

学芸、技術の発展は、西ヨーロッパ人に自らが文明の極にいるとの観念を抱かせた。いわゆる「未開社会」との接触もそのような世界観に寄与した。一方には古典古代以来の、過去を黄金時代とみなし、現代をそこからの頽落か、あるいはせいぜい過去の文化に比肩しうる水準のものとする見解も保持されていた。17世紀末にフランスに始まったいわゆる新旧論争、「古代人・近代人対比論争」は、このような対立する見解が、自らの立場を立証するため、古今の例を引いて行った文明論の側面を持つ。この論争自体は古代人、すなわちギリシア・ローマ人と近代人すなわち17世紀から18世紀の西ヨーロッパ

人のどちらが優れているかという最初から結論の出しようのない問題を扱っており、論争が再燃するたびに、この点では古代が優れ、かの点では近代が優れるという、玉虫色の決着で論争が下火になるという経過をたどったものの、そのつど主題を変え、またフランスからヨーロッパ各地に飛び火して、都合100年ほどに渡ってヨーロッパ思想界の大きな問題のひとつとなった。
　（中略）

典雅さの世紀

　絶対王権主義のもとで、文化における宮廷の比重は増した。最も典型的なものはルイ14世のフランス宮廷、とりわけヴェルサイユに造営した離宮での宮廷文化である。すでに啓蒙時代に先立ち、フランスでは洗練と才気を重んじるプレシューズ（才女たち）の主宰するサロンを中心とする文化が存在しており、サロンはこの時代にも文化の発信点であったが、その最大のものがルイ14世のヴェルサイユ宮殿であった。
　（中略）
　フランスはいわば西ヨーロッパの文化の中心となり、各地の宮廷ではフランス宮廷に倣って、その文化を移入した。一方で宮廷に直接関係のない市民階級のなかからは、市民的美徳を賞揚する作品も現れた。ルソーの『新エロイーズ』や、ドイツのレッシングの家庭劇などはその一例である。レッシングは啓蒙主義的な批判精神に基づいて『ハンブルク演劇論』を記し、フランス古典演劇を批判すると共に、新古典主義演劇が範とするアリストテレスの演劇理論に対し新たな解釈を試みた。

啓蒙専制君主

　フランスの成功をみた各国には、自らの国内で既存勢力に対して君主権力を確立し、また国力を増すため、啓蒙思想を政治実践に取り入れようとする君主が出た。これを啓蒙専制君主といい、プロイセンの

フリードリヒ2世やロシアのエカチェリーナ2世が著名である。しかし啓蒙思想自体は、あらゆるものを悟性の光のもとに見ようとする思想であり、国家権力の絶対化を志向する啓蒙専制君主とは、本来相容れない方向性を持っていた。フリードリッヒ2世が文通によって親交を保っていたヴォルテールをサン・スーシ宮殿へ招いたものの、数日で二人の仲は決裂するに到ったことは、その典型である。ディドロはエカチェリーナ2世から年金をもらっておきながら、「啓蒙された君主は絶対君主よりももっと悪い。それは啓蒙専制が専制のこわさを忘れさせるからである」と述べている。またフランス革命の勃発とその他国への波及は、ヨーロッパ各国の君主に保守的な政策を取らせる方向へ働き、これによって啓蒙専制君主と呼ばれる類の君主は、主要な国には見られなくなった。

1.『ジョージ王朝時代のイギリス』ジョルジュ・ミノワ著 手塚リリ子・手塚喬介訳 白水社文庫クセジュ 2004年10月10日発行 p.111

2.「世界の歴史13 絶対君主の時代」p369 今井宏 河出書房新社 1989年12月4日初版発行

《Wikipedia「啓蒙時代」からの引用、終わり》

Wikipediaには「啓蒙主義」という項目もあります。こちらは、主に思想史として解説しています。

《Wikipedia「啓蒙主義」からの引用》
啓蒙思想(けいもうしそう, eveil spirituel)は、理性による思考の普遍性と不変性を主張する思想。ヨーロッパ各国語の「啓蒙」にあたる単語を見てわかるように、原義は「光で照らされること(蒙きを啓らむ)」である。自然の光(ラテン語:lumen naturale)を自ら用いて超自然的な偏見を取り払い、人間本来の理性の自立を促すという意味。17世紀後半にイングランドで興り、18世紀のヨーロッパにおいて主流となった。フランスで最も大きな政治的影響力を持ち、フランス革

命に影響を与えたとされる。ヨーロッパで啓蒙思想が主流となっていた 17 世紀後半から 18 世紀にかけての時代のことを啓蒙時代と言う。

定義と特徴

　啓蒙思想はあらゆる人間が共通の理性をもっていると措定し、世界に何らかの根本法則があり、それは理性によって認知可能であるとする考え方である。方法論としては 17 世紀以来の自然科学的方法を重視した。理性による認識がそのまま科学的研究と結びつくと考えられ、宗教と科学の分離を促した一方、啓蒙主義に基づく自然科学や社会科学の研究は認識論に著しく接近している。これらの研究を支える理論哲学としてはイギリス経験論が主流であった。

　啓蒙主義は科学者の理神論的あるいは無神論的傾向を深めさせた。イギリスにおいては自然神学が流行したが、これは自然科学的な方法において聖書に基づくキリスト教神学を再評価しようという考え方である。この神学は神の計画は合理的であるという意味で既存の聖書的神学とは異なり、啓蒙主義的なものである。自然神学の具体例としてはイギリスのバーネットをあげることができる。バーネットは聖書にある（ノアの方舟物語における）「大洪水」を自然科学的な法則によって起こったものであると考え、デカルトの地質学説に基づいて熱心に研究した。また啓蒙主義の時代には聖書を聖典としてではなく歴史的資料としての文献として研究することもおこなわれた。キリスト教的な歴史的地球観とは異なった定常的地球観が主張され、自然神学などでも支持された。

　啓蒙主義は進歩主義的であると同時に回帰的である。これは啓蒙主義の理性絶対主義に起因する。理性主義はあらゆる領域での理性の拡大を促し、さまざまな科学的発見により合理的な進歩が裏付けられていると考えられた。しかし自然人と文明人に等しく理性を措定することは、文明の進歩からはなれて自然に回帰するような思想傾向をも生み出した。この時代の思想にローマやギリシャの古典時代を重視するルネサンス的傾向が見られることも、このような回帰的傾向のあらわ

れである。また時間的な一時代の生活形態が空間的などこかに存在しうるというようなことを漠然と仮定する考え方も指摘できる。具体的な例を挙げれば、地理上の発見により明らかにされたアメリカ原住民を未開的段階にあるとし、ヨーロッパ的文明社会の前史的な原始状態であるとする考え方である。それがユートピア的幻想を伴って原始社会や古典古代を美化する思想をはぐくんだ。とはいえ全体としてみれば思想の主流は進歩主義的であったといえる。

政治思想としては自然法論が発達し、とくに社会契約説が流行した。また理性の普遍性や不変性は人間の平等の根拠とされ、平等主義の主張となってあらわれた。一般的に性善説的傾向が強く、この時代の自然法はほぼ理性法と同義である。理性を信頼する傾向は往々にして実践理性（すなわち良心）の絶対化に進み、政治思想において急進的な傾向を生むこととなった。しかし自然状態に対する分析的研究や認識論の深化によって実践理性の共通性・絶対性は次第に疑われ始めることになる。経験法則の認知主体としての純粋理性と道徳法則の実践主体である実践理性との分裂傾向は徐々に大きな問題となり、啓蒙思想の存立基盤を揺るがすこととなった。

啓蒙思想の舞台

これらの啓蒙思想が展開されたのは、絶対王政の貴族たちが主催する個人的な社交場であるサロンであったり、アカデミーや科学協会といったような新しいタイプの知的専門機関であった。旧来の神学的な大学と啓蒙思想は対立関係にあることも多かったが、啓蒙思想を積極的に取り入れる新しい種類の大学も各地に登場した。旧来の大学でも従来もっとも権威があった神学部を学問的中心から外し、新しいカリキュラムを導入することがおこなわれるようになった。

啓蒙思想の展開

啓蒙思想は17世紀イギリスではじまった。

ヴォルテールの「哲学書簡」やモンテスキューの「法の精神」によ

り、啓蒙主義の考え方はフランスに渡り、後にフランスの絶対王政を批判するのに用いられた。ハプスブルク家のマリア・テレジア女帝、プロイセン王国のフリードリヒ大王、ロシア帝国女帝エカチェリーナ2世などが実践している。

　18世紀に入り、当時フランスやイギリスに比べ遅れをとっていたドイツにおいてもこの考えを普及し、トマジウス、メンデルスゾーンやヴォルフやゴットシェートらを輩出。

（中略）

　このヨーロッパでおこった啓蒙思想は、その後世界各国で普及した。また近代教育学の成立にも影響与えるなど、多大な影響をあたえた。
《Wikipedia 啓蒙主義からの引用、終わり》

付録5.『エスキモー』『アメリカ・インディアン』という用語（Wikipediaから）

http://ja.wikipedia.org/wiki/%E3%82%A8%E3%82%B9%E3%82%AD%E3%83%A2%E3%83%BC

《Wikipedia「エスキモー」より》
　［居住地域］カナダ 北部一帯　アメリカ合衆国 アラスカ州　グリーンランド　ロシア シベリア北東部
　［言語］　エスキモー・アレウト語族
　［宗教］　キリスト教　シャーマニズム　アニミズム
　［脚注］
　　単一の民族の名ではない。
　　侮蔑語とみなされる場合がある。

　エスキモー（英語 Eskimo) は、北極圏のシベリア極東部・アラスカ・カナダ北部・グリーンランドに至るまでのツンドラ地帯に住む先住民族グループである。

　エスキモーは本来自分たちの力のみで自活して暮らしていたが、白

人との接触により貨幣経済に巻き込まれ、また飲酒などの習慣により堕落した生活を余儀なくされた。現在においては下記のアルコール類の購入や捕鯨などにみられるようにカナダ、米国政府により、「自身で自身を管理することが出来ない愚かで無知な、保護するに値すべき集団」と見なされ、パターナリスティックな扱いを受けているのが現状である[1]。

しかしながらこのような状況は本来の文化や生活習慣を強制的に変えさせられた結果もたらされたことであり、このような評価は文化的相対主義の見地からは不適当である。

呼称

一般に「エスキモー」または「イヌイット」という呼称がよく用いられる。だが、これらの呼称は、現地語の本来の意味とは全く異なった解釈から差別用語若しくは置換え語として使われることも少なくないため、語源俗解の例に挙げられている。各呼称の問題点は、後述の通りである。

「エスキモー」呼称の問題

「エスキモー」という言葉は、アラスカエスキモーと居住域が隣接していた亜極北のアルゴンキン系インディアンの言葉で「かんじきの網を編む」という意味である。これが、東カナダに住むクリー族の言葉で「生肉を食べる者」を意味する語と誤って解釈されたことから、「エスキモー」という呼称はある時期においてしばしば侮蔑的に使用された。これには、生肉を食べる行為[7]を野蛮であるとみなす人々の偏見などが背景にある。

しかし、シベリアとアラスカにおいては「エスキモー」は公的な用語として使われており、使用を避けるべき差別用語とはされていない。また、本人達が「エスキモー」と自称している場合は置き換えないマスコミも多い。

「イヌイット」呼称の問題

　カナダでは1970年代ごろから「エスキモー」を差別用語と位置付け、[8] 彼ら自身の言葉で「人々」を意味する「イヌイット」[9] が代わりに使用されている。カナダでの動きを受け、日本のマスコミ・出版界でも「エスキモー」は差別用語であるとの認識が広がり、「イヌイット」に置き換えられるようになった。が、現在では「イヌイット」という呼称は、本来「人々」を意味する言葉ではなかったとされている。先住民運動の高まりの中で、これまで他者から「エスキモー」と呼ばれてきた集団が自らを指す呼称が必要となり、「イヌイット」という言葉を採用したためである [10]。

　「イヌイット」は、本来北方民族のうち最大数を占めているカナダのバフィン島やグリーンランド方面に住む集団（東部集団）についての呼称である。イヌイット以外の集団への呼称について、正確を期す場合には、アラスカエスキモーは「イヌピアト」(Inupiat)、シベリアやセントローレンス島に住む集団は「ユピク」(Yupik) と呼ぶ。このため、北方民族の総称としての「エスキモー」を単純に「イヌイット」に置き換えると、置き換えの結果としての「イヌイット」なのか、原意の「イヌイット」なのか区別できなくなる。

　またそれ以前に、シベリアやアラスカのイヌピアト（アラスカエスキモー）やユピクを、別の語族集団の呼称である「イヌイット」の名で呼ぶことは明らかな間違いである [11]。合衆国の団体「Expansionist Party of the United States」は、その公式サイトで、「エスキモー」の呼称について、「アラスカとシベリアで唯一の正しい用語である」としており、「エスキモーはその名をまったく恥じていない。エスキモーでない者たちは、犯罪を意図するわけでもないのなら、いたずらに非英語の婉曲表現で彼らを威嚇すべきではない」としている [12]。

[注]

1. Kathleen S. Fine-Dare,Kathleen Sue Fine-Dare, 2002, Grave injustice: the American Indian Repatriation Movement and

NAGPRA
2. inuit granny dumping
3. ハンス・リューシュ「世界の頂点」
4. 新田次郎『アラスカ物語』
5. Clive Ponting, 1991, A Green History of the World
6. イヌイットは生まれてくる女児の4割を間引きしていた。Ponting 上掲書
7. 植物の育たない極地において、生肉食はビタミン類などの必須栄養素を摂る唯一の手段である。
8. この主張自体は1920年代から既に存在していた。
9. 彼らの言語に促音は存在しないので「イヌイト」のほうがより正確である。
10. スチュアート・ヘンリ「民族呼称とイメージ―「イヌイト」の創成とイメージ操作」、『民族学研究』第63巻2号、1998年9月
11. 『The American Heritage, Dictionary of the English Language, Fourth Edition』(by Houghton Mifflin Company, Published by Houghton Mifflin Company. 2000)
12. 『expansionistparty.org』("Eskimo" vs. "Inuit")
《Wikipedia「エスキモー」、引用おわり》

http://ja.wikipedia.org/wiki/%E3%83%8D%E3%82%A4%E3%83%86%E3%82%A3%E3%83%96%E3%83%BB%E3%82%A2%E3%83%A1%E3%83%AA%E3%82%AB%E3%83%B3

《Wikipedia「ネイティブ・アメリカン」から引用開始》
ネイティブ・アメリカン (Native American ネイティヴ・アメリカン) とは、アメリカ合衆国の先住民族の総称である。
「アメリカインディアン」はこの呼称（柴田注：「ネイティブ・アメリカン」という呼称のこと）を公式に承認しておらず、彼ら自身は1977年にスイスの国連先住民会議に代表団を送り、満場一致で「我々の民族名はインディアンである」と公式に議決表明している。

言い換えに対する議論

近年、日本のマスコミ・メディアにも見られる、故意に「インディアン」を「ネイティブ・アメリカン」、「アメリカ先住民」と言いかえる行為は、下項にあるように「インディアンという民族」を故意に無視する行いであり、民族浄化に加担している恐れがある。

この呼び替え自体はそもそも1960年代の公民権運動の高まりを受けて、アメリカ内務省の出先機関である「BIA（インディアン管理局）」が使い始めた用語で、インディアン側から出てきた用語ではない。

この単語は、インディアンのみならず、アラスカ先住民やハワイ先住民など、アメリカ国内の先住民すべてを指す意味があり、固有の民族名ではない。

また、「ネイティブ・アメリカン」という呼称そのものには、アメリカで生まれ育った移民の子孫（コーカソイド・ネグロイド・アジア系民族など）をも意味するのではないかという議論もある。

用語としての問題点

ワシントンDCに開設した「国立アメリカ・インディアン博物館」は、「『インディアン』の文化のみを展示する博物館」という主旨から、「ネイティブ・アメリカン博物館」とは命名されていない。

全米最大のインディアン権利団体「AIM（アメリカインディアン運動）」は「ネイティブ・アメリカン」の呼称を、「アメリカ合衆国の囚人としての先住民を示す政治用語である」と批判表明している。

日本では「インディアン」と「ネイティブ・アメリカン」を同義語のように扱う風潮が強いが、この用法は不正確であり、問題が多い。以下に例を挙げる。

往々にして見られる例として、「ティピーは、ネイティブ・アメリカン特有の住居である」というような使われ方があるが、これは文章として成り立たない。なぜなら、「ティピー」は「インディアン」、それも「平原地方の部族」特有の住居であって、「ハワイ先住民」や

「エスキモー」の文化には「ティピー」など存在しないからである。

　同様によく見られる「何某はネイティブ・アメリカン初の○○である」であるとか、「○○州のネイティブ・アメリカン（または先住民）は人口比率で○○％である」といった使われ方も、個別の民族名をはぐらかす表現になってしまっていて、統計のデータにならない。また、たとえば「インディアンの権利に関する様々な問題」という言葉は、「ネイティブ・アメリカンの権利に関する様々な問題」にすり替わったとたん、インディアンそのものは、巨大なアメリカ合衆国の先住民カテゴリーのなかに埋没され、個別の問題点が大雑把な枝葉として薄められてしまうのである。

　このように、「ネイティブ・アメリカン」という単語・呼称は、学術的用語としては何の役にも立たない。インディアンがこれを「単なる政治用語である」とする所以である。

インディアン側の見解

　アルカトラズ島占拠事件の際に、インディアンたちが記した「民族としての『インディアン』の表記」（1969年）「ネイティブ・アメリカン」という用語に対し、「アメリカに最初にいた民族」としての「インディアン」の呼称に誇りをもつインディアンたちは、これを自称し、その名称を替える事自体がごまかしであり、差別的であるとしている。

　さらに、「アメリカに最初にいた民族」としてのオリジナリティーが、政治的にごまかされるとする意見も彼らの間では根強い。「アフロ・アメリカン（アメリカ黒人）」や「ユーロ・アメリカン（白人アメリカ人）」などと同列に「インディアン」を「ネイティブ・アメリカン」として並べられると、彼らは人口比で極少数民族に転落してしまう。

　つまり、「インディアン」という呼称が差別を助長するのではなく、「アメリカ先住民の一部」として無視する「ネイティブ・アメリカン」という呼称こそが差別語である、という主張である。

「リトルビッグホーン国立記念戦場に建立された「インディアン戦士の記念碑（Memorial to the Indian warriors）」はこの背景として、上記した理由に加え、1960年代からのアメリカ政府側の「ネイティブアメリカン（アメリカ先住民）」という言い換えが政治の現場、さらには教育の現場でまで推し進められたことに対するインディアン達の危機感がある。インディアン活動家のラッセル・ミーンズは、1996年にAIMの公式表明として、以下のような声明を出している。

「私たちインディアンの子供たちは、『インディアン』という民族名を学校で教えられていない。あたかも『インディアンという民族』が、20世紀に絶滅してしまっていて、もうこの世に存在しないかのような扱いとなっている。名実ともに『インディアンという民族』は絶滅させられようとしている」

アメリカ合衆国における「インディアン」と「ネイティブ・アメリカン」

　連邦国家としての「アメリカ合衆国」に先住するインディアンたちにとって、「インディアンであるか、ないか」と、「ネイティブ・アメリカン（アメリカ先住民）であるか、ないか」ということは、全く別問題である。

　アメリカ連邦国家の下に存在するインディアン部族は、1934年の「インディアン再編成法」の規定により、アメリカ内務省の出先機関である「BIA（インディアン管理局）」が「インディアン部族である」と公認した部族のみが、連邦管轄による「連邦によって保留された土地（Reservation）」を領有し、「部族政府」、「部族の学校」、対インディアン健康補助による「医療センター」、「インディアン・カジノ」などを建設する権利を得て、自治国家としての権限を行使することが出来る。

　対して1880年代から1960年代にかけ、合衆国の「インディアン絶滅政策」によって連邦国家との条約を破棄された多数のインディアン部族は「絶滅した」ことにされ、単なる「インディアンの血を引く

個人（ネイティブ・アメリカン）」に線引きされてきた。
　つまり、「インディアンであるかないか」ということは、「アメリカ合衆国で先住民族としての生得権を持てるか持てないか」という、民族として譲れない呼称なのである。

ネイティブ・アメリカンの一覧
　●アメリカ・インディアン―「インディアン」。
　●エスキモー
　・ユピク
　・イヌピアト
　現在のアラスカ州地区に居住。「エスキモー」は、クリー族の言葉で「生肉を食べる人」という意味の民間語源名称。近年、「エスキモー」すべてを「イヌイット」と呼び換える動きがあるが、「イヌイット」はカナダ先住民のうち、「カナダ・インディアン」以外の「エスキモー」のことで、カナダ国内でのみ「エスキモー」は蔑称とされている（→詳しくはエスキモー）。「アラスカ・エスキモー」は「イヌイット」ではない。
　　●アレウト―アリューシャン列島に居住。「アリュート」ともいう。
　　●ポリネシア人―ハワイ諸島（ハワイイ）、及びアメリカ領サモアの先住民。
　　●ハワイ人―ハワイ諸島（ハワイイ）の先住民。
　　●アメリカ領サモア人―アメリカ領サモアの先住民。
　　●ミクロネシア人―マリアナ諸島・カロリン諸島・マーシャル諸島の先住民。
　　●チャモロ人―マリアナ諸島（含グアム）の先住民。
《Wikipedia「ネイティブ・アメリカン」からの引用、終わり》

　また、同じく Wikipedia 日本語版で、次のものもあります。
http://ja.wikipedia.org/wiki/%E3%82%A4%E3%83%B3%E3%83%87%E3%82%A3%E3%82%A2%E3%83%B3

《Wikipedia「インディアン」からの引用開始》
　インディアン (Indian) は、アメリカ先住民（ネイティブ・アメリカン）の大半を占める主要グループの一般的な呼称。スペイン語・ポルトガル語ではインディオ（Indio）。多くの国では、インディアンとインディオの違いは翻訳に過ぎないとみなされているが、日本では、北米（アメリカ合衆国、カナダ）の諸民族をインディアン、中南米の諸民族をインディオと呼び分けることが多い。

呼称・概念
　由来　英語のインディアンは直訳するとインド人の意味である。歴史的な文脈では、旧イギリス領インド全域や東南アジアの住民を含むこともある。
「インディアン」が二義的な意味を持つ由来には、クリストファー・コロンブスがカリブ諸島に到達した時に、インド周辺の島々であると誤認し、先住民をインディオス（インド人の意）と呼んだことがあり、以降アメリカ先住民（の大半）をインディアンと呼ぶようになった。ただし当時の西洋では、現在および当時のインドと同一ではない、中国・日本以外の東方世界を漠然と「インディアス」と呼んでいて、コロンブスは当時の一般的な知識にしたがって、カリブ諸島を「インディアス」と呼んだ[1]。ほかインド人をイースト・インディアン (East Indian)、アメリカ先住民をアメリカン・インディアン (American Indian) として区分する場合もある。

呼称をめぐる問題
　おもに平原部族が正装の際に顔や上半身を赤く塗装したことから、また、ネグロイドとコーカソイドの中間の、褐色の肌色を持つことからレッド・マン（Red Man）という呼称もあり、彼ら自身も使用しているが、コロンブスがタイノ族を同じ理由でこう呼んだことによる。公民権運動やブラック・パワー運動の影響でインディアン達

もレッド・パワー運動を展開した 1960 年代以降、侮蔑的な呼称として問題化されることがあり[2]、イギリスでもレッド・インディアン (Red Indian) と呼ぶことがあるが、この語は差別的とみなされることが多い[3]。また「インジャン」という呼び方[4]は現代アメリカにおいては「ニガー」などと同様の差別的な蔑称であり、ほか、「アンクル・トマホーク (Uncle Tomahawk)[5]」、「トント[6]」などは、現在では同じく「白人におもねるイディアン」の代名詞となっている。人類学・言語学では、アメリンド (Amerind) と呼ぶこともある。ただしこの語は厳密には、アメリカ・インディアンのうち、起源が異なるという説があるナ・デネ（ナヴァホなど）を除いたグループに対する呼称である。

他にファースト・ネーションズ (First Nations)、ファースト・ピープルズ (First Peoples)、インディジェナス・ピープルズ・オブ・アメリカ (Indigenous Peoples of America)、アボリジナル・ピープルズ (Aboriginal Peoples)、アボリジナル・アメリカンズ (Aboriginal Americans)、アメリンディアンズ (Amerindians)、ネイティブ・カナディアンズ (Native Canadians) などの呼称があるが、これらの中には定義が不明確なものも多い。アメリカ合衆国において近年メディアにおいて最も使用されるのは、ネイティブ・アメリカンズ (Native Americans) である。

カナダでは、歴史や文化背景、政策もアメリカ合衆国とは大きく違うことから、呼称についてはアメリカ合衆国とは状況が違っている。現在はイヌイットとメティ（先住民とヨーロッパ人両方の血を引く人々とその子孫）を除く先住民の総称としてファースト・ネーションズという呼称が一般的であり、ハイダ、クリー等個々の部族を指すときは部族名の後に「ファースト・ネーション」をつける（例：ハイダ・ファースト・ネーション）。メティの人々の総称はメティ・ネーションである。また、会話中ではネイティブ・カナディアン（Native Canadian）という呼称が使われることもある。

学術の分野では、近年「初期アメリカ人（EARLY AMERICANS）」

という呼称が使われることがある [7][8]。

「ネイティブ・アメリカン」

近年アメリカ合衆国で「インディアン」という呼称を「ネイティブ・アメリカン」(Native American) と呼び替える動きが進んでいるが、この単語はアメリカ合衆国内の先住民全般、つまり「インディアン」、「サモア人」、「ミクロネシア人」、「アレウト」、「ハワイ人」、「エスキモー」全てを表す「総称」であり、固有の民族名ではない。

アメリカ合衆国のインディアン管理局（BIA）によれば"ネイティブ・アメリカン"という語は、1960年代にBIAが、そのサービス対象グループに対して使用し始めたものである [9]。当初はインディアンとアラスカ先住民（アラスカ・インディアン、エスキモー、アレウト）を指しており、のちに連邦の枠組みに入るハワイ先住民と太平洋諸島民などを含むようになった。しかしインディアン・グループから苦情が出て、インディアン運動家たちは"アメリカ・インディアン"を主張するものもある [10]。

「ネイティブ・アメリカン」という呼称は、BIAの意向を受けて「インド人（Indian）」を祖先に持つ「インド系アメリカ人（Indian American）」と区別するために、人類学者が作った造語である [11]。一方、歴史的呼称としての「インディアン」に誇りをもつインディアン達はこれをあくまで自称とし、またその名称を替えること自体が差別的であるとしている。

この問題にはそもそも「アメリカ」という地名そのものが後付けであり、白人が過去の不正行為から目を背けて「インディアン」という言葉を削除し、「先住民」という中立的または大雑把なくくりの中に埋没させ、問題を隠ぺいしようとしているとする見解もある。（→アメリカ州の先住民族の呼称論争）

ラッセル・ミーンズおよびその他の見解

ラコタ・スー族の活動家、ラッセル・ミーンズ (Russell Means) は、

「アメリカインディアンへの承諾なしに連邦政府がこの"ネイティブ・アメリカン"という用語を使用している」として批判しており、「I Am An American Indian, Not a Native American!（私は"アメリカ・インディアン"だ。"ネイティブ・アメリカン"ではない！）」とし、さらに「I abhor the term 'Native American'.（私は"ネイティブ・アメリカン"という用語を憎悪している）」とし[12]、「"ネイティブ・アメリカン"」とは「合衆国すべての囚人としての先住民について説明するのに使用される、一般的な政府用語」であり[13]、また「私は"アメリカ・インディアン"という名称の起源を知っているので、この用語のほうを好みます。"アメリカ・インディアン"は"アメリカ合衆国の民族"以前からいる、唯一の民族グループなのです。」とし、「最終的に、私はだれであるかを、どんな政府にも定義させるつもりはありません。加えて、西半球で生まれる人はだれでも"インディアン"なのです。」と述べている。さらにミーンズはこの「アメリカインディアン→ネイティブアメリカン」への言い換えが白人主体で進められている現状について、「我々がアメリカインディアンの歴史を教えようとしても、白人達が教育現場で我々の子供達に、"アメリカインディアンは20世紀中に絶滅してもう存在していない"と教え込んでいる。」と批判している。

　1977年にスイス・ジュネーブの国連議場で、ラッセル・ミーンズら「インディアン国際会議」は、満場一致で「"インディアン"という用語を支持する」と決議し、「我々は"アメリカ・インディアン"の名の下に奴隷にされ、"アメリカ・インディアン"の名の下に植民地化された。そして我々は、"アメリカ・インディアン"の名の下に自由を得るつもりである。また我々は自分達をどうとでも呼べるのである。」というコメントを発表している。

　「アメリカン・ヘリテージ英語辞典第4版」には、「"ネイティブ・アメリカン"の承認は、"インディアン"の消滅をもたらさなかった。一度"ブラック"が好まれるようになると、あっという間に"ニグロ"が嫌われたのとは異なり、"インディアン"はアメリカ人の大多

数で、決して嫌われることはなかった。」との記述が見られる。

またインディアン系オクラホマ州議会上院議員ランディ・バースは「"インディアン"は"インディアン"だ。"ネイティブ・アメリカン"という言葉は30年ほど前からにわかに使われ始めたが、これを喜ばないインディアンだっていっぱいいるし、インディアンの中心州のこのオクラホマにも、"アメリカ・インディアン"の名のつく施設はたくさんある」という[14]。

ほとんどのアメリカ・インディアンは、「インディアン」、「アメリカ・インディアン」、「ネイティブ・アメリカン」という用語に不快感を持たず、いずれも同じ意味合いで使用している。1995年5月にアメリカ国勢調査局の調査では、49％が「インディアン」を支持し、37％が「ネイティブ・アメリカン」を支持、3.6％が「他の名前がいい」とし、5％は「無回答」という結果が出ている。インディアン部族の公式ホームページでは、これらの単語が混在しているものも多い。2004年にワシントンD.C.で開館した博物館の名前は、国立アメリカ・インディアン博物館となった。

一方、チェロキー族の作家であるクリスティーナ・ベリーは「アメリカ・インディアン」も「ネイティブ・アメリカン」も、両方とも、様々なインディアンの民族の違いをぼかすので使用を避け、各部族名を使うべきであると主張している[15]。

概要

アメリカ州の先住民は、文化的特徴などから、インディアンとエスキモー・アレウト（エスキモーとアレウト人）、ヨーロッパから入植した白人男性と先住民女性との間に生まれたメティの3グループに大きく分けられる。

「インディアン」と一括りに呼ばれることも多いが、実際には多くの部族が存在し、また部族に固有の文化形態や社会様式を持つことから、さまざまな時期にさまざまな経路を通って段階的に渡来した人々の末裔であると考えられている[16]。

インディアンの人権は近代化の名のもとに踏みにじられてきた。しかし自然崇拝を行う・独自の精神文化を持つなど、近代以降の文明社会にある人間が忘れがちな自然との調和を重視する精神性に対する評価は、近年のアウトドアやエコロジーのブームにのって見直される例も多く、さまざまな文化媒体に登場する。

人種
人種的にはモンゴロイドの系列にあり古モンゴロイドに分別される（イヌイットとエスキモーなどを除く）。アラスカ、カナダ、アメリカ合衆国北部の部族は肌の色が赤黒く鼻筋が通り高く盛り上がっており鷲鼻である人が多い。一方、アメリカ合衆国南部、中南米においては東南アジア人に似た部族も存在する等、一様ではない。また、ヨーロッパ人（コーカソイド）との混血、アフリカ黒人（ネグロイド）との混血が進んだ部族も存在し、とくに中南米の純血な先住民はスペイン人の暴虐な侵略でほぼ絶えている。

人口
2000年の国勢調査では247万人[17]。部族ごとに見ると、最大の人口を持つ部族はナバホ、チェロキー、チョクトー、スー、チペワ、アパッチ、ラムビー、ブラックフィート（Blackfeet）、イロコイ、そしてプエブロである。

ニューヨークは全米の都市の中で最も多くのインディアンが住み、約8万7000人ものインディアン（モホーク族やモヒカン族など）がニューヨークで暮らしている[18]。

2003年のアメリカ国勢調査によると、アメリカ合衆国全体のインディアンの人口2,786,652名の三分の一が、3つの州に居住している（カリフォルニア州413,382名、アリゾナ州294,137名、オクラホマ州279,559名）。

（以下、引用を省略します。）

脚注

[1] これはアジアの国々を総括して「アジア国」、そこに住む人間を「アジア人」といったようなものである。

[2] NFLチームの「ワシントン・レッドスキンズ」のレッドスキンズ（Redskins）は、「赤い肌の連中」という意味であり、インディアン権利団体はこの名称の変更を要求して抗議を繰り返している。

[3] 大修館書店刊『ジーニアス英和辞典　改訂版』(1994年)

[4] 『トム・ソーヤーの冒険』にも出てくる

[5] 黒人達が「ブラック・パワー運動」のなかで、「白人にこびへつらう　黒人」のことを「アンクル・トム」と呼んだのに引っ掛けて、インディアン達も「レッド・パワー運動」のなかで、「白人にこびへつらうインディアン」のことをこう呼んだ。

[6] TV西部劇の『ローン・レンジャー』で、主人公の白人ガンマンの相棒を務めるインディアン青年の名前。

[7] ニュース―古代の世界―アラスカで氷河期の子どもを発見（記事全文）―ナショナルジオグラフィック公式日本語サイト 2011年2月25日

[8] CiNii論文『初期アメリカ人の社会的出自』キャンベル・ミルドレッド、今関恒夫―同志社大学文学部論文

[9] インディアン管理局（BIA）の公式な質疑応答テキストによる

[10] インディアン管理局（BIA）の公式な質疑応答テキストによる

[11] この「ネイティブ・アメリカン」とする場合の表記は、一般的には先頭に大文字の「N」が使用される。

[12] 1996年に行った声明、及び1998年に著したエッセイなどにおいて。

[13] 「これは、アメリカのサモア人と、ミクロネシア人と、アレウトと、先住ハワイ人と、誤って呼ばれたエスキモーであり、そのエスキモーとは、実際にはユピクとイヌピアトであって、そしてもちろん、（我々）インディアンのことを指す」と述べている。

[14] 平尾圭吾著書による。

[15] クリスティーナ・ベリー『名前には何があるの？インディアンとポリティカル・コレクトネス』
[16] ただ、このことを強調し、「インディアンも白人と同じように、北米大陸の外から来たんじゃないか」として、白人に土地収奪正当化の言質を取られることが多く、「先住民」としての伝承文化、独自性を台無しにされるとして一般的にこの話題はインディアンには嫌われている [要出典]。上記の「ファースト・ネイション」の「ファースト」には、これを踏まえた「最初からいた人たち」という強い意味を含んでいる。各々の部族に固有の文化は、関連項目の各部族の項を参照。
[17] 「自分はアメリカインディアンまたはアラスカの先住民」と申告したアメリカ人は、247万人で10年前よりも26%増加していた。さらに一部インディアンの血を引くとした者は160万人だった。
[18] 都市部で暮らし、保留地外の白人の町で暮らすインディアンは、「シティー・インディアン」と呼ばれる。

《Wikipedia「インディアン」からの引用、終わり》

付録6. 中野孝次『清貧の思想』および佐良木昌（編）『正規表現とテキスト・マイニング』から

第4章で解説した日本人の伝統的なズームイン型情緒を記述する表現を、中野孝次『清貧の思想』第18節「花を愛し孤独に耐えきる西行」と佐良木昌（編）新田義彦（著）『正規表現とテキスト・マイニング』第7章「プロセス知と情報技術」から引用・紹介します。

《中野孝次「清貧の思想」引用、再開》

　　十八、花を愛し孤独に耐えきる西行
　　　　　　　さびしさに堪へたる人のまたもあれな
　　（冒頭部分省略）
　　芭蕉が「歌に実ありて、しかも悲しびをそふる」と崇（あが）めた

十二世紀の大歌人西行は、そういう感性を至高の歌に結晶させた詩人の一人でした。芭蕉にふれた以上は、彼が最も尊敬したこの歌人にもふれないわけにはいかないでしょう。

西行（元永1〜建久1：1118〜1190）はもともとは佐藤兵衛尉義清といって徳大寺家という貴族に仕える武士、しかも「重代の勇士」といわれたほど武勇にすぐれた名門の武士でした。家も富み、何不自由ない身であったのでしたが、聖フランシスコと同じように若くして感ずるところあって、そういう世俗のを捨て、出家して、生涯を歌人として生きた人です。その歌は時代をこえたすぐれたものであったので、当時のやはり歌人であった後鳥羽上皇に、「西行はおもしろく、しかも心もことに深くあはれなる、ありがたきかも、ともに相兼ねて見ゆ」と絶賛され、その言葉を芭蕉が「歌に実ありて、しかも悲しびをそふる」と自分の言葉にして崇拝したのでした。

その西行が四国へ旅をしたとき、弘法大師という昔の聖者のゆかりの地に草庵を結んで、秋から冬にかけてすごしたことがありました。その草庵を去るとき、「庵の前に松の立てりけるを見て」と前書をつけてこんな歌を詠んでいます。

　　久に経てわが後の世をとへよ松あとしのぶべき人もなき身ぞ
　　ここをまたわが住み憂くて浮かれなば松はひとりにならむとすらむ

そこは草庵ですから不便で粗末な住居であったのは当然ですが、語る相手もなく非常に孤独な生活だったのです。おそらく沈黙の行をつづけるような毎日だったでしょう。そういう中で庵の前に立っている松だけが友だった。だから前者では、自分と同じように孤独に立っている松に向かって、おまえは時を経て生き長らえるであろうが、そうしたら、死んでも跡を偲んでくれる者もないわたしの後世をとぶらってくれ、と心を許す友に語りかけるように呼びかけているのです。後者では、ここにいてもあまりの孤独にたえかねて、またよそに浮かれ出てゆく自分だが、自分が去ったら、松よ、おまえはまったくのひとりになってしまうのだなあ、と語りかけています。たんなる擬人化と

いうのではない、松が本当に自分の友、自分と同じ存在と感じられている歌です。

　孤独のあまりによそに浮かれ出ていきたくなるが、浮かれ出ればそれがまた孤独を深めることになるという西行の孤独感の深さと、そういう中で自然と共感する心とが、よくわかる歌ではありませぬか。そして西行はそういう孤独な境界のさびしさを、それが心を深めるゆえに好んでもいたのです。

　　とふ人も思ひ絶えたる山里のさびしさなくばすみ憂からまし

　自分を訪ねてくる人もないと断念し切ったこの山里の住居は、さびしさこそが友であって、山里のさびしさがなかったら住み憂いことであろう、というのです。

　　さびしさに堪へたる人のまたもあれな庵ならべん冬の山里

『新古今集』という勅撰和歌集にも選ばれた西行の有名な歌ですが、西行はここでは自分を「さびしさに堪へたる人」と見做しています。そしてさびしさを一人深く感じさせる冬の山里の中で自分はそのさびしさに堪えているが、この自分と同じような人がいればいい、そうしたら庵を並べてその心境を友（「共」の誤りか？）にするものを、というのです。彼の願望の強さは、「またもあれな」と感動をあらわす助詞を二つも重ねたところによく表現されています。一読、まことに心に深くしみ入る歌です。

　西行にとってこの「さびしさ」は、人生を深く生きれば生きるほど向かい合わなければならぬ存在の孤独に発し、醒めた心に必然的に付随するものでありました。『徒然草』にある「まぎる方なく、ただひとりあるのみぞよき」とそう遠くないところにある心境で、よほど強靱な精神でなければ、このような不便、覚醒、孤独、さびしさに耐えられなかっただろうと思います。草庵の生活者は兼好でも良寛でもみな、甘ったれたところのない勁い精神の持主でした。

　そしてこういう生活を送った西行が地上において最も愛し、美しい女性に恋するように焦がれたのが、花、つまり桜の開花でした。日本

の詩歌は昔から雪月花(せつげつか)をうたうのを常道として来たのですが、その中でも西行の花への愛着は一種異様な趣きを呈しています。専門家の調査によれば彼の歌集(『山家集』という)の中で一番多くうたわれているのが桜で二百三十回、次が松で三十四回、梅が二十五回、萩が二十一回、いかに彼が桜を好んだかがわかります。

　その西行の花の歌を少し丹念に見てみましょう。そうすれば日本人がどうして花を愛したか、花に対するわれわれの祖先の心根はどのようなものであったかがわかりましょうから。

　なお、ついでに申し上げておくと、ヨーロッパで見かける桜は実をとるための植物で、花は淋しいような真っ白い花ですが、日本の桜、とくに吉野のそれは、淡いピンク色で、それが夥(おびただ)しい花をいっせいに枝一杯につけたさまは、華(はな)やかで、豪奢(ごうしゃ)で、比類のない美しさです。そういう華を思い浮かべていただかないと、西行のこの花に恋うる心は理解できないかもしれません。

　　吉野山こずゑの花を見し日より心は身にもそはずなりにき

　吉野山に咲いた梢の桜の美しさに打たれた日から、桜にあくがれる自分の心は、まるで身から離れてしまったようだ、というのですが、この時代の人は、霊魂ははげしく他のものに恋い焦がれるとき身体から遊離して「あくがれいづるもの」と考えていたのです。梢の桜が余りに美しいので、自分の魂は自分を離れて桜のあたりを漂っているという、まるで恋に心を奪われたような状態をうたったものです。

　　あくがるる心はさてもやまざくら散りなむのちや身にかへるべき

　桜の咲いているあいだ、心は身体から花にあくがれ出てやまず、山桜が散ってようやく身に返ってくるのだろうか。「さても止まず」と「山桜」とを掛けてうたっていて、こういう技巧は新古今時代の歌人が好んで使ったものでした。

　　たぐひなき花をし枝に咲かすれば桜にならぶ木ぞなかりける

　西行がいかに桜の花を貴いものに思っていたか、「桜にならぶ木」なぞないというこの断言からもうかがえます。おそらく世界中で桜をこのように高く評価し、その花を美そのものの顕現と見る民族は、日

本民族しかいないでしょう。そしてこの気持ちは十二世紀の歌聖だけのことではなく、以来ずっと現代のわれわれにいたるまでの心性として引き継がれて来ているのです。桜の咲くころあなた方が日本を訪れたら、満開の花の下で酒宴をする人びとをいたるところに見て驚かれるでしょう。まさか西行のように魂が身から離れてあくがれいづるほどではありませんが、花を見れば心がゆらぐ思いはわれわれにも確かにあります。

　　おぼつかな春は心の花にのみいづれの年か浮かれそめけむ

　春、桜の花が咲くころになるとわが心はあやしくも不安定になる、こんなふうに花のみに心を奪われ、花を尋ねてあちこち浮かれ出るようになったのは、いつの年からであったか。「おぼつかな」という言葉は「おぼつかなし」、心もとないの意で、ぐらぐらと不安定になる状態を言い、この言葉を初句とした歌を西行は多くうたっていますが、彼は心を凝視する人でありましたから、まずわが心の状態をそううたい、それから一気にあとを詠みいだしていて、強くしなやかな調べになっています。「浮かれいずる心」の状態を西行はこれまたよくうたっています。

　　浮かれいづる心は身にもかなはねばいかなりとてもいかにかはせむ

　わが身から抜け出て浮かれてゆく心は、わがことながら自分でもなんとなるものではない、その果てはどうなろうともどうにもならないことだ。花に、月に、旅に、自分でもどうしようもなくあくがれいづる心を西行は持っていて、それを「浮かれいずる心」と呼んでいたのです。彼を駆り立てて現世を捨てさせたのも、この心の働きであったのでしょう。ドイツ語でFernweh（知らぬ方への憧れ）という心持に通じるかと思いますが、そういう心と己れに帰って己を凝視する求心力とのあいだに、西行の詩の世界は成立していると言っていいかもしれません。そしてそういう揺れ動く心の状態の最もあきらかにあらわれたのが、桜に対したときであったのでした。

　　花みればそのいはれとはなけれども心のうちぞ苦しかりける

みごとに満開している花を見ると、あまりの美しさに理由もなく心のうちが苦しくなってくる。それほどまでに花に全身全霊を奪われ魅せられた西行だったのです。
　　　木のもとの花に今宵は埋もれてあかぬ梢を思ひあかさむ
　今宵は桜の木の下にあって、散ってゆく花に埋もれて、なお見倦きることのない花を思って過ごそう。これほどまでに花を愛した西行は、死ぬならば花の下でとさえ思いつめていました。
　　　願わくは花の下にて春しなんそのきさらぎの望月のころ
　死ぬときが来たらこの美しい花の下で春死のう、釈迦が入滅したという二月十五日ごろに。そして事実この願いどおり西行は、建久元（一一九〇）年二月十六日に亡くなって、人びとを感動させたのでした。まさに異常というしかない西行の花への恋ですが、ここまで見てくれば、西行にとって花とはただの花ではなく、花はほとんど何か別のものの象徴ではなかったかという気がしてくるでしょう。それが何であったかについてのわたしの考えもありますが、前にもとりあげた上田三四二が死ぬ前に「地球浄土」というエッセイで西行について書いていることをここに紹介しておきましょう。彼は「地上一寸に浮く心」という面白い考えを展開しています。
「いまわたしは、西行をつぎのように理解している。西行は現世に浄土を見ようとした人だ、と。
　西行の求めた法の道は、現世における浄土現成の夢にほかならなかった。西行に後世は信じられていたとしても、彼に厭離穢土の死への傾斜はなかった。俗世は捨てても、死いそぐ心は持たなかった。彼が世を厭ったのは俗世を厭ったまでで、生への意志を断ったわけではなかった。それどころか、彼は真に生きる道を求めて歌道専心の数寄の仏者になったのだ。
　（略）
　西行は早くあの世へ行きたいと思ったことはなく、生きてこの世にとどまることによろこびを感じていた。そしてその生きるよろこびが、月を見ることであり、花に逢うことであった。月は途方もない高みに

照って、それはむしろあの世の光といった方がよいようなものだが、その光は現世を否定するのではなく、光はまさしく地上を照らすのである。まして花は、頭上いくばくもない中空(なかぞら)に懸かって現世を荘厳し、散って、地上を浄化する。花は地上の花であり、現世の花である。西行の欣求した浄土は、このように、月によって彼岸(ひがん)のたよりを得、花によって此岸(しがん)自体が照る現世浄土であった。

（略）

　西行の世の捨て方は、その後の彼の行い澄ますというよりは憬(あこが)れわたった四十年の生き方を見れば明らかなように、地上を一寸(いっすん)浮くところにあった。」

　これはなかなか魅力的な西行観で、これを書いたとき上田はすでにガンに冒されていたことを考えると、これは西行に託した彼の思想の表明でもあったでしょう。上田もまた花をそのように見、地上一寸に浮くことを願っていたのだと思います。

　花は浄土のたよりである。地上に咲いて浄土を現成(げんじょう)するものである。西行の花をうたった歌をよむと、たしかにそのように見ていたのであろうという気がして来ます。

　先に『徒然草』のところで「人、死を憎まば、生を愛すべし。存命の喜び、日々に楽しまざらんや」という言葉を紹介しましたが、西行にとっては「その生きるよろこびが、月を見ることであり、花に逢うことであった」と、上田はいうのです。仏教はこの世の彼岸に極楽浄土があり、現世でよい行いをした者は極楽へいけると説くが、西行にとって浄土とはこの現世に外ならず、現世を浄土たらしめるたよりが月であり花であった。月を見、花を愛することで「浄土現成」を観ずるのが、西行における「法の道」であったというこの上田の西行観は、彼自身がそうありたいと願う願望の表現であったとわたしは思います。

　　花にそむ心のいかで残りけむ捨てはててきとおもふわが身に

　現世への執着はすべて捨ててしまったはずのわれであるのに、その中でどうして花に思いを染め憧れる心だけが残ってしまったのであろう、とわれをいぶかしみ問うている歌です。事実はその花にそむ心一

つに生きることこそ、西行の生きる理由であったのですが。
《中野孝次「清貧の思想」引用終わり》

《佐良木昌編著、新田義彦著『正規表現とテキスト・マイニング』（明石書店）からの引用、開始》

7.1.4　思考錯誤から学んだこと工夫したことの集積
・押してだめなら引いてみる
　その一　NC旋盤（柴田の注：NC=Numerical Control 数値制御）のプログラムは、バイトの刃先がロールダイスに対して直角に削り進むように指示していた。プログラム通りに削ると、バイト切っ先にビビリがでて刃先が折れてしまう。超硬度の鋼でできているロールを押しまくりながら削ってもだめだ、このことを、熟練工であり作家でもある小関智弘さんは知っていた。手動旋盤を操って数々の難物を加工して40年、この経験知から小関さんは考えた。超硬度の堅物を相手に押しまくるからバイトが折れるのだと。切削方向とバイト進行方向とが同じになりバイトを引く力が削る力に吸収される。小関さんはプログラムを変えてみた。バイトが逃げながらけずるように。大きなビビリはとまり刃先も欠けず削れたものだった。

　その二　最大直径300mm・肉厚20mm・長さ2mのパイプ外形を球面状に削る作業の例。NC旋盤では、バイト切っ先が円弧運動するようにプログラムを組めば、なるほど、その通りに削ることができる。ところが、パイプが振動する、ビビリがでる。これで、パイプ表面が畳の目のようにギザギザになる。数値テーブルを見ながら回転数と切削速度をいくら調整しても、ビビリは防げない。NC工作機には、予定外の切削条件に対応できる機構やプログラムはない。NCは、プログラムが想定、あるいは仮定していない状況には対応できない。大量生産の工程にはつきものである固定的な・硬直した加工工程では、変則的な加工や突発的な事態に対応することは難しい。一方、年季の入った旋盤師は、このようなやっかいな加工をどうするか。肉薄パイ

プのなかを水で満たし両端に栓をする。この状態で削るのだと、先輩から小関さんは教えられた。未経験の事態に直面したときには、「NC機の能力を応用する知恵」がいるんだ。「数値制御の機械がどんなに進んでも、人間の手と頭よりすぐれた制御能力はないってこと」を町工場の人たちから教えてもらったと、小関さんは言う。

　その三　実際に筆者が見聞した例。スクリュー軸を支える軸受けは、中空の球を真っ二つに割った形だ。二つの半球がシャフトを挟む形で合わさって、軸受けが構成されている。これらの半球の合わせ面には、高い精度が要求される。合わせ面は、滑りの良い特殊合金でコーティングされている。この合金は軟らかいために、ときおり、傷がつくことがある。

　マイクロメータの測定プローブが入り込めないほどの細かい傷である。これでも軸受けの精度に影響が出るため、合わせ面を最小許容範囲で薄く削りなおして再仕上げをしなければならない。ところがプローブの先端が入らないので、傷の深さが計測できない。それではどうしたらよいか。現場の知恵では、プローブの先端に極細のピンをとりつけ、傷のなかに誘導して、傷の深さを測定。傷の深ささえ分かれば、あとは簡単。

　技術革新が進む労働現場では、コンピュータ制御機械が熟練労働者を駆逐してきました。

　ところが、オット、ドッコイ、機械を逆手にとって、人間の叡智でコンピュータ制御の自動機械を自分の制御下におき、つかいこなす現代的な熟練工が現れているのです。

7.1.5　現場を記録した作業ノート

　小関智弘さんの取材記録をみてみましょう。山形県の小さな切削工具メーカ、「(株)マイスター」では、パート女性たちが毎日の作業を綿密に記録しています。「さまざまな刃物や工具の絵と、その横にはことこまかに書きこまれた数字や注意書きがあった。ページのあちこちには目印の付箋がついている。」(小関智弘 2002『ものづくりの時

代　町工場の挑戦』NHK出版)。これを「宝の山」と小関さんは言います。失敗して初めて分かったこと、思考錯誤の繰り返し、工夫の積み重ね。こうした地道な努力が生産技術の基盤である、その生きた事例です。現場熟練という火床から溶けた鉄がでてくるのです。打ち鍛える熟練の技があって鋼ができます。読者のみなさんも、既にお気付きのことでしょう。

　現場の知恵が技術開発の地盤です。現場の知恵から知識構築・技術開発への過程、そのおおよその流れを箇条書きにしておきましょう。
　1．現場のデータを集積し現場の知恵を普遍的知識として仕上げる
　2．普遍的知識により、その技術を全員が共有することが可能になる
　3．共有された技術を基礎に、更に技術開発を向上させる

　これが開発の基本ですが、しかし現状はどうでしょうか。大半の職場では、制作や開発のプロセス記録はつけられていません。一人一人の経験のなかに蓄積されることはあっても、目に見える形では記録されることは、まずないのが現実です。

・現場の知恵を蓄える

　制作（ポイエーシス）・製造（マニファクチャリング）の現場でしか得られない知識があります。材料に触り、動作音を聴き、油の匂いを嗅ぎ、振動や熱を身体で感じながら装置全体の挙動を観る、そこで初めてわかるもの。これが身体で体得する現場の知恵です。これがプロセス知の基盤です。対象を傍観しているだけでは分析のきっかけは得られません。対象に踏み込むことで初めて分かる現実があります。制作・製造の現場だけのことではありません。研究開発や、日本産業の実態調査・市場調査・フィールドワークなどでも同じことが言えます。「データは見るものでなく、作る」（関満博 2002『現場主義の知的生産方法』ちくま書房）ものなのです。

　観察する主体が関わることで実相が見えるものです。観察対象と観察主体とを分離するという図式は、解釈的研究の範囲であり、創造性を欠くのです。たとえば、「近代工業化の百年の歴史を支えてきた下

積みの現場を、統計資料のように文章化されたものでしか見ることができぬ」(小関智弘1997「町工場のプロセス知」『技術知の位相　1』東大出版会)ならば、創造的な産業論は生み出せないでしょう。

・地味な努力を情報技術で活かす

　その一　北九州小倉にある家電修理専門店ドクターヒューズマンをとりあげましょう。

　この店の修理サービスと修理データベース構築の様子がＮＨＫ教育テレビ21世紀ビジネス塾で放映されました。

http://www.nhk.or.jp/business21/bangumi/0106/06_16/index.html

　修理のデータをパソコンに記録、そのデータは1,000件を超えています。「再生後すぐに止まるその後動作受け付けず」「センタープーリー交換」などの故障診断と修理内容がデータベース化されています。このデータベースから、過去に対応した故障の内容・修理の方法・必要な部品などの情報を検索・入手できます。この情報によって、修理マンは的確な修理・修理時間の短縮などに効果をあげています。ドクターヒューズマンの事例は、小規模ながら、情報技術によって現場の知恵を効率改善に結びつけた、模範例といえるでしょう。

　その二　パロアルト研究所を擁するゼロックス、その技術現場のナレッジ・マネジメントをとりあげてみましょう。ゼロックスのフランス・カナダ・米国の現場には、コピー機の保守・修理を担当するカスタマー・エンジニアが、１万３千人ほどいます。これらの作業員から、故障の状況や、対処法、修理のノウハウなどが、電子メールによって、日々、社内イントラネットであるユーレカ(Eureka)に送られてきます。この知恵の集積が費用削減の効果を生み出し、４年で５０億ドル削減したとのことです。

　この程度では、しかし、日本のKAIZENや小集団活動と大差ありません。生産技術や品質管理の改良という点では、日本の現場で働く人たちの方が、はるかに創意工夫をこらしています。だが、ここでちょっと考えてみましょう。なぜ、ゼロックスは短期間で成果をだす

ことができたのか、という点です。ゼロックスのKAIZENでは、修理担当者からの情報が電子メールによってイントラネットに蓄積できる仕組みができています。

　この蓄積をデータベース化し、改善の知恵（kaizen wisdom）を引き出し活用するシステムを構築しています。

　一方、日本の生産現場では、どうでしょうか。膨大な数の改善提案がされてきました。たとえば、大手家電メーカでは、毎年、多くの提案がされています。提案が実際の改善に繋がった事例も数多いでしょう。ところが、その提案、採用、実施、結果は記録として残っているでしょうか。提案がデータベース化されており、職場で参考資料として閲覧できるでしょうか。現場の知恵がデータベース化され、情報技術によっていかされていない、これが実情ではないでしょうか。日米で大きく異なる点です。記録が残っていれば、再利用、再活用が可能ですが、記録が残っていなければ不可能です。大手家電の例では、90年代以降、改善提案が激減していますが、その原因の一つとして、こうした蓄積、再利用、活用、知恵の引き出しが情報技術を使って高度化されていないことを、指摘できるでしょう。

【現場熟練の技と知恵】小関智弘「町工場のプロセス知」より
「近代産業100年余りの歴史を重ねた労働現場には、そこでモノづくりをしてきた人たちの知恵がたくさんつまっていた。素朴な、それゆえに中身の濃い知恵がつまっている。ほとんどは数字や数値に置き換えられず文字としても記録されないまま、人から人へ体温をもったまま伝えられてきた。ハンドルさばきがうまいとか、きさげをかけるのがうまいとかのような肉体化される技能とは別の知恵が伝えられてきた。」(pp.26-27)
「スローアウェイ・バイトが誕生してからまだ20年あまりしか経っていないのに、切削工具の主流になりえたのは、メーカーの研究者たちが研究所のなかで試作をくりかえしたからではない。日本のあちこちの現場にはいって、旋盤工やフライス旋盤工たちの刃物から学び、

つくっては学んでまた作るというフィードバックがあったからである。」(p.26)

　　　　『技術知の位相　新工業知 1　プロセス知の視点から』
　　　　　　　東京大学出版会
　　《引用、終わり》

付録 7.　林髞『脳の話』および八木アンテナについて
　第Ⅴ章 4 節「遠山啓「水道方式」を読む（その 3）／遠山さんの感性は近代ヨーロッパ合理主義精神にあり」の末尾でちょっと触れた『脳の話』および八木アンテナについて、以下に引用・紹介しておきます。

　http://d.hatena.ne.jp/doramao/20111205/1323072833
　　《上記サイトからの引用開始》
　　　とらねこ日誌
　　　キッチンカー事業による栄養改善政策はパンだけに偏ったモノでないことが明らかになりましたが、もう一つの『ご飯を食べるとバカになる』、『戦争に負けたのはパンを食べなかったからだ』といった、国によりお米のネガティブキャンペーンが行われたと謂う主張の妥当性はどうなのでしょう？はたして、そのような政府主導のキャンペーンは存在したのでしょうか。これについても荻原氏は細かな調査を行っています。

　技術と普及 2006.11 月号　p40 より
　　　この小論を書くに当たり、戦後の雑誌を検索できる図書館で、週刊誌、農家や主婦向け雑誌等を、小見出しに至るまで検索しましたが、「国が、米は良くないと宣伝している」という趣旨の記事は見つかりませんでした。

　　　すごいですね、主婦向け雑誌まで調べたんですね。国からの宣伝は

見つからなかったものの、個人や民間からの情報発信はあった模様です。

同書　p40 より
　慶應大の林髞教授が、「頭脳」（昭和33年）と「頭の良くなる本」（昭和35年）を発行し、パンは白米よりもビタミンB類が多いから頭によい、と唱えて評判になりました。
〈中略〉
　脚気の初期症状は脱力感や集中力低下で、パンのB1が効くのは戦前から有名でした。パンで脚気のだるさを克服し、勉学がはかどって「林説は本当だった。」と誤解する人がいても、おかしくない時代背景でした。

　この林教授と謂うのは相当に多彩な人物だったようで、小説から本職の生理学の専門書など著書は多岐にわたります。引用文にある頭の良くなる本の主張を元につくられた頭脳パンのパッケージに登場するような、人気者の学者さんだったよう *2 です。

同書　p40 より
　朝日新聞昭和34年7月28日の天声人語には「池のコイや金魚に残飯ばかりをやっていると、ブヨブヨの生き腐れみたいになる。パンくずを与えていれば元気だ。米の偏食が悪いことの見本である。」と書いてあります。こうした「米＝悪」のマスコミ論調や、林教授の本を読んだ人々が噂する間に、国が宣伝したと勘違いしたのかもしれません。

　それでも筆者はつぎのように続けます。

同書　p40 より
　もっとも、まだ私の調査が足りないのかもしれません。国が当時宣

伝した証拠資料をお持ちの方は、情報をお寄せいただけると幸いです。

自分の見た範囲では、と断定しないところに非常に好感が持てます。

［参考文献］
　*2　『頭脳』光文社 1958（「米を食うと馬鹿に成る」で有名）
　『頭のよくなる本 大脳生理学的管理法』光文社 1960（カッパブックス）
《引用、終わり》

また、同じ第Ⅴ章４節で私は、遠山啓さんが「日本軍は兵隊の目を鍛える鍛錬主義で、アメリカ軍はレーダーを開発する道具主義だった」と述べていることに対して、私は、レーダーを発明したのは、実は日本の八木秀次さんだ、とも書きました。そのことについて詳しく解説してあるサイトも見つけましたので、以下にコピーしておきます。

http://surprisedonald.blog49.fc2.com/blog-entry-20.html

《『電子立国日本を育てた男―八木秀次と独創者たち』を書評したサイトからの引用》
　1925 年、八木秀次によって世界初の指向性アンテナの原理が発見され、八木アンテナが発明された。
　いまでは、どの家にもあるテレビアンテナとなっている。
　３本の素子を基本にして平行に並べ電波を効率良く受信・発信する構造のアンテナだ。簡潔にして無駄のない八木アンテナは、はじめからほとんど改良の余地のない高い完成度をもち、超短波用アンテナとして外国の模倣を許さないものだった。
　八木アンテナは、八木秀次が私財を投じてかろうじて特許を取得したものの当時の日本科学界は西洋崇拝が強く「日本人の発明で重要なものはあり得ない。」として当時の学界では受け入れられていなかっ

た。八木アンテナは一部に知られただけで、それを記載した八木の論文は日本で忘れられた。その特許も国から延長が認められず消滅してしまった。

そもそもテレビやアンテナについての当時の日本の研究・開発は、世界的にリードしていたにもかかわらず科学界や国から認められず埋もれてしまい、大変惜しい状況だった。特に精神主義をふりかざす軍人は、八木アンテナレーダーの有用性を頭から認めていなかったが、八木アンテナの論文は、海外で評価され超短波用高性能アンテナとして認められていった。(1926年に高柳健次郎がブラウン管式テレビの実験に成功している。)

1941年太平洋戦争が起き、シンガポールを攻め落とした日本軍は、そこのイギリス軍のレーダーアンテナが八木アンテナであると知らされた。アメリカ軍も八木アンテナを装備し、攻め寄せる日本の飛行機を300km前からレーダーでキャッチし迎撃した。闇夜でもレーダー射撃で正確に日本艦を撃沈し、日本軍はやっとレーダーの威力とその重要性に気付きだした。しかしもう後の祭り。日本はアメリカに破れ、無条件降伏。

八木アンテナがアメリカのレーダー等に使われ日本が負けたことについて当時の世間では、発明者の八木秀次は国賊よばわりされていた。八木秀次の世界的な発明・発見である八木アンテナを敵である英米は認め、それを活用し戦いに勝利。

反対に日本は、日本人である八木秀次の発明を理解せず軽視しその結果敗北し、挙げ句の果てに余計な発明をしたとばかりに冷たい扱いであった。自国の優れた発明を使いこなせなかったことを棚に上げて八木秀次個人を責めるのは、天につばをするようなもの。当時の政府要人や帝国陸海軍は、大和魂などの精神主義に陥っていたため先端科学を理解できず惨禍を招いてしまったのでしょう。そしてそれは、日本人の短絡性と同時に当時の社会の半封建的後進性を示している。

まだ、この話には余談がある。

八木アンテナの特許を政府は消滅させてしまい、また外国特許保有

の財政支援もせず冷遇した為、日本の八木アンテナの特許権は失われてしまった。ところが戦後まもなくテレビが世界中に普及した時、八木アンテナも同時に全世界に普及した。VHFテレビ電波を受信するには八木アンテナ以外にない。もし、この時代この特許を日本が確保していたらおそらく世界に数億台のテレビと同数に売れた八木アンテナから莫大な特許料が日本に入り、日本の戦後復興は大いに助けられたことだろう。もし、八木アンテナ発明と同時期の高柳健次郎の電子テレビ実験成功を評価し、研究支援を行ってテレビの発明・実用化に成功していたならば、日本は、テレビとテレビアンテナの両方を発明し、その恩恵は測り知れないものになっていたのだろう。

八木秀次というと、現代ではほとんど八木アンテナの発明者としてしか知られていない。しかし彼の真の業績は、多くの優れた学究機関を創設・運営したところにある。彼はカリスマ的なリーダーであり、多くの組織において、多くの研究者を育てました。たとえば創設間もない大阪帝国大学では、理学部物理学科の主任教授を勤めたが、そのときの部下の一人が湯川秀樹だった。今ではほとんど知られていないが、湯川の中間子理論は、京大ではなく、この阪大時代での業績だ。また、東北帝国大学で、電磁気・電子分野での実学の伝統を完成させたのも八木であり、かの西沢潤一もその系譜に属することになる。

八木秀次は「優秀だが地味な研究者が、海外での評価によって日本で再評価された。」という風に取られがちだと思うが、実際のところは、組織のリーダーとしての性格が強すぎて、八木自身にとっても、八木アンテナの発見は人生のごく一部だったというのが実情だ。1944年に内閣技術院総裁になったのも、海外での評価は関係なく、当時の日本でのごく当然の人事だったに過ぎない。

このような八木の人物像を知れば、「八木アンテナ」は正しくは「八木・宇田アンテナ」だとされる理由も分かるだろう。彼はいつでも指導的立場であり、研究室にこもるタイプではなかった。タイプとしては糸川英夫に近い、組織運営の天才だった。しかし、組織者として優秀でも、記録に残るのはその組織の研究者個人の業績。その結果、

八木秀次は現在、その業績のほとんどは忘れられ、単なるアンテナの発明者としてのみ知られる存在にになってしまった。
　つまり、八木秀次が過小評価されていたのは当時だけでく、現在も過小評価されつづけているのだ。技術を評価するのは難しいことだが、人を評価するのはもっと難しいことなのかもしれない。

　電子立国日本を育てた男─八木秀次と独創者たち
　(1992/11)
　松尾博志
《引用、終わり》

ついでに、Wikipedia「八木秀次」からも引用しておきましょう。

《Wikipedia「八木秀次」からの引用開始》
生涯
　仙台高等工業学校、東北帝国大学時代
　当時の電気工学の主たる関心がいわゆる強電と言われる電力工学にあったところをいち早く弱電分野の研究に取り組み、八木・宇田アンテナ、分割陽極型マグネトロン等の成果を生み出す。
　財団法人斎藤報恩会から「電気を利用する通信法の研究」(八木秀次、抜山平一、千葉茂太郎)で1934年(昭和9年)度までに合計22万5000円の補助金を受けた。
　八木が物理学科、金研で行われていた論文の輪読会に出席しあまりに鋭い指摘をするために、会の開催日を八木の属する電気工学科のゼミのある日と同じにして出席できないようにしようとする動きが出るほどだったという逸話がある。
　学内に電気通信研究所の設立を構想するが、実現は八木が大阪帝大に異動した後の1935年(昭和10年)になる。

　大阪帝国大学理学部時代

大阪帝国大学の初代総長であった長岡半太郎（柴田注：原子構造の長岡・ラザフォード・モデルで有名）の要請により大阪帝国大学に移籍。大阪帝国大学の理学部物理学科の初代主任教授となる。

菊池正士（柴田注：第Ⅳ章3節の補足と訂正の末尾にある「近代の超克」に登場しています）の原子核物理研究を主任教授として予算的にも人的にも支援した。講師として在職していた湯川秀樹を叱咤激励し、それが後にノーベル物理学賞を受賞する中間子論に関する論文につながったとされている。

大学教授時代

八木は講義の際、学生に「本質的な発明ができるようになるためには心眼で電波が見えるようにならなければならない」と教えていた。これをオカルト的に解釈するのが間違いであることは言うまでもなく、「見えない物の挙動を科学的な推論によって把握する能力―科学者としての勘を持たなければ本質的な発明はできない」という意味である。

技術院総裁時代

八木はレーダー開発など立ち遅れていた日本の科学兵器開発を指導するため、海軍の永野修身軍令部総長の推薦を受けて技術院総裁に就任した。内閣技術院の総裁である八木自身も熱線誘導兵器の研究を推進していた。因みに同研究は技術者の井深大と海軍技術将校の盛田昭夫が出会い、戦後ソニーを創業するきっかけとなった。

敗色濃厚となった1945年（昭和20年）には衆議院予算委員会で質問に応え、「技術当局は『必死でない必中兵器』を生み出す責任があるが、その完成を待たずに『必死必中』の特攻隊の出動を必要とする戦局となり慙愧に耐えない」との大意の答弁を行っている。これを聞いて委員会出席者中には涙する者もあったとの当時の報道がある。精神主義、特攻隊賛美ばかりが横溢する戦時下にあって、科学技術者としての勇気を示した発言として名高い。

戦後

　大阪帝大総長を公職追放で追われてからしばらくは生活に困窮した時期があった。この時、大正末に取得された八木・宇田アンテナの特許はすでに期限が切れていた。かつての弟子達が電気工学関係の教科書を分担して執筆し、八木に印税を寄付して支援した。

　八木はドイツ・イギリス留学時代から労働運動や社会主義に関心があり、日本フェビアン協会の会員でもあった。戦後も政治に関わり、ジョージ・バーナード・ショーなどを終生読んでいたという。

　直接の弟子でなく面識もない江崎玲於奈、西澤潤一を学士院賞に推薦した。晩年に至るまで学術の情報収集を欠かさず、人材の発掘・育成に尽くした。

《ここまで、Wikipediaからの引用》

　うーん、八木秀次って、現在に至るまで過小評価され続けている大人物なんですねえ。

　さらについでに、「Wikipedia 八木・宇田アンテナ」からも、補足的に引用しておきます。

《Wikipedia「八木・宇田アンテナ」引用開始》
歴史

　このアンテナが発明される発端は当時八木、宇田が所属した東北帝国大学工学部電気工学科で行われていた実験にあった。実験中に電流計の針が異常な振れ方をするので原因を探求したところ、実験系の近くに置かれた金属棒の位置が関係していることが突き止められた。ここからこのアンテナの基本となる原理が発見され、1926年に八木の出願により特許権を得た。教授の八木の指導の下で当時八木研究室にいた助手の宇田が実用化のための研究に取り組み、1928年に八木・宇田の連名で論文が出された。しかし国内外の特許出願が八木の単独名で出されたため、日本国外の人々には"Yagi antenna"として知られることとなる。後述するように日本では日本国外からの情報により

八木・宇田アンテナが注目されるようになった経緯もあって、日本国内でも八木アンテナとの名称が広まった。後年、事情を知る人達が宇田の功績も称えるべきであり「八木・宇田アンテナ」と呼ぶべきと主張し最近の学術書などでは八木・宇田アンテナと記述されている。

　欧米の学会や軍部では八木・宇田アンテナの指向性に注目しこれを使用してレーダーの性能を飛躍的に向上させ、陸上施設や艦船はおろか航空機にもレーダーと八木・宇田アンテナが装備された。しかし日本の学界や軍部では敵を前にして電波を出すなど暗闇に提灯を燈して位置を知らせるも同然と殆ど注目されず、その存在を知る者も殆どいなかった。そのため1942年に日本軍がシンガポールの戦いでイギリスの植民地であったシンガポールを占領した際にレーダーとその技術書を発見したが"YAGI"という意味不明の単語が頻繁に出てきており、例えば「送信アンテナはYAGI空中線列よりなり、受信アンテナは4つのYAGIよりなる」と言った具合にこの技術書の中に至るところにあった単語"YAGI"の意味が解らず「ヤギ」とも「ヤジ」とも読めるし理解には至らず捕虜のイギリス兵に質問したところ「…本当に知らないのか？」とこのアンテナを発明したのが日本人だと教えられて驚嘆したと言われている。この3カ月後のミッドウェイ海戦で、米軍は八木アンテナによって日本の連合艦隊に大損害を与えた。更には後にアメリカ軍が広島と長崎に投下した原子爆弾にも、最も爆発の領域の広がる場所を特定する為に八木の技術を用いた受信機能が使われていた事が明らかとなっている。

　2010年現在においてもこれほど汎用性が高く、抜群の精度を誇るアンテナは開発されていないと言われる。なお、この発明は電気技術史に残るものとして1995年、IEEEマイルストーンに認定されている。本業績のマイルストーンは東北大学片平キャンパス内に置かれている。
　《引用、終わり》

付録8.　日本語版（英語版）Wikipedia「言語の起源」からの引用
　《引用開始》

言語の起源に対するアプローチは、何を基本的な前提にしているかによって分類することができる。「連続性理論」は、言語は複雑なので何もない所から急に完全な形で言語が現れるのを想像することはできないという考えに基づいている。言語は、私たちの祖先の霊長類の間で言語に先立つ前―言語的体系から発展してきたに違いない、とされる。「不連続性理論」は、逆の考え、つまり、言語は他に類のない特徴なのでヒト以外の動物の特徴と比較することはできないし、そのため人間の進化の過程で全く突然に表れたに違いない、という考えに基づいている。もう一つの異なる理論は、言語が概して一般的に符号化された生来の能力であると大抵みなしている前二者と違い、言語を主に文化的な、つまり、社会的な交流を通じて習得される体系だとみなす[5]。

　ノーム・チョムスキーは不連続性理論の卓越した唱道者だが、この問題に関して彼は同僚たちの中で孤立している。約十万年前に言語機能(心―脳の構成要素)が「瞬間的に」「完全」もしくは「ほぼ完全」な形で出現するような進化の一度きりの突然変異が霊長類の一個体に起こった、と彼は主張している。続いて哲学的主張が手短に行われた。

　まず、進化について知られているものから：一個体における偶発的な遺伝的変化によって種のいかなる生物学的変化も起こり、そうした変化が交配可能な集団内で広がっていく。

　第二に、言語理論の計算機的観点から：求められる唯一の能力は心の再帰的データ構造(いわゆる離散的無限の性質、人の心に特異的に表れる)を構成・処理する認知能力である。ヒトの心に離散的無限という性質を付与するこの遺伝的変化は(Nを定数として)Nまで数え上げることができるなら無限に数え上げることができる(つまり、Nまで構成できるならN+1も構成できる)ことになる、とチョムスキーは主張している。このことは、論理的事実の問題として心が決まった数までしか数え上げられない状態から無限に数え上げられるようになる漸進的な変化の方法が存在しないのでヒトの言語機能の進化は跳躍進化であるという主張を前提としている。不正確な類推ではあるが、

ヒトにおける言語機能の形成は結晶の形成に似ている。離散的無限は霊長類の過飽和状態の脳における種結晶であり、一たび一つの小さいがしかし決定的なかなめ石が進化によって生まれると物理的法則によって今にも発展してヒトの心にならんばかりになる[6][7]。

連続性に基づく理論は近年大多数の学者が唱えているが、発展をどのように把握するかに関しては諸説ある。言語を概ね先天的なものだとみなす人々の中には、—特にスティーヴン・ピンカー[8]は—ヒト以外の霊長類の中で先駆者を特定することを考えようとせず、単に言語機能は通常の漸進的な方法で発展したに違いないという考えを強調する者もいる[9]。言語を概ね先天的なものだとみなす人々の中には、—特にイブ・ウルベク[10]は—言語は霊長類のコミュニケーションからではなく、それより著しく複雑である霊長類の認知能力から発達してきたと述べる者もいる。マイケル・トマセロのような言語を社会的に習得されるコミュニケーションの道具とみなす人々は、言語は音声ではなくジェスチャーによる霊長類のコミュニケーションの認知的に制御された側面から発展してきたとみなす[11][12]。音声的な面での言語の先駆者を考える際には、連続性理論をとる人々の多くは言語が初期の人の歌う能力から発展してきたと想像する[13][14]。

言語の発生を何らかの社会的変化の結果とみなす人々は連続性か非連続性かという対立を超えた立場に立つ[15]。ここでいう社会的変化とは先例のないレベルでの公共的信託が生まれることによってそれまで休眠状態に置かれていた言語的創造を成す遺伝的能力を開放するようなものである[16][17][18]。「儀式・発話の共進化理論」はこのアプローチの一例である[19][20]。こういったグループに属する学者は、チンパンジーやボノボでも野生化ではほぼ使わないとはいえ記号を使う能力を潜在的に有しているという事実を指摘する[21]。

(中略)

信頼性と騙しの問題

ダーウィン的科学の観点からは、言語様のコミュニケーションが自

然下で進化してくる上で第一の障害となるのは機械論的なものではない。むしろ、記号—音もしくは他の知覚できる形式と、それに対する意味との恣意的な結びつけ—が信頼できない、間違っているであろうものだという事実こそが第一の障害である[64]。諺にもある通り、「言うは易し[65]」なのである。信頼度の問題は、ダーウィン、ミューラー、その他の初期の進化論者には認識されていなかった。

　動物の音声によるシグナルは大抵の場合本質的に信頼できる。ネコがのどを鳴らすとき、シグナルはその猫の満足している状態を直接に表している。それを信じることができるのは、ネコが正直な傾向があるからではなく、ネコには偽ってその音を出すことが不可能だからである。霊長類の音声的な鳴き声はネコの鳴き声よりは操作可能かもしれないが、やはり同じ理由により信頼できる—というのはそれらが偽りがたいものだからである[66]。霊長類の社会的知能は「マキャヴェリアン」—つまり、利己的で道徳的な良心の呵責にとらわれない。サルや類人猿はしばしば他のサルや類人猿をだますが、同時に、敵に騙されないように常に用心している[67]。逆説的だが、まさに霊長類の騙されまいとする用心こそが彼らにおいて言語的なものに連なる情報伝達の体系の進化を阻んでいる。ここで言語の発展が不可能になるのは、騙されないようにする最良の方法は直ちに証明できるものを除いてシグナルを無視することだからである。こういった用心をされると言葉は情報伝達の用をなさない[68]。言葉によってだますことは容易である。言葉が嘘であったということがしばしば起これば、聞き手は言葉を無視することで対応しようとする。言語が働くためには話し手が一般的には誠実だと聞き手が信頼していなければならない[69]。言語に特有の性質として「ずらされた指示」がある。これは現在知覚している状況とは違う話題を指示できるということを指している。この性質のために発話は直近の「今」「ここ」に縛られない。このため、言語は普通ではないレベルの信頼を前提とする。このため言語の起源の理論は、他の動物ができていないとみられるやり方でヒトは何故お互いに信頼するようになれたのかを説明しなければならない（シグナ

ル理論を参照)。

(中略)

　この学派の主導者は、言うは易しということを指摘する。デジタルな幻覚と同じく、言葉は本質的に信頼できない。特別に賢い類人猿や、あるいは言葉を発することのできる類人猿ですら、野生化で言葉を使おうとしても、信念をなんら伝達できないであろう。本当に信念を伝えるような霊長類の発声—実際に彼らが使っている—は言葉とは違って、それらが感情的な表現である限りで、本質的に有意味で信頼できるものとなる、というのはそれらは比較的手間がかかっていて偽りづらいからである。

　言語は実質的にコストがかからないデジタルなコントラストからなる。純粋な社会的慣習のように、この種のシグナルはダーウィン的な社会世界に関与する—それらは論理的不可能性である[89]。本質的に信頼できないために、言語は、ある種の社会—特に、記号の文化の上での事実 (「制度上の事実」と言われることもある) が集団社会的承認を通じて構築・維持されているような社会—において信頼に値するという評価を構築できる場合にのみ働く[90]。いかなる狩猟採集社会においても、記号の文化の上での事実の中で信頼を構築する基本的な仕組みは集団的な「儀式」である[91]。それゆえ、言語の起源の研究者が直面する債務は大抵支持されている以上に多くの学問領域にわたる。それはヒトの記号の文化の進化による発生を総括的に扱うことを必然的に含み、対して言語は重要ではあるが補助的な構成要素にすぎない。

　この理論の批判者にはノーム・チョムスキーがいるが、彼はこの理論を「非存在説」—まさに自然科学の研究対象としての言語の存在を否定していると呼んでいる[92]。チョムスキー自身の理論は、言語は突然完成された形で現れる[93]というもので、これに対して彼を批判する者たちは、儀式・発話の共進化説では「存在しない」ものが—論理的構成物や手頃なＳＦ—チョムスキーの理論ではそういった奇跡的な方法で現れているだけだと応答している[94]。

645

この論争はいまだに解決を見ていない。

脚注

[5] Ulbaek, I. (1998). "The Origin of Language and Cognition". In J. R. Hurford & C. Knight. Approaches to the evolution of language. Cambridge University Press. pp. 30 - 43.

[6] Chomsky, N. (2004). Language and Mind: Current thoughts on ancient problems. Part I & Part II. In Lyle Jenkins (ed.), Variation and Universals in Biolinguistics. Amsterdam: Elsevier, pp. 379-405.

[7] Chomsky, N. (2005). Three factors in language design. Linguistic Inquiry 36(1): 1-22.

[8] Pinker, S. and P. Bloom (1990). Natural language and natural selection. Behavioral and Brain Sciences 13: 707-784.

[9] Pinker, S. (1994). The Language Instinct. London: Penguin.

[10] Ulbaek, I. (1998). The Origin of Language and Cognition. In J. R. Hurford, M. Studdert-Kennedy and C. D. Knight (eds), Approaches to the evolution of language: social and cognitive bases. Cambridge: Cambridge University Press, pp. 30-43.

[11] Tomasello, M. 1996. The cultural roots of language. In Velichkovsky, B. M. and D. M. Rumbaugh (eds), Communicating Meaning. The evolution and development of language. Mahwah, NJ: Erlbaum, pp. 275-307.

[12] Pika, S. and Mitani, J. C. 2006. "Referential gesturing in wild chimpanzees (Pan troglodytes)". Current Biology, 16.191-192.

[13] The Economist, "The evolution of language: Babel or babble?", 16 April 2011, pp. 85-86.

[14] Cross, I. & Woodruff, G. E. (2009). Music as a communicative medium. In R. Botha and C. Knight (eds) The Prehistory of Language (pp113-144), Oxford: Oxford University Press, pp. 77-98.

[15] Knight, C. and C. Power (2011). Social conditions for the evolutionary emergence of language. In M. Tallerman and K. Gibson (eds), Handbook of Language Evolution. Oxford: Oxford University Press, pp. 346-49.

[16] Rappaport, R. A. (1999). Ritual and Religion in the Making of Humanity. Cambridge: Cambridge University Press.

[17] Knight, C. (2010). 'Honest fakes' and language origins. Journal of Consciousness Studies, 15: 10-11, pp. 236-48.

[18] Knight, C. (2010). The origins of symbolic culture. In Ulrich J. Frey, Charlotte Stormer and Kai P. Willfuhr (eds) 2010. Homo Novus - A Human Without Illusions. Berlin, Heidelberg: Springer-Verlag, pp. 193-211.

[19] Knight, C. 1998. Ritual/speech coevolution: a solution to the problem of deception. In J. R. Hurford, M. Studdert-Kennedy and C. Knight (eds), Approaches to the Evolution of Language: Social and cognitive bases. Cambridge: Cambridge University Press, pp. 68-91.

[20] Knight, C. 2006. Language co-evolved with the rule of law. In A. Cangelosi, A. D. M. Smith and K. Smith (eds) The evolution of language. Proceedings of the Sixth International Conference (EVOLANG 6). New Jersey & London: World Scientific Publishing, pp. 168-75.

[21] Savage-Rumbaugh, E.S. and K. McDonald (1988). Deception and social manipulation in symbol-using apes. In R. W. Byrne and A. Whiten (eds), Machiavellian Intelligence. Oxford: Clarendon Press, pp. 224-237.

[64] Zahavi, A. 1993. The fallacy of conventional signalling. Philosophical Transactions of the Royal Society of London. 340: 227-230.

[65] Maynard Smith, J. 1994. Must reliable signals always be costly? Animal Behaviour 47: 1115-1120.

[66] Goodall, J. 1986. The Chimpanzees of Gombe. Patterns of behavior. Cambridge, MA and London: Belknap Press of Harvard University Press.

[67] Byrne, R. and A. Whiten (eds) 1988. Machiavellian Intelligence. Social expertise and the evolution of intellect in monkeys, apes, and humans. Oxford: Clarendon Press.

[68] Knight, C. 1998b. Ritual/speech coevolution: a solution to the problem of deception. In J. R. Hurford, M. Studdert-Kennedy and C. Knight (eds), Approaches to the Evolution of Language: Social and cognitive bases. Cambridge: Cambridge University Press, pp. 68-91.

[69] Power, C. 1998. Old wives' tales: the gossip hypothesis and the reliability of cheap signals. In J. R. Hurford, M. Studdert Kennedy and C. Knight (eds), Approaches to the Evolution of Language: Social and Cognitive Bases. Cambridge: Cambridge University Press, pp. 111 29.

[89] Zahavi, A. 1993. The fallacy of conventional signalling. Philosophical Transactions of the Royal Society of London. 340: 227-230.

[90] Searle, J. R. 1996. The Construction of Social Reality. London: Penguin.

[91] Durkheim, E. 1947 [1915]. Origins of these beliefs. Chapter VII. In E. Durkheim, The Elementary Forms of the Religious Life. A study in religious sociology. Trans. J. W. Swain. Glencoe, Illinois: The Free Press, pp. 205-239.

[92] Noam Chomsky (2011): Language and Other Cognitive Systems. What Is Special About Language?, Language Learning and

Development, 7:4, 263-278

[93] Chomsky, N. 2005. Three factors in language design. Linguistic Inquiry 36(1): 1-22.

[94] Knight, C. 2008. 'Honest fakes' and language origins. Journal of Consciousness Studies, 15, No. 10 - 11, 2008, pp. 236 - 248.

《引用おわり》

あとがき

● 「上からの加減算」の奇跡は続く

　本年（2013年）6月9日（日曜日）に福岡算数・数学実践研究会に参加して、そのあと、例によって懇親会（飲み会）にも参加しました。居酒屋の隅のテーブルを囲んで、たまたま隣に座ったのが、2008年に福岡で最初に（正確には、30年ぶりに）「上からの足し算・引き算」を実践したE教諭でした。焼酎の酌を受けながら、「今年の授業の具合はどうですか」と話の水を向けて見ました。「それがー、またまた、すごいんですよー」と、彼女が語ってくれたのは、次のような話です。

　彼女の学校に、今年度、他県から転入してきた3年生の男の子がいました。その子は小学校1年生からの学習項目がほとんど身に着いておらず、3年生のどの科目も全く理解できないらしく、授業中はまるで存在しないかのごとく、じっと下を向いて黙っていて、時々担任の先生が話しかけても、じっと下を向いて答えないのだそうです。その子を教えている科目の先生たちが「あの子は特別支援のクラスに行ってもらうしか手がないのではないか」と話がまとまりかけて、最後にいちおう、国語と算数の授業のときだけ、一人だけ取り出して、マンツーマンで補習授業を試みてみたら、ということになって、算数の補習の担当がE教諭に依頼されました。

あとがき

　最初の補習授業では、E先生はこの男の子（A君と呼ぶことにしましょう）のことを良く知りたいと思い、A君がどのようなことに興味を持っているのか聞き出すために、いろいろな対話を試みたそうです。それから、数の計算はどの程度できるのか、これもいろいろ聞いてみたそうです。そうしたら、A君は、いちおう指を使えば数十までの数を数えることができ、また、これも指を使えば一桁たす一桁の計算もどうやら出来ることが分かって、「なんだ、案外、思ったよりできるじゃん。これなら何とかなるかもしれない」とE教諭は思ったそうです。

　それで、数を数えるいろいろな遊び的活動をA君に提案してみたら、「この小学校に水道の蛇口がいくつあるか、数えてみない？」という提案に、はじめてA君がコックリ頷いた、というのです。E教諭は内心、（へーっ、こういうことに関心があるのかあ）と意外な感じがしたそうですが、「それじゃあ」ということで、2人でメモ用紙と鉛筆を持って学内をくまなく回り、小学校の略図の上に、見つけた順に水道の蛇口の位置を記入していったそうです。E先生も、もちろん、自分の勤務校に水道の蛇口が幾つあるのか知らなかったので、全部で30いくつだったか、40いくつだったか、思っていたよりもたくさんの蛇口が見つかったので、ちょっと驚いたそうです。

　翌日の朝、授業開始の時刻にA君の担任の先生が教室に行ったところ、A君がツカツカと教卓の所にやってきて、「先生、僕たちの小学校に水道の蛇口がいくつあるか知ってる？」と質問したので、担任教員はビックリ仰天したそうです。だって、A君と言えばこれまで、1日中、全ての授業で自分の席で最初から最後までじっと黙って下を向き通して過ごしてきたわけですから、そのA君が朝の一番から、「先生っ！」と教卓の所にやって来るなんて、「信じられなーい！」と先生は、何が突然起きたのか理解不能の思考停止状態になってしまったようです。「ぼくね、きのう算数の先生と一緒に学校中の水道の蛇口を数えたの。そうしたら30幾つ（40幾つだったかもしれません）もあったんだよ！」と誇らしげにA君は、蛇口

の番号を記入した見取り図を先生に見せたそうです。

　2日目の取り出し算数の授業では、E先生はおとくいの『上からの足し算、引き算』を指導したところ、A君は簡単に出来るようになってしまったそうです。それで、「やはり、未だ時期尚早だろうなあ」と思いつつも、E教諭が「A君、今日お勉強した足し算、引き算の宿題を考えてみる？」と質問してみたところ、意外にもA君は「うん」と答えたそうです。そしてその翌朝、またまたA君の担任の先生が仰天する事態が起きたのです。朝一番の授業開始時に、前日と同じようにA君が教卓にやってきて、「きのう、算数の先生に出された宿題をやってきたよ」と問題解答紙を提出したというのです。「えーっ、君が宿題、やってきたのーっ！　信じらんない。」と驚いた担任先生が解答用紙をチェックしてみたところ、10問の内、一番難しい10問目の繰り下がりのある引き算を除き、1問から9問までは完全に出来ていたので、もう、すっかり、「うっそーっ、信じらんなーい！　この子はいったい、どうなっちゃったのー。」ということになったそうです。放課後に職員室で担任の先生がA君のことを報告したら、校長先生をはじめA君のことを知っている全ての先生たちが、「まさか、うそだろう」「どうしてー？」と言う事態になったそうです。確かに「あのA君」（既に校内で有名になっていたようです）が、わずか2回の45分間個別指導の算数授業でまったく別人のように変わってしまったことが、教員たちには信じられない奇跡だったのです。国語の取り出し授業を担当している先生が、「私の授業では、いつもと別に変わった様子はないんですけど。こんど、算数の授業を見学させてください」と申し出て、E教諭の算数の取り出し授業を参観に来たそうです。そうしたら、最初から、「えーっ？？　どうしてー？」という感じで、驚いたそうです。他の授業では、最初から最後までじーっと無言で下を向き続けているA君が、算数の個別授業では授業が開始する前から、「今日はどんな面白いことを教えてもらえるのかな」という風に、興味津々たる態度で、E教諭が話し出すのを待っていることに、国語の先生は大きなショックを受けたと言っているそうです。

算数で自信を付けたA君は、他の科目でもだんだんと授業にとけ込めるようになって来たそうです。E教諭は校長先生と、「A君の他にも、低学年の算数で落ちこぼれたまま上位学年に進級してしまった子も決して少なくはない。そういう子どもたちにも、何とか遅れを取り戻す機会を作ってやりたいですね。」というような会話を交わしているそうです。

●エヴェレット『ピダハン 「言語本能」を超える文化と世界観』を読む
　認知科学者S．ピンカーが「パーティーに投げ込まれた爆弾」と評したというダニエル・L・エヴェレット著『ピダハン 「言語本能」を超える文化と世界観』（みすず書房）を読んでみました。
　ピダハンはアマゾンの奥地に暮らす少数民族。400人を割るという彼らの文化が、チョムスキー以来の言語学のパラダイムである「言語本能」論を揺るがす論争を巻き起こした、と表紙裏の広告に書いてありました。著者はもともと福音派の献身的な伝道師としてピダハンの村に赴いたが、ピダハンの世界観に衝撃を受け、逆に無神論へと導かれてしまう。映画「ラスト・サムライ」でトム・クルーズが演じたアメリカ人将校とも似た、「ミイラ盗りがミイラになってしまう」という珍しくはない人生パターンです。しかし、四六時中部屋の中をアブやブヨや毒蛇などが飛び回ったり這いまわったりしているジャングルの生活の中へ、妻と幼い子どもたちを連れて飛び込んで行く冒険精神はさすがアメリカの若者だなあ、と感心させられました。
　エヴェレットの『ピダハン』に採録されているピダハン語の例文を見ると、ピダハン語は日本語と基本的に語順が同一の「主要部後置型言語」であることがはっきり見て取れます。これは、私の「ズーム型認知と統語語順の相互作用」の原理から当然予想されたことです。「一神教」の宗教信者が多数を占めている民族でない限り、ほぼ例外なく、この言語構造になります。もっとも、チョムスキーが言いだした、この「主要部パラメータ」と言う概念は、近年、猛烈な批判がされていて、「チョムスキー主義者」たちの間ですら、「主要部パラメータなんて、本当は無いんじゃないか」と言われていたものですが、2012年に私が「ズーム型認知と統語語

順の相互作用」の理論（仮説）のもとで、重要な役割を果たす概念として復活させ、それがズーム型認知との抗争がある（あった）諸言語においては、一見すると、それが機能していないような「例外現象」が発生することを明らかにしました。

エヴェレット氏はマサチューセッツ工科大学（MIT）の大学院で言語学を学んだのだと書いていますが、MITに限らず、アメリカ言語学の質の低さには驚かざるを得ません。たとえば、彼はピダハン語の名詞に複数形がないことにびっくりして次のように書いています。

　《『ピダハン』からの引用開始》
　　イギリスの言語学者グレウィル・コーペットが世界じゅうの言語における数の扱いに関してものにした一冊分に及ぶ調査によると、ピダハン語が文法上、数の概念を欠いているのは、特異なことらしい。いまでは消滅した言語や、話し言葉の初期の段階では、同様に数の概念が見られなかったものもあるようだ。
　　つまり一匹の犬と複数の犬、一人の人間と複数の人間の区別がないということだ。ピダハンの単語は英語で言えば fish や sheep のように、すべてに複数形がないのだ。
　　だから「(柴田：ここにピダハン語の例文が１つ書いてあるのですが、どうせ私も読者のみなさんもピダハン語の文章を見ても理解できないでしょうから省略します)」という一文が、「（複数の）ピダハンが（複数の）悪霊を恐れる」と言う意味にもなるし、「（ひとりの）ピダハンが（ひとつの）悪霊を恐れる」という意味にも、「（複数の）ピダハンが（ひとつの）悪霊を恐れる」、あるいは「（ひとりの）ピダハンが（複数の）悪霊を恐れる」という意味にもなり、いろいろな点であいまいな表現だ。
　　文法上の数の欠如は、数を数えるということが欠如しているのと同じように、体験の直接性の原則から導くことができる。数とは、直接性を越えて事物を一般化するカテゴリーであり、使うことによってさらなる一般化をもたらし、多くの場合体験の直接性を損なうものだ。
　《引用、いったん中断》

冗談ではありません。世界最大の母語話者人数（十数億人）をもつ中国語においても、世界第3の経済大国に住む日本人（1億人以上）が話している日本語においても、原則として名詞には複数形は無いのです。これは決して、中国人や日本人が「直接的に数を数えた体験が無いから」でないことは、少なくとも、アジアの人間にとってはあまりにも明白でしょう。

　《『ピダハン』からの引用、再開》
　　ピダハンの名詞は単純だが、動詞はずっと複雑だ。どの動詞も接尾辞を最大十六もとることがある。多ければ十六もの接尾辞が動詞のあとに並ぶのだ。ただし、常に十六の接尾辞全部が必要なわけではない。ひとつの接尾辞がついてもなくてもいいので、十六の接尾辞すべてが二通りの現れ方をするわけで、二の十六乗、すなわちピダハンの動詞は六五五三十六通りの形をとりうることになる。現実に出現する数はこれほど多くはない。接尾辞同士の意味が相入れなくて同時に出現することができないものがあるからだ。
　《以下、引用省略》

　このような、多くの接尾辞が動詞の末尾に付着する現象は、ピダハン語に限った珍しい現象でも何でもなく、世界の多くの膠着型言語（例えば日本語）に見られるごく一般的、普遍的な現象です。たとえば、「行か・せ・られ・た・か・も・しれ・ない・の・で・あれ・ば」などという日本語表現は全然稀有な例ではありませんが、動詞「行く」の活用形「行か」に11個の接尾辞（文法学者によっては「接尾辞」に分類しない単語もありますが）が付着しています。「屈折型」言語に分類される英語の母語話者であるエヴェレット氏は、こういう「膠着型」言語に生まれて初めて接したので、「これはとんでもなく複雑怪奇な言語だ。アマゾンの奥地の絶滅危惧種の民族だけに見られる驚くべき言語現象だ。」と、すっかり驚いてしまったようです。アメリカ言語学の水準は、あきれるほど低いねえ。

●リチャード・ドーキンスの「賭け」

　Wikipedia（英語版）の"Bicameral Mind"によれば、遺伝子に関する大衆啓蒙活動で有名なリチャード・ドーキンスは彼の著書"The God Delusion"（邦訳：『神は妄想である──宗教との決別』垂水雄二 訳、早川書房、2007年5月）において、ジェインズの著書『神々の沈黙　意識の誕生と文明の興亡』（2005年、原著1990年）について次のように書いたそうです。

　　It is one of those books that is either complete rubbish or a work of consummate genius, nothing in between! Probably the former, but I'm hedging my bets.　（試訳：それ［ジェインズの著書］は完全にばかばかしいものであるか、途方もない天才の傑作であるか、そのどちらかであって、その中間物ではありえない類の著作である！　恐らく前者［完全にばかばかしいもの］であろう。しかし私は、万一の負けに備えて、両賭けをしておこう。）

　ドーキンスさん、あなたは本当に用心深い人ですね。それがあなたを「完敗」からわずかに免れさせたのです。
　正直に言って、人類の文明史全般に関することがらを、欧米人の研究者が正しく判断することは、駱駝が針の穴を通るよりも困難なのではないか、と私は自分の過去1年半ばかりの探究活動の経験を通してつくづく思うようになりました。あなた方は、福岡県の小学校で実践されている奇跡の算数教育については全く知ることが無く、松本克己氏のヨーロッパ諸言語の統語構造の歴史的変遷の研究も知らず、橋本萬太郎氏の中国語語順の歴史的変遷の研究も知らず、白川静の古代中国の研究も知らず、遠山啓の「水道方式」の理論やその教育現場での実践経験も耳にしたこともないでしょうから、「近代ヨーロッパの精神＝人類の普遍的精神」という強力な偏見と自己暗示から抜け出すことは至難の業だと思います。

●ルイス＝ウィリアムズ『洞窟のなかの心』を読む／後期旧石器時代の洞

窟壁画が語る宗教の起源

　デウィッド・ルイス＝ウィリアムズ『洞窟のなかの心』（邦訳　湊千尋、講談社、2012年）を読みました。この本は、有名なショーベ洞窟の壁画など、後期旧石器時代の現生人類の意識と生活を、考古学と脳科学、宗教社会学などを用いて考察した注目すべき内容の本です。

　同書の解説によれば、免疫学の研究で1972年にノーベル賞を受賞したジェラルド・エーデルマンが次に様に述べているそうです。現生人類は、哺乳類や何種類かの鳥が持っている「原初意識」の他に、「高次意識」を脳内に発生させている。原初意識は「現在」だけを認識しているが、高次意識は「過去」や「未来」のモデルを具体的に築くことができ、さらに、自分が意識しているということを意識する。また、象徴的な記憶を扱う新たな形式を進化させ、社会でのコミュニケーションと伝達に利用可能なシステムを構築する。その形式がもっとも発達したものとして、言語の進化をあげることができる。

　この、現生人類だけに発生したという「高次意識」が私の言う「脳内の第2の司令塔」とほぼ同じものを指していると思われます。（p.327～332）

　また、上掲書のp.162～172には、紀元前4万5千年前から紀元前3万5千年にかけて、旧人であるネアンデルタール人と現生人類（ホモ・サピエンス）とが西南ヨーロッパにおいて共存し、隣人同士として知的な相互作用を及ぼしていたという研究内容が紹介されています。ネアンデルタール人はホモ・サピエンスの進んだ文化から、石器を鋭く磨く技術など、日常的な生活に直接的に役に立つものは受け入れたものの、入念な副葬品を伴う埋葬などの宗教的な儀礼などにはまったく関心を示さなかったそうです。そのことは、次の2つのことを示唆していると考えられます。

（1）ネアンデルタール人には第2の司令塔は発生しておらず、第2の司令塔はホモサピエンス（現生人類）だけに発生した。

（2）第2の司令塔が果たした決定的な役割の1つは、「世界は何故存在するのか？」「人間は何のために生きているのか？」「人間は死んだらどこに行くのか？」という根本的、哲学的な問いを問う能力を発生させ、かつ、

それに対する解答として、「世界も人間も神によって作られた。」「人間は死んだら神の居るところに帰って行き、その世界に生き続けるのだ。」というような「宗教」を誕生させた。
　そして、その神（神々）と死者とを祀る、あるいは彼らとコンタクトする（シャーマン）ために高度な芸術を発達させたわけです。ネアンデルタール人はもちろんのこと、現代の「天才チンパンジー」たちも、「世界は何故存在するのか？」「自分は何のために生きているのか？」という哲学的問いを発することは、いくら霊長類研究者たちが訓練を繰り返したとしても、第2の司令塔（「高次意識」）が脳内に発生していない（と推測される）以上、ありえないと思います。

　1859年、チャールズ・ダーウィンは『種の起源』を出版し、「進化論」を提唱しました。地球上の全ての生物種は、聖書に書かれているような神の創造物としての不変なものではなく、進化・変化してゆくものであり、特に人類は霊長類との共通の祖先から分岐した種であることを明らかにしたのもです。ダーウィンが述べた種の進化は現在も続いており、数十万年前に誕生した現生人類はその後、数万年前に遺伝子の突然変異によって脳内に高度な抽象的思考力と言語生成機能を持つ第2の司令塔を発生させ、生物界で最初で唯一の「双脳生物」となった、というのが本書で提起する「第2次の進化論」です。また、第1の司令塔にはズームアウト／ズームイン型という二者択一の認知パラメータが遺伝的に決定されており、第2の司令塔に発生した文法構造の主要部パラメータにも前置／後置の二者択一の語順パラメータが存在して、この2つのパラメータは非常に強力な相互作用（対立・抗争あるいは協力・協調）をしており、人類文明史に大きな影響を及ぼしてきた、ということも拙著が初めて明らかにした仮説です。
　本書で解説されている研究をいっそう発展させてゆくために、当面の継続課題として次のようなテーマを考えています。
（1）ユーラシア大陸（ヨーロッパ、アジア）だけでなく、アフリカ大陸、アメリカ大陸、南アジアおよび大洋州諸島の人々に関するズーム型認知と言語パラメータの関係を調べる研究。

あとがき

（2）遠山啓「水道方式」の2本柱の1つである「一般から特殊へ」についてはある程度分析が進んだので、残りの「量の理論」についての再検討を行ってゆくこと。

　昨年（2013年）の夏休み期間中に、私は算数・数学実践研究会と数学教育協会の福岡県大会、九州大会、全国大会の全てに参加し、数多くの教員たちの非常に優れた教育実践について詳しく学ぶ機会を得ました。
　現在の「脳科学」の実験的な研究では、数名の被験者にヘッドギアをかぶらせて、特定の知的課題を遂行させた時に脳内のどの部分の血流が活発化したか、などのデータを採る方法が主流となっているようです。私もこのような基礎的研究の重要性を否定するものでは毛頭ありませんが、多くのベテラン教員が多くの学童たちに対して数年間あるいは数十年に渡って算数・数学の授業を実践して得た経験知の集積は、人間の数量、空間・時間認知や推論能力がどのようにして成長してくるのかに関する貴重で膨大な生データを提供してくれるという点で、現時点においては最も重要な研究フィールドになっていると考えています。

　「はじめに」に書いた私の若き日の「青春の夢」である2大問題に大きな劇的進展があったこの2年間を振り返って、本書を出版することができた幸運に深く感謝しています。

2014年1月13日
柴田勝征

本書の各節が私のホームページに掲載された日は以下の通りです。

第Ⅰ章　算数教育とズーム型認知
Ⅰ—1. くり下がりのある引き算を地域ぐるみの取り組みで落ちこぼれゼロにした久留米の小学校教師たちの驚くべき算数教育実践
「言問いメール　第510号」2011.09.26
Ⅰ—2. 児童の学習における算数の計算順序とチョムスキー普遍文法理論

の主要部パラメータ値との間の関係／上の位からの足し算・引き算を
　　　した方が良いかどうかは、主要部パラメータの値で決まるか
　　　「言問いメール　第513号」2011.10.10
Ⅰ—3．欧米の算数教育では19までの数とそれ以上の数をどうしても分
　　　離して教えざるを得ない言語的理由がある
　　　「言問いメール　第514号」2011.10.12
Ⅰ—4．中国語は本当に前置型？　前置型・後置型で世界の言語は本当に
　　　分類できるのか？
　　　「言問いメール　第515号」2011.10.19
Ⅰ—5．ピアジェ＝チョムスキー論争、ピアジェ＝ヴィゴツキー論争の
　　　『決着』を覆す新しい世界認識制御因子の発見／福岡の小学校教師た
　　　ちの算数教育における驚くべき成功の言語学的解明
　　　「言問いメール　第516号」2011.10.20
Ⅰ—6．ズームアウト／ズームイン仮説の検証は続く（その1）　ロマン
　　　ス語諸語、ベトナム語などのアジアの言語、インドネシア語
　　　「言問いメール 第517号」2011.11.04
Ⅰ—7．ズームアウト／ズームイン仮説の検証は続く（その2）　英語の
　　　11および12、ラテン語、朝鮮語、バスク語
　　　「言問いメール 第518号」2011.12.01
Ⅰ—8．驚異の成功をおさめている『上の桁からの加減算』はどのように
　　　して広まったのか（福岡算数・数学教育実践研究会での報告の紹介）
　　　「言問いメール 第520号」2011.12.05
Ⅰ—9．インドの子どもたちはなぜ19×19までのかけ算が暗算で出来
　　　るのか（『下からの計算』に適したズーム・アウト精神構造）
　　　「言問いメール 第521号」2011.12.09

第Ⅱ章　ヨーロッパ諸言語における統語構造の歴史的変遷
Ⅱ—1．松本克己『世界言語への視座』を読む（その1）／印欧語の語順
　　　のタイプ
　　　「言問いメール 第525号」2011.12.21

Ⅱ—2．松本克己『世界言語への視座』を読む（その2）／印欧語における名詞の格組織の変遷
「言問いメール 第 526 号」2011.12.23

Ⅱ—3．松本克己『世界言語への視座』を読む（その3）／印欧語における統語構造の変化の原因
「言問いメール 第 527 号」2011.12.25

Ⅱ—4．松本克己『世界言語への視座』を読む（その4）／世界諸言語の中の日本語
「言問いメール 第 531 号」2012.01.14

Ⅱ—5．日本語と朝鮮語／日本語の統語構造の完璧さは果たして世界にも希な存在か？
「言問いメール 第 532 号」2012.01.24

Ⅱ—6．印欧語語順の 2000 年間に渡る異様な激動の根本原因は、世界認識パラメータと普遍文法主要部パラメータの人脳内主導権争い抗争である
「言問いメール 第 533 号」2012.02.08

Ⅱ—7．啓蒙主義の時代（17〜18世紀）のフランス人・イギリス人の脳内宇宙の晴れ上がり／北村達三『英語史』（桐原書店）を読む
「言問いメール 第 542 号」2012.05.04

Ⅱ—8．ノーベル物理学賞受賞者等が「世界単一の祖語が存在すると仮定すれば、日本語と同じ SOV 語順だったはずだ」と発表／でも、その仮定、根本から間違ってます。欧米人は相変わらず、印欧語＝世界言語という迷信（松本克己）から抜け出せないんですね。
「言問いメール 第 534 号」2012.02.09

Ⅱ—9．世界言語の最初の語順には4つのタイプがあった／｛ズーム・イン／アウト｝×｛主要部後置／前置｝
「言問いメール 第 535 号」2012.02.16

Ⅱ—10．松本克己『世界言語への視座』を読む（その5）世界言語の数詞体系とその普遍的基盤／ユーラシアの5〜20進法（アイヌはズーム・アウト型、エスキモーはズーム・イン型）

「言問いメール 第536号」2012.02.20

Ⅱ—11. 松本克己『世界言語への視座』を読む（その6）ギリシャ語の統語構造／ソクラテスの問いの射程
「言問いメール 第545号」2012.06.12

Ⅱ—12. 松本克己『世界言語への視座』を読む（その7）アラビア文法の観点／ユークリッド「原論」はなぜローマ文明に引き継がれず、アラビア語に翻訳されたか。
「言問いメール 第547号」2012.06.24

Ⅱ—13. 松本克己『世界言語への視座』を読む（その8）ハンガリー語、フィンランド語、バスク語／ズーム・パラメータと統語パラメータの違いが3つの言語の運命を分けた。
「言問いメール 第548号」2012.07.09

第Ⅲ章 福岡県の教師たちによる奇跡の算数教育実践

Ⅲ—1. 余りの出る割り算から導入して、余りがゼロになる割り算に至る／一般的場合から出発して特殊な場合に至るズームイン型の教育実践例
「言問いメール 第529号」2012.01.01

Ⅲ—2. 1910年（明治43年）に文部省は算数の割り算を『上から』に改めた。その時に分数の用語も『上から』読む呼び方に改めるべきだった。
「言問いメール 第530号」2012.01.05
（追記）代替案を考えました。2:3の読み方を「3に対する2」と『下から』に定めるべきだった。
「言問いメール 第544号」2012.05.09

Ⅲ—3. ジャガイモの取れる季節には立体図形を勉強しよう／一般図形から導入して特殊な図形の性質を確認するズームイン型の幾何学教育
「言問いメール 第537号」2012.03.22

Ⅲ—4. 学力テストで測れる能力とは？／北村和夫氏の授業実践報告論文から
「言問いメール 第538号」2012.04.11

Ⅲ―5. フランス人の数学教育学者を驚嘆させた福岡の小学校の奇跡の算数教育
「言問いメール 第 543 号」2012.05.06

第Ⅳ章　ものづくり国家を支える日本人のズームイン型情緒

Ⅳ―1. もの作りニッポンを引っぱる4人の中小企業の社長さんたち／今週の朝日新聞「ひと」「リレーオピニオン」「けいざい最前線」「地域総合」欄から
「言問いメール 第 540 号」2012.04.27

Ⅳ―2. もの作りニッポンを引っぱる中小企業の社長さんたちの話を朝日新聞から、さらに2題
「言問いメール 第 541 号」 2012.05.03

Ⅳ―3. 日本人のエートスと欧米人のエートス／対極的な、あまりに対極的な……
「言問いメール 第 559 号」 2012. 11.26

●訂正と補足　現代のものづくり工場に生き続ける「前近代的な職人意識」
「言問いメール 第 569 号」 2013. 04.29

第Ⅴ章　遠山啓「水道方式」の批判的再検討

Ⅴ―1. 遠山啓「水道方式」を読む（その1）／遠山啓の『一般』から『特殊』へはプラトンの『イデア論』であり、ズームアウト型（現代ヨーロッパ型）の思考そのものだが、福岡数教協の教師たちはそれを真逆のズームイン型に読み替えて、素晴らしい教育実践を成功させている
「言問いメール 第 549 号」2012.07.21

Ⅴ―2. 遠山啓「水道方式」を読む（その2）／遠山さんは因数分解に偏見あり？
「言問いメール 第 550 号」2012.07.23

Ⅴ―3. 子どもが感動して、母親が感動して、教師が感動した北九州市の算数・理科の「重さ」の授業／こんな感動的な授業が日本以外の、世

界のどこに存在するだろうか
　　　「言問いメール 第554号」2012.08.21
Ⅴ―4. 遠山啓「水道方式」を読む（その3）／遠山さんの感性は近代ヨーロッパ合理主義精神にあり。
　　　「言問いメール 第555号」2012.08.27
Ⅴ―5. ズームアウト思考の子どもを排除するなかれ！「早くて、簡単で、正確で、わかりやすい」の強烈なズームイン思考（数学教育学会発表講演を聞いて）
　　　「言問いメール 第539号」2012.04.16
Ⅴ―6. ローマ人にも理解できなかったユークリッド幾何学の定理を日本の子どもたちにどのように教えるのか／実験と観察と討論を通じて帰納的に円周角の定理を生徒たちに「発見」させた福井至民中の牧田教諭の実践はズームイン型幾何教育のお手本
　　　「言問いメール 第557号」2012.09.15
Ⅴ―7. 学問もスポーツも楽しくなくちゃあ／歴史学の記述と庶民感情（昭和史論争）
　　　「言問いメール 第551号」2012.07.27
Ⅴ―8. ナヴァホ族の時空認知／近代ヨーロッパ精神にだけ見られる時・空の独立性という分析的認知
　　　「言問いメール 第552号」2012.07.28
Ⅴ―9. アラスカ人の時空認知／球面幾何学と双曲幾何学
　　　「言問いメール 第553号」2012.07.29

第Ⅵ章　人類の言語の起源

Ⅵ―1. 言語・思考・自己意識の発生に関する複雑な関係（その1）
　　　「言問いメール 第558号」2012.10.29
Ⅵ―2. 言語・思考・自己意識の発生に関する複雑な関係（その2）／人類、生命界で初の双脳生物となる
　　　「言問いメール 第560号」2013.01.06
Ⅵ―3. 言語・思考・自己意識の発生に関する複雑な関係（その3）／

あとがき

　　ヴィゴツキーの「外言」から「独り言」を経て「内言」へ
　　「言問いメール 第561号」2013.01.21

Ⅵ—４．言語・思考・自己意識の発生に関する複雑な関係（その４）／メタファーによる抽象概念の形成
　　「言問いメール 第562号」2013.02.04

Ⅵ—５．インカ、アメリカ・インディアン、ジャパニーズ／嘘のつける人間の出現は人脳進化の必然的な帰結か、それとも神の誤謬か？
　　「言問いメール 第564号」2013.03.13

Ⅵ—６．ズームアウト／ズームイン型認知の深層構造と表層構造／チョムスキーからの批判に反論する
　　「言問いメール 第565号」2013.04.08

●補足1.「言語の起源」国際論争
　　「言問いメール 第563号　言語の発生の時期に関するこれまでの自説を撤回し、『出アフリカ以前に短期的に発生した』に訂正します。」2013.02.27

●補足2.チョムスキーの「言語は生得的な"能力"である」ということの本当の意味は「文法規則は述語論理による推論能力が映し出す"影"である」ということ／文法構造の脳内発生は、現実の変革を夢想する能力を現生人類に与えた
　　「言問いメール 第573号」2013.10.07

Ⅵ—７．池内正幸『ひとのことばの起源と進化』（開拓社）を読む／英語は例外中の例外言語、日本語は世界の普遍的言語です！
　　「言問いメール 第566号」2013.04.15

Ⅵ—８．ソシュール「一般言語学講義」は裸の王様／西洋言語学の主流から歴史分析が姿を消した日
　　「言問いメール 第567号」2013.04.22

●丸山圭三郎『ソシュールを読む』を読む／70年近く経って今さら『一般言語学講義はソシュールの真意を伝えていないだなんて馬鹿じゃない？」
　　「言問いメール 第576号」2014.01.03

Ⅵ―9. G. レイコフ「『怒り』のメタファー」授業参入の記
「言問いメール 第 568 号」2013.04.29
Ⅵ―10. 仏教の東遷とサンスクリット語順のＵターン現象／ズーム型認知構造が分かれば宗教の傾向が分かる
「言問いメール 第 570 号」2013.05.05
● 補足 1. 仏教はズームイン型精神の宗教なのであろう。
（書き下ろし）
● 補足 2. タイのタクシン派対反タクシン派の対立の根源には、ズームイン型認知と主要部前置型語順の脳内抗争があるのではないか？
「言問いメール 第 577 号」2014.01.10
Ⅵ―11. 松岡正剛『白川静　漢字の世界観』を読む／人類の宗教の起源
「言問いメール 第 572 号」2013.09.10
● 白川静『漢字　生い立ちとその背景』（岩波新書）を読む／古代中国人には「心」が無かった！』
「言問いメール 第 575 号」2013.11.20

第Ⅶ章　未来を創る

Ⅶ―1. ユニバーサル・デザイン／発達障害児のためのカリキュラム開発が全ての児童の理解しやすい授業を産み出す
「言問いメール 第 571 号」2013.05.14
Ⅶ―2. 新たな旅立ちの始まり（とりあえずの中間的な総括に代えて）／福岡の子どもたちの脳内宇宙の晴れ上がり、私（筆者）の脳内宇宙の晴れ上がり／「近代ヨーロッパの精神＝人類の普遍的精神」というマインド・コントロールからの脱却
（書き下ろし）

補足 1.　小学校算数『水落し』と流体力学
「言問いメール 第 506 号」　2011.09.01
補足 2.　渡辺京二『いまなぜ人類史か』を読む
「言問いメール 第 579 号」　2014.01.13

あとがき

付録　参考文献引用資料集

付録１．古代日本語における１１以上の数の数え方
　　　「言問いメール 第 524 号」　2011.12.18

付録２．『人間とチンパンジー：DNA ２％の相違』ウェブサイトの解説からの引用
　　　「言問いメール 第 564 号　アメリカインディアン、インカ、ジャパニーズ／嘘がつける人間の発生は人脳進化の必然か、それとも神の誤謬か？」2013.03.13

付録３．『言語の起源を再検討する』正高信男氏のウェブサイトの引用・紹介
　　　「言問いメール 第 564 号　アメリカインディアン、インカ、ジャパニーズ／嘘がつける人間の発生は人脳進化の必然か、それとも神の誤謬か？」2013.03.13

付録４．フランス語圏における啓蒙思想家と『三十年戦争』『啓蒙時代』（Wikipedia の解説から）
　　　「言問いメール 第 542 号　啓蒙主義の時代（17 〜 18 世紀）のフランス人・イギリス人の脳内宇宙の晴れ上がり／北村達三『英語史』（桐原書店）を読む　2012.05.04

付録５．「エスキモー」「アメリカ・インディアン」という用語（Wikipedia の解説から）
　　　「言問いメール 第 482 号　アメリカ・インディアン (American Indians) というコトバ」2011.05.11
　　　「言問いメール 第 536 号　松本克己『世界言語への視座』を読む（その５）世界言語の数詞体系とその普遍的基盤／ユーラシアの５〜 20 進法（アイヌはズーム・アウト型、エスキモーはズーム・イン型）」2012.02.20

付録６．中野孝次『清貧の思想』および佐良木昌（編）『正規表現とテキスト・マイニング』から
　　　「言問いメール 第 563 号　日本人のエートスと欧米人のエートス／対極的な、あまりに対極的な...」2012.11.26

付録7. 林髞『脳の話』および「八木アンテナ」について
「言問いメール 第556号 訂正します。「米を食べていると頭が悪くなる」と書いてあったのは林髞（医学博士）著「頭脳」（光文社 1958）でした。／それから、八木アンテナについての補足」2012.08.31

付録8. 日本語版（英語版）Wikipedia『言語の起原』からの引用
「言問いメール 第563号 言語の発生の時期に関するこれまでの自説を撤回し、『出アフリカ以前に短期的に発生した』に訂正します。」2013.02.27

あとがき

● 「上からの加減算」の奇跡は続く
　「言問いメール 第573号」2013.10.09
● エヴェレット『ピダハン「言語本能」を超える文化と世界観』を読む
　「言問いメール 第578号」2014.01.11
● リチャード・ドーキンスの「賭け」
　「言問いメール 第574号」2013.10.12

索　引

【事項索引】

あ行

合図　362, 381, 382, 384, 431, 434, 437, 476, 518, 522
IT機器の活用　536
相手の切っ先を見切る　244
アイヌ（アイヌ民族）　109, 158, 159, 162, 559
曖昧性　443, 464, 465
曖昧性を解消する　147, 148, 149
アインシュタインの光量子説　37
アオイドイ（吟唱詩人）　414
赤字倒産　366
赤ちゃんことば　440
アカデミック冊封体制　472
アカデメイア　548
Act locally　538
悪霊　654
アジア大陸　124, 150, 152, 557
アステカ帝国　557
アスペA型　403, 404, 405, 406
アスペクト（動詞の）　73, 267, 269
アスペクト体系　500
アスペルガー障害　385, 394, 400, 401, 402
アスペルガー的（な）傾向　266, 400, 406

遊び的活動　651
アッティカ方言　176, 445
穴あき掛け算　197
アナグラム　480, 486, 557, 595
アフリカ系アメリカ人　429
アフリカ大陸　431, 557, 658
アフリカ単一起源説　143, 144
アポリア　178
アボリジニー　557
アマゾン（河）　653, 655
あまりのあるわり算　198, 199, 293
余りの出る割り算　197, 294
アメリカ・インディアン（アメリカインディアン）　162, 401, 407, 408, 413, 414, 424, 491, 557, 559, 606, 609, 610, 613, 615, 616, 617, 618, 621
アメリカ言語学　654, 655
嵐は樹を鍛える　424
アラビア式位取り記数法　25
アラビア文化　180
アラビア文法　180, 181, 182, 183, 184
アラビア文明　176, 190
アラビア文字　67, 186, 190
アラブの春　234
荒れ（子どもの）　60, 61, 62, 64, 65
あると便利な支援　532
暗算　10, 61, 63, 66, 68, 330
暗示的な　384, 394, 400

イエス・キリスト　*536*
イオニア方言　*445*
生きた化石　*115, 121, 473*
異議申し立て　*246, 484*
囲碁　*363*
石部金吉　*266, 408*
異常な記憶力　*402*
維新革命　*556*
異数になる分け方　*199, 200, 201*
イスラム教　*89, 133, 188, 190, 280, 292, 342, 495, 506, 537*
イスラム世界　*122, 188*
イスラム文化　*180*
イソクラテス修辞学　*175*
一億総中流　*256*
1音節単語　*382, 383*
一義的（monofunctional）　*86, 97*
1語文　*375, 383, 384, 431, 432, 434, 499*
位置のエネルギー　*550*
一括支配　*120*
一神教　*280, 495, 537, 653*
一神教的な　*299, 496*
一対一の対応（isomorphism）　*84*
一本道授業　*359*
イデア論　*163, 175, 179, 288, 290*
イデオロギー　*484*
イデオロギー的　*380, 467*
遺伝子　*92, 375, 409, 411, 425, 446*
遺伝子工学　*466*
遺伝子の川　*375*
一般から特殊へ　*294, 359, 659*
一般言語学　*150, 423*

一般動詞　*500*
異分母分数　*525, 528, 529*
イベリア半島　*123, 190, 292, 342*
意味役割　*182*
イメージ　*270, 289, 290, 370, 398, 418, 462, 471, 533*
イメージ消費的　*560*
イメージする　*222, 240, 364, 370*
入れ子式　*377*
インカ帝国　*408, 413, 414, 557*
因果律　*489*
陰関数　*541*
因数分解　*295, 296, 297, 298, 299, 300, 301, 302, 303*
インディアン　*407, 408, 557, 607, 609, 610, 611, 612, 613, 614, 616, 617, 618, 619, 620, 621*
インド式計算法　*66*
ヴィゴツキー・ブーム　*394*
上からのたしざん・ひきざん（上からの計算／筆算）　*7, 13, 17, 60, 61, 650, 652*
ヴェーダの散文　*77, 98, 99*
上の桁から　*13, 18, 20, 57*
嘘を付く（嘘のつける、嘘つき）　*401, 407, 408, 409, 417*
疑わしきは罰せず　*339*
裏の意味　*384, 394, 400, 411, 413*
上皿自動秤　*308, 309*
運動エネルギー　*550*
運動前野　*376, 577*
運動の語彙　*376, 377*
AKB48　*235*

エーゲ海　*93, 174*

英語教育　*284, 467*

英語帝国主義　*467*

鋭角三角形　*290, 291*

エコー・タイプ（echo type）　*152, 153*

エスキモー　*158, 160, 161, 162, 606, 607, 608, 609, 611, 613, 616, 618, 619, 620*

S構造　*458*

SVO（S-V-O）　*33, 42, 74, 75, 76, 79, 81, 84, 92, 93, 94, 103, 112, 114, 115, 120, 121, 142, 164, 167, 169, 170, 174, 423, 496, 501, 565*

SOV（S-O-V）　*33, 43, 45, 74, 75, 77, 79, 80, 81, 84, 89, 91,92, 93, 94, 99, 102, 106, 112, 114, 121, 141, 142, 143, 165, 169, 177, 453*

エートス　*255, 258, 261, 264, 265, 281, 282, 399, 555*

LF（Logical Form）　*457, 458*

演繹的（な／に）（思考／推論／処理／論法）　*134, 135, 141, 179, 180, 185, 189, 190, 191, 342, 344, 360, 428, 429, 430, 441, 495, 536, 537*

遠近画法　*368*

縁語（えんご）　*513*

円周　*344, 345, 346, 352, 359*

円周角　*342, 343, 344, 346, 347, 349, 351, 352, 353, 354, 355, 356, 359, 360*

OECD（経済協力開発機構）　*341, 371, 402, 477*

御伊勢さん参り　*280*

オイルショック　*256, 562*

オウム真理教　*485*

凹型図形　*334, 335, 337*

黄金の島ジパング　*557*

凹四角形　*293*

欧米式の教育方法　*27*

OV型（配列）　*73, 74, 75, 79, 88, 90, 94, 133, 166, 167, 174, 176, 193, 194, 195, 372, 476*

屋上屋を重ねる　*441*

遅れたアジア　*468*

オシログラフ　*474*

オーストリア・ハンガリー連合王国（オーストリア・ハンガリー帝国）　*195, 452*

オーストロネシア語圏　*496*

落ちこぼれ　*6, 7, 13, 17, 18, 27, 62, 68, 197, 198, 201, 340, 406, 530, 531, 535, 653*

重さ比べ　*305, 306, 307, 311, 313, 315, 316, 317, 318, 324, 326*

OV型（言語）　*73, 74, 75, 76, 92, 96, 98, 104, 113, 143, 163, 194, 195*

音位声調（register tone）　*498*

音韻関係　*70*

音韻系統　*25*

音韻構造　*108*

音韻体系　*383, 497*

音韻単位　*497*

音韻的（な）　*25, 69, 109, 110,118, 121, 383, 387, 431, 473, 502*

音韻変形形式　*387*

音韻法則　*439, 473*

音韻面　*106*
音韻論　*474*
温故知新　*538*
音声学　*490*
音声言語　*410, 433, 474, 497, 579, 582*
音声合成　*474*
音声認識　*474*
音素　*145, 146, 147, 375, 382, 383, 431, 497, 518*
音調声調（contour tone）　*498*

か行
開音節性　*107, 110, 118, 383*
海外移転　*246*
外言（outer speech）　*374, 384, 389, 391, 392, 393, 399, 461*
概算　*61, 63*
階層構造　*423, 443, 461*
階段型図形　*334*
解と係数の関係　*303*
概念形成　*289, 294, 370, 494*
概念システム　*267, 268*
解の公式　*298, 299, 301, 302, 303*
外部データ　*425*
下位分類　*500*
買い物ごっこ　*8, 9*
回路網　*537*
返り点　*28*
科学革命　*134, 555*
科学教育　*485*
科学主義　*482*
科学的合理主義　*135*
書き言葉　*151, 153, 154, 156, 392*

角打（かくうち）　*534*
学習指導要領　*21, 23, 25, 208, 226, 234, 328, 343, 358, 406, 539*
格語尾　*80, 83, 95, 96, 97, 148, 173, 187, 423*
学習課題　*343, 345*
格助詞　*82, 84, 97, 111*
格組織　*76, 80, 81, 82, 83, 84, 85, 86, 88, 90, 91, 94, 95, 96, 97, 164, 170, 173, 177*
格組織再編　*85*
格標示　*52, 77, 84, 85*
格変化　*20, 21, 27, 82, 83, 84, 85, 96, 147, 445, 446, 471, 506*
確率論　*474, 591*
学力観　*227, 229*
学力テスト　*227, 233, 442*
隠れマルコフ・モデル　*474*
過去完了　*464*
可視化　*338, 345, 369, 370, 393*
過剰生産　*366*
可塑性　*385, 386*
カタカナ　*28, 30, 43, 70*
カタストロフィー理論　*29*
勝ち組　*341*
学級集団　*230*
学級崩壊　*62*
学校知　*229, 231, 232*
学校嫌い　*27*
各個撃破　*121, 422, 424*
活性化　*376, 377, 378, 381*
カッターナイフ　*215, 223*
活版印刷（技術）　*129, 331, 365*

活用形　*20, 47, 54, 88, 101, 196, 397, 655*
活用形態　*80, 87*
家庭的困難　*242*
カテゴリー　*184, 229, 266, 370, 397, 399, 577, 611, 654*
ガバガイ問題　*394*
貨幣　*129, 257, 262, 263, 265, 266, 607*
加法分解（自然数の）　*197*
神憑り　*384, 388*
神の声　*374, 384, 388, 389, 392, 393, 417, 422, 509, 517, 520, 521, 522*
カリキュラム・ヴィタエ　*273*
カリキュラム編成講座　*7, 539*
カリブ海　*557*
カルチャーショック　*1, 190*
ガロア理論　*303*
カンガルー　*394*
環境問題　*228*
関係節　*52, 73, 77, 78, 79, 177, 448, 450, 452*
関係代名詞　*33, 34, 435, 464*
還元論　*269*
冠詞　*84, 95, 173, 489*
漢字　*28, 30, 151, 440, 442, 462, 474, 503, 513, 516, 518, 519, 520, 521*
漢字熟語　*440, 442*
感情移入　*13, 378, 380, 382, 523*
関心・意欲・態度　*209*
漢数字　*28, 30, 43, 50, 565*
間接比較　*306, 307*
関節目的（語）　*501*

完全平方　*296*
関東軍　*557*
漢文　*28, 34, 44, 151, 155*
漢民族　*150, 151, 154, 156*
慣用表現　*33, 492*
管理社会　*560, 561*
管理体制　*561*
簡略体　*34*
擬アルペルガー的性格　*403*
記憶語彙（mental lexicon）　*395*
記憶再生　*513*
記憶領域　*370, 492*
祇園山笠　*235*
機械的な読み　*384, 394, 400*
機械翻訳　*50, 111, 286, 409*
机間指導　*335*
机間巡視　*239*
起興　*512, 513*
起源　*2, 43, 47, 49, 56, 67, 77, 90, 101, 105, 110, 116, 143, 144, 145, 146, 361, 374, 384, 392, 410, 438, 460, 461, 462, 484, 509, 510, 514, 517, 519, 521, 522, 536, 537, 574, 575, 576, 578, 580, 615, 617, 642, 644, 645*
記号化　*398*
記号学　*481, 486*
記号論的観点　*86*
記号論理学　*192*
帰国子女　*428*
技術の伝承　*247*
擬人化（personification）　*493*
規則型活用変化　*115*

きつい子ども　65
機能語　30, 206
帰納的な学習　342, 360
帰納的論法　134
帰納的な処理　429
機能的文構成（Functional Sentence Perspective）　80
騎馬民族征服（王朝）説　115, 116, 117
基本語順　74, 75, 77, 78, 91, 93, 113, 114, 119, 501
基本数詞　19, 25, 26, 45, 159
基本対称式　303
基本母音　106
疑問詞　39, 42, 153, 447, 455, 456, 457, 458, 459, 460, 502, 503
疑問辞　101
疑問詞疑問文　42, 454, 459, 502
疑問助辞　499, 502
疑問文　31, 32, 33, 39, 41, 42, 44, 45, 119, 147, 169, 447, 449, 450, 451, 458, 502, 503
疑問文（の）マーカー　31, 458
旧情報（theme）　80, 459
旧中間層　508, 509
求道の旅　280
球面幾何学　368, 371, 373
旧約聖書　185, 280, 412, 431, 433
教育学　400, 536, 606
教育研究集会　1, 22, 198, 208, 535
教育システム　229, 230, 231, 340, 341
教育談義　494
教員養成　303, 524, 561

教員養成課程　234
境界的役割　80
競技力　361
教材づくりの達人　533
共時的　370, 470, 469, 472, 473, 475, 489, 490
矯正　16, 17, 18
鏡像（mirror image）的な関係　73, 76, 87, 142, 149, 418, 421, 465
共同幻想　487
「興」の作用　512
教養部　467
玉音放送　329
曲斜型（gliding）　498
ギリシャの幾何学　342, 360
ギリシャ・ローマ文明　122, 141, 189
キリスト教　280, 282, 473, 495, 537, 584, 592, 593, 601, 606
キリスト教神学　135, 604
キリル文字　45
記録係　343
記録時代　79, 82, 95, 99, 165, 169
吟唱詩人　414
近世　79, 88, 119, 122, 133, 135, 163, 190, 282, 292
金銭合理的な　265
近代　79, 94, 103, 151, 164, 245, 283, 330, 331, 413, 414, 452, 555, 556, 602, 619
近代化　140, 231, 265, 283, 284, 371, 496, 536, 555, 619
近代化論　371
近代社会　228, 230

674

近代西洋文明　*483*

近代の超克　*284, 285, 639*

欽定訳聖書　*133, 139*

金融危機　*468, 537*

空間図形　*208, 225, 372*

空間認知　*35*

空気を読む　*428, 538*

具格　*52, 85, 91, 157*

九九　*66, 68*

句構造（規則）　*31, 184, 377, 429*

草摘み　*514, 515, 516*

楔形文字　*79*

屈折型（言語）　*29, 655*

屈折範疇　*82*

糞真面目　*408, 409*

クーデター　*507*

句読点　*79*

苦難の行軍　*424*

句の内部構造　*31*

位取り記数法　*22, 24*

位の部屋　*8*

グラフ曲線　*302, 338*

くり上がりくり下がり　*533*

くりあがり無しの足し算　*8*

くりあがりのあるたしざん　*8*

くりさがりなしのひきざん　*9*

繰り下がりのある引き算　*6, 7, 9, 10, 18, 652*

グループ活動　*343, 346, 349, 350, 351, 352, 353, 354, 355, 356, 357, 358*

グループを越えた協働　*357*

久留米サークル　*10, 11, 63, 64, 68*

グローバル資本主義　*135, 198, 245, 340, 341, 467, 477, 537*

グローバルな視点　*558*

グローバルな人材養成　*477*

軍国主義　*558*

軍事基地　*560*

経験知の集積　*659*

経済成長　*135, 255, 256, 257, 261, 562*

経済的合理性　*268*

経済的な効率　*302*

計算順序　*18, 37, 194*

計算法　*13, 17, 19, 69, 337, 338, 531*

繋辞　*500*

「刑事コロンボ」型　*21*

形質人類学　*475, 476*

芸術的感性　*517*

形成原理　*386*

形態法　*79, 80, 82, 83, 84, 85, 86, 87, 94*

形態論的な（細分化・意味）　*154, 165*

系統樹　*142*

啓蒙時代　*136, 141, 555, 583, 599, 602, 603, 604*

啓蒙主義　*136, 140, 141, 292, 583, 588, 595, 599, 600, 602, 603, 604, 606*

形容詞（品詞）　*15, 32, 33, 34, 51, 74, 77, 104, 152, 158, 164, 165, 166, 167, 169, 174, 177, 181, 183, 205, 206, 422, 423, 446, 471, 500, 501, 503*

形容詞句　*14, 453*

形容詞節　*34*

減加算　*6*

研究フィールド　*659*

原形質　*379*

675

減減算　*6*
言語学習者　*396, 397*
言語活動（討論）　*126, 338, 358, 461, 472*
言語コミュニケーション力　*406*
言語習得（language acquisition）　*395*
言語植民地主義　*477*
言語処理　*474*
言語生成機能　*388, 658*
言語生得説　*375*
言語単位　*469, 470*
言語的表現　*282, 357, 403*
言語能力（言語機能）の獲得　*36, 118, 147, 410, 413*
言語の起源　*374, 384, 392, 410, 411, 430, 434, 437, 438, 462, 466, 522, 574, 575, 576, 578, 641, 642, 644, 645*
言語変化　*93, 469, 472*
言語本能　*653*
言語類型論　*72, 113, 421, 452, 496*
現在完了　*53, 54, 55, 140*
現実至上主義　*240*
原子論（デモクリトス）　*175, 269, 503*
現生人類　*118, 144, 385, 431, 433, 434, 436, 437, 517, 518, 521, 522, 657, 658*
現代物理学　*371*
限定詞　*51*
限定的関係節　*79*
憲法裁判所　*508*
弧（円弧）　*345, 348, 350, 352, 353, 355, 356, 358, 359, 628*

コーラン　*185, 186, 187, 188, 189*
語彙項目　*412, 427, 428*
語彙（の）習得　*395, 396*
語彙的　*19, 20, 69, 109, 110, 121, 383*
公開授業　*360, 364, 374, 528, 530*
高機能自閉症　*400, 401, 402*
工業文明　*556, 559*
甲骨文字　*150, 152, 519*
工作機械　*248, 249, 253, 254*
合成的意味　*504*
構造主義　*480, 481, 486*
構造的な距離　*465*
後退の支配　*104, 122, 126, 134, 141, 179, 185, 189, 190, 207*
後置詞　*14, 28, 45, 73, 74, 82, 84, 85, 86, 95, 96, 97, 103, 147, 158, 170, 172, 177, 194, 422, 453, 501*
膠着型（言語）　*29, 655*
膠着的（形態法）　*86*
高度経済成長期　*255, 256*
高度経済成長時代　*559*
高度消費社会　*560*
肯否疑問文　*502*
幸福度　*483*
公文書　*497*
効率的な戦略　*397*
声なき声　*258, 259*
語学偏重　*468*
語幹　*47, 80, 82, 152, 185*
国際通貨基金（IMF）　*371*
黒死病（ペスト）　*129, 137*
国体護持　*329*
国文法　*14*

国民国家　*128, 129, 365, 556, 558*
小倉算数サークル　*293*
誤差　*253, 344, 348, 351, 373*
乞食　*278*
語順の逆転　*81, 123, 140, 163, 174, 179, 196, 292, 387, 421, 476, 506, 555*
語順の自由　*77, 80, 90, 97, 99, 102, 189, 342, 387, 388, 417, 422, 494*
語順パラメータの初期値　*387*
5進法　*159, 160, 161, 162*
戸籍（住民台帳）　*56, 505*
語族（言語族）　*20, 35, 74, 80, 87, 88, 105, 108, 121, 126, 149, 161, 165, 192, 194, 387, 388, 420, 452, 453, 495, 496, 517, 606, 608*
古代ギリシャ人　*1, 141, 372, 461, 518, 520, 521, 555*
古代中国　*386, 389, 418, 461, 516, 518, 520, 521, 656*
古代中国文明　*510*
古代日本の歌謡　*516*
古代四大文明　*392, 509*
古代ローマ人　*471*
コック付きタンク　*544*
古典的反射（パブロフの条件反射）　*493*
言霊（ことだま）　*510*
言問いメール　*175, 177, 227, 330, 362, 535*
子ども兵　*483*
語尾（desinans）　*43, 76, 80, 82, 83, 84, 91, 94, 100, 138, 147, 423, 495*

個別単位　*307, 315*
細切れ学習　*226*
コミュニケーション　*36, 269, 383, 384, 387, 391, 393, 400, 411, 413, 432, 451, 452, 453, 457, 460, 461, 463, 467, 522, 523, 578, 579, 580, 643*
固有数詞　*28, 50, 110, 564*
語用論的　*443, 464*
コラージュ　*4, 5*
孤立型（言語）　*29, 41*
孤立語　*86, 113, 115, 151, 152, 383, 384, 386, 387, 388, 421, 422, 453, 476, 496, 498, 502, 503, 504, 507, 517*
孤立語圏　*496*
コンテイナー（容器）　*492*
混同心性　*390, 399*
根の公式　*295, 296, 297, 299, 301, 303*
コンピュータ言語　*32*
コンピュータソフト　*249*

さ行

再学習　*58, 64, 525*
再現性　*37, 485*
最終速度　*553*
最初の言語　*142, 146, 382, 462*
サヴァン症候群　*401, 411*
防人（さきもり）の歌　*511*
作業仮説　*13, 19*
作業的・体験的な活動　*209*
三角形　*288, 289, 290, 291, 292, 293, 349, 356, 373, 398, 590, 591*

三角定規　213, 219
産業革命　133, 136, 555, 601
三十年戦争　136, 140, 583, 596, 597, 599, 600
算数教育　6, 17, 18, 21, 27, 34, 37, 63, 72, 119, 191, 193, 205, 226, 234, 245, 289, 328, 330, 360, 374, 425, 430, 476, 477, 535, 536, 656
算数教育学習会　58
算数嫌い　27, 540
算数・数学教育実践サークル　197, 198, 227, 294
三平方の定理　358, 372
三無主義　562
恣意性　481
恣意的　158, 412, 481, 482, 499, 644
自衛隊　442, 560
司会者　244, 343
自我意識（Cognition）　388
四角形　212, 217, 289, 292, 293, 348, 349, 350, 351, 354, 355, 356
自我の相克　287
時間認知　35, 659
自虐史観　483
自己意識　374, 384, 385, 389, 392, 394, 399, 417, 422, 438, 509, 520
自己変革　495
思考停止状態　651
思考の道具　391, 393, 461
思考パターン　16, 30, 197, 243, 536
思考を表出する手段　357
自己中心的な言葉　389, 390
指示詞　499

辞書形　465, 471, 479, 488
指数（指標）　482, 483
指数関数　211, 212
自然形態論（natural morphology）　86
自然淘汰　484
自然に対する支配　328, 329, 330
時代区分　77, 245, 283
時代精神　373
死体袋　483
下請け　11, 246, 250, 251
実数の連続性　302
実測　344, 346, 485, 544, 545
CTスキャン　338
史伝体　4
指導案（授業計画書）　310, 311, 524, 529, 530, 544, 548
児童心理学　536
シナプス　228
シナプス結合　386, 393, 406, 428, 430, 517, 520, 537
シニフィアン　481
シニフィエ　481
支配（rection）　73, 95, 96, 99, 104, 106, 120, 121, 134, 135, 183, 184, 190, 196, 205, 446, 465
支配されるもの（rectum＝統率されるもの）　73, 182
支配するもの（regens＝統率するもの）　73, 182
柴刈り行事　510
自閉症　399, 401, 402, 403, 404
自変量　545
死亡率　483

標（しめ） *514*
社会科学 *407, 536, 537, 604*
社会言語学 *413*
社会的な意識 *283*
斜格 *97, 182*
借用語 *123, 188*
尺貫法 *206*
シャーマン *384, 388*
シャーロック・ホームズ型 *21*
自由意志 *415*
自由のコスト *561*
十九世紀言語学 *470*
宗教画 *131*
宗教改革 *126, 128, 130, 131, 133, 136, 140, 555, 584, 585, 586*
宗教学 *495*
宗教権力（教会・寺院など） *518*
宗教心 *413, 518*
宗教的感情 *517*
修辞学（レトリック） *446*
修辞学的な解釈 *510*
十字軍 *190*
習熟度別 *343*
修飾形容詞 *74, 77, 79*
修飾する *14, 15, 20, 21, 32, 34, 120, 205, 420, 422, 423, 446, 465, 490, 503*
従属文 *77, 78, 168, 169, 423, 435*
集団思考（学び合う段階） *335*
従変量 *545*
主格 *20, 21, 25, 82, 83, 85, 94, 97, 98, 124, 138, 139, 181, 182, 479*
主格助詞 *111*

主観的観念論 *482, 484*
授業指導案 *524*
授業者 *344, 345, 357*
授業デザイン *343*
主権国家 *559*
主語・述語 *31*
呪術的精神 *517*
主題 *52, 181, 184, 192, 266, 343, 344, 347, 466, 510, 600, 602*
出アフリカ *144, 430, 431*
出現頻度 *74, 106, 107, 119, 189*
述語動詞 *79, 80, 87, 100, 499, 500, 501*
10進法 *158, 159, 161*
主動詞 *99, 184, 453, 501*
呪能 *510*
種の保存 *374, 375, 376, 381, 382, 384, 385*
首尾一貫した（配列） *27, 74, 75, 76, 79, 86, 87, 106, 112, 113, 142*
主文 *77, 78, 99, 168, 169, 170*
主要部後置（型の）言語 *14, 15, 16, 17, 18, 19, 20, 21, 32, 81, 87, 88, 92, 94, 113, 115, 120, 121, 125, 127, 133, 134, 135, 141, 149, 150, 163, 179, 180, 189, 190, 191, 195, 196, 205, 207, 283, 284, 292, 342, 383, 412, 417, 418, 420, 421, 422, 423, 424, 431, 435, 453, 458, 464, 465, 466, 476, 477, 495, 496, 501, 503, 506, 507, 583, 653*
主要部前置（型の）言語 *14, 15, 16, 17, 18, 19, 20, 31, 32, 34.40, 81, 92,*

679

96, 121, 122, 126, 134, 136, 141, 149, 150, 179, 185, 189, 190, 191, 205, 207, 283, 292, 342, 383, 412, 418, 420, 421, 423, 424, 429, 431, 434, 435, 452, 464, 465, 476, 494 501, 503, 505, 507, 509, 565, 583
主要部前置／後置パラメータ　1, 36, 37, 89, 149, 365, 426, 490, 517
主要部パラメータ　13, 14, 18, 19, 20, 25, 26, 27, 28, 31, 32, 34, 36, 37, 88, 113, 115, 118, 119, 146, 194, 195, 383, 507, 536, 653, 658
純粋理性　268, 605
純正語　185
蒸気船　555
条件反射　374, 380, 381, 385, 386, 493
少数民族　151, 496, 611, 653
小・中（学校）連携　542
焦点（化）　21, 44, 52, 53, 99, 388
情動的過程　391, 392, 393
衝突（conflict）（認知と言語の）　87, 88, .92, 94, 106, 113, 163, 180, 392
少人数担当　198
商品経済　257
情報構造　177, 181
情報構造レベル　80
召命　261, 263
証明の発見　359
昭和史論争　284, 360, 366, 367
所格　91, 102, 166
初期値　387
殖産興業、富国強兵　283, 536
職人気質　283

職人魂　247, 248
職人は宝　253
植民地化　132, 340, 467, 472, 557, 558, 559, 617
植民地獲得競争　124
植民地支配　467, 505
植民地主義　124, 284, 370, 467, 537
序詞（じょし）　514
助動詞　30, 31, 42, 52, 53, 54, 73, 138, 152, 447, 465, 500, 501
助動詞構文　31
所得倍増計画　260
所有格　52, 74, 479
シラケ　562
進化　115, 120, 121, 144, 149, 150, 191, 227, 228, 233, 269, 360, 372, 376, 378, 380, 384, 407, 410, 413, 419, 424, 430, 433, 434, 438, 451, 453, 457, 461, 462, 466, 469, 470, 518, 575, 576, 578, 579, 580, 581, 582, 642, 643, 644, 645, 658
進学率　340
新型うつ病　563
進化論（進化説）　88, 112, 330, 341, 411, 460, 484、491, 520, 521, 643, 644, 645, 658
Think globally　538
神経結合　385, 386, 493
神経細胞（ニューロン）　228, 537
神経システム　379
真剣勝負　252, 280
人種差別　484
人種生態学　475, 476

索引

新情報（rheme） *80, 177, 181, 459*
信ずる者は救われる *485*
人生 *4, 18, 136, 265, 270, 271, 272, 273, 274, 276, 279, 280, 340, 361, 399, 537, 560, 623, 637, 653*
深層構造 *425, 427, 428, 429, 430, 458, 505, 555, 562*
身体観 *229*
身体性 *269, 577, 578*
新中間層 *509*
人的資本論 *371*
心的表現 *377*
人脳進化論（双脳進化論） *88, 520, 521*
新布石 *363*
人文主義思想 *129*
真分数 *529*
シンボル *40, 398*
新約聖書 *126, 445, 586*
心理言語学者 *395, 396*
人類の普遍性 *432*
人類文明史 *658*
推移律 *306, 315, 316*
垂直と平行 *210, 217, 225*
スイッチ・ヒッター *340*
水道方式 *288, 294, 295, 327, 359, 536, 633, 656, 659*
推論規則 *399*
数学教育学会 *334*
数学教育の現代化 *536*
数学的センス *298*
数学文化の多様性 *368*
数詞 *19, 20, 21, 25, 26, 28, 35, 38, 39, 42, 43, 44, 45, 47, 48, 50, 51, 67, 92,* *119, 158, 159, 160, 161, 162, 205, 207, 476, 499, 503, 505, 564, 565*
数実研 *63, 294*
数値制御（NC） *254, 628*
数直線 *305, 308, 525*
数秘学 *125*
スキーマー *270*
図形の学習 *344*
スコラ哲学 *135, 588*
図的表現 *357*
ストーリー展開（授業の） *226, 227, 242*
ストロー天秤 *309, 324*
スパイラル効果 *226*
「すべて偶然」史観 *491*
スポーツ *12, 360, 361, 573*
すみ分け *253, 254*
ズームアウト型認知 *88, 94, 96, 120, 121, 122, 127, 133, 135, 141, 142, 149, 162, 163, 270, 283, 284, 495, 506, 537, 555*
ズームアウトする（ズームアウトして） *15, 16, 17, 35, 36*
ズームアウト／ズームイン型認知（パラメータ） *36, 72, 87, 89, 90, 96, 149, 281, 365, 387, 421, 425, 426, 427, 428, 494, 537, 564*
ズームアウト／ズームイン型認知理論（仮説） *2, 35, 37, 46, 88, 92, 158, 195, 282, 365, 476, 477, 505, 564*
ズームイン型認知 *35, 92, 94, 120, 126, 149, 158, 242, 258, 266, 283, 284, 397, 459, 477, 505, 506, 507,*

681

509, 537, 538, 555
ズームインする　16, 35, 36
スリランカ（旧セイロン島）　409, 505, 506
西欧文化圏　369
西欧文法　181, 184
生格　74
生活単元学習　327, 328, 536
政教分離国　496
青春の夢　659
生成文法理論　1, 387, 466
製造工程　233, 248
生存競争　411, 484
生存率　483
静態言語学　486
声調　43, 151, 152, 375, 381, 382, 497, 498, 502
青年文法学派　470
正比例　242, 540
生命の維持　374, 375, 381, 382, 384, 385
制約条件　386
西洋化　340, 366, 536, 555
西洋言語　17, 18, 25, 189, 503, 565
西洋文明　16, 478, 536
西洋論理学　192
世界銀行（WB）　371
世界認識制御因子　34, 37, 119, 194
世界の少数派民族　27
世界の多数派　27
世界歴史言語学　245, 289, 330, 360, 374, 425, 430, 565
石材加工　252

積分変数の変換　550
石けん膜　548
接置詞　73, 74, 75, 77, 79, 80, 84, 87, 95, 164, 172
接頭語（接頭辞）　79, 91
接尾辞　25, 35, 47, 79, 80, 91, 568, 655
接尾辞化　21
絶滅危惧言語　50
絶滅危惧種　13, 433, 655
零因子不在　296
全共闘くずれ　561
前近代的　257, 281, 283, 287
線形結合　463
線形配列　463
先行詞　34, 78
戦国時代　257, 558
戦国大名　558
戦後民主主義　258
センサー細胞　228, 233
戦死者　483
先進教育指定校　532
前進的支配　95, 104, 113, 120, 127, 134, 141, 163, 171, 179, 180, 189, 190, 207, 208
先進的なヨーロッパ　468
全人類的普遍性　537
全体性の視点　125
前置詞　14, 28, 38, 74, 76, 79, 84, 85, 86, 88, 91, 94, 95, 97, 103, 124, 136, 147, 153, 158, 167, 171, 172, 173, 177, 181, 182, 183, 193, 194, 205, 207, 422, 453, 488, 501
前置詞の後置的用法　78, 169

前頭前野　377
旋盤工　260, 261, 632
選別システム　230, 231
専門学部　467
素因数分解　541
造化　278, 279
双曲空間　373
総合的（synthetic）　86
操作手順　294
相似　344, 358
創造説　484
相対性理論　371, 536
双脳精神　365, 374
双脳精神仮説　20, 365, 461, 509
双脳生物　2, 384, 385, 422, 438, 658
相聞歌（そうもんか）　514
祖音素（proto-phoneme）　90
促音　439, 440, 441, 609
卒業研究「柴田ゼミ」　38, 252, 505
そのまんまたしざん　8
ソロバン　17, 18, 23, 68
孫悟空　244
孫文遺言　430

た行

ダーウィニズム　484, 487
対格　82, 83, 85, 94, 97, 98, 138, 182
大学組織の再編　467
大学入試問題　552
大から小へ　30, 198, 258, 289, 536
体感　364, 399
大航海時代　124, 128, 131, 132, 133, 292, 555, 557, 601
大衆社会　556
大衆的な需要　366
対称性　242, 444
大小比較　525
代数学の基本定理　303
第2次の進化論　658
第2の司令塔　384, 385, 386, 389, 392, 393, 422, 438, 520, 521, 522, 523, 658
タイの政治危機　507
対米英開戦　285
太平洋戦争　206, 331, 536, 557, 559, 636
多音節型声調言語　498
多音節単語　382, 383
多義性（polyfunctionality）　96, 188
タクシン派　507, 508, 509
匠（たくみ）　13, 281, 287, 538
武谷三男の3段階論　191
多項式　303
たこ焼きやさんごっこ　23
タスマニア島　557
奪格　82, 85, 166
脱・下請け　250
脱植民地化　477
ダーティー・ハリー　292
縦型探索　429, 537
他動詞　14, 54, 155, 157, 196, 422, 500
他動詞文　73, 74, 75, 77
旅人　271, 272, 276
wh 移動　453, 457, 458, 459, 460
wh 疑問文　447, 448, 449, 450, 451, 452, 458, 459

683

多文化・多言語共生社会　*477*
魂振（たまふ）り　*515*
ターレスの定理　*355*
単位換算　*310, 325*
単位分数　*202, 206, 526, 533*
単音節型声調言語（monosyllabic tonal language）　*497, 498*
短縮形　*35, 440, 443*
担任の先生　*236, 238, 239, 530, 531, 650, 651, 652*
鍛錬主義　*332, 635*
地域方言　*176, 497*
小さき者　*559*
知識基盤型社会　*477*
地政学的な　*121, 412, 431, 468, 476, 505*
地中海沿岸諸国数学教育研究機構　*234*
地中海貿易　*122*
知的過程　*391, 392, 393*
知能指数　*483*
知の構造化　*356*
知の省エネ　*26, 115*
TIMSS（国際理科・数学学力調査）　*234*
中間位置　*80, 173*
中間言　*384*
中間値の定理　*302*
中近東　*557, 559*
忠君愛国　*380*
忠犬ハチ公　*380, 381, 386*
中国古代歌謡　*510*
中国式位取り記数法　*30*
抽象的な概念　*120, 179, 280, 384, 394, 489, 492*
中心角　*345, 346, 347, 348, 349, 350, 351, 352, 353, 354, 355, 358*
中心語　*155, 157*
中世　*122, 131, 134, 135, 151, 156, 176, 183, 245, 275, 281, 283, 284, 292, 429, 462, 477, 518, 562, 600, 601*
中世から近世への転換（移行）　*88, 122, 133, 190, 282, 283, 292, 330, 555*
中世封建制度　*137*
長音　*439, 441, 479*
聴覚刺激　*381, 579*
直接目的（語）　*98, 103, 111, 182, 501*
直角三角形　*289, 290, 291, 355*
直感的理解　*357*
直方体　*208, 209, 210, 212, 215, 217, 218, 219, 220, 222, 223, 224, 225, 251, 270*
ちらみ　*10*
チンパンジー　*410, 436, 463, 570, 571, 572, 573, 574, 576, 581, 643*
沈黙の文化　*126*
対（つい）　*423, 444, 446, 471*
通時的　*470, 472, 473, 475, 489, 490*
つかむ段階　*335*
ツリー　*291*
DNA　*144, 146, 162, 340, 410, 570, 576*
諦観　*488*
帝国主義　*135, 284, 370, 467, 488, 537, 556*
提題文　*181*

定動詞　*80, 98, 99, 100, 102, 104, 105, 194, 423*
DV　*69*
定理ありき　*359*
定理づくり　*357, 359*
デーヴァナーガリ文字　*67*
適応障害　*428*
適者生存　*484*
テクノピア　*559, 560*
手作りカウンター　*22, 23, 24*
哲・史・文　*491*
theme（旧情報）　*80, 459*
デルス・ウザーラ　*471, 478, 479, 493*
展開（授業の）　*209, 225, 226, 227, 241, 242, 335, 525, 526, 527528*
展開図　*209, 210, 214, 215, 216, 220, 222, 223, 224, 225*
天下統一　*558*
天元打ち　*363*
天国的状況　*559*
電子黒板　*334, 335, 336, 337*
テンス　*73, 498, 500*
伝統的日本人　*258, 399*
天秤（てんびん）　*306, 307, 308, 309, 315, 316, 318, 319, 324, 326*
ド・ブロイの粒子波動説　*37*
問い返し疑問文　*449*
同一化する　*379*
同一性　*470, 487, 488*
同音異義語　*443*
等加速度運動　*548, 549*
東京裁判　*557*
東京標準語　*41*

道具改良主義　*332*
洞窟の絵画　*118, 398*
統語構造　*72, 81, 89, 90, 91, 93, 94, 97, 108, 109, 111, 112, 113, 115, 121, 142, 162, 165, 166, 167, 169, 170, 171, 173, 174, 179, 180, 185, 193, 194, 196, 205, 342, 365, 372, 387, 429, 430, 431, 432, 446, 460, 464, 466, 473, 490, 517, 536, 565, 656*
統語変化　*81, 94*
統語論　*91, 183, 446, 478, 499*
動作主　*147, 182, 184*
動詞（V）　*14, 20, 28, 30, 31, 34, 42, 47, 52, 53, 54, 55, 73, 74, 75, 77, 78, 79, 80, 87, 88, 90, 95, 97, 98, 99, 100, 101, 102, 103, 104, 105, 114, 115, 119, 124, 136, 138, 139, 152, 153, 154, 155, 157, 158, 164, 166, 167, 168, 169, 170, 171, 173, 174, 177, 179, 181, 182, 183, 184, 187, 193, 194, 195, 196, 377, 397, 409, 422, 423, 445, 453, 454, 464, 465, 471, 479, 489, 499, 500, 501, 502, 575, 576, 655*
等式変形　*296*
動詞句　*14, 73, 80, 155, 157, 196, 376, 377, 382, 465, 501, 502*
同数になる分け方　*199, 200, 201*
統率　*182, 183, 184*
同値分数　*525, 526, 529*
動的な意味体系　*391, 392, 393*
東南アジア　*106, 152, 421, 476, 496, 497, 498, 500, 557, 614, 619*

685

等分除　199, 201
同分母分数　524, 526, 527
透明性（接辞法における）　86
透明容器　530
東洋思考の独自性　432
特異点の解消　255
特殊相対性理論　494
特別支援のクラス　650
独立変数　211, 543, 544
都市の出現　118
凸四角形　293
突然変異　409, 410, 411, 413, 432, 434, 446, 462, 574, 642, 658
トップダウン　89, 205, 429, 430, 495
伴って変わる量（関数）　242, 540
トルコ　176, 444, 496
奴隷　386, 429, 557, 558, 587, 617
奴隷たちの反乱　386
トレード・オフ　413, 446
ドローイング　4
鈍角三角形　290, 291
ドンキホーテ　538
トント　407, 615

な行

内観心理学　379
内言　37, 374, 384, 389, 390, 391, 392, 393, 399, 461
無いと困る支援　532
内面化　391, 393
ナヴァホ族　367, 369, 372
ナショナリズム　132, 556
NATO（北大西洋条約機構）　483

名前のリスト　471
生データ　245, 659
ナンバ（走り）　362, 363
南方方言　152, 155, 157, 503
肉体運動的な体験　384, 394
2項対立　266
2次関数　211, 302
二次不等式　297
2次方程式の解法　295, 297
二重主語構文　181
20進法　158, 159, 160, 161, 162
日米安保条約　560
2値パラメータ　14
2直線の交わり　294
二等辺三角形　288, 289, 290, 291, 292, 343, 349, 350, 351, 354
ニヒリズム　488
日本語風　52, 56, 141, 195
日本語話者　17, 397, 440, 517
日本という国の底力　11
日本認知言語学会　269
入力　17, 18, 377, 378, 428, 580
ニュートン＝ホイヘンス論争　37
ニュートン力学　371
ニューラル結合　392
ニューロン　228, 273, 376, 377, 378, 380, 381, 382, 413, 523, 577, 578
任意単位　534
人間関係認知　35, 36
人間的共感　379
人間の盾　408
人称語尾　80, 100, 101, 102, 423
人称標示（形式）　101, 102, 104

索引

人称変化　*194, 445, 446, 466, 471, 479*
認知言語学　*269, 491, 492*
認知構造　*72, 73, 87, 90, 94, 96, 122, 127, 142, 387, 494*
ネアンデルタール人　*144, 433, 518, 576*
ネイション・ステート　*556*
ねらい（授業の）　*200, 526, 527, 528*
脳科学　*333, 466, 659*
脳科学化　*430*
能動的な参加　*357*
脳内宇宙の晴れ上がり　*121, 136, 372, 535, 583*
脳内抗争　*388, 407, 490, 507, 555, 562, 563*
脳内闘争　*141*
脳内の霧　*121, 126, 134, 135, 555*
脳内モジュール　*36, 393*
ノード　*291*
喉元過ぎれば熱さを忘れる　*433*
ノーベル賞　*29, 142, 254, 340*
乗り換える　*488, 489*
ノルマン・コンクエスト（ノルマン人の英国征服）　*137, 155*

は行

場合分け　*344, 346, 349, 350, 359*
俳聖　*276*
排中律　*291*
バイリンガル　*41, 190, 342*
は＋が構文　*111*
馬鹿正直　*266, 408, 409*
は・か・せ・わ（早くて、簡単で、正確で、わかりやすいか）　*335, 337, 338, 339*
博多どんたく　*235*
白熱討論　*126*
幕末維新　*536, 555*
幕末期　*555*
初めに文字ありき　*155*
バスク地方　*50, 195*
発想の遊び　*361*
発達凸凹　*404, 409*
発達障害　*400, 404, 405, 409, 474, 524*
発達心理学　*389*
パッチム　*43*
発展途上国　*371*
パーティクル（particle）　*177*
バブル崩壊　*246*
バベルの塔　*412, 431*
パーポート（purport）　*481*
バラ数　*63*
パラダイム　*85, 486, 653*
パラダイムシフト　*134*
パラメータ　*1, 2, 13, 13, 14, 15, 18, 19, 20, 25, 26, 27, 28, 31, 32, 34, 36, 37, 69, 87, 88, 89, 92, 94, 96, 113, 115, 118, 119, 120, 121, 125, 127, 133, 134, 135, 146, 149, 163, 179, 180, 191, 193, 194, 195, 342, 365, 383, 387, 388, 392, 417, 424, 425, 426, 490, 495, 507, 517, 536, 653, 658*
パワーポリティックス　*537*
ハンガー天秤　*306, 307, 315, 318, 319, 326*
ハンガリー　*21, 27, 194, 195, 299, 452*
板金　*251*

バンコク　*497, 507, 508*
板書　*336*
半植民地状態　*557*
反省会（lesson study）　*241, 531*
反タクシン派　*507, 508, 509*
反復的な行動　*401*
万有引力の法則　*485*
汎用性　*385, 641*
ピアジェ＝ヴィゴツキー論争　*34, 36, 37, 119, 194, 522*
ピアジェ＝チョムスキー論争　*34, 36, 119, 194*
非圧縮流体　*549, 552*
比叡山の焼き討ち　*558*
比較言語文化論的　*489*
比較構文　*103, 165, 166*
比較表現　*500*
比較文法（学）　*86*
東インド会社　*127, 133*
東ローマ帝国　*122*
PISA（国際学力テスト）　*126, 234, 246, 341, 402, 406*
非自己　*390, 399*
微小時間　*549*
微小電極　*377*
ピジン語　*413*
ピダハン　*653, 654, 655*
左利き　*16, 340, 421, 425, 537*
左向き支配（主要部後置型語順）　*73, 121*
左半身　*362*
ビッグバン　*121*
PDCAサイクル　*233*

否定辞　*101, 499, 501*
否定表現　*53*
否定文　*16, 42, 119, 147, 435, 437*
等しい分数　*524, 525, 526, 527, 528*
ひとり言（独り言）　*389, 390, 391, 392, 393, 399, 451*
比の値　*203, 204, 205, 207*
非文法的　*448, 450, 451, 452, 464*
百マス計算　*540*
比喩　*510, 512, 513*
ヒューマニズム　*129*
表意文字　*474, 520*
表音文字　*30, 474, 520*
表現力　*188, 189, 450, 451*
表層構造　*425, 427, 428, 429, 458, 505, 507, 555, 562, 564*
漂泊の旅　*275*
表面張力　*548*
非ヨーロッパ世界　*245, 283, 480, 558*
ひらがな　*30, 533*
品詞　*14, 431, 498, 499, 500, 503*
ヒンドゥー教　*89, 495, 506*
ピンポイント　*15, 17, 290, 417, 421*
ファーストネーム　*42*
VSO型（配列）　*74, 164*
VO型（言語）　*73, 74, 75, 76, 79, 86, 87, 93, 104, 143, 193*
VO型（配列）　*79, 88, 92, 94, 133, 166, 171, 176, 177, 190, 194, 195, 196, 205, 372, 476*
V初頭型（配列）　*74*
フィールズ賞　*29, 30, 254, 255, 340*
フィンランドの教育　*297*

フォーカス　*53*
付加疑問文　*502*
不可知論　*484*
不規則型活用変化　*115*
不規則動詞　*397*
福音派　*653*
福岡県教育総合研究所　*11, 57, 208, 524, 535*
福岡県教組　*1, 7, 198, 208, 535, 539*
福岡算数・数学教育実践研究会　*57, 202, 235*
福岡数教協　*288, 293, 294, 359*
福岡大学　*15, 30, 33, 46, 72, 90, 234, 303, 478, 479, 496, 524*
複合数詞　*19, 21, 28, 35, 88, 89, 119, 160, 161, 162, 427*
複合図形の面積　*334*
副詞句　*14, 157, 453*
福祉社会　*560*
複数形　*445, 489, 654, 655*
袋小路文　*451*
武骨もの　*408*
プシューケー　*415*
附属形式　*100, 102*
普通動詞　*31*
普通の語順（unmarked order）　*98*
仏教　*89, 113, 151, 152, 373, 491, 494, 495, 506, 627*
仏教国　*506*
物質還元主義　*365*
不透明性（形態法の）　*84, 86, 88*
負の曲率　*373*
負のスパイラル　*233*

普遍単位　*307, 318*
普遍的な価値　*178*
普遍文法　*20, 115, 118, 119, 146, 375, 383, 384, 385, 386, 389, 423, 434*
普遍文法理論　*13, 14, 18, 19, 20, 28, 30, 32, 34, 36, 37, 194, 426, 466*
ブラウン運動的自由　*559*
プラーグ学派　*80*
ブラーフミー文字　*43*
プランづくり　*533*
振り込め詐欺　*409*
ブルバキズム　*494*
ブローカ野　*377, 576, 577, 579*
プロ教師の技（わざ）　*239*
プログラミング言語　*384, 385, 386*
ブロックで操作　*8*
プロテスタンティズム　*126, 262, 281, 283*
プロトタイプ　*73, 106, 112, 115, 142, 268*
分割管理　*422, 424*
分割支配　*120*
分割統治　*422*
文化的先進地帯　*79, 168*
文化的伝統　*150, 269, 330*
分数　*199, 202, 203, 204, 205, 206, 226, 301, 524, 525, 526, 527, 528, 529, 530, 531, 533*
分数カード　*525, 526, 527, 529, 530, 531*
分数テープ　*525, 526, 527, 528, 530, 531*
文生成能力　*120, 121, 414, 434, 438*

分析的（analytic） *84, 86, 209, 368, 372, 424, 486, 605*
分析と総合 *302*
文頭移動 *502*
分度器 *213, 350*
文法化 *169, 184, 196*
文法カテゴリー *132, 136, 140*
文法構造 *16, 56, 77, 79, 89, 140, 146, 147, 148, 177, 382, 427, 431, 433, 454, 522, 555, 658*
文法属性 *431*
文法的一致 *104*
文法的性 *499*
文法範疇 *82, 100, 498, 500*
文法モデル *498*
文明開化 *16, 198, 205, 258, 283, 284, 340, 366, 536*
平家物語 *341*
平叙文 *31, 41, 44, 45, 427, 435, 447, 453, 502, 503*
米・中協調覇権主義 *537*
平板型（level） *498*
平方完成 *297, 298, 300*
平方根 *485, 549, 550*
平面図形 *372*
平和ボケ *424*
べき等元 *302*
ベーシック・カテゴリー *399*
ヘッドギア *659*
ペットボトル *305, 306, 307, 308, 309, 313, 320, 321, 324, 325, 326, 327*
ベトナム戦争 *332, 333*
ヘブライズム *487*

ベルヌーイの原理 *549*
ペルリの艦隊 *557*
ヘレニズム *175, 176, 487*
勉強嫌い *27*
変形規則 *427*
偏差値 *483*
へんしんたしざん *8*
へんしんひきざん *9*
弁論術 *175*
ホイヘンスの波動説 *37*
母音組織 *106*
母音調和 *44, 106, 110, 118*
方眼紙 *220, 221, 222, 223, 239, 240, 337*
包含除 *199, 201*
棒人間 *398, 418, 419*
放物線 *239, 302, 551, 552*
補語 *52, 53, 54, 56, 95, 124, 136, 152, 158, 166, 195, 500*
補習授業 *650, 651*
補助動詞 *500*
ポスト・モダン *481*
ポツダム宣言 *329*
北方民族の中原進出 *154*
北方ルネサンス *127, 128, 131*
ボトムアップ *429, 430, 537*
ホモサピエンス *13, 433, 558*
ポリス（古代ギリシャ） *176*
ポリボトル *235, 238*
ホワイトボード *346, 349, 351, 352, 354*
翻訳会社 *3*

ま行

マインド　*267, 268, 366, 535,*
マインドコントロール　*366*
マキャベリ的　*411*
マクスウェルの電磁方程式　*494*
負け組　*340, 341*
負けじ魂　*247*
マサチューセッツ工科大学（MIT）
　　37, 374, 425, 430, 434, 438, 492, 494,
　　654
マザーマシン　*253*
マス目　*335, 337, 338*
マタ安本　*56*
町工場　*250, 251, 261, 282, 629, 630,*
　　631, 632
末尾位置（動詞の）　*78, 90, 119, 167,*
　　168, 170
まとめ（授業の）　*61, 65, 176, 199,*
　　211, 213, 218, 224, 226, 239, 305,
　　310, 312, 317, 318, 319, 321, 322,
　　324, 326, 348, 351, 352, 353, 356,
　　357, 527, 535, 538, 548
学び合う場　*342, 343, 345, 359*
マニエリスム　*130, 131*
磨滅（格語尾の）　*83, 94*
満州国　*557*
満州事変　*557*
万葉仮名　*30, 513*
萬葉集（万葉集）　*56, 459, 460, 513,*
　　514, 516
万葉的世界観　*513*
ミイラ盗り　*653*
右利き　*16, 421, 425, 537*

右半身　*362*
右向き支配（主要部前置型語順）　*73,*
　　96, 121
水遊び　*533, 535*
水落し　*235, 238, 240, 242, 539, 549,*
　　552
見取り図　*209, 210, 219, 220, 221,*
　　222, 225, 652
ミドルネーム　*42*
水占（みなうら）　*512, 516*
ミニ数学者　*344, 345*
身の程を知る　*292*
ミーハー　*481, 494*
ミュケナイ　*164, 173, 174, 176, 415,*
　　417
ミラーニューロン　*377, 378, 413, 523,*
　　577, 578
民衆語　*126, 185*
民俗学　*264, 510, 512, 516*
民族浄化装置　*314*
無格体系　*84*
無限上昇志向　*135*
無作為グループ　*343*
無神論　*604, 653*
ムード（動詞の）　*73*
ムハンマド　*186, 187, 189*
無標格　*182*
無標の文　*458*
無明時代　*187*
無目的性　*385*
名詞（句）　*14, 15, 20, 21, 28, 32, 33,*
　　34, 51, 52, 73, 74, 75, 76, 77, 79, 80,
　　81, 82, 83, 84, 85, 86, 87, 88, 89, 95,

691

97, 99, 101, 102, 104, 111, 120, 124, 147, 152, 153, 155, 157, 158, 164, 169, 171, 172, 173, 174, 177, 179, 181, 182, 183, 184, 185, 187, 196, 205, 207, 208, 397, 422, 423, 435, 443, 445, 446, 447, 453, 454, 464, 465, 466, 471, 488, 495, 498, 499, 500, 503, 575, 615, 654, 655

明治維新　41, 151, 555
メスシリンダー　533
メタファー　268, 270, 271, 272, 273, 274, 279, 280, 369, 371, 384, 394, 399, 491, 492, 493
メタファー理論　91
メタレベルの制御因子　36
メートル法　206
目盛り打ち　308
目盛り読み　304, 305, 309
毛沢東語録　438
目的格格助詞　111
目的語（O）　14, 28, 52, 56, 73, 80, 87, 98, 102, 103, 111, 124 139, 141, 152, 155, 157, 157, 164, 167, 195, 196, 422, 423, 501
目的論的歴史観　489
モノカルチャー（単一文化による支配）　558
ものづくり国家　245,
もの作りニッポン　245, 252
モーラ（音）　439, 440, 441, 442, 443, 498
問題意識　63, 344

や行

ヤギ・アンテナ（八木アンテナ、八木・宇田アンテナ）　331, 635, 638, 640, 641
邪馬台国　371, 516
大和朝廷　109, 116, 117
大和民族　559
夕焼けにゃんにゃん　560
ユークリッド幾何学　141, 179, 274, 342, 343, 360, 372, 373
ユダヤ教　135, 280, 495, 537
Uターン　89, 113, 424, 494, 495, 506
ゆとり学習　226
ゆとり教育　533
ユニコード　43
ユニバーサルデザイン　532
ユーラシア　83, 105, 106, 108, 110, 113, 114, 116, 118, 158, 161, 557, 658
ユーロ　17
陽関数　541
幼児期　391, 392, 393
揚之水（ようしすい＝たばしる水）　511, 512, 516
要素還元思考　503
与格　82, 83, 85, 99, 102, 138, 479
横型探索　429, 537
予祝　510, 514, 515, 516
予測可能性　485
ヨーロッパ市民社会　135
ヨーロッパ人並み　472
ヨーロッパ精神　125, 134, 245, 367, 372

ヨーロッパ優越主義　*471, 472*
ヨーロッパ列強　*467, 557*
世論調査　*560*

ら行

落後者　*488*
落体の法則　*135*
ラスト・サムライ　*653*
ラベルの役割　*370*
リエゾン　*43*
力学的エネルギー　*550, 552, 553*
力動的記号学　*486*
立式　*199. 334, 335*
立体幾何　*208, 372*
立方体　*208, 209, 210, 211, 219, 220, 222, 223, 224, 225, 310*
離別寂寥（りべつせきりょう）の興　*512*
リーマン・ショック　*254, 256*
リーマン和　*338, 339*
流音　*107, 108, 110*
流出速度　*550*
流体力学　*539, 549, 550*
量子力学　*536*
両数（dualis、双数）　*445*
量の理論　*659*
リンク　*398*
輪廻転生　*373*
類型論的　*91, 108, 112, 177*
類別詞　*152, 153, 499, 503*
ルネッサンス（文芸復興）　*122, 127, 132, 133, 137, 139, 140, 141, 180, 191, 292, 342*

例外現象　*15, 32, 115, 121, 149, 654*
例外事象　*441*
例外の例外　*32, 115*
零細企業　*252, 259*
冷戦体制　*537*
歴史言語学　*245, 289, 330, 360, 365, 374, 425, 438, 469, 565*
歴史的展開　*432*
歴史認識　*367*
歴史の偶然性と非連続性　*489*
歴史法則　*559*
レコンキスタ　*123, 133, 292*
レーダー　*331, 334, 635, 636, 639, 641*
rheme（新情報）　*80*
レ点　*28*
連体修飾語　*73, 102, 104, 169, 179*
連体修飾節　*464*
連体属格　*73, 172*
連用修飾語　*95, 104, 179, 184, 195*
労働エートス　*261, 264, 265, 266, 555*
ロバチェフスキー幾何学　*373*
ロボット3原則　*386*
ローマ・カトリック教会　*128*
ローマ人　*123, 189, 342, 360, 471, 594, 601*
ローマ帝国　*47, 79, 163, 180, 189, 190, 342, 596, 599*
ローマ文明　*137, 175, 180, 189*
ローマ法　*134, 135*

わ行

分かち書き　*79*
和魂洋才　*284*

話題提示の助詞　*111*
割り切れる割り算　*197*
和を以（っ）て尊しと為す　*5, 509*

【人名索引】

あ行
アインシュタイン，A.　*37, 494*
アキレウス　*178, 415, 416*
アシモフ，I　*386*
アスペルガー，H.　*401*
足立恒雄　*191*
アタテュルク，M. K.　*496*
アトキンソン，Q.　*144, 145, 146, 382, 383, 431*
有本茂　*289*
アルキメデス　*1, 548*
アレクサンダー大王　*175*
安東次男　*277*
池内正幸　*438, 461*
池田尚志　*409*
石原莞爾　*556, 557*
伊東俊太郎　*191*
伊藤四郎　*402*
猪苗代盛　*376*
今井清一　*367*
岩月真也　*92, 476*
ヴィゴツキー，L.S.　*34, 36, 37, 119, 194, 374, 384, 389, 390, 391, 392, 393, 394, 399, 461, 522*
ウェーバー．M　*262, 281*
植村邦彦　*370*
エヴェレット，D. L.　*653, 654, 655*
江上波夫　*115, 116*
衛藤純司　*126*
エラスムス，D.　*129*
エリクソン，S-L.　*303, 524*

荻野綱男　*564*
小熊和郎　*50, 51, 55, 195, 481, 488*
小澤基弘　*4*
小関智宏　*260, 282, 628, 629, 630, 631, 632*
織田信長　*558*

か行

ガウス, F　*303*
カエサル. J　*78, 119, 168*
金光仁三郎　*125*
亀井勝一郎　*285, 286, 367*
ガリレイ, G.　*135, 589*
カルヴァン. J.　*136, 584, 585, 586, 587*
カント, I.　*267, 268*
キケロ, M. T.　*78, 175*
北島康介　*364*
北村和夫　*2, 20, 118, 227, 233, 267, 281, 339, 378, 389, 414, 510*
北村達三　*136, 140, 583*
木村資生　*411*
グーテンベルグ, J.　*365, 366*
Quine, W. O.　*395*
クーン, T.　*134*
黒澤明　*408, 471*
ケイノネン, T.　*303, 524*
ゲルマン, M.　*141, 142*
呉清源　*363*
コロンブス, C.　*123, 614*

さ行

西行　*276, 278, 280, 399, 621, 622, 623, 624, 625, 626, 627, 628*

斎藤正彦　*191*
佐藤完兒郎　*399*
佐藤浩市　*12*
左藤正範　*41*
佐分利豊　*342, 367, 368*
佐良木昌　*46, 125, 281, 621, 628*
シェイクスピア. W.　*133, 138, 139*
ジェインズ. J.　*20, 365, 374, 378, 379, 380, 388, 389, 392, 393, 414, 417, 461, 517, 518, 520, 521, 536, 656*
柴田紀男　*40*
首籐公昭　*286*
シュライヒャー. A　*29, 86, 421, 496, 502*
白川静　*389, 461, 510, 516, 517, 518, 519, 520, 521, 656*
杉山登志郎　*403, 409*
鈴木孝夫　*472*
スピノザ, B.　*135*
スミス, A.　*370, 468*
ソクラテス　*162, 177, 178, 179, 180, 193, 339, 342, 436, 469, 471*
ソシュール, F.　*158, 468, 469, 470, 471, 472, 473, 475, 480, 481, 482, 484, 485, 486, 487, 488, 489*
Sommoro　*297, 299, 300, 304*

た行

ダイアモンド, J.　*330, 408*
ダ・ヴィンチ, L.　*128*
高橋信次　*338*
高濱俊雄　*524, 532, 539*
滝沢直宏　*468*

タクシン, S,　507, 508, 509
武田暁　376
武谷三男　191
田中克彦　429, 472, 477, 478
為末大　361
チョムスキー．N　1, 2, 13, 14, 15, 18, 19, 20, 25, 30, 32, 34, 36, 37, 119, 158, 184, 194, 205, 269, 365, 375, 383, 384, 387, 425, 426, 427, 429, 430, 431, 432, 433, 434, 437, 438, 461, 465, 492, 505, 536, 642, 645, 653
柘植洋一　92, 476
デューラー, A.　130
天武天皇　513
東條英機　557
遠山茂樹　367
遠山啓　288, 289, 290, 294, 295, 296, 297, 327, 329, 330, 333, 536, 633, 635, 656, 659
ドーキンス, R.　375, 656
トッド．E　256
トム．R　29
ドリーニュ．P　30

な行
中野孝次　274, 279, 621, 628
夏目漱石　3, 286
西周（にし　あまね）　554
ニュートン, I.　37, 191, 371, 372, 420, 485, 589, 595
ネブリーハ．A.　123

は行
橋本萬太郎　158, 536, 565, 656
パブロフ　374, 380, 381, 382, 385, 386, 493
Burns, R.　4
ピアジェ, J.　34, 36, 37, 119, 158, 194, 374, 384, 389, 390, 391, 394, 399, 461, 522
ピタゴラス　1, 175, 372
平川克美　255, 258, 266, 282, 283
広中平祐　254
フーコー, M.　125, 126
藤原彰　367
プラトン　141, 163, 175, 179, 180, 288, 290, 339, 445, 548
フランクリン, B　262, 263, 281, 331, 596
ブリューゲル, P.　130, 133
ヘーゲル, G.W.F　370, 468
ペトラルカ, F.　122
ベルグソン（H. Bergson）　485, 486
ボダン, A　234, 235, 238, 239, 240, 241, 243, 244, 530
ボッカッチョ, G.　122
堀田隆一　394
細川大輔　364
ホメーロス　415, 417

ま行
牧田秀昭　342
正高信男　410, 574, 575
町田彰一郎　63
松岡正剛　389, 510, 521

松尾芭蕉　*274, 275, 276, 277, 278, 279, 280, 399, 621, 622*

松本克己　*2, 36, 72, 73, 81, 82, 86, 89, 90, 92, 105, 109, 110, 112, 118, 119, 120, 141, 142, 143, 150, 158, 162, 163, 174, 177, 180, 189, 193, 196, 342, 365, 467, 476, 490, 495, 496, 506, 536, 565, 656*

丸山圭三郎　*480, 482, 484, 485, 487, 489, 490*

三上章　*111*

三沢直子　*398, 419*

三角富士夫　*11, 57, 62, 68, 235, 524, 533*

宮川繁　*374*

三宅章吾　*376*

宮本常一　*263, 264*

モース, E.S.　*265*

森鷗外　*3, 4, 286*

や行

安田徳太郎　*56, 57*

山部赤人（やまべのあかひと）　*514*

山村ひろみ　*38, 48, 50*

ユークリッド　*1, 135, 180*

横地清　*58, 63, 66*

ら行

レイコフ, G.　*267, 269, 270, 274, 279, 280, 369, 370, 385, 394, 399, 446, 491, 492, 493, 494*

レヴィ＝ストロース, C.　*125, 126*

ルター, M.　*126*

ルーマン, N.　*229, 230, 233*

ロストウ, W.W.　*370*

ロバチェフスキー　*373*

わ行

渡辺京二　*264, 265, 555, 559*

渡辺伸樹　*63*

【書名索引】

あ行

『アジアは〈アジア的〉か？』（植村邦彦）　370

『イェルサレム巡礼記』　78, 167, 168

『移行期的混乱――経済成長神話の終わり』（平川克美）　255, 258, 266, 282, 283

『意識の起源，構造，制約―「双脳精神」の成立，崩壊，痕跡という視点から見た精神の歴史』（ジェインズ）　2, 378, 380, 388, 414

『一般言語学講義』（ソシュール）　468, 472, 480, 481

『いまなぜ人類史か』（渡辺京二）　555, 556, 559, 560, 561

『うつりゆくこそ　ことばなれ』（コセリウ）　472

『英語を学ぶ人のための英語史』（北村達三）　136

『エクスプレス・ネパール語』（野津治仁）　70

『エチカ（倫理学）』（スピノザ）　135

『OED（Oxford English Dictionary）』　46

『奥の細道』（松尾芭蕉）　274

『教える空間から学び合う場へ―数学教師の授業づくり―』（牧田秀昭・秋田喜代美）　342, 343, 359

『オランダ文学対話』（スピエール）　127

か行

『絵画の制作・自己発見の旅』（小澤基弘）　4

『数のシンボル』（金光仁三郎）　125

『神々の沈黙　意識の誕生と文明の興亡』（ジェインズ）　2, 518, 656

『ガリア戦記』（カエサル）　78, 168

『魏志倭人伝』　371

『ギフテッド　天才の育て方』（杉山登志郎）　403, 409

『教育思想史』（今井康雄編）　175, 177, 178

『近代の超克』　284, 285, 286, 639

『言語学が輝いていた時代』（鈴木孝夫、田中克彦）　472

『言語学大辞典』（三省堂）　40, 41, 121, 122, 123, 124, 126, 127, 132, 133, 136, 140, 150, 158, 176, 177, 185, 189, 190, 194, 496, 496, 502, 504

『言語からみた民族と国家』（田中克彦）　429

『言語論のランドマーク』（ハリス・テイラー）　469, 470

『原論』（ユークリッド）　135, 180, 189, 190, 191, 342, 360, 418

『コインの冒険』（シドニー・シェルダン）　202

さ行

『サンスクリット文法』（辻直四郎）　69

『詩経』　151, 510, 511, 512, 513, 515, 516

『思考と言語』（ヴィゴツキー）　391

『渋江抽斎』(森鷗外) *4*
『社会の教育システム』(ルーマン) *233, 340*
『銃・病原菌・鉄』(ジャレッド・ダイアモンド) *408*
『種の起源』(チャールズ・ダーウィン) *658*
『昭和史』(遠山茂樹・今井清一・藤原彰共著) *366, 367*
『庶民の発見』(宮本常一) *263*
『白川静 漢字の世界観』(松岡正剛) *389, 510, 521*
『新科学対話』(ガリレイ) *135*
『数学の認知科学』(レイコフ、ヌーニェス) *494*
『清貧の思想』(中野孝次) *274, 279, 280, 621, 628*
『西洋科学・技術史序説』(酒井泰治) *175*
『世界言語への視座―言語類型論と歴史言語学への招待』(松本克己) *2, 36, 72, 73, 81, 82, 86, 89, 90, 105, 109, 110, 112, 113, 115, 119, 120, 142, 150, 158, 162, 163, 174, 180, 185, 189, 193, 196*
『世界最終戦論』(石原莞爾) *557*
『説文解字』(許慎) *151, 519*
『ソクラテスの弁明』(プラトン) *339*
『ソシュールを読む』(丸山圭三郎) *480, 482, 484, 485, 487, 489, 490*

た行

『タイ語のかたち』(山田均) *504*
『タイ語の基礎』(三上直光) *504*
『タイ語の原理』(プラヤー・ウパキットシンラパサーン) *498*
『中国古代の民俗』(白川静) *514*
『超入門 インドネシア語』(左藤正範) *41*
『テアイテトス』(プラトン) *445*
『東夷倭人伝』 *516*
『遠山啓エッセンス②水道方式』(銀林浩ほか編) *288, 295*

な行

『肉中の哲学』(レイコフ、ジョンソン) *267, 269, 270, 274, 369, 385, 394, 399, 446*
『年代記』(タキトゥス) *78*
『農業論 De Agricultura』(カトー) *167*
『野ざらし紀行』(松尾芭蕉) *274, 275, 276, 277*

は行

『バスク語入門』(下宮忠雄) *54, 57*
『バベルの後に』(スタイナー) *410*
『ハンガリー語四週間』(今岡十一郎) *90, 196*
『ピダハン 「言語本能」を超える文化と世界観』(エヴェレット) *653, 654, 655*
『ひとのことばの起源と進化』(池内正幸) *438, 439, 461*
『描画テストに表れた子どもの心の危機』(三沢直子) *419*

『フィンランド教育の批判的検討』（柴田勝征） *2, 252, 299, 362, 532, 561*
『プロテスタンティズムの倫理と資本主義の精神』（マックス・ウェーバー） *262, 281*
『弁舌集』（クインティリアヌス） *78*
『ホメロス』 *72, 172, 178*
『ホモ・ルーデンス』（ホイジンガー） *361*

ま行
『万葉集の謎』（安田徳太郎） *56*

や行
『逝きし世の面影』（渡辺京二） *264, 555*

ら行
『らくらくタイ語文法＋会話』（田中寛） *504*
『利己的な遺伝子』（リチャード・ドーキンス） *375*
『歴史』（ヘロドトス） *185*
『ロシア語の歴史—歴史統語論』（石田修一） *478*

わ行
『忘れられた日本人』（宮本常一） *263*

【言語名索引】

あ行
アイスランド語 *83*
アイヌ語 *94, 108, 159, 160, 568*
アイルランド語 *76, 164*
アムハラ語 *92, 476*
アラビア語 *67, 74, 75, 76, 93, 122, 133, 163, 165, 180, 181, 182, 183, 184, 185, 186, 187, 188, 189, 190, 342, 372, 412, 420, 423, 452, 464, 465, 466, 468, 496*
アーリア語 *47*
アーリア諸語 *75, 76, 77, 84, 93, 165*
アルタイ諸語 *75, 86, 87, 104, 105, 106, 165*
アルバニア語 *38, 163, 164, 166*
イタリア語 *35, 38, 84, 121, 122, 124, 133, 135, 292*
印欧祖語 *79, 90, 91, 92, 95, 102, 149, 160, 191, 194, 388, 421, 422, 494*
インド・アーリア諸語 *77, 96*
インドネシア語 *34, 35, 37, 39, 40, 41, 112, 115, 122, 142, 149, 191, 383, 421, 496*
インド・ヨーロッパ（諸）言語 *88, 155, 192, 387*
インド・ヨーロッパ語族 *453, 495, 517*
ウラル語族 *19, 25, 452*
ウルドゥー語 *66, 67*
英語 *3, 14, 15, 19, 20, 25, 26, 30, 31, 32, 33, 34, 35, 37, 38, 44, 46, 49, 67,*

76, 79, 81, 83, 84, 94, 104, 106, 110, 114, 115, 132, 133, 136, 137, 138, 139, 140, 142, 145, 148, 155, 164, 169, 195, 202, 203, 204, 205, 207, 269, 292, 328, 329, 394, 395, 397, 408, 411, 412, 423, 425, 426, 427, 429, 432, 434, 438, 443, 446, 447, 448, 449, 450, 451, 452, 453, 459, 460, 461, 463, 464, 465, 466, 467, 468, 477, 488, 489, 492, 564, 565, 595, 606, 608, 614, 617, 641, 654, 655, 656

オーストロネシア諸語　75, 86, 87, 383

オセット語　.85

オランダ語　83, 84, 126, 127, 133, 466

か行

カスティーヤ方言　*123*

ギリシャ語　*2, 47, 72, 80, 90, 93, 95, 97, 98, 102, 133, 162, 163, 164, 173, 174, 175, 176, 177, 180, 185, 189, 190, 342, 445, 520*

近世中国語　*154*

近代アーリア諸語　*84, 93*

クシ語　*92*

クシ諸語　*476*

ケルト語　*76, 93, 123, 166, 170*

ゲルマン系諸語　*25*

現代オランダ語　*83, 84*

現代中国語　*156, 158, 166*

現代ペルシャ語　*75, 164*

現代ロシア語　*83*

コイネーのギリシャ語　*176, 445*

高地ドイツ語　*46, 83, 164, 169*

古英語　*46, 79, 81, 83, 138, 164, 169, 453, 466*

古教会スラブ語　*83*

古期ラテン語　*78, 89*

古代インド語　*77, 82, 93, 95, 96, 99, 164, 165, 166, 171*

古代ギリシャ語　*80, 176, 445*

古代ヨーロッパ言語　*2*

古代ラテン語　*471, 506*

古チュートン語　*47*

古典アラビア語　*74, 112, 142, 149, 185, 186, 187, 188, 189, 190, 191, 421*

古典ギリシャ語　*2, 72, 164, 176, 179*

古フラマン語　*126*

さ行

サンスクリット語　*2, 66, 67, 69, 70, 77, 83, 84, 88, 89, 101, 113, 115, 152, 164, 183, 420, 494, 495, 506, 507*

上古中国語　*151*

スペイン語　*35, 38, 55, 56, 76, 121, 123, 124, 133, 167, 190, 194, 292, 342, 423, 429, 468, 477, 614*

スラブ系諸語　*25*

セム諸語　*91, 186*

俗ラテン語　*77, 78, 79, 82, 123, 167*

た行

タイ語　*74, 112, 113, 149, 191, 421, 496, 497, 498, 499, 500, 501, 502, 503, 504, 505, 507*

タミル語　66
チベット語　43, 44, 45, 383
中期英語　79, 83, 169, 453, 466
中期オランダ語　83, 126
中国語　14, 28, 29, 30, 31, 32, 33, 34, 41, 42, 43, 81, 93, 110, 113, 115, 142, 145, 148, 149, 150, 151, 152, 153, 154, 155, 156, 158, 166, 167, 191, 383, 386, 388, 412, 418, 421, 423, 431, 454, 464, 465, 466, 468, 476, 496, 497, 500, 502, 503, 504, 505, 507, 517, 536, 565, 655, 656
中古中国語　152, 153
朝鮮語　14, 20, 25, 26, 34, 46, 50, 108, 109, 110, 112, 114, 115, 118, 122, 149, 179, 191, 195, 383, 387, 421, 431, 454, 468
ドイツ語　19, 21, 34, 49, 70, 74, 76, 83, 103, 104, 114, 126, 127, 133, 136, 145, 164, 169, 170, 173, 195, 292, 423, 453, 466, 489, 625
トカラ語　85, 95, 96, 97, 164, 166, 171
ドラヴィダ語　66, 75, 93
トルコ語　35, 44, 45, 74, 76, 86, 93, 97, 100, 101, 102, 104, 112, 383, 455, 457

な行

日本語　3, 4, 14, 15, 16, 17, 18, 19, 20, 25, 26, 28, 30, 31, 33, 34, 39, 42, 43, 44, 45, 46, 50, 51, 52, 54, 55, 56, 57, 74, 76, 79, 80, 81, 82, 84, 92, 93, 94, 97, 98, 99, 100, 101, 102, 103, 104, 105, 106, 107, 108, 109, 110, 111, 112, 113, 114, 115, 118, 122, 124, 125, 141, 142, 143, 145, 147, 149, 166, 167, 174, 177, 179, 181, 183, 189, 191, 194, 195, 196, 202, 203, 204, 205, 206, 207, 238, 266, 279, 292, 381, 383, 387, 396, 397, 407, 408, 409, 412, 414, 417, 420, 421, 423, 424, 431, 432, 434, 435, 438, 439, 440, 442, 443, 448, 449, 450, 451, 452, 453, 454, 457, 458, 459, 462, 464, 465, 466, 471, 476, 477, 479, 495, 496, 498, 502, 503, 504, 506, 507, 517, 564, 565, 568, 569, 583, 586, 613, 620, 641, 653, 655
ネパール語　70, 383

は行

バスク語　46, 50, 51, 54, 55, 56, 57, 93, 115, 122, 123, 149, 191, 193, 194, 195, 421, 506
バルト語　82
ハンガリー語　19, 20, 21, 25, 26, 27, 34, 89, 90, 102, 103, 149, 191, 193, 194, 195, 196, 387, 421, 452, 453, 459, 506
ハングル　19, 28, 43, 50, 109, 110, 111
バントゥー諸語　75, 86, 87
ピダハン語　653, 654, 655
ヒッタイト語　2, 72, 79, 88, 89, 95, 99, 163, 164, 166, 171, 174, 177, 194, 414
標準タイ語　497

ヒンディー語　*35, 66, 67, 70, 76, 84, 97, 160, 164, 166, 423, 424, 454, 494, 495*
ヒンドゥスターニー語　*67*
フィノ・ウゴル諸語　*83, 102, 104*
フィレンツェ方言　*122*
フィンランド語　*19, 20, 21, 25, 34, 47, 89, 92, 103, 104, 110, 149, 150, 191, 193, 194, 195, 387, 421, 452, 501, 506*
フランス語　*3, 15, 19, 21, 31, 32, 33, 34, 35, 38, 40, 42, 43, 49, 56, 76, 106, 121, 124, 125, 133, 136, 137, 139, 145, 238, 273, 292, 400, 423, 432, 457, 465, 467, 469, 470, 471, 477, 478, 488, 489, 583, 588, 595*
ブルガリア語　*83, 166*
ベトナム語（ヴェトナム語）　*29, 35, 37, 41, 42, 115, 149, 152, 191, 383, 386, 421, 476, 496, 497, 502, 507*
ヘブライ語　*35, 165, 185*
ペルシャ語　*187, 188, 456, 457*
ベンガル語　*66, 67, 70, 76, 85*
ポーランド語　*19, 33, 34, 74, 110, 147, 478, 479*
ポルトガル語　*35, 38, 121, 124, 614*

ま行

マイセン・ドイツ語　*126*
マケドニア語　*83*
満州語　*155, 156*
ミュケナイ・ギリシャ語　*164, 176*
ムラユ語　*40*

モンゴル語　*35, 45, 149, 155, 191, 383, 421*

ら行

ラテン語　*46, 47, 48, 49, 77, 78, 80, 82, 83, 87, 90, 95, 98, 99, 100, 101, 121, 122, 129, 133, 137, 139, 160, 163, 164, 166, 167, 168, 170, 171, 172, 173, 175, 177, 180, 187, 189, 190, 195, 196, 273, 342, 469, 473, 494, 584, 588, 589, 603*
リトアニア語　*76, 82, 83, 164, 166, 170*
ルーマニア語　*38*
レプチャ語　*56*
ロシア語　*74, 76, 114, 468, 471, 478, 479, 493*
ロマンス諸語　*77, 94, 95, 121, 127, 163, 164, 166, 173, 175, 177, 423*
ロマンス祖語　*82*

柴田勝征（しばた　かつゆき）

1943年、太平洋戦争末期の東京に産まれる。1968年、東京大学大学院理学研究科数学専攻修士課程を修了し、大阪大学に就職。後に埼玉大学に転勤。この間、代数的位相幾何学の研究に従事し、日本数学会、アメリカ数学会、フランス数学会などの学術雑誌に研究論文を発表。フランス、スイス、ポーランドなどで総計約8年間の在外研究。ヨーロッパ人と日本人との思考や感覚の落差があまりに大きいことにカルチャーショックを受け、このことの学問的な解明をライフワークにすることを決意するも、数学研究の誘惑には勝てず、数学の研究を続ける。著書に『フィンランド教育の批判的検討』（花伝社）。現在、福岡大学理学部教授（埼玉大学名誉教授）。

算数教育と世界歴史言語学
―― 小学校算数教育・福岡県の奇跡とヨーロッパ人の2000年間にわたる認知vs言語の脳内抗争史

2014年3月1日　　初版第1刷発行

著者 ──── 柴田勝征
発行者 ─── 平田　勝
発行 ──── 花伝社
発売 ──── 共栄書房
〒101-0065　東京都千代田区西神田2-5-11 出版輸送ビル
電話　　　03-3263-3813
FAX　　　03-3239-8272
E-mail　　kadensha@muf.biglobe.ne.jp
URL　　　http://kadensha.net
振替　　　00140-6-59661
装幀 ──── 黒瀬章夫（ナカグログラフ）
カバー画 － 平田真咲
印刷・製本　中央精版印刷株式会社

Ⓒ2014　柴田勝征
本書の内容の一部あるいは全部を無断で複写複製（コピー）することは法律で認められた場合を除き、著作者および出版社の権利の侵害となりますので、その場合にはあらかじめ小社あて許諾を求めてください
ISBN978-4-7634-0695-8 C0037

学力の国際比較に異議あり！
フィンランド教育の批判的検討

柴田勝征　著　定価（本体1500円＋税）

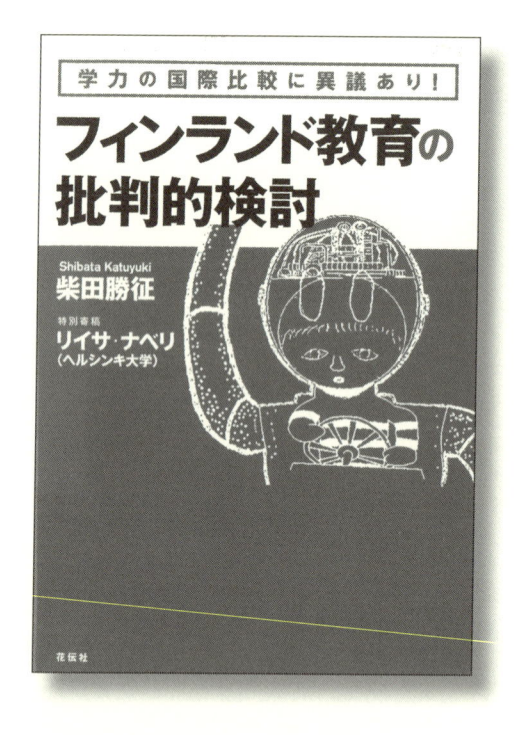

学力の国際比較に異議あり！
フィンランド教育の批判的検討

Shibata Katuyuki
柴田勝征

特別寄稿
リイサ・ナベリ
（ヘルシンキ大学）

花伝社

「学力世界一」とはどういうことなのだろうか？
ジャーナリズムや専門家からの情報に頼ることなく、自分たちの手でデータを集め、自分の頭で考えていくと、常識が次々とくつがえる！
教育に関心のある全世界の人々にとって必読の一冊。